普通高等教育精编法学教材

刑事诉讼法学

COURSE OF CRIMINAL PROCEDURE LAW

曾友祥 蒋石平 郭天武 李明 ◎主编

郭烁 林志毅 ◎副主编

图书在版编目(CIP)数据

刑事诉讼法学/曾友祥等主编.—北京:北京大学出版社,2016.9
(普通高等教育精编法学教材)
ISBN 978-7-301-27497-2

Ⅰ.①刑⋯　Ⅱ.①曾⋯　Ⅲ.①刑事诉讼法—法的理论—中国—高等学校—教材　Ⅳ.①D925.201

中国版本图书馆 CIP 数据核字(2016)第 216456 号

书　　名	刑事诉讼法学 XINGSHI SUSONG FAXUE
著作责任者	曾友祥　蒋石平　郭天武　李　明　主编
责任编辑	李　铎
标准书号	ISBN 978-7-301-27497-2
出版发行	北京大学出版社
地　　址	北京市海淀区成府路 205 号　100871
网　　址	http://www.pup.cn
电子信箱	law@pup.pku.edu.cn
新浪微博	@北京大学出版社　@北大出版社法律图书
电　　话	邮购部 62752015　发行部 62750672　编辑部 62752027
印刷者	北京宏伟双华印刷有限公司
经销者	新华书店
	730 毫米×980 毫米　16 开本　33.75 印张　662 千字 2016 年 9 月第 1 版　2016 年 9 月第 1 次印刷
定　　价	65.00 元

未经许可,不得以任何方式复制或抄袭本书之部分或全部内容。
版权所有,侵权必究
举报电话: 010-62752024　电子信箱: fd@pup.pku.edu.cn
图书如有印装质量问题,请与出版部联系,电话: 010-62756370

编者的话

曾友祥

受本书编写团队的委托,笔者特意写作"编者的话",将三十年来的教学心得奉献给本书读者。

笔者初学刑事诉讼法学的感觉是,除了概念、特点、意义是各章共有的内容以外,作为程序法学,刑事诉讼法学似乎没有什么规律可遵循,显得杂而乱。相反,与刑事诉讼法学对应的刑法学,却有由主体、客体、主观方面、客观方面所构成的犯罪构成理论,足以成为初学者掌握刑法学的门径。参照刑法学中的犯罪构成理论,笔者悟出了刑事诉讼的"程序构成论"。"刑事诉讼程序构成论"就是笔者要与后学者分享的心得了。

所谓刑事诉讼程序构成论,是指刑事诉讼程序由主体[1]、范围[2]、条件、保障、启动、审查[3]、处分[4]、救济[5]八要件构成。其中,主体、范围、条件、保障这四要件是程序的依托要件,启动、审查、处分、救济这四要件是程序的推进要件。

所谓依托要件,是指刑事诉讼程序必须依托于主体、范围、条件、保障这四要件才能存在。离开了主体、范围、条件、保障这四要件,无法讨论刑事诉讼程序。就主体而言,刑事诉讼程序总是依靠刑事诉讼法律关系主体行使诉讼权利、履行诉讼义务来启动、审查、处分、救济的。从实证角度看,世界各国刑事诉讼法在规定刑事诉讼程序时,无一例外地规定程序主体。换言之,刑事诉讼程序主体,即刑事诉讼法律关系主体,是刑事诉讼权利的享有者、刑事诉讼义务的承担者,也是刑事诉讼程序的启动者、审查者、处分者、救济者。就范围而言,刑事诉讼程序总是具有一定范围限定的,总是要对主体范围或者案件范围或者时间范围给予一定的限制。例如,本书中,"回避"一章,涉及回避的主体范围;"管辖"一章,就是专门讨论案件范围

---

[1] 刑事诉讼法学中,有刑事诉讼法律关系主体和刑事诉讼主体之分,此外的程序主体是指刑事诉讼法律关系主体,含参与刑事诉讼程序的所有国家机关和诉讼参与人,而不是仅仅包括国家机关和当事人。

[2] "范围"既包括程序适用的主体范围,也包括程序适用的案件范围,还包括程序适用的时间范围。

[3] "审查"包括审前程序和审后程序中的各种审查,也包括审判。其中,审前程序中的调查取证行为,由于其目的在于为审查而收集相关证据材料,也包括在审查要件当中。

[4] "处分"包括刑事诉讼中的国家机关的判决、裁定或决定行为。

[5] "救济"既包括刑事诉讼中的国家机关的抗诉、申请复议、申请复核行为,也包括参与人的申请复议、申诉、上诉行为。

的;"期间"部分则专门讨论时间范围;在"未成年人刑事诉讼程序""当事人和解的公诉案件诉讼程序""犯罪嫌疑人、被告人逃匿、死亡案件违法所得的没收程序""依法不负刑事责任的精神病人的强制医疗程序"部分中,范围问题都极为突出。就条件而言,程序的启动、审查、处分、救济,无一不涉及条件。启动、处分、救济都得有条件的限制,由于启动、处分、救济程序中必然存在审查程序,因此,条件也一定是审查时所必须审查的内容。换言之,启动得有启动的条件,处分得有处分的条件,救济也需要符合相关的条件,上述各种条件是审查的必然内容。由此可见,主体、范围、条件都是刑事诉讼程序的依托要件。就保障而言,由于刑事诉讼程序是依靠刑事诉讼法律关系主体行使诉讼权利、履行诉讼义务来启动、审查、处分、救济的,刑事诉讼法律关系主体(尤其是国家机关),很可能不适当地行使权利,也很可能拒不履行法定的义务,诉讼参与人的合法权利也很可能遭受侵犯,解决这些问题的有效路径,就是让保障机制成为刑事诉讼程序必不可少的依托要件。例如,为了防止国家机关违法取证,就得确立非法证据排除规则;为了防止侦查机关消极立案,就得确立强制立案制度;为了保障犯罪嫌疑人、被告人充分行使辩护权,就得确立委托辩护制度、法律援助制度,就得为犯罪嫌疑人、被告人行使辩护权提供机会。

所谓推进要件,是指刑事诉讼程序总是先有启动程序,再有审查程序,再有处分程序,再有救济程序,一步一步往前推进。启动意味着刑事诉讼程序的开始,审查是刑事诉讼程序的必经阶段,处分是审查所追求的目的,救济意味着对错误处分的补救措施。推进要件由启动、审查、处分、救济四要件构成,极容易理解,笔者不必赘述。在此仅强调一点,即应当处理好推进要件中的救济要件与依托要件中的保障要件的关系。虽然这两项要件,其根本目的是相同的,都是为了保证刑事诉讼程序的启动、审查、处分合法地进行,但是二者的侧重点和发挥作用的时段不同。依托要件中的保障要件,侧重点在于事前防患于未然,贯穿于启动、审查、处分、救济的程序全过程;推进要件中的救济要件,侧重点在于事后的补救,一定是在作出判决、裁定或决定等处分之后,涉及的相关机关或诉讼参与人对判决、裁定或决定不服或者认为其有错误时,才存在救济问题。需要特别指出的是,在救济中也需要保障。例如,为了让被告人一方充分行使上诉权这一救济性权利,法律就规定了"上诉不加刑"这一保障原则。

关于刑事诉讼程序构成论,对于刑事诉讼法学的研究者而言,至少对于笔者来说,首先,得承认刑事诉讼程序是存在构成理论的;其次,得思考刑事诉讼程序是由哪些必要因素构成的;再次,得从刑事诉讼程序构成论的角度去关注刑事诉讼立法的成败得失,为刑事诉讼立法的进一步完善提供参考意见;同时,也为刑事诉讼法学的研究提供一种新的思维路径。由于本书是教材,笔者不作过多的阐述。对于刑事诉讼法学的初学者而言,把握刑事诉讼程序时,应当从这八个方面去理解、思考,作为学习刑事诉讼程序的门径。笔者有两点建议:其一,在学习每一具体程序时,试着从刑事诉讼程序构成的八要件角度去理解和掌握该程序。其二,在通读全书,学完刑事诉讼法学的全部基础知识后,试着按照刑事诉讼程序构成的八要件对全书的知识点进行提炼和归纳,或许会有新的体会或收获。

(1) 主体。刑事诉讼程序主体,包括了刑事诉讼中的专门机关和诉讼参与人。对于专门机关而言,重点关注其组织结构、法律性质、在刑事诉讼中的地位、诉讼权利和诉讼义务①;对于诉讼参与人而言,重点关注其在刑事诉讼中的地位、诉讼权利和诉讼义务。根据《刑事诉讼法》及相关《解释》《规则》《规定》和《意见》,我国刑事诉讼法用了大量条款来规定刑事诉讼程序主体。首先,规定了刑事诉讼中的专门机关和诉讼参与人。其次,刑事诉讼的基本原则和基本制度中的大多数都用以规范刑事诉讼程序主体。再次,规定了管辖、回避、辩护与代理、证据、强制措施、附带民事诉讼、期间和送达、刑事诉讼程序从立案到执行的各阶段的具体主体。

(2) 范围。刑事诉讼程序中的范围,是刑事诉讼程序有限论的集中体现。主体范围的本质在于,在具体刑事诉讼程序中,对权利的享有者和义务的承担者界定;这一界定,使得权利与义务的对等原则具有了相对性,刑事诉讼程序中享有权利者未必承担相应义务,承担义务者也未必享有相应的权利。在刑事诉讼程序中,对权利享有者和义务承担者的界定,有时比权利与义务对等原则显得更为重要。案件范围的本质,在于根据案件的不同特性来确定案件的相关程序,例如,我国的自诉案件程序和公诉案件程序,法国的违警罪程序、轻罪程序、重罪程序等,都是案件特性决定了诉讼程序。时间范围的本质,在于为具体的程序设定合理的办案时间限制,既给予主体足够的办案时间,又要彰显程序的时效性。

(3) 条件。刑事诉讼程序中的条件通常都会从证据方面、事实方面、实体法方面、程序法方面四个角度加以界定;当然,针对着某一项具体的启动、处分、救济行为及审查中的内容而言,这四个方面的条件可能是必要条件,也可能是选择性的充分条件。②

刑事诉讼程序中的条件可以分为复合性条件或单一性条件③两类。在行使认

---

① 在刑事诉讼中,专门的国家机关的权力既表现为诉讼权利也表现为诉讼义务。表现为诉讼权利时,表明专门的国家机关有权进行某种行为;表现为诉讼义务时,表明专门的国家机关必须进行某种行为。例如,说人民法院享有审判刑事案件的权力,就意味着,人民法院有权利审判刑事案件;同时,也意味着人民法院不能拒绝审判刑事案件。在刑事诉讼中,专门的国家机关除了其权力包括有义务的内涵以外,还有单纯性的诉讼义务。例如,保障诉讼参与人充分行使其诉讼权利,就是专门的国家机关单纯性的诉讼义务,不具有权利的内涵。

② 从逻辑学上分类,条件被分为充分条件、必要条件、充分必要条件。从我国刑事诉讼法典来看,不存在充分必要条件的情况,存在的是必要条件和选择性的充分条件。必要条件的表述方式,通常是:具备 ABC 条件时,应当或者可以如何处理;这种表述方式中,A 或 B 或 C 都是作出此种处理的必要条件。选择性的充分条件的表述方式,通常是:具备下列情形之一的,应当或者可以作出什么处理;这种表述中,任何一种情形都是充分条件。

③ 从逻辑学角度讲,复合性条件中的每一项具体条件都是必要条件,而单一性条件则是充分条件。

定犯罪嫌疑人、被告人有罪的决定权、裁判权等实体处分权时,或者对犯罪嫌疑人、被告人行使强制措施权或强制侦查权等程序处分权时,要具备的往往是复合性条件,即要求同时具备两个以上条件。例如,我国《刑事诉讼法》第172条规定,人民检察院决定提起公诉时应当具备"犯罪嫌疑人的犯罪事实已经查清,证据确实、充分,依法应当追究刑事责任"的三项条件;我国《刑事诉讼法》第195条第1项规定,人民法院作出有罪判决时应当具备"案件事实清楚,证据确实、充分,依据法律认定被告人有罪"的三项条件;其他类似的决定权或裁判权的行使,大多也要具备类似的条件。不难看出,以上条件可以归纳为四个方面:第一,证据条件。如"证据确实、充分"。第二,事实条件。如"犯罪事实已经查清""案件事实清楚"。第三,实体法条件。如"依法应当追究刑事责任""依据法律认定被告人有罪"。第四,程序法条件。如我国《刑事诉讼法》第79条规定的逮捕条件中的"采取取保候审尚不足以防止发生下列社会危险性"。就文字表述上看,逮捕是为了"防止发生社会危险性",而其真正的内涵是防止犯罪嫌疑人、被告人逃避侦查、起诉和审判,防止其串供、隐匿、毁灭、伪造证据,防止其继续犯罪、自杀、逃跑以及发生其他意外事件,从而保证侦查、起诉和审判等诉讼活动的顺利进行;这显然出于程序的需要,是程序法条件。由此可见,在行使认定犯罪嫌疑人、被告人有罪的决定权、裁判权或者对犯罪嫌疑人、被告人行使强制措施权或强制侦查权时,应当同时具备证据条件、事实条件、实体法条件、程序法条件中的全部或者部分,形成复合性条件;究其原因,主要是这些权利可能限制甚至剥夺犯罪嫌疑人、被告人的人身自由权、财产权甚至生命权,法律不得不为这些权利的行使设定较高的条件。与之相反,在行使认定犯罪嫌疑人、被告人无罪的决定权、裁判权或者行使除强制措施权、强制侦查权,以及决定权和裁判权以外的其他权利时,由于不涉及限制、剥夺犯罪嫌疑人、被告人的生命权、人身自由权、财产权,或者只是较短时间内限制、剥夺犯罪嫌疑人、被告人的人身自由权、财产权,因此不需要太高的条件,其条件往往是单一性的。就行使认定犯罪嫌疑人、被告人无罪的决定权、裁判权而言,由于认定犯罪嫌疑人、被告人有罪的决定权、裁判权的行使必须同时具备复合条件中的所有必要条件,因此只要缺乏一个必要条件就不能决定或者裁判犯罪嫌疑人、被告人有罪,只能决定或者裁判犯罪嫌疑人、被告人无罪;换言之,缺乏决定或者裁判犯罪嫌疑人、被告人有罪的复合条件中的某一必要条件,就是行使认定犯罪嫌疑人、被告人无罪的决定权或者裁判权的单一条件。就行使除强制措施权、强制侦查权以及决定权、裁判权以外的其他权利而言,如任意性侦查中的取证权、审查起诉权、审理权、制约其他权利权等,其单一条件往往表现为特定的需要。例如,存在取证的需要时,国家机关即可行使取证权;存在起诉的需要时,起诉权主体即可行使审查起诉权;存在对起诉权主体提出的诉讼请求进行审查的需要时,法院即可行使审理权;发现其他权利主体违反实体法或者程序法的规定而行使权利,存在制约的需要时,发现者即可行使制约其他权利权。通过进一步分析，可以看出，这些特定需要来自于行使认定犯罪嫌疑人、被告人有罪的决定权、裁判权所必须具备的复合条件中的某一项，即或者是证据条件的需要，或者是事实条件的需要，或者是实体法条件的需要，或者是程序法条件的需要。

行使维护犯罪嫌疑人、被告人合法权益的辩护权和协助辩护权、辩护方的获得保障权和请求救济权，其条件是单一的，就是控诉方行使了具体的控诉权；换言之，只要有控诉时，就应当准许辩护方行使辩护权和协助辩护权、辩护方的获得保障权和请求救济权。

（4）保障。刑事诉讼程序中的保障，是指维护主体所享有的刑事诉讼权利或承担的刑事诉讼义务的法律保障。从实证角度看，对刑事诉讼权利或义务的保障分为国家机关刑事诉讼权利的自我保障、国家机关刑事诉讼义务的制约保障、诉讼参与人刑事诉讼权利的保障三种模式。

国家机关刑事诉讼权利的自我保障。国家机关的刑事诉讼权利是诉讼化的国家权力，以国家强制力作为其坚强的后盾，具有张扬的秉性，在刑事诉讼中处于强势地位，因此，各国法律对国家机关的刑事诉讼权利首先采用自我保障的机制。例如，对于任意侦查难以渗透的领域，法律就规定强制侦查手段来加以渗透；对可能妨害侦查、起诉、审判的犯罪嫌疑人、被告人，法律就赋予国家机关以强制措施权利来限制甚至剥夺其人身自由；为了保障国家审判权的充分行使，法律就赋予了审判权以神圣不可侵犯的崇高地位。就本质而言，国家机关刑事诉讼权利的自我保障的保障力量来源就是国家强制力，这种力量同时也是确保诉讼参与人履行其刑事诉讼义务的保障。

国家机关刑事诉讼义务的制约保障。以国家强制力作为后盾的国家机关的刑事诉讼权利还有一个不可忽视的秉性，就是蔑视法律规定的国家机关承担的刑事诉讼义务，这是国家机关刑事诉讼权利所具有的张扬秉性的变型表现，因此在法律上应当设置保障国家机关履行其刑事诉讼义务的制约机制。国家机关刑事诉讼义务存在诉讼权利义务一体化模式①和单纯性诉讼义务模式②两种模式，因此不仅要保障国家机关履行其单纯性的刑事诉讼义务而且还要保障其履行与刑事诉讼权利一体化的刑事诉讼义务；国家机关履行与刑事诉讼权利一体化的刑事诉讼义务，其

---

① 所谓刑事诉讼中的国家机关的诉讼权利和诉讼义务一体化，就是指刑事诉讼中的国家机关行使的权力。换言之，刑事诉讼中的国家权力既表现为诉讼权利，又表现为诉讼义务。例如，刑事审判权作为一种国家权力，既表现为人民法院的审判权利，意味着人民法院有权利对起诉到本法院的刑事案件进行审判；同时也表现为人民法院的审判义务，意味着人民法院有义务对起诉到本法院的刑事案件进行审判，即所谓法院不得拒绝审判。

② 所谓刑事诉讼中的国家机关的单纯性诉讼义务，是相对于国家机关诉讼权利义务一体化而言的，这种义务不具有权利的成分。例如，告知诉讼参与人享有哪些权利、承担哪些义务，就是国家机关的单纯性诉讼义务。

本质是保障国家机关行使法定的刑事诉讼权利。为了保障国家机关履行其法定的刑事诉讼义务,法律首先应当明确要求国家机关必须履行的刑事诉讼义务,其次还设置了国家机关相互制约、诉讼参与人制约和程序结构制约的三种保障机制。将国家刑罚权划分为侦查权、起诉权、审判权等的直接宗旨就在于相互制约;由于国家机关的刑事诉讼权利都以国家强制力作为后盾,因此国家机关的相互制约是国家机关履行刑事诉讼义务最有力的保障机制。无论是对国家机关履行追究犯罪义务,还是对国家机关维护刑事诉讼参与人合法权利的刑事诉讼义务,都有来自于刑事诉讼参与人的制约保障机制。例如,我国《刑事诉讼法》第 14 条"诉讼参与人对于审判人员、检察人员和侦查人侵犯公民诉讼权利和人身侮辱的行为,有权提出控告"的规定,就体现了诉讼参与人对国家机关履行"人民法院、人民检察院和公安机关应当保障犯罪嫌疑人、被告人和其他诉讼参与人依法享有的辩护权和其他诉讼权利"义务的制约。在单线型程序结构①、双杠型程序结构②、三角型程序结构③中,都存在保障国家机关履行刑事诉讼义务的制约机制。在单线型结构中,主要在后程序中审查前程序中的国家机关是否履行了法定刑事诉讼义务;在双杠型结构中,除了在后程序中审查前程序中的国家机关是否履行了法定刑事诉讼义务外,还存在辩护方参与人对国家机关履行法定刑事诉讼义务的制约保障机制;在三角型程序结构中,除了存在双杠型程序结构中的制约保障机制外,还存在裁判方在程序中的制约保障机制。

诉讼参与人刑事诉讼权利的制约保障。对诉讼参与人刑事诉讼权利的保障与对国家机关履行刑事诉讼义务的保障在现代刑事诉讼法律体系中具有同等重要的地位;从这个角度看,现代刑事诉讼法既是对国家机关履行刑事诉讼义务的保障法,又是对诉讼参与人刑事诉讼权利的保障法。正因为如此,各国刑事诉讼法对诉讼参与人刑事诉讼权利也设置了多层次、全方位的保障机制体系。如前文所述,在对国家机关履行刑事诉讼义务的制约保障机制中就已经存在对诉讼参与人刑事诉讼权利的保障机制,对此不再赘述,这里仅仅论述对诉讼参与人刑事诉讼权利的其他方面的保障机制。对诉讼参与人刑事诉讼权利的保障机制主要体现在三个方面:其一,为诉讼参与人提供行使刑事诉讼权利的平台。例如,为了保障犯罪嫌疑人、被告人充分行使辩护权,法律明确要求国家机关在刑事诉讼的各个阶段都必须会见犯罪嫌疑人、被告人,听取其辩护意见。其二,允许诉讼当事人及其法定代理人委托他人帮助当事人行使刑事诉讼权利。典型的例证就是法律所规定的委托辩

---

① 单线型程序结构,是指在没有辩护方参与人参加的情况下,国家机关办理刑事案件的程序流转结构。

② 双杠型程序结构,是指在辩护方参与人和国家机关形成对抗的情况下,刑事案件的程序流转结构。

③ 三角型程序结构,是指在辩护方参与人和控诉方国家机关或参与人形成对抗,审判方居中裁判的情况下,刑事案件的程序流转结构。

护制度和代理制度。其三,对诉讼参与人行使刑事诉讼权利的国家救济制度。例如,指定辩护制度和证人保护制度。

(5)启动。就我国的刑事诉讼法而言,启动这一构成要件,表现为两种情况。

其一,在立案程序和审判监督程序中,启动这一构成要件表现为信息或者材料来源。立案是我国刑事诉讼程序的开始阶段和必经阶段,是最早的程序,不可能存在比立案更早的程序作为其合法根据;同时,是否立案,由国家机关依照职权审查后决定。但是,国家机关不能凭想象或者主观臆断来审查决定立案,必须得有相关信息或者材料来源;在公诉案件中,这些相关信息或者材料来源包括报案、控告、举报、自首以及国家机关在办案过程中发现的犯罪材料,在自诉案件中,就是自诉人的起诉;这些相关信息或者材料来源,就成了刑事诉讼立案的启动要件。提起审判监督程序是人民法院或者人民检察院依职权决定的,但是,人民法院或者人民检察院也不能随心所欲地提起审判监督程序,也需要相关信息或者材料来源;因为审判监督程序适用的对象是裁判已经生效的案件,是否提起审判监督程序涉及生效裁判的既判力,涉及人民法院的权威,必须得慎重处理。提起审判监督程序的相关信息或者材料来源,既可能是司法机关在办案或者复查案件过程中发现的,也可能是当事人及其法定代理人、近亲属和有关的案外人在申诉中提出来的,还可能是各级人民代表大会的代表在纠正错案的议案、人民群众的来信来访或者机关、团体、事业单位和新闻媒体、网络等对生效裁判反映的意见中提出来的,都可以成为人民法院或者人民检察院提起审判监督程序的启动要件。

其二,提到"启动",当然就存在"被启动",从这个意义上讲,"启动"在本质上是"被启动"的后一程序的合法根据。在立案和审判监督程序以外的其他程序中,启动表现为后一程序的法律根据,没有启动这一法律根据,后一程序即构成违法。例如,没有立案作为根据,侦查就是违法的侦查;在此,立案即为侦查的启动要件。没有侦查机关的起诉意见作为根据,人民检察院的审查起诉就构成违法审查;在此,侦查终结中形成的起诉意见即为审查起诉的启动要件。没有人民检察院或者自诉人的起诉作为根据,人民法院的第一审程序的审判就构成违法;在此,人民检察院或者自诉人的起诉即为人民法院第一审程序的启动要件。没有合法的上诉或者抗诉,人民法院的第二审程序的审判就构成违法;在此,合法的上诉或者抗诉即为人民法院的第二审程序的启动要件。

(6)审查。审查这一构成要件,涉及审查的要求或者原则、审查的内容、审查的方式或者步骤。

就我国《刑事诉讼法》的规定来看,审查的要求或者原则分为全面审查、程序性审查和针对性审查三类。全面审查,既包括事实方面的审查,又包括法律方面的审查,其中,事实方面的审查既包括证据方面的审查又包括对事实认定的审查,法律方面的审查既包括实体方面的审查又包括程序法方面的审查,其实质在于不受启动本程序的范围的限制。例如,我国刑事诉讼中的第二审程序中,就要求"第二审人民法院应当就第一审判决认定的事实和适用法律进行全面审查,不受上诉或者抗诉范围的限制。共同犯罪的案件只有部分被告人上诉的,应当对全案进行审查,一并处理。"程序性审查,是指有法律规定的情况下,只允许对程序性问题进行审查,不允许审查证据是否确实的问题、案件事实是否确实的问题和实体法的适用是否正确的问题。就我国目前的情况看,仅仅在人民法院对人民检察院提起公诉的案件进行开庭前的审查时,有此要求,以防止开庭前审查的实质化而导致开庭审判中的形式化。针对性审查,是指为了作出某项具体的决定,仅仅审查是否具备作出该项决定的条件。这种审查中所针对的条件,既可能是单一的实体性问题,也可能是单一的程序性问题,还可能是单一的证据问题。例如,在我国审查是否应当回避时,仅仅审查是否存在应当回避的情形;审查是否应当刑事拘留时,仅仅审查现行犯或者重大嫌疑分子是否具有《刑事诉讼法》第80条所规定的情形之一。

就审查的内容而言,无疑会围绕着作出处分的条件来展开,因为审查的目的就是为了作出判决、裁定、决定等处分。至于审查的具体内容,根据审查的要求或者原则不同而存在差异。全面审查的要求或者原则当中,审查的内容一定包括证据问题、事实问题、实体法问题、程序法问题,比较典型的如侦查机关在侦查终结中的审查、人民检察院审查起诉中的审查、人民法院开庭审判中的审查、第二审程序中的审查、死刑复核程序中的审查、审判监督程序中的审查。程序性审查当中,根据我国《刑事诉讼法》第181条的规定,其审查内容仅限于起诉书中有没有"明确的指控犯罪事实",至于该犯罪事实是否清楚、是否有确实充分的证据予以证明、被告是否真的有罪等实体问题和事实问题,都不在审查内容之列。针对性审查当中,作出某项决定的条件是什么,其审查内容就是什么,换言之,审查的内容就是作出某项决定的单一条件。

就审查的方式或者步骤而言,可以分为两种情况:一种情况是尚无形成书面材料时的审查方式或者步骤。在侦查或者调查取证的基础上,对个别证据进行审查判断和综合全案证据进行审查判断。对个别证据进行审查判断,重点在于审查每个证据的真实性、相关性和合法性;综合全案证据进行审查判断,重点在于审查根据全案证据能否认定案件事实。另一种是已经形成书面材料时的审查方式或者步骤。人民检察院审查起诉时的审查步骤或者方式,是这种情况的审查方式或者步骤的典型代表,即审阅案卷材料、讯问犯罪嫌疑人或被告人、听取被害人的意见、听取辩护人和诉讼代理人的意见、补充调查或侦查。

(7) 处分。刑事诉讼中的处分,是指刑事诉讼中的国家机关经过审查后,认为符合某种条件,所作出的判决、裁定或决定。就处分的本意而言,还应当包括诉讼参与人对自己权利的处分,如撤诉、反诉、调解、和解、上诉等,但是,在刑事诉讼中,诉讼参与人的这些行为均需经国家机关的审查后再作出是否同意的处分,方能产生诉讼参与人所追求的诉讼目的,诉讼参与人的这些行为在本质上成了国家机关某种诉讼行为的启动因素或者合法根据,因此,笔者所谓的处分仅仅指刑事诉讼中国家机关作出的判决、裁定或决定。关于判决或裁定或决定的概念、种类、文书的制作,以及三者之间的区别,请参见本书"第一审程序"中的"判决、裁定和决定"的相关内容,在此不再赘述。

(8) 救济。刑事诉讼中的救济,是指在作出判决、裁定或决定等处分之后,相关的国家机关认为某处分确有错误,或者相关的诉讼参与人对某处分不服,请求变更该处分的行为。救济可以分为两类:

一是对人民法院的判决和裁定的救济,包括上诉、申请抗诉、申诉、抗诉。对此,我国《刑事诉讼法》有明确规定。诉讼参与人的救济途径有:第 216 条第 1、2 款规定:"被告人、自诉人和他们的法定代理人,不服地方各级人民法院第一审的判决、裁定,有权用书状或者口头向上一级人民法院上诉。……附带民事诉讼的当事人和他们的法定代理人,可以对地方各级人民法院第一审的判决、裁定中的附带民事诉讼部分,提出上诉。"第 218 条规定:"被害人及其法定代理人不服地方各级人民法院第一审的判决的,自收到判决书后 5 日以内,有权请求人民检察院提出抗诉。人民检察院自收到被害人及其法定代理人的请求后 5 日以内,应当作出是否抗诉的决定并且答复请求人。"第 241 条规定:"当事人及其法定代理人、近亲属,对已经发生法律效力的判决、裁定,可以向人民法院或者人民检察院提出申诉,但是不能停止判决、裁定的执行。"人民检察院的救济途径有:第 217 条规定:"地方各级人民检察院认为本级人民法院第一审的判决、裁定确有错误的时候,应当向上一级人民法院提出抗诉。"第 243 条第 3 款规定:"最高人民检察院对各级人民法院已经发生法律效力的判决和裁定,上级人民检察院对下级人民法院已经发生法律效力的判决和裁定,如果发现确有错误,有权按照审判监督程序向同级人民法院提出抗诉。"

二是对公安、司法机关的决定的救济。无论是针对不批准逮捕的决定,还是针对不起诉决定,公安机关认为人民检察院作出的决定有错误的,先向作出该决定的人民检察院要求复议;如果意见不被接受,可以向上一级人民检察院提请复核。诉讼参与人对公安、司法机关的决定的救济途径,有申请复议和申诉两种。控告人对不立案决定不服的,可以申请复议;此外,申请复议通常适用于不服那些仅仅解决程序问题的决定,例如,对驳回申请回避的决定,当事人及其法定代理人可以申请复议一次。申诉通常适用于不服那些既解决实体问题又解决程序问题的决定,例如,被不起诉人不服酌定不起诉决定时,可以向人民检察院申诉;被害人不服不起诉决定时,可以向上一级人民检察院申诉,请求提起公诉;人民检察院的不起诉决定,显然既解决了实体问题,又解决了程序问题。

目　录

第一编　总　　论

第一章　概论 ... 1
第一节　刑事诉讼 ... 3
一、刑事诉讼的概念（3）　　二、刑事诉讼的特征（4）
第二节　刑事诉讼法 ... 5
一、刑事诉讼法的概念和性质（5）　　二、刑事诉讼法的渊源（6）
三、刑事诉讼法与民事诉讼法、行政诉讼法的关系（8）
第三节　刑事诉讼法的历史沿革 ... 9
一、外国刑事诉讼法的历史沿革（9）　　二、中国刑事诉讼法的历史沿革（23）
第四节　刑事诉讼法的制定目的、根据和任务 ... 34
一、刑事诉讼法的制定目的（34）　　二、刑事诉讼法的制定根据（35）
三、刑事诉讼法的任务（36）
第五节　刑事诉讼法学 ... 38
一、刑事诉讼法学的研究对象和研究方法（38）
二、刑事诉讼法学的基本范畴（40）

第二章　专门机关和诉讼参与人 ... 47
第一节　概述 ... 49
第二节　专门机关的组织体系 ... 50
一、人民法院的组织体系（50）　　二、人民检察院的组织体系（55）
三、公安机关的组织体系（56）
第三节　专门机关的性质、地位和职责 ... 56
一、人民法院的性质、地位和职责（56）

二、人民检察院的性质、地位和职责（57）

　　三、公安机关的性质、地位和职责（58）

　　四、其他专门机关的性质、地位和职责（58）

第四节　当事人 ··· 58

　　一、被害人（59）　　　　　　　二、自诉人（60）

　　三、犯罪嫌疑人、被告人（60）　　四、附带民事诉讼原告人（62）

　　五、附带民事诉讼被告人（63）　　六、单位参与人（63）

第五节　其他诉讼参与人 ·· 65

　　一、法定代理人（65）　　　　　二、辩护人（66）

　　三、诉讼代理人（68）　　　　　四、证人（69）

　　五、鉴定人（69）　　　　　　　六、翻译人员（70）

第三章　刑事诉讼基本原则 ·· 73

第一节　概述 ·· 76

　　一、刑事诉讼基本原则的内涵（76）　二、我国刑事诉讼基本原则体系（77）

第二节　刑事诉讼与其他诉讼共有的基本原则 ······················ 78

　　一、以事实为依据，以法律为准绳原则（78）

　　二、依靠群众原则（79）

　　三、公民在适用法律上一律平等原则（81）

　　四、各民族公民有权使用本民族语言文字原则（82）

　　五、保障诉讼参与人的诉讼权利原则（84）

第三节　刑事诉讼特有的基本原则 ·· 85

　　一、侦查权、检察权、审判权由专门机关依法行使原则（85）

　　二、人民法院、人民检察院依法独立行使职权原则（87）

　　三、分工负责、互相配合、互相制约原则（89）

　　四、人民检察院依法对刑事诉讼进行法律监督原则（91）

　　五、犯罪嫌疑人、被告人有权获得辩护原则（93）

　　六、未经人民法院依法判决不得确定有罪原则（95）

　　七、依照法定情形不予追究刑事责任原则（97）

　　八、追究外国人刑事责任适用我国刑事诉讼法原则（98）

第四章　管辖 ·· 103

第一节　概述 ·· 106

　　一、管辖的概念（106）　　　　二、确定管辖的原则（107）

　　三、管辖的意义（107）

第二节　立案管辖 ··· 108
　　　　一、公安机关受理的案件（108）　　二、人民检察院直接受理的案件（109）
　　　　三、人民法院直接受理的案件（111）
　　第三节　审判管辖 ··· 113
　　　　一、级别管辖（114）　　　　　　　二、地域管辖（118）
　　　　三、指定管辖（120）　　　　　　　四、专门管辖（121）

第五章　回避 ··· 129
　　第一节　概述 ··· 131
　　第二节　回避的人员范围、理由与种类 ····························· 133
　　　　一、回避的人员范围（133）　　　　二、回避的理由（134）
　　　　三、回避的种类（137）
　　第三节　回避的程序 ·· 138
　　　　一、回避申请的提出（138）
　　　　二、回避的审查、决定和宣布（139）
　　　　三、对驳回申请回避决定的复议（140）
　　　　四、回避的效力（141）

第六章　辩护与代理 ·· 143
　　第一节　辩护制度概述 ··· 145
　　　　一、辩护、辩护权（145）　　　　　二、辩护制度及其历史沿革（146）
　　　　三、辩护制度的意义（149）
　　第二节　我国辩护制度的基本内容 ···································· 151
　　　　一、辩护的种类（151）　　　　　　二、辩护人的范围（152）
　　　　三、辩护人的责任与诉讼地位（154）
　　　　四、辩护人的诉讼权利和诉讼义务（155）
　　第三节　刑事诉讼代理 ··· 157
　　　　一、刑事代理制度概述（157）　　　二、刑事诉讼中的代理种类（157）
　　第四节　法律援助制度 ··· 159
　　　　一、法律援助制度概述（159）
　　　　二、我国刑事法律援助制度及其意义（159）
　　　　三、法律援助的范围（161）
　　　　四、法律援助的申请、审查及其实施（161）

第七章 强制措施 ……………………………………………………… 163

第一节 概述 …………………………………………………………… 166
一、强制措施的概念及特征（166） 二、强制措施体系（167）
三、强制措施的适用原则（167） 四、强制措施的意义（168）

第二节 拘传 …………………………………………………………… 169
一、拘传的概念、特征及意义（169）
二、拘传的适用条件（169） 三、拘传的程序（170）

第三节 取保候审 ……………………………………………………… 170
一、取保候审的概念、特征及意义（170）
二、取保候审的条件（171） 三、取保候审的程序（173）

第四节 监视居住 ……………………………………………………… 175
一、监视居住的概念、特征及意义（175）
二、监视居住的适用对象（176） 三、监视居住的场所（176）
四、监视居住的程序（177）
五、被监视居住人应当遵守的规定及违反的后果（178）

第五节 拘留 …………………………………………………………… 179
一、拘留的概念、特征及意义（179）
二、拘留的条件（180） 三、拘留的程序（180）

第六节 逮捕 …………………………………………………………… 182
一、逮捕的概念、特征及意义（182）
二、逮捕的条件（183） 三、逮捕的程序（185）
四、人民检察院对逮捕的监督（188）
五、逮捕等强制措施不当的变更和救济（189）

第八章 附带民事诉讼 …………………………………………………… 191

第一节 附带民事诉讼的概念和意义 ………………………………… 194
一、附带民事诉讼的概念和特点（194）
二、附带民事诉讼的意义（195）

第二节 附带民事诉讼的成立条件 …………………………………… 196
一、附带民事诉讼必须以刑事诉讼的成立为前提条件（196）
二、附带民事诉讼原告适格（196）
三、附带民事诉讼必须有明确的被告和具体的诉讼请求（197）
四、刑事被告人的犯罪行为给被害人造成了物质损失（198）

第三节 附带民事诉讼的程序 ………………………………………… 200
一、附带民事诉讼的提起（200）

二、附带民事诉讼的审理（201）

第九章　期间、送达 ……… 207
第一节　期间 ……… 209
　　一、概述（209）　　　　　　二、期间的计算（210）
　　三、法定期间（214）
第二节　送达 ……… 219
　　一、送达的概念（219）　　　二、送达的意义（220）
　　三、送达的方式（221）　　　四、送达回证（222）

第十章　诉讼中止、诉讼终止 ……… 225
第一节　刑事诉讼的中止 ……… 228
　　一、刑事诉讼中止的概念和意义（228）
　　二、刑事诉讼中止的条件和程序（228）
第二节　刑事诉讼的终止 ……… 229
　　一、刑事诉讼终止的概念和意义（229）
　　二、刑事诉讼终止的条件和程序（230）

第二编　证　据　论

第十一章　刑事诉讼证据制度的一般理论 ……… 233
第一节　刑事诉讼证据 ……… 236
　　一、刑事诉讼证据概念（236）　　二、刑事诉讼证据的本质属性（237）
　　三、刑事诉讼证据的意义（240）
第二节　刑事诉讼证据制度 ……… 240
　　一、刑事诉讼证据制度的理论基础（240）
　　二、刑事诉讼证据制度的基本原则（241）
第三节　刑事诉讼证据规则 ……… 243
　　一、概述（243）　　　　　　二、非法证据排除规则（244）
　　三、传闻证据排除规则（246）　　四、意见证据规则（249）
　　五、补强证据规则（251）

第十二章　刑事诉讼的证据种类、分类 ……… 257
第一节　证据种类 ……… 260
　　一、物证（260）　　　　　　二、书证（262）
　　三、证人证言（264）　　　　四、被害人陈述（266）

五、犯罪嫌疑人、被告人供述和辩解（267）
         六、鉴定意见（268）
         七、勘验、检查、辨认、侦查实验等笔录（269）
         八、视听资料、电子数据（271）
      第二节 证据分类 …………………………………………………… 272
         一、原始证据与传来证据（273）　　二、言词证据与实物证据（273）
         三、控诉证据与辩护证据（274）　　四、直接证据与间接证据（274）

   第十三章 刑事诉讼证明 …………………………………………… 279
      第一节 概述 ………………………………………………………… 282
      第二节 证明责任 …………………………………………………… 282
         一、证明责任的概念（282）　　　　二、证明责任的承担（283）
      第三节 证明对象 …………………………………………………… 284
         一、证明对象的概念与意义（284）　二、证明对象的范围（284）
      第四节 证明标准 …………………………………………………… 287
         一、证明标准的概念（287）　　　　二、我国刑事诉讼中的证明标准（287）
         三、证据不足案件的处理（289）

第三编　程　序　论

   第十四章 立案 ……………………………………………………… 293
      第一节 概述 ………………………………………………………… 295
         一、立案的概念（295）　　　　　　二、立案的意义（296）
      第二节 立案的材料来源和条件 …………………………………… 297
         一、立案的材料来源（297）　　　　二、立案的条件（298）
      第三节 立案的程序 ………………………………………………… 300
         一、立案材料的接受（300）　　　　二、对立案材料的审查和处理（302）
      第四节 立案监督 …………………………………………………… 304

   第十五章 侦查 ……………………………………………………… 307
      第一节 概述 ………………………………………………………… 310
         一、侦查的概念（310）　　　　　　二、侦查的任务（310）
         三、侦查的法治原则（311）　　　　四、侦查的构造（313）
      第二节 侦查行为 …………………………………………………… 314
         一、讯问犯罪嫌疑人（315）　　　　二、询问证人和被害人（317）
         三、勘验、检查（318）　　　　　　四、搜查（321）

五、查封、扣押物证、书证（322）　　六、鉴定（323）

　　七、技术侦查（324）　　八、通缉（326）

　　九、辨认（327）

第三节　侦查终结 …………………………………………………………… 328

　　一、侦查终结的概念和条件（328）　　二、侦查终结的处理（328）

　　三、移送审查起诉的条件（329）　　四、撤销案件的条件（329）

　　五、侦查羁押期限（329）

第四节　补充侦查 …………………………………………………………… 331

　　一、补充侦查的概念和意义（331）　　二、补充侦查的种类和形式（331）

第五节　侦查监督 …………………………………………………………… 332

　　一、侦查监督的概念和意义（332）　　二、侦查监督的范围（332）

　　三、侦查监督的方式（333）

第十六章　起诉 ……………………………………………………………… 339

第一节　刑事起诉概述 ……………………………………………………… 341

　　一、起诉的概念（341）　　二、刑事起诉的分类和原则（342）

　　三、起诉的意义（343）

第二节　审查起诉 …………………………………………………………… 343

　　一、审查起诉的内容（344）　　二、审查起诉的步骤和方法（345）

　　三、审查起诉的期限（348）

第三节　决定起诉 …………………………………………………………… 348

　　一、决定提起公诉（348）　　二、决定不起诉（349）

第四节　提起公诉 …………………………………………………………… 354

　　一、制作起诉书（354）

　　二、人民检察院提起公诉的案件，应当向人民法院移送起诉书、
　　　　案卷材料和证据（355）

第五节　支持公诉 …………………………………………………………… 356

第十七章　第一审程序 ……………………………………………………… 359

第一节　概述 ………………………………………………………………… 362

　　一、刑事审判的含义（362）　　二、刑事审判的任务（363）

　　三、刑事审判的基本制度（363）

第二节　公诉案件第一审程序 ……………………………………………… 370

　　一、公诉审查（370）　　二、庭前准备和庭前会议（372）

　　三、庭审程序（374）　　四、庭审笔录（385）

　　五、庭审录音录像（385）　　六、法庭秩序（386）

七、审判障碍（387）　　　　　　　八、审理期限（389）
　第三节　自诉案件第一审程序…………………………………………389
　　　一、自诉案件的概念和范围（389）　二、受理自诉案件的条件（390）
　　　三、自诉案件的提起和受理程序（391）　四、自诉案件的审理（392）
　第四节　简易程序………………………………………………………393
　　　一、简易程序的概念和意义（393）　二、简易程序的适用范围及例外（394）
　　　三、简易程序的特点（395）
　第五节　判决、裁定和决定……………………………………………396
　　　一、判决（396）　　　　　　　　二、裁定（398）
　　　三、决定（399）

第十八章　第二审程序……………………………………………………403
　第一节　概述……………………………………………………………405
　　　一、第二审程序的概念（405）　　二、第二审程序的特征（406）
　　　三、第二审程序的意义（411）
　第二节　第二审程序的提起……………………………………………412
　　　一、上诉、抗诉的概念（412）　　二、提起第二审程序的主体（412）
　　　三、上诉、抗诉的理由（414）　　四、上诉、抗诉的期限（414）
　　　五、上诉、抗诉的方式和程序（415）
　第三节　第二审程序的审判……………………………………………416
　　　一、第二审程序的审理方式和程序（416）
　　　二、对上诉、抗诉案件的处理（418）
　　　三、对附带民事诉讼案件和对自诉案件的处理（419）
　　　四、对查封、扣押、冻结财物的处理（420）
　　　五、第二审案件的审判期限（422）

第十九章　死刑复核程序…………………………………………………427
　第一节　死刑复核程序的概念和意义…………………………………429
　　　一、死刑复核程序的概念（429）　二、死刑复核程序的意义（430）
　第二节　死刑立即执行案件的复核程序………………………………430
　　　一、死刑立即执行案件的核准权（430）
　　　二、死刑立即执行案件的复核（431）
　　　三、对死刑立即执行案件复核后的处理（433）
　　　四、发回重审的有关程序（433）
　　　五、关于保障律师辩护问题（434）

第三节　死刑缓期两年执行案件的复核程序…………………434
　　一、死刑缓期两年执行案件的核准权（434）
　　二、死刑缓期两年执行案件的复核（434）
　　三、对死刑缓期两年执行案件复核后的处理（435）

第二十章　审判监督程序………………………………………439
　第一节　审判监督程序的概念和意义…………………………441
　　一、审判监督程序的概念（441）　二、审判监督程序的意义（442）
　第二节　审判监督程序的提起…………………………………443
　　一、提起审判监督程序的材料来源（443）
　　二、提起审判监督程序的条件（444）
　　三、提起审判监督程序的机关（445）
　第三节　再审案件的审判程序…………………………………446
　　一、重新审判的法院（446）　二、重新审判的程序（447）
　　三、重新审判对再审案件的处理（449）

第二十一章　执行……………………………………………………453
　第一节　执行概述………………………………………………455
　　一、刑事执行的概念（455）　二、刑事执行的性质（456）
　　三、刑事执行的功能（456）　四、刑事执行的主体和客体（457）
　第二节　各种判决、裁定的执行………………………………459
　　一、死刑立即执行判决的执行（459）
　　二、死缓、无期徒刑、有期徒刑、拘役判决的执行（461）
　　三、有期徒刑缓刑、拘役缓刑判决的执行（462）
　　四、管制、剥夺政治权利判决的执行（463）
　　五、罚金、没收财产判决的执行（464）
　第三节　执行变更………………………………………………465
　　一、死刑执行的变更（466）　二、死刑缓期两年执行的变更（466）
　　三、减刑和假释（467）　　　四、暂予监外执行（469）
　　五、错判的发现和申诉的处理（470）
　第四节　执行监督………………………………………………470
　　一、执行监督概述（470）
　　二、人民检察院对执行死刑的监督（471）
　　三、人民检察院对暂予监外执行的监督（472）
　　四、人民检察院对减刑、假释的监督（472）

第二十二章 特别程序 ································· 475

第一节 未成年人刑事诉讼程序 ························ 477
一、未成年人刑事诉讼程序概述（477）
二、未成年人刑事诉讼程序的原则（479）
三、未成年人刑事诉讼程序的制度（481）
四、未成年人刑事诉讼的具体程序（484）

第二节 当事人和解的公诉案件诉讼程序 ················ 491
一、当事人和解的公诉案件诉讼程序概述（492）
二、与当事人和解相关的几个概念（492）
三、公诉案件当事人和解程序的适用条件和案件范围（494）
四、公诉案件当事人和解的程序操作（496）
五、各诉讼阶段对达成刑事和解协议案件的处理（497）

第三节 犯罪嫌疑人、被告人逃匿、死亡案件违法所得的没收程序 ········ 498
一、我国《刑事诉讼法》创设违法所得没收程序的背景（499）
二、违法所得没收程序的适用范围和条件（500）
三、处理违法所得没收程序案件的具体程序（501）

第四节 依法不负刑事责任的精神病人的强制医疗程序 ········ 503
一、精神病人强制医疗程序概述（504）
二、强制医疗程序的适用对象（506）
三、强制医疗的申请与审理程序（506）
四、人民检察院对强制医疗的决定和执行实行监督（509）

第五节 涉外刑事诉讼 ································ 509
一、涉外刑事诉讼概述（509）　　二、涉外刑事诉讼程序的原则（510）
三、涉外刑事诉讼中外国人国籍的确认（511）
四、涉外刑事诉讼有关立案侦查的特别规定（511）
五、涉外刑事诉讼强制措施的适用（511）
六、涉外刑事案件的审判和执行（512）

第六节 刑事司法协助程序 ···························· 513
一、刑事司法协助的概念和意义（514）　　二、刑事司法协助的主体（515）
三、刑事司法协助的依据和主权原则（515）
四、刑事司法协助的内容（516）　　五、引渡（517）

后记 ·· 520

第一编 总 论

第一章 概论

要点提示

- 什么是刑事诉讼?
- 刑事诉讼解决的是什么问题?
- 为什么要制定刑事诉讼法?
- 现代刑事诉讼法是怎样形成的?
- 怎样研究刑事诉讼法学?

【案例思考】

《折狱龟鉴》卷 5 记载的"张咏闻哭辨奸案",俗称"双钉案"。

宋朝尚书张咏曾经镇守四川。有一次,张咏经过一条弯曲小街时,听到了一个女人充满恐惧的哭声。他很好奇,这个女人为什么会如此害怕呢?他派人朝着传来哭声的方向找到了这个女人的住所,得知这个女人的丈夫刚刚病死。张咏又想,一日夫妻百日恩,一个刚刚死了丈夫的女人应该悲哀才对,怎么这个女人的哭声中只有恐惧而毫无悲哀呢,这个女人的丈夫难道不是病死的?于是,他又派出仵作前去验尸。仵作仔细验尸后,没有查出死因;回家后,仵作把查不出死因这事儿告诉了自己的妻子。仵作的妻子建议仵作前去打开死者的发髻查验,或许会有所发现;仵作按照自己妻子的指示验尸,果然在死者头颅中发现一枚大铁钉。根据仵作的汇报,张咏把刚刚死了丈夫的女人抓来拷问,这女人承认自己将大铁钉打入丈夫头颅,将丈夫杀死的。张咏打赏了仵作的妻子后,又想,这才奇怪呢,一个专门从事法医工作的仵作不知道死者头颅中有大铁钉,他妻子是一个足不出户的家庭妇女,怎么会知道死者头颅中有枚大铁钉呀?张咏将仵作的妻子抓来审问,经刑讯后,仵作的妻子说她也是用大铁钉打入其前夫头颅,将其前夫杀死的。张咏将刚杀死丈夫的女人和仵作的妻子一并处以死刑,在闹市区斩首示众。

请思考:

1. 弹劾式诉讼、纠问式诉讼以及近现代刑事诉讼模式,在程序的启动、诉讼的方式、国家机关及诉讼参与人在刑事诉讼中的地位、取证手段、执行程序等方面存在哪些差异?

2. 如果刑事诉讼法只是实现刑法的工具,为什么同样是处理刑事犯罪案件的刑事诉讼模式会存在这么大的差异?

第一节 刑事诉讼

一、刑事诉讼的概念

诉讼,是指原告针对被告,向裁判机关提出告诉,由裁判机关解决双方争议的活动。诉讼一词,东汉许慎在《说文解字》中说,"诉,告也","讼,争也"。从现代意义上讲,"诉",具有控告、起诉、上诉、申诉、抗诉等意思,是启动某种程序的活动。"诉",既然是"告"的意思,就必然产生谁来告、告谁、向谁告、怎么告的问题,换言之,就必然产生原告、被告、裁判者、告的程序等问题。"讼",言字旁边一个"公"字,言之于公,因此,其所谓的"争",是在公堂上争辩的意思,同样产生谁与谁争辩、由谁来定纷止争、争辩程序的问题,换言之,同样产生原告、被告、裁判者、争辩程序的问题。与"诉是启动某种程序的活动"相比较而言,"讼"更多地在强调某种程序的过程。无论是"告"还是"争",及二者合并在一起的"诉讼",在性质上显然是一种活动或者行为,同时也是一种过程或程序。

根据原告与被告争议的、需要由裁判机关解决的问题的不同性质,现代诉讼分为刑事诉讼、民事诉讼、行政诉讼三种。

我国的刑事诉讼,是指国家专门机关在当事人及其他诉讼参与人的参加下,依照法律规定的程序,解决犯罪嫌疑人、被告人刑事责任问题的活动。

▶ 二、刑事诉讼的特征

与其他的活动相比较,我国刑事诉讼的特征体现在法律关系主体、程序、解决的问题三个方面。

(1) 从法律关系主体来看,刑事诉讼是既有国家专门机关又有诉讼参与人参加的活动。刑事诉讼是国家专门机关行使对犯罪行为人进行刑事处罚的国家刑罚权的活动,因此必须有国家专门机关参加。国家专门机关通过行使立案侦查权、起诉权、审判权、执行权、法律监督权,来实现国家刑罚权。既然刑事诉讼是行使国家刑罚权的活动,就必须有可能被刑事处罚的犯罪嫌疑人、被告人参加。为了查明案件事实,或者维护相关当事人的合法权益,还可能有自诉人、被害人、附带民事诉讼的原告人和被告人等当事人参加刑事诉讼,还可能有辩护人、诉讼代理人、证人、鉴定人员、翻译人员、见证人等其他诉讼参与人参加。由于不同的国家专门机关和诉讼参与人在刑事诉讼中享有的诉讼权利和承担的诉讼义务不同,决定了他们在刑事诉讼中处于不同的诉讼地位。

(2) 从程序来看,刑事诉讼必须严格依照法律规定的程序进行。刑事诉讼活动的程序性以及程序的法定性,决定了刑事诉讼程序的有限性和确定性。以我国刑事公诉案件的诉讼活动为例,必须遵守法律规定的立案、侦查、起诉、审判、执行五大程序,每一个大程序又分为几个小程序。立案分为对立案材料的接受、审查、决定程序,侦查分为侦查破案、预审、侦查终结程序,起诉分为审查起诉、决定起诉、提起公诉、支持公诉程序,审判分为第一审、第二审、死刑复核、审判监督程序,执行分为交付执行、具体执行、执行变更程序。有一些小的程序又可以分为几个步骤。从程序价值角度看,有些程序是为了保障实现刑法,收集证据、查明案件事实、查获犯罪嫌疑人或被告人、控制犯罪嫌疑人或被告人而设定;有些程序是为了保障诉讼参与人的合法权益不受侵害,限制或规范国家机关权力,构建刑事诉讼活动中的局域秩序而设定,这些程序体现了不依附于刑法而存在的独立刑事诉讼价值。

(3)从解决的问题来看,刑事诉讼解决的核心问题是犯罪嫌疑人、被告人的刑事责任问题。虽然刑事诉讼中存在保障诉讼参与人的合法权益不受侵害,限制或规范国家机关权力的问题,但这些问题也是在解决犯罪嫌疑人、被告人刑事责任问题的过程中体现出来的。刑事诉讼解决的核心问题,当然是涉案的犯罪嫌疑人、被告人的行为是否构成犯罪、构成什么罪、应不应当对犯罪嫌疑人、被告人处以刑罚、处以什么刑罚的问题,即犯罪嫌疑人、被告人的刑事责任问题。刑事诉讼解决的核心问题,是刑事诉讼与民事诉讼和行政诉讼的根本区别所在。

第二节　刑事诉讼法

一、刑事诉讼法的概念和性质

刑事诉讼法,是指国家制定的规范国家专门机关和诉讼参与人进行刑事诉讼必须遵守的刑事程序法律规范的总和。强调刑事诉讼法是刑事法律规范,是为了与民事法律规范、经济法律规范、行政法律规范区别开来;强调刑事诉讼法是程序法律规范,是为了与刑事实体法即刑法区别开来;强调刑事诉讼法是刑事程序法律规范的总和,在于表明本书所指的刑事诉讼法是广义的刑事诉讼法,涵盖了一切关于刑事程序问题的法律规范,与仅仅指刑事诉讼法典的狭义的《刑事诉讼法》区别开来。

根据我国《刑事诉讼法》规定的体系来看,刑事诉讼法包括总则、立案侦查和提起公诉、审判、执行、特别程序共五个方面的内容。理论界通常把立案、侦查、提起公诉简称为审前程序,与审判程序和审后的执行程序并列,按照这一观点,刑事诉讼法包括总则、审前程序、审判程序、执行程序、特别程序五个方面内容。根据本书"编者的话"所提出的"刑事诉讼程序构成论"的观点,刑事诉讼法应当规范以下几个方面的内容:(1)主体方面,应当规范刑事诉讼法律关系主体的权利、义务、诉讼地位,以及限制或者剥夺犯罪嫌疑人、被告人人身自由的强制措施。(2)范围方面,应当规范与主体范围、案件范围、时间范围相关的问题。(3)条件方面,应当规范与证据、事实相关的证据种类、举证责任、证明标准,以及收集、审查、判断和运用证据的程序规则。(4)保障方面,应当规范刑事诉讼法律关系主体行使诉讼权利和履行诉讼义务所需要的保障措施。(5)推进要件方面,应当规范启动、审查、处分、救济的程序。

刑事诉讼法的性质,从不同的角度看,属于基本法、公法、程序法。

(1)基本法。我国的法律根据层次分为根本法、基本法和一般法律。根本法仅仅指宪法,基本法是指由全国人民代表大会通过的重要法律,一般法律是指由全国人民代表大会常务委员会通过的法律。我国《刑事诉讼法》是由全国人民代表大会通过的基本法。

（2）公法。按照其涉及国家和个人的关系来划分，法律可以分为公法和私法。公法是调整国家与个人之间关系的法律，私法是调整个人与个人之间关系的法律。刑事诉讼法是调整刑事诉讼中国家专门机关与诉讼参与人之间关系的法律，属于公法。

（3）程序法。按照其内容、作用来划分，法律可以分为实体法和程序法。与刑事实体法即刑法相对应，刑事诉讼法是刑事程序法。刑法和刑事诉讼法都是刑事诉讼活动不可或缺的法律。刑法解决刑事诉讼中定罪和量刑的标准问题。无论是犯罪的概念、基本特征、定罪的原则、犯罪构成理论，还是刑法对具体罪名的规定，都是为了解决涉案的犯罪嫌疑人、被告人的行为是否构成犯罪、构成什么罪的标准问题；刑法规定的量刑原则、量刑情节和对具体罪名的量刑幅度，都是为了解决是否应当对犯罪嫌疑人、被告人处以刑罚以及处以什么刑罚的标准问题。刑事诉讼法解决刑事诉讼中的程序问题，也就是解决前文已经讨论过的刑事诉讼程序的主体、范围、条件、保障、启动、审查、处分、救济的问题。

二、刑事诉讼法的渊源

根据《现代汉语词典》的解释，"渊源"一词，其本来意思是"比喻事情的本原"，如历史渊源、家学渊源。而刑事诉讼法的渊源，具有其特定含义，是指刑事诉讼法律规范的存在形式或表现形式，或者说，是刑事诉讼法律规范的载体。

1. 国家立法机关制定的法律

首先，系统规定刑事诉讼法律规范的《刑事诉讼法》，是我国刑事诉讼法的主要法律渊源。

其次，《宪法》既是《刑事诉讼法》的立法根据，又直接规定了一些刑事诉讼法的基本原则和制度，成为刑事诉讼法的法律渊源。这些基本原则和制度，主要包括人民法院依法独立行使审判权原则，人民检察院依法独立行使检察权原则，对一切公民在适用法律上一律平等原则，分工负责、互相配合、互相制约原则，使用本民族语言文字进行诉讼原则，犯罪嫌疑人、被告人有权获得辩护的原则，审判公开制度等。

再次，全国人民代表大会及其常务委员会制定的其他法律和决定中，有关刑事程序法律规范的部分，也是刑事诉讼法的渊源。这些法律和决定，包括《刑法》《人民法院组织法》《人民检察院组织法》《法官法》《检察官法》《警察法》《律师法》《国家安全法》《监狱法》《保护未成年人法》《未成年人犯罪预防法》《关于司法鉴定管理问题的决定》《关于国家安全机关行使公安机关的侦查、拘留、预审和执行逮捕的职权的决定》等。

2. 立法解释、司法解释、行政法规和规章

立法解释，是指立法机关根据立法原意，对法律规范具体条文的含义以及所使

用的概念、术语、定义所作的说明。其中,有关刑事程序的规范也是刑事诉讼法的渊源。司法解释,是指被授权作司法解释的最高人民法院、最高人民检察院对审判工作、检察工作中如何具体适用法律所作的解释、通知、批复等;其中,关于刑事诉讼法的解释、通知、批复,也是刑事诉讼法的渊源。行政法规,是指国务院颁布的行政法规;其中,有关刑事程序的规范也是刑事诉讼法的渊源。行政规章,是指国务院下属的部门就本部门业务工作中相关问题所作的规定;其中有关刑事程序的规范也是刑事诉讼法的渊源。

立法解释、司法解释、行政法规和规章中有关刑事程序的规范与国家立法机关制定的法律中有关刑事程序的规范相冲突时,以国家立法机关制定的法律的规定为准。

在中国,关于刑事程序的立法解释、司法解释、行政规章有时很难截然分开。例如,最高人民法院、最高人民检察院、公安部、国家安全部、司法部、全国人民代表大会常务委员会法制工作委员会《关于实施刑事诉讼法若干问题的规定》(以下简称《六机关规定》)。有时,关于刑事程序的司法解释和行政规章合并颁布,例如最高人民法院、最高人民检察院、公安部、国家安全部、司法部《关于进一步严格依法办案确保死刑案件质量的意见》和《关于办理刑事案件排除非法证据若干问题的规定》,最高人民法院、最高人民检察院、公安部、司法部《关于刑事诉讼法律援助工作的规定》。有时,关于刑事程序的立法解释、司法解释、行政法规和规章又单独颁布,例如最高人民法院《关于适用〈中华人民共和国刑事诉讼法〉的解释》(以下简称最高法《适用刑事诉讼法的解释》),最高人民检察院《人民检察院刑事诉讼规则(试行)》(以下简称最高检《刑事诉讼规则》),国务院《拘留所条例》,公安部《公安机关办理刑事案件程序规定》等。

3. 地方性法规

地方性法规,是指地方人民代表大会及其常务委员会颁布仅适用于本辖区内的法规;其中,有关刑事程序的规范也是刑事诉讼法的渊源。地方性法规中有关刑事程序的规范与国家立法机关制定的法律、立法解释、司法解释、行政法规和规章中有关刑事程序的规范相冲突时,地方性法规中的相关规范无效。

4. 国际条约

中国签署、批准加入的国际公约,其中有关刑事程序的规范也是刑事诉讼法的渊源。根据2009年4月13日国务院新闻办公室发布的《国家人权行动计划(2009—2010)年》和2010年9月发布的《2009年中国人权事业的发展》白皮书,中国已陆续加入了25项国际人权公约。其中,在2003年8月27日中国全国人民代表大会常务委员会批准的联合国《打击跨国有组织犯罪公约》和2003年12月10日中国签署的联合国《反腐败公约》当中,多处涉及刑事程序问题。1998年10月5日,中国政府签署了联合国《公民权利和政治权利国际公约》,尚待全国人民代表大会常务委员会批准。该《公约》中,有不少刑事程序的约定,例如,权利平等,司法救济,生命权的程序保障,禁止酷刑或施以其他残忍的、不人道的或侮辱性的待遇或刑罚,人身自由和安全的程序保障,独立、公正审判,无罪推定,不得强迫任何人自证其罪,一事不再审,辩护权的保障,对未成年人的特别保障等。

▶ 三、刑事诉讼法与民事诉讼法、行政诉讼法的关系

刑事诉讼法与民事诉讼法、行政诉讼法,作为三大诉讼法,必然有其共性。其根本的共性在于,它们都是程序法,必须要规范程序的构成要素,即必须规范程序的主体、范围、条件、保障以及程序的启动、审查、处分、救济八项要素。与上述八项要素相关,三大诉讼法规定了一些共同的原则、制度和具体程序。例如,司法机关依法独立行使职权原则,依靠群众原则,以事实为根据、以法律为准绳原则,对一切公民在适用法律上一律平等原则,人民检察院行使法律监督权原则,使用本民族语言文字进行诉讼的原则,保障诉讼权利原则,司法协助原则,审判公开制度,人民陪审制度,两审终审制度,第一审程序、第二审程序、审判监督程序、执行程序,处理方式采用判决、裁定和决定,三大诉讼法都存在。

由于三大诉讼法分别对应的刑事、民事、行政实体法不同,必然导致其主体、范围、条件、保障以及程序的启动、审查、处分、救济八项要素具备各自的特点。具体讲,三大诉讼法存在的区别主要表现为以下几个方面:

(1)解决的实体问题不同。刑事诉讼法对应刑法,解决的实体问题是犯罪嫌疑人、被告人的刑事责任问题。民事诉讼法对应民商法、经济法,解决的实体问题是平等的双方当事人之间的权利、义务的争议问题。行政诉讼法对应行政法,解决的实体问题是行政机关对行政管理相对人所实施的具体行政行为是否合法和适当的问题。

(2)诉讼主体存在差异。刑事诉讼法规定的国家机关为人民法院、人民检察院和公安机关,而民事诉讼法和行政诉讼法规定的国家机关为人民法院和人民检察院。刑事诉讼法规定的当事人为被害人、自诉人、犯罪嫌疑人、被告人以及附带民事诉讼的原告人、被告人,而民事诉讼法和行政诉讼法规定的当事人为原告、被告以及第三人。

(3)诉讼原则存在差异。由于刑事诉讼法对应的实体法要解决的问题不同以及规范的主体差异,刑事诉讼法规定的特有原则有:分工负责、互相配合、互相制约原则,人民法院统一定罪原则,犯罪嫌疑人、被告人有权获得辩护原则,具有法定情形不追究刑事责任原则,追究外国人刑事责任适用我国刑事诉讼法原则。民事诉讼法特有的原则有:当事人平等原则、处分原则、辩论原则等。行政诉讼法的特有原则有:对具体行政行为进行合法性审查原则、不适用调解原则等。

(4)证据制度存在差异。主要表现在举证责任和证明标准两方面的差异。就

举证责任而言，刑事诉讼法实行控诉方负举证责任，而被告方不负举证责任的原则；民事诉讼法实行"谁主张谁举证"的原则，提出主张的原告、被告都负有对自己主张举证的责任；行政诉讼法实行被告方负举证责任的原则。就证明标准而言，刑事诉讼的证明标准为犯罪事实清楚，证据确实、充分；民事诉讼的证明标准为"高度概然性"；行政诉讼的证明标准为事实清楚，证据确凿。

(5) 强制措施存在差异。主要表现在种类、性质、对象三个方面。刑事诉讼强制措施有拘传、取保候审、监视居住、拘留和逮捕，不具有处罚性质，只能适用于可能被追究刑事责任的犯罪嫌疑人、被告人。民事诉讼强制措施和行政诉讼强制措施的种类都包括训诫、罚款、拘留，行政诉讼强制措施还包括责令具结悔过，都具有处罚性质，适用于实施了妨碍民事诉讼或行政诉讼行为的所有人员，既可能是诉讼参与人，也可能是案外人。

(6) 诉讼程序存在差异。民事诉讼和行政诉讼只有立案程序、审判程序和执行程序，没有审判前的侦查程序。而刑事诉讼中，除了立案程序、审判程序和执行程序外，还存在审判前的侦查程序和起诉程序；在审判程序中，还存在不同于民事诉讼和行政诉讼的死刑复核程序以及未成年人刑事案件诉讼程序、当事人和解的公诉案件诉讼程序、犯罪嫌疑人或被告人逃匿或死亡案件违法所得的没收程序、依法不追究刑事责任的精神病人的强制医疗程序等特别程序。

第三节　刑事诉讼法的历史沿革

▶ 一、外国刑事诉讼法的历史沿革

(一) 外国刑事诉讼的立法沿革

1. 上古、中世纪①的刑事诉讼立法

在原始社会，不存在现代意义上的法律，当然也就不存在现代意义上的刑事诉讼立法，调整人们行为的规范是风俗习惯；风俗习惯既有实体性规范，也有程序性规范。

大约公元前2100年，汉穆拉比在担任古巴比伦王国的国王期间，组织制定了法典，后人称《汉穆拉比法典》。《汉穆拉比法典》是诸法合体的，没有实体法和程序法的明确区分，也没有刑事诉讼与民事诉讼的明确区分。根据《汉穆拉比法典》的规定，法律被视为神授，最高审判权由国王掌握，同时也设置有专门的法官、书记官、公证人来掌管审判事务；汉穆拉比国王将原来属于僧侣的审判权转移给了世俗

---

① 中世纪又称中古，大约公元500年到1500年。在欧洲，指从西罗马灭亡至哥伦布发现新大陆时期；在中国，指从汉唐至宋明时期。

的法官,当时的司法权与行政权尚无严格区分,世俗的法官由巴比伦城市中的行政长官和村镇首长担任。当时的审判程序和诉讼文件也较为完备。审判活动均在宫殿大门外和市区中公开进行,书记官将一切审判活动记录在泥土碑上。《汉穆拉比法典》还规定了控告、传唤证人、举证责任、法官责任、神明裁判等。

在法律的分类、法律的一般理论和实施方法等方面对后世影响极深的,还是古罗马人制定的罗马法。最初的罗马成文法为《十二铜表法》,共 105 条。其中,第一表共 9 条,是关于法庭对诉讼当事人进行传唤的规定;第二表共 4 条,是关于诉讼中审问的规定。除了《十二铜表法》以外,古罗马人还制定了《查士丁尼法典》,规定了完备的诉讼程序。罗马法昌盛时期,辩护律师制度也得到了较大发展。帕皮尼安、保罗和乌尔比安主持的法庭还确立了一系列法律原则、制度和规则。其中,"'已决事件被视为真理'(res judicate pro veritate habetur)的既判力原则、'举证责任在于确认之人而不在否认之人'(ei qui affirmat non ej qui negat incumbit probation)的举证原则、'兼听'(audi altera partem)的调查原则、'任何人不得在自己的案件中担任法官'(nemo judex in cause sua)的法官中立原则、'任何人都没有使自己牵连进刑事案件的义务'(nemo tenetur speipsum accusare)的反对自证其罪原则、'任何人不应受两次磨难'(nemo dat quod non habet)的禁止重复追究原则、'一切行为都被推定是正确地和严肃地作出'(omnia praesumuntur rite et solemniter esse acta)的理智推定原则等"①在现代刑事诉讼法中仍然得到普遍的确认。罗马法不仅为现代法律制度构造了框架,而且其确立的诉讼原则、制度、规则也成为了现代诉讼原则、制度和规则的主要来源之一,为意大利、法国、德国等大陆法系国家提供了借鉴的样板。罗马法的判例部分也促进了以英国为代表的英美法系判例法的形成。

公元 5 世纪至 9 世纪,在日耳曼部族原有习惯的基础上,欧洲又形成了在日耳曼国家中适用于日耳曼人的一系列法律规范总称的日耳曼法。日耳曼法在西欧法律发展史上占有重要地位,其确立的神明裁判制度和公开审判制度,对后世影响深远。其中,属于日耳曼法的《萨克森法典》规定,法院只能在白天进行审判,日落后不能行使审判权,现在有些国家将此类限制扩大到逮捕、搜查和讯问等程序。

公元 4 世纪至 15 世纪,借鉴罗马法和日耳曼法的一些法律原则和制度,形成了罗马天主教的教会法,成为欧洲中世纪的重要法律。教会法以《圣经》、宗教会议的决议、法令、法律集、教皇教令集为主要法律渊源。教会法规定了书面审理程序和代理制度,还规定提出证据之前必须宣誓,法官应当依据理性和良心进行审判,必须发自内心确信他所作出的判决。教会法确立了对后世大陆法系各个国家影响极大的纠问式诉讼程序。典型的例子是英诺森三世的教会法,规定公众告发或私

---

① 陈光中主编:《刑事诉讼法》,北京大学出版社、高等教育出版社 2013 年版,第 23—24 页。

人控告,法院可以对案件进行调查,从调查证据到执行刑罚,都由法官负责。教会法与罗马法、日耳曼法并称欧洲中世纪三大法律支柱。

从9世纪至18世纪,经历了由习惯法至罗马法再到王室立法的过程后,法国于1670年制定了《刑事诉讼法》。该法确立了司法审判先采用神明裁判和司法决斗后再采用法定证据的制度,还确立了纠问式诉讼和检察制度。

德国的法律深受日耳曼法和罗马法的影响。德国早期沿袭日耳曼人习惯法,采取弹劾式诉讼。德国1220年制定的《萨克森法典》就规定了刑事诉讼规则。德国1532年颁布的《加洛林纳法典》确立了纠问式诉讼制度,规定刑事诉讼分为侦查和审判两个阶段,实行有罪推定和刑讯逼供制度,审理不公开,判决分为有罪判决、无罪判决和存疑判决。

在俄国,11世纪颁布的《罗斯法典》是在习惯法和立法基础上的汇编,包含了刑事诉讼程序的内容。1497年颁布的《律书》(被称为"大公律书")和1550年颁布的《律书》(被称为"沙皇律书"或"第二律书")对法院的权力、诉讼费用、诉讼程序作了规定。1649年制定的《会典》规定了纠问式诉讼制度。1833年,俄国编纂的《俄罗斯帝国法律全书》也包含了刑事诉讼程序的内容;在修订《俄罗斯帝国法律全书》时,增补了1664年《审判条例》,对法定证据制度作了详细的规定。

日本的第一部成文法典《大宝律令》是以唐朝的《永徽律》为蓝本制定的,是诸法合体、以刑为主的法典,包含了刑事诉讼程序的内容。

作为英美法系的领军者,英国形成了不同于大陆法系国家的刑事诉讼法。1066年,威廉公爵在英国建立王权统治后,向各地派出巡回法官审判案件,巡回法官的判例使各地的习惯法逐渐归于统一,形成了适用于全国的普通法。后来在汇集习惯法或判例的基础上,又陆续制定了一些成文法。1215年6月15日,在诸侯的压力下,国王约翰签署了旨在限制国王权力的《自由大宪章》,其第38项规定:"任何自由人,如未经其同级贵族之依法裁判,或经国王判决,皆不得被逮捕、监禁、没收财产、剥夺法律保护权、流放,或加以任何其他损害。"[①]由此确立了正当程序(due process)原则。在英国,还确立了对抗制诉讼制度和陪审团制度。

2. 近现代的刑事诉讼立法

从17世纪开始,卢梭、孟德斯鸠等启蒙思想家提出的"天赋人权""人民主权""三权分立"等思想,奠定了西方近现代政治法律制度的理论基础。意大利贝卡利亚在1764年7月16日出版的《论犯罪与刑罚》一书,系统地提出了罪刑法定原则、罪刑相适应原则、刑罚人道化原则、无罪推定原则及废除刑讯等现代刑事法律的基本原则。启蒙思想家的思想和新兴的政治力量倡导的自由、理性、良心以及人道主义、尊重个人人格、保护个人人身权利、法律面前人人平等等理念,极大地影响了近

---

① 董云虎、刘武萍编著:《世界人权约法总览》,四川人民出版社1990年版,第21页。

现代刑事诉讼的立法。各国民主革命胜利后颁布的法律，都不同程度地确认了这些刑事法律原则。在英国，1676年颁布了《人身保护律》，1689年颁布了《权利法案》；在美国，1787年颁布了《美利坚合众国宪法》；在法国，1789年颁布了《人权和公民权宣言》（即《人权宣言》）。在其他不少国家，或者以宪法，或者以刑事诉讼法典，或者以单行法律方式，不同程度地确认了上述原则。以法国的《人权宣言》为例，规定了以下刑事诉讼原则：(1) 程序正当原则。第7条规定："除非在法律规定的情况下并按照法律所指示的手续，不得控告、逮捕、拘留任何人。"(2) 罪刑法定原则。第8条规定："法律只应规定确实需要和显然不可少的刑罚，而且除非根据在犯法前已经制定和公布的且系依法施行的法律以外，不得处罚任何人。"(3) 无罪推定原则。第9条规定："任何人在其被宣告为犯罪以前应被推定为无罪。"(4) 反对酷刑原则。第9条同时规定："即使认为必须逮捕，但为扣留其人身所不需要的各种残酷行为都应受到法律的严厉制裁。"

近现代刑事诉讼立法，以由法国皇帝拿破仑亲自主持编纂，于1808年12月公布的法国《刑事诉讼法》即《治罪法》最为经典。《治罪法》确立了职权主义的诉讼程序，建立了起诉、预审、审判职权公立的原则和依违警罪、轻罪、重罪分设法院的司法体系，规定了内心确信（Intime Conviction）的证据制度和一系列影响至今的诉讼原则、制度和规则。《治罪法》是近现代大陆法系国家刑事诉讼法的奠基石。《治罪法》在法国适用一个多世纪后，于20世纪50年代进行了大规模的修改，修改后于1962年3月1日对包括海外领地在内的全法国生效，该法后来又经过了1970年、1972年、1983年、1986年、1989年、1991年、1993年、2000年的多次修改。2000年6月15日的修改中，将1789年8月在《人权和公民权宣言》确定但一直未写进刑事诉讼法典的"无罪推定原则"，规定在《刑事诉讼法》的序言当中："每个犯罪嫌疑人或被追诉人在其被确认有罪之前均推定为无罪。侵害其无罪推定的行为，根据法律规定的条件防止、补救和惩处。"[1]同时，增加了"自由与羁押法官"的规定，以限制预审法官在决定先行羁押措施时的权力，对先行羁押措施实行双重监督。2007年3月5日，法国通过于2014年开始实施的《加强刑事程序衡平法》设立了预审合议庭，将一些原来由独任预审法官的职权改由预审合议庭来行使，限制了预审法官的权力；同时，加强了对被害人权利的保护，规定预审法官自侦查开始就承担告知被害人诉讼活动已经开始的义务。

1865年，意大利以法国的《治罪法》为蓝本制定了《刑事诉讼法典》，确立了无罪推定原则、自由心证原则以及由职业法官和非职业法官组成合议庭的陪审制度。1913年，修改后的《刑事诉讼法典》提高了被告人的诉讼地位，扩大了被告人的诉讼权利。由于意大利法西斯主义者掌握政权，意大利于1930年颁布的第三部《刑

---

[1] 陈光中主编：《21世纪域外刑事诉讼立法最新发展》，中国政法大学出版社2004年版，第6页。

事诉讼法典》强化了检控机关的权力,对被告人的权利则加以严格限制。1988年,意大利对《刑事诉讼法典》进行了大幅度的修改,制定了新的《刑事诉讼法典》,对传统的职权主义诉讼结构进行了根本性改革;进一步强化了对犯罪嫌疑人、被告人诉讼权利的保障,吸收了英美法系国家的对抗式诉讼制度,在庭审中实行交叉询问制度,同时也保留了大陆法系国家法官依职权进行调查的权力;此外,为了提高诉讼效率,还增设了多种简易、速决的程序。

德国于1877年颁布、1879正式施行的《刑事诉讼法典》,废除了德意志帝国成立之前地方邦国数百年来实行的警察专制基础之上的宗教法庭程序,限制了法官权力,实行公诉与审判分立,建立了检察机关,赋予并保障被告人在刑事诉讼中的辩护权。由于德国法西斯主义者掌握政权,1942年纳粹德国废除了司法独立原则;在柏林设置"人民法庭"专门审判叛国案,"人民法庭"由纳粹党员、党卫军和武装部队成员把持,进行审判秘密;法院组织和保障参与人权利的许多诉讼制度,都在"简化"的理由下被废止了。1997年,德国联邦法院在判决书中肯定了控辩双方协商的实践行为。2004年,德国通过了《被害人权利改革法》,对被害人权利给予专门保护。

1918年11月30日,经十月社会主义革命诞生的苏维埃政权宣布,完全禁止在诉讼文件中引用旧法令,确立了苏维埃刑事诉讼制度。苏联分别于1923年和1960年颁布了《苏俄刑事诉讼法典》,于1924年和1958年颁布了《苏联和各加盟共和国诉讼程序立法纲要》,确立了社会主义刑事诉讼制度。苏联解体后,1991年开始,俄罗斯对《苏俄刑事诉讼法典》进行了修订,继续加以沿用;1993年将陪审庭审理案件的程序作为单独的一编,列在原法典的后面,对于陪审团审理程序的适用范围、提起程序、陪审团的组成、陪审员的权利和义务、陪审团审理案件的庭审程序等作了规定。2001年,俄罗斯联邦国家杜马通过了《俄罗斯刑事诉讼法典》,规定在侦查阶段被确定为被告人者、被拘捕或受羁押的犯罪嫌疑人有权委托辩护人;还借鉴了美国的辩诉交易制度和其他国家的简易程序。

在亚洲,日本引领了刑事诉讼法近代化的进程。1880年,根据法国的《治罪法》,日本也制定了自己的《治罪法》。1890年和1922年,日本又分别重新制定了《刑事诉讼法》;日本1922年《刑事诉讼法》深受德国《刑事诉讼法典》的影响,但日本以起诉便宜主义原则取代了德国的起诉法定主义原则。1948年,日本以新宪法为依据并参照美国模式制定了新的刑事诉讼法,确定了起诉状一本主义和令状主义,废除了预审制,强化了公审中心主义和控辩双方的对抗作用,限制了口供的证据能力,限制传闻证据,赋予了被告人保释的权利,上诉审从原来的复审制改为事后审查制,使日本刑事诉讼制度得到进一步完善。2000年,日本制定的《关于以保护犯罪被害人等为目的的刑事程序附属措施的法律》,赋予了被害人旁听公开审判、阅览或复印审判记录等权利。近年来,日本还加强了对犯罪嫌疑人的权利保障,在 3 年以上惩役或禁锢、无期以及死刑案件中,允许犯罪嫌疑人在侦查阶段请求指派国选辩护人为其辩护。2004 年 5 月 21 日,日本国会通过了《关于裁判员参与刑事审判的法律》(简称《裁判员法》),该法于 2009 年 5 月 21 日正式实施。在刑事审判中,从市民中选出的裁判员与法官共同审理案件,形成了有别于英美法系国家陪审团制度的陪审制度。

英国以判例法为主,也制定了若干成文法,比较典型的有:1965 年的《刑事诉讼程序(证人出庭)法》、1974 年的《陪审团法》、1976 年的《保释法》、1984 年的《警察与刑事证据法》、1985 年的《犯罪起诉法》、1994 年的《刑事审判与公共秩序法》、1995 年的《刑事上诉法》、1996 年的《刑事诉讼和侦查法》、1997 年的《治安法官法》、2003 年的《刑事司法法》等。其中,1985 年的《犯罪起诉法》规定,自 1986 年 1 月 1 日起,警察在侦查终结后,应当将案件移交给刑事检察机关,由检察机关决定是否向法院起诉。2003 年的《刑事司法法》加强了对被害人权利的保护条款,例如,设定禁止双重危险的例外,以保护被害人权利;同时,改革了关于刑事诉讼中传闻证据可采性的规定及品格证据规则;还规定,在严重、复杂的欺诈案件中,其他某些复杂、时间长的案件中,以及陪审团可能遭受恐吓的案件中,可以不实行陪审团审判而直接由法官审理。2002 年,英国政府公布的《所有人的正义》(Justice for All)白皮书对英国的刑事司法也具有较大影响;白皮书强调应当增进对被害人权利的保护,刑事司法制度应当向有利于被害人和证人的方向寻求新的平衡。2004 年 2 月 24 日,英国上议院审议的《宪法改革法草案》中,第一次在法律上规定了政府的部长们负有尊重司法独立的义务。2009 年 10 月 1 日,英国根据 2005 年《宪制改革法案》第三章,成立了由 12 名法官组成的联合王国最高法院(Supreme Court of the United Kingdom),取代了上议院作为最高司法机关的地位,对英格兰、威尔士和北爱尔兰行使司法管辖权。

美国联邦最高法院在 1945 年制定了《联邦刑事诉讼规则》,后经过多次修改,多为原则性规定,调整范围限于从控告到判决的过程。1975 年 1 月 2 日,美国国会批准颁布了《联邦证据规则》,对有关证据的原则和制度作了详细的规定。自 20 世纪 50 年代起,在美国联邦最高法院首席大法官厄尔.沃伦的推动下,扩展了人权法案保障的权利范围并使其对各州产生了约束力。在美国,判例也是重要的刑事诉讼法渊源。其中,在 1961 年马普诉俄亥俄州案、1963 年吉迪温诉温赖特案、1966 年米兰达诉亚利桑那州案等著名判例中,强化了对被告人获得律师辩护、沉默权的保护和对非法证据的排除等诉讼制度,被称为美国司法史上的"正当程序革命"。2001 年"9·11"恐怖袭击事件后,美国通过了《爱国者法》(Patriot Act),为打击恐怖袭击等恶性犯罪,对有关司法程序进行了修改,放宽了羁押、监听、秘密侦查等的适用条件。

鉴于第二次世界大战期间法西斯主义肆虐人权的惨痛教训,第二次世界大战结束后,国际上相继制定了旨在保障人权的大量公约。其中,比较典型的有:1948年12月10日,联合国大会通过了人权委员会起草的《世界人权宣言》;1966年12月16日,联合国大会通过的《公民权利和政治权利国际公约》以及《公民权利和政治权利国际公约任意议定书》;为了上述宣言和公约,联合国大会及所属组织通过了一系列有关刑事司法的单项法律文件,以确立具体的刑事司法国际准则;根据《世界人权宣言》,世界各地区相继签署的与《世界人权宣言》内容大体相同的人权公约,如1950年11月4日《欧洲人权公约》、1969年11月22日《美洲人权公约》、1981年《非洲人权与民族权宪章》。这些公约确认了以下刑事诉讼的基本国际准则:(1)权利平等原则。(2)保证权利或自由被侵犯的人能得到有效的补救。(3)未经合格法庭的最后判决,不得执行死刑;被判处死刑的人有权要求赦免或减刑,对一切判处死刑的案件均得给予赦免或减刑。(4)禁止酷刑或施以残忍的、不人道的或侮辱性的待遇或刑罚。(5)对任何人不得任意逮捕或拘禁,除非依照法律所规定的根据和程序,任何人不得被剥夺自由。(6)对所有被剥夺自由的人,应给予人道或保障人格尊严的待遇。(7)所有人在法庭上一律平等。受刑事指控的人应当受到依法设立的合格的、独立的法庭进行公正的和公开的审判;均应受到刑事审判的最低限度保障,其中包括:迅速被告知指控的性质和原因,受审时间不得被无故拖延,有权在同等条件下向对他有利或不利的证人发问,免费获得翻译人员的帮助,有权由一个较高级别的法庭对其原来的定罪和刑罚依法进行复审。(8)受刑事指控的人享有辩护的权利。(9)对未成年人给予特别的保障。(10)任何受刑事控告者,在未依法证实其有罪之前,应被视为无罪。(11)不得强迫任何人作出不利于他自己的证言或承认自己犯罪。(12)根据新的或新发现的事实确实表明发生了错误判决,已有的定罪被推翻或被赦免的,因这种定罪而被处以刑罚者应依法得到赔偿。自21世纪以来,为了加强打击犯罪的国际合作,联合国于2000年11月15日通过的《打击跨国犯罪公约》和2003年10月31日通过的《反腐败公约》中,也涉及一些刑事程序规范。

(二)外国刑事诉讼模式的沿革

刑事诉讼模式,是指追诉方、被追诉方、裁判方在刑事诉讼中的地位及诉讼结构的外在表现体系。不同的刑事诉讼模式的区分点,从主体角度看,主要表现在追诉方、被追诉方、裁判方在刑事诉讼中的地位和相互关系方面;从诉讼结构角度看,表现在程序的启动、程序是否公开、认定事实和裁判的标准方面。在奴隶制社会和封建制社会早期形成的是弹劾式诉讼(又称控告式诉讼),继弹劾式诉讼之后出现并盛行于欧洲中世纪后期的是纠问式诉讼(又称审问式诉讼)。近现代刑事诉讼模式,是在吸收弹劾式诉讼和纠问式诉讼的基础之上形成的,被称为混合式诉讼;总体来讲,在近现代刑事诉讼的审前程序中,主要吸收了纠问式刑事诉讼中的国家机关依职权诉讼、被追诉者地位低下、不告不理、诉讼不公开等特点,在近现代刑事诉讼的审判程序中,主要吸收了弹劾式刑事诉讼中的控辩双方平等对抗、审判者居中裁判、不告不理、诉讼公开等特点。

1. 弹劾式诉讼与纠问式诉讼

盛行于欧洲中世纪中后期的纠问式刑事诉讼,是在完全否定盛行于奴隶制社会和封建制社会早期的弹劾式刑事诉讼基础之上产生的,因此,两者的差别极为明显。

首先,程序的启动不同。弹劾式诉讼遵循的是"没有告诉人就没有法官"的不告不理原则。控诉与审判职能分离,控诉由私人提起,法官受理刑事案件时,处于完全被动的状态。纠问式诉讼遵循的是"主动追究"的不告也理原则。法官受理案件刑事案件时,处于主动地位,有人控诉,法官可以受理案件,没有人控诉,法官依照职权发现犯罪时仍然可以受理案件;控诉不是审判的必要前提,控诉权和审判权可以由法官同时行使。

其次,程序的推进不同。弹劾式诉讼中的审判以言词辩论方式推进。提出诉讼主张的当事人对自己提出的主张承担举证责任,对方当事人有反驳的权利,双方可以相互对质、展开辩论,在古罗马甚至可以委托他人为自己辩论;传唤证人由当事人负责,法官不参与任何调查取证工作,只负责听取双方当事人提供的情况,在此基础之上作出裁判,或者进行神明裁判。纠问式诉讼中的审判以法官纠问方式推进。法官在法庭上可以审问原告人、被告人和证人等与案件有关的任何人,以查明案件情况,还可以依法对被告人进行刑讯。刑讯一般有两种情况:一种是在判决之前,对拒绝认罪或保持沉默的被告进行刑讯。例如,根据法国1670年的敕令,已经取得的证据还不足以对被指控犯有死罪的被告人作出有罪判决时,可以对被告人进行刑讯。另一种是对已经被判处死刑的犯人进行刑讯,迫使其供出同伙。

再次,程序的透明度不同。弹劾式诉讼中,审判活动原则上要求公开进行。纠问式诉讼中,不仅审前的调查取证活动是秘密进行的,而且法庭审判活动原则上也不公开进行。

复次,裁判的终极标准不同。弹劾式诉讼中,裁判的终极标准是神明启示。法官听取双方当事人的陈述后,如果能作出裁判时就直接作出裁判,如果难以作出裁判时就通过法定的方式进行神明裁判,最后以神明裁判所体现出来的神明旨意作为裁判的终极标准。纠问式诉讼中,裁判的终极标准是符合法律规定的形式。根据法定证据制度,法官只要收集到符合法律规定的能够证明被告有罪的证据,无论这些证据是否真实,都可以作出有罪判决。

最后,主体的地位不同。弹劾式诉讼中,原告人、被告人都是推进诉讼的诉讼主体,双方在法庭上地位平等、权利对等,而法官只是消极的仲裁者。纠问式诉讼中,原告人、被告人、证人等都不具有诉讼主体资格,被告人更是没有诉讼权利只有诉讼义务的诉讼客体,是法官查明案情的工具,而法官则集控诉职能和审判职能于一身。

2. 近现代刑事诉讼模式

与弹劾式刑事诉讼和纠问式刑事诉讼相比，近现代刑事诉讼具有以下共同特点：控诉与审判权分离，被告人享有辩护权，形成了控、辩、审三角格局；当事人具有诉讼主体地位，享有法律赋予的诉讼权利；在程序的启动方面，审前程序中遵循"主动追究"的不告也理原则，审判程序中遵循"没有告诉人就没有法官"的不告不理原则；在程序的透明度方面，审前程序中相对秘密，审判程序中遵循审判公开原则。由于不同国家的刑事诉讼中在强调国家职权和强调个人权利方面存在差异，近现代刑事诉讼模式又分为了大陆法系国家的职权主义模式、英美法系国家的当事人主义模式和以日本、意大利为代表的折衷主义模式。

职权主义模式与当事人主义模式区别的关键点在于，法律对刑事诉讼的价值追求的界定和控诉、辩护、审判三大诉讼主体的功能定位不同。职权主义模式强调高效率地追究犯罪，因此强化国家职权在刑事诉讼中的作用，不仅强调审前程序中国家机关的主动调查取证的纠问功能，而且强调审判程序中法官的支配功能；在审判程序中，法官不仅支配法庭的审判过程，依法还可以主动调查核实证据，可以主动向被告人、证人、鉴定人提问，并采取一切必要的证明方法以查明案件情况；当事人等诉讼参与人处于相对被动和弱势的地位。当事人主义模式强调程序的正当性，强调对个人权利的保障，不仅在审判程序中国家机关相对被动，法官无权主动调查核实证据，法官无权向被告人、证人、鉴定人提问，设定交叉询问制度，通过控辩双方的对抗和较量，以揭示案件事实真相，法官在听取双方意见的基础上作出裁判；而且在审前程序中对国家机关的调查取证权也有较大限制，例如，设置犯罪嫌疑人的沉默权、审讯犯罪嫌疑人时的律师在场权等来限制警察的调查取证权。

随着社会的发展和各国之间的相互交流，职权主义模式和当事人主义模式相互借鉴，致使传统的、典型的职权主义模式或当事人主义模式逐步走向衰弱。例如，作为传统的、典型的职权主义模式代表之一的德国，吸收了当事人主义模式中的交叉询问制度和诉讼变更制度。例如，德国《刑事诉讼法》第239条第1款规定："根据他们的一致申请，审判长应当让检察官、辩护人询问由检察院、被告人提名的证人、鉴定人。对由检察院提名的证人、鉴定人，检察官有权首先提问，对由被告人提名的证人、鉴定人，辩护人有权首先提问。"从而，形成了交叉询问和法官依职权调查的双轨核实证据的制度。传统的、典型的职权主义模式中，采取的是诉讼不变更制度，案件一旦起诉到法院，控诉方无权撤回起诉；现在一般都允许控诉方在向法院起诉后再撤回起诉，形成了相反的诉讼变更制度。传统的、典型的当事人主义模式代表之一的美国，法官不得向参与人提问和陪审团定罪的传统铁律也受到了挑战。法官依职权不得主动调查核实证据的传统规定，被美国《联邦证据规则》第614条关于"无论是谁传唤的证人，法院都可以询问"的规定所替代。美国传统的陪审团定罪、法官量刑的二元法庭模式现在也只存在于极少数刑事案件当中,绝大多数案件已经不再采用二元法庭的审判模式了。除了被告人放弃接受陪审团审判的权利,导致陪审团不参与刑事案件审判的这种情况以外,在英美法系的起诉认否①、起诉变更②、审判中的不告不理③三个程序制度的基础上,美国还有90%以上④的刑事案件都通过辩诉交易来处理,由法官直接作出有罪判决,而不由陪审团来定罪。

折衷主义模式是以日本和意大利为代表的国家所采用的刑事诉讼模式,是在职权主义诉讼模式的基础上吸收当事人主义诉讼模式的一些诉讼原则而形成的诉讼模式,代表了刑事诉讼模式发展的方向。其最大特征是,既保留法官依职权主动核实证据的权力,发挥法官调查案件事实的能动性,又注重发挥控辩双方的积极性,借鉴英美交叉询问等制度以强化控辩双方的平等对抗。例如,日本《刑事诉讼法》第304条第1款规定:"审判长或者陪席法官,应当首先询问证人、鉴定人、口译人或者笔译人。"第2款规定:"检察官、被告人或辩护人,在前款的询问完毕后,经告知审判长,可以询问该证人、鉴定人、口译人或者笔译人。在此场合,如果对该证人、鉴定人、口译人或者笔译人的调查,是依据检察官、被告人或辩护人的请求而进行,由提出请求的人首先询问。"第3款规定:"法院认为适当时,可以听取检察官和被告人或者辩护人的意见,变更前二款的询问顺序。"

(三)外国刑事诉讼证据制度的沿革

外国刑事诉讼证据制度可分为大陆法系国家的证据制度和英美法系国家的证据制度。

1. 大陆法系国家的证据制度

以欧洲大陆国家的证据制度为代表,经历了三种证据制度,即与弹劾式诉讼相对应的神示证据制度、与纠问式诉讼相对应的法定证据制度、与混合式诉讼相对应

---

① 起诉认否程序,是指在刑事诉讼中,如果被告人自愿而不是被强迫地作出有罪供述时,法院就不用召集陪审团来认定被告人是否有罪,在审查有罪供述的确是被告人自愿作出而且被告人明知有罪供述的法律后果后,法官可以直接作出被告人有罪的判决;如果被告人否认自己有罪时,法院就应当召集陪审团对被告人是否有罪作出裁决,陪审团由12人组成。起诉认否程序是辩诉交易的第一个前提,没有起诉认否程序,被告人就没有与控诉方进行交易的筹码。

② 起诉变更程序,是指在刑事诉讼中,即使在符合起诉条件的情况下,允许控诉方变更、追加、撤回诉讼。起诉变更程序是辩诉交易的第二个前提,没有起诉变更程序,控诉方就没有与被告方进行交易的筹码。

③ 审判中的不告不理原则,是指审判方以控诉方的起诉作为审判根据,没有起诉就没有审判,起诉什么就审判什么,起诉指控的范围就是审判的范围。审判中的不告不理原则是辩诉交易的第三个前提。辩诉交易,顾名思义是控诉方与辩护方(被告方)进行的交易,审判方没有参与到交易的过程中去,审判方不用遵守辩诉交易达成的约定,但是辩诉交易达成的约定会限制控诉方起诉的罪数、罪名、量刑请求,按照不告不理原则,控诉方起诉的罪数、罪名、量刑请求限定了法院的审判范围;换言之,辩诉交易达成的约定通过不告不理原则,限制了法院的审判结果,没有不告不理原则,辩诉交易达成的约定很可能难以影响法院的裁判结果。

④ 有的观点认为,在95%以上;常见的观点,认为在90%以上。但无论90%以上还是95%以上,都足以说明是绝大多数。

的自由心证制度。区别这三种证据制度的核心所在是定案标准不同,神示证据制度的定案标准是神的启示,法定证据制度的定案标准是法律的规定,自由心证的定案标准是法官或陪审员的内心确信。

神示证据制度,是指当法官难以判断是非曲直时,通过法律规定的仪式以获得神灵的启示,以神灵的启示作为定案的最权威证据的证据制度。这种证据制度起源并盛行于欧亚各国的奴隶制社会和欧洲的封建制社会前期,废除于法国路易九世(公元 1226—1270 年)。在弹劾式诉讼中,由于法官只是个消极的仲裁者,无权调查取证以查明案件事实,只能在听取双方当事人的意见基础上作出裁判,就必然存在一种可能性,即法官听取双方当事人意见后难以判断谁是谁非,难以作出裁判。在这种情况下,利用当时的人们信奉神灵的心理,通过法律规定的仪式将神灵请出来,按照法律规定的标准来确认神灵启示的意义,法官再根据神灵的启示来作出裁判。从本质上讲,神示证据制度是利用神灵的权威来增加人间法官裁判的权威性,解决难以裁判的纠纷,进而维护统治者所需要的社会秩序;其核心不在于查明事实真相或保障当事人的合法权益,而在于解决业已存在的纠纷。

获得神的启示的仪式主要有:(1) 水审。水审,是指用冷水审或热水审两种方法来检验当事人的陈述是否真实或者被告人是否有罪的神示仪式。冷水审,是指将被告人投入河水中,以河水是否制服被告人来确定被告人是否有罪的方法。《汉穆拉比法典》第 2 条规定:"如果某人指控他人行妖术,而又不能证实此事,则将被指控行妖术的人投入河中。如果河水制服了被指控者,指控者可以取得被指控者的房屋;如果河水为这被指控者剖白,使他安然无恙,指控者将被处死,其房屋归被指控者。"热水审,是指令被指控者用手取出放置于沸水中的物件,以手被烫伤后的情况来验证被指控者是否有罪的方法。检验的标准,通常是责令手被烫伤的被指控者向神祷告或者发咒语,如果在一定时间内烫伤的手痊愈或者有痊愈的迹象,则认为该被指控者无罪;如果在一定时间内烫伤的手脓肿溃烂,则认定被指控者有罪。(2) 火审。火审是指用火或者烧烫的金属检验被指控者是否有罪的神示方法。公元 9 世纪法兰克的《麦玛威法》就规定:"凡犯盗窃罪,必须交付审判。如果在审判中为火灼伤,即被认为不能经受火审的考验,处以死刑。反之,如不为火灼伤,则可允许其主人代付罚金,免处死刑。"(3) 决斗。决斗,是指由双方当事人使用武器对打以决胜负,胜者无罪败者有罪的神示方法。(4) 宣誓。宣誓,是指就原告指控的案件事实是否发生向神发誓的神示方法。例如,公元前 17 世纪巴比伦王国《汉穆拉比法典》第 126 条规定:"设若某人并没有失落什么而声称'我失落了某物',并诬告其邻居,则他的邻居应在神前发誓来揭穿他并没有失落什么,而他则应加倍偿还其邻居。"(5) 卜筮。卜筮,是指通过占卜,双方当事人就争议的事实向神祷告,法官根据卦象短签牌显示的内容来判断何方胜诉的神示方法。(6) 十字形证明法。十字形证明法,是指双方当事人面对面站立,手臂左右平伸,使身体呈十字形,保持这一姿势时间更久者胜诉的神示方法。

法定证据制度,是指什么可以作为证据,证据的证明力大小,以及它们的取舍和运用,都由法律预先明文加以规定,法官在审理案件过程中不得自由判断和取舍,只需要符合法律规定的各项形式规则,即可对案件作出相应的裁判,并不要求符合案件客观真实情况的证据制度。中世纪后期,随着封建集权制国家的建立,欧洲国家大多数实行法定证据制度,16世纪至18世纪法定证据制度最为完善。法定证据制度的实质在于否定法官的自由裁量权,不求查明案件真实情况,只求在形式上解决业已存在的纠纷。法定证据制度的存在,有其历史的必然性。首先,是封建制国家中央集权的需要。在法定证据制度中,体现中央集权对证据的相关规定高于一切,法官严格按照对证据的相关规定处理案件,无疑是将中央集权的意志适用于诉讼领域。其次,是处理案件的需要。废除奴隶制度后,在国家直接处理的案件急剧增加,同时国家又不可能或者不愿意增加相应的司法资源的情况下,法定证据制度给予了法官不用花费很多精力去查明案件事实就能处理案件的空间,有利于及时地处理大量案件。再次,是纠问式诉讼的需要。在纠问式诉讼中,法官集侦查权、起诉权和审判于一身,其裁判的权威性难免受到质疑,而法定证据制度告诉当事人,法官裁判所依据的证据、证据的证明力和运用标准都是符合法律规定的,这一"法定性"确立了裁判的权威性,正如"神明裁判"确立了弹劾式诉讼中裁判的权威性一样。

法定证据制度的内容,集中体现在法律对定案标准和认定证据证明力的标准所作的预先规定上。(1)一般案件的定案标准。欧洲中世纪后期各国法律规定,证据分为完善(或完全)的证据和不完善(或不完全)的证据,不完善的证据又分为不太完善的证据、多一半完善的证据和少一半完善的证据。被告人的自白、书面证据、亲自勘验得来的证据、具有专门知识的人的证言、与案件无关的人的证言等通常被视为完善的证据。其中,被告人的自白被视为最有价值和最完善的证据,即"证据之王",它对案件的判决和被告人的命运起决定性作用;为了获得被告人的自白,各国法律允许法官对被告进行刑讯逼供。受审人相互之间的攀供、邻居关于犯罪嫌疑人的个人情况和行为的证言、实施犯罪行为的要件证据、表白自己的宣誓被视为不完善的证据。几个不完善的证据相加,可以合成一个完善的证据,例如,一个证人的证言被视为半个证据,两个证人完全相同的证言相加就构成一个完善的证据。划分完善证据与不完善证据的意义在于确立定案标准。在刑事诉讼中,只要收集到完善的证据,法官必须认定被告人有罪;没有完善的证据,只有一些看似可信的不完善证据,但不足以认定被告人有罪时,可以认定被告人有犯罪嫌疑而对其进行刑讯,如果经过刑讯仍然收集不到完善的证据时,法官可以作出存疑判决。(2)特殊案件的证明标准。对如何运用证据认定某些特殊案件,有些国家作出具体规定。例如,1857年的《俄罗斯帝国法规全书》第312条规定,对被告人定强奸罪,必须同时具备以下条件:切实证明被告人有强暴行为;证人证明被害人曾经呼救;被害人或被告人身上,或者两个人身上,显露血迹、青斑或衣服破裂,能够证明有过抗拒;立即或在当日报案。(3)证人证言的证明力的认定标准。一个可靠证人的证言算作半个证据,两个可靠证人的证言相加等同于一个完善的证据。当几个可靠证人的证言相互矛盾时,按多数证人的证言判断案情。如果提供相反证言的证人的人数相等,按照以下规则取舍:男子的证言优于女子的证言,学者的证言优于非学者的证言,显要者的证言优于普通人的证言,僧侣、牧师的证言优于世俗人的证言。此外,法定证据制度还规定其他证据的证明力的认定标准,例如,书证的原本优于书证的副本等。

自由心证证据制度,又称为"内心确信证据制度",是指对证据的证明力,法律预先不作任何规定,而由法官或陪审员在审理案件过程中自由判断并形成内心确信的证据制度。自由心证制度起源于法国。1790年12月26日,杜波尔向法国宪法会议提出革新草案,建议废除书面程序及其形式证据,用自由心证制度替代法定证据制度,1791年1月18日,宪法会议通过了杜波尔的草案,1791年9月29日,宪法会议发布训令宣布:法官必须以自己的自由心证作为裁判的唯一根据。1808年法国《治罪法》第342条最先规定了自由心证原则:"法律对于陪审员通过何种方法而认定事实,并不计较;法律也不为陪审员规定任何规则,使他们判断证据是否齐备和充分。法律仅仅要求陪审员深思细察,并本诸良心,诚实推求已经提出的对于被告人不利或有利的证据在他们的理智上产生了何种印象。法律不对陪审员说'经若干证人证明的事实为真实的事实',也不说'未经某种记录、某种证件、若干证人、若干凭证证明的事实,不得视为充分证明'。法律仅仅对陪审员提出这样的问题:'你们已经形成内心的确信否',此即陪审员的职责所在。"

此后,欧洲各国法律也相继规定了自由心证制度。例如,1877年德国《刑事诉讼法典》第260条规定:"法院应当根据全部法庭审理中所得出的自由心证来确定证据的结果;"1892年俄国《刑事诉讼条例》第119条规定:"治安法官应根据建立在综合考虑法庭审理时所揭露的情况基础上的内心确信,来裁判被告人有无罪过的问题;"社会主义革命后的苏维埃政权,于1922年颁布的《苏俄刑事诉讼法典》也规定:法官不受任何形式的证据的约束,根据建立在综合考虑案件一切情况的基础上形成内心确信来进行。1961年1月1日实施的《苏俄刑事诉讼法典》第71条规定:"法院、检察长、侦查员和调查人员评定证据,应当遵循法律和社会主义意识,依靠以全面、完整和客观审核案件全部情况为根据的自己的内心确信。任何证据对于法院、检察长、侦查员和调查人员都没有预定的效力。"

亚洲的日本也于1876年确定了自由心证制度。日本《刑事诉讼法》第318条规定:"证据的证明力由审判官自由判断。"

为了防止法官在自由心证时的主观擅断,许多国家对内心确信的形成设置了若干条件限制,包括:(1)内心确信必须是从本案情况中得出的结论;(2)必须是基于一切情况的酌量和判断;(3)考察的情况必须是案件情况的全部总和,而不是孤立的证据;(4)必须是依据证据的固有性质和它与案件的关联加以判断的结果;(5)法官的自由心证必须是在证据调查和辩论的基础上按照经验法则和逻辑要求进行合理的判断。

2. 英美法系国家的证据制度

英美法系国家没有形成欧洲大陆盛行的纠问式诉讼,没有形成严格意义上的法定证据制度,并不预先规定各种证据的证明力,刑讯逼供也不盛行,而是确立了一套复杂而精密的证据规则,以规范采用证据和判断证据的活动。某些证据规则可以追溯到中世纪,绝大多数证据规则以17世纪至18世纪的判例为基础;自19世纪以来,伴随着司法改革,英美国家的证据制度得到进一步的发展。

英美法系国家的证据规则,是根据非专业化陪审团审判案件的需要,在解决具体案件的过程中确立起来的,其宗旨在于保障发现案件的真实情况,防止冤枉无辜,并体现程序的正当性。就保障案件的真实情况而言,强调排除那些与争议事实无关的证据材料,排除那些与案件事实只有微弱的联系,不值得花费时间去核实的证据材料,排除那些容易使人误以为其对事实的证明力比其实际具有的证明力更大的证据材料;为此,确立了相关性规则、诱导性询问规则、意见证据规则、最佳证据规则、传闻证据排除规则。就防止冤枉无辜、体现程序正当性而言,强调保障诉讼参与人的合法权益,强调保障刑事诉讼的正当程序;为此,确立了任意自白规则、沉默权规则、非法证据排除规则。英美国家的证据规则具有严格性,特别强调保障被追诉者的合法权益,为了保障被追诉者的合法权益,有时甚至将程序的正当性置于案件实质真实之上。随着社会的发展,英美法系对证据规则也作了一些相应的修改。其中,对传闻证据排除规则、沉默权规则、非法证据排除规则都作了相应的修改。

传闻证据排除规则,是指并非证人自己亲自感知而是转述他人所描述的有关案件事实或者在法庭外所陈述的有关案件事实的证言不得作为证据使用的证据规则。英国在17世纪后半期确立了传闻证据排除规则,其理由在于传闻证据不是来自于现场证人,现场证人既不能对证言发誓又不能接受交叉询问,证言的真实性得不到检验;不在现场的证人转述他人的陈述,在转述过程中可能会歪曲原意,导致证言不可靠、不可信。英国《2003年刑事司法法》放宽了传闻证据的可采性规定,允许使用符合特定条件的传闻证据,例如,提供原始证据的人有正当理由不能出庭或者法官认为其不出庭是适当的情况下,允许使用传闻证据。

被告人拥有反对强迫自证其罪的权利,以暴力或公开的威胁所得到的供认,都得作为非法证据排除。该规则确立于1640年英国的"李尔本案件"。李尔本受到星座法院的审判,法官强迫其宣誓和作证,李尔本在法庭上主张不被强迫宣誓和作证的权利,法官对其施以鞭挞和枷刑,1640年李尔本在英国议会发表演说,要求确立不被强迫自证其罪的特权,得到了英国议会的确认。美国宪法第五修正案也确立了被告人不被强迫自证其罪的特权。1964年英国王座法庭的全体法官会议规定,警察有了足够证据怀疑一个人实施了犯罪时,应当立即告知这个犯罪嫌疑人享有沉默权,然后才能对其进行讯问。但是,警察没有履行告知犯罪嫌疑人沉默权的义务而获得的证据应当排除的规则,直到1966年,美国联邦最高法院在对米兰达案件的裁决中才确立起来;该裁决规定,警察在逮捕犯罪嫌疑人时必须告知其享有沉默权,违反这一规则取得的犯罪嫌疑人口供,将被视为非法证据而排除。1994年,英国的《刑事审判法》对沉默权的行使加了四项限制,允许法官和陪审团在特定情况下对犯罪嫌疑人、被告人的沉默或者拒绝陈述作出不利于被告人的推断。对非法证据排除规则,美国刑事诉讼中附加了"必然发现"(inevitable discovery)的例外、"善意"(good faith)的例外、"稀释"(attenuation)的例外、"独立来源"(independent source)的例外等。

二、中国刑事诉讼法的历史沿革

(一)中国古代的刑事诉讼法

1. 中国古代刑事诉讼法的沿革

中国古代,诸法合体,没有刑事法和民事法的鲜明区分,也没有区分实体法和程序法,刑事诉讼法律规范与其他法律规范规定在一起。

《尚书》记载,中国大禹时代由"皋陶"担任刑官,这是关于刑事诉讼最早的记载。先秦时期的典籍中,特别是《周礼》中记载,周代实行两造审理、五听制度等,并采用人证、书证等证据种类。公元前536年,郑国的子产将刑事法律刻铸在铁鼎上,史称"铸刑书",标志着我国最早的刑事法典的编纂。我国古代第一部比较系统的刑事法典是战国时期魏国的李悝编纂的《法经》,该法分为6篇,其中的囚法和捕法两篇属于刑事诉讼法的规定。秦国的商鞅,根据《法经》制定了《秦律》。汉承秦制,改法为律,增设3篇后形成的《九章律》中,仍然只有囚律和捕律与诉讼有关。三国两晋时期的法律,捕律、告劾律、系讯律、断狱律与诉讼有关。此后,《梁律》改"捕"为"讨捕";《齐律》设斗讼、捕亡两篇;北周改"告劾"为"告言";隋代《大业律》分告劾、捕亡、断狱诸篇,将"斗讼"改为"斗"。

以隋代法律为蓝本制定的成为中华法系典型代表的《唐律》,其中的《永徽律》总结了前代法律的规定和司法实践经验,规定了12篇共502条。其中,斗讼律规定了如何控告犯罪,捕亡律规定了追捕罪人之事,断狱律集中规定了审讯和决断案件。唐代法律除了"律"以外,还包括"令""格""式"三种,其中的捕亡令等也包含了刑事诉讼的内容。唐代律令为中国后代法律树立了典范,同时也影响了日本、越南等亚洲国家。五代、宋、金的刑事诉讼法律规范与唐律大同小异。

元代制定的新律与唐宋有一定差异,称《至元新格》(后又修订为《大元通制》),共20篇,其中,第13篇为诉讼(与前代告劾律相同)、第18篇为捕亡、第20篇为平反(与前代断狱律相同)。《至元新格》首次规定的"诉讼"一词后来成为中国及日本、韩国等国近现代诉讼法典的名称。

明律、清律集中国古代法律之大成,由唐律和元代法律发展而来,其中也规定了诉讼、捕亡、断狱诸篇。

2. 中国古代的司法机构

中国古代的司法机构由中央司法机构和地方司法机构组成。中央设置有专门的司法机构;秦代以后,随着中央集权制度的确立,最高司法权归于皇帝,成为维护皇权的基本保证。地方司法权归于行政机关,形成典型的司法与行政不分的组织结构,但是也配备一些协助行政长官处理司法事务的司法官员。由司法与行政不分的组织结构所决定,审级与行政区划保持一致。

从中央的司法机构来看,先秦时期的司法官吏被称为士或者司寇。周代在大司寇之下设置小司寇、士师。汉代的中央司法机构称廷尉。北齐改廷尉为大理寺。隋唐由刑部执掌司法权,大理寺专司囚禁,御史台专司纠察狱讼事务。宋代还增设了审刑院,宋神宗时又将审刑院并入刑部;宋代的中央行政机构如中书省、门下省、枢密院、三司(盐铁、度支、户部)都有权参与司法。元代撤销大理寺,将其职权并入刑部,又将管理贵族事务的宗正府确定为重要的审判机构,还赋予宗教机构审判权。明代设置刑部、都察院和大理寺等三法司,其中刑部主持审判,大理寺主持复核;东厂、西厂、锦衣卫等宦官特务机构也享有司法权。清代司法机构与明代相似,但扩大了刑部的权力,京城的刑案由刑部审判,外省的刑案由刑部复核;设立宗人府,与刑部会审贵族犯罪的案件;设立理藩院负责审判少数民族犯罪的案件。

从地方司法机构来看,周代有乡士、遂士、县士、方士、讶士,分管各自辖区内的司法事务。秦汉地方政权设郡、县两级,郡级以郡守(汉景帝时改为太守)为长官,决曹吏为司法佐吏,县级以县令为长官,县丞为司法佐吏,此外,在基层还有啬夫负责听讼和征收赋税,游徼负责类似司法警察的事务。三国两晋南北朝时期,地方设州、郡、县三级,州郡长官为刺史或州牧、郡守或太守,享有行政权、司法权和领兵权。隋唐地方设州、县两级,州的长官为刺史,设法曹及司法参军辅佐司法,县的长官为县令,设司法佐辅佐司法。宋代州一级的长官称知州,同时设通判,重要的行政或司法决定,必须经知州和通判联合签署后才能生效。元代地方设省、路、府(州)、县;明代地方减少了路政府的设置;清代设置了省、道、府、县四级,一般均由各级行政中长官行使司法权,由幕僚加以辅佐。

3. 中国古代的起诉制度

中国古代的起诉是指官府开始审理案件的缘由或依据。中国古代没有专门的起诉机关,在起诉方式上也没有公诉和自诉之分,任何人都有权起诉,以被害人及其亲属告发为主,还包括官吏举发、审判机关纠问等。

古代通常对告发采取鼓励甚至奖励的政策,对于知情不举给予相应的惩罚,尤其是对于谋反叛逆等特别严重的犯罪,必须告发,而且不适用容隐制度。同时,对于告发不实和诬告者,给予惩处;严禁以匿名文书告发他人。法律允许因特殊身份者不告发,甚至禁止告发,形成了中国式的容隐制度,包括:(1) 因亲属关系而相互容隐,称为"亲亲相隐"。法律允许亲属之间互相隐瞒犯罪事实而不进行告发和作证,限制卑亲属告发尊亲属;亲属互相侵害的犯罪案件除外。(2) 限制奴婢告发自己的主人。(3) 80岁以上的老人、10岁以下的幼童以及罹患恶疾、癫狂、两肢废、两目盲等笃疾者,不得告发,但谋反、逆、叛、子孙不孝以及同居之人被他人侵犯的案件除外。(4) 自北齐开始,禁止囚犯告发他人,但对监狱官员酷虐囚犯、谋反叛逆以上犯罪以及坦白自己的罪行牵连他人犯罪的情况除外。此外,对犯罪已被赦免的人和犯罪人已经死亡的案件,一般不允许告发。

法律要求告发人由下而上逐级告发,禁止跨越审级直接向上级官府告发的"越诉"行为,但是,为了使君主能及时获知民间冤情,古代建立了直接向国王或皇帝申冤的直诉制度。直诉制度起源于《周礼》记载的路鼓(宫殿最里层门外设立的由专人掌管的路鼓,鸣冤者击鼓)、肺石(专门放置的赤色石头,鸣冤者站立石上)制度。唐代规定了邀车驾(在路边迎接皇帝出行的车驾申冤)、击登闻鼓(申冤者击打朝廷专门设置的鼓,以求皇帝得知冤情)、上表、立肺石等直诉方式;其中的邀车驾和击登闻鼓多为后世封建社会法律所采用。

4. 中国古代的审判制度

中国古代对审判组织和审判官责任有明确规定。中国古代的审判组织,以独任审判为主。到了唐代,对于重大疑难案件,皇帝诏令大理寺卿、刑部侍郎、御史中丞会同审理,称三司推事,产生合议审判制度。明代,遇到特别重大的案件,厂卫和其他官员也参与审理。清代,形成了六部加都察院、大理寺、通政使司官员共同审理的九卿会审制度。古代法官承担严格的审判责任。《周礼·吕刑》称审判官员因五种过错("五过之疵"),"惟官、惟反、惟内、惟货、惟来,其罪惟均"。即依仗官势、私报恩怨、受女人影响、接受贿赂、故旧往来而影响案件正确处理时,处以所断罪同样的刑罚。以后各朝代的法律,将审判官的司法错误规定为出入人罪(含故意和过失)、淹禁不决、应当受理而不受理、不依法刑讯、状外求罪、判决不引律令、应上言不上言、应上奏不上奏等,并分别规定了处罚措施。

中国古代规定了出庭制度和直接言词审判制度。《周礼·吕刑》记载"明清于两辞""两造具备,师听五辞"。即在原告和被告双方都到场的情况下,审判官通过听取双方言辞并以"听五辞"的方法,辨明是非,然后作出裁判。从要求原告、被告都应当到庭("不躬坐狱讼"的"命夫命妇"可以不到庭)和审判官"明清于两辞"或"听五辞"的审判方法来看,中国古代已经确定了直接言词原则。法庭调查中所采用的对当事人察言观色的五听制度,进一步说明了直接言词原则,因为不直接以言词交流,就不可能察言观色。《周礼·吕刑》载"简孚有众,唯貌可稽",说明了察言观色的重要性。《周礼·秋官·小司寇》载"以五声听狱讼求民情,一曰辞听(观其出言,不直则烦),二曰色听(观其颜色,不直则赧),三曰气听(观其气息,不直则喘),四曰耳听(观其听聆,不直则惑),五曰目听(观其眸子视,不直则眊然)",规定了察言观色的具体方法。

中国古代规定了与等级制度相一致的代理制度和八议制度。《周礼·秋官》载"凡命夫命妇,不躬坐狱讼"。命夫指担任大夫官职的男子,命妇指命夫的妻子。命夫命妇不亲自出席法庭,而由其属下或子弟代为诉讼,既保证了审判官吏的威严,又避免冒犯命夫命妇的尊严。这一制度在元代、明代主要适用于民事诉讼。八议制度是指具有八种特殊身份之一的人犯罪后,享有经特别审议或减免刑罚特权的制度。该制度源于周代,原称八辟,后改称八议。具体内容包括:(1)议亲,亲即王室的宗族;(2)议故,故即王室的故旧;(3)议贤,贤即贤德的人;(4)议能,能即有大才能的人;(5)议功,功即有大功勋的人;(6)议贵,贵即有爵位的人;(7)议勤,勤即勤于国事的人;(8)议宾,宾即前朝后代。唐律规定,除十恶罪者以外,凡属八议的人犯死罪,必须将所犯罪状以及应议的情况,先奏请议,议定后奏请皇帝裁判,该案审判官不得擅自裁判;犯流罪以下的,该案审判官可以直接减等裁判。

为解决冤假错案的问题和宽宥罪犯,古代诉讼中实行录囚制度、热审和寒审制度。录囚制度始于汉代。录囚("录"与"虑"相通,录囚在唐代称"虑囚"),是指"省录之,知情状,有冤狱与否",含有宽宥之意。录囚由皇帝亲自进行或者指派官员进行,录囚的结果多有宽宥,在平反冤狱方面发挥了重要作用。对于判处死刑并加以监禁的监候者,多于秋后执行死刑,明清时期在秋天定期录囚。热审是在暑天为疏通监狱而设的审判方式,始于明成祖,但未普遍推行,清代才成为定制;每年小满后十日开始到立秋前一日,对犯死罪及军流以外的罪犯,都可以酌情减等、宽免或立秋后执行监外戴枷。寒审是明代在寒冬为疏通监狱而设的审判方式,在天寒时经审判释放轻罪囚犯,以免其死于饥寒;这一做法在明代只是偶尔适用,并没有形成制度。

中国古代对死刑案件设立特别程序加以复核。隋唐时期,执行死刑前,必须向皇帝奏报,由皇帝作最后的定夺。古代的死刑分为立决和监候两种,监候又分为情实与缓决。明清时期,对于罪犯被判处死刑并加以监禁以待秋天处决的案件进行复核的特别程序称为朝审和秋审,是朝廷临时派员会审死刑案件的制度。对于京师地方案件,临时派出王公大臣在天安门外金水桥朝房进行审核,故称朝审;朝审始于明英宗时期,每年霜降后进行。对外省死刑案件的审核称为秋审。

5. 中国古代的证据制度

中国古代的神明裁判制度并不发达,也没有形成法定证据制度。虽然存在据

"众证据定罪"等机械的规定,但是法官对证据享有自由判断的权力,法官通过对被告人口供、证人证言、物证、书证和检验结果等进行审查,形成对案件事实的结论。

"罪从供定"是中国古代最重要的证明标准,因此刑讯逼供是法定的调查取证方法。根据《礼记》的记载,在周朝的诉讼活动中已经存在刑讯逼供的现象,到了秦代以后,法律不仅确认了刑讯逼供,而且明确规定了刑讯的对象、条件、工具、规则等。其中,《唐律》规定:"诸应议、请、减赎,若年七十以上,十五以下,及废疾者,并不合拷讯,借据众证定罪。"

总而言之,中国古代的刑事诉讼制度,以儒家思想为其思想基础,维护封建特权和伦理纲常,行政官员兼理司法,君主掌握最高司法权,实体法与程序法不分,实行纠问式诉讼,刑讯逼供具有合法性,但是也强调谨慎刑狱的司法精神。

(二)中国清末的刑事诉讼法

1840年鸦片战争以后,侵略者确立的领事裁判权分割了清帝国一部分司法主权,中国进入了半封建半殖民地社会。清末的刑事诉讼法,最大的特点就是参照各国刑事诉讼法的修订法律活动。1902年,清廷下诏确定修订法律的宗旨为"参酌各国法例"、"务期中外通行"、"与各国无大悬绝",并指派沈家本、伍廷芳为修律大臣负责修订法律。次年,设立修订法律馆,负责拟订奉旨交议的各项法律和各项专门法典,增订旧有法例和各项章程。刑事诉讼法是清末修订法律的项目之一。

沈家本十分重视刑事诉讼法的编纂,奏请分别编纂刑事诉讼法、民事诉讼法。为贯彻修订法律的宗旨,沈家本主持的修订法律馆,积极翻译西方国家的法典、法规,还聘请西方法学家参与法律的草拟工作并担任法律学堂的主讲。1906年,在沈家本的主持下,编成了《大清刑事、民事诉讼法草案》及《法院编制法草案》。《大清刑事、民事诉讼法草案》共5章260条,规定了公开审判制度、陪审制度和律师制度,是中国第一部具有近代精神的诉讼法草案。清廷将该草案下发各省征求意见时,由于地方保守力量强大,各省先后奏请暂缓施行,致使这部法律草案被搁置而未能颁行。1909年,沈家本在修订法律馆开始主持重新编纂《刑事诉讼律》草案,1910年完成,但是尚未颁行,清朝已经灭亡。《刑事诉讼律》中关于事务管辖、土地管辖、管辖指定与移转等规定,在民国初期各审判衙门得以实施。

1906年,清政府颁布了《大理院审判编制法》。1907年,参照《大清刑事、民事诉讼法草案》和《法院编制法草案》,清政府拟定颁行了《各级审判厅试办章程》,分为总纲、审判通则、诉讼、各级检察厅通则、附则等5章,共120条,概括规定了《大清刑事、民事诉讼法草案》和《法院编制法草案》的主要内容,包括:确立了四级三审制、预审制度、回避制度,设立了检察厅,并规定了起诉、上诉、管辖、保释等。1908年,清廷将刑部改为法部;将大理寺改为大理院,专司审判,并确立了大理院审判责任制。1909年,清政府将沈家本主持草拟的《法院编制法》交宪政编查馆逐条考核,经修改后与宪政编查馆拟订的《初级暨地方审判厅管辖案件暂行章程》《司法区域划分暂行章程》同时施行。《法院编制法》确立了司法独立原则,强调各审判衙门独立行使司法权,并于各级审判厅内设立了检察厅。

(三)中华民国的刑事诉讼法

中华民国分为南京临时政府时期(1912年1月至1912年3月)、北洋政府时期(1912年至1928年)、国民党政府时期(1927年至1949年),形成了三个时期的刑事诉讼法。

1. 南京临时政府时期的刑事诉讼法

1911年10月10日,辛亥革命爆发,推翻了清政府的君主专制统治,成立了孙中山领导的南京临时政府。1911年12月,各省都督的代表制定了《临时政府组织大纲》,确立了三权分立原则,规定临时中央审判所行使司法权。1912年2月7日,孙中山在南京公布的《中华民国临时约法》确认了三权分立制度,规定法院是行使司法权的机关,实行司法独立和审判公开原则,规定了人民的诉讼权利。南京临时政府还提倡保障人权,并明令废除刑讯逼供制度,命令各级官府焚毁不法刑具。

南京临时政府虽然只存续了3个月,却在司法领域进行了多项改革,草拟了《中央裁判所官职令草案》《律师法草案》,规定了慎选法官,建立律师制度、陪审制度和辩护制度,要求诉讼文明、尊重法律并公开进行。

2. 北洋政府时期的刑事诉讼法

1912年,袁世凯就任民国大总统之职,因民国法律还没有制定颁布,于是下令准许暂时援用清朝的法律。1914年4月,袁世凯撤销约占全国2/3的地方审检厅和全部初级审检厅,恢复县知事兼理民事、刑事案件的制度,《县知事审理诉讼暂行章程》规定:"审判方法由县知事或承审员相机为之,但不得非法凌辱"。

1921年,北洋政府将前清的《刑事诉讼律》修改为《刑事诉讼条例》,颁布后于1922年1月全面施行,近现代的司法体系逐步建立。法院系统设大理院、高等审判厅、地方审判厅和初级审判厅,除普通法院外,还设有军事法院。检察机构设置在各级审判衙门内,分为总检察厅、高等检察厅、初级检察厅,负责侦查、公诉并监督判决的执行。1923年《中华民国宪法》规定:"法官独立审判,无论何人,不得干涉之",确立了审判公开原则和司法独立原则,并确立了法官职务的保障机制。就诉讼活动而言,规定了管辖、诉状的程式和讼费等;确立了对于符合起诉条件的犯罪行为检察官必须起诉的法定起诉原则;规定了简易程序;确立了辩护制度,规定法政学校毕业并经考试合格者才能充当律师;保留了清代法律中"职官为原告时"可以不到庭,"得委诸他人代诉"的规定。此外,北洋政府时期,法官大量使用判例和解释作为处理案件的根据;1912年至1927年,大理院汇编的判例多达两千多件。

3. 国民党政府时期的刑事诉讼法

在国民党执政时期,1928年7月,立法院在继承北洋政府《刑事诉讼条例》并进一步借鉴德国、日本等大陆法系国家的刑事诉讼制度的基础上,颁布了《中华民国刑事诉讼法》和《中华民国刑事诉讼法施行法》,1934年对这两部法律进行了修正并于次年颁布施行,分9编共计516条。此外,还制定了一系列单行法规,重要的有1927年11月18日颁布施行的《惩治盗匪暂行条例》、1931年1月31日颁布的《危害民国紧急治罪法》和1948年4月2日颁布的《特种刑事法庭审判条例》。

　　国民党执政时期的刑事诉讼法确立了以下原则:(1)不告不理原则和职权进行原则。就刑事诉讼的启动而言,实行不告不理原则,即承认当事人的诉讼主体地位,控诉方与被告方地位平等;控诉与审判职能分立,没有控诉方的起诉,不得启动审判程序。一旦启动审判程序,则实行职权进行原则,即法院对于诉讼的进行或者终结,依据职权进行必要的诉讼行为,不受当事人意思的约束;也不必等待当事人的请求,务求发现案件的实质真实。(2)公诉与自诉相结合,以公诉为主的原则。将检察厅设置于法院内部,检察官属于司法行政官员,享有搜查、提起公诉和实行公诉等独立职权。(3)起诉便宜原则和不变更原则。就启动审判程序而言,检察官对于符合起诉条件的犯罪行为,一般应当起诉,但在一定条件下,也可以不起诉,即检察官享有一定处分权的起诉便宜原则。一旦启动了审判程序,对于刑罚权及其运用,当事人无权请求撤销或变更,完全由法院支配,即当事人无处分权的不变更原则。(4)直接审判原则和言词审理原则。这两个原则都是对审理方式的规定。直接原则强调法官应亲自接触当事人和收集证据,但是例外的情况,也允许委托其他推事进行若干诉讼行为。言词原则强调的是举证、辩论等行为必须以言词方式进行,但是第三审案件不经过言词辩论。(5)自由心证原则和实质真实原则。自由心证原则强调,对于证据的证明力,法律预先不作任何规定而法官自由判断。实质真实原则,强调法官依据证据去追求实质真实,不受当事人意思拘束。(6)审判公开原则。

　　国民党执政时期的刑事诉讼法确立了辩护制度、审级制度和上诉制度。在辩护制度中,确认被告人或其法定代理人、保佐人、配偶均有权为被告人选任辩护人,刑法规定最轻本刑在5年以上有期徒刑的案件及高等法院管辖的第一审案件,如果被告人或其法定代理人、保佐人、配偶于起诉后没有选任辩护人的,审判长应当依职权为其指定辩护人,否则被视为审判程序违法。刑事诉讼实行四级三审的审级制度,第三审为法律审,审理以违背法令为由的上诉。被告人或被告人的法定代理人、保佐人或配偶为了被告人的利益,辩护人和代理人在不与被告人明示的意思相反的情况下为了被告人的利益,检察官为了被告人的利益或不利益,自诉人,均有权提起上诉。

　　1949年以后,国民党政府的《刑事诉讼法》在台湾地区继续实施,并在1967年和1968年进行修正,1982年以后修改更为频繁;2003年修正后的《刑事诉讼法》确立了改良式的当事人主义诉讼模式。(1)确定了无罪推定原则。第154条第1款规定:"被告未经审判证明有罪确定前,推定其无罪"。赋予了犯罪嫌疑人、被告人在刑事诉讼中的沉默权,第 95 条规定,讯问被告应先告知其有权保持沉默,无须违背自己的意思而进行陈述;第 156 条规定,被告未经自白,又无证据,不得仅因其拒绝陈述或保持沉默,而推断其有罪。(2) 确定了讯问被告时律师在场的权利。第 245 条第 2 款规定:"被告或犯罪嫌疑人之辩护人,得于检察官、检察事务官、司法警官或司法警察讯问该被告或犯罪嫌疑人时在场,并得陈述意见。但有事实足认其在场有妨害国家机密或有湮灭、伪造、变造证据或勾串共犯或证人或妨害他人名誉之虞,或其行为不当足以影响侦查秩序者,得限制或禁止之";第 4 款规定:"侦查中讯问被告或犯罪嫌疑人时,应将讯问之日、时及处所通知辩护人。但情形急迫者,不在此限。"此外,还规定讯问时的录音录像制度及非特殊情形不得夜间讯问的制度。第 100 条之三规定:"司法员警官或司法警察询问犯罪嫌疑人,不得于夜间行之。但有左列情形之一者,不在此限:一、经受询问人明示同意者。二、于夜间经拘提或逮捕到场而查验其人有无错误者。三、经检察官或法官许可者。四、有急迫之情形者。犯罪嫌疑人请求立即询问者,应实时为之。称夜间者,为日出前,日没后。"

(四) 中华人民共和国的刑事诉讼法

1. 中华人民共和国刑事诉讼法的制定

在新民主主义革命时期,早在 1931 年以前,工农民主政权便在各根据地建立起革命法庭或裁判部,在中央实行审判权与司法行政权分开的"分立制",在地方采取"合一制",审判机关组织体系分为四级,实行两审终审制。检察机关附设在审判机关内,实行"审检合一制"。通过颁布《裁判条例》和关于司法程序的训令,确立了审判权统一由司法机关行使原则、审判公开原则、禁止肉刑逼供的原则、合议和陪审制度、死刑复核制度。抗日战争时期,陕甘宁边区政府颁布了《陕甘宁边区保障人权财权条例》,规定在司法活动中保障公民人身自由的程序要求。解放战争时期,人民民主政权确立了合法的传讯、拘捕和搜查程序,以及审判权统一由司法机关行使、禁止使用肉刑和乱打乱杀、案件复核、平反已决案件、便利群众等原则和制度。

1949 年 2 月,中华人民共和国成立前夕,中共中央发布了《关于废除国民党六法全书与确定解放区司法原则的指示》。1949 年 4 月 1 日,华北人民政府随之颁布了《废除国民党的六法全书及一切发布的法律的训令》,宣布废除国民党的《六法全书》及其一切反动法律,各级人民政府的司法审判不得再援引其条文,并确定解放区的人民司法工作必须以人民政府新的法律为依据以及教育改造司法干部的指导原则。

1949 年 10 月 1 日中华人民共和国成立到 1979 年 7 月 1 日的 30 年间,中国没有制定刑事诉讼法典,只是在《宪法》《人民法院组织法》《人民检察院组织法》《逮捕拘留条例》等若干法律、法规中规定了司法机关组织体系、刑事原则和程序。1951年,中央人民政府委员会颁布了《中华人民共和国人民法院暂行组织条例》《中央人民政府最高人民检察署组织通则》和《各级地方人民检察署组织通则》,规定了人民法院、人民检察署的组织原则和组织形式;规定人民法院为县级人民法院、省级人民法院和最高人民法院三级,并设立专门人民法院;规定人民检察署是国家的法律监督机关;还确立了审判公开、以民族语言文字进行诉讼等诉讼原则以及就地调查、就地审判、巡回审判、人民陪审等诉讼制度。1954年9月,在制定颁布《宪法》的同时,第一届全国人民代表大会第一次会议制定颁布了《人民法院组织法》和《人民检察院组织法》;同年12月,中央人民政府颁布了《逮捕拘留条例》。这些法律和条例规定:人民法院、人民检察院和公安机关分别行使审判权、检察权、侦查权;人民法院独立进行审判,只服从法律;对于一切公民在适用法律上一律平等;公开审判;被告人有权获得辩护;各民族公民都有权使用本民族的语言文字进行诉讼。还规定了回避、陪审、合议、两审终审和死刑复核等诉讼制度及逮捕、拘留程序。

从1954年起,《刑事诉讼法》的起草工作开始着手进行。1954年,中央人民政府法制委员会草拟了《中华人民共和国刑事诉讼条例(草案)》。1956年10月,最高人民法院下发了《各级人民法院刑、民事案件审判程序总结》。1957年,受全国人民代表大会的委托,最高人民法院在进一步总结司法实践经验和借鉴苏联等外国立法例的基础上,草拟了《中华人民共和国刑事诉讼法草案(草稿)》,分7篇共325条;同年6月,拟出《中华人民共和国刑事诉讼法草案(初稿)》。1962年6月,中央政法小组主持并恢复刑事诉讼法草案修订工作,在1957年草稿的基础上,广泛征求意见,反复修改,于1963年4月形成了《中华人民共和国刑事诉讼法草案(初稿)》,共7编18章200条。随着极"左"思潮的日益加剧及后来的"文化大革命"十年动乱,这一法律起草工作被迫停止。

1979年2月,全国人大常委会成立的法制委员会在1963年初稿的基础上起草了《刑事诉讼法草案》(修正一稿、修正二稿)。1979年6月,《刑事诉讼法草案》(修正二稿)被提请第五届全国人民代表大会第二次会议审议,于7月1日正式通过,7月7日公布,并决定于1980年1月1日起施行。《中华人民共和国刑事诉讼法》分4编共164条,是中国第一部社会主义类型的刑事诉讼法典。该刑事诉讼法典施行后,全国人民代表大会常务委员会对其进行了若干修改、补充,颁布并施行了《关于迅速审判严重危害社会治安的犯罪分子的程序的决定》《关于国家安全机关行使公安机关的侦查、拘留、预审和执行逮捕职权的决定》《关于刑事案件办案期限的补充规定》《关于修改〈中华人民共和国人民法院组织法〉的决定》和《关于修改〈中华人民共和国人民检察院组织法〉的决定》等法律;这些法律,其中一些在1996年修订的《刑事诉讼法》中被吸收,一些被废止。

2. 中华人民共和国刑事诉讼法的修正

根据第八届全国人民代表大会常务委员会的立法规划,从1993年起,全国人民代表大会常务委员会法制工作委员会对《中华人民共和国刑事诉讼法》的实施情况和存在的问题展开调查研究,广泛征求意见,并委托专家提出《刑事诉讼法修改建议稿》供立法部门参考。1995年12月,全国人民代表大会常务委员会法制工作委员会拟订了《中华人民共和国刑事诉讼法修正案(草案)》,提交全国人民代表大会常务委员会第十七次会议进行了初步审议。1996年2月,全国人民代表大会法律委员会召开会议对再度修改的修正案草案进行了审议,并提交第八届全国人民代表大会常务委员会第八次会议进行了第二次审议。1996年3月5日召开的第八届全国人民代表大会第四次会议审议了《中华人民共和国刑事诉讼法修正案草案》,1996年3月17日,修正案以《全国人民代表大会关于修改〈中华人民共和国刑事诉讼法〉的决定》的名称获得通过。修正后的《中华人民共和国刑事诉讼法》共225条,比修正前增加了61条。此次修正涉及的主要内容有:增设了人民检察院依法对刑事诉讼实行法律监督的原则,加强对刑事诉讼各个环节的监督;对职能管辖进行了修改,特别是调整了检察机关管辖的案件范围;取消了收容审查制度,对强制措施作了适当调整;确立了未经人民法院依法判决不得定罪的原则;强化了对犯罪嫌疑人、被告人及被害人权利的保障;将律师参与诉讼活动的时间提前到侦查阶段;废除了免予起诉制度,扩大了不起诉的范围;对庭审方式作出较大改革,强化了控辩双方的对抗作用,强调合议庭在审判中的决定性作用;增设了简易程序。

为了贯彻1996年修订的《刑事诉讼法》,1998年最高人民法院、最高人民检察院、公安部、国家安全部、司法部、全国人民代表大会常务委员会法制工作委员会联合制定并颁布了《关于〈中华人民共和国刑事诉讼法〉实施中若干问题的规定》,最高人民法院、最高人民检察院、公安部也分别制定并下发了执行《中华人民共和国刑事诉讼法》的解释、规则、规定等。其中,2006年9月21日,最高人民法院、最高人民检察院联合制定、公布了《关于死刑第二审案件开庭审理若干程序问题的规定(试行)》,对死刑第二审案件开庭审理作出了详细规定,强调"依法准确惩罚犯罪,加强刑事司法领域的人权保障,确保死刑案件的办案质量"。2008年12月15日,最高人民法院制定并公布了《关于适用停止执行死刑程序有关问题的规定》(于2008年12月26日起施行),对死刑停止执行程序进行了规范。这两个"规定"对于最高人民法院收回死刑核准权,确保死刑案件的办案质量具有积极意义。

全国人民代表大会常务委员会还通过相关法律的制定和修改,进一步改善了1996年修订的《刑事诉讼法》。其中,2004年8月28日,第十届全国人民代表大会常务委员会第十一次会议通过了《中华人民共和国电子签名法》,正式承认电子签名的法律效力,并规定了电子签名具有法律效力的条件。同时,通过了《关于完善人民陪审员制度的决定》(于2005年5月1日起施行),规定了人民陪审员的任免条件、产生方式、权利和义务,以及实行陪审制度的案件范围等。2005年2月28日,第十届全国人民代表大会常务委员会通过了《关于司法鉴定管理问题的决定》,规定国家对从事法医类鉴定、物证类鉴定、声像资料类鉴定等司法鉴定业务的鉴定人和鉴定机构实行登记管理制度,具体规定了从事司法鉴定业务的个人、法人或其他组织的登记条件和鉴定责任,并对司法鉴定体制进行了重大改革。2007年10月28日,第十届全国人民代表大会常务委员会第三十次会议修改了《中华人民共和国律师法》(于2008年6月1日起施行),将律师会见犯罪嫌疑人、被告人的时间提前到第一次讯问之时,规定律师会见犯罪嫌疑人、被告人的手续简化并不受监听;扩大了律师查阅、摘抄和复制案卷材料的范围,在实质上确定了证据开示制度;解除了对律师自行调查取证权的限制;除了发表危害国家安全、恶意诽谤他人、严重扰乱法庭秩序的言论以外,律师享有言论豁免权,在法庭上发表的代理意见、辩护意见不受法律追究。

2003年,第十届全国人民代表大会常务委员会将对《刑事诉讼法》的修改纳入立法规划。2009年,第十一届全国人民代表大会常务委员会再次将对《刑事诉讼法》的修订列入立法规划。此后,中央政法机关制定并公布了《关于办理死刑案件审查判断证据若干问题的规定》《关于办理刑事案件排除非法证据若干问题的规定》《关于规范量刑程序若干问题的意见(试行)》《关于进一步建立和完善办理未成年人刑事案件配套工作体系的若干意见》《关于充分发挥刑事审判职能作用深入推进社会矛盾化解的若干意见》《关于办理当事人达成和解的轻微刑事案件的若干意见》,为《刑事诉讼法》的修改创造了良好的条件。

2012年3月14日,第十一届全国人民代表大会第五次会议通过了《全国人民代表大会关于修改〈中华人民共和国刑事诉讼法〉的决定》。修订的《刑事诉讼法》自2013年1月1日起施行。修订的《刑事诉讼法》,增加66条、修改82条、删除1条。主要涉及的内容有:增加了"尊重和保障人权"的规定;完善了辩护制度,赋予律师在侦查阶段的辩护人地位,强调实体辩护与程序辩护并重,扩大法律援助适用的阶段和案件范围;完善了证据制度,增加了"不得强迫任何人证实自己有罪"的规定,确立了非法证据排除规则;完善了强制措施制度,限制了不通知家属的情形;完善了侦查阶段讯问犯罪嫌疑人的程序,要求对讯问过程进行录音录像;强化了侦查措施,增加了技术侦查等特殊侦查手段;完善了第一审程序中证人、鉴定人出庭制度,扩大了简易程序的适用范围;改进了第二审程序;改善了死刑复核程序;完善了执行程序,完善了暂予监外执行制度,创立了社区矫正制度;增设了未成人刑事案件诉讼程序、当事人和解的公诉案件诉讼程序、依法不追究刑事责任的精神病人的强制医疗程序以及犯罪嫌疑人、被告人逃匿、死亡案件违法所得的没收程序等特别程序。

《刑事诉讼法》修改后,立法机关和公安司法机关还相继制定并颁布了一些配套的法律文件。2012年12月26日,最高人民法院、最高人民检察院、公安部、司法部、国家安全部和全国人民代表大会常务委员会法制工作委员会联合制定并颁布了《关于实施刑事诉讼法若干问题的规定》,对管辖、辩护与代理、证据、强制措施、立案、侦查、提起公诉、审判、执行、涉案财产的处理等共40项内容作出了规定。2012年11月22日,最高人民检察院率先发布了《人民检察院刑事诉讼规则(试行)》,共计708条,对《刑事诉讼法》中有关检察业务的内容进行了解释,并对检察机关内部工作流程和各部门分工、配合与制约关系作出了规定。2012年12月13日,公安部发布了《公安机关办理刑事案件程序规定》,规定了公安机关实施《刑事诉讼法》的相关细则。2012年12月20日,最高人民法院发布了《关于适用〈中华人民共和国刑事诉讼法〉的解释》,对《刑事诉讼法》有关审判工作的规定作出了相应的司法解释。司法部、国家安全部也发布了实施《刑事诉讼法》的相关文件。

第四节 刑事诉讼法的制定目的、根据和任务

▶ 一、刑事诉讼法的制定目的

根据我国《刑事诉讼法》第1条的规定,我国刑事诉讼法的制定目的是"为了保证刑法的正确实施,惩罚犯罪,保护人民,保障国家安全和社会公共安全,维护社会主义社会秩序"。很明显,我国刑事诉讼法的制定目的,具有三个层次:第一层次,刑事诉讼法的目的在于保证刑法的正确实施;第二层次,正确实施刑法的目的是惩罚犯罪,进而控制犯罪;第三层次,惩罚犯罪、控制犯罪的目的是保护人民、保障国家安全和社会公共安全、维护社会主义社会秩序。只有制定了刑事诉讼法,才能保证刑法得以正确实施;只有正确实施刑法以惩罚犯罪,才能控制犯罪;只有犯罪得到了有效的控制,才能保护人民,才能保障国家安全和社会公共安全,才能维护社会主义社会秩序。

第三层次中的保护人民、保障国家安全和社会公共安全、维护社会主义社会秩序,是惩罚犯罪进而控制犯罪的三个并列的目的。"人民"是一个不同于"公民"或"国民"的概念。在法律上,"公民"与"国民"的含义是相同的,我国《宪法》第33条第1款规定"凡具有中华人民共和国国籍的人都是中华人民共和国公民",因此,用"公民"或"国民"时,强调的是具有中华人民共和国国籍的具体的个人。"人民"是一个与"敌人"等相对立的具有政治色彩的集合概念,泛指广大人民群众。"保护人民"泛指保护广大人民群众的合法权益。国家安全和社会安全,同样是一个集合概念,不是指某一个人的安全;"保障国家安全和社会公共安全"泛指保障国家安全和社会公共安全不遭受犯罪的侵害。"维护社会主义社会秩序"也是泛指维护社会主义社会秩序不遭受犯罪的破坏。第三层次的目的,在本质上讲,是刑事实体法学即

刑法学应当讨论的刑罚目的问题,不是刑事诉讼法学讨论的重点。

第二层次强调的是实施刑法的目的,也是刑法学应当讨论的实体问题,也不是刑事诉讼法学讨论的重点。正确实施刑法,意味着对有罪的人进行刑事处罚,同时保障无罪的人不受刑事追究,对犯罪进行个别预防和一般预防,其目的当然在于控制犯罪。

第一层次,即保证刑法的正确实施,是制定刑事诉讼法的直接目的。从直接目的来看,我国《刑事诉讼法》第1条明显将刑事诉讼法规定为正确实施刑法的工具法。刑法的规定,旨在解决认定犯罪和适用刑罚的标准问题,却不能解决认定犯罪和适用刑罚的程序问题;与刑法相对应,作为工具法的刑事诉讼法,旨在解决认定犯罪和适用刑罚的程序问题。根据"刑事诉讼程序构成论"的观点,为了正确地实施刑法,刑事诉讼法必须规定:(1)程序主体,规范由哪些机关和个人来参与以及如何参与认定犯罪和适用刑罚的程序。(2)程序范围,规范认定犯罪和适用刑罚的程序在什么主体范围、案件范围、时间范围内展开。(3)程序条件,规范与认定犯罪的事实和适用刑罚的事实相关的证据种类、举证责任、证明标准,以及收集、审查、判断和运用证据的程序。(4)程序保障,规范刑事诉讼法律关系主体行使诉讼权利和履行诉讼义务所需要的保障措施。(5)程序推进要件,规范认定犯罪和适用刑罚的启动、审查、处分、救济的程序。

二、刑事诉讼法的制定根据

根据我国《刑事诉讼法》第1条的规定,我国刑事诉讼法的制定根据是我国《宪法》。宪法是国家的根本大法,具有最高的法律地位和效力,是制定一切部门法的根据。刑事诉讼法作为部门法之一,其制定根据当然也必须是宪法,不能违背宪法的规定和基本精神,否则就不能发生法律效力。

我国《宪法》不仅是刑事诉讼法典的制定根据,也是刑事诉讼法典的渊源,直接规定了人民法院、人民检察院的根本职能、机构建制、组织体制以及刑事诉讼参与人的权利。例如,我国《宪法》第13条规定,公民合法的私有财产不受侵犯。第33条规定,国家尊重和保障人权;公民在法律面前一律平等。第37条规定,中华人民共和国公民的人身自由不受侵犯;任何公民,非经人民检察院批准或者决定或者人民法院决定,并由公安机关执行,不受逮捕;禁止非法拘禁和以其他方法非法剥夺或者限制公民的人身自由,禁止非法搜查公民的身体。第38条规定,中华人民共和国公民的人格尊严不受侵犯;禁止用任何方法对公民进行侮辱、诽谤和诬告陷害。第39条规定,中华人民共和国公民的住宅不受侵犯;禁止非法搜查或者非法侵入公民的住宅。第40条规定,中华人民共和国公民的通信自由和通信秘密受法律保护;除因国家安全或者追查刑事犯罪的需要,由公安机关或者人民检察院依照法律规定的程序对通信进行检查外,任何组织或者个人不得以任何理由侵犯公民的通信自由和通信秘密。第41条规定,中华人民共和国公民对于任何国家机关和国家工作人员的违法失职行为,有向有关国家机关提出申诉、控告或者检举的权利;由于国家机关和国家工作人员侵犯公民权利而受到损失的人,有依照法律规定取得赔偿的权利。第125条规定,人民法院审理案件,除法律规定的特别情况外,一律公开进行;被告人有权获得辩护。第126条规定,人民法院依照法律规定独立行使审判权,不受行政机关、社会团体和个人的干涉。第131条规定,人民检察院依照法律规定独立行使检察权,不受行政机关、社会团体和个人的干涉。第134条规定,各民族公民都有用本民族语言文字进行诉讼的权利,人民法院和人民检察院对于不通晓当地通用的语言文字的诉讼参与人,应当为他们翻译。在少数民族聚居或者多民族共同居住的地区,应当用当地通用的语言进行审理;起诉书、判决书、布告和其他文书应当根据实际需要使用当地通用的一种或者几种文字。第135条规定,人民法院、人民检察院和公安机关办理刑事案件,应当分工负责、互相配合、互相制约,以保证准确有效地执行法律。《宪法》的这些规定也成为了刑事诉讼法典的一些具体条文的制定根据。

▶ 三、刑事诉讼法的任务

我国《刑事诉讼法》第2条规定:"中华人民共和国刑事诉讼法的任务,是保证准确、及时地查明犯罪事实,正确应用法律,惩罚犯罪分子,保障无罪的人不受刑事追究,教育公民自觉遵守法律,积极同犯罪行为作斗争,维护社会主义法制,尊重和保障人权,保护公民的人身权利、财产权利、民主权利和其他权利,保障社会主义建设事业的顺利进行。"可见,中国刑事诉讼法的任务分为特有任务和共有任务。特有任务,是指刑事诉讼法通过规范刑事诉讼活动,必须解决的特定问题,必须达到的具体目标。刑事诉讼法承担的特有任务是其他法律不需要承担的。共有任务,是刑事诉讼法和宪法等其他部门法共同承担的任务、共同解决的问题、共同达到的最终目标。

(一)刑事诉讼法的特有任务

我国刑事诉讼法的特有任务,就是"保证准确、及时地查明犯罪事实,正确适用法律,惩罚犯罪分子,保障无罪的人不受刑事追究,教育公民自觉遵守法律,积极同犯罪行为作斗争"。

"保证准确、及时地查明犯罪事实"是刑事诉讼法的首要任务,也是以事实为根据原则的具体体现。不查清犯罪事实,就不可能适用法律解决刑事责任问题。需要查明的犯罪事实,应当从广义角度来理解。首先,要查明是否有犯罪事实发生。如果没有犯罪事实发生,或者不启动刑事诉讼程序,或者在刑事诉讼程序中作无罪的处理。如果有犯罪事实发生,就得进一步查明狭义的犯罪事实。其次,要查明狭义的犯罪事实。狭义的犯罪事实,是指可能影响定罪和量刑的事实。可能影响定罪的事实,是指可能影响认定社会危害性、刑事违法性、应受刑事处罚性等犯罪的基本特征和主体、客体、主观方面、客观方面等犯罪构成要件的事实。可能影响量刑的事实,是指可能影响认定量刑情节的事实。再次,要查明程序事实。程序事实,是指对采用强制措施、是否回避、是否公开审判、是否应当提供法律援助等程序性决定有影响的事实。严格地讲,程序事实不属于犯罪事实,但是,如果不查明程序事实,也不可能正确适用法律解决刑事责任问题。

"正确应用法律,惩罚犯罪分子,保障无罪的人不受刑事追究"是刑事诉讼的核心任务,也是以法律为准绳原则的具体体现。虽然在刑事诉讼中既要遵守刑法又要遵守刑事诉讼法,但是,就立法的本意而言,此处的"正确应用法律"中的"法律",仅仅指解决定罪量刑标准问题的刑法。查明犯罪事实是正确适用法律的前提,但还不能解决犯罪嫌疑人、被告人的刑事责任问题。解决犯罪嫌疑人、被告人的刑事责任问题,就必须在查明犯罪事实的基础上,正确适用法律,追究有罪者的刑事责任,处罚犯罪者,裁判无罪者不承担刑事责任,保障无罪者不受刑事追究。"惩罚"与"保障",是一个适用法律确认罪与非罪的问题。在确认有罪的情况下,还得确认此罪与彼罪,做到定罪准确,并根据罪责刑相适应原则,做到量刑恰当。

从实体法的角度看,"教育公民自觉遵守法律,积极同犯罪行为作斗争"是刑事诉讼法的延伸任务,是完成前面两项任务后的必然结果。完成了"保证准确、及时地查明犯罪事实,正确应用法律,惩罚犯罪分子,保障无罪的人不受刑事追究"的任务,就是告诉广大公民,只要犯罪了都会受到刑事惩罚,只要不犯罪都不会受到刑事追究,这就是在教育广大公民自觉遵守法律,对潜在的违法犯罪人员起到威慑作用,使其不敢以身试法,体现刑罚的个别预防和一般预防的功能。如果公安、司法机关人员不能准确、及时地查明犯罪事实,不能正确适用法律,致使犯罪分子得不到应有的刑事处罚,或者致使无辜者受到错误的追究,公民也会受到负面的教育,可能因此轻视法律,可能蔑视司法权威。从程序法的角度看,公安、司法机关在立案、侦查、起诉、审判、执行过程中,必要的时候也应当对涉及的诉讼参与人进行有针对性的教育,促使其自觉遵守法律;通过公开审判等方式让广大公民了解犯罪的社会危害性,从而教育公民积极同犯罪行为作斗争。

(二)刑事诉讼法的共有任务

我国刑事诉讼法的共有任务,就是"维护社会主义法制,尊重和保障人权,保护公民的人身权利、财产权利、民主权利和其他权利,保障社会主义建设事业的顺利进行"。这方面的问题,法理学科已经作了系统研究,本书不再赘述。

第五节　刑事诉讼法学

一、刑事诉讼法学的研究对象和研究方法

与刑事诉讼是一种"活动"、刑事诉讼法是一种"规范"相比较而言,刑事诉讼法学是一种"学问",是与刑法学、民事诉讼法学等其他法学分支并列的、法学的一门分支学科。

（一）刑事诉讼法学的研究对象

与其他部门法学相比较,刑事诉讼法学有其特定的研究对象;正因为有其特定的研究对象,刑事诉讼法学才能成为与其他法学分支并列的独立学科。刑事诉讼法学的研究对象包括属于"规范"领域的刑事诉讼法、属于"活动"领域的刑事诉讼司法实践、属于"学问"领域的刑事诉讼法学理论,而且对以上三个领域的研究不仅包括中国当代的,而且包括中国历史上的和外国当代和历史上的。换言之,古今中外的刑事诉讼法、刑事诉讼司法实践和刑事诉讼法学理论都是刑事诉讼法学的研究对象。由其研究对象的广泛性所决定,刑事诉讼法学又分为中国刑事诉讼制度史学、中国刑事诉讼思想史学、外国刑事诉讼制度史学、外国刑事诉讼思想史学,或者分为以研究中国当代刑事诉讼规范、实践、理论为主的中国刑事诉讼法学与研究外国当代刑事诉讼规范、实践、理论为主的外国刑事诉讼法学以及比较刑事诉讼法学。同时,也根据与其他分支学科的交叉性或某个领域的共同性,将刑事诉讼证据问题抽出来,与民事诉讼证据问题、行政诉讼证据问题合并,形成专门的诉讼证据法学;类似的,还有司法鉴定法学等。

1. 刑事诉讼法律规范

刑事诉讼法学研究刑事诉讼法律规范,本书重点是研究中国现行的广义的刑事诉讼法,即中国全部的刑事程序法律规范。研究中国刑事诉讼法律规范,主要是研究三个问题:首先,准确解读刑事诉讼法律规范的条文的字义、词义及其内容含义,以利于司法实践部门正确地适用刑事诉讼法律规范。其次,研究刑事诉讼法律规范的结构,把握刑事诉讼法典各个部分之间的关系、条文之间的关系以及法典与其他刑事诉讼法律规范之间的关系,这是研究刑事诉讼法律规范本身的基础。最后,研究刑事诉讼法律规范的立法背景、指导思想及价值选择等,从而掌握刑事诉讼法律规范的内在精神。

2. 刑事诉讼司法实践

刑事诉讼法学是实践性极强的应用型学科,研究刑事诉讼司法实践是其不可或缺的任务。研究刑事诉讼司法实践,首先,从司法的角度看,就是研究刑事诉讼法律规范在司法实践中的适用情况,从中总结经验,发现和解决存在的问题。其

次,从完善立法的角度看,就是研究刑事诉讼实践中提出了哪些新问题,或者发现了立法上不符合实际情况的问题,需要通过完善立法才能解决,并提出解决的方案。最后,从丰富刑事诉讼法学理论的角度看,就是在通过调查研究或实证研究,在刑事诉讼实践中去发现新的研究课题;刑事诉讼实践是刑事诉讼法学理论研究的源泉,刑事诉讼法学只有根植于刑事诉讼实践,不断总结、服务、促进实践,才能不断地创新和繁荣。

3. 刑事诉讼法学理论

刑事诉讼法学除了要研究刑事诉讼立法和司法以外,还要研究自身的学术理论。刑事诉讼法学理论可以分为应用型理论和基础型理论。应用型理论,是指直接为刑事诉讼立法实践和司法实践出谋划策的学术理论。立法完善、某种具体的诉讼制度构建、现行诉讼法的比较研究、司法实践的实证研究等,就属于应用型理论范畴。基础型理论,是指不能直接影响刑事诉讼立法实践和司法实践,深层次讨论刑事诉讼一般规律,引导刑事诉讼发展方向的学术理论。刑事诉讼目的、价值、结构等,就属于基础型理论。中国刑事诉讼法学也经历了从注释法学研究到制度完善研究、再到基础理论研究的发展过程;由于应用型研究和基础理论研究各自具有其不可替代的意义,因此,现在的刑事诉讼法学界,同时在进行应用型理论研究和基础型理论研究。

(二)刑事诉讼法的研究方法

与其他社会科学一样,刑事诉讼法学的研究,必须坚持以马克思主义为指导,坚持以辩证唯物主义和历史唯物主义为理论基础,采用辩证思维、理论联系实际、比较与借鉴等研究方法。

刑事诉讼法律规范、司法实践和理论体系是一项充满矛盾的复杂社会系统工程,存在着惩罚犯罪者与保障人权、实体与程序、公正与效率、控诉与辩护、合作与制约、证据排除与查明案件事实真相等一系列对立统一的范畴。这就要求研究者全面地辩证地看待问题,避免片面性,解决问题时要注意平衡性、协调性。辩证思维的研究方法,意味着将归纳和演绎、分析和综合、抽象和具体、现象和本质等观察问题的思维方式辩证地统一起来,对一些复杂的问题进行正确的分析。同时,在研究刑事诉讼法律规范、司法实践和理论体系时,也得抓住主要矛盾和矛盾的主要方面,有针对性地解决问题。

理论联系实际的研究方法,又称为实证研究方法。刑事诉讼法学是一门实践性极强的学科,理论联系实际的研究方法显得尤其重要。在刑事诉讼法学中,理论联系实际的研究方法要求我们深入调查刑事诉讼立法和司法的现状,尤其是对经典的立法案例和司法案例的分析研究,总结立法和司法中的经验教训,不断提炼新的理论研究课题,丰富刑事诉讼法学的理论研究;刑事诉讼法学理论研究的成果又可以对立法和司法形成一定的指引作用。

没有比较就没有鉴别,比较和借鉴也是刑事诉讼法学重要的研究方法。在刑事诉讼法学中,可以通过与其他部门法学的比较、古今刑事诉讼法的比较、不同国家刑事诉讼法的比较,以揭示刑事诉讼法的一般规律和普世价值;可以通过将中国现行刑事诉讼法律规范与外国刑事诉讼法律规范及国际通行的刑事诉讼法律准则相比较,借鉴一些符合中国国情的刑事诉讼规范。

二、刑事诉讼法学的基本范畴

刑事诉讼法学的基本范畴,主流观点认为包括刑事诉讼目的、刑事诉讼价值、刑事诉讼基本理念、刑事诉讼模式、刑事诉讼法律关系、刑事诉讼职能、刑事诉讼阶段等。刑事诉讼目的、价值、基本理念在学术界意见纷呈,有不少著述在进行探讨,本书不作探讨;刑事诉讼模式,在"刑事诉讼法的历史沿革"部分已有相应论述,在此不再赘述。

(一)刑事诉讼法律关系

刑事诉讼法律关系,是指刑事诉讼法调整的存在于刑事诉讼过程中的各方参与主体之间的权利义务关系。与其他法律关系一样,刑事诉讼法律关系是一种法律上的权利义务关系,或者说,是一种能产生法律后果的权利义务关系。与其他法律关系相比较,刑事诉讼法律关系具有以下特点:刑事诉讼法律关系具有规范性,是刑事诉讼法律关系调整的权利义务关系;刑事诉讼法律关系只存在于刑事诉讼过程中,刑事诉讼程序启动前或结束后的权利义务关系都不可能成为刑事诉讼法律关系;刑事诉讼法律关系的主体具有特定性,只有参与刑事诉讼的国家机关及诉讼参与人相互之间才可能产生刑事诉讼法律关系。

刑事诉讼法律关系的发生,取决于三个因素:刑事诉讼法的规定、刑事诉讼行为、事件。

刑事诉讼法的规定是刑事诉讼法律关系成立的前提。在纷繁复杂的社会关系中,发生在刑事诉讼中的那部分社会关系之所以能够成为刑事诉讼法律关系,就在于刑事诉讼法的事先规定。例如,我国《刑事诉讼法》第3条规定:"对刑事案件的侦查、拘留、执行逮捕、预审,由公安机关负责。检察、批准逮捕、检察机关直接受理的案件的侦查、提起公诉,由人民检察院负责。审判由人民法院负责。除法律特别规定的以外,其他任何机关、团体和个人无权行使这些权力。人民法院、人民检察院和公安机关进行刑事诉讼,必须严格遵守本法和其他法律的有关规定。"根据该条所体现的分工负责原则和依法行使职权原则,我们就能确定,中国共产党纪律检查委员会对党员违法违纪行为的查处中所形成的社会关系就不可能是刑事诉讼法律关系。

刑事诉讼行为是公安机关、人民检察院、人民法院等国家专门机关及诉讼参与人依照刑事诉讼法的规定所实施的行为。刑事诉讼行为可能引起刑事诉讼法律关系发生、变更、消灭。例如,立案行为、起诉行为、撤诉行为、抗诉或上诉行为、申诉行为等,都可能引起刑事诉讼法律关系的发生、变更、消灭。可能引起刑事诉讼法律关系发生、变更、消灭的刑事诉讼行为,具有以下特点:首先,是刑事诉讼法律关系主体的行为,非刑事诉讼法律关系主体的行为如旁听群众的行为就不是刑事诉讼行为。其次,是刑事诉讼法律关系主体的合法行为,行为不合法不能引起刑事诉讼法律关系的发生、变更、消灭。最后,是必须有公安司法机关参与的行为,没有公安司法机关参与,只有诉讼参与人的诉讼行为也不可能引起刑事诉讼法律关系的发生、变更、消灭,例如,只有被害人的报案、控告或起诉等行为,没有公安司法机关的受理行为,就不可能发生刑事诉讼法律关系。

事件是不以人的意志为转移的客观情况。事件也可能引起刑事诉讼法律关系的发生、变更、消灭。例如,犯罪嫌疑人、被告人死亡,可能导致刑事诉讼程序终结,在有些案件中可能导致启动犯罪嫌疑人、被告人逃匿、死亡案件违法所得的没收程序;犯罪嫌疑人、被告人患有严重疾病可能导致刑事诉讼程序中止,在有些案件中可能导致启动依法不负刑事责任的精神病人的强制医疗程序;自然灾害、战争等不可抗拒的事件,也可能导致刑事诉讼程序的中止。

所有的法律关系都由主体、客体和内容三要素构成,刑事诉讼法律关系也不例外。

刑事诉讼法律关系主体,是指在刑事诉讼过程中享有诉讼权利、承担诉讼义务的国家专门机关和诉讼参与人。换言之,刑事诉讼法律关系包括了参加刑事诉讼的所有国家专门机关和诉讼参与人;无论是国家专门机关,还是诉讼参与人,只要参加了刑事诉讼,必然享有相应的诉讼权利、承担相应的诉讼义务,必然成为刑事诉讼法律关系的主体。按照学术界通说的观点,还有一个概念是刑事诉讼主体。刑事诉讼主体当然也是刑事诉讼法律关系主体,因为他们在刑事诉讼中享有诉讼权利、承担诉讼义务;不同点在于,刑事诉讼主体只包括参加刑事诉讼的国家专门机关和诉讼参与人中的当事人,不包括诉讼参与人中的其他诉讼参与人。关于刑事诉讼法律关系主体的地位、性质、权利、义务,在本书的"国家专门机关和诉讼参与人"部分会专门讨论,在此不再赘述。

按照一般法学理论对客体的界定,刑事诉讼法律关系客体,是指刑事诉讼法律关系主体的诉讼权利、诉讼义务所指向的对象。与实体民事法律关系的客体是物、行为或精神财富不同,也与实体刑事法律关系的客体是刑法所保护的可能遭受犯罪行为侵害的社会关系或者法益不同,刑事诉讼法律关系的客体应当理解为是刑事诉讼法律关系主体行使权利、履行义务的行为所要解决的问题,即刑事诉讼案件。

刑事诉讼法律关系的内容,是指刑事诉讼法律关系主体在刑事诉讼中享有的诉讼权利和负有的诉讼义务。刑事诉讼权利,是指刑事诉讼法律关系主体在刑事诉讼过程中依法可以作为或不作为或者要求他人作为或不作为的可能性。与其他法定权利一样,刑事诉讼权利意味着可以行使也可以放弃。刑事诉讼义务,是指刑事诉讼法律关系主体在刑事诉讼中应当实施一定行为或不应当实施一定行为的责任。与其他法定义务一样,刑事诉讼义务意味着不可推却性。法律赋予刑事诉讼中国家机关的权力,具有刑事诉讼权利和刑事诉讼义务的双重性质。立案权、侦查权、起诉权、审判权和执行权等包含了国家机关有权利立案、侦查、起诉、审判和执行的内涵,但是不具有一般刑事诉讼权利所具有的可以放弃的内涵,而具有刑事诉讼义务中不可推却责任的内涵,意味着在一定的条件下国家机关必须行使立案权、侦查权、起诉权、审判权、执行权等。刑事诉讼法律关系主体具体享有哪些刑事诉讼权利、承担哪些刑事诉讼义务,在本书"刑事诉讼中的专门机关和诉讼参与人"一章及之后的一些章节中会有详细的阐述;关于刑事诉讼权利、刑事诉讼义务的构成,本章作者在《刑事诉讼价值平衡论》一书中作过较为系统的论述。①

(二) 刑事诉讼职能

刑事诉讼职能,是指在刑事诉讼中居于不同诉讼地位的刑事诉讼法律关系主体的刑事诉讼权利、义务的价值取向及其发挥的功能或作用。关于刑事诉讼职能的界定,有很多不同的观点,但笔者认为,此处的"职"字,强调的不仅仅是职责或职权(或刑事诉讼权利、义务),更重要的是强调其刑事诉讼权利、义务的价值取向。例如,控诉职能,强调的重点是其不利于犯罪嫌疑人、被告人的价值取向;辩护职能,强调的重点是有利于犯罪嫌疑人、被告人的价值取向;审判职能,强调的重点是居中公正裁判的价值取向。此处的"能"字,强调的是不同价值取向所决定的刑事诉讼权利、义务发挥的功能或作用。这样来界定刑事诉讼职能,具有重大的理论意义,可以厘清现有理论界和实务界的若干错误认识。例如,由控诉职能的控诉价值取向所决定,要求控诉职能的执行主体自觉地保护犯罪嫌疑人、被告人的合法权益,在理论上和现实中都不具有可能性,只能是美好的愿望而已;由辩护职能的辩护价值取向所决定,维护犯罪嫌疑人、被告人的合法权益就成为了其最高宗旨,对维护犯罪嫌疑人、被告人合法权益的任何诉讼行为的限制都是对辩护职能的损害;任何损害居中公正裁判的行为都是对审判职能的损害,当审判职能的执行主体倾向于控诉方或辩护方时,都是对审判职能的异化。

关于刑事诉讼职能的划分,我国理论界颇有分歧,比较典型的观点有三职能说、四职能说、五职能说和七职能说。

三职能说,主张刑事诉讼职能由控诉、辩护、审判三种基本职能构成。控诉职能,是指指控犯罪嫌疑人、被告人有罪,应当依法被追究刑事责任的职能;通俗地讲,就是不利于犯罪嫌疑人、被告人的职能。控诉职能的执行主体包括立案侦查机

---

① 曾友祥:《刑事诉讼价值平衡论》,群众出版社 2006 年版,第 51—105 页。

关、起诉机关和自诉人。辩护职能,是指提出能够证明犯罪嫌疑人、被告人无罪、罪轻,或者依法应当从轻、减轻或免予追究刑事责任的材料和意见的职能;通俗讲,就是有利于犯罪嫌疑人、被告人的职能。辩护职能的执行主体当然是犯罪嫌疑人、被告人及其法定代理人,委托或者指派的辩护人是辩护职能的协助执行主体。审判职能,是指在听取控诉方和辩护方意见的基础上,根据事实和法律作出裁判,解决被告人刑事责任问题的职能;其核心价值在于不偏不倚的居中裁判和公正裁判。审判职能的执行主体是人民法院。国外主流的观点认为,刑事诉讼"职能区分"[①]理论的核心是检察院、法院、被告人等刑事诉讼主体在刑事诉讼中的功能分化,而刑事诉讼职能这一概念从其产生伊始就是用来描述检察院、法院、被告人等刑事诉讼主体在刑事诉讼中所具有的任务和职责的。因此,刑事诉讼职能通常是指控诉、辩护、审判这三项刑事诉讼的基本职能。也正是在这个意义上,国外刑事诉讼理论往往只承认三职能说,并据此建构起经典的刑事诉讼三角结构理论。

四职能说,主张在三职能说的基础上加上监督职能。五职能说,主张在三职能的基础上加上监督职能和协助司法职能。七职能说,主张刑事诉讼职能应当包括侦查、控诉、辩护、审判、执行、协助司法、诉讼监督七项职能。

(三) 刑事诉讼阶段

刑事诉讼阶段,是指在刑事诉讼过程中按照先后顺序相连接又相对独立的单元。刑事诉讼阶段具有按照先后顺序相连接的整体性。中国刑事公诉案件的诉讼阶段分为立案、侦查、起诉、第一审、第二审和执行等阶段。这些阶段,首先,具有按照先后顺序连接的属性。意味着没有经过前一个阶段就不可能经过后一个阶段,没有立案就不能进行侦查,没有侦查就不能起诉,没有起诉就不能进行第一审,没有第一审就不能进行第二审,没有第一审或第二审就不可能进行执行。其次,具有整体性。意味着一件公诉案件要走完全部诉讼阶段,就要经过立案、侦查、起诉、第一审、第二审和执行等阶段;同时意味着一件公诉案件可能经过前阶段后不再进行后阶段。再次,具有独立性。每个阶段都有其特定的任务、参加诉讼的机关和个人、进行诉讼的方式、诉讼法律关系以及总结性文件。最后,具有一般性,意味着一件普通的公诉案件只需要经过立案、侦查、起诉、第一审、第二审和执行等阶段;同时意味着在特殊案件中还存在特殊阶段,在中国设置了适用于死刑案件的死刑复核阶段和适用于生效裁判的审判监督阶段。在我国《刑事诉讼法》规定的 4 种特别程序中,当事人和解的公诉案件诉讼程序,由于仍然是公诉案件的诉讼程序,其诉

---

① 据陈瑞华教授在《刑事审判原理论》(北京大学出版社 1997 年版)一书中阐述的观点,从相关理论演变来看,刑事诉讼职能是大陆法系国家的诉讼法学者在对现代刑事诉讼与纠问式刑事诉讼进行比较研究时使用的概念,而提出"刑事诉讼职能"概念的主要目的,则是为了导出诉讼"职能区分"或称"职能分开"理论。诉讼职能区分似乎是纠问式程序与控诉式程序(accusatorial procedure)之间的基本差异之一。

讼阶段与其他公诉案件中的诉讼阶段完全一致，只是在侦查、起诉、审判阶段中加入了和解的程序规定而已；由于主体的特殊性而产生的未成年人刑事案件诉讼程序，犯罪嫌疑人、被告人逃匿、死亡案件违法所得的没收程序，依法不追究刑事责任的精神病人的强制医疗程序这三个特别程序，其诉讼阶段基本上适用公诉案件中的诉讼阶段，只是作出了一些特别的规定，例如在犯罪嫌疑人、被告人逃匿、死亡案件违法所得的没收程序，依法不追究刑事责任的精神病人的强制医疗程序这两个程序中，以申请阶段替代了起诉阶段。我国刑事自诉案件的阶段分为立案、第一审、第二审和执行等阶段；自诉人的起诉行为作为立案的前置条件，不再成为一个独立的诉讼阶段；由自诉案件的不需要侦查的属性所决定，不由侦查机关管辖，也不可能存在侦查阶段。

刑事诉讼阶段与刑事诉讼环节、刑事诉讼步骤是三个既有区别又密切联系的概念。一个刑事诉讼阶段可以分为若干个刑事诉讼环节，一个刑事诉讼环节又可以分为若干个刑事诉讼步骤。立案阶段可以分为对立案材料的接受、对立案材料的审查、审查后的处理和救济四个环节；每个环节又可能分为几个步骤，例如，对立案材料的接受这个环节可以分为先接受、采用紧急措施、移送有管辖权的机关处理等步骤。侦查阶段可以分为侦破、预审、移送起诉三个环节；每个环节也可以分为若干步骤。起诉阶段可以分为审查起诉、决定起诉或不起诉、提起公诉以及延伸到审判阶段的支持公诉四个环节；每个环节也可以分为若干步骤，例如，审查起诉分为审阅案卷材料、讯问犯罪嫌疑人、听取被害人意见、听取辩护人和诉讼代理人意见、补充侦查等步骤。第一审阶段分为对公诉案件的审查、开庭前的准备、法庭审判等环节；每个环节也可以分为若干步骤，例如，法庭审判环节分为开庭、法庭调查、法庭辩论、被告人最后陈述、评议和宣判五个步骤。第二审阶段、死刑复核阶段、审判监督阶段，除法律有特别规定的以外，比照第一审阶段的环节和步骤进行。执行阶段分为交付执行、具体执行、执行变更三个环节，每个环节也可以分为若干步骤。树立刑事诉讼程序分为若干阶段、阶段分为若干环节、环节分为若干步骤的观念，就是树立刑事诉讼程序分为不同层级的观念，对于系统掌握和研究刑事诉讼程序的法律规范，无疑有所裨益。

【拓展阅读】

1.〔美〕米尔建·R.达马斯卡（Mirjan R. Damaska）：《漂移的证据法（Evidence Law Adrift）》，李学军等译，何家弘审校，中国政法大学出版社2003年版。本书阐述了英美法系和大陆法系刑事诉讼制度和证据制度的演变和相互借鉴，将这种演变和借鉴称为"漂移"。演变和借鉴的结果，导致传统的英美法系当事人主义诉讼模式和传统的大陆法系职权主义诉讼模式都不再具有典型性，两大法系的刑事诉讼模式趋同趋势日益明显。本书观点新颖,文笔流畅,极具可读性。

2. 曾友祥:《刑事诉讼价值平衡论》,群众出版社2006年版。本书是作者的博士论文。相对于传统的刑事诉讼价值理论而言,本书对刑事诉讼价值作出了颠覆性的界定,提出了刑事诉讼价值由实现刑法目的价值和妨碍刑法目的价值构成的全新观点,构建了这两种价值冲突、平衡及失衡矫正的刑事诉讼价值平衡理论。同时,本书对刑事诉讼中若干带规律性的理论、制度,进行了总结归纳,对初学者掌握刑事诉讼法学的理论体系,有所裨益。

【思考题】

1. 我国《刑事诉讼法》第1条将刑事诉讼法规定为实现刑法的工具法,你如何评价这一规定?

2. 我国《刑事诉讼法》第2条将"尊重和保障人权"规定为刑事诉讼法的任务,对我国刑事诉讼制度产生了哪些影响?

第二章 专门机关和诉讼参与人

要点提示

- 刑事诉讼的参与主体有哪些?
- 法院、检察院、公安机关有着怎样的组织体系?
- "三机关"的性质、地位、组织机构有何异同?
- 刑事诉讼中的当事人有哪些?其权利义务如何?

【案例思考】

2013年9月26日,某市甲区人民法院开庭审理F、J涉嫌强奸一案,由审判员A和人民陪审员B、C组成合议庭进行审理。甲区人民检察院指派检察员D、E出庭履行职务。被告人F及其法定代理人G、辩护人H、I到庭参加诉讼。被告人J及其辩护人K、L到庭参加诉讼。被害人M经通知未到庭,但其诉讼代理人N到庭参加诉讼。甲区公安机关侦查员O出庭作证。证人P出庭作证。鉴定人Q未出庭作证。

请思考下列问题:
1. 本案当中,当事人有哪些?
2. 法定代理人G是否有权申请审判员A回避?
3. 辩护人K是否有权申请检察员D回避?

第一节 概 述

在刑事诉讼中,不同的刑事诉讼主体履行不同的刑事诉讼职能。根据通说,刑事诉讼职能可分为基本职能和非基本职能。[①] 基本职能包括审判职能、控诉职能[②]和辩护职能,非基本职能为基本职能服务或者由基本职能衍生,比如证人的作证职能可能服务于控诉职能也可能服务于辩护职能。在我国,审判职能专门由人民法院履行,控诉职能主要由人民检察院、公安机关履行[③],辩护职能由被告人及辩护人履行。刑事诉讼主体,正是围绕刑事诉讼的职能而展开。根据性质的不同,刑事诉讼主体可以分为专门机关和诉讼参与人两大类。

刑事诉讼中的专门机关,是指依照法定职权进行相应刑事诉讼活动的国家机关。国家通过这些专门机关来实现相应的刑事诉讼职能。人民法院、人民检察院和公安机关是我国刑事诉讼中主要的专门机关。从广义的刑事诉讼来看,我国刑事诉讼中的专门机关还包括国家安全机关、军队保卫部门、海关侦查走私犯罪的机构、监狱等。[④] 根据我国相关法律规定,监狱除了履行执行职能之外,还履行部分

---

① 参见汪建成:《冲突与平衡——刑事程序理论的新视角》,北京大学出版社2006年版,第68页;陈卫东主编:《刑事诉讼法学研究》,中国人民大学出版社2008年版,第25页。
② 控诉职能,又可以分为侦查职能和检察职能。
③ 自诉案件,由被害人履行控诉职能。
④ 参见我国《刑事诉讼法》第4、290条;《海关法》第4条;《监狱法》第2条。

侦查职能。

为了充分实现相关的刑事诉讼职能和刑事诉讼目的,我国法律对刑事诉讼中专门机关的性质、地位、组织体系、职责、活动原则以及相应的活动程序作出了规定。刑事诉讼中的专门机关依法通过相应的刑事诉讼行为来履行其刑事诉讼职能,最终实现刑事诉讼的目的。作为国家机构的重要组成部分,刑事诉讼中的专门机关在我国刑事诉讼中发挥主导作用。

刑事诉讼中的诉讼参与人,是指除了专门机关以外的刑事诉讼主体,他们履行一定的诉讼职能,享有相应的诉讼权利和承担相应的诉讼义务。根据与案件的利害关系之不同,诉讼参与人分为当事人和其他诉讼参与人。当事人包括被害人、自诉人、犯罪嫌疑人、被告人、附带民事诉讼的原告人和被告人,其他诉讼参与人包括法定代理人、诉讼代理人、辩护人、证人、鉴定人和翻译人员。除了与案件的利害关系不同之外,当事人与其他诉讼参与人的区别还体现在诉讼职能、诉讼地位、诉讼权利义务、对刑事诉讼的影响力等方面。我国法律对刑事诉讼参与人的诉讼地位、诉讼权利义务以及参与刑事诉讼的程序均作了规定。

第二节 专门机关的组织体系

由于国家安全机关、军队保卫部门、海关侦查走私犯罪的机构、监狱等专门机关在刑事诉讼中只承担很少部分的任务,因此,本节仅就刑事诉讼中三大主要机关的组织体系进行介绍。

▶ 一、人民法院的组织体系

我国人民法院,作为国家的审判机关是一个系统的组织体系,共四级。根据《法院组织法》的规定,我国人民法院由最高人民法院、地方各级人民法院和专门人民法院组成。地方各级人民法院分为:基层人民法院、中级人民法院和高级人民法院三级。2012年,我国铁路运输法院移交地方管理之后,我国的专门人民法院包括军事法院和海事法院。上下级人民法院之间是监督关系。上级人民法院通过二审程序、审判监督程序、死刑复核程序来纠正下级人民法院不合法的实体性裁判和程序性诉讼行为。

(一)各人民法院组织

最高人民法院,是国家最高审判机关,设于我国首都北京。最高人民法院由院长一人、副院长、庭长、副庭长和审判员若干人组成,设刑事审判庭、民事审判庭、行政审判庭和其他需要设的审判庭。最高人民法院监督地方各级人民法院和专门人民法院的审判工作。最高人民法院审判下列案件:(1)法律、法令规定由它管辖的和它认为应当由自己审判的第一审案件;(2)对高级人民法院、专门人民法院判决和裁定的上诉案件和抗诉案件;(3)最高人民检察院按照审判监督程序提出的抗诉案件。另外,最高人民法院对于在审判过程中如何具体应用法律、法令的问题,进行解释。

高级人民法院包括:(1)省高级人民法院;(2)自治区高级人民法院;(3)直辖市高级人民法院。高级人民法院由院长一人,副院长、庭长、副庭长和审判员若干人组成。高级人民法院设刑事审判庭、民事审判庭、经济审判庭,根据需要可以设其他审判庭。高级人民法院审判下列案件:(1)法律、法令规定由它管辖的第一审案件;(2)下级人民法院移送审判的第一审案件;(3)对下级人民法院判决和裁定的上诉案件和抗诉案件;(4)人民检察院按照审判监督程序提出的抗诉案件。

中级人民法院包括:(1)在省、自治区内按地区设立的中级人民法院;(2)在直辖市内设立的中级人民法院;(3)省、自治区辖市的中级人民法院;(4)自治州中级人民法院。中级人民法院由院长一人,副院长、庭长、副庭长和审判员若干人组成。中级人民法院设刑事审判庭、民事审判庭、经济审判庭,根据需要可以设其他审判庭。中级人民法院审判下列案件:(1)法律、法令规定由它管辖的第一审案件;(2)基层人民法院移送审判的第一审案件;(3)对基层人民法院判决和裁定的上诉案件和抗诉案件;(4)人民检察院按照审判监督程序提出的抗诉案件。中级人民法院对它所受理的刑事和民事案件,认为案情重大应当由上级人民法院审判的时候,可以请求移送上级人民法院审判。

基层人民法院包括:(1)县人民法院和市人民法院;(2)自治县人民法院;(3)市辖区人民法院。基层人民法院由院长一人,副院长和审判员若干人组成。基层人民法院可以设刑事审判庭、民事审判庭和经济审判庭,庭设庭长、副庭长。基层人民法院根据地区、人口和案件情况可以设立若干人民法庭。人民法庭是基层人民法院的组成部分,它的判决和裁定就是基层人民法院的判决和裁定。基层人民法院审判刑事和民事的第一审案件,但是法律、法令另有规定的案件除外。基层人民法院除审判案件外,并且办理下列事项:(1)处理不需要开庭审判的民事纠纷和轻微的刑事案件;(2)指导人民调解委员会的工作。

军事法院分为三级,不服最高级别军事法院一审判决的案件,可以上诉至最高人民法院。海事法院仅设一级,相当于地方法院的中级人民法院,不服其裁判的可以向高级人民法院上诉,但是,海事法院没有刑事案件管辖权。

另外,各级人民法院按照需要可以设助理审判员,由本级人民法院任免。助理审判员协助审判员进行工作。助理审判员,由本院院长提出,经审判委员会通过,可以临时代行审判员职务。各级人民法院设书记员,担任审判庭的记录工作并办理有关审判的其他事项。各级人民法院设司法警察若干人。

(二)审判组织

审判组织,是指人民法院审判案件的具体组织形式。我国的刑事审判组织有独任庭、合议庭和审判委员会三种,合议庭是基本的、主要的形式。

独任庭,是指由审判员一人单独审判案件的审判组织。根据我国《刑事诉讼法》第178条的规定,基层人民法院适用简易程序的案件可以由审判员一人独任审判。但是,并非所有适用简易程序审判的案件都实行独任制。适用独任庭审判的案件需要满足两个基本条件:(1)适用简易程序审判的案件;(2)可能判处三年有期徒刑以下刑罚的案件。案件是否独任审判,以及独任法官的指定问题,均由院长或庭长决定。①

合议庭,是指由审判员或者审判员和人民陪审员共同审判案件的审判组织。合议庭由1名审判员担任审判长,由其主持和组织合议庭和审判法庭的诉讼活动。审判长由院长或者庭长指定,院长或者庭长参加审判案件的时候,自己担任审判长。助理审判员可以担任审判长。在刑事审判中,合议庭组成人员的数量和结构因审判程序和法院级别而不同。根据我国《刑事诉讼法》第178条的规定,基层人民法院、中级人民法院审判第一审案件,应当由审判员3人或者由审判员和人民陪审员共3人组成合议庭进行;高级人民法院、最高人民法院审判第一审案件,应当由审判员3人至7人或者由审判员和人民陪审员共3人至7人组成合议庭进行。人民法院审判上诉和抗诉案件,由审判员3人至5人组成合议庭进行。根据我国《刑事诉讼法》第238条的规定,最高人民法院复核死刑案件,高级人民法院复核死刑缓期执行的案件,应当由审判员3人组成合议庭进行。另外,根据我国《刑事诉讼法》第245条的规定,人民法院按照审判监督程序重新审判的案件,由原审人民法院审理的,应当另行组成合议庭进行。如果原来是第一审案件,应当依照第一审程序进行审判;如果原来是第二审案件,或者是上级人民法院提审的案件,应当依照第二审程序进行审判。合议庭的成员人数应当是单数,因为,议庭进行评议的时候,如果意见分歧,应当按多数人的意见作出决定。但是,少数人的意见应当写入笔录。评议笔录由合议庭的组成人员签名。需要注意的是,人民陪审员参与的合议庭仅存在于一审程序,人民陪审员执行职务时享有与审判员同等的权利,但不能担任审判长。

审判委员会,是指人民法院内部讨论和决定案件的一种组织形式,审判委员会成员并不在判决书上署名,而由审理该案件的审判人员署名。但是,从讨论和决定案件这一实质意义上而言,审判委员会也是我国人民法院的一种审判组织。地方各级人民法院审判委员会委员,由院长提请本级人民代表大会常务委员会任免;最高人民法院审判委员会委员,由最高人民法院院长提请全国人民代表大会常务委员会任免。各级人民法院审判委员会会议由院长主持。审判委员会按照多数人的意见作出决定,审判委员会的决定,合议庭、独任审判员应当执行;有不同意见的,

---

① 陈光中主编:《刑事诉讼法》(第5版),北京大学出版社、高等教育出版社2013年版,第61—62页。

可以建议院长提交审判委员会复议。①

根据我国《法院组织法》第 10 条的规定,各级人民法院设立审判委员会,实行民主集中制。审判委员会的任务是总结审判经验,讨论重大的或者疑难的案件和其他有关审判工作的问题。根据我国《刑事诉讼法》第 180 条的规定,对于疑难、复杂、重大的案件,合议庭认为难以作出决定的,由合议庭提请院长决定提交审判委员会讨论决定。据此看来,需要注意两点:第一,从实体上而言,并非所有疑难、复杂、重大的案件都需要提交审判委员会讨论决定,只有合议庭认为难以作出决定的才提交;第二,从程序上而言,并非由合议庭直接提交审判委员会讨论决定,而是由合议庭提请院长决定提交。院长认为不必要的,可以建议合议庭复议一次。但是,最高法《适用刑事诉讼法的解释》第 178 条第 2 款规定:"拟判处死刑的案件、人民检察院抗诉的案件,合议庭应当提请院长决定提交审判委员会讨论决定。"审判委员会制度存在"审者不判判者不审"的弊端,引发学界对其改革问题进行了不少的讨论和反思。

(三) 人民陪审员

如上所述,人民法院审判第一审刑事案件中可以由审判员和人民陪审员组成合议庭进行审判,人民陪审员除了不得担任审判长之外,在执行职务时享有与审判员同等的权利,亦即,人民陪审员与陪审员共同决定案件的事实和法律问题。吸收普通公民参与刑事审判,具有重要的意义:第一,在政治层面上,具有司法民主的意义;第二,在法权层面上,具有制约和规范国家司法权规范行使的意义;第三,在智识层面上,具有弥补专业法官思维定式和职业偏见的意义;第四,在价值层面上,具有整合专业价值取向和普通社会价值取向的意义;第五,在社会层面上,具有提高司法公信力的意义。

为了完善人民陪审员制度,保障公民依法参加审判活动,促进司法公正,2004 年 8 月 28 日第十届全国人民代表大会常务委员会第十一次会议通过了《关于完善人民陪审员制度的决定》(以下简称《陪审员制度决定》),该决定对人民陪审员的任职条件、任免程序、任期、审理案件范围、挑选、权利和义务、任职保障等方面作出了比较明确的规定,其主要内容如下:

1. 任职条件

公民担任人民陪审员,应当具备下列条件:(1) 拥护中华人民共和国宪法;(2) 年满 23 周岁;(3) 品行良好、公道正派;(4) 身体健康。担任人民陪审员,一般应当具有大学专科以上文化程度。人民代表大会常务委员会的组成人员、人民法

---

① 参见我国《刑事诉讼法》第 180 条;最高法《适用刑事诉讼法的解释》第 179 条。根据最高法《适用刑事诉讼法的解释》第 296 条的规定,独任审判的案件,审判员认为有必要的,也可以提请院长决定提交审判委员会讨论决定。

院、人民检察院、公安机关、国家安全机关、司法行政机关的工作人员、执业律师、因犯罪受过刑事处罚的人员、被开除公职的人员等,不得担任人民陪审员。

2. 任免程序及任期

人民陪审员的名额,由基层人民法院根据审判案件的需要,提请同级人民代表大会常务委员会确定。符合担任人民陪审员条件的公民,可以由其所在单位或者户籍所在地的基层组织向基层人民法院推荐,或者本人提出申请,由基层人民法院会同同级人民政府司法行政机关进行审查,并由基层人民法院院长提出人民陪审员人选,提请同级人民代表大会常务委员会任命。人民陪审员的任期为5年。

人民陪审员有下列情形之一,经所在基层人民法院会同同级人民政府司法行政机关查证属实的,应当由基层人民法院院长提请同级人民代表大会常务委员会免除其人民陪审员职务:(1)本人申请辞去人民陪审员职务的;(2)无正当理由,拒绝参加审判活动,影响审判工作正常进行的;(3)经查证是人民代表大会常务委员会的组成人员、人民法院、人民检察院、公安机关、国家安全机关、司法行政机关的工作人员、执业律师、因犯罪受过刑事处罚的、被开除公职的;(4)违反与审判工作有关的法律及相关规定,徇私舞弊,造成错误裁判或者其他严重后果的。

3. 审理案件范围

根据《陪审员制度决定》第2条的规定,在刑事案件的第一审程序中,除了适用简易程序审理的案件和法律另有规定的案件之外,下列案件应当由人民陪审员和法官组成合议庭进行审理:(1)社会影响较大的刑事案件;(2)刑事案件被告人申请由人民陪审员参加合议庭审判的案件。

4. 人民陪审员的挑选及比例

基层人民法院审判案件依法应当由人民陪审员参加合议庭审判的,应当在人民陪审员名单中随机抽取确定。中级人民法院、高级人民法院审判案件依法应当由人民陪审员参加合议庭审判的,在其所在城市的基层人民法院的人民陪审员名单中随机抽取确定。人民陪审员和法官组成合议庭审判案件时,合议庭中人民陪审员所占人数比例应当不少于1/3。

5. 权利和义务

依法参加审判活动是人民陪审员的权利和义务。人民陪审员依法参加人民法院的审判活动,除不得担任审判长外,同法官有同等权利;对事实认定、法律适用独立行使表决权。合议庭评议案件时,实行少数服从多数的原则。人民陪审员同合议庭其他组成人员意见分歧的,应当将其意见写入笔录,必要时,人民陪审员可以要求合议庭将案件提请院长决定是否提交审判委员会讨论决定。

人民陪审员参加审判活动,应当遵守法官履行职责的规定,保守审判秘密、注重司法礼仪、维护司法形象。

6. 任职保障

人民陪审员依法参加审判活动，受法律保护。人民法院、人民陪审员所在单位或者户籍所在地的基层组织应当保障人民陪审员依法参加审判活动。人民陪审员因参加审判活动而支出的交通、就餐等费用，由人民法院给予补助。有工作单位的人民陪审员参加审判活动期间，所在单位不得克扣或者变相克扣其工资、奖金及其他福利待遇。无固定收入的人民陪审员参加审判活动期间，由人民法院参照当地职工上年度平均货币工资水平，按实际工作日给予补助。

另外，基层人民法院会同同级人民政府司法行政机关对人民陪审员进行培训，提高人民陪审员的素质。对于在审判工作中有显著成绩或者有其他突出事迹的人民陪审员，给予表彰和奖励。

▶ 二、人民检察院的组织体系

中华人民共和国人民检察院，作为国家的法律监督机关，是一个系统的组织体系，共四级。根据《检察院组织法》的规定，我国人民检察院由最高人民检察院、地方各级人民检察院和军事检察院等专门人民检察院组成。地方各级人民检察院分为：(1) 省、自治区、直辖市人民检察院；(2) 省、自治区、直辖市人民检察院分院，自治州和省辖市人民检察院；(3) 县、市、自治县和市辖区人民检察院。需要说明的是，2012年我国铁路运输检察院划归地方管理之后，专门检察院仅存军事检察院。另外，省一级人民检察院和县一级人民检察院，根据工作需要，提请本级人民代表大会常务委员会批准，可以在工矿区、农垦区、林区等区域设置人民检察院，作为派出机构。

各级人民检察院设检察长一人，副检察长和检察员若干人。检察长统一领导检察院的工作。各级人民检察院设立检察委员会。检察委员会实行民主集中制，在检察长的主持下，讨论决定重大案件和其他重大问题。如果检察长在重大问题上不同意多数人的决定，可以报请本级人民代表大会常务委员会决定。最高人民检察院根据需要，设立若干检察厅和其他业务机构。地方各级人民检察院可以分别设立相应的检察处、科和其他业务机构。

另外，各级人民检察院设助理检察员和书记员各若干人。经检察长批准，助理检察员可以代行检察员职务；书记员办理案件的记录工作和有关事项。助理检察员、书记员由各级人民检察院检察长任免。各级人民检察院根据需要可以设司法警察。

与人民法院不同，上下级人民检察院之间是领导关系，即上级人民检察院可以命令或指示下级人民检察院具体如何办理刑事案件。最高人民检察院领导地方各级人民检察院和专门人民检察院的工作，上级人民检察院领导下级人民检察院的工作。

三、公安机关的组织体系

与人民法院、人民检察院一样,公安机关也具有一套完整的组织体系。中华人民共和国公安部,是国务院主管全国公安工作的职能部门,在国务院领导下主管全国的公安工作,是全国公安工作的领导、指挥机关。地方各级公安机关按照行政区划设置。各省、自治区、直辖市设公安厅、局;各市、地区、自治州设公安局、处;各县、县级市、自治县设公安局;同时,在直辖市和较大的市辖区设公安分局。另外,根据需要,在基层公安机关设立公安派出所,作为派出机构。公安机关实行行政首长负责制。

公安机关上下级之间是领导关系,即上级公安机关可以直接命令和指示下级公安机关开展活动,也可以调动下级公安机关的工作人员参与上级公安机关的活动。下级公安机关除了接受上级公安机关领导之外,作为同级人民政府的职能部门,它还接受同级人民政府的领导。但是,不同地区或不同系统的公安机关之间则不存在隶属关系,而是配合、协作关系。

第三节 专门机关的性质、地位和职责

一、人民法院的性质、地位和职责

根据我国《宪法》《刑事诉讼法》和《法院组织法》等法律的规定,中华人民共和国人民法院是国家的审判机关,居于裁判者的地位。人民法院依照法律规定独立行使审判权,不受行政机关、社会团体和个人的干涉。最高人民法院是最高审判机关。最高人民法院监督地方各级人民法院和专门人民法院的审判工作,上级人民法院监督下级人民法院的审判工作。最高人民法院对全国人民代表大会和全国人民代表大会常务委员会负责。地方各级人民法院对产生它的国家权力机关负责。

根据我国《刑事诉讼法》第 3 条的规定,刑事案件的审判由人民法院负责。除法律特别规定的以外,其他任何机关、团体和个人都无权行使这一权力。亦即,审判权是人民法院的专属权力。我国《刑事诉讼法》第 12 条规定:"未经人民法院依法判决,对任何人都不得确定有罪。"需要注意的是,人民法院审判刑事案件的内容包括实体性裁判和程序性裁判。①

除了对刑事案件进行审判之外,法律还赋予了人民法院一些与刑事审判相关的职权:(1)强制措施权,即对被告人决定采取拘传、取保候审、监视居住和逮捕等强制措施;(2)调查核实证据权,其可以采取勘验、检查、查封、扣押、鉴定、查询、冻

---

① 关于程序性裁判,参见我国《刑事诉讼法》第 54—58 条。

结等①手段调查核实证据;(3)涉案财物处理权,人民法院作出的判决,应当对查封、扣押、冻结的财物及其孳息作出处理,对查封、扣押、冻结的赃款赃物及其孳息,除依法返还被害人的以外,一律上缴国库②;(4)裁判执行权,死刑立即执行判决、罚金和没收财产判决等均由人民法院执行;(5)司法建议权,即就审判工作中发现的问题向有关单位提出司法建议。我国《刑事诉讼法》中并没有关于司法建议权的规定,相关规定主要见于一些政策性指导文件中。③

▶ 二、人民检察院的性质、地位和职责

根据我国《宪法》《刑事诉讼法》和《检察院组织法》的规定,我国人民检察院是国家的法律监督机关。人民检察院依照法律规定独立行使检察权,不受行政机关、社会团体和个人的干涉。其中,最高人民检察院是最高检察机关,领导地方各级人民检察院和专门人民检察院的工作,上级人民检察院领导下级人民检察院的工作。最高人民检察院对全国人民代表大会和全国人民代表大会常务委员会负责。地方各级人民检察院对产生它的国家权力机关和上级人民检察院负责。

根据我国《刑事诉讼法》第3条的规定,检察、批准逮捕、检察机关直接受理的案件的侦查、提起公诉,由人民检察院负责。同时,根据该法第8条的规定,人民检察院依法对刑事诉讼实行法律监督。可见,人民检察院作为国家法律监督机关,在刑事诉讼中具有三种不同的地位,履行三种不同的诉讼职能。第一,它是国家的侦查机关之一,负责部分案件的侦查工作。④ 第二,它是国家唯一的公诉机关。所有公诉案件均由人民检察院进行审查,对符合起诉条件的案件提起公诉,并且派员出庭支持公诉。对于不符合条件或者没有必要提起公诉的案件,可以作出补充侦查、不起诉、附条件不起诉、移送有关主管机关处理的决定。作为公诉机关,人民检察院在刑事诉讼中居于原告人的地位。第三,它是专门的诉讼监督机关。人民检察院对刑事诉讼活动中的立案、侦查、审判、生效裁判的执行等是否合法进行法律监督⑤,对公安机关提请批准逮捕进行审查和作出决定。

---

① 参见我国《刑事诉讼法》第191条。
② 参见我国《刑事诉讼法》第234条。
③ 关于法院司法建议权的政策性指导文件,可参见最高人民法院2007年3月1日发布的《关于进一步加强司法建议工作为构建社会主义和谐社会提供司法服务的通知》、2012年3月15日发布的《关于加强司法建议工作的意见》等。
④ 人民检察院负责侦查的案件范围,参见本书第四章"管辖"之相应内容。
⑤ 关于人民检察院刑事诉讼法律监督活动,最高检《刑事诉讼规则》第14章"刑事诉讼法律监督"作了更为详细的规定。

三、公安机关的性质、地位和职责

与人民法院、人民检察院不同,公安机关并非性质单一的国家机关。它既行使行政管理职能,又行使刑事诉讼的相应职能,因此,既是各级人民政府的职能部门,也是刑事诉讼的专门机关。可见,公安机关在职能上具有双重属性。

在刑事诉讼中,公安机关具有侦查机关、强制措施执行机关和刑罚执行机关等三种不同的地位,履行三种不同的职责。第一,公安机关是主要的侦查机关。除了自诉案件和法律规定由其他机关侦查的之外,多数案件都由公安机关负责侦查,包括进行预审。第二,公安机关是主要的强制措施执行机关。针对犯罪嫌疑人、被告人采取的五种强制措施中有四种统一由公安机关执行,即取保候审、监视居住、拘留和逮捕均由公安机关执行。第三,公安机关是刑罚的执行机关之一。拘役和剥夺政治权利的刑罚由公安机关执行。

四、其他专门机关的性质、地位和职责

除了人民法院、人民检察院和公安机关之外,刑事诉讼中的专门机关还包括国家安全机关、军队保卫部门、海关侦查走私犯罪的机构、监狱等。国家安全机关是政府的职能部门,在办理危害国家安全的刑事案件中,行使与公安机关相同的职权。中国人民解放军内部设立的保卫部门,对军队内部发生的刑事案件行使侦查权。监狱是国家的刑罚执行机关,罪犯在监狱内犯罪的案件由监狱进行侦查。军队保卫部门和监狱办理刑事案件,行使与公安机关相同的职权。海关是政府的职能部门,海关侦查走私犯罪时行使与公安机关相同的职权。

第四节　当　事　人

刑事诉讼中的当事人,是指与刑事案件的处理结果有着直接利害关系,享有较广泛诉讼权利,对诉讼的进程和结果有着较大影响的诉讼参与人。根据我国《刑事诉讼法》第106条第(2)项的规定,当事人包括被害人、自诉人、犯罪嫌疑人、被告人、附带民事诉讼的原告人和被告人。注意,在我国的刑事诉讼中,人民检察院属于专门机关,不是当事人。作为当事人,尽管他们履行不同的诉讼职能、具有不同的诉讼地位,但却享有一些共同的诉讼权利,主要包括如下:(1)知情权,即了解有关诉讼过程和结果的权利。由于各个当事人具体的诉讼地位不同,其知情权的具体内容有相同的部分,也有不同的部分。比如,犯罪嫌疑人和被害人均享有获悉作为证据的鉴定意见权,但是,侦查阶段关于逮捕的有关信息仅犯罪嫌疑人有权获知,被害人则未享有该权利。(2)申请回避权,即在法定情形下要求审判人员、检察人员、侦查人员、书记员、翻译人员和鉴定人回避的权利。(3)参加法庭调查权,

包括就起诉书指控的犯罪进行陈述权、质证权、申请取证权等。(4)参加法庭辩论权,即经审判长许可,与公诉人、其他当事人、辩护人等对证据和案件情况发表意见并且相互辩论。(5)阅读及补充、改正庭审笔录权。(6)使用本民族语言文字进行诉讼权。(7)参加庭前会议权。(8)申诉权,即对已发生法律效力的判决、裁定,有权向人民法院或者人民检察院提出申诉。(9)控告权,即对于审判人员、检查人员和侦查人员侵犯其诉讼权利和人身侮辱的行为,以及不当查封、扣押、冻结等行为,有权提出控告。

一、被害人

从实体意义上而言,被害人是指在刑事案件中其人身、财产等合法权益受到犯罪行为侵害的个人或单位。但是,从程序意义上而言,在不同的刑事诉讼程序中,它具有不同的诉讼地位,承担不同的诉讼职能,享有不同的诉讼权利和承担不同的诉讼义务。在自诉案件诉讼程序中,被害人称为自诉人;在公诉案件诉讼程序中,被害人直接称为被害人;在刑事附带民事诉讼中,被害人称为附带民事诉讼的原告人。此处仅就公诉案件中的被害人进行阐述。

我国公诉案件中被害人的诉讼当事人地位,确立于1996年修订的《刑事诉讼法》。作为刑事诉讼中的当事人,被害人的诉讼地位包含以下几个方面的内容:第一,与案件的处理结果有直接的利害关系。作为犯罪行为的受害者,它往往有两方面的需求:一是自己的损害得到补偿或赔偿,二是犯罪人得到应有的惩罚。因此,案件的处理结果与被害人的需求息息相关,被害人通常具有较强的追诉欲望。与案件有直接利害关系是赋予被害人诉讼当事人地位的理论基础。第二,在刑事诉讼中承担部分控诉职能。由于公诉机关承担主要的控诉职能,因此,被害人仅承担部分的控诉职能。第三,与被告人相比,虽然被害人具有与被告人相当的诉讼地位,但是诉讼权利比被告人受到更多限制。由于人民检察院已经承担主要的控诉职能和享有强有力的诉讼权力,因此,为了平衡控辩双方的力量,对同样承担控诉职能的被害人的诉讼权利进行一定限制。第四,被害人是重要的证据来源。被害人陈述是法定的证据种类之一。这一点具有证人相似的地位,承担如实陈述的义务。总的来说,在世界范围内被害人的诉讼地位在不断地提高,我国《刑事诉讼法》中的刑事和解制度的确立即是典型例证之一。

基于被害人的诉讼地位,法律赋予其相应的诉讼权利,同时要求其承担相应的诉讼义务。被害人的诉讼权利可以分为两类,一是作为当事人所共同享有的诉讼权利,一是被害人特有的诉讼权利。被害人依法特享有的诉讼权利主要包括:(1)要求追诉权,包括要求立案侦查、起诉、抗诉等权利;(2)提起自诉权,这里指的是"公诉转自诉"案件,即《刑事诉讼法》第204条第3项所规定的"被害人有证据证明对被告人侵犯自己人身、财产权利的行为应当依法追究刑事责任,而公安机关或者人民检察院不予追究被告人刑事责任的案件";(3)委托诉讼代理人的权利,被害人自案件移送审查起诉之日起,有权委托诉讼代理人;(4)特殊知情权,包括了解不立案的原因、收到不起诉决定书等。

与它的诉讼地位相适应,被害人承担的法定诉讼义务主要包括:(1)如实陈述案件事实的义务,即如实向公安司法机关陈述案情;(2)接受通知、传唤的义务,按照公安司法机关的通知、传唤的内容进行相关诉讼行为;(3)在法庭上接受询问和回答问题的义务;(4)遵守法庭秩序的义务。

▶ 二、自诉人

我国刑事诉讼,实行公诉为主自诉为辅的起诉制度。自诉人,是指有权就刑事自诉案件直接向人民法院起诉的人。自诉人,通常为刑事案件中其合法权益受到犯罪行为直接侵害的人,即被害人。根据我国《刑事诉讼法》第112条的规定,被害人死亡或者丧失行为能力的,被害人的法定代理人、近亲属有权向人民法院起诉。人民法院应当依法受理。①

刑事自诉人,是刑事诉讼的当事人,处于原告地位,履行控诉职能。除了享有前文所述之共同诉讼权利之外,自诉人依法还特享有以下诉讼权利:(1)提起自诉权,即对于自诉案件有权向人民法院提起自诉。(2)委托诉讼代理人的诉讼权利,根据《刑事诉讼法》第44条的规定,自诉案件的自诉人及其法定代理人,有权随时委托诉讼代理人,同时,人民法院自受理自诉案件之日起3日以内,应当告知自诉人及其法定代理人有权委托诉讼代理人。(3)和解和撤诉权,即在宣告判决前,可以同被告人自行和解或者撤回自诉。注意,此处的和解不同于特别程序中的公诉案件的刑事和解。另外,对于自诉案件,人民法院也可以进行调解。(4)上诉权,即不服一审法院判决或裁定,可以依法提出上诉。

作为承担控诉职能的诉讼当事人,自诉人在刑事诉讼中承担以下法律义务:(1)举证责任,根据我国《刑事诉讼法》第49条的规定,自诉案件中被告人有罪的举证责任由自诉人承担,即自诉人应当提出证据证明被告人有罪,而且这种证明需要达到法定的证明标准;(2)如实提供证据,自诉人提供的证据必须是真实的,故意伪造证据陷害他人必须承担相应的法律后果;(3)遵守诉讼秩序,包括按时出庭和遵守法庭秩序等;(4)执行生效裁判和调解协议。

▶ 三、犯罪嫌疑人、被告人

"犯罪嫌疑人"和"被告人"是受到刑事追究的人在刑事诉讼不同阶段的两种称

---

① 最高法《适用刑事诉讼法的解释》第260条对此进一步规定:"如果被害人死亡、丧失行为能力或者因受强制、威吓等无法告诉,或者是限制行为能力人以及因年老、患病、盲、聋、哑等不能亲自告诉,其法定代理人、近亲属告诉或者代为告诉的,人民法院应当依法受理。"

谓。在公诉案件中,被追诉者在检察机关提起正式的起诉之前称为"犯罪嫌疑人",在此之后称为"被告人"。① 1979年《刑事诉讼法》将两者统称为"被告人"或"人犯",1996年修订的《刑事诉讼法》取消了"人犯"的称谓,同时将"犯罪嫌疑人"和"被告人"区分开。这一改革不仅仅是称谓的改变,而是有着重要的意义。第一,取消"人犯"的称谓,体现了无罪推定原则的精神。在法院依法作出有罪判决之前,任何人在法律上都被推定为无罪,"人犯"的称谓显然与此不符。第二,将"犯罪嫌疑人"和"被告人"区分开,不仅意味着两者处在不同的诉讼阶段,而且意味着案件被处理的程度不同。实际上,在公诉案件中从"犯罪嫌疑人"转变为"被告人"表明经过了审查起诉步骤,只有审查起诉部门认为案件的事实和证据情况到达了起诉的法定要求,才会作出正式的起诉决定,换言之,从理论上而言,"被告人"比"犯罪嫌疑人"构成犯罪的可能性更大。第三,将"犯罪嫌疑人"和"被告人"区分开,也意味着被刑事追诉者相关权利行使的对象或者说其相关权利的保护义务机关发生了转移,比如,案件被正式起诉前辩护人阅卷的地点在人民检察院,在正式起诉之后阅卷的地点在法院等。第四,将"犯罪嫌疑人"和"被告人"区分开,还体现了不告不理原则。只有犯罪嫌疑人被正式向法院起诉之后,才能称为"被告人",没有正式的起诉就不可能有"被告人"。

在我国的刑事诉讼中,犯罪嫌疑人、被告人作为当事人,享有诉讼主体地位,同时也是被追诉者。犯罪嫌疑人、被告人的诉讼地位包含以下几项内容:(1)与案件有直接利害关系。无论是被采取强制措施或强制性侦查措施,还是案件的最终处理结果,都与犯罪嫌疑人、被告人的人身权利、财产权利或其他合法权利息息相关。(2)享有主体性地位。现代刑事诉讼普遍承认被追诉者的主体性地位,因此,普遍赋予其辩护权、沉默权、审判在场权等。我国宪法和刑事诉讼法均赋予了犯罪嫌疑人、被告人辩护权,同时,我国也不承认缺席判决。但是,我国未承认犯罪嫌疑人、被告人享有沉默权。(3)承担辩护职能。犯罪嫌疑人、被告人不仅可以自行辩护,还可以委托律师或其他合法主体为其辩护。(4)享有较广泛的诉讼权利。(5)是重要的证据来源。犯罪嫌疑人、被告人供述和辩解是我国法定证据种类之一。对于侦查人员的讯问,犯罪嫌疑人承担如实供述的义务。

犯罪嫌疑人、被告人作为当事人,除了享有作为当事人所共同享有的诉讼权利之外,基于犯罪嫌疑人、被告人作为被追诉者的地位以及人权保障的精神,犯罪嫌疑人、被告人在刑事诉讼中依法还特享有如下一些诉讼权利:(1)辩护权,包括自行辩护权和获得辩护人辩护的权利;(2)申请变更、解除强制措施权及相关申诉控

---

① 我国刑事诉讼中的被告人包括公诉案件被告人和自诉案件被告人。

告权①;(3)不起诉决定申诉权②;(4)最后陈述权;(5)拒绝回答权,对与本案无关的问题,有权拒绝回答;(6)上诉权;(7)自诉案件反诉权等。与1996年修订的《刑事诉讼法》相比,现行《刑事诉讼法》在完善和加强犯罪嫌疑人、被告人权利保障方面作了重要的改革,主要包括:明确规定"尊重和保障人权"、"不得强迫任何人证实自己有罪",完善委托辩护人程序,扩大法律援助范围,建立讯问录音录像制度,确立非法证据排除规则,完善证人出庭作证制度等。

作为被追诉者或者由于具有犯罪嫌疑,同时,又是案件证据的重要来源,法律要求犯罪嫌疑人、被告人承担一定的义务,主要有:(1)接受侦查,即接受侦查机关依法进行的讯问、搜查、扣押、检查、辨认等行为;(2)对侦查人员的讯问,应当如实回答;(3)接受强制措施,即接受司法机关依法采取的刑事强制措施的约束;(4)接受起诉和审判行为,即检察机关和人民法院依法进行的起诉和审判行为,被告人应当予以配合,比如依法接受传唤到案等;(5)执行生效裁判,即对公安司法机关作出的生效判决、裁定和决定应当予以执行。如果犯罪嫌疑人、被告人违反了相关的法律义务,则可能会带来不利的法律后果。

▶ 四、附带民事诉讼原告人

附带民事诉讼原告人,是指在刑事诉讼过程中有权就被告人犯罪行为所造成的物质损失提起附带民事诉讼的人。附带民事诉讼原告人,通常为被害人。根据我国《刑事诉讼法》第99条的规定,被害人由于被告人的犯罪行为而遭受物质损失的,在刑事诉讼过程中,有权提起附带民事诉讼。被害人死亡或者丧失行为能力的,被害人的法定代理人、近亲属有权提起附带民事诉讼。如果是国家财产、集体财产遭受损失的,人民检察院在提起公诉的时候,可以提起附带民事诉讼。人民检察院提起附带民事诉讼的,应当列为附带民事诉讼原告人。③

附带民事诉讼原告人是刑事诉讼当事人,处于原告地位,履行民事诉讼原告的职能,其除了享有当事人所共同享有的诉讼权利之外,还依法特享有如下诉讼权利:(1)附带民事诉讼请求权,包括向侦查机关、检察机关和法院提出附带民事诉讼要求的权利。(2)委托诉讼代理人的诉讼权利,公诉案件自移送审查起诉之日起,有权委托诉讼代理人,自诉案件有权随时委托诉讼代理人。(3)和解权,即与附带民事诉讼被告人自行和解。另外,人民法院审理附带民事诉讼案件,可以进行调解。(4)申请财产保全措施权,根据我国《刑事诉讼法》第100条的规定,附带民事诉讼原告人或者人民检察院可以申请人民法院采取保全措施,查封、扣押或者冻

---

① 参见我国《刑事诉讼法》第95、97条。
② 参见我国《刑事诉讼法》第177条。
③ 最高法《适用刑事诉讼法的解释》第142条第2款。

结被告人的财产。

除了享受法定诉讼权利之外,附带民事诉讼原告人也承担相应的法定诉讼义务,主要包括:(1)举证责任,即提出证明其诉讼请求成立的证据,而且需要达到法定的证明标准;(2)如实提供证据,包括如实提供实物证据和言词证据,不得伪造证据;(3)遵守诉讼秩序,包括按时出庭、遵守法庭秩序等;(4)执行生效判决、调解协议。

五、附带民事诉讼被告人

附带民事诉讼被告人,是指在刑事诉讼过程中被提起附带民事诉讼的人。附带民事诉讼被告人,通常是刑事被告人,同时还包括对被害人物质损失负有赔偿责任的人,具体包括:未被追究刑事责任的其他共同侵害人、刑事被告人的监护人、死刑罪犯的遗产继承人、公共犯罪案件中案件审结前死亡的被告人的遗产继承人、对被害人的物质损失依法应当承担赔偿责任的其他单位和个人。①

附带民事诉讼被告人是刑事诉讼当事人,处于被告地位,履行民事诉讼被告的职能,其除了享有当事人所共同享有的诉讼权利之外,还依法特享有如下诉讼权利:(1)委托诉讼代理人的诉讼权利,公诉案件自移送审查起诉之日起,有权委托诉讼代理人,自诉案件有权随时委托诉讼代理人。(2)和解权,即与附带民事诉讼原告人自行和解。(3)反诉权,根据我国《民事诉讼法》第51条的规定,被告可以承认或者反驳诉讼请求,有权提起反诉。

除了享受法定诉讼权利之外,附带民事诉讼被告人也承担相应的法定诉讼义务,主要包括:(1)对自己的主张提供证据证明;(2)如实提供证据,包括如实提供实物证据和言词证据,不得伪造证据;(3)遵守诉讼秩序,包括按时出庭、遵守法庭秩序等;(4)执行生效裁判,即执行生效的判决和裁定中的附带民事诉讼部分。

六、单位参与人

单位参与人,是指作为诉讼主体参与刑事诉讼过程的单位。从我国有关法律和主流理论观点来看,单位参与人在刑事诉讼中是指作为当事人的情形,包括犯罪嫌疑人、被告人、被害人、自诉人、附带民事诉讼原告人和被告人。

(一)单位犯罪嫌疑人、被告人

我国《刑法》已经确立了单位犯罪的制度,但是,《刑事诉讼法》却没有明确单位犯罪嫌疑人、被告人的诉讼主体地位。关于单位犯罪嫌疑人、被告人的诉讼主体地位,学界存在一定争议。

最高法《适用刑事诉讼法的解释》第11章"单位犯罪案件的审理"(第278—288

---

① 参见最高法《适用刑事诉讼法的解释》第143条。

条)对单位被告人参与刑事审判的方式作了规定,单位被告人以"诉讼代表人"代表单位参加诉讼,可以说,这一规定初步确立了单位被告人的诉讼主体地位。根据该解释,被告单位的诉讼代表人,应当是法定代表人或者主要负责人;法定代表人或者主要负责人被指控为单位犯罪直接负责的主管人员或者因客观原因无法出庭的,应当由被告单位委托其他负责人或者职工作为诉讼代表人。但是,有关人员被指控为单位犯罪的其他直接责任人员或者知道案件情况、负有作证义务的除外。开庭审理单位犯罪案件,应当通知被告单位的诉讼代表人出庭;没有诉讼代表人参与诉讼的,应当要求人民检察院确定。被告单位的诉讼代表人不出庭的,应当按照下列情形分别处理:(1)诉讼代表人系被告单位的法定代表人或者主要负责人,无正当理由拒不出庭的,可以拘传其到庭;因客观原因无法出庭,或者下落不明的,应当要求人民检察院另行确定诉讼代表人;(2)诉讼代表人系被告单位的其他人员的,应当要求人民检察院另行确定诉讼代表人出庭。被告单位的诉讼代表人享有刑事诉讼法规定的有关被告人的诉讼权利。审判期间,被告单位合并、分立的,应当将原单位列为被告单位,并注明合并、分立情况。对被告单位所判处的罚金以其在新单位的财产及收益为限。

对于上述规定,需要注意几点:(1)诉讼代表人不是犯罪嫌疑人、被告人,单位才是犯罪嫌疑人、被告人;(2)虽然诉讼代表人不是犯罪嫌疑人、被告人,但他的陈述属于犯罪嫌疑人、被告人供述和辩解,因为他的地位来自于作为犯罪嫌疑人、被告人的单位;(3)虽然诉讼代表人不是犯罪嫌疑人、被告人,但是,有权行使被告人的诉讼权利,包括委托辩护人、申请回避等;(4)诉讼代表人也不是证人,如果他是了解案情情况而有作证义务的人,那么应当优先作为证人参加诉讼;(5)诉讼代表人需要承担一些诉讼义务,比如按时出庭、接受传唤、拘传等;(6)不得作伪证,否则可能承担不利的法律后果。

(二)其他单位参与人

从实体上而言,单位成为被害人当无疑义,但是,在公诉案件中单位被害人能否作为独立的诉讼主体参加刑事诉讼却存在争议。本书认为,在公诉案件中单位被害人也应当成为刑事诉讼的独立主体,理由如下:(1)存在独立的诉求,单位被害人因为犯罪行为可能遭受经济、商誉、名誉等方面的损害;(2)单位被害人的损害可能无法通过检察官机关提起公诉而得到满足;(3)单位被害人具备参与诉讼的行为能力,其可以通过法定代理人或者与单位被告人类似的"诉讼代表人"参与诉讼。单位被害人法定代表人或诉讼代表人参加刑事诉讼的地位与单位犯罪嫌疑人、被告人诉讼代表人相似:(1)其本人不是被害人;(2)其陈述应当属于被害人陈述;(3)有权行使被害人的诉讼权利;(4)不是证人,如果他是了解案情情况而有作证义务的人,那么应当优先作为证人参加诉讼;(5)需要承担相应的诉讼义务;(6)不得作伪证。

在自诉案件中,单位被害人也应当有权提起自诉,成为自诉人。单位被害人可以通过法定代表人或诉讼代理人的方式来实施诉讼行为。

由于附带民事诉讼主要适用民事诉讼法律规则,而在民事诉讼中,单位可以成为民事诉讼当事人,因此,单位成为附带民事诉讼原告人和被告人,独立参加诉讼,也不应成为问题。与其他单位参与人一样,其可以通过法定代表人或者诉讼代理人来具体实施有关的诉讼行为。

第五节 其他诉讼参与人

本节将介绍其他诉讼参与人的诉讼地位及其诉讼权利义务。根据我国《刑事诉讼法》第106条的规定,其他诉讼参与人包括:法定代理人、辩护人、诉讼代理人、证人、鉴定人和翻译人员。

▶ 一、法定代理人

根据《刑事诉讼法》第106条第3项的规定,"法定代理人"是指被代理人的父母、养父母、监护人和负有保护责任的机关、团体的代表。法定代理人具有以下几个特征:(1)法定代理人的产生是基于法律的规定而不是当事人的委托;(2)具有独立的诉讼地位,其意志和行为不受当事人的约束;(3)其行为视为当事人的行为,即行为的法律效果归于当事人。

法定代理人参与刑事诉讼的主要职责是依法保护未成年人、无行为能力人、限制行为能力人的人身权利、财产权利、诉讼权利以及其他一切合法权利。基于此,法律赋予了法定代理人较为广泛的诉讼权利。法定代理人主要诉讼权利包括:(1)在场权,即公安司法机关在讯问和审判时,应当通知未成年犯罪嫌疑人、被告人的法定代理人到场。(2)代为行使诉讼权利,即到场的法定代理人可以代为行使未成年犯罪嫌疑人、被告人的诉讼权利。(3)提出意见权,即到场的法定代理人或者其他人员认为办案人员在讯问、审判中侵犯未成年人合法权益的,可以提出意见。(4)阅读笔录权,即讯问笔录、法庭笔录应当交给到场的法定代理人阅读或者向他宣读。(5)补充陈述权,即审判未成年人刑事案件,未成年被告人最后陈述后,其法定代理人可以进行补充陈述。(6)附条件不起诉决定异议权,即未成年犯罪嫌疑人的法定代理人对人民检察院决定附条件不起诉有异议的,人民检察院应当作出起诉的决定。(7)其他人员在场同意权。审判时被告人未满18周岁的案件,实行不公开审理。但是,经未成年被告人及其法定代理人同意,未成年被告人所在学校和未成年人保护组织可以派代表到场。(8)简易程序同意权。对未成年人刑事案件,人民法院决定适用简易程序审理的,应当征求其法定代理人的意见,法定代理人提出异议的,不适用简易程序。(9)提起自诉权,即如果被害人死亡、丧失行为能力或者因受强制、威吓等无法告诉,或者是限制行为能力人以及因年老、患病、盲、聋、哑等不能亲自告诉,其法定代理人告诉或者代为告诉的,人民法院应当依法受理。(10) 提起附带民事诉讼权,被害人死亡或者丧失行为能力的,被害人的法定代理人有权提起附带民事诉讼。(11) 申请回避权,即在法定情形下要求审判人员、检察人员、侦查人员、书记员、翻译人员和鉴定人回避的权利。(12) 委托诉讼代理人,公诉案件被害人的法定代理人、附带民事诉讼当事人的法定代理人,自案件移送审查起诉之日起,有权委托诉讼代理人。自诉案件自诉人的法定代理人、附带民事诉讼当事人的法定代理人,有权随时委托诉讼代理人。(13) 代为委托辩护人,即犯罪嫌疑人、被告人在押的,可以由其监护人代为委托辩护人。(14) 上诉权,即被告人、自诉人的法定代理人,不服地方各级人民法院第一审的判决、裁定,有权向上一级人民法院上诉。附带民事诉讼当事人的法定代理人,可以对地方各级人民法院第一审的判决、裁定中的附带民事诉讼部分,提出上诉。由于公诉案件被害人没有独立的上诉权,所以其法定代理人也不享有此权利。

需要注意的是,在法定代理人行使的诉讼权利中,有些是法定代理人和被代理人共同享有的,比如申请回避权、上诉权等,有些是法定代理人单独享有的,比如在场权。同时,也不是被代理人所有的行为都可以由法定代理人代为实施,比如有关的陈述、供述、辩解,以及接受检查、刑事强制措施等与人身相关的一些行为。

▶ 二、辩护人

辩护人,是指在刑事诉讼中接受委托或者指派专门维护犯罪嫌疑人、被告人合法权益的诉讼参与人。辩护人具有以下基本特征:(1) 辩护人参加诉讼的前提基础是基于委托或者法律援助机构指派;(2) 辩护人具有独立诉讼地位,辩护人以自己的名义根据事实和法律开展辩护活动。可见,辩护人的身份是基于委托或指派,但其行为不受当事人左右。

根据《刑事诉讼法》第 32 条第 1 款的规定,下列人员可以被委托为辩护人:(1) 律师;(2) 人民团体或者犯罪嫌疑人、被告人所在单位推荐的人;(3) 犯罪嫌疑人、被告人的监护人、亲友。同时,根据《刑事诉讼法》第 32 条第 2 款和有关法律和司法解释的规定[①],下列人员不得担任辩护人:(1) 正在被执行刑罚或者处于缓刑、假释考验期间的人;(2) 依法被剥夺、限制人身自由的人;(3) 无行为能力或者限制行为能力的人;(4) 人民法院、人民检察院、公安机关、国家安全机关、监狱的现职人员;(5) 人民陪审员;(6) 与本案审理结果有利害关系的人;(7) 外国人或者无国籍人。但是,上述第(4)至(7)项规定的人员,如果是被告人的监护人、近亲属,由被

[①] 参见《六机关规定》第 4 条,最高法《适用刑事诉讼法的解释》第 35 条,最高检《刑事诉讼规则》第 38 条。

告人委托担任辩护人的,可以准许。

辩护人的职责是根据事实和法律,提出犯罪嫌疑人、被告人无罪、罪轻或者减轻、免除其刑事责任的材料和意见,维护犯罪嫌疑人、被告人的诉讼权利和其他合法权益。这里需要注意以下几点:(1)辩护人提出无罪、最轻等相关材料,不意味着辩护人承担证明犯罪嫌疑人、被告人无罪的证明责任;(2)辩护人维护的是犯罪嫌疑人、被告人的合法权益,并不是一切利益;(3)辩护人是"维护"犯罪嫌疑人、被告人的利益,而不是"损害",换言之,辩护人履行的是辩护职能而不是其他职能,尤其不能是控诉职能;(4)辩护人既维护犯罪嫌疑人、被告人的实体性权益,也要维护程序性权益。

基于辩护人的诉讼地位和职责,其依法享有下列诉讼权利:(1)了解案情权,辩护律师在侦查阶段,即可向侦查机关了解有关情况;(2)会见通信权;(3)阅卷权;(4)调查取证权;(5)申请调证权;(6)拒绝辩护权,如果委托事项违法,委托人利用律师提供的服务从事违法活动或者委托人故意隐瞒与案件有关的重要事实的,辩护律师有权拒绝辩护;(7)获得开庭通知权;(8)参加庭审权;(9)提供辩护意见权;(10)申请变更强制措施权;(11)申请回避权;(12)申请有专门知识的人出庭权;(13)代理申诉控告权;(14)代行上诉权;(15)获得有关辩护权法律文书权;(16)辩护律师保密权,即辩护律师对在执业活动中知悉的委托人的有关情况和信息,有权予以保密[①];(17)职务保障权,律师依法执业受法律保护,任何组织和个人不得侵害律师的合法权益,律师在职业活动中的人身权利不受侵犯,律师在法庭上发表的辩护意见不受法律追究[②];(18)申诉控告权,辩护人对于公安机关、人民检察院、人民法院及其工作人员阻碍其依法行使诉讼权利的,有权向检察院提出申诉或者控告。

辩护人依法承担下列诉讼义务:(1)不得妨碍司法义务。辩护人不得帮助犯罪嫌疑人、被告人隐匿、毁灭、伪造证据或者串供,不得威胁、引诱证人作伪证以及进行干扰司法机关诉讼活动的行为。(2)部分证据展示义务。辩护人收集的有关犯罪嫌疑人不在犯罪现场、未达到刑事责任年龄、属于依法不负刑事责任的精神病人的证据,应当及时告知公安机关、人民检察院。(3)不得拒绝辩护义务。律师接受委托后,无正当理由的,不得拒绝辩护。(4)依法执业义务。辩护律师执业,应当依法接受委托、收费、不得行贿等。(5)保密义务。辩护律师应当保守在执业活

---

① 参见我国《刑事诉讼法》第46条。同时,根据该条规定,辩护律师在执业活动中知悉委托人或者其他人,准备或者正在实施危害国家安全、公共安全以及严重危害他人人身安全的犯罪的,应当及时告知司法机关。

② 参见我国《律师法》第3条第4款、第37条第1款和第2款。同时,根据我国《律师法》第37条第2款的规定,如果律师在法庭上发表危害国家安全、恶意诽谤他人、严重扰乱法庭秩序的言论,那么将受法律追究。

动中知悉的国家秘密、商业秘密,不得泄露当事人的隐私,对于在执业活动中知悉的委托人和其他人不愿泄露的有关情况和信息,应当予以保密。①(6)遵守诉讼秩序义务。例如,按时出庭、服从审判长指挥等。

三、诉讼代理人

根据《刑事诉讼法》第106条的规定,刑事诉讼中的诉讼代理人是指公诉案件的被害人及其法定代理人或者近亲属、自诉案件的自诉人及其法定代理人委托代为参加诉讼的人和附带民事诉讼的当事人及其法定代理人委托代为参加诉讼的人。据此,诉讼代理人具有以下基本特征:(1)诉讼代理人参加诉讼的前提基础是基于委托②;(2)诉讼代理人以被代理人的名义参加诉讼;(3)诉讼代理人代理行为的法律后果归属于被代理人。

根据《刑事诉讼法》第45条和第32条的规定,下列人员可以被委托为诉讼代理人:(1)律师;(2)人民团体或者犯罪嫌疑人、被告人所在单位推荐的人;(3)犯罪嫌疑人、被告人的监护人、亲友。

诉讼代理人参加刑事诉讼的主要职责在于维护被代理人的合法权益。根据最高法《适用刑事诉讼法的解释》第56条的规定,诉讼代理人有权根据事实和法律,维护被害人、自诉人或者附带民事诉讼当事人的诉讼权利和其他合法权益。关于公诉案件被害人和自诉人的诉讼代理人地位的独立性,学界存在争议。有学者认为它们没有独立性地位,而是与民事诉讼中的诉讼代理人一样,按照被代理人的要求参与诉讼,其行为受被代理人意思约束。另有学者认为它们具有相对独立性,不能完全以被代理人的意志为转移,应当以事实为依据,按照法律规定行为。关于附带民事诉讼当事人的诉讼代理人,则普遍认为与普通民事诉讼一样,受被代理人意思约束。

与学界对公诉案件被害人和自诉人的诉讼代理人地位认识的不一致有关,法律关于它们的权利义务也没有像对待辩护人那样集中作出明确的规定,而是散见于有关规定当中。根据我国有关法律的规定,诉讼代理人依法享有的诉讼权利主要有:(1)申请回避权;(2)阅卷权③;(3)申请调证权④;(4)申诉控告权,诉讼代理人对于公安机关、人民检察院、人民法院及其工作人员阻碍其依法行使诉讼权利的,有权向检察院提出申诉或者控告;(5)获得有关法律文书权,比如开庭通知书、判决书、裁定书等;(6)拒绝代理权,如果委托事项违法、委托人利用律师提供的服

---

① 参见我国《律师法》第38条。
② 根据2003年国务院《法律援助条例》第11条和最高法《适用刑事诉讼法的解释》第54、58条的规定,诉讼代理人也可能基于指派而产生。
③ 参见最高检《刑事诉讼规则》第56条第1款、最高法《适用刑事诉讼法的解释》第57条第1款。
④ 参见最高检《刑事诉讼规则》第56条第2款、最高法《适用刑事诉讼法的解释》第57条第2款。

务从事违法活动或者委托人故意隐瞒与案件有关的重要事实的,律师诉讼代理人有权拒绝代理。

诉讼代理人主要承担以下诉讼义务:(1)不得进行妨碍司法的行为。(2)不得拒绝代理义务。律师接受委托后,无正当理由的,不得拒绝代理。(3)依法执业义务。律师诉讼代理人执业,应当依法接受委托、收费、不得行贿等。(4)保密义务。律师诉讼代理人应当保守在执业活动中知悉的国家秘密、商业秘密,不得泄露当事人的隐私,对于在执业活动中知悉的委托人和其他人不愿泄露的有关情况和信息,应当予以保密。① (5)遵守诉讼秩序义务。例如,按时出庭、服从审判长指挥等。

四、证人

证人,是指当事人之外了解案情并向专门机关作出陈述的人。在刑事诉讼中,证人具有以下基本特征:(1)了解案情,包括直接了解和间接了解;(2)是自然人,不包括单位;(3)向刑事诉讼专门机关作出陈述。

证人的职责是根据其所了解的案件情况向专门机关作出陈述,其证言可能有利于控诉方,也可能有利于辩护方。在刑事诉讼中,证人主要享有如下诉讼权利:(1)有权使用本民族语言文字进行诉讼;(2)有权在侦查阶段要求为其姓名和行为保密;(3)有权拒绝作伪证;(4)有权查阅证人证言笔录,并予以补充或者改正;(5)有权要求公安司法机关保护其本人及其近亲属;(6)有权要求补偿因作证而导致的经济损失;(7)有权提出询问地点。

在刑事诉讼中,证人主要承担如下诉讼义务:(1)如实陈述证言。有意作伪证或者隐匿罪证要负相应的法律责任;(2)依法出庭。公诉人、当事人和辩护人、诉讼代理人经审判长许可可以对证人发问,审判人员可以询问证人。应当出庭作证的证人没有正当理由不出庭作证,需要承担相应的法律后果,包括强制其出庭、予以训诫或者拘留等;(3)保密。即对于公安司法机关询问的内容予以保密,如果向犯罪的人通报侦查的情况,则可能构成包庇罪。②

需要说明的是,一般而言,证人是就刑事司法中的实体性问题作证,即犯罪事实作证。但是,侦查人员作证,则包括就实体性问题作证和程序性问题作证,后者是指就证据收集的合法性作证。

五、鉴定人

鉴定人,是指运用科学技术或者专门知识对诉讼涉及的专门性问题进行鉴别

---

① 参见我国《律师法》第38条。
② 参见张明楷:《刑法学》(第2版),法律出版社2003年版,第829页。

和判断并提出鉴定意见的人员。① 刑事诉讼中,鉴定人具有以下特征:(1)必须是自然人,不包括单位;(2)具有专门的知识或技能,他需要根据专门的知识和技能对专门性问题作出判断;(3)取得执业证;(4)经专门机关指派或者聘请,这是鉴定人介入刑事诉讼的方式或前提;(5)与案件没有利害关系,否则应当回避。

鉴定人的主要职责在于根据自己的专门知识对专门性问题作出判断意见,以弥补公安司法人员认识能力的不足,司法鉴定人应当科学、客观、独立、公正地从事司法鉴定活动。符合法律规定的人可以申请从事鉴定业务。因故意犯罪或者职务过失犯罪受过刑事处罚、曾被开除公职、无民事行为能力或限制行为能力、被司法行政机关撤销司法鉴定人登记等的人,不得申请从事司法鉴定业务。

鉴定人依法享有下列诉讼权利:(1)了解、查阅与鉴定事项有关的情况和资料,询问与鉴定事项有关的当事人、证人等;(2)要求鉴定委托人无偿提供鉴定所需要的鉴材、样本;(3)进行鉴定所必需的检验、检查和模拟实验;(4)拒绝接受不合法、不具备鉴定条件或者超出登记的执业类别的鉴定委托;(5)拒绝解决、回答与鉴定无关的问题;(6)鉴定意见不一致时,保留不同意见;(7)接受岗前培训和继续教育;(8)获得合法报酬;(9)法律、法规规定的其他权利。

鉴定人依法承担下列法律义务:(1)受所在司法鉴定机构指派按照规定时限独立完成鉴定工作,并出具鉴定意见;(2)对鉴定意见负责;(3)依法回避;(4)妥善保管送鉴的鉴材、样本和资料;(5)保守在执业活动中知悉的国家秘密、商业秘密和个人隐私;(6)依法出庭作证,回答与鉴定有关的询问;(7)自觉接受司法行政机关的管理和监督、检查;(8)参加司法鉴定岗前培训和继续教育;(9)法律、法规规定的其他义务。

需要说明的是,由于鉴定意见具有较强的专业性,因此,为了更加有效地质证,《刑事诉讼法》设置了"有专门知识的人"制度,即"公诉人、当事人和辩护人、诉讼代理人可以申请法庭通知有专门知识的人出庭,就鉴定人作出的鉴定意见提出意见"②。

六、翻译人员

翻译人员,是指在诉讼过程中对外国语言、少数民族语言、聋哑手势、盲文等进行翻译的人员。翻译人员参与诉讼,其主要职责在于帮助其他诉讼主体进行信息沟通,因此,应当客观公正地履行职责。

在刑事诉讼中,翻译人员享有以下诉讼权利:(1)了解与翻译有关的案件情况;(2)查阅其翻译内容笔录,如有不符有权予以补充或更正;(3)获得适当的报

---

① 《司法鉴定人登记管理办法》第3条。
② 我国《刑事诉讼法》第192条。

酬。同时,翻译人员承担以下法律义务:(1)如实翻译义务,有意作虚假翻译,应当承担相应的法律后果;(2)保密义务,对有关案件情况和他人隐私应当保密。

【拓展阅读】

关于吸收普通公民参加刑事审判的制度,世界上主要存在两种模式:陪审制和参审制。陪审制存在于英美法系国家,在这种审判制度中,事实问题由陪审团决定,即被告人是否有罪的问题由陪审团决定,而法律问题由法官决定。陪审团由随机挑选的一定数量的公民组成,一般为12人。起初陪审团实行一致裁决原则,随着社会发展,现在有些国家或地区只要求10人以上达成一致就可以作出有罪裁决。法官负责解决有关的法律问题,包括指导陪审团对犯罪问题的认定、就证据能力问题作出决定、对被陪审团认定有罪的人进行量刑等等。参审制存在于大陆法系国家,在这种审判制度中,普通公民和专业法官享有同等权力,共同决定案件的事实和法律问题,参审员有任职期限。在德国参审制中,对于定罪和量刑等对被告人不利的判断,必须获得2/3的多数通过。日本实行的裁判员制度,有别于陪审制和参审制,是两者的某种混合。在日本的裁判员制度中,裁判员随机产生,这一点接近于陪审团制而有别于参审制。但是,裁判员在事实认定和量刑方面与法官具有同等权限,这一点接近于参审制而有别于陪审制。我国的人民陪审员制度,属于参审制。

与我国鉴定人相似的制度,有大陆法系的鉴定人制度和英美法系的专家证人制度。大陆法系国家的鉴定人,是法官的助手,具有中立性。法律即事先确定鉴定人的资格条件,符合法定条件的人可以取得鉴定人资格而且登记造册,只有名列于鉴定人名册上的人才具有开展鉴定活动的资格。在具体案件中,由法官决定该案具体的鉴定人。英美法系国家的专家证人,是当事人的助手,具有倾向性。法律不预设专家证人的任何条件。在具体案件中,先由当事人决定己方的专家证人人选,然后再由法官检验并决定其是否可以作为专家证人出庭。法官在作出决定时往往综合考虑其知识、技能、经验、训练或教育情况,而不是仅仅看其职业头衔或者教育学位。因此,专家证人的概念外延比鉴定人要广,除了包括具有专门知识和技能的专家之外,在诉讼活动中起咨询、评议作用的非鉴定专家,如凭借多年的工作或生活经验积累而成为某一领域内的专业人员的技工、机械师、电工甚至是街上巡逻的警察等都可以接受当事人的聘请成为专家证人。[①] 在刑事诉讼中,我国司法鉴定人制度,接近于大陆法系国家的鉴定人制度。但是,两者有一个明显不同,即大陆法系国家对具体鉴定人的决定权仅由法官享有,而我国公检法三机关均享有。在

---

① 汪建成:《鉴定结论基础理论研究》,载《法学家》2009年第4期。

这一点上,实际上我国的鉴定人制度更加接近于俄罗斯模式。①

【思考题】

1. 如何看待我国审判委员会的存废之争?
2. 有学者认为我国人民陪审员制度意义不大,并主张将其废除,如何理解我国人民陪审员制度?
3. 有学者建议我国应当实行"检察指挥侦查"体制,你怎么看?
4. 有学者认为人民检察院同时作为控诉机关与法律监督机关存在冲突,如何理解人民检察院在我国司法体系中的地位?

---

① 参见汪建成:《理想与现实——刑事证据理论的新探索》,北京大学出版社2006年版,第249—250页。

第三章 刑事诉讼基本原则

要点提示

- 刑事诉讼基本原则有哪些?
- 司法机关独立行使职权原则的内涵是什么?
- 检察监督原则有哪些方面的体现?
- 有权获得辩护原则的内涵是什么?
- 如何理解"未经人民法院依法判决不得确定有罪"?

【案例思考】

案例一

2002年5月3日晚,农民王某在回家途中,遇到同村患有间歇性精神病的周某,并遭到周某的袭击。次日下午,王某遇到周某时,周某再次对其进行袭击,王某之妻和王某之父见状上前和王某一起殴打周某,并将其捆绑囚禁。当晚,王某召集全村居民开会商讨如何处理周某。因该村不少村民平时多次受到周某袭击,经王某提议,大多数村民同意将周某处死,并在王某准备好的纸上签名。当天深夜,王某、王父、王妻一起动手,不顾周某的苦苦哀求,将其杀死。案发后,当地公安机关、检察机关经过侦查和证实,确认王某、王父、王妻的行为已构成故意杀人罪,于是将三人依法逮捕。

请思考下列问题:

本案中,王某、王父、王妻及该村村民的行为违反了刑事诉讼的哪一项基本原则?

案例二

2009年5月16日,云南巧家县村民李昌奎奸杀19岁少女王家飞后,又摔死王家飞3岁的弟弟王家红。2010年7月15日云南省昭通市中级人民法院以强奸罪、故意杀人罪,数罪并罚判处李昌奎死刑,剥夺政治权利终身。2011年3月4日,云南省高级人民法院以强奸罪、故意杀人罪,数罪并罚改判李昌奎死刑缓期二年执行。这一"由死转生"的判决,立即在社会上引起了轩然大波。在各大网站上关于此案件的新闻报道和论坛中,网民们留下了百万条的激烈讨论。据凤凰卫视2011年7月17日晚播出的《文涛拍案》节目报道,某知名网站发起对李昌奎的民意投票,97.61%的网民要求判处李昌奎死刑,1.39%的网民支持云南省高级人民法院的死缓判决,1%的网民认为不好说。在强大的舆论压力下,2011年8月22日,云南省高级人民法院在昭通市开庭,对李昌奎故意杀人、强奸一案依照审判监督程序进行再审并当庭宣判:撤销原二审死缓判决,改判李昌奎死刑,剥夺政治权利终身。

请思考下列问题:

云南省高级人民法院在舆论压力下再审改判李昌奎死刑的做法,是否符合我国刑事诉讼的基本原则?如果不符合,违反了哪一项基本原则?

第一节 概　　述

▶ 一、刑事诉讼基本原则的内涵

刑事诉讼基本原则，是指刑事诉讼法所规定的贯穿于刑事诉讼全过程或主要阶段，对刑事诉讼活动的进行具有普遍指导意义，国家专门机关和诉讼参与人进行或参与刑事诉讼活动必须遵循的基本行为准则。作为立法者设计刑事诉讼程序和刑事诉讼制度的基础和出发点，刑事诉讼基本原则具有以下几个方面的特征：

（1）法定性。刑事诉讼基本原则是由刑事诉讼法明确规定的法律原则。首先，刑事诉讼基本原则属于法律原则，体现法律的基本精神，对于刑事诉讼活动具有指导意义。我国的刑事诉讼基本原则，是经过几十年司法实践总结出的刑事诉讼规律和借鉴的外国法制经验，并通过宪法和刑事诉讼法加以明确的，对刑事诉讼活动具有普遍指导意义的行为准则。在刑事诉讼中，任何具体的法律制度和诉讼程序都必须符合基本原则的要求。其次，刑事诉讼基本原则必须是法律规定的，具有法定性。一些在理论研究中提出的诉讼原则和在实践中遵循的政治和理论原则，如果没有在刑事诉讼法中加以明确规定，就不属于刑事诉讼基本原则的范畴。

（2）规律性。刑事诉讼基本原则包含着刑事诉讼的基本理念和基本原理，体现了刑事诉讼活动的基本规律。刑事诉讼基本原则作为专门机关和诉讼参与人进行刑事诉讼活动的基本行为准则，其反映的是当代社会对于刑事诉讼目的和价值的理解和追求，是诉讼法制精神的集中体现。例如，人民法院独立行使审判权原则和审判公开原则，其所要求的是法院的审判活动从形式到内容上应满足的基本要求，这体现了刑事诉讼活动应当具备公正、公开、中立的价值理念和诉讼原理。而强调公民在适用法律上一律平等、保障犯罪嫌疑人、被告人的辩护权和诉讼参与人诉讼权利等原则，都集中体现了刑事诉讼中保障人权的价值观和诉讼活动的规律性要求。

（3）普适性。刑事诉讼基本原则贯穿于刑事诉讼全过程或主要阶段，对整个刑事诉讼活动具有普遍指导意义。刑事诉讼活动包括一系列前后衔接的不同诉讼阶段，在每一阶段均存在对该阶段具有一定指导意义的准则和规则，这些准则和规则在立法或理论上被称为原则，如起诉阶段的国家公诉原则、起诉法定原则与起诉便宜原则；审判阶段的直接言词审理原则、上诉不加刑原则、全面审查原则等。但这些并非都构成刑事诉讼的基本原则，或者说并非都具有刑事诉讼基本原则的含义，只有那些作用于刑事诉讼的全过程或主要诉讼阶段，对国家专门机关和诉讼参与人的诉讼行为具有普遍指导意义和规范作用，对刑事诉讼目的的实现和刑事诉讼法的贯彻实施具有整体影响和制度保障作用的原则，才能成为刑事诉讼的基本原则。

当今世界各国的刑事诉讼中都有基本原则,一些国家除将刑事诉讼基本原则通过《刑事诉讼法》加以明确外,还将其提升到宪法的高度,通过《宪法》将刑事诉讼中与保障人权直接相关的原则加以明确规定,因此,一个国家刑事诉讼基本原则的范围也体现了该国刑事诉讼民主与文明的程度。从目前各国的立法和司法实践来看,刑事诉讼中普遍适用的基本原则主要包括①:程序法定原则、司法独立原则、无罪推定原则、不受强迫自证其罪原则、有效辩护原则、一事不再理与禁止双重危险原则等。

二、我国刑事诉讼基本原则体系

我国的刑事诉讼基本原则是由刑事诉讼法加以明确规定的,是对刑事诉讼立法和司法经验的总结,反映出我国刑事诉讼的基本特点,它们构成了我国刑事诉讼基本原则的基本体系。该体系作为一个有机整体,体现刑事诉讼目的和任务,指导具体的制度和程序规则,体系内部各原则间相互联系、相互作用,并对整个刑事诉讼的制度和程序设计发挥着引领作用。它们对于保证案件的质量,实现刑事诉讼任务,保障诉讼参与人的合法权益,都具有重要意义。我国《刑事诉讼法》第1编第1章规定的主要是刑事诉讼基本原则的内容,形成了一个完整的基本原则体系。这些原则是一个互相关联、互相统一的整体,在刑事诉讼的各阶段发挥着重要的指导作用。对某项原则的遵守,保证着另一原则的实行;对某一原则的违反,必然影响到其他原则的贯彻和实施。违反其中任何一项原则,都是对刑事诉讼法制的破坏,因此法律所确定的各项基本原则,需要专门机关和诉讼参与人认真贯彻执行。具体而言,我国刑事诉讼法确立的刑事诉讼基本原则有:侦查权、检察权、审判权由专门机关行使原则;人民法院、人民检察院依法独立行使职权原则;依靠群众原则;以事实为根据、以法律为准绳原则;公民在适用法律上一律平等原则;分工负责、互相配合、互相制约原则;人民检察院依法对刑事诉讼实行法律监督原则;使用民族语言文字进行诉讼原则;审判公开原则;犯罪嫌疑人、被告人有权获得辩护原则;未经人民法院依法判决对任何人不得确定有罪原则;保障诉讼参与人诉讼权利原则;具有法定情形不予追究刑事责任原则;追究外国人刑事责任适用我国刑事诉讼法原则。其中以下基本原则重在规范专门机关的行为:侦查权、检察权、审判权由专门机关行使原则;人民法院、人民检察院依法独立行使职权原则;依靠群众原则;以事实为根据、以法律为准绳原则;分工负责、互相配合、互相制约原则;审判公开原则;人民检察院依法对刑事诉讼实行法律监督原则;追究外国人刑事责任适用我国刑事诉讼法原则。以下基本原则重在保障参与人的合法权益:公民在适用法律上

---

① 宋英辉、孙长永、刘新魁等:《外国刑事诉讼法》,法律出版社2006年版,第22—36页。

一律平等原则;使用民族语言进行诉讼原则;犯罪嫌疑人、被告人有权获得辩护原则;未经人民法院依法判决对任何人不得确定有罪原则;保障诉讼参与人诉讼权利原则;具有法定情形不予追究刑事责任原则。

我国《刑事诉讼法》第1章中还有一些条款,因其涉及的诉讼过程或诉讼主体过于狭隘,不具有全局性,因此不适宜将其归为刑事诉讼的基本原则。如《刑事诉讼法》第10条规定的"人民法院审判案件,实行两审终审制",是人民法院审判案件所应遵循的审级制度,或者是一项只适用于人民法院审判活动的基本制度;第13条规定的"人民法院审判案件,依照本法实行人民陪审员陪审的制度",也是一项在刑事审判阶段适用的审判制度,而不是一项具有对整个诉讼具有普遍指导作用的基本原则;而《刑事诉讼法》第17条规定的是我国司法机关和外国司法机关互相开展刑事司法协助,由于只适用于涉外刑事诉讼部分,对整个刑事诉讼不具有普遍指导意义,因此也不应作为刑事诉讼的一项基本原则。

第二节　刑事诉讼与其他诉讼共有的基本原则

一、以事实为依据,以法律为准绳原则

(一)以事实为根据、以法律为准绳原则的基本含义

我国《刑事诉讼法》第6条规定:"人民法院、人民检察院和公安机关进行刑事诉讼,……必须以事实为根据,以法律为准绳。"这项原则充分反映了我国刑事诉讼法的根本要求和社会主义法制的精神,在刑事诉讼基本原则体系中居于核心地位。

以事实为根据,就是要求公安司法机关在办案过程中坚持重证据,重调查研究,对案件实体问题和程序问题所作出的处理决定,必须建立在已查明的案件客观事实的基础之上。公安司法机关办理刑事案件必须尊重案件的客观事实,认定被告人的行为性质是否属于犯罪及确定刑事责任时,应当忠于案件事实真相,以客观存在的案情作为处理问题的依据。由于刑事案件的事实要依据证据进行证明,只有收集到确实、充分的证据,才能为正确认定案件事实奠定可靠的基础。因此,以事实为依据,也就是要求公安司法机关据以定案的事实,必须是以收集到的证据所证实的案件事实为根据,而不能以主观臆断或查无实据的议论为根据。以事实为根据的核心就是重证据、重调查研究,以证据为查明和判定案件事实的唯一手段。如果证据不足,事实不清,就不能对被告人作出有罪的认定和判处相应的刑罚。

以法律为准绳,就是指公安司法机关应当在查明案件事实的基础上,对案件的实体问题和程序问题作出处理决定时,应当以刑法的有关规定为标准和尺度认定犯罪和作出处罚,应按照刑事诉讼法的规定进行立案、侦查、起诉、审判和执行等各种诉讼活动。在刑事诉讼过程中,法律是公安司法机关进行刑事诉讼活动的唯一

的尺度，不能离开法律另立标准，更不允许违法办案，枉法裁判。我国的刑法明确规定了罪与非罪的界限，规定了刑罚的种类和适用范围，刑事诉讼法则规定了处理刑事案件的具体程序和制度，因此，公安司法机关在办理每一件刑事案件时，都应当对照有关的法律条文衡量犯罪嫌疑人、被告人是否构成犯罪，所犯何罪，应否处罚以及如何处罚，做到定罪准确、量刑适当、罚当其罪。在具体的诉讼过程中按照统一的标准审查决定行为人是否应当受到刑事追究，是否应当对其采取拘留或逮捕等强制措施，等等。公安司法机关只能按照法律的规定，不能凭个人的好恶或一时的情绪，随心所欲地对案件作出处理，也不能根据其他因素，如外界的压力、自己的利益来处理案件。只有以国家的法律为统一的标准和尺度，才能保证法律面前人人平等，维护法律的尊严，保证国家法律的统一实施。离开法律，任何自立标准的行为都是无效的，也是法律所不容许的。

（二）贯彻以事实为根据、以法律为准绳原则的意义

"以事实为根据，以法律为准绳"原则在我国的刑事诉讼基本原则中占有核心地位，是贯彻其他诉讼原则的根本保证。因为任何案件都离不开事实和法律这两大基本问题，只有认真遵守和贯彻好这一原则，才能既保证对案件事实的正确认定，又能保证对国家法律的统一适用，也才能使其他诉讼原则发挥相应的作用。为在实践中更好地贯彻这一原则，必须正确理解和把握两者之间的辩证关系。以事实为根据，以法律为准绳，两者紧密相连，相辅相成，对任何一个方面都不能忽视。事实是正确适用法律的基础，只有坚持以案件事实为依据，才能查明案件的客观真实情况，准确认定案件事实。如果忽视了以事实为根据这一要求，对案件运用法律时就会丧失客观标准，以法律为准绳也就会毫无意义。而如果忽视了以法律为准绳，立案、侦查、起诉和审判就没有标准，诉讼活动就难以进行；如果对案件进行处理时不以刑法为统一的定罪和量刑标准，即使查明了案件事实，案件也得不到正确的处理。只有两者相结合，才能做到既准确惩罚犯罪，又有效地保障人权，做到不枉不纵。

二、依靠群众原则

（一）依靠群众原则的法律依据和基本要求

我国《刑事诉讼法》第6条规定："人民法院、人民检察院和公安机关进行刑事诉讼，必须依靠群众……"这一规定确立了我国刑事诉讼的依靠群众原则，它也被称为专门机关与群众相结合原则。依靠群众原则是群众路线在刑事诉讼中的体现，是我国刑事诉讼的特点之一。

依靠群众原则在刑事诉讼法的具体程序规定中也有明确的体现。如根据我国《刑事诉讼法》第50条的规定，"必须保证一切与案件有关或者了解案情的公民，有客观地充分地提供证据的条件，除特殊情况外，可以吸收他们协助调查。"我国《刑

事诉讼法》第 82 条规定,对于正在实行犯罪或者在犯罪后即时被发觉的、通缉在案的、越狱逃跑的以及正在被追捕的犯罪嫌疑人,任何公民都可以立即将其扭送公安机关、人民检察院或者人民法院处理。此外,在刑事审判中,人民法院可以吸收人民群众参加陪审,允许公民旁听公开审判的案件等,都是依靠群众原则在具体程序中的体现。

依靠群众原则的基本要求是,公安司法机关在进行刑事诉讼过程中,要坚持群众路线,注意发动群众和组织群众与犯罪作斗争;在收集证据和调查研究案情时,要注意发挥人民群众的智慧和力量。

为了在刑事诉讼中更好地贯彻依靠群众原则,需要正确处理公安司法机关的工作与依靠群众的关系。

(1) 公安司法机关应当树立相信群众、依靠群众的观念。依靠群众是专门机关智慧和力量的源泉,因此,公安司法机关在办案过程中要依靠群众,相信群众,发动群众,为群众参与诉讼提供方便并接受群众的监督。同时,在刑事诉讼中要尊重群众,自觉维护他们的各项诉讼权利和合法权益。例如,证人是了解案件情况的人,但在调查和收集证据时,应该注意维护证人的合法权益,不得将证人错误地当做取证的手段和破案的工具,更不允许有侵犯证人诉讼权利和对其进行人身侮辱的行为发生。再如,人民陪审员虽然不具有法官身份,但其在参与案件审判过程中享有与审判员同等的表决权,人民法院和合议庭的其他组成人员就应该保证和尊重他们的这一权利。

(2) 必须注意将依靠群众与专门机关工作相结合。刑事案件具有复杂多变的特点,仅仅依靠群众往往是难以完成刑事诉讼的任务的。公安司法机关是专门查处刑事犯罪的国家机关,刑事诉讼法规定的侦查权、检察权和审判权依法只能由公安司法机关行使,在刑事诉讼中依靠群众,决不意味着可以让群众代替公安司法机关行使这些职权,也不意味可以将公安司法机关的职权交给群众去行使。为此,应该将公安司法机关的专门性工作和依靠群众有机地结合起来,在保证侦查权、检察权和审判权的依法行使的同时,发挥群众参与、监督刑事诉讼活动的主动性和积极性,保证公安司法机关少犯错误,从而提高办案质量。

(二) 贯彻依靠群众原则的意义

依靠群众,实行专门机关与群众相结合,是我国同犯罪行为进行斗争的优良传统,也是一条成功的经验,体现了我国刑事诉讼活动的重要特色。实践证明,公安司法机关只有加强与广大人民群众的联系,取得人民群众的支持,才能有效地查处犯罪行为,打击犯罪分子。依靠群众原则作为刑事诉讼的一项基本原则,具有十分重要的意义:

(1) 依靠群众有利于增强人民群众作为国家主人的责任感。依靠群众是由我国的国家性质所决定的。我国社会主义的国家性质决定了人民群众是国家的主人,参与管理国家事务是人民群众的责任。犯罪分子的任何犯罪活动都直接或间接损害国家、社会利益,也直接威胁或损害人民群众的个人利益。犯罪破坏了正常的社会秩序和安宁,破坏了人民群众的工作和生活环境,因此,同犯罪行为作斗争,正是广大人民群众的心愿。广大人民群众具有同犯罪行为进行斗争的积极主动性,这是公安司法机关进行刑事诉讼的基础。在国家的司法活动中依靠群众,有利于增强人民群众作为国家主人的责任感。

(2)依靠群众有利于准确、及时地揭露犯罪和惩罚犯罪。犯罪活动总是在一定的时间和空间内进行的,无论犯罪分子多么狡猾,犯罪手段多么隐蔽,总会留下蛛丝马迹,其犯罪活动不可避免地会被群众发觉。因此,专门机关坚持依靠群众,深入群众进行调查研究,发动群众提供破案线索和收集证据,就能够准确、及时地揭露和查获犯罪分子,从而使犯罪行为人受到法律的制裁。

(3)依靠群众有利于保持司法廉洁,实现司法公正。在诉讼过程中依靠群众,可以使公安司法机关的诉讼活动接受广大人民群众的监督,有利于公安司法机关严格依法办事和增强办案人员的责任感,防止和减少工作中的失误,出现错误也能及时得以发现和纠正。人民群众参与和监督诉讼活动,有助于抑制公安司法人员因长期从事司法活动而形成的职业偏见,使司法决定融合民情,扩大司法的社会性和民主性,使司法活动最大限度地合理、合法,同时人民群众的参与可以约束公安司法人员的行为,预防和减少贪赃枉法、徇私舞弊等腐败现象的发生,以保证准确地执行法律,实现司法公正。

三、公民在适用法律上一律平等原则

(一)公民在适用法律上一律平等原则的基本内容

我国《刑事诉讼法》第6条规定:"人民法院、人民检察院和公安机关进行刑事诉讼……对于一切公民,在适用法律上一律平等,在法律面前,不允许有任何特权。"这一规定确立了公民在适用法律上一律平等的刑事诉讼原则,它是我国宪法规定的公民在法律面前一律平等原则在刑事诉讼中的具体体现。这一原则包含两方面的内容:

(1)公安司法机关进行刑事诉讼活动,对于全体公民同等地适用法律,不得有任何歧视。即公安司法机关在行使各自职权时要遵守同样的原则和程序,适用同样的法律。对于涉嫌犯罪的人,严格依照法律的规定进行追究,符合逮捕、起诉条件的应当逮捕、起诉,该定罪量刑的应当定罪量刑,不能因为犯罪嫌疑人、被告人的民族、种族、性别、职业、受教育程度、宗教信仰、财产状况等方面的不同而有什么区别。对于一切公民的合法权益,加以平等地保护,包括犯罪嫌疑人、被告人的合法权益也都必须依法保护,而不得以任何借口限制或剥夺诉讼参与人依法享有的诉讼权利,侵犯公民的合法权益。

(2) 对于一切公民在适用法律上不允许有任何特权。即所有公民,不论他是领导干部还是普通民众,不论其职位高低、对社会贡献的大小,应当同样遵守国家的法律,同样承担法律规定的义务。不论何人触犯法律构成犯罪的同样受到法律的制裁,坚持在法律面前人人平等,反对任何特权。对于涉嫌犯罪的人,应当依法严肃查处,不得以党纪、行政处分代替刑事处罚,也不能以经济制裁代替刑事处罚。在诉讼过程中,对于所有的诉讼参与人都应平等地对待,保障一切诉讼参与人充分行使诉讼权利,也保护他们平等地履行法律规定的诉讼义务。

当然,对公民在适用法律上一律平等原则中所强调的平等,是指公民在法律地位上的平等,而不是所有人在刑事诉讼中的权利和义务的完全对等和完全相同。由于公民作为不同的诉讼参与人在诉讼中所处的法律地位不同,其所享有的诉讼权利和承担的诉讼义务上也会有所区别,这是由刑事诉讼的特点所决定的。例如被告人在刑事诉讼中享有辩护权和上诉权,而被害人虽然也是当事人,但是并没有这些权利;但是为维护被害人的合法权益,法律又规定被害人有委托诉讼代理人的权利和请求检察机关抗诉的权利。如果同属于案件中的被告人或者被害人,则他们在诉讼中依法享有相同的诉讼权利。法律对他们诉讼权利的行使应当给予同等的保护,不能只允许一部分当事人行使某些权利,而对另一部分当事人在行使诉讼权利时加以限制或剥夺。不过,适用法律一律平等并不排斥对特殊人群的特殊保护,如刑事诉讼法对未成年人、盲、聋、哑人群以及可能判处无期徒刑的被告人,与可能判处较轻刑罚的被告人在享受法律援助方面的待遇也有不同,这是由诉讼主体的特性以及司法资源的合理配置决定的。

(二) 贯彻公民在适用法律上一律平等原则的意义

坚持公民在适用法律上一律平等原则的重要意义在于,使当事人和其他诉讼参与人在刑事诉讼中的各项权益得到法律保障,对所有的公民一视同仁,平等对待,消除诉讼中的歧视和特权。特别是犯罪嫌疑人、被告人,由于处于受追究的地位,其人身自由、财产权利甚至生命都可能受到剥夺,如果在适用法律上不平等,显然会造成同样行为不同处罚的结果,这不但对犯罪嫌疑人、被告人不公正,也会损害司法的权威。因此,贯彻公民在适用法律上一律平等原则,不仅对于有效防止某些人凭借权势和地位凌驾于法律之上,置身于法律之外有现实意义,而且对于切实保障公民的合法权益,保证刑事诉讼活动严格依法进行和对案件进行公正处理,树立司法权威等都具有十分重要的意义。

▶ 四、各民族公民有权使用本民族语言文字原则

(一) 使用民族语言文字进行诉讼原则的基本内容

我国《刑事诉讼法》第9条规定:"各民族公民都有用本民族语言文字进行诉讼的权利。人民法院、人民检察院和公安机关对于不通晓当地通用的语言文字的诉

讼参与人,应当为他们翻译。在少数民族聚居或者多民族杂居的地区,应当用当地通用的语言进行审讯,用当地通用的文字发布判决书、布告和其他文件。"这一规定,是确立使用民族语言文字进行诉讼原则的法律依据。这一原则在《宪法》中也有明确的规定,是保证各民族公民权利平等的一个重要的法律原则。这一原则主要包含以下内容:

(1) 各民族公民参加诉讼,不论当事人还是其他诉讼参与人都有权使用本民族的语言文字进行诉讼;有权用本民族的语言回答公安司法人员的提问,发表自己的意见;有权用本民族的文字书写供述、证言、鉴定意见、上诉状、申诉状及其他有关的案件材料。

(2) 如果诉讼参与人不通晓当地通用的语言文字,人民法院、人民检察院和公安机关有义务为其指定或聘请翻译人员。这一规定,不仅适用于我国的少数民族公民,也适用于在少数民族地区参加诉讼的汉族公民以及在我国参加诉讼的外国公民和无国籍人。

(3) 在少数民族聚居或者多民族杂居的地区,应当使用当地通用的语言进行侦查、起诉和审判,用当地通用的一种或几种文字发布判决书、公告、布告和其他文件。对于不通晓当地文字的诉讼参与人,在有条件的情况下,应当使用他所通晓的文字向其送达诉讼文书,或者聘请翻译人员,为其翻译诉讼文书中记载的内容。

(二) 贯彻使用民族语言文字进行诉讼原则的意义

我国是多民族的国家,各民族公民的政治地位和法律地位完全平等。各民族公民有权使用本民族的语言文字进行诉讼的原则,充分体现了各民族平等和保障各民族公民行使平等诉讼权利的精神,是我国民族平等政策在刑事诉讼中的具体体现。在刑事诉讼中认真贯彻执行这一原则具有十分重要的意义:

(1) 贯彻这一原则,有利于刑事诉讼活动的顺利进行和案件的正确处理。适用该原则便于专门机关深入当地群众调查、了解情况,广泛收集证据和听取群众意见;也便于少数民族公民向公安司法人员及时提供案件线索和证据材料,使诉讼活动能够得以顺利开展,从而及时查明案件事实,正确处理案件。

(2) 贯彻这一原则,有利于维护诉讼参与人的合法权利。坚持各民族公民都有用本民族语言文字进行诉讼的权利,能够保证各民族的诉讼参与人排除语言、文字上的障碍,平等和充分地行使各项诉讼权利,运用法律武器维护自己的合法权益。

(3) 贯彻这一原则,有利于提高诉讼效率。使用各民族自己的民族语言进行诉讼,有利于当事人及其他诉讼参与人在庭审过程中更清晰地表词达意,更充分地行使起诉权和辩护权或履行作证及其他义务,减少因语言、文字差异而可能导致的语意上的误解和时间上的拖沓,从而更有利于集中审理,提高诉讼效率。

(4) 贯彻这一原则,可以更好地发挥审判活动的教育作用。在少数民族聚居或者多民族杂居的地区,应当用当地通用的语言进行审讯,用当地通用的文字发布判决书、布告和其他文件,有利于人民法院通过公开审判,对当地居民进行法制宣传和教育,增强当地居民的法制观念,从而达到预防和减少犯罪的目的。

五、保障诉讼参与人的诉讼权利原则

(一)保障诉讼参与人的诉讼权利原则的基本含义

我国《刑事诉讼法》第14条规定:"人民法院、人民检察院和公安机关应当保障犯罪嫌疑人、被告人和其他诉讼参与人依法享有的辩护权和其他诉讼权利。诉讼参与人对于审判人员、检察人员和侦查人员侵犯公民诉讼权利和人身侮辱的行为,有权提出控告。"这一规定表明,公安司法机关对诉讼参与人依法享有的诉讼权利负有保证其充分行使的义务,不得随意地加以限制或剥夺。保障诉讼参与人诉讼权利原则的基本含义为:

(1)诉讼参与人依法享有的诉讼权利,受到法律保护,任何人不得以任何方式进行限制或剥夺。刑事诉讼法对不同的诉讼参与人规定了与其地位相适应的诉讼权利,使他们能够在参与诉讼的过程中运用这些权利,维护自身的合法权益。

(2)公安司法机关负有保障诉讼参与人充分行使诉讼权利的义务。如公安司法机关应当在相应的诉讼阶段告知各诉讼参与人依法所享有的诉讼权利,并为这些诉讼权利能够得到充分有效地行使提供便利;在诉讼过程中发现任何妨碍诉讼权利行使行为的,有责任采取必要措施加以制止与纠正。

(3)诉讼参与人有权采取法律手段维护自己的合法权益。诉讼参与人的诉讼权利受到侵害时,有权通过控告或其他法律手段要求公安司法机关制止。公安司法机关在刑事诉讼中首先应当尊重和保证诉讼参与人各项诉讼权利的行使,如果公安司法人员限制或剥夺公民的诉讼权利或对其人身进行侮辱的,诉讼参与人有权向有关机关提出申诉和控告,有关机关应当及时地处理与纠正。如果出现其他人员有妨碍诉讼权利行使的情况,诉讼参与人也有权向公安司法机关提出申诉与控告,有关机关应当认真地查处。对此,我国《刑事诉讼法》第115条明确规定,当事人和辩护人、诉讼代理人、利害关系人对于司法机关及其工作人员有下列行为之一的,有权向该机关申诉或者控告:采取强制措施法定期限届满,不予以释放、解除或者变更的;应当退还取保候审保证金不退还的;对与案件无关的财物采取查封、扣押、冻结措施的;应当解除查封、扣押、冻结不解除的;贪污、挪用、私分、调换、违反规定使用查封、扣押、冻结的财物的。受理申诉或者控告的机关应当及时处理。对处理不服的,可以向同级人民检察院申诉;人民检察院直接受理的案件,可以向上一级人民检察院申诉。人民检察院对申诉应当及时进行审查,情况属实的,通知有关机关予以纠正。

(4)对于未成年的犯罪嫌疑人、被告人的诉讼权利给予特殊的保护。刑事诉

讼法在特别程序一编中设立专章规定未成年人刑事案件诉讼程序,对未成年犯罪嫌疑人、被告人的诉讼权利给予特殊的保护。如规定对于未成年犯罪嫌疑人、被告人应当严格限制适用逮捕措施;对其进行讯问和审判时,应当通知其法定代理人到场等。

(二)贯彻保障诉讼参与人的诉讼权利原则的意义

保障所有参加刑事诉讼活动的公民尤其是保护犯罪嫌疑人、被告人、辩护人、被害人和证人的诉讼权利和人格尊严免遭侵犯,是我国刑事诉讼中一贯坚持的基本原则,是刑事诉讼程序公正和民主的要求,也是诉讼文明的标志。我国刑事诉讼法对于刑讯逼供、暴力取证等危害诉讼参与人权利的行为予以明文禁止;对辩护律师的会见权、调查权、辩护权做了多方面的保护;赋予了被害人广泛的救济方式,如被害人有证据证明对被告人侵犯自己人身、财产权利的行为应当依法追究刑事责任,而公安机关或者人民检察院不予追究被告人刑事责任的,被害人可以直接向人民法院提起自诉。只有切实保障各诉讼参与人依法享有的诉讼权利,才能使诉讼参与人积极地参与诉讼,协助公安司法机关准确、及时地查明案件事实,保证案件的客观、公正处理。

第三节　刑事诉讼特有的基本原则

一、侦查权、检察权、审判权由专门机关依法行使原则

(一)侦查权、检察权、审判权由专门机关行使原则的基本内容

我国《刑事诉讼法》第3条规定:"对刑事案件的侦查、拘留、执行逮捕、预审,由公安机关负责。检察、批准逮捕、检察机关直接受理的案件的侦查、提起公诉,由人民检察院负责。审判由人民法院负责。除法律特别规定的以外,其他任何机关、团体和个人都无权行使这些权力。人民法院、人民检察院和公安机关进行刑事诉讼,必须严格遵守本法和其他法律的有关规定。"这一规定确立了侦查权、检察权、审判权由专门机关行使的原则。这一原则主要包括以下内容:

(1)刑事诉讼中侦查权、检察权和审判权的行使具有专属性。公安机关、人民检察院和人民法院是刑事诉讼中的法定专门机关,除法律特别规定的以外,只有它们才能按照刑事诉讼法的规定进行某些专门的刑事诉讼活动,行使法律赋予它们侦查权、检察权和审判权,其他任何机关、团体和个人都无权行使这些权力。侦查权、检察权和审判权是国家权力的重要组成部分,是国家准确实现刑罚权的重要保障,它关系着国家政权的巩固和社会秩序的安定。如果任由其他任何机关、团体和个人随意行使,就会因为权力的滥用给公民的人身权利、财产权利和其他合法权益造成侵害。但是考虑到案件的特定性质和范围,其他机关对某些刑事案件也可以

行使一定职权,但必须由法律进行特别规定。《刑事诉讼法》第 3 条规定的所谓"除法律特别规定的以外",即是指在法律有特别规定的情况下,公安机关、人民检察院、人民法院以外的机关才可以行使某些进行刑事诉讼活动的权力。根据《刑事诉讼法》第 4 条和第 290 条的规定,下列三个机关对特定范围内发生的刑事案件行使侦查权:第一,国家安全机关对危害国家安全的刑事案件行使侦查权。第二,监狱对罪犯在监狱内犯罪的案件行使侦查权。第三,军队保卫部门对军队内部发生的刑事案件行使侦查权。除此之外,其他任何机关、团体和个人都无权行使对刑事案件的侦查、检察和审判等权力。否则,不仅是无效的,而且是违法的,因此而构成犯罪的,应当依法追究刑事责任。

(2) 公安机关、人民检察院和人民法院在办理刑事案件时有明确的职权分工。公、检、法三机关在刑事诉讼中的主要职权有明确的划分:第一,公安机关的主要职权包括对刑事案件的侦查、拘留、执行逮捕和预审,这些权力通常被概括为公安机关对刑事案件的侦查权。公安机关是我国刑事诉讼中的主要侦查机关,负责对大部分案件的刑事侦查工作,其中拘留、执行逮捕和预审也是公安机关在侦查过程中对具体权力的行使,仍属于侦查权的组成部分。在刑事案件的具体侦查过程中,公安机关依照法定程序进行一系列的专门调查工作和采取相应的强制性措施也是公安机关的侦查权限范围。第二,人民检察院行使检察权。在刑事诉讼中,人民检察院负责对刑事案件的检察、批准逮捕、对自己直接受理案件的侦查和提起公诉。人民检察院是国家的法律监督机关,对刑事诉讼活动具体广泛的法律监督权,这里的"检察"主要是指对刑事诉讼活动是否合法实施的法律监督,同时对犯罪嫌疑人的批准逮捕权、提起公诉权,也属于人民检察院的专有职权。除此之外,人民检察院对于贪污贿赂等犯罪案件行使侦查权,因此检察机关也是我国的侦查机关,负责部分刑事案件的侦查工作。第三,人民法院行使审判权。人民法院是我国的审判机关,在刑事诉讼中依法独立行使审判权,从审级意义上讲,审判权包括初审权、复审权和再审权;从权力的表现形式上,审判权集中体现在人民法院对刑事案件进行审判的各个阶段,如受理自诉案件和裁定驳回自诉案件的权力、对提起公诉案件进行审查的权力、主持法庭审判的各项权力等,都是人民法院刑事审判权的组成部分。法律规定侦查权、检察权和审判权分别由公、检、法三机关行使,不仅意味着这些权力是三机关的专门权力,也是在强调三机关在行使职权时应当严格按照法律的职权分工分别行使各自的职权,不能混淆或相互取代。这不仅是为了防止其他机关、社会团体和个人干预刑事诉讼活动中专门权力的行使,也是为了防止三机关混淆或混同相互间的职能分工,防止权力不受制约或被滥用。

(3) 专门机关在行使职权时,必须严格遵守法定程序。公安机关、人民检察院和人民法院在行使各自职权的过程中,必须严格遵守刑事诉讼法和其他法律的有关规定,依法办事,不得滥用职权。一方面,各专门机关应当在法律规定的范围内行使自己的职权,不得超出法律的规定任意行事。另一方面,各专门机关在行使职权时应该严格依照法律规定程序和条件进行,以保障诉讼参与人的合法权益。

(二)贯彻侦查权、检察权、审判权由专门机关行使原则的意义

侦查权、检察权、审判权由专门机关行使原则,是人类社会对诉讼规律深化认识的结果。在人类早期社会,犯罪被视为是侵犯个人权利的行为,对应地,国家不主动介入刑事案件的调查过程,不存在专门的侦查和起诉机关,只有审判机关作为消极的裁判者参与审判,也就不存在诉讼职权的分工。随着人们对犯罪客体的重新认识以及国家对社会冲突和刑事犯罪控制的加强,纠问式诉讼形式得以确立,刑事诉讼由国家的专门机关主动进行,侦查和控诉犯罪的职能得到确立和发展,与裁判职能一起成为司法机关的三大职能。但为了加强君主专制统治的需要,这些职能并没有在不同的机关间进行明确划分,而是由法院或法官集中行使。从近代资产阶级革命开始,资产阶级的政治民主要求国家机关发生分化。不仅立法权、行政权和审判权相互分离,在刑事司法方面,也将不同的职权交由不同的机关行使,以防止国家权力因没有制约而造成对公民权利的侵犯,从而实现了刑事诉讼活动的专业化和民主化。我国在总结司法实践经验的基础上,明确划分了公、检、法三机关在刑事诉讼中的主要职权,这不仅是惩罚犯罪和有效保障人权双重诉讼目在诉讼权力架构上的基本要求,也是我国刑事诉讼法科学化、民主化的重要体现。

二、人民法院、人民检察院依法独立行使职权原则

(一)人民法院、人民检察院依法独立行使职权原则的基本内容

我国《刑事诉讼法》第 5 条规定:"人民法院依照法律规定独立行使审判权,人民检察院依照法律规定独立行使检察权,不受行政机关、社会团体和个人的干涉。"该原则同时也是我国一项重要的宪法原则。我国《宪法》第 126 条和第 131 条分别规定了人民法院和人民检察院依法独立行使审判权和检察权,不受行政机关、社会团体和个人的干涉。《人法院组织法》和《人民检察院组织法》也都确立了该原则。这一原则的基本内容包括:

(1)人民法院行使审判权,人民检察院行使检察权,不受行政机关、社会团体和个人的干涉。人民法院和人民检察院是我国专门的审判机关和检察机关,国家将审判权、检察权只赋予人民法院和人民检察院,同时由于审判权和检察权的特殊性质,我国的宪法和其他法律都规定人民法院和人民检察院应当独立自主地行使这些权力。根据该原则,人民法院和人民检察院在行使处理案件的过程中,不受行政机关、社会团体和个人的干涉,除了依据法律之外,不受外来力量的干预,在行使权力的过程中始终是独立的。对此,行政机关、社会团体和个人应当予以尊重和支持,而不得以任何理由、任何方式加以干涉。这里的"干涉",是指于法无据的干预活动,如以权代法、以言代法、强令服从等,而不是指正常的工作建议或意见。

(2) 人民法院行使审判权,人民检察院行使检察权,必须严格遵守法律的各项规定。即人民法院和人民检察院必须在宪法和法律规定的权限范围内行使职权,不得越权行事;人民法院和人民检察院在办理案件的过程中必须严格遵守法律的各项规定,包括实体法和程序法的规定,按照法定的程序和规则进行;人民法院和人民检察院作出的每一项决定也都应当符合法律的要求。

(3) 人民法院和人民检察院作为一个组织整体,集体对审判权、检察权的行使负责。也就是说独立行使审判权、检察权的主体是人民法院和人民检察院,是人民法院、人民检察院作为一个整体独立于行政机关、社会团体和个人,而不是审判员或检察员个人独立行使审判权或检察权。这与西方的司法独立不同。西方国家的司法独立主要是指法官独立,即法官独立审判、只服从法律,在审判中完全由法官根据个人的经验、良知和根据法律的理解对案件作出判决。而我国的司法独立是指人民法院、人民检察院依法独立行使职权,法官、检察官对案件所做出的处理意见必须经所在法院院长、检察院检察长审批,重大、疑难案件还要经过审判委员会或者检察委员会讨论决定,而且所有决定必须以人民法院或者人民检察院的名义宣布才能生效。

(二) 贯彻人民法院、人民检察院依法独立行使职权原则应处理好的关系

在刑事诉讼中坚持和贯彻依法独立行使职权原则,有利于保障人民法院、人民检察院在刑事诉讼中严格按照法律的规定行使审判权和检察权,防止和排除行政机关、社会团体和个人对审判、检察工作的干预,维护司法机关的纯洁性和权威性,以保证国家法律的统一、正确实施,实现司法公正。正确理解和执行人民法院、人民检察院依法独立行使职权原则,还应处理好以下几方面的关系:

(1) 依法独立行使职权与中国共产党领导的关系。人民法院、人民检察院依法独立行使职权,并不意味着不接受共产党的领导。中国共产党是执政党,党的领导是人民法院和人民检察院依法独立行使职权的根本保证。党的各项方针和政策是国家制定法律的依据,依法独立行使职权同正确执行党的方针和政策是一致的。人民法院和人民检察院在具体工作中应当接受党的领导和监督,积极贯彻和执行党的方针和政策。但是需要明确的是,党对司法工作的领导主要应当是政治上和组织上的领导,即制定司法工作方针、协调三机关的行动、对司法机关提出意见和建议、向司法机关推荐优秀司法人员等,而不能通过审批案件、参与办案等方式领导或代替司法机关办理具体案件,或者对个案的处理作出具体指示,即不应在人民法院、人民检察院正常行使职权的过程中加以干预。

(2) 依法独立行使职权与国家权力机关监督的关系。我国实行人民代表大会的政治制度,人民法院和人民检察院由各级国家权力机关产生,应向同级国家权力机关负责并报告工作,接受国家权力机关的监督。人民法院和人民检察院依法独立行使职权与接受国家权力机关的监督并不发生矛盾,而是人民法院和人民检察

院依法独立行使职权的保障。国家权力机关监督人民法院和人民检察院的工作一般是通过定期听取报告的方式进行的;此外,国家权力机关也可以在发现人民法院和人民检察院办案出现错误时提出意见和建议,人大代表可以对人民法院和人民检察院提出质询案,人民法院和人民检察院有义务接受国家权力机关的监督。国家权力机关的这些监督有利于人民法院和人民检察院严格依法办案。但是,国家权力机关对人民法院和人民检察院实施的监督必须是集体的监督,而不能由个别人大代表直接实行所谓的监督,不应影响人民法院和人民检察院办案活动的正常进行,更不能直接代替人民法院和人民检察院行使审判权和检察权。

(3)依法行使职权与社会和群众监督的关系。人民法院和人民检察院在坚持依法独立行使职权的前提下,还应当自觉接受社会各界和人民群众的监督,虚心听取各方面的批评、建议和意见,以期改进工作,更好地履行职责。但是应当注意区分监督和干预司法的界限,不允许社会各界和群众借监督司法之名对人民法院和人民检察院的正常工作进行非法干涉。对于司法实践中存在的以言代法、以权压法等干预人民法院和人民检察院独立行使职权的不正常的现象,应当坚决加以抵制,慎重并理性对待民意和舆论,以维护司法工作的权威性和公正性。

(4)依法行使职权与系统内部领导的关系。强调人民法院、人民检察院依法独立行使职权,还应根据诉讼活动的内在要求处理好系统内部关系。就法院而言,审判委员会对合议庭提交的案件,应当减少对于事实认定的审查而将职能侧重于对法律适用上的指导。院长、庭长作为合议庭成员时,应享有同普通审判员同样的表决权,不应享有特权。就检察院而言,上级检察院不宜对下级检察院制约太强,应尽力支持下级检察院依法独立行使职权,在下级检察院遇到来自其他机关、单位的干扰时,应通过适当途径帮助予以排除和解决。

▶ 三、分工负责、互相配合、互相制约原则

(一)分工负责、互相配合、互相制约原则的基本含义

我国《刑事诉讼法》第 7 条规定:"人民法院、人民检察院和公安机关进行刑事诉讼,应当分工负责,互相配合,互相制约,以保证准确有效地执行法律。"这一规定是指导和处理人民法院、人民检察院和公安机关在刑事诉讼中相互关系的一项基本原则,也是我国宪法所确定的一项重要原则。它反映了我国现阶段公安司法机关在刑事诉讼中相互关系的特点。

分工负责,是指人民法院、人民检察院和公安机关应当根据法律赋予的职权,各尽其职,各负其责,既不能互相取代也不能互相推诿,更不允许超越其职权范围进行诉讼活动。

互相配合,是指人民法院、人民检察院和公安机关在分工负责的基础上,互相支持,通力协作,使刑事案件的处理上下衔接、协调一致,减少补充侦查、撤回起诉、

改变指控罪名等程序上的反复和迟延,共同努力提高集中审理程度和诉讼效率,共同完成刑事诉讼的任务。

互相制约,是指通过诉讼职能的分工和程序上的设置,使三机关互相约束和牵制,以防止可能发生的错误和及时发现与纠正错误。互相制约不同于对诉讼活动的监督,刑事诉讼法规定人民检察院依法对刑事诉讼活动实施监督,因此,对公安机关和人民法院的诉讼活动是否合法所进行的监督是人民检察院的法定职权,这种监督与三机关之间的互相制约虽然都具有防止职权滥用的功能,但是两者并不完全相同。诉讼中的监督是专属人民检察院的职权,具有明显的单向性,人民法院和公安机关都应当接受人民检察院的监督。而互相制约是双向的,三机关之间是互为监督与被监督的关系。

分工负责、互相配合、互相制约是一个完整、统一的整体,三者之间相辅相成、密不可分。分工负责是互相配合与互相制约的前提和基础,没有三机关职权行使上的分工,互相配合与互相制约就无从谈起。互相配合是严格分工在公、检、法三机关职责衔接上的表现,而互相制约则是处理公、检、法三机关之间关系的最终目的,是该原则的核心。互相配合、互相制约是分工负责的目标和分工负责后的自然结果,前者与后者是原因与结果、手段与目的的关系。只有在分工负责的前提基础上,才能落实和保障互相配合与互相制约。互相配合与互相制约是一个问题的两个方面,要辩证理解,对任何一方均不可偏废,强调或忽视哪一方面都是片面不正确的。只有实行互相配合,才能协调三机关的工作,有效地同犯罪作斗争;只有实行互相制约,才能在诉讼中防止出现偏差和错误,并在出现偏差和错误时能够及时予以纠正。既不能把互相配合与互相制约对立起来,也不能孤立地强调一面而忽视另一面。如果只强调互相配合而不重视互相制约,就会在职权行使过程中放弃原则,放弃分工,其结果是互相迁就,工作中的偏差和错误就得不到纠正,从而影响办案的质量。

(二) 分工负责、互相配合、互相制约原则在刑事诉讼过程中的主要体现

分工负责、互相配合、互相制约原则体现在一系列的制度、程序之中,贯穿于刑事诉讼的全过程。根据我国《刑事诉讼法》的规定,人民法院、人民检察院和公安机关之间的分工负责主要体现在两个方面:(1) 诉讼职能与职权的分工负责。对此,《刑事诉讼法》第3条已作出了明确规定:"对刑事案件的侦查、拘留、执行逮捕、预审,由公安机关负责。检察、批准逮捕、检察机关直接受理的案件的侦查、提起公诉,由人民检察院负责。审判由人民法院负责。"(2) 案件管辖上的分工。《刑事诉讼法》第18条划分了人民法院、人民检察院和公安机关立案管辖刑事案件的范围。此外,在具体的诉讼程序中还对三机关职权行使的条件和要求作出了明确的规定。三机关应当依照法律对其职权的分工认真完成各自的工作。

互相配合与互相制约的关系体现在刑事诉讼的各个阶段。

在三机关分工负责的基础上,对于公安机关提请逮捕和移送审查起诉的案件,人民检察院接到公安机关移送的案件材料和证据后应当及时地进行审查并作出相应的决定;对于人民检察院提起公诉的案件,人民法院依法审查后认为符合开庭审判条件的,应当及时地审理并作出判决;对于人民检察院批准逮捕和人民法院决定逮捕的案件,以及需要公安机关执行的判决和裁定,公安机关在接到通知后应当及时地执行。

在审查批准逮捕和移送审查起诉的问题上,既反映了公安机关与人民检察院之间的互相配合关系,也体现了这两个机关相互间的制约关系。如人民检察院对不符合逮捕条件的犯罪嫌疑人依法作出不批准逮捕的决定,本身就体现出人民检察院对公安机关侦查活动的监督和制约,防止公安机关在侦查过程中出现错误或者滥用权力而造成对犯罪嫌疑人合法权益的侵犯。反过来,公安机关认为人民检察院作出的对犯罪嫌疑人不批准逮捕的决定有错误时,可以要求检察机关复议,如果意见不被接受,公安机关可以向上一级人民检察院提请复核。对于人民检察院审查案件后作出的不起诉决定,公安机关认为有错误时也可以要求人民检察院进行复议和复核。法律赋予公安机关的提请复议和复核权,说明公安机关也有权制约人民检察院,以保证人民检察院逮捕决定权和公诉决定权的正确行使。

在案件的审判环节,人民法院对于人民检察院提起公诉的案件,首先应当进行审查,对符合条件的案件应当决定开庭审理;在法院开庭审判阶段,人民检察院应当指派公诉人出庭支持公诉,就被告人被指控的犯罪行为,向法庭提供证据进行证明;经法庭审理,人民法院应当依法对被告人作出是否有罪以及应否处以刑罚或处以何种刑罚的判决;人民检察院对于人民法院作出的判决、裁定,如果认为确有错误时,有权依法提出抗诉。因此,人民法院和人民检察院相互间在刑事诉讼过程中也存在相互配合与制约的关系。

▶ 四、人民检察院依法对刑事诉讼进行法律监督原则

(一)人民检察院依法对刑事诉讼实行法律监督原则的法律依据

我国《刑事诉讼法》第8条规定:"人民检察院依法对刑事诉讼实行法律监督。"这一基本原则源自于宪法。我国《宪法》第129条规定:"中华人民共和国人民检察院是国家的法律监督机关。"这一规定赋予了人民检察院对国家机关和国家工作人员及一切公民和组织遵守宪法和法律的情况实行监督的权力。

人民检察院的法律监督权主要有以下几个特点:(1)专门性。人民检察院是进行法律监督的专门机关,行使由宪法和法律授予的职权,具有神圣的法律地位。(2)独立性。人民检察院独立行使职权是我国宪法和法律明确规定的基本原则,检察机关依法独立行使检察监督权,不受任何机关和个人的干涉。(3)强制性。人民检察院的法律监督是由国家强制力保证实施的,国家赋予检察院广泛而强大

的力量来保证检察权的正常行使。

(二)人民检察院依法对刑事诉讼实行法律监督原则的基本内容

在刑事诉讼中,人民检察院不仅作为直接办案的专门机关负责刑事案件的批准逮捕、直接受理案件的侦查和提起公诉等具体工作,而且作为法律监督机关,有权对刑事诉讼的全过程,对刑事诉讼中专门机关的诉讼活动是否合法实行监督。刑事诉讼法对人民检察院在各个诉讼阶段进行法律监督的范围、对象、方式和程序均作出了具体规定。概括起来,在权力表现形式上,人民检察院行使法律监督权的方式主要有侦查权、建议权、纠正权和抗诉权四种;而在程序流程上,人民检察院对刑事诉讼的法律监督主要体现在以下四个方面:

(1)立案监督。这指的是人民检察院对公安机关作出的不立案的决定是否合法实施的监督。根据我国《刑事诉讼法》第111条的规定,人民检察院认为公安机关对应当立案侦查的案件而不立案侦查的,或者被害人认为公安机关应当立案侦查的案件而不立案侦查,向人民检察院提出的,人民检察院应当要求公安机关说明不立案的理由。人民检察院认为公安机关不立案的理由不能成立的,应当通知公安机关立案,公安机关接到通知后应当立案。人民检察院对公安机关的立案监督,对于保障被害人控告权的行使,防止和避免公民合法权益受到犯罪行为侵害后告状无门现象的发生,是非常必要的。

(2)侦查监督。人民检察院的侦查监督是其法律监督活动的重要组成部分。人民检察院在审查批准逮捕和审查起诉等具体程序中,应当同时审查公安机关的侦查活动是否合法,发现有违法情况,应当通知公安机关纠正,公安机关应当将纠正情况通知人民检察院。如我国《刑事诉讼法》第55条规定:"人民检察院接到报案、控告、举报或者发现侦查人员以非法方法收集证据的,应当进行调查核实。对于确有以非法方法收集证据情形的,应当提出纠正意见;构成犯罪的,依法追究刑事责任。"同时,人民检察院对公安机关执行逮捕的情况也可以行使监督权,即对公安机关是否执行了人民检察院作出的批准逮捕决定和人民法院作出的逮捕决定,对应当逮捕的犯罪嫌疑人和被告人是否立即执行逮捕并进行合法关押等情况进行监督。为此,公安机关执行逮捕后应当立即将执行的情况通知人民检察院。我国《刑事诉讼法》第93条还明确规定:"犯罪嫌疑人、被告人被逮捕后,人民检察院仍应当对羁押的必要性进行审查。对不需要继续羁押的,应当建议予以释放或者变更强制措施。有关机关应当在10日以内将处理情况通知人民检察院。"此外,根据我国《刑事诉讼法》第85条的规定,人民检察院认为有必要时,可以派人参加公安机关对于重大案件的讨论,发现违法情况及时予以纠正。另外,人民检察院作为专门的法律监督机关,有权通过当事人或其他公民的申诉等途径,来发现和监督公安机关侦查活动的合法性。人民检察院对公安机关侦查活动实行监督的目的是为了监督公安机关依法行使侦查权,保证侦查工作的质量和当事人及其他公民的合法权益。

（3）审判监督。由于审判是整个刑事诉讼中十分重要的诉讼阶段，为了保证人民法院审判工作公正、合法地进行，人民检察院有权对审判活动是否合法进行监督。这种监督包括两个方面：一是对刑事审判程序是否合法实行监督，即对刑事案件的受理是否违反管辖规定，审理案件是否违反法定的审理和送达期限，法庭组成人员是否符合法律规定，法庭审理案件是否违反法定程序，在审理过程中是否有侵犯当事人和其他诉讼参与人诉讼权利和其他合法权益以及有无其他程序违法的情况等，实施监督。如果人民检察院发现违法情况有权向人民法院提出纠正意见，人民法院应当予以纠正并将纠正情况通知人民检察院。二是对人民法院作出的判决、裁定实行监督，即人民检察院认为人民法院作出的判决或裁定确有错误时，可以按照第二审程序或审判监督程序提出抗诉。此外，根据我国《刑事诉讼法》第240条的规定，在复核死刑案件过程中，最高人民检察院可以向最高人民法院提出意见。最高人民法院应当将死刑复核结果通报最高人民检察院。

（4）执行监督。人民检察院有权对执行机关执行刑罚的活动是否合法实行监督，如果发现有违法情况，应当通知执行机关予以纠正。监狱是我国的主要刑罚执行机关，负责对人民法院作出的生效裁判的执行，但是也有一部分判决、裁定的执行由人民法院、公安机关、看守所、未成年犯管教所、社区矫正机构负责，这些机关执行刑罚的活动都要接受人民检察院的监督。人民检察院执行监督的范围还包括在刑罚执行过程中对人民法院决定或监狱管理机关、公安机关批准暂予监外执行的活动，以及人民法院作出的减刑、假释的裁定是否适当实施监督，如果发现所作的决定或裁定不当，人民检察院有权提出书面纠正意见，接到书面纠正意见的机关应当在法定期限内重新审查处理。此外，根据我国《刑事诉讼法》第289条的规定，人民检察院还有权对强制医疗的决定和执行活动实行监督。

▶ 五、犯罪嫌疑人、被告人有权获得辩护原则

（一）犯罪嫌疑人、被告人有权获得辩护原则的基本内容

犯罪嫌疑人、被告人有权获得辩护是宪法和刑事诉讼法规定的一项重要原则。我国《宪法》第125条规定："被告人有权获得辩护。"我国《刑事诉讼法》第11条规定："被告人有权获得辩护，人民法院有义务保证被告人获得辩护。"这两个条文虽然均未提及犯罪嫌疑人，但犯罪嫌疑人有权获得辩护也是我国2012年修改《刑事诉讼法》时明确强调的。如《刑事诉讼法》第14条规定："人民法院、人民检察院和公安机关应当保障犯罪嫌疑人、被告人……依法享有的辩护权……"此外，根据《刑事诉讼法》第33条的规定，犯罪嫌疑人自被侦查机关第一次讯问或者采取强制措施之日起，有权委托辩护人。犯罪嫌疑人和被告人同是涉嫌犯罪而受到刑事追究的人，在刑事诉讼中享有相同的辩护权。因此，辩护原则全面的理解应该是指犯罪

嫌疑人、被告人有权获得辩护,人民检察院和人民法院有义务保证犯罪嫌疑人、被告人获得辩护。这一原则具体包括以下几方面的内容:

(1) 犯罪嫌疑人、被告人在整个刑事诉讼过程中都有权自行辩护。犯罪嫌疑人、被告人在全部诉讼过程中依法享有辩护权,这种权利既包括无罪辩护、轻罪辩护等实体问题上的辩护权,也包括申请回避、请求补充证据、申请非法证据排除等程序事项上的辩护权。犯罪嫌疑人、被告人的辩护权与其他诉讼权利密切相关,如果辩护权得不到保障,其他诉讼权利的行使也就难以实现。因此无论是否认罪,也无论罪轻还是罪重的犯罪嫌疑人、被告人,都依法享有辩护权,公安司法机关不得以任何理由加以限制或剥夺。

(2) 犯罪嫌疑人、被告人有权委托辩护人为其提供帮助。在刑事诉讼过程中犯罪嫌疑人、被告人除自己行使辩护权外,还可以委托辩护人帮助其行使辩护权。根据刑事诉讼法的规定,犯罪嫌疑人自被侦查机关第一次讯问或者采取强制措施之日起,有权委托委托律师作为辩护人。被告人有权随时委托辩护人。在犯罪嫌疑人、被告人认为辩护人不能有效行使辩护权或者有充分理由对辩护律师不信任时,还有权拒绝辩护人为其辩护,重新委托或接受指定辩护人为其辩护。

(3) 公安司法机关负有保障犯罪嫌疑人、被告人依法行使辩护权的义务。这种义务包括:告知犯罪嫌疑人、被告人有自行辩护的权利和委托辩护人的权利;为犯罪嫌疑人、被告人委托律师和其他辩护人提供方便;通知法律援助机构指派律师为犯罪嫌疑人、被告人提供辩护;认真听取犯罪嫌疑人、被告人及其辩护人的辩护意见和理由等。

(二) 贯彻犯罪嫌疑人、被告人有权获得辩护原则的意义

我国法律赋予犯罪嫌疑人,特别是被告人辩护权,并为这一权利的行使提供制度和程序上的保障。这具有十分重要的意义。

(1) 有利于体现诉讼民主和现代法治精神。实行这一原则,能够促使处于被控告地位的犯罪嫌疑人、被告人充分地提出有利于自己的主张和意见,有效地对抗控诉方不正确的指控,维护自身的合法权益,这是诉讼民主和现代法治精神的重要体现。

(2) 有利于公安司法机关全面查明案情,避免和减少错误的发生。辩护是与控诉相对应的诉讼职能,如果不经辩护,仅仅根据控诉定案,就容易犯主观片面性的错误。"兼听则明",不仅符合人类认识的规律,也是避免错误的根本保证。

(3) 有利于保障犯罪嫌疑人、被告人的合法权益。赋予犯罪嫌疑人、被告人依法行使辩护权并保证其获得辩护,可以促使公安司法机关严格依法进行诉讼活动,防止出现任意拘捕、起诉与审判这类情况的发生,避免犯罪嫌疑人、被告人的自由和合法权益受到无理的限制或剥夺。

(4) 有利于增强司法的公信力和裁判的可接受性。在判决产生以前充分保障

犯罪嫌疑人、被告人的辩护权利,使其充分参与审判过程、影响判决的制作,能够最大限度地增强司法的公信力和裁判的说服力与可接受性,敦促被告人服判,从而有利于对其进行教育改造。

▶ 六、未经人民法院依法判决不得确定有罪原则

(一)未经人民法院依法判决不得确定有罪原则的基本含义

我国《刑事诉讼法》第12条规定:"未经人民法院依法判决,对任何人都不得确定有罪。"这是一项有着丰富内涵的基本原则。具体而言,未经人民法院依法判决不得确定有罪原则的含义体现在以下几方面:

(1)确定被告人有罪的权力由人民法院统一行使,其他任何机关、团体和个人都不得行使这一权力。定罪权是刑事审判权的核心,人民法院作为我国唯一的审判机关,代表国家统一行使刑事审判权。通过审理判定被告人是否有罪是国家审判权的重要组成部分,专属于人民法院,即只有人民法院才有权在法律上认定被告人有罪。公安机关和人民检察院在侦查和审查起诉阶段,根据查明的案件事实和证据,也有权对犯罪嫌疑人作出有罪的认定,但是这种认定只具有程序意义,而不是最后的法律确定,相对于人民法院的审判来说,没有法律约束力。只有经过人民法院确定被告人有罪的判决才会发生法律效力。

(2)人民法院确定被告人有罪,必须依法判决。即人民法院必须依照法定程序经过开庭审理,依据已查证属实的证据和法律的规定,对被告人作出有罪的判决并发生法律效力后,被指控有罪的被告人的罪行才得到最终的确定,被告人才成为真正的罪犯。

(3)在人民法院未作出判决前,不能将犯罪嫌疑人、被告人当做罪犯看待。在人民法院未作出判决前的诉讼过程中,犯罪嫌疑人、被告人只是处于被追诉地位的特殊公民,其刑事责任并没有被确定。由于还未经过生效判决确定他们是有罪的人,因此不能仅因有犯罪嫌疑或被指控犯罪就将他们看作罪犯。

为贯彻这一原则,我国《刑事诉讼法》作出了相应的规定:第一,严格区分"犯罪嫌疑人"和"被告人"的称谓。在人民检察院向人民法院正式提起公诉前的立案、侦查与审查起诉阶段,被追诉者称作"犯罪嫌疑人",而在向人民法院提起公诉后改称为"被告人"。第二,明确由控诉方承担举证责任。在法庭调查案件事实过程中,法官不承担调查取证和提出控方证据和展示证据的义务,而只是在必要时进行协助性的调查,而且这种调查往往是应辩护方的请求而作出,带有明显的偏向诉讼构造中弱势一方的倾向。这样控诉义务就完全由公诉机关一方承担,公诉机关有义务提出确实、充分的证据来证明被告人被指控的犯罪事实,而被告人没有证明自己有罪或无罪的义务。第三,确立"疑罪从无"的处理方式。在审查起诉阶段,对于经过2次补充侦查的案件,人民检察院仍然认为证据不足,不符合起诉条件的,应当作

出不起诉的决定;在审判阶段,对于证据不足、不能认定被告人有罪的,人民法院应当作出证据不足、指控的犯罪不能成立的无罪判决。

未经人民法院依法判决,对任何人不得确定有罪原则体现了无罪推定原则的基本精神。无罪推定原则是在反对中世纪纠问式诉讼制度和有罪推定诉讼原则基础上,建立并发展起来的一项刑事诉讼基本原则,它与罪刑法定原则一起构成了现代刑事法律制度的基础,充分体现了刑事诉讼制度发展史上的民主与进步。时至今日,无罪推定原则已经成为一项国际性的刑事司法准则。1948年联合国通过的《世界人权宣言》第11条确认:"凡受刑事控告者,在未经获得辩护上所需的一切保证的公开审判而依法证实有罪之前,有权被视为无罪。"《公民权利和政治权利公约》第14条第2项规定:"凡受刑事控告者,在未经依法证实有罪之前,应有权被视为无罪。"根据无罪推定原则,任何人在被法院依法确定有罪之前,在法律上应被推定为无罪。这一原则要求,证明被告人有罪的责任由起诉方承担;为推翻原"无罪推定",起诉方证明被告人有罪的证据必须达到排除合理怀疑或内心确信的程度;如果起诉方举证达不到这种程度,法院则应作出被告人无罪的判决。

(二)贯彻未经人民法院依法判决不得确定有罪原则的意义

我国的刑事诉讼法没有明确规定无罪推定原则,但是,未经人民法院依法判决,对任何人不得确定有罪的原则是在吸收无罪推定原则的基础上,根据我国国情所确定的原则,因此,它的确立也是我国法制建设的重大发展,具有重要的意义:

(1)有利于确立保障犯罪嫌疑人、被告人的主体地位。这一原则的确立,是犯罪嫌疑人被告人诉讼地位主体化的结果,是刑事司法制度发展演进的结果。它要求将犯罪嫌疑人、被告人视为与其他公民一样具有独立人格的个体,在法律地位上不应被区别对待,不允许受到歧视,更不允许随意损害其人身权和自由权。在控辩对抗、法官听审裁判的三方组合的现代诉讼结构中,辩护职能与控诉职能同为诉讼结构的支撑点,要认定某人有罪,公安司法机关必须依照法定程序收集确实、充分的证据,控诉方应积极履行控诉职能进行充分的举证,否则在法律上就不得确定任何人有罪。

(2)有利于体现诉讼民主。诉讼民主的基本内容是充分保障公民个人的权利,制约国家权力的行使。由于我国传统的刑事诉讼以强调控制犯罪作为主要目的而忽视对当事人,特别是犯罪嫌疑人、被告人的权利保障,确立该原则,并在相应条款中加强对犯罪嫌疑人、被告人权利保障的力度,有利于防止公安司法机关滥用职权,促使其依法办案,这对推进我国刑事诉讼民主化进程无疑具有重要的意义。

(3)有利于更好地同国际刑事司法准则相协调。随着国际刑事司法准则的建立,世界各国的立法一般都将无罪推定确定为刑事诉讼的一项重要原则。虽然各国对于无罪推定的表述有所差异,但总体精神是一致的,即任何受指控犯罪的人在依法确定有罪之前,应当被推定为无罪。为此,应当强调诉讼程序的公正与民主,充分保障被追诉者的合法权益。未经人民法院依法判决，对任何人不得确定有罪的原则吸收了无罪推定原则的基本精神，有利于我国的刑事诉讼制度与国际准则间的协调。

七、依照法定情形不予追究刑事责任原则

（一）依照法定情形不予追究刑事责任原则的基本内容

具有法定情形不予追究刑事责任原则，是指具有我国《刑事诉讼法》第15条规定的情形时，不予追究刑事责任。已经追究的，应当撤销案件，或者不起诉，或者终止审理，或者宣告无罪。

我国《刑事诉讼法》第15条规定了不予追究刑事责任的六种法定情形：

（1）情节显著轻微、危害不大，不认为是犯罪的。根据刑法的规定，行为的社会危害性只有达到一定的严重程度才构成犯罪，受到刑事追究。对于情节轻微、危害不大，尚不构成犯罪的，就不应追究刑事责任。

（2）犯罪已过追诉时效期限的。追诉时效是我国刑法规定的超过一定的期限就不再追究犯罪嫌疑人、被告人刑事责任的一种制度。在刑法确定的追诉时效期限内，行为人没有再犯罪，说明行为人对社会的危害性已不存在，再予追究已没有实际意义。因此超过追诉时效期限的，就不应当追究。但是犯罪嫌疑人、被告人在公安机关、人民检察院立案侦查、起诉或者人民法院受理案件以后，逃避侦查、起诉或审判的，不受追诉时效的限制；被害人在追诉时效期限内提出控告，公安机关应当立案而不立案的，不受追诉时效期限的限制。

（3）经特赦令免除刑罚的。特赦是对于受罪刑宣告的特定犯罪人免除其刑罚的赦免制度。经特赦免除刑罚的人，不论其刑罚是已执行一部分还是完全没有执行，都等同于刑罚执行完毕，公安司法机关都不应再次进行追究。

（4）依照刑法告诉才处理的犯罪，没有告诉或者撤回告诉的。我国《刑法》规定，侮辱罪、诽谤罪、暴力干涉他人婚姻自由、虐待、侵占等罪为告诉才处理的犯罪，只有被害人等作为自诉人向人民法院告诉的，人民法院才受理，即告诉才处理的案件以有告诉权人的告诉作为追究刑事责任的前提条件。被害人及法定代理人等没有告诉或者告诉后又撤回的，即是有告诉权的人放弃了追诉权，就不具备追究刑事责任的条件，应不予追究刑事责任。

（5）犯罪嫌疑人、被告人死亡的。我国刑法实行罪责自负原则，刑事诉讼通常程序的启动也是为了追究犯罪嫌疑人、被告人的刑事责任。犯罪嫌疑人、被告人已死亡的，追究刑事责任的对象已不存在，再进行诉讼已无实际意义，因此不予追究刑事责任。

（6）其他法律规定免予追究刑事责任的。一个人的行为根据刑法规定虽已构成犯罪，但如果由于具有某些情节或特殊情况，其他法律明确规定免除刑事责任

的,也不予追究。

对于以上六种情形,在立案阶段发现的,应该作出不立案的决定。在侦查阶段发现的,应该撤销案件。在审查起诉阶段发现的,就应该作出不起诉的决定。在审判阶段发现的,应该分别情形采取不同的处理方式:对于上述第一种情形的,应当作出判决,宣告无罪;对于告诉才处理的案件,撤回告诉的,作出准予撤诉的裁定;对于其他情形的,则应当裁定终止审理。这里需要强调的是,对于犯罪嫌疑人、被告人死亡的案件,如果符合我国《刑事诉讼法》第280条规定的启动违法所得没收程序的条件,则应按相应的特别程序予以处理。

(二)依照法定情形不予追究刑事责任原则的意义

在刑事诉讼中贯彻具有法定情形不予追究刑事责任的原则,可以保证国家追诉权的统一、正确行使,防止对不应追究刑事责任的人错误地进行追究,从而维护公民的合法权益。也有利于公安司法机关避免无效劳动,集中力量办理重大的刑事案件,合理配置司法资源,提高诉讼效率。

▶ 八、追究外国人刑事责任适用我国刑事诉讼法原则

(一)追究外国人刑事责任适用我国刑事诉讼法原则的基本含义

我国《刑事诉讼法》第16条规定:"对于外国人犯罪应当追究刑事责任的,适用本法的规定。对于享有外交特权和豁免权的外国人犯罪应当追究刑事责任的,通过外交途径解决。"这一规定确立了追究外国人刑事责任适用我国刑事诉讼法原则,明确了我国刑事诉讼法对外国人的效力,体现了刑事诉讼中的国家主权原则。

这一原则的基本含义是:外国人(包括无国籍人)犯罪,依照我国《刑法》规定应当追究刑事责任时,同我国公民一样,由公安司法机关按照我国《刑事诉讼法》规定的程序进行立案、侦查、起诉与审判。我国作为一个具有完全主权的国家,有权对在我国领域内的一切人和事物实行管辖,当然也有权按照我国刑事诉讼程序对外国人在我国领域以外对我国国家和公民的犯罪进行追究,保护我国国家和人民的利益。但是,享有外交特权和豁免权的外国人在我国犯罪应当追究刑事责任时,不适用我国刑事诉讼法的规定,而是通过外交途径解决。这一例外是根据国际惯例和国家之间的平等互惠原则确立的。我国作为国际社会中的一员,承认国际法在国内的效力,在立法上予以确认,并在司法中优先适用。承认外交人员享有特权和豁免权,是为了他们能有效地执行职务,维护国家与国家间的正常关系。这些人犯了罪如果通过普通司法程序追究他们的刑事责任,可能会涉及国家与国家之间的外交关系,因此应依照有关的涉外程序和我国参加的国际间的协定规定办理。但这一例外只是确定追究刑事责任的途径,并不对我国的刑事诉讼程序产生影响,只要是由我国公安司法机关侦查、起诉、审判的案件,就必须适用我国的刑事诉讼法。

根据我国《外交特权和豁免条例》的规定,享有外交特权和豁免权的外国人包

括:(1) 外国驻中国使馆的外交代表以及他们的家属;(2) 来中国访问的外国国家元首、政府首脑、外交部长及其他同等身份的官员;(3) 途经中国的外国驻第三国的外交代表和与其共同生活的配偶及未成年子女;(4) 持有中国外交签证或者持有外交护照来中国的外交官员;(5) 经中国政府同意给予外交特权和豁免权的其他来中国访问的外国人士。

(二) 贯彻追究外国人刑事责任适用我国刑事诉讼法原则的意义

处理外国人犯罪案件,是个重大而且复杂的问题,因为它不仅涉及我国的国家主权,也涉及我国与外国的关系。我国是一个具有独立主权的国家,在我国司法权管辖范围内,一切外国人都应当遵守我国法律,对于外国人在我国领域内的犯罪或者在我国领域外实施的对我国国家和公民的犯罪应当追究刑事责任的,应当适用我国的刑事诉讼法,不允许他们有任何特权。确立和实行追究外国人刑事责任适用我国刑事诉讼法原则,有利于维护我国国家主权和民族尊严,符合我国人民的根本利益。对于享有外交特权和豁免权的外国人犯罪,根据国际惯例和平等互惠原则,通过外交途径解决,符合国际惯例和国与国之间平等互惠的原则,有利于妥善处理我国与外国的关系,保持国家间的正常交往与和睦相处。

【拓展阅读】

刑事诉讼基本原则是人类进行刑事诉讼活动中对刑事诉讼活动规律进行的高度概括。尽管各国法律传统有所不同,导致了各国的具体的刑事诉讼基本原则有所差异,但是刑事诉讼的固有的内在规律作用使得各国的刑事诉讼基本原则愈发的趋同。这些基本原则对于我国刑事诉讼的发展也会产生启示和借鉴作用。从各国的有关立法和司法实践来看,在刑事诉讼中普遍适用的基本原则主要有:

(一) 程序法定原则

程序法定原则是法治原则在程序法中的具体体现,是现代程序法的基石,被视为刑事诉讼的首要原则。该原则在某些国家又称"法制国家程序原则",其基本含义包括两个方面,一是指为惩罚犯罪国家要建立必要的刑事司法系统和刑事诉讼程序;二是要公正地实施程序规定,以防止国家权力滥用造成对公民权利的侵犯。

程序法定原则是大陆法系的刑事诉讼基本原则。在刑事诉讼领域贯彻程序法定原则,一般要求做到以下几个方面:其一,国家应当保证刑事诉讼程序的法制化,即诉讼程序均应由法律事先明确规定,如参与诉讼的国家机关的职权和职责、诉讼参与人的权利和义务、具体诉讼行为的程序要件等,都应由法律作出明确规定,以建立起完整健全的刑事诉讼法律体系,使之既具科学性,又具可操作性。其二,各诉讼主体严格依照法律规定的程序进行诉讼活动,国家机关的职权应当"法无授权即禁止",即使是法律明确授予的权力,其行使也必须遵守法定的条件和程序。与大陆法系的程序正当原则相对应的是英美法系的"正当程序"观念。美国宪法修正案第14条规定了正当法律程序条款:"所有在合众国出生或归化合众国受其管辖的人,都是合众国的和他们居住地的公民。任何一州,都不得制定或实施限制合众国公民的特权或豁免权的任何法律;不经正当法律程序,不得剥夺任何人的生命、自由或财产;在州管辖范围内,不得拒绝给予任何人以同等的法律保护。"

(二) 无罪推定原则

无罪推定的思想最早见之于意大利的法学家贝卡利亚所著《论犯罪与刑罚》一书。在该书的"刑讯"一节中,贝氏写到:"在法官判决之前,一个人是不能被称为罪犯的。只要还不能断定他已经侵犯了给予他保护的契约,社会就不能取消对他的保护。"[1]无罪推定原则首次在法律中得到确认是在1789年法国通过的《人权宣言》当中,其第9条规定:"任何人在其未被宣告有罪以前应推定为无罪。"此后,各国相继在宪法和刑事诉讼法中对无罪推定作出规定而成为各国刑事司法通行的一项重要原则。联合国大会于1948年通过的《世界人权宣言》及1966年的《公民权利和政治权利国际公约》等一些重要的国际法律文件,也纷纷对无罪推定加以确认,从而使之成为国际公约确认和保护的一项基本人权,也是联合国在刑事司法领域制定和推行的最低限度标准之一。

无罪推定原则的核心思想是限制政府动用强制手段威胁个人自由、财产等基本权利,阻止政府随意的开始刑事追诉活动,无依据的侵犯公民的权利,保障个人相对于强大的政府的独立、自治的主体地位。因此,这一原则不仅是刑事诉讼中的一项基本原则,也是一项关系到每个公民切身利益的政治原则,许多国家把这一原则作为公民的基本人权规定在国家宪法之中,就充分说明了这一原则的政治意义。无罪推定原则要求主要有三方面:一是控诉一方承担证明被告人有罪的责任;二是被告人不承担证明自己无罪的责任,无论被告人是否提出了自己无罪的证据,以及被告人提出无罪的证据是否达到证明标准,这都不影响公诉方承担证明被告人有罪的证明责任;三是疑罪应作无罪处理,即控方所提供的证据未能达到证明标准时,或者对被告人有罪的证明存在合理怀疑时,应当作出有利于被告人的解释,对被告人按无罪处理。

(三) 司法独立原则

司法独立原则既是现代法治国家普遍承认和确立的一项宪政原则,也是刑事诉讼的一项基本原则。司法独立原则源于国家权力相互制衡的原理,国家权力分为立法权、行政权和司法权,分别由议会、总统(或内阁)、法院独立行使,彼此分立,互相制约。

司法独立原则的基本含义包括:其一,国家的审判权只能由法院行使,其他任

---

[1] 〔意〕贝卡利亚:《论犯罪与刑罚》,黄风译,北京大学出版社2008年版,第37页。

何机关都不能行使;其二,法官独立行使审判权,只服从宪法和法律,其余任何机关均无权干涉。在刑事诉讼中贯彻司法独立原则的意义在于:司法独立是司法公正的保障,只有法院独立行使审判权,才能够保证法官客观中立的立场,保证在处理案件时不偏不倚地根据事实和法律作出裁决。为了保证法院独立行使国家的审判权,许多国家还采取一系列的措施和制度。这首先是法院的组织机构独立,即司法与立法、行政机关分立,自成体系,互不隶属;其次是实行法官终身任职制、法官高薪制等,为法官的身份和生活提供保障,解除后顾之忧,以利于其独立行使审判权。

(四)有效辩护原则

刑事诉讼的历史就是辩护权确立和发展的历史。辩护权是被追诉方的核心权利,也是被追诉方行使的最能够影响诉讼结果的权利。辩护原则的确立充分体现了对犯罪嫌疑人、被告人诉讼主体地位的尊重,是诉讼民主的重要体现,也是维系刑事诉讼合理构架的需要。目前辩护权的扩张主要体现在以下几个方面:其一,将辩护律师介入诉讼的时间大大提前。各国普遍允许被告人或犯罪嫌疑人自被采取强制措施开始,便有权获得辩护律师的帮助。其二,各国确立了为经济贫困的被告人或者犯罪嫌疑人提供免费的律师帮助的内容,并且设置了覆盖面较广的强制辩护制度。其三,赋予辩护律师在刑事诉讼中广泛的诉讼权利,为辩护权的行使提供方便。

(五)禁止重复追究原则

禁止重复追究原则基本含义是,对被追究者的同一行为一旦作出具有法律效力的判决,不得再次启动新的刑事诉讼程序,即对同一行为不得再次进行审理和判决。禁止重复追究在大陆法系诉讼制度中称为一事不再理,强调维护法院确定判决的既判效力,而在英美法系国家中称禁止双重危险,强调任何人不得因同一行为而遭受两次不利的后果。该原则从表面看是国家对犯罪的刑罚权已经适用殆尽,不得重复适用,但深层次的考虑则在于防止国家权力的滥用,以保障受追究者的合法权益。美国宪法修正案第5条规定:"任何人不得因同一罪名而受到身体、生命、财产的两次以上的危险。"

(六)不被强迫自证其罪原则

不被强迫自证其罪原则,也是现代刑事诉讼中的一项保证犯罪嫌疑人、被告人基本诉讼权利的原则。不被强迫自证其罪原则的最初含义是指不得在法庭审理时强迫被告人作证,即让他回答他有关犯罪的问题。在近代,不被强迫自证其罪的权利已经从庭审期间延伸到审前的程序中,即在侦查中也不得强迫犯罪嫌疑人作不利于自己的陈述或供述。英国是率先确立反对强迫自证其罪原则的国家,1789年这一原则为美国宪法修正案所吸收,被告人不被强迫自证其罪的权利正式上升为宪法性保障权利。后又通过判例从程序上对被追诉者的沉默权提供了确实的保障,将告知被追诉人有权保持沉默纳入"米兰达忠告"规则,并规定凡违反被追诉者沉默权所取得的证据为非法证据。

根据西方学者的解释,不被强迫自证其罪原则包括以下几个方面的含义:一是被追诉人没有义务为追诉方向法庭提出任何可能使自己陷入不利境地的陈述和其他证据,追诉方不得采取任何非人道或有损被追诉人人格尊严的方法强迫其就某一案件事实作出供述或提供证据。二是被追诉人有权拒绝回答追诉官员或法官的讯问,有权在讯问中始终保持沉默。司法警察、检察官或法官应及时告知被追诉人享有此项权利,法官不得因被告人沉默而使其处于不利的境地或作出对其不利的裁判。三是犯罪嫌疑人、被告人有权就案件事实作出有利或不利于自己的陈述,但这种陈述须出于真实的愿意,并在意识到其行为后果的情况下作出,法院不得把非出于自愿而是迫于外部强制或压力所作出的陈述作为定案根据。① 不得强迫自证其罪原则关注人权保障,与无罪推定原则紧密相连。其不仅是遏制刑讯逼供的有利途径,也对于刑事诉讼朝着民主化、文明化的方向发展具有十分重要的意义。

【思考题】

1. 如何理解刑事诉讼基本原则?
2. 如何理解侦查权、检察权、审判权由专门机关依法行使原则?
3. 人民法院、人民检察院依法独立行使职权原则与西方国家的司法独立原则有何区别?
4. 如何理解分工负责、互相配合、互相制约原则的内部关系?
5. 试述未经人民法院判决不得确定有罪原则与无罪推定原则的关系。
6. 我国刑事诉讼基本原则体系还有哪些方面需要改进?

---

① 参见宋英辉、吴宏耀:《任何人不受强迫其证其罪原则及其程序保障》,载《中国法学》1999年第2期。

第四章 管辖

要点提示

- 什么是管辖?
- 确定管辖有什么意义?
- 哪些刑事案件属于检察机关直接受理的案件?
- 哪些刑事案件属于法院直接受理的案件?
- 如何确定管辖法院?

【案例思考1】

梁丽机场捡金案

梁丽,1969年出生,河南省开封市人,深圳玉皇清洁公司员工,负责深圳宝安国际机场候机楼B楼出发大厅的清洁卫生。

2008年12月9日上午,机场清洁工梁丽在垃圾桶旁"捡"到一箱价值261万元的14公斤的黄金首饰。她没打开就放在洗手间,下班后没见失主就带回家中。东莞金龙珠宝公司员工王腾业在发现箱子遗失后,向警方报案。

2009年3月12日,警方以涉嫌盗窃罪将梁丽起诉。检方认为不妥,后已发回公安机关补充侦查。2009年5月14日,公安机关将梁丽带回补充调查,认定梁丽涉嫌盗窃。随后检察院以盗窃罪批捕了梁丽。

2009年5月29日,公安机关补充侦查已经终结,把案件转交给深圳宝安区人民检察院,辩护律师司贤利受辩护人所托,于5月31日向宝安区人民检察院提交申请书,申请对梁丽实行取保候审或监视居住。9月10日下午,深圳宝安区检察院将对梁丽的强制措施由逮捕羁押变更为取保候审。9月15日,宝安检察院将梁丽案当做了重大、复杂的案件,延长半个月审查期限。此外,检察机关已经超期羁押梁丽多达1月。9月25日,检方审查终结,认为梁丽构成盗窃罪证据不足不提起公诉,金饰失主也表示不追究,梁丽恢复自由。

请思考如下问题:

1. 在检方最终认定梁丽构成侵占罪,而不构成盗窃罪后,为何要作出不起诉的决定?

2. 如果梁丽的行为一开始就被认定为"捡",而不是"偷",从而没有公安机关的介入,被害人是否有能力保护自己的合法权益?

【案例思考2】

西安法院院长"谋杀案"

2000年9月8日,陕西省西安市人民检察院向西安市中级人民法院提起公诉,指控被告人吕西娟、杨清秀犯有故意杀人罪(未遂)。起诉书指控,"被告人吕西娟因对其夫张发明遗产继承纠纷案一审判决不服",在该院干警杨清秀的唆使下,于3月8日上午8时20分左右,来到西安市中级人民法院院长朱庆林办公室,将办公室门反锁,指责、威胁朱庆林,并趁其不备,将其打倒在地,并抓住朱庆林的领带紧勒其脖颈,致朱庆林脑缺血昏迷,后被及时赶到的法院干警解救脱险。被告人吕西娟被当场抓获。

2000年10月20日,吕西娟、杨清秀两次向西安中级人民法院提出申请,认为根据1997年最高人民法院《关于执行〈中华人民共和国刑事诉讼法〉若干问题的解释(试行)》第18条的规定:有管辖权的人民法院因案件涉及本院院长需要回避等原因,不宜行使管辖权的,可以请求上一级人民法院管辖;上一级人民法院也可以指定与提出请求的人民法院同级的其他人民法院管辖。西安市中级人民法院对本案即属于不宜行使管辖权的,应整体回避,故请求异地公开审理。对此,西安院予以驳回,主要理由有三:第一,根据我国《刑事诉讼法》第24条规定,"刑事案件由犯罪地的人民法院管辖",西安市中级人民法院拥有管辖该案件的法定权力;第二,此案系西安市人民检察院向本院提起公诉的可能判处无期徒刑以上刑罚的案件,依照最高人民法院《关于执行〈中华人民共和国刑事诉讼法〉若干问题的解释》第4条"中级人民法院受理后,认为不需要判处无期徒刑以上刑罚的,可以依法受理,不再交由基层人民法院审理",本院受理此案亦符合级别管辖的规定;第三,本院院长、审判委合委员朱庆林,虽系本案受害人,与合议庭审判人员有行政隶属关系,但他已依法向本院审判委员会提出自行回避的申请,不参与本案的有关研究、讨论、决定等审判活动。审判委员会对此也已作出决定,同意了朱庆林的回避申请,因此影响行使管辖权的情形不存在,其亦不可能对案件的处理施加任何干预和影响。

请思考如下问题:
1. 西安市中级人民法院应否对该案有管辖权?
2. 我国刑事诉讼中应否建立管辖异议制度?

第一节 概 述

▶ 一、管辖的概念

刑事诉讼中的管辖,是指国家专门机关依法在受理刑事案件方面的职权范围上的分工,即公安机关、人民检察院和人民法院等国家专门机关在直接受理刑事案件上的权限划分,以及人民法院系统内部在审理第一审刑事案件上的权限划分。据此,管辖要解决两个层次的问题:一是公安机关、人民检察院和人民法院等国家专门机关在直接受理刑事案件上的权限分工问题;二是人民法院系统内部的上下级法院之间、同级法院之间,以及普通法院与专门法院之间在审判第一审刑事案件上的权限分工问题。前者在理论上称为职能管辖、立案管辖或部门管辖;后者称为审判管辖,包括级别管辖、地区管辖和专门管辖。

二、确定管辖的原则

由于管辖关涉国家专门机关的职权划分和刑事诉讼的顺利进行,因此,在确定管辖时应根据案件的性质、情节、复杂程度和公安司法机关的基本职能等综合考虑。根据我国《刑事诉讼法》的规定,确定管辖通常应遵循以下原则。

(1) 分工明确原则。在划分管辖范围时,一定要明确具体。一方面,应明确公安司法机关在刑事诉讼中的职责、权限,管什么、如何管应确定具体;另一方面,对每一起刑事案件的管辖权,也应尽量做到具体明确,避免引起管辖争议。

(2) 合理分担原则。划分管辖范围时,要切实根据公安机关、人民检察院和人民法院等国家专门机关的具体情况,如根据该机关的性质与任务、级别与职权、物质配备与技术装备等,确定其管辖的刑事案件,做到各机关的工作与其能力相适应。

(3) 便利诉讼原则。任何一项诉讼活动,都需要大量的人财物的投入。在确定管辖时,不仅应考虑到便利公安机关、人民检察院和人民法院等国家专门机关准确、及时办案,节约司法资源,也要充分考虑便利当事人和其他诉讼参与人参加诉讼,减少诉讼成本,从而提高刑事诉讼的整体效率。

(4) 原则性与灵活性相结合原则。确定管辖既要明确具体,又要有适当的灵活性。因为刑事案件往往错综复杂,再加上我国各地实际情况差异很大,绝对地强调原则性有时不利于诉讼的顺利进行。所以,在坚持原则性的同时,也应赋予国家专门机关一定程度的灵活处置权。

三、管辖的意义

管辖作为一项重要诉讼制度,事关国家专门机关受理刑事案件方面的职权划分,明确合理的确定刑事案件的管辖,对于保证刑事诉讼活动的顺利进行,具有非常重要的意义。

(1) 有利于依法行使职权。合理地确定刑事案件的管辖范围,有利于公安机关、人民检察院和人民法院等专门机关各司其职、各负其责,防止相互之间互争管辖或者互相推诿,保证准确及时地处理刑事案件。

(2) 有利于司法资源的合理配置。对管辖制度作出科学的确定,有利于公安司法机关在受理和审判刑事案件上的分工,充分发挥有限的司法资源的最佳效益,调动司法人员的积极性、主动性,增强司法人员的责任感,从而使其认真完成好各自应当完成的诉讼任务。

(3) 有利于人民群众协助和参加刑事诉讼活动。明确了公安司法机关的管辖范围,既有利于单位和公民个人对犯罪事实或者犯罪嫌疑人的报案、控告或者举报,也有利于他们参加诉讼活动,维护他们的合法权益,充分调动他们自觉同犯罪行为作斗争的积极性。

第二节 立案管辖

立案管辖,又称职能管辖或部门管辖,是指人民法院、人民检察院和公安机关各自直接受理刑事案件的职权范围,也就是人民法院、人民检察院和公安机关之间,在直接受理刑事案件范围上的权限划分。立案管辖所要解决的是哪类刑事案件应当由公安司法机关中的哪一个机关立案受理的问题。具体地讲,也就是确定哪些刑事案件不需要经过侦查,而由人民法院直接受理审判;哪些刑事案件由人民检察院直接受理立案侦查;哪些刑事案件由公安机关立案侦查。

划分立案管辖主要是考虑以下两方面因素:一是公安司法机关的性质与诉讼职能。我国公、检、法机关是刑事诉讼中的主要诉讼主体,由于其各自的性质和诉讼职能不同,划分管辖必须与之相适应;二是刑事案件的性质、案情的轻重、复杂程度等。这些因素也是划分管辖的重要依据。

我国《刑事诉讼法》第 18 条对人民法院、人民检察院和公安机关的立案管辖范围作了规定。但这一规定过于概括,可操作性不强,为此最高人民法院等六机关联合发布的《六机关规定》、最高法《适用刑事诉讼法的解释》、最高检《刑事诉讼规则》对刑事案件的立案管辖作出了更为具体的规定。

▶ 一、公安机关受理的案件

我国刑事诉讼法确定公安机关受理的案件范围,在立法技术上采用的排除法,即除法律另有规定外,其他刑事案件都由公安机关立案侦查。《刑事诉讼法》第 18 条第 1 款规定:"刑事案件的侦查由公安机关进行,法律另有规定的除外。"据此,除法律另有规定的,其他刑事案件的侦查都由公安机关负责。所谓"法律另有规定",主要涉及两大类:一是《刑事诉讼法》第 18 条第 3 款规定的基于特定原因,不需要侦查而由受害人向人民法院起诉,人民法院直接受理的刑事案件;二是由其他国家机关立案侦查的案件。根据我国《刑事诉讼法》的规定,具体包括以下几种情况:(1)根据《刑事诉讼法》第 18 条第 2 款的规定,由人民检察院立案侦查的刑事案件;(2)根据《刑事诉讼法》第 4 条的规定,由国家安全机关立案侦查的危害国家安全的刑事案件;(3)根据《刑事诉讼法》第 290 条第 1 款的规定,由军队保卫部门立案侦查的军队内部发生的刑事案件;(4)根据《刑事诉讼法》第 290 条第 2 款的规定,由监狱立案侦查的罪犯在监狱内犯罪的案件。

除上述"法律另有规定"的,其他一切刑事案件,均由公安机关立案侦查。应当说,属于这一类的刑事案件范围非常广泛,刑法分则所确定的罪名中绝大多数都包括在内。这也是与公安机关的性质、职能和办案条件相适应的。一方面,公安机关是国家的治安、保卫机关,在刑事诉讼中,它的主要职能是负责侦查,可以采用专门的侦查手段和强制性措施;另一方面,公安机关负有维护社会秩序、保卫社会治安的责任,处于同犯罪作斗争的第一线,拥有严密的组织系统,在侦查设备、技术装备和人员配备上最为雄厚,具有承担绝大多数刑事案件的立案侦查任务的坚实基础。

二、人民检察院直接受理的案件

人民检察院直接受理的刑事案件,其犯罪主体必须是国家工作人员,而且属于国家工作人员职务方面的犯罪或者利用职权实施的犯罪,这是同人民检察院的性质及其法律监督职责相适应的。这类刑事案件,在刑事诉讼中也称为自侦案件。我国《刑事诉讼法》第18条第2款规定:"贪污贿赂犯罪,国家工作人员的渎职犯罪,国家机关工作人员利用职权实施的非法拘禁、刑讯逼供、报复陷害、非法搜查的侵犯公民人身权利的犯罪以及侵犯公民民主权利的犯罪,由人民检察院立案侦查。对于国家机关工作人员利用职权实施的其他重大的犯罪案件,需要由人民检察院直接受理的时候,经省级以上人民检察院决定,可以由人民检察院立案侦查。"[①]这里所说的"国家工作人员",根据我国《刑法》第93条的规定,是指国家机关中从事公务的人员,国有公司、企业、事业单位、人民团体中从事公务的人员和国家机关、国有公司、企业、事业单位委派到非国有公司、企业、事业单位、社会团体从事公务的人员,以及其他依照法律从事公务的人员,以国家工作人员论。据此,人民检察院自行侦查的案件主要有以下四类犯罪案件:

(1) 贪污贿赂犯罪。这类犯罪是指《刑法》分则第八章规定的贪污贿赂犯罪,以及其他章节中明确规定按照《刑法》分则第八章相关条文定罪处罚的犯罪案件。具体包括:贪污案;受贿案;单位受贿案;单位行贿案;对单位行贿案;介绍贿赂案;挪用救灾、抢险等款物案;挪用公款案;巨额财产来源不明案;隐瞒不报境外存款案;私分国有资产案;私分罚没财物案。

(2) 国家工作人员的渎职犯罪。《刑事诉讼法》第18条第2款规定:国家工作人员的渎职犯罪由人民检察院立案侦查,现行《刑法》已将渎职罪的主体由"国家工作人员"修改为"国家机关工作人员",具体指《刑法》分则第九章规定的渎职罪,共

---

① 在1996年修改《刑事诉讼法》时,该条对于检察机关立案侦查的案件范围进行了重大调整。1979年《刑事诉讼法》规定,贪污罪、侵犯公民民主权利罪、渎职罪以及人民检察院认为需要自己直接受理的其他案件,由人民检察院立案侦查。在实践中,检察机关自行侦查案件的范围过宽,尤其是"认为需要自己直接受理的其他案件"的规定,表述比较笼统,缺乏客观标准,容易发生歧义,立法的原意是指某些个别其他案件,如地方政府负责人利用职权走私案等,但实践中各地理解不一,有的地方检察机关行使侦查权的范围掌握得较宽。因此,在修改《刑事诉讼法》时,根据公、检、法三机关分工负责,互相制约的原则,对检察院的自侦案件的范围进行了修改和调整,并进一步予以明确。经过这些年的司法实践,本条的规定,基本符合惩治犯罪和保障公民权利的需要。因此,2012年修订的《刑事诉讼法》对该条未做变动。

34个罪名。具体包括:滥用职权案;玩忽职守案;国家机关工作人员徇私舞弊案;故意泄露国家秘密案;过失泄露国家秘密案;枉法追诉裁判案;民事、行政枉法裁判案;私放在押人员案;失职致使在押人员脱逃案;徇私舞弊减刑、假释、暂予监外执行案;徇私舞弊不移交刑事案件案;滥用管理公司、证券职权案;徇私舞弊不征、少征税款案;徇私舞弊发售发票、抵扣税款、出口退税案;违法提供出口退税凭证案;国家机关工作人员签订、履行合同失职被骗案;违法发放林木采伐许可证案;环境监管失职案;传染病防治失职案;非法批准征用、占用土地案;非法低价出让国有土地使用权案;放纵走私案;商检徇私舞弊案;商检失职案;动植物检疫徇私舞弊案;动植物检疫失职案;放纵制售伪劣商品犯罪行为案;办理偷越国(边)境人员出入境证件案;放行偷越国(边)境人员案;不解救被拐卖、绑架妇女、儿童案;阻碍解救被拐卖妇女、儿童案;帮助犯罪分子逃避处罚案;招收公务员、学生徇私舞弊案;失职造成珍贵文物损毁、流失案。

(3)国家机关工作人员利用职权实施的侵犯公民人身权利和民主权利的犯罪。国家机关工作人员利用职权实施的侵犯公民人身权利和民主权利的犯罪案件,是指《刑法》分则第四章规定的由国家机关工作人员利用职权实施的部分犯罪案件。具体包括:非法拘禁案(《刑法》第238条);非法搜查案(《刑法》第245条);刑讯逼供案(《刑法》第247条);暴力取证案(《刑法》第247条);体罚、虐待被监管人案(《刑法》第248条);报复陷害案(《刑法》第254条);破坏选举案(《刑法》第256条)。

需要指出的是,人民检察院直接受理的这类案件对犯罪主体有特殊要求,即犯罪主体一般是国家机关工作人员。如果不是国家机关工作人员从事这些犯罪,那么就应当由公安机关立案侦查,而不应由人民检察院立案侦查。根据我国《刑法》的规定,非法拘禁罪、非法搜查罪、破坏选举罪的犯罪主体都是一般主体,并不限于国家机关工作人员;而刑讯逼供罪、暴力取证罪、报复陷害罪和体罚、虐待被监管人罪的犯罪主体必须是国家机关工作人员。因此,所有的刑讯逼供案、暴力取证案、报复陷害案、体罚、虐待被监管人案都是由检察机关立案侦查的,但并非所有的非法拘禁案、非法搜查案和破坏选举案都由检察机关立案侦查,只有国家机关工作人员利用职权实施的这三类犯罪才由检察机关立案侦查,其他人实施的这三类犯罪应由公安机关立案侦查。①

(4)国家机关工作人员利用职权实施的,需要由人民检察院侦查,经省级人民检察院决定的案件。我国《刑事诉讼法》第18条第2款还规定了"国家机关工作人员利用职权实施的其他重大犯罪案件"。此类案件由人民检察院直接受理必须具备以下条件:第一,在犯罪的主体层面,必须是国家机关工作人员;第二,在犯罪的

---

① 可参见陈卫东主编:《刑事诉讼法学原理与案例教程》,中国人民大学出版社2008年版。

程度层面,必须是上述三类案件以外的其他重大犯罪案件;第三,在犯罪的手段层面,必须是利用职权实施的;第四,在审批程序层面,必须经省级以上人民检察院决定。这是人民检察院以直接立案的方式,对公安机关的立案侦查活动所进行的一种监督,但这种方式在具体执行中应从严把握其条件,不能作任意扩大解释。对于大部分刑事案件的立案侦查活动应当严格依照《刑事诉讼法》的规定进行,只有当出现极个别的国家机关工作人员利用职权实施的其他重大犯罪案件,确实不宜由公安机关立案侦查,而必须由人民检察院直接管辖的,经省级以上人民检察院决定,才可以由人民检察院立案侦查。

人民检察院直接受理此类案件的具体程序是:省级以上人民检察院认为需要由自己立案侦查时,经检察委员会讨论决定即可;基层人民检察院或者、州、市人民检察院需要直接立案侦查时,应当层报所在的省级人民检察院决定,省级人民检察院可以决定由下级人民检察院直接立案侦查,也可以决定直接立案侦查。对于司法实践中有案不立、有罪不究、以罚代刑等问题,人民检察院应当根据《刑事诉讼法》第111条的规定,通知公安机关立案侦查。

由人民检察院直接受理的上述四类刑事案件是属于国家工作人员职务上的犯罪或者利用职务上的便利实施的犯罪。人民检察院是国家的法律监督机关,对国家工作人员是否遵守法律负有特殊的监督责任。因此,法律规定这些与国家工作人员职务有关犯罪案件由人民检察院立案侦查,是与人民检察院的性质及其法定职责相适应的。

另外,在诉讼实务中,存在着交叉管辖的情况。对此,《六机关规定》作出了明确的规定。公安机关侦查刑事案件涉及人民检察院管辖的贪污贿赂案件时,应当将贪污贿赂案件移送人民检察院;人民检察院侦查贪污贿赂案件涉及公安机关管辖的刑事案件,应当将属于公安机关管辖的刑事案件移送公安机关。在上述情况中,如果涉嫌主罪属于公安机关管辖,由公安机关为主侦查,人民检察院予以配合;如果涉嫌主罪属于人民检察院管辖,由人民检察院为主侦查,公安机关予以配合。

▶ 三、人民法院直接受理的案件

由人民法院直接受理的刑事案件,是指不需要经过公安机关或者人民检察院立案侦查,不通过人民检察院提起公诉,而由人民法院对当事人提起的诉讼直接立案和审判。这类刑事案件,在刑事诉讼中称为自诉案件,即由被害人本人或者其近亲属直接向人民法院起诉的案件。我国《刑事诉讼法》第18条第3款规定:"自诉案件,由人民法院直接受理。"根据我国《刑事诉讼法》第204条的规定,自诉案件包括以下三类:

(1) 告诉才处理的案件。所谓告诉才处理的案件,是指只有被害人或其法定代理人提出控告和起诉,人民法院才予以受理解决的案件。这类案件实际上是把是否控告和追究犯罪的权利赋予了被害人,体现了国家对被害人自由意志的充分尊重。如果被害人及其法定代理人没有告诉或者告诉后又撤回的,人民法院就不予追究。被害人不告诉必须是他本人真实意思的体现,如果被害人因受到强制、威吓等原因无法告诉的,人民检察院或者被害人的近亲属也可以告诉。根据我国《刑法》的规定,告诉才处理的案件共有四种:即《刑法》分则第246条规定的侮辱、诽谤案,第257条规定的暴力干涉婚姻自由案,第260条规定的虐待案和第270条规定的侵占他人财物案。由于这四种案件犯罪情节轻微,案情都比较简单,不需要侦查即可查清案件事实,所以适宜由人民法院直接受理。需要注意的是,依照我国《刑事诉讼法》第112条的规定,告诉才处理的案件,如果被害人死亡或者丧失行为能力,其法定代理人、近亲属有权向人民法院起诉,人民法院应当依法受理。

(2) 被害人有证据证明的轻微刑事案件。这是指人民检察院没有提起公诉,被害人有证据证明的,不需要进行专门调查和采取有关强制性措施即可查清案件事实的案件。根据最高法《适用刑事诉讼法的解释》,这类案件主要包括:故意伤害案(《刑法》第234条第1款);非法侵入住宅案(《刑法》第245条);侵犯通信自由案(《刑法》第252条);重婚案(《刑法》第258条);遗弃案(《刑法》第261条);生产、销售伪劣商品案(《刑法》分则第三章第一节规定的,但是严重危害社会秩序和国家利益的除外);侵犯知识产权案(《刑法》分则第三章第七节规定的,但是严重危害社会秩序和国家利益的除外);属于《刑法》分则第四章、第五章规定的,对被告人可能判处3年有期徒刑以下刑罚的案件。

这类案件之所以纳入自诉案件的范畴,一是因为其案情比较轻微,无需国家公诉权的过度介入;二是被害人能够证明案件真实情况,无需国家侦查权的额外介入。据此,这类案件必须具备以下两个条件:第一,必须是轻微的刑事案件。是否轻微可以从罪质和情节两个方面来考量。罪质轻微是指案件行为触犯的罪名较轻,如果触犯的罪名是罪质重的罪名,不论情节如何,危害都是很严重的。情节轻微主要是指案件的情节形成的社会危害性小,虽然行为触犯的罪名是罪质较轻的罪名,但情节严重或者恶劣,其危害性必然也大,也不属于该类自诉案件。第二,被害人必须有相应的证据证明被告人有罪。被害人处于控告者地位,应承担证明责任,提出证据证明其诉讼主张。根据最高法《适用刑事诉讼法的解释》第1条,对上述所列8项案件中,被害人直接向人民法院起诉的,人民法院应当依法受理。对其中证据不足,可以由公安机关受理的,或者认为对被告人可能判处3年有期徒刑以上刑罚的,应当告知被害人向公安机关报案,或者移送公安机关立案侦查。

(3) 被害人有证据证明对被告人侵犯自己人身、财产权利的行为应当依法追究刑事责任,而公安机关或者人民检察院已作出不予追究被告人刑事责任的案件。此类自诉案件俗称"公诉转自诉案件"。根据我国《刑事诉讼法》第204条的规定,这类案件从性质上说本属公诉案件,要转换为自诉案件,必须具备三个条件:第一,实体条件:被告人涉嫌实施了侵犯被害人人身、财产权利,且应当追究刑事责任的犯罪行为。第二,程序条件:公安机关或者人民检察院作出了不予追究被告人刑事责任的书面决定。这是提起"公诉转自诉案件"的前提条件。所谓"公安机关或者人民检察院不予追究被告人刑事责任",是指经向公安机关、人民检察院报案、控告、检举,公安机关、人民检察院未立案侦查,或者撤销案件,或者不起诉的。第三,证据条件:被害人能够提供被告人涉嫌实施了侵犯被害人人身、财产权利,且应当追究刑事责任的犯罪行为的证据。这类刑事案件的范围很广,既包括公安机关或检察机关不立案侦查或撤销的案件,也包括检察机关决定不起诉的案件。

这类自诉案件的设定,一是为了充分保障被害人的诉讼权利,更好地维护被害人的合法权益,解决司法实践中存在的"告状难"问题;二是可以促使公安机关、人民检察院积极追诉犯罪,避免有案不立、有罪不究等放纵犯罪现象的发生;三是在实践中应确定自诉案件是否属于公安机关或者人民检察院应当管而没有管的案件,如果该案自诉人未曾向公安机关或者人民检察院报案、控告的,应当将案件移送公安机关、人民检察院处理。

(4) 被害人对人民检察院不起诉决定不服而向人民法院起诉的案件。我国《刑事诉讼法》第176条规定:"对于有被害人的案件,决定不起诉的,人民检察院应当将不起诉决定书送达被害人。被害人如果不服,可以自收到决定书后7日以内向上一级人民检察院申诉,请求提起公诉。人民检察院应当将复查决定告知被害人。对人民检察院维持不起诉决定的,被害人可以向人民法院起诉。被害人也可以不经申诉,直接向人民法院起诉。人民法院受理案件后,人民检察院应当将有关案件材料移送人民法院。"此类自诉案件与上述第三类自诉案件既有联系,也有区别。从相互联系的角度看,二者存在着包容关系,此类自诉案件也是一种"公诉转自诉案件";从相互区别看,二者存在着交叉关系,此类自诉案件对被害人被侵害的权利种类没有作限制,因此,可以是人身权利和财产权利,也可以是人身权利和财产权利以外的其他权利。

第三节 审判管辖

审判管辖是审判机关行使审判权的基础,是启动审判程序的前提,审判管辖不确定,审判程序便无法开始。由于我国人民法院系统内部存在着级别、地域、职权的不同,因此刑事案件发生后,也必然存在着检察机关或自诉人向哪个级别、哪个地区的法院提起诉讼的问题。根据我国《刑事诉讼法》第172条的规定,人民检察院决定起诉的案件,应当按照审判管辖的规定,向人民法院提起公诉。

在我国,审判管辖是指人民法院组织系统内部在审判第一审刑事案件上的权限分工。具体而言,是指普通人民法院之间、普通人民法院与专门人民法院之间以及各专门人民法院之间在第一审刑事案件受理范围上的权限划分。可见,审判管辖所要解决的核心问题是,某个刑事案件应当由哪个人民法院作为第一审法院进行审判。

明确了各级人民法院管辖的第一审刑事案件的范围,就可以相应地确定二审人民法院。因为我国实行的是两审终审制,第二审人民法院是第一审人民法院的上一级人民法院,只要确定了第一审刑事案件的管辖法院,也就相应地确立了该案件的第二审法院。

明确了各级人民法院管辖的第一审刑事案件的范围,也可以相应地确定提起公诉的人民检察院。一般来说,人民检察院提起公诉、出庭支持公诉的案件,应当与各级人民法院管辖的第一审刑事案件范围相适应。负责侦查的公安机关,应当按照级别管辖的规定向同级人民检察院移送审查起诉。人民检察院经审查后认为应当提起公诉的,如果属于同级人民法院管辖,应当向同级人民法院提起公诉;如果属于上级人民法院管辖,则应当报送与该级人民法院相对应的人民检察院提起公诉。

立案管辖与审判管辖之间的关系因公诉案件与自诉案件而有所不同。对于自诉案件,人民法院的立案管辖和审判管辖是重合的,都是对于审判权的具体落实。对于公诉案件,则是侦查权、起诉权、审判权相互管辖的直接反映。一方面,立案管辖和审判管辖发生在不同的诉讼阶段,前者是公安司法机关在受理案件上的第一次分工,后者是案件进入审判阶段后的第二次分工;另一方面,立案管辖并不必然导致审判管辖,因为有的案件经过侦查或审查起诉阶段即告终结,并不进入其后的诉讼程序,自然也就不存在审判管辖的问题。

根据我国《刑事诉讼法》第 20 条至第 27 条的规定,我国的刑事审判管辖包括普通管辖和专门管辖,普通管辖又分为级别管辖、地域管辖和指定管辖。

一、级别管辖

级别管辖,是指各级人民法院之间在审判第一审刑事案件上的权限分工,也就是人民法院系统内部在第一审刑事案件审理权限上的纵向分工。我国人民法院分四级设立,级别管辖就是要解决四级法院之间的第一审管辖分工。我国《刑事诉讼法》划分级别管辖的主要依据是:(1)案件的性质和可能判处的刑罚的轻重程度。一般而言,性质越严重、所涉及的社会关系越复杂或敏感、处刑可能越重的案件,就越应由相应较高级别的人民法院管辖,以保证审判质量。(2)案件社会影响面的大小。案件的复杂和处理的难易程度常常与其社会影响的强度和影响面成正比,所以,管辖法院的级别一般应当与此保持适应性。(3)各级人民法院的职权范围和工作负担。级别越高的人民法院的职权范围、工作内容越广泛,任务越繁重,不宜审判过多的第一审案件,因此,大部分第一审刑事案件需要放在中级法院、基层法院来审判。

(一)基层人民法院管辖的第一审刑事案件

我国《刑事诉讼法》第 19 条规定:"基层人民法院管辖第一审普通刑事案件,但是依照本法由上级人民法院管辖的除外。"可见,基层人民法院是普通刑事案件第一审的基本审级,即普通刑事案件的第一审原则上由基层人民法院管辖。所谓普通刑事案件,是指除危害国家安全、恐怖活动案件和可能判处无期徒刑以上重刑的案件以外的其他刑事案件。这样有利于及时审结刑事案件,顺利完成基层人民法院承担的刑事审判任务。所谓基层人民法院,是指人民法院组织法中规定的县人民法院、不设区的市人民法院、自治县人民法院和市辖区人民法院。基层人民法院根据地区、人口和案件情况,可以设立若干人民法庭。人民法庭是基层人民法院的组成部分,它的判决和裁定就是基层人民法院的判决和裁定。

法律之所以如此规定,是因为在我国法院组织体系中,基层人民法院分布地区广,数量也最多,最接近犯罪地,也最接近人民群众。因此,把绝大多数的普通刑事案件划归它管辖,既便于法院就地审理案件,便于诉讼参与人就近参加诉讼活动,有利于审判工作的顺利进行和及时、正确地处理案件;又便于群众参加旁听案件的审判,有利于充分发挥审判活动的教育作用。

(二) 中级人民法院管辖的第一审刑事案件

由于我国《刑事诉讼法》将绝大多数普通刑事案件的第一审交由基层人民法院审理,而相当一部分案件又会被上诉或抗诉,这使得作为基层人民法院上一级法院的中级人民法院必然成为大多数普通刑事案件的第二审法院。另外,中级人民法院还承担着审判监督的任务。因此,由中级人民法院管辖的第一审刑事案件不宜过多。根据我国《刑事诉讼法》第20条[①]的规定,中级人民法院管辖的第一审刑事

---

① 我国《刑事诉讼法》第20条规定:中级人民法院管辖下列第一审刑事案件:(1) 危害国家安全、恐怖活动案件;(2) 可能判处无期徒刑、死刑的案件。2012年修订的《刑事诉讼法》对原条文作了三处修改:一是删去第1项中关于"反革命案件"的规定;二是增加了"恐怖活动案件"的规定;三是删去"外国人犯罪的刑事案件"的规定。1979年制定《刑法》时,在当时的历史情况下,"反革命"作为政治概念被沿用,刑法规定了"反革命罪",这一规定适应了当时的政治形势的需要,对于维护国家和社会政治的稳定,提供了法律保障。1996年修改《刑事诉讼法》时,考虑到《国家安全法》中已对"危害国家安全"的行为作了界定,《刑事诉讼法》第4条也明确规定了国家安全机关依照法律规定"办理危害国家安全的刑事案件",同时也考虑到与刑法修改相衔接,因此在这里保留"反革命案件"的同时,增加规定中级人民法院管辖"危害国家安全案件"。1997年修订《刑法》时,考虑到我国已经从革命时期进入集中力量进行社会主义现代化建设的历史新时期,《宪法》确定了中国共产党对国家事务的领导作用,从国家体制和保卫国家整体利益考虑,从法律角度来看,对危害中华人民共和国的犯罪行为,规定适用危害国家安全罪比适用反革命罪更为合适,因此,将《刑法》分则反革命罪一章改为危害国家安全罪,对一些犯罪作了更加明确、具体的规定,对反革命罪原来的规定中实际属于普通刑事犯罪性质的,规定按普通刑事犯罪追究。随着政治和经济形势的发展,这次修改《刑事诉讼法》,相应删去了"反革命案件"的规定。同时,随着形势的变化,恐怖分子已经成为影响世界和平与发展的重要因素,我国也面临着恐怖活动的现实威胁。考虑到这类案件社会危害性较大,案件的情节也比较复杂,规定由中级人民法院作为一审管辖较为适宜。这样也有利于更好地打击这类犯罪。1996年修订的《刑事诉讼法》规定的中级人民法院管辖的刑事案件中还包括"外国人犯罪的刑事案件"。由于我国改革开放初期,来我国的外国人为数不多,外国人犯罪的刑事案件也比较少,另外考虑到当时涉外案件敏感性强,出于慎重考虑,原来规定外国人犯罪的刑事案件统一由中级人民法院管辖。随着我国改革开放的不断扩大和来我国的外国人数量的增多,加上基层法院办案能力的不断提高,将外国人犯罪的刑事案件放在基层人民法院管辖条件已经成熟。因此,2012年修订的《刑事诉讼法》,在中级人民法院管辖的案件中,删去了"外国人犯罪的刑事案件"的规定。

案件包括下列两类案件：

(1) 危害国家安全、恐怖活动案件。所谓"危害国家安全"案件，主要是指我国《刑法》分则第一章规定的危害国家安全罪。所谓"恐怖活动案件"，根据全国人大常委会《关于加强反恐怖工作有关问题的决定》第 2 条的规定，是指以制造社会恐慌、危害公共安全或者胁迫国家机关、国际组织为目的，采取暴力、破坏、恐吓等手段，造成或者意图造成人员伤亡、重大财产损失、公共设施损坏、社会秩序混乱等严重危害社会的行为，以及煽动、资助或者以其他方式协助实施上述活动，构成犯罪的刑事案件。

(2) 可能判处无期徒刑、死刑的案件。这类案件是指除危害国家安全案件和恐怖活动案件以外，依照我国刑法规定，可能判处无期徒刑或者死刑的刑事案件。对于何谓"可能判处无期徒刑、死刑的案件"，在司法实践中，理解不甚一致。一般情况下，人民检察院对侦查终结的案件进行审查后，认为被告人的犯罪事实已经查清，证据确实、充分，并可能判处无期徒刑、死刑时，应当向中级人民法院提起公诉，而中级人民法院受理后，认为不够判处无期徒刑、死刑而应判处其他刑罚或者应作其他处理时，可以不再将案件交由基层人民法院审理，而仍由中级人民法院依法审判，以利于案件的及时处理。换句话说，尽管中级人民法院应尽可能审理无期徒刑以上的案件，但在必要时也可以审理无期徒刑以下的案件。

这两类案件，都是性质比较严重，案情重大或者影响较大，处罚较重的刑事案件，在审理时需要更加慎重，确保办案质量。同时，处理这两类案件，无论在案件事实的认定上，还是在法律适用上，难度往往也比较大，这就需要法律、政策水平更高，业务能力更强的司法工作人员。因此，刑事诉讼法列举这两类案件由中级人民法院进行第一审。需要注意的是，法律上对中级人民法院管辖的第一审刑事案件采用了列举方式，但这并不是说，这三类案件必须由中级人民法院进行第一审，而是最低应由中级人民法院进行第一审，不排除最高人民法院、高级人民法院对上述三类案件进行第一审。

(三) 高级人民法院管辖的第一审刑事案件

我国《刑事诉讼法》第 21 条规定："高级人民法院管辖的第一审刑事案件，是全省(自治区、直辖市)性的重大刑事案件。"高级人民法院是地方各级人民法院中最高一级的法院，也就是一个省(自治区、直辖市)的最高一级的审判机关，它承担着审判对中级人民法院一审判决、裁定不服提出的上诉、抗诉案件，核准死刑缓期执行的案件，并监督全省(自治区、直辖市)范围内的下级人民法院的审判工作等任务。所以，高级人民法院管辖的第一审刑事案件不宜过宽。况且，高级人民法院管辖第一审刑事案件的多少，又直接关系着最高人民法院第二审的负担。法律规定高级人民法院管辖为数极少的全省(自治区、直辖市)性的重大刑事案件，既可以保证这种重大案件的正确处理，又有利于它全面行使自己的职权，从而可以用更多的力量来监督和指导下级人民法院的审判工作。

(四)最高人民法院管辖的第一审刑事案件

我国《刑事诉讼法》第22条规定:"最高人民法院管辖的第一审刑事案件,是全国性的重大刑事案件。"据此,只有全国性的重大刑事案件,才由最高人民法院负责一审。最高人民法院是国家的最高审判机关,它承担着审判对高级人民法院的一审判决、裁定不服提出的上诉、抗诉案件,核准死刑案件,对于在审判过程中如何具体应用法律的问题进行解释,监督地方各级人民法院的审判工作等任务,以保证全国司法的统一。因此,刑事诉讼法只将为数不多,但涉及国家和人民根本利益,在国内或者国际上有重大影响的重大刑事案件,规定由最高人民法院进行一审管辖。这里规定的全国性的重大刑事案件,是指在全国范围内涉及面广、影响大的重大案件。最高人民法院审判案件,所作出的判决、裁定就是终审的判决、裁定。也就是说,对于最高人民法院审判的第一审刑事案件,不可能因为上诉或者抗诉而引起第二审程序。

通常而言,对于刑事诉讼中的级别管辖,必须严格遵行。但是,刑事案件的情况十分复杂,人民法院的审判工作由于主、客观因素的影响,也可能遇到这样或那样难以解决的问题。所以,为了适应审判实践中可能出现的某种特殊情况的需要,保证案件的正确、及时处理,级别管辖还必须有一定的灵活性。为此,我国《刑事诉讼法》第23条①又规定:"上级人民法院在必要的时候,可以审判下级人民法院管辖的第一审刑事案件;下级人民法院认为案情重大、复杂需要由上级人民法院审判的第一审刑事案件,可以请求移送上一级人民法院审判。"这是法律对级别管辖所作的变通性的规定。

根据该条规定,人民法院对于属于自己管辖的第一审刑事案件,在必要的时候,可以改变案件管辖。所谓"必要的时候",一般认为是该案件属于新出现的犯罪,下级人民法院缺乏审判经验,现有的业务水平难以保证案件的正确处理。上级人民法院认为有必要审理下级人民法院管辖的第一审刑事案件,应当向下级人民法院下达改变管辖决定书,并书面通知同级人民检察院。主要有以下两种情况:

一是上级人民法院以职权提审下级人民法院管辖的第一审刑事案件。这一规

---

① 根据我国《刑事诉讼法》第23条的规定,上级人民法院在必要的时候,可以审判下级人民法院管辖的第一审刑事案件;下级人民法院认为案情重大、复杂需要由上级人民法院审判的第一审刑事案件,可以请求移送上一级人民法院审判。1979年《刑事诉讼法》对于上级人民法院决定改变管辖规定了两种情况:一是可以审判下级人民法院管辖的第一审刑事案件;二是把自己管辖的第一审刑事案件交由下级人民法院审判。对于第二种情况,1996年修改《刑事诉讼法》时,考虑到除基层人民法院以外的上级人民法院各自管辖的第一审刑事案件,都是根据案件的性质,对社会的危害大小以及影响面的大小等具体情况划分管辖范围的,而且各自管辖的案件数量并不多。为确保办案质量,避免在实践中将可能判处无期徒刑、死刑的案件移交基层人民法院审判,上级人民法院不应当再将自己管辖的第一审刑事案件交由下级人民法院审判,因此,修改《刑事诉讼法》时,将1979年《刑事诉讼法》中的这一规定删去。2012年修订的《刑事诉讼法》对本条未作变动。

定是指当上级人民法院发现下级人民法院审判的第一审刑事案件,案情重大、复杂或者案件涉及面广、影响大,由上级人民法院审判更为适宜,更能有效地威慑犯罪、教育群众、提高审判质量和效果的时候,可以审判下级人民法院管辖的第一审刑事案件。

二是下级人民法院请求移送上级人民法院审判的第一审刑事案件。这一类案件是指下级人民法院发现案件是依法应当由上级人民法院审判的第一审刑事案件,或者是属于自己管辖的案件,但由于案情重大、复杂、涉及案犯多、地区广,或者案件影响重大,下级人民法院审理有困难。具体而言,下级人民法院请求移送上一级人民法院审判的第一审刑事案件,应当在案件审理期限届满15日以前书面请求移送。上一级人民法院应当在接到移送申请10日以内作出决定。不同意移送的,应当向下级人民法院下达不同意移送决定书,由该下级人民法院依法审判;同意移送的,应当向下级人民法院下达同意移送决定书,并书面通知与其同级的人民检察院,该下级人民法院应当通知其同级人民检察院和当事人,并将全部案卷材料退回同级人民检察院。

需要注意的是,对于一人犯数罪、共同犯罪和其他需要并案审理的案件,在级别管辖上应当采取"就高不就低"的原则,只要其中一人或者一罪属于上级人民法院管辖的,全案由上级人民法院管辖。

▶ 二、地域管辖

所谓地域管辖,是指不同地区的同级人民法院之间对第一审刑事案件管辖权的分工。级别管辖只是从纵的方向上解决了刑事案件由哪一级人民法院管辖的问题,而地域管辖则是在明确案件的级别管辖的基础上,确定案件由该级人民法院中的哪一个人民法院管辖,是从横的方向解决案件的管辖问题。只有级别管辖和地区管辖都解决了,确定了具体法院的管辖权,从而才能相应地确定负责侦查和审查起诉的公安机关、检察机关的管辖权。我国《刑事诉讼法》既规定了地域管辖的一般原则,又对特殊情况作了具体规定。

(1)犯罪地人民法院管辖为主,被告人居住地人民法院管辖为辅。根据我国《刑事诉讼法》第24条规定,刑事案件由犯罪地的人民法院管辖。如果由被告人居住地的人民法院审判更为适宜的,可以由被告人居住地的人民法院管辖。该条规定既适用于自然人犯罪案件,也适用于单位犯罪案件。

据此,我国确定刑事案件地域管辖的首要原则是犯罪地法院管辖为主、被告人居住地法院管辖为辅原则,或者说以犯罪地法院管辖为一般原则,以被告人居住地法院管辖为例外原则。按照最高法《适用刑事诉讼法的解释》第2条的规定,这里所说的犯罪地,是指犯罪行为发生地和犯罪结果发生地等。之所以作此规定,主要是基于以下原因:第一,犯罪地是犯罪证据最多的地方,犯罪地人民法院审理,便于人民法院就地调查,核实证据,正确、及时地处理案件。第二,犯罪地往往是被害人、证人等当事人和其他诉讼参与人的所在地,便于人民法院就近通知和传唤他们参与诉讼,也便于这些人参与诉讼活动。第三,犯罪地群众最关心本地发生的案件的处理,犯罪地人民法院审判,便于当地群众旁听,也便于结合案件进行法制宣传和教育。

对于针对或者利用计算机网络实施的犯罪,犯罪地包括犯罪行为发生地的网站服务器所在地,网络接入地,网站建立者、管理者所在地,被侵害的计算机信息系统及其管理者所在地,被告人、被害人使用的计算机信息系统所在地,以及被害人财产遭受损失地。

但是,由于我国地域辽阔,人口流动较大,案件情况复杂,犯罪人流窜作案、结伙作案呈增长趋势,因此,仅规定犯罪地人民法院管辖难以解决上述问题。为此,《刑事诉讼法》灵活地规定了可以由被告人居住地的人民法院管辖的例外情况。即如果被告人居住地的人民法院管辖更为适宜时,也可以由被告人居住地人民法院管辖。这里所说的居住地,是指被告人的户籍所在地和经常居住地。根据最高法《适用刑事诉讼法的解释》第3条,被告人的户籍地为其居住地,经常居住地与户籍地不一致的,经常居住地为其居住地,经常居住地为被告人被追诉前已连续居住一年以上的地方,但住院就医的除外。被告单位登记的住所地为其居住地,主要营业地或者主要办事机构所在地与登记的住所地不一致的,主要营业地或者主要办事机构所在地为其居住地。至于什么是"更为适宜",这要由人民法院根据案件和被告人的具体情况来决定。通常包括以下几种情形:属于流窜作案,主要犯罪地难以确定,而其居住地的群众更多地了解案件情况;被告人在居住地民愤极大,当地群众强烈要求在当地审判的;可能对被告人适用缓刑、管制或者单独适用剥夺政治权利等刑罚,将来需要在其居住地执行的;等等。

(2)最初受理的人民法院管辖为主,主要犯罪地人民法院管辖为辅。根据犯罪地人民法院管辖为主、被告人居住地人民法院管辖为辅原则,可能会出现一个案件多个人民法院享有管辖权的局面。其中,如果享有管辖权的多个人民法院是不同级别的法院,根据上述关于级别管辖的规定,一般应当移送有管辖权的上级人民法院统一管辖。如果享有管辖权的多个人民法院是同一级别的人民法院,那么如何确定其管辖人民法院则应遵循新的规则。

我国《刑事诉讼法》第25条规定:"几个同级人民法院都有权管辖的案件,由最初受理的人民法院审判。在必要的时候,可以移送主要犯罪地的人民法院审判。"在此应把握以下几点:第一,先受理的法院必须是有管辖权的法院;第二,有管辖权的法院必须是同级的;第三,有管辖权的法院必须是犯罪地法院或者被告人居住地法院;第四,哪个法院先受理就由哪个法院管辖,而不是哪个法院先开庭审判就由哪个法院管辖。对这类案件,法律规定由最初受理的人民法院审判,主要是为了避免人民法院之间发生管辖争议而拖延案件的审判。同时，也由于最初受理的人民法院对案件往往已进行了一些工作，由它进行审判，有利于案件的及时审结。

但是为了适应各种案件的复杂情况，法律又规定，在必要的时候，最初受理的人民法院可以将案件移送主要犯罪地的人民法院审判。所谓主要犯罪地，包括案件涉及多个地点时对该犯罪的成立起主要作用的行为地，也包括一人犯数罪时，主要犯罪行为的实施地。所谓"必要的时候"，主要是指最初受理的人民法院不是主要犯罪地，如果由主要犯罪地人民法院管辖，对全面查清案件事实、正确处理案件、震慑犯罪分子和进行法制宣传教育更为有利时，可以由最初受理案件的人民法院将案件移送主要犯罪地的人民法院审理。

不难看出，无论是最初受理的人民法院管辖，还是主要犯罪地的人民法院管辖，都是为了解决同级人民法院在地域管辖方面可能存在的争议，防止案件因为数个法院争相行使审判管辖权或者相互推诿而出现案件久拖不决，甚至迟迟进入不了审判程序的问题。这无论对于提高诉讼效率，还是对于节省诉讼资源都是一项重要的制度保障。当然，最高人民法院的司法解释之所以进一步明确要求，最初受理的法院一旦对案件进行开庭审判，就不应再移送主要犯罪地法院管辖，也是考虑到在案件已经进入审判程序之后，再将其移送其他法院审判，势必带来审判活动的无效，甚至使那些业已消耗的诉讼资源不能发挥任何作用。

▶ 三、指定管辖

所谓指定管辖，是指根据上级人民法院的指定来确定刑事案件的管辖。它是相对法定管辖而言的，是对地域管辖的变通规定。我国《刑事诉讼法》第26条规定："上级人民法院可以指定下级人民法院审判管辖不明的案件，也可以指定下级人民法院将案件移送其他人民法院审判。"根据《宪法》和《人民法院组织法》的规定，上下级人民法院是监督关系，而不是领导关系，该条规定上级人民法院可以指定下级人民法院审判管辖不明的案件，是一种法律上的授权。一般而言，指定管辖一般基于以下两种情形而产生：

（1）管辖不明。刑事诉讼法虽然对于各级法院管辖案件的范围作出了明确规定，但是实际执行中情况是非常复杂的：一方面是因为认识上的分歧，即对案件的性质和事实的认定以及适用法律有不同的认识和理解，对案件应由哪个法院管辖产生分歧。另一方面是案件本身的模糊，即由于一些情况法律没有具体规定而造成管辖不明，如刑事案件发生在两个法院管辖范围的交界处，而两个法院管辖范围的行政区划没有确切的界限，犯罪地不能确定，从而容易导致管辖争议。管辖争议通常包括积极争议（互相争管）和消极争议（互相推诿）两种，对此依照《刑事诉讼法》第26条和最高法《适用刑事诉讼法的解释》第17条的规定，应当由争议各方在审限内协商解决；协商不成，由发生争议的人民法院分别层报共同的上一级人民法院指定管辖。

（2）管辖不能。在司法实践中，有时会发生有管辖权的人民法院由于案情或者案件当事人特殊情况等特定事由不能或不宜行使审判权的情况。例如，因案件涉及本院院长需要回避而不宜行使审判权；因案件在该法院审判受到严重干扰而不能很好地行使审判权。在此情况下，应当由上级人民法院指定管辖。

在具体的程序上，上级人民法院指定管辖的，应当将指定管辖决定书分别送达被指定管辖的人民法院和其他有关的人民法院。原受理案件的人民法院在收到上级人民法院改变管辖决定书、同意移送决定书或者指定其他人民法院管辖决定书后，对公诉案件，应当书面通知同级人民检察院，并将案卷材料退回，同时书面通知当事人；对自诉案件，应当将案卷材料移送被指定管辖的人民法院，并书面通知当事人。

此外，在执行中还应注意以下两个问题：一是上级人民法院对于管辖不明的案件确定管辖，要按照刑事诉讼法关于管辖的原则执行，这种确定应更有利于公正审判和对犯罪的打击。二是下级人民法院要服从上级人民法院的指定，而不能从本地区的局部利益出发来认识问题，对于上级人民法院已经决定移送其他人民法院受理的案件，应当及时移送。

四、专门管辖

专门管辖是指专门人民法院与普通人民法院之间，各种专门人民法院之间以及各专门人民法院系统内部在第一审刑事案件受理范围上的分工。在我国的人民法院组织系统中，专门人民法院包括军事法院、铁路运输法院和海事法院三种，其中享有刑事案件管辖权的有军事法院和铁路运输法院。

（一）军事法院管辖的刑事案件

军事法院管辖的刑事案件有：违反军人职责罪案件及现役军人、在军队编制内的无军职人员、普通公民危害与破坏国防军事的犯罪案件。根据最高法《适用刑事诉讼法的解释》第22条的规定，对军队与地方互涉案件，原则上实行分别管辖的制度，即现役军人（含在编职工）和非军人共同犯罪的，应当分别由军事法院和地方人民法院或者其他专门人民法院管辖。如果涉及国家军事秘密，则全案均应由军事法院管辖。

（二）铁路运输法院管辖的刑事案件

铁路运输法院管辖的案件是铁路运输系统公安机关负责侦破的刑事案件及与铁路运输有关的经济犯罪等案件。根据最高人民法院《关于铁路运输法院案件管辖范围的若干规定》，下列刑事公诉案件，由犯罪地的铁路运输法院管辖：（1）车站、货场、运输指挥机构等铁路工作区域发生的犯罪；（2）针对铁路线路、机车车辆、通讯、电力等铁路设备、设施的犯罪；（3）铁路运输企业职工在执行职务中发生的犯罪。在列车上的犯罪,由犯罪发生后该列车最初停靠的车站所在地或者目的地的铁路运输法院管辖;但在国际列车上的犯罪,按照我国与相关国家签订的有关管辖协定确定管辖,没有协定的,由犯罪发生后该列车最初停靠的中国车站所在地或者目的地的铁路运输法院管辖。对于前条第2、3款范围内发生的刑事自诉案件,自诉人向铁路运输法院提起自诉的,铁路运输法院应当受理。

具体而言,主要是危害和破坏铁路运输和生产的案件,破坏铁路交通设施的案件,火车上发生的犯罪案件以及违反铁路运输法规、制度造成重大事故或严重后果的案件。在国际列车上发生的刑事案件,按照我国与相关国家签订的管辖协定执行,没有协定的,则由犯罪后列车最初停靠的中国车站所在地或者目的地的铁路运输法院管辖。铁路运输法院与地方法院对案件管辖发生争执的,可暂由地方法院受理。

【拓展阅读】

1. 关于侵占罪的立案管辖问题

侵占罪是1997年《刑法》修订时增设的一个罪名,它是指非法占有为目的,将代为保管的数额较大的他人财物或者遗忘物、埋藏物占为己有,拒不退还或拒不交出的行为。《刑法》第270条规定:"将代为保管的他人财物非法占为己有,数额较大,拒不退还的,处2年以下有期徒刑、拘役或者罚金;数额巨大或者有其他严重情节的,处2年以上5年以下有期徒刑,并处罚金。将他人的遗忘物或者埋藏物非法占为己有,数额较大,拒不交出的,依照前款的规定处罚。本条罪,告诉的才处理。"虽然《刑法》和《六部委规定》中都对该罪的立案管辖问题作了非常明确的规定,但在司法实践中将该罪作为公诉案件处理的做法却普遍存在。在司法实践中,很多被害人在财物被他人侵占后,不是到人民法院起诉,而是向公安机关报案或控告,公安机关据此立案、收集证据,然后移送人民检察院起诉。在法庭上,检察机关对此种案件的起诉权往往成为一个激烈争论的焦点。这种立法和实践不一致的现象表明侵占案件的立案管辖存在一定的问题,把侵占罪作为自诉案件处理是有一定缺陷的,亟待调整。

首先,侵占罪的犯罪对象一般是遗忘物,当遗忘物被侵占时,被害人很难举出证据向人民法院证明侵占事实的存在。特别是当侵占人拒不交出他人遗忘物而又矢口否认时,被害人没有搜查权,难以获取确凿的证据,便无法向法院起诉。没有证据,被害人同样难以证明被侵占了多少财产。而自诉案件的证明责任由自诉人承担。我国《刑事诉讼法》规定:人民法院对自诉案件进行审查后,对犯罪事实清楚,有足够证据的案件应当开庭审理,对于缺乏罪证的自诉案件,如果自诉人提不出补充证据,应当说服自诉人撤回自诉或者裁定驳回。这就是实践中被害人财物被侵占后往往求助于公安机关的原因所在。

其次,侵占罪犯罪对象除了公民个人拥有的合法财产外,公共财产也可能成为侵占罪的犯罪对象。这是因为无主物、埋藏物可能是国家、集体的财产,侵占这种无主物、埋藏物而拒不交出的,也构成侵占罪。如果将侵占罪作为自诉案件,则当该罪的犯罪对象是公共财产时,可能会出现有起诉权的主体因不知晓其财产受侵犯而不能行使起诉权,或者有起诉权的主体不积极行使起诉权的情况,因而导致案件无法进入诉讼程序,犯罪也就不能受到处理。

再次,侵占案件并非都属于情节轻微、危害不大的案件。从实践情况来看,有的侵占案件涉及的数额巨大,对社会的危害性也很大,将这些案件交由被害人进行自诉,与案件的性质是不相适应的。

综上,从维护被害人的合法权益和保护国家财产不受侵犯角度来看,不应当把侵占罪列为自诉案件,而应将其作为公诉案件来对待,纳入公安机关立案侦查的案件范围。①

2. 关于刑事诉讼管辖异议制度

刑事诉讼管辖异议是指在刑事诉讼中,当事人认为公安司法机关违背了刑事诉讼法关于管辖的规定,管辖了其无权管辖的案件,从而在法定期限内提出的要求该司法机关将案件移送有管辖权的司法机关管辖的意见或者主张。我国《民事诉讼法》及《行政诉讼法》中都明确地规定了管辖异议制度,《刑事诉讼法》中却对管辖异议问题没有作出任何规定,但从刑事司法实践来看,当事人认为某司法机关错误地行使了管辖权,从而要求该司法机关将案件移送有管辖权的司法机关管辖的情况时有发生,应当说,这是纠正刑事诉讼管辖错误的有效途径之一。为了切实防止司法机关不适当地行使管辖权,维护当事人的诉讼权利和合法利益,有必要在刑事诉讼中也建立起管辖异议制度。

就刑事诉讼管辖异议的类型而言,从不同的标准出发,可以将其划分为不同的类型。由于刑事诉讼管辖有立案管辖和审判管辖之分,因此可以把刑事诉讼管辖异议划分为对立案管辖的异议和对审判管辖的异议。所谓对立案管辖的异议,是指当事人对公、检、法机关由于未按立案管辖分工而管辖的案件提出的不应由某机关管辖的意见或主张;所谓对审判管辖的异议,是指当事人对人民法院由于未按照审判管辖的分工而管辖的案件提出的不应由某个人民法院管辖的意见或主张。同时,刑事案件又有公诉和自诉之分,因此,刑事诉讼管辖异议还可以划分为对公诉案件的管辖异议和对自诉案件的管辖异议。所谓对公诉案件的管辖异议,是指当事人对公、检、法机关在处理公诉案件时是否具有管辖权所提出的不应由其侦查、起诉或者审判的意见和主张,所谓对自诉案件的管辖异议,是指当事人对管辖自诉

---

① 参见陈卫东主编:《刑事诉讼法学研究》,中国人民大学出版社 2008 年版。

案件的人民法院是否有权审判与其有关的自诉案件所提出的不应由其审判的意见和主张。提起刑事诉讼管辖异议，是当事人行使诉讼权利的表现，并可能导致司法机关对具体刑事案件管辖权的变更，因此，管辖异议的提出不应当是随意而为的行为，而应当符合一定的条件。我们认为，这些条件包括以下几个方面：

(1) 提起管辖权异议的主体应当是刑事诉讼的当事人。

在刑事诉讼中，案件进展与当事人的利益休戚相关，面对强大的国家司法机关，当事人处在绝对弱势的地位，最容易受到公权力的不法侵犯，因此刑事诉讼管辖权主体理应由当事人承担。由于我国刑事诉讼包括公诉案件、自诉案件、附带民事诉讼案件，案件的种类比较多，刑事诉讼当事人的范围就比较广泛。因此，在法定当事人中，只要与案件有利害关系的，都应享有管辖异议权。具体而言，分以下几种情况：第一，犯罪嫌疑人、被告人。刑事诉讼要解决的一个重要问题就是犯罪嫌疑人、被告人权利保护问题，犯罪嫌疑人、被告人是刑事诉讼当事人中的主体，也是刑事诉讼的主体，对管辖异议权的要求是最为强烈的，赋予犯罪嫌疑人、被告人管辖异议权是首当其冲、毋庸置疑的。第二，被害人。被害人是我国刑事诉讼当事人中比较特殊的一种，是刑事案件的受害人，所以，其对审判结果公正的期待，比起作为公诉机关的检察院，是有过之而无不及的。在这种情况下，赋予被害人管辖异议权，避免因为管辖问题上的漏洞而使罪犯规避法律，逃脱惩罚，是被害人通过刑事诉讼排解怨恨、伸张正义的一个重要保障措施。第三，自诉人。由于起诉是由自诉人选择的，一般情况下自诉人对于法院的管辖权是不会提出异议的，但是，在一些特殊的情况下，自诉人也可以成为提出管辖权异议的主体。例如，当自诉案件被法院移交管辖后，对于被移交的法院，自诉人可以提出管辖权异议。当自诉人人数为多人时，在诉讼开始后被追加的共同原告，认为受诉法院无管辖权，也可以提出异议。第四，附带民事诉讼原告。由于附带民事诉讼和刑事案件一并审理，所以受诉法院是由检察机关决定的，附带民事诉讼原告，没有选择权。因此，原告对于法院管辖权提出的异议，是对原告诉权的一项重要救济措施。第五，单位当事人。如果上述当事人是单位当事人，也应享有相应的管辖权。第六，其他诉讼参加人。除当事人外，其他诉讼参加人不具有提出管辖权异议的主体地位，但是，在特殊情况下，一些诉讼参加人也可以提出管辖权异议。首先，如果当事人是未成年人或者精神病患者时，当事人的法定代理人可以提出管辖权异议。依据我国刑法规定，完全刑事责任年龄为16周岁，这是实体法中的年龄规定，而在我国刑事诉讼过程中，应当参照民法中的规定，当事人未满18周岁时，可以由法定代理人代为提出管辖权异议；其次，如果被害人死亡，或者因为某些原因无法提出管辖权异议时，在被害人没有法定代理人的情况下，被害人的近亲属也有提出管辖权异议的权利；最后，辩护人、诉讼代理人原则上是没有对管辖权提出异议的权利，但是，如果经过了当事人的授权，也可以代替当事人对管辖权提出异议。

（2）当事人提出管辖权异议的对象既包括审判机关，也包括侦查机关。

当事人对法院的审判管辖享有异议权，这是管辖权异议的主要内容，但是与此同时，我们不能忽视的一点是：当事人对于侦查机关对案件是否享有侦查权，也有权提出异议。主要原因有两点：第一，我国刑事诉讼中的地域管辖，只针对审判机关，而对于侦查机关中关于地域管辖的问题，没有相应的规定。可事实上，在我国刑事诉讼是从立案开始的，整个诉讼过程中，公检法三个部门实际上是相互关联的三个环节，是一个"一条龙"式的流水线——同一地区公安机关立案，同一地区的检察机关起诉，同一地区的法院审判。这样就形成一个不成文的规定，哪个地区的侦查机关享有了立案权，哪个地区的法院就享有了审判权。在实践中，由于地方保护主义或者其他利益关系的影响，这里往往会成为管辖冲突的焦点。因此，在侦查阶段，赋予当事人提出管辖权异议的权利，是十分有必要的。第二，侦查的主要任务是对案件的审判搜集反映案件真相的证据材料。证据材料的真实性直接关系到案件审判的真实性。对于侦查机关因为某种原因，违反管辖规定搜集到的证据，它的真实性是要受到质疑的。从证据的合法性角度考虑，违反管辖规定搜集到的证据属于非法证据，应适用非法证据排除规则将其排除。如果让丧失了真实性、合法性的证据进入审判程序，那么带来的直接影响就是对犯罪嫌疑人、被告人权利赤裸裸的侵害，因此，从这个意义上讲，赋予当事人提出管辖权异议的权利，是可行而有必要的。

（3）提出管辖权异议必须有法定依据，且当事人应该负有举证责任。

提出管辖权异议是当事人的诉权，是当事人享有的一种有效的防御权，但是在赋予当事人积极权利的同时，也要防止当事人权利的滥用，因此当事人对管辖权异议的提出，必须依照法律的规定，一方面对于管辖权异议的理由必须有法定依据，另一方面当事人对于自己提出的理由应负有举证责任。法定依据包括两种情况：一种是明确违反了刑事诉讼法中关于管辖的有关规定，一种是出现了需要变更管辖的法定事由。关于管辖的问题，在我国刑事诉讼法和相关的司法解释中都有明确的规定，不多赘述。法定事由指的是，虽然法院对案件享有管辖权，但是由于在审判过程中出现了法律预先设定的情况，致使法院难以对案件作出公正审判的时候，当事人据此提出管辖权异议的理由。主要内容包括以下几点：第一，管辖法院因为回避或其他特殊情况不能行使裁判权的。第二，案件在当地影响巨大，媒体和舆论的偏见有可能导致当地法院难以做出公正裁决的，刑事案件的审判要求是"以事实为依据，以法律为准绳"。但是办案人员在事实的认定和法律的适用上毕竟还要受自己主观认识的影响，如果一个案件在当地有着强大的媒体和舆论导向，很有可能会使办案人员产生错误的倾向。第三，案件在当地涉及的利害关系复杂，法院难以作出公正裁决的。我国法律规定，审判权由法院独立行使。但是实践中，法院行使审判权要受到多种因素的制约，特别是行政机关的干预尤为突出。因此，在一些特殊的案件中,例如,对涉及某一地区的行政长官的审理,我国往往采用上级法院指定管辖的方式来变更管辖权,在此类情况下,案件当事人也可以提出管辖权的异议。

需要注意的是,上述的法定事由仅局限于审判机关——法院,对于侦查机关不适用。这是由侦查和审判行为的特点所决定的,二者受地域限制的程度不同,一个案件可以移交到任何地区的法院审理,审理结果虽然因为办案人员的主观原因会存在一定的差异,但是从结果的真实性和公正性角度看,区别是不大的。而侦查行为则会受到地域的限制。首先,刑事案件的侦查只可能在刑事案件发生地进行,无法转移。其次,由于侦查是对犯罪行为事实的再现,在侦查过程中,侦查人员必须要熟悉案件发生地的环境、习惯、居住人员情况等。因此,以上述法定事由提出管辖权异议,由异地侦查机关到案件发生地侦查,显然是不现实的。

(4) 管辖权异议的提出,应该在法定的期间内。

刑事诉讼当事人在刑事诉讼中应该享有提出管辖权异议的权利,但是当事人的异议权并不是没有限制的,一方面从提出异议理由上对当事人提出异议的合法性进行限制。另一方面,也要从期限上予以限制,防止当事人怠于行使权利,不利于刑事诉讼进行。因此,在设定法定期间的时候,既要保证能够使当事人有充分的时间来行使权利,又要注意节约司法资源,提高诉讼效率。基于这个原则,对于侦查机关的管辖权异议应该在侦查结束前提出,对于审判管辖中管辖权异议的提出应该只能在一审中,且在实质审判开始之前提出,也就是在法庭调查之前提出,过了法定期间,当事人就无权再提出管辖权异议。

(5) 当事人对于管辖权提出的异议应该由受理法院的上级司法机关处理。

当事人对管辖权提出的异议,法院必须受理,受理后应该交给上级司法机关处理,原受理司法机关无权对管辖权异议问题作出裁决。这是因为大凡受理案件的司法机关,必然认为自己对案件享有管辖权,而且除了个别特别棘手的案件由于某种原因司法机关不愿受理外,司法机关受理案件是有益无害的。所以,当事人向受理的司法机关提出管辖权异议的行为,无疑就是"与虎谋皮",由此又会导致两个后果:首先,受理的司法机关主观上会产生当事人不老实,想借此逃避惩罚的印象,无形中影响到以后的诉讼活动,不利于最终对当事人作出公正裁决。其次,当事人由于害怕司法机关的报复,也不敢提出管辖权的异议,使规定形同虚设。因此,当事人对于侦查机关管辖权提出的异议,应该由上级侦查机关裁决,当事人对于法院审判管辖的异议,应该由上级法院裁决,而且最高人民法院也应该设立处理管辖权异议的专门机关,统一处理有关管辖权问题的上诉案件,由此,才能真正实现程序上的独立,将管辖权异议制度落到实处。

(6) 当事人提出管辖权异议的救济制度。

完善的管辖权异议制度不但要有完善的执行制度还要有完善的救济制度。对于当事人的管辖异议权的救济可以分两个途径:第一,对于驳回管辖权异议的诉讼救济途径如果是侦查机关驳回当事人的管辖权异议,当事人有权向作出驳回决定的侦查机关的同级法院起诉,此诉讼为一审终审制,如果是法院驳回当事人关于管辖权的异议,当事人有权向作出裁定法院的上级法院上诉,此上诉结果是终审裁决。第二,违反管辖规定的后果,侦查机关违反管辖规定进行侦查,所做出的侦查结果无效,由享有管辖权的侦查机关另行侦查,法院违反管辖权的规定作出的判决属于审判程序错误一类,应该交由有管辖权的一审法院重审。[1]

【思考题】

1. 告诉才处理案件的基本特征是什么?我国告诉才处理案件的范围设定是否合理?

2. 对于被害人有证据证明但证据不足或没有证据证明的轻微刑事案件,如何管辖?

---

[1] 陈卫东:《刑事诉讼管辖权异议的解决》,载《法学》2008年第6期。

第五章　回避

要点提示

- 什么是回避?
- 为什么要设置回避制度?
- 哪些人员需要回避?
- 回避的程序是怎样的?
- 对驳回申请回避的决定如何进行救济?

【案例思考】

男子成某林,湖南永州人,今年(2014年)50岁。他与前妻冯某于1998年相识,并于2001年育有一女。2008年,冯某将成某林告上法庭诉请离婚。冯某说,闹离婚是源于她发现成某林在外有了别的女人,且那位女子也已怀孕。成某林对此解释称,他有外遇的原因是冯某曾对他隐瞒婚史。冷水滩区人民法院主审法官周某在审理这起离婚官司时,将一套房子、一块土地判给女方冯某,而成某林获得的只有债权和女儿的抚养权。离婚案生效后不久,周某调至冷水滩区人民法院执行局,并于2011年7月对成某林采取强制执行措施,直到成某林向前妻支付了20万元。但此时,女方冯某与法官周某已登记结婚。

问题:本案中,法官周某是否违反了回避的规定?

第一节　概　　述

回避制度由来已久,自人类进入阶级社会以来,为了国家的长治久安,统治者就必须制定一系列的政策和措施,回避制度就是其中的一项。我国是世界上最早实行任官回避制度的国家,回避制度肇始于两汉,在唐宋时期逐步发展,到了明清时期则渐趋完善、成熟。一般而言,回避制度主要有三项内容:亲属回避、籍贯回避和职务回避。这三种回避以亲属回避为中心,亲属回避是指亲属不得在同一区域、同一部门任职,它是我国封建政权对官员的管理体制,可以在一定程度上减少官吏之间的相互勾结;籍贯回避也被称为地区回避,是指官员不得在本籍任职,古人有云"千里去做官",比如在明朝规定"南人官北、北人官南",其与亲属回避是一个问题的两个方面。职务回避始于唐代,唐朝规定凡职责相连或监临检察的官职,亲族内均需实行职务回避,比如宰相的儿子不能为言官。

就诉讼层面而言,回避制度是现代各国民事诉讼、刑事诉讼中普遍确立的一项诉讼制度,西方自然法认为,任何人不得担任自己为当事人的案件的法官,否则由其主持的任何诉讼活动都不具有法律效力。在西方刑事诉讼中,回避制度的建立,旨在确保法官、陪审员在诉讼中保持中立无偏的地位,使当事人受到公正的对待,尤其是获得公正审判的机会。因而,回避的对象主要限于那些制作裁判书的法官和陪审员,回避也主要在法庭审判阶段适用。但在我国刑事诉讼中,回避制度不仅适用于庭审阶段,而且适用于包括侦查阶段、审查起诉等其他诉讼阶段。

在任何一种诉讼制度中,法官都应当是中立的,只有中立的裁判者才有可能做出公正的裁判。法官要在诉讼中保持中立,美国学者戈尔丁对中立性作过精辟的阐述[①]:(1)"与自身有关的人不应该是法官";此言是古罗马时期就已确定的一项基本法律原则,即纠纷的当事人不得成为裁决该纠纷的法官,裁决者不得是当事人。(2)结果中不应该含纠纷解决者个人的利益;即纠纷的裁决者不得从纠纷的解决中获取个人利益。(3)纠纷解决者不应有支持或反对某一方的偏见;即裁决者应平等地对待纠纷的双方当事人,不得对任何一方有偏见。

随着现代刑事诉讼制度的发展、完善,不仅法官、陪审员必须是公正的、中立的,警察、检察官、书记员、鉴定人员、翻译人员等也被法律要求必须负有客观、公正的义务。在刑事诉讼中,警察、检察官负有追究犯罪的职能,他们被要求做到客观、公正,不仅要收集证明被告人有罪、罪重的证据,也不能忽略可以证明被告人无罪、罪轻的证据。书记员作为庭审过程的记录员,庭审笔录的客观、准确、完整取决于书记员的中立、客观,如果书记员与案件的结果有利害关系,则庭审笔录很难完整、准确、客观。鉴定人员进行鉴定也必须遵守鉴定程序、尊重证据与事实,若鉴定人员与案件有利害关系,则鉴定意见有可能背离事实,难以保证客观、公正。翻译人员同样如此,此处不再赘述。

由此看来,上述诉讼主体在刑事诉讼中保持中立、客观、公正的前提在于确立利益隔断机制,使这些诉讼主体不得参与与其有利害关系案件的处理,这是回避制度内容的组成部分,回避制度在刑事诉讼中的确立具有重要意义。

其一,回避制度是刑事诉讼程序的重要组成部分,遵守回避制度有利于案件得到公正处理,有利于实现案件的实体公正。回避制度在刑事诉讼中确立的根本目的在于促进案件的公正处理。案件的公正处理主要体现在实现案件的实体公正,实体公正的实现需要经过如下路径:一是通过收集证据查清案件的事实真相、抓获犯罪嫌疑人;二是在确保查清案件事实的基础上正确适用法律,对有罪的被告人罚当其罪,让无罪的人免遭刑事追究。查清案件真相、正确适用法律则必须仰赖于法官、警察、检察官等其他办案人员在刑事诉讼中保持客观、中立,要保持客观、中立,上述诉讼主体就应当与其处理的案件没有任何利害关系。如果法官、检察官、警察等办案人员在诉讼过程中存在妨碍诉讼公正的情形,那么这些办案人员则被排除在案件的诉讼程序之外,不得参与对案件的处理,只有这样,才能防止上述办案人员对案件产生预断或者徇私舞弊、枉法裁断案件,才有可能实现案件的实体公正。

其二,回避制度有利于当事人在诉讼中受到法官及其他办案人员的公正对待,有利于实现程序公正。刑事诉讼活动不仅要实现实体公正,程序公正也是刑事诉讼活动要达到的重要目的。在诉讼程序中,法官、检察官等办案人员如何对待当事人事关程序公正与否。在我国司法实践中,绝大多数被告人被判定有罪,不仅普通

---

① 〔美〕戈尔丁:《法律哲学》,齐海滨译,三联书店1987年版,第240页。

民众对被告人存有有罪的预断或偏见,警察、检察官也认为涉案的被告人、犯罪嫌疑人几乎都是有罪,即使被誉为中立的裁决者法官也都难于摒弃先入为主的有罪预断,如果不设置限制办案人员产生偏见、预断的诉讼程序,则将使当事人对诉讼程序形成不公平的观念,认为自己在刑事诉讼过程中没有受到公平的对待,甚至可能危及实体公正的实现。尤其是案件的决定者若对被告人、犯罪嫌疑人存在偏见,无论实体结果如何,被告人、犯罪嫌疑人很难从内心接受这个结果。

其三,回避制度有利于增强当事人及社会民众对司法裁判的信任度、提升司法机关的公信力。"大义灭亲"是我国千百年来对官员不避嫌、不包庇处罚涉嫌犯罪亲属的褒奖,然而,为自己亲属而徇私枉法的官员也层出不穷,即使在逐步走向法治的今日中国,公安司法人员包庇自己亲属而徇私枉法者也不在少数,这种现象严重破坏了程序公正,使当事人及社会公众难于对司法裁判公正性予以认可,难免降低对司法机关的公信力。回避制度的设置与运行,将与案件有利害关系的办案人员隔离在诉讼程序之外,大大减少了公安司法人员对案件诉讼程序及结果的不当干预;这可以让当事人感受到自己在刑事诉讼过程中受到了公正的对待,有利于消除当事人对诉讼不公的疑虑,增强当事人及社会公众对司法裁判的认可与信赖,减少当事人不必要的上诉、申诉及上访;同时,严格遵守回避制度而产生的司法裁判也有利于增强整个社会对司法机关公正性的信赖,提升司法机关的公信力。

第二节 回避的人员范围、理由与种类

一、回避的人员范围

对于哪些办案人员与案件有利害关系或者因其他特殊关系而需要回避,法律一般都会作出明确的规定。根据我国《刑事诉讼法》第28条、第31条的规定,适用回避的办案人员包括审判人员、检察人员、侦查人员、书记员、翻译人员和鉴定人员等;这些人员在侦查、起诉、审判等各个诉讼阶段上如果有法定的可能妨碍诉讼公正进行的情形的,均不得主持或参与诉讼的进行。

(1)审判人员。在回避的语境中,审判人员是指各级人民法院院长、副院长、审判委员会委员、庭长、副庭长、审判员、助理审判员以及人民陪审员。

(2)检察人员。在回避的语境中,检察人员包括人民检察院检察长、副检察长、检察委员会委员、检察员、助理检察员。

(3)侦查人员。在回避的语境中,侦查人员是指直接负责案件侦查工作的侦查人员、侦查部门的负责人以及侦查机关的负责人。

(4)书记员。这里的"书记员"是指在审查起诉阶段和审判阶段为检察官、法官担任记录工作的书记员。人民法院和人民检察院都配有书记员辅佐法官或者检

察官,其中检察院的书记员不仅在审查起诉阶段帮助检察官,其还有可能在审判阶段继续为检察官担任记录。法院的书记员不仅在审判阶段有可能成为回避对象,其在执行阶段也有这种可能性,因为书记员也会参与刑事诉讼中的执行阶段。

(5)鉴定人员。鉴定人员是在刑事诉讼过程中受聘于或被指派对案件专门问题进行鉴定的专业人员。

(6)翻译人员。翻译人员是指在刑事诉讼过程中受聘于或被指派为当事人提供方言翻译或外文翻译的专业人员。

(7)记录人员。在侦查过程中,侦查机关需要制作多种笔录,比如询问笔录、讯问笔录、现场勘验笔录等,这些笔录的形成需要有专门的记录人员,这些记录人员若与案件有利害关系,则有可能影响笔录的真实性、完整性与准确性,因此,将记录人员纳入回避的人员范围具有其必要性;然而,我国刑事诉讼法并未将记录人员规定为应当回避的人员,但公安部《刑事案件程序规定》第38条规定,本章关于回避的规定适用于记录人、翻译人员和鉴定人。

▶ 二、回避的理由

回避的理由,是指法律明确规定的实施回避所必备的事实根据。可作为办案人员回避根据的情形主要是与案件有某种利害关系或其他关系,可能使案件难以得到公正的处理。各国刑事诉讼法一般均明确设定了若干个符合这一根据的事实情形,使其成为回避的法定理由。一般说来,回避可分为两种,一种是有因回避,另一种是无因回避。有因回避又被称为"附理由的回避",即只有在案件具备法定回避理由的前提下,属于回避人员范围内的人员才会回避。无因回避又称强制回避或不附带任何理由的回避,是指当事人提请办案人员回避无需附带任何理由,办案人员会被其所在单位负责人指令回避。

依据我国《刑事诉讼法》第28条的规定,我国刑事诉讼实行有因回避制度,回避理由如下:

(1)是本案的当事人或者是当事人的近亲属的。

在我国刑事诉讼中,近亲属是指夫、妻、父、母、子、女及同胞兄弟姊妹等。纠纷的产生至少存在利益相冲突的两方当事人,纠纷的解决需要中立的第三方进行裁决。纠纷的裁决者如果是纠纷的一方当事人,那就只有请上帝来做纠纷的裁决者才有可能得出公正的裁决了。在刑事诉讼领域,德国法学家拉德布鲁赫曾对控诉与裁判的关系有过经典的评述:"如果法官本身就是控告者,那么,只有上帝才能充当辩护人"。在刑事诉讼过程中,如果检察官、警察、书记员等办案人员就是案件的当事人,那么其在办案过程中就发生角色冲突,失去自己客观、公正的立场,不可能公正地对待对方当事人,这样极有可能导致对案件处理的偏差与不公正。另一方面,如果法官等办案人员是案件当事人的近亲属,由于亲情而偏袒这个近亲属当事人为人之常情,在道德伦理方面无可厚非,然而在法律层面而言,办案人员因近亲属而徇私枉法则损害了诉讼公正的根基。虽然历史上不乏大义灭亲的青天大老爷和清官,甚至在当今也有不因私枉法的办案人员,尽管如此,也难于排除对方当事人和社会公众对该案件公正性的疑虑,而回避制度至少可以在形式上或程序上消除前述疑虑。

(2) 本人或者他的近亲属和本案有利害关系的。

办案人员或其近亲属如果与其办理的案件存在利害关系,办案人员自然难于保持或者坚持客观、公正的立场,诉讼程序的不公正对案件的实体公正难免会产生负面影响,也会影响对方当事人及社会公众对诉讼结果的接受和服从,因此,此时,办案人员回避是对程序公正最起码的尊重。

(3) 担任过本案的证人、鉴定人、辩护人或者诉讼代理人的。

证人、鉴定人、辩护人、诉讼代理人虽不是国家机关的办案人员,但他们也都已经接触或了解了案件,对案件可能存在预断或先入为主,如果他们又转而成为案件的处理者、裁决者,那么这种预断、先入为主也会影响到他们作为案件裁决者、处理者应有的公正立场。在这种情况下,上述人员应当自行回避。此外,翻译人员也适用担任过本案的证人、鉴定人、辩护人或者诉讼代理人的回避规定。根据最高人民法院《适用刑事诉讼法的解释》第23条第3项规定,担任过本案的证人、鉴定人、辩护人、诉讼代理人、翻译人员的,应当自行回避。

(4) 与本案当事人有其他关系,可能影响公正处理案件的。

除上述三种情形外,如果审判人员、检察人员或侦查人员与案件当事人有其他关系,而且这种关系可能影响案件的公正处理,那么审判人员等办案人员则应当回避。比如,审判员人员与案件的被告人是同学,或者办案检察官与犯罪嫌疑人是邻居等,同学关系、邻居关系不是近亲属关系,此类关系本不应是应当回避的理由,但是这种同学关系、邻居关系如果会影响到案件的公正处理,那么,办案人员则应当回避,不能参与案件的处理工作。

另外,参与过案件前一个程序的办案人员不能参与该案件的后续程序,比如,一名警察在案件的侦查阶段作为侦查人员审讯了犯罪嫌疑人,后来,该警察被调到法院担任法官,法院决定让其审理前述案件,此时,已经做法官的这名警察则应主动回避。最高法《适用刑事诉讼法的解释》第25条规定,参与过本案侦查、审查起诉工作的侦查、检察人员,调至人民法院工作的,不得担任本案的审判人员。该解释的目的是为了防止后续程序的案件处理者对案件产生偏见或者预断。

此外,如果审判人员等办案人员接受当事人及其委托人的请客送礼,或者违反规定会见当事人及其委托人,那么,审判人员等办案人员也是应当回避的人员范围。我国《刑事诉讼法》第29条规定,审判人员、检察人员、侦查人员不得接受当事人及其委托的人的请客送礼,不得违反规定会见当事人及其委托的人。审判人员、检察人员、侦查人员违反前款规定的，应当依法追究法律责任。当事人及其法定代理人有权要求他们回避。

早在 2000 年 1 月 31 日，最高人民法院公布了《关于审判人员严格执行回避制度的若干规定》(法发[2000]5 号，以下简称《2000 年若干规定》)，该规定对法官的回避规定作了较为详细的规定。《2000 年若干规定》第 1 条第 4 款规定，与本案的诉讼代理人、辩护人有夫妻、父母、子女或者同胞兄弟姐妹关系的，审判人员应当自行回避，当事人及其法定代理人有权要求他们回避。2011 年 4 月 11 日，最高人民法院审判委员会第 1517 次会议通过了《关于审判人员在诉讼活动中执行回避制度若干问题的规定》(以下简称《2011 年若干规定》)，其第 1 条第 4 款与《2000 年若干规定》第 1 条第 4 款的内容相同，重申了与本案的诉讼代理人、辩护人有夫妻、父母、子女或者同胞兄弟姐妹关系的审判人员属于应当回避的范围。《2011 年若干规定》第 2 条还规定，在提供相应证据的前提下，审判人员在下列情形下应当回避：违反规定会见本案当事人、辩护人、诉讼代理人的；为本案当事人推荐、介绍诉讼代理人、辩护人，或者为律师、其他人员介绍办理该案件的；索取、接受本案当事人及其受托人的财物、其他利益，或者要求当事人及其受托人报销费用的；接受本案当事人及其受托人的宴请，或者参加由其支付费用的各项活动的；向本案当事人及其受托人借款，借用交通工具、通讯工具或者其他物品，或者索取、接受当事人及其受托人在购买商品、装修住房以及其他方面给予的好处的；有其他不正当行为，可能影响案件公正审理的。《2011 年若干规定》对违反回避制度的法律后果以及如何对审判人员进行纪律处分也作出了规定。《2011 年若干规定》第 2 条专门规定了与案件诉讼代理人有上述关系的审判人员应当回避，以确保审判人员能够客观、公正地处理案件。

2012 年全国人民代表大会通过了修订的《刑事诉讼法》，最高人民法院、公安部关于适用刑事诉讼法的司法解释和规定重申，与案件当事人、委托人、辩护人等有不正当来往或者其他关系的，办理案件的法官、侦查人员应当回避。修订的《公安机关办理刑事案件程序规定》(以下简称《公安部规定》)已经 2012 年 12 月 3 日公安部部长办公会议通过，2013 年 1 月 1 日施行，《公安部规定》第 31 条规定，公安机关负责人、侦查人员有下列行为的，应当责令其回避并依法追究法律责任，当事人及其法定代理人也有权要求其回避：违反规定会见本案当事人及其委托人；索取、接受本案当事人及其委托人的财物或者其他利益；接受本案当事人及其委托人的宴请，或者参加由其支付费用的活动；有其他不正当行为，可能影响案件公正办理。

2013 年 1 月 1 日起施行的最高法《适用刑事诉讼法的解释》第 24 条规定，审判人员违反规定，具有下列情形之一的，当事人及其法定代理人有权申请其回避：违反规定会见本案当事人、辩护人、诉讼代理人的；为本案当事人推荐、介绍辩护人、诉讼代理人,或者为律师、其他人员介绍办理本案的;索取、接受本案当事人及其委托人的财物或者其他利益的;接受本案当事人及其委托人的宴请,或者参加由其支付费用的活动的;向本案当事人及其委托人借用款物的;有其他不正当行为,可能影响公正审判的。

(5)在本诉讼阶段以前办理过本案的办案人员不得参加此后诉讼阶段的工作。

对于发回重申的一审案件、再审的案件,原审人民法院应当组成新的合议庭,原审合议庭成员不得参加该案件的审理。我国《刑事诉讼法》第228条规定,原审人民法院对于发回重新审判的案件,应当另行组成合议庭,依照第一审程序进行审判。该法第245条规定,人民法院按照审判监督程序重新审判的案件,由原审人民法院审理的,应当另行组成合议庭进行。最高法《适用刑事诉讼法的解释》第25条规定,参与过本案侦查、审查起诉工作的侦查、检察人员,调至人民法院工作的,不得担任本案的审判人员。在一个审判程序中参与过本案审判工作的合议庭组成人员或者独任审判员,不得再参与本案其他程序的审判。但是,发回重新审判的案件,在第一审人民法院作出裁判后又进入第二审程序或者死刑复核程序的,原第二审程序或者死刑复核程序中的合议庭组成人员不受本款规定的限制。最高人民检察院《刑事诉讼规则》第30条规定,参加过本案侦查的侦查人员,不得承办本案的审查逮捕、起诉和诉讼监督工作。上述法律和司法解释的规定表明,参与过案件前一诉讼阶段的办案人员不应再参与案件后一诉讼阶段的办理工作,否则将影响其公正的立场,这是诉讼公正的基本要求。

▶ 三、回避的种类

依据不同的标准,回避可以分为不同的种类。根据申请回避时是否需要提出理由,可将回避分为有因回避和无因回避。所谓有因回避,是指当事人及其辩护人在要求某个陪审员回避时,必须提供相应的理由。无因回避是指当事人或其他诉讼参与人在申请回避时,无需提出回避的理由,即可要求法官、陪审员等回避,法国是实行无因回避的典型代表。

依据我国刑事诉讼法及机关司法解释,回避的种类有三:自行回避、申请回避及指令回避。

自行回避是指在诉讼过程中遇有法定回避情形时,侦查人员、检察人员、审判人员等办案人员应当主动要求退出刑事诉讼活动。我国《刑事诉讼法》第28条规定了侦查人员、检察人员、审判人员等办案人员应当自行回避的法定理由,对于这些显而易见、不言而喻的法定理由,办案人员应当自律、主动放弃参与案件的诉讼活动,也不用等到被当事人申请回避后退出案件的办理,以消除可能导致案件得不到公正处理的人为因素。

申请回避,则指案件当事人及其法定代理人依法向有关机关提出申请,要求具有法定回避情形的审判人员、检察人员、侦查人员等办案人员退出诉讼活动的行为。申请回避是当事人及其法定代理人的重要诉讼权利,在办案人员不主动回避的情形下,享有申请回避的权利有利于回避制度的落实,我国《刑事诉讼法》第28条保障了当事人及其法定代理人这一重要的诉讼权利。

指令回避是指在遇有法定回避理由的情形下,审判人员、检察人员、侦查人员没有主动自行回避,当事人及其法定代理人也没有申请回避,则公安机关、检察院、法院等机关的负责人或者该机关的有关组织有权命令办案人员退出诉讼活动。指令回避是对自行回避和申请回避的重要补充。

我国刑事诉讼法典虽未明确规定指令回避,但司法解释则对此予作了明确的规定。最高法《适用刑事诉讼法的解释》第29条规定,应当回避的审判人员没有自行回避,当事人及其法定代理人也没有申请其回避的,院长或者审判委员会应当决定其回避。最高检《刑事诉讼规则》第26条对检察人员也作了类似规定,应当回避的人员,本人没有自行回避,当事人及其法定代理人也没有申请其回避的,检察长或者检察委员会应当决定其回避。

第三节 回避的程序

作为法律职业从业者,审判人员、检察人员、公安人员被推定其有应当自行回避的法定理由和义务。对于案件当事人、诉讼代理人及辩护人,各个诉讼阶段的办案人员则有义务告知前者有申请回避的权利,以保障其该项诉讼权利的实现。

最高检《刑事诉讼规则》、最高法《适用刑事诉讼法的解释》明确规定检察官、法官有义务告知当事人、诉讼代理人及辩护人享有申请回避的权利。最高检《刑事诉讼规则》第22条规定,人民检察院应当告知当事人及其法定代理人有依法申请回避的权利,并告知办理相关案件检察人员、书记员的姓名、职务等有关情况。最高法《适用刑事诉讼法的解释》第26条规定,人民法院应当依法告知当事人及其法定代理人有权申请回避,并告知其合议庭组成人员、独任审判员、书记员等人员的名单。

我国刑事诉讼法未明确规定在侦查阶段的审讯中警察是否必须告知犯罪嫌疑人享有申请回避的权利;但从司法实践的层面看,警察在开始讯问时往往向犯罪嫌疑人出具一份《犯罪嫌疑人诉讼权利义务告知书》(以下简称《告知书》),《告知书》包括犯罪嫌疑人申请回避的诉讼权利,在犯罪嫌疑人阅读完《犯罪嫌疑人诉讼权利义务告知书》之后,警察一般都会询问犯罪嫌疑人是否清楚自己的诉讼权利与义务。

▶ 一、回避申请的提出

审判人员、检察人员、公安人员等办案人员自行回避的,既可以口头形式提出也可以书面形式提出,并说明具体理由,口头提出回避的还应记录在案。公安部《刑事案件程序规定》第32条规定,公安机关负责人、侦查人员自行提出回避申请的,应当说明回避的理由;口头提出申请的,公安机关应当记录在案。最高检《刑事诉讼规则》第21条指出,检察人员自行回避的,可以口头或者书面提出,并说明理由。口头提出申请的,应当记录在案,最高法《适用刑事诉讼法的解释》第27条也作了类似的规定。

当事人及其法定代理人可以采用书面或口头方式申请回避,并说明理由;根据《刑事诉讼法》第29条的规定提出回避申请的,还应当提供证据材料,证明被申请回避的人员存在接受当事人及其委托人请客送礼的事实。最高法《适用刑事诉讼法的解释》第28条规定,当事人及其法定代理人依照《刑事诉讼法》第29条和本解释第24条规定申请回避,应当提供证明材料。

二、回避的审查、决定和宣布

办案人员自行提出回避后,或者当事人等申请办案人员回避后,这些属于回避范围的办案人员并不一定马上就可以退出对案件的处理,回避能否生效还需要由法定的组织和人员根据法定的理由进行审查并作出是否准许回避的决定。

我国《刑事诉讼法》第30条第1款规定,审判人员、检察人员、侦查人员的回避,应当分别由院长、检察长、公安机关负责人决定;院长的回避,由本院审判委员会决定;检察长和公安机关负责人的回避,由同级人民检察院检察委员会决定。依据最高法《适用刑事诉讼法的解释》、最高检《刑事诉讼规则》、公安部《刑事案件程序规定》,有权作出是否回避决定的法定组织和人员如下:

(1)审判人员的回避,由本法院的院长决定。依据最高法《适用刑事诉讼法的解释》第32条,"审判人员"包括人民法院院长、副院长、审判委员会委员、庭长、副庭长、审判员、助理审判员和人民陪审员。

(2)检察人员的回避,由本检察院的检察长决定。依据最高检《刑事诉讼规则》第32条,"检察人员"包括人民检察院检察长、副检察长、检察委员会委员、检察员和助理检察员。

(3)侦查人员的回避则由本侦查机关的负责人决定。

(4)法院院长的回避,由本法院审判委员会讨论决定。最高法《适用刑事诉讼法的解释》第27条规定,院长自行申请回避,或者当事人及其法定代理人申请院长回避的,由审判委员会讨论决定。审判委员会讨论时,由副院长主持,院长不得参加。

(5)检察长的回避,由本检察院检察委员会决定。最高检《刑事诉讼规则》第24条规定,检察长的回避,由检察委员会讨论决定。检察委员会讨论检察长回避问题时,由副检察长主持,检察长不得参加。

(6) 公安机关负责人的回避,由同级检察院的检察委员会决定。最高检《刑事诉讼规则》第 25 条规定,当事人及其法定代理人要求公安机关负责人回避,应当向公安机关同级的人民检察院提出,由检察长提交检察委员会讨论决定。

(7) 书记员、司法警察、翻译人员、鉴定人员等其他属于回避范围人员的回避,这些办案人员根据其所处的不同的诉讼阶段,由各该诉讼阶段的机关负责人作出决定。最高法《适用刑事诉讼法的解释》第 33 条规定,书记员、翻译人员和鉴定人适用审判人员回避的有关规定,其回避问题由院长决定。最高检《刑事诉讼规则》第 33 条规定,本规则关于回避的规定,适用于书记员、司法警察和人民检察院聘请或者指派的翻译人员、鉴定人。公安部《刑事案件程序规定》第 38 条规定,本章关于回避的规定适用于记录人、翻译人员和鉴定人,记录人、翻译人员和鉴定人需要回避的,由县级以上公安机关负责人决定。

有权决定回避的组织或个人对办案人员提出的自行回避和当事人提出的申请回避进行全面审查后,若确有《刑事诉讼法》规定的回避情形的,应当作出准予回避的决定;否则,该组织或个人有权作出不准许回避的决定。

对当事人、法定代理人及其委托的人当庭申请出庭的公诉人、书记员回避的,人民法院应当通知公诉人、书记员所属的人民检察院,然后由该人民检察院的检察长或者检察委员会决定。

有权作出回避决定的组织或者个人无论是否同意回避申请,都应向提出申请的当事人、法定代理人及其委托的人宣布;对于驳回回避申请的,还应告知其有申请复议的权利及如何行使这一权利。

▶ 三、对驳回申请回避决定的复议

对于被驳回申请回避的决定,当事人、法定代理人及其委托的人有权向作出该决定的组织或个人申请复议。依据最高法《适用刑事诉讼法的解释》第 30 条第 2 款,当事人及其法定代理人申请回避被驳回的,可以在接到决定时申请复议一次;属于《刑事诉讼法》第 28 条、第 29 条规定情形的回避申请,由法庭当庭驳回,并不得申请复议。最高检《刑事诉讼规则》第 27 条规定,人民检察院作出驳回申请回避的决定后,应当告知当事人及其法定代理人如不服本决定,有权在收到驳回申请回避的决定书后 5 日以内向原决定机关申请复议一次。公安部《刑事案件程序规定》第 35 条第 1 款规定,当事人及其法定代理人对驳回申请回避的决定不服的,可以在收到驳回申请回避决定书后 5 日以内向作出决定的公安机关申请复议。

作出驳回申请回避决定的组织或个人应对复议进行审查,若认为驳回申请回避的决定错误,则应撤销这一决定且作出准予回避的决定,并及时将复议结果告知提出复议的当事人、法定代理人及其委托的人。最高检《刑事诉讼规则》第 28 条规定,当事人及其法定代理人对驳回申请回避的决定不服申请复议的,决定机关应当

在3日以内作出复议决定并书面通知申请人。公安部《刑事案件程序规定》第35条第2款规定,公安机关应当在收到复议申请后五日以内作出复议决定并书面通知申请人。

四、回避的效力

一般而言,自行请求回避、被申请回避的办案人员应立即停止对案件的诉讼活动,但作为例外:侦查人员在进行侦查活动时被申请回避或自行请求回避的,该侦查人员不应立即停止其侦查活动,并不得延误。为了防止延误侦查,我国《刑事诉讼法》第30条第2款规定,对侦查人员的回避作出决定前,侦查人员不能停止对案件的侦查。据此,只有在有关组织或个人批准对侦查人员的回避申请之后,该侦查人员才能退出侦查活动,改由其他侦查人员接替其工作或者对案件重新进行侦查。公安部《刑事案件程序规定》第36条规定,在作出回避决定前,申请或者被申请回避的公安机关负责人、侦查人员不得停止对案件的侦查。作出回避决定后,申请或者被申请回避的公安机关负责人、侦查人员不得再参与本案的侦查工作。

不准许回避的办案人员在被申请回避之前的诉讼行为有效不言而喻,复议期间的诉讼行为继续有效也毋庸置疑。回避申请被准许后,被申请回避的办案人员之前的诉讼活动是否有效?一般认为,办案人员之前的诉讼活动仍然有效,不影响诉讼活动的继续进行。

属回避范围的办案人员具有法定回避理由而没有回避的,则构成程序违法。根据我国刑事诉讼法的规定,一审过程中应回避而未回避的属严重的程序违法,是二审法院发回重审的法定理由。

【拓展阅读】

在英美法系国家,回避分为有因回避与无因回避,其回避的主要对象是非职业法官的陪审员,法官则不是回避的主要对象。大陆法系国家与我国相似,其普遍在刑事诉讼法典中详细规定了回避的理由,英美法系国家明显不如大陆法系国家那样重视回避理由,体现了英美法系国家重视程序正义和当事人诉讼权利(回避权)的保障。在大陆法系国家,法官是其回避的主要对象,大陆法系国家回避对象范围要远远大于英美法系国家,除了法官之外,还明确规定检察官等其他人也是回避的对象。比如,法国《刑事诉讼法典》第668条规定,任何审判官都可以因以下原因而被申请回避⋯⋯德国《刑事诉讼法典》第22条、第24条规定,有下列情形之一时,法官依法不得执行审判职务⋯⋯对法官既可依法定的理由回避又可因偏袒之虞而拒绝⋯⋯

此外,我国《刑事诉讼法》未规定集体回避的问题,但在司法实践中,集体回避经常出现,值得学界与实务界深思。比如,在闻名全国的李庄案中,李庄及其辩护律师对审案法院及重庆整个司法机关都提出了回避申请,其理由是认为李庄涉嫌伪证罪是受到了重庆当局的迫害所致,但由于其不属回避的法定理由被法院当庭直接驳回。在今年上半年广东某市的一个爆炸罪案件中,案件的起因是当地中级人民法院、检察院、公安局在市委市政府的要求下,强行收回已被解封的属于股东的公司及其财产,导致了该股东与其10多名员工与警察的冲突,后当地公安局以爆炸罪将上述被告人抓获归案;在庭审中,被告人及其辩护人以当地司法机关与案件存在利害关系为由申请集体回避,但法院以不属回避法定理由为由驳回了该回避申请。

【思考题】

1. 回避的方式、种类有哪些?
2. 回避申请被批准后,被申请回避人员在这之前已完成的诉讼效力如何?
3. 回避申请被驳回后,申请人的救济途径是什么?

第六章 辩护与代理

要点提示

- 辩护的含义。
- 为什么要设置辩护制度?
- 我国辩护制度有什么基本内容?
- 诉讼代理与辩护有何异同?
- 我国法律援助制度的特点。

【案例思考】

2013年10月14日,宁夏彭阳县红河乡文沟村发生一起凶杀案,村民兰油布一家四代7口人被杀。宁夏彭阳文沟村村民麻永东因家务琐事与妻子兰秀英发生矛盾,随后兰秀英的父母兰油布和兰西连将女儿领回娘家,并提出让兰秀英和麻永东离婚,麻永东便对兰油布、兰西连怀恨在心。当晚10时40分许,被告人麻永东携带一把马刀,驾驶摩托车到兰油布家,翻墙入院,进入兰油布卧室叫妻子兰秀英回家,兰油布及兰西连表示反对,麻永东随即拿出马刀,残忍杀害兰油布、兰西连、兰油布的两个孙女和自己怀有身孕的妻子。之后麻永东又进入兰油布父母兰明芳、马秀梅的卧室,持刀分别向兰明芳、马秀梅连砍数刀,又返回兰油布卧室,朝兰西连、兰油布再砍数刀。致7人当场死亡。作案后,被告人麻永东将作案工具藏匿后逃离。公安机关在宁夏吴忠市利通区凯悦建材城附近将麻永东抓获。被告人麻永东罪大恶极,其家属不想为其聘请律师。

问题:司法机关是否应为麻永东指定律师为其辩护?

第一节 辩护制度概述

一、辩护、辩护权

辩护,简而言之是指行为人为自己的行为进行辩解及寻找理由。在我国《刑事诉讼法》2012年修改之前,有的教材一般将辩护定位为犯罪嫌疑人、被告人进行的实体辩护,而忽略了维护其诉讼权利。有学者则认为,犯罪嫌疑人、被告人的实体权利和程序权利同等重要,都需要通过辩护来实现,刑事诉讼中的辩护是指犯罪嫌疑人、被告人及其辩护人为维护犯罪嫌疑人、被告人的合法权益,从事实和法律两方面反驳控诉方的指控,提出有利于被告人的证据和理由,证明被告人无罪、罪轻或者减轻、免除其刑事责任,以及从程序上维护犯罪嫌疑人、被告人的诉讼权利的诉讼活动。① 刑事诉讼法的主流教材也持相似的观点,辩护是指刑事案件的被追诉人及其辩护人反驳对被追诉人的指控,提出有利于被追诉人的事实和理由,论证被追诉人无罪、罪轻或者应当减轻、免除刑罚;维护被追诉人的程序性权利,以保障

---

① 宋英辉主编:《刑事诉讼原理》,法律出版社2004年版,第117—118页。

被追诉人合法权益的诉讼活动。①

辩护权是犯罪嫌疑人、被告人享有的一项基本的人权、一项宪法性权利,依据自然法,辩护权是人之所以作为人本该享有的权利,只不过在现代社会被法律确认而已,也是犯罪嫌疑人、被告人最重要的一项诉讼权利。一般认为,犯罪嫌疑人、被告人行使辩护权的方式有二:一是自行辩护,即犯罪嫌疑人、辩护人本人为自己辩护;二是犯罪嫌疑人、辩护人委托辩护人为自己进行辩护或者由司法机关为犯罪嫌疑人、辩护人辩护。

从比较法的视角看,享有辩护权是现代法治国家宪法和刑事诉讼法给予犯罪嫌疑人、被告人最重要的诉讼权利之一。美国宪法第六修正案规定,在一切刑事诉讼中,被告人有权获得律师的帮助为其辩护。德国《刑事诉讼法典》第137条规定,被指控人可以在程序的任何阶段委托辩护人为自己辩护。联合国的刑事司法文件也确认了辩护权作为被告人的基本人权,《公民权利和政治权利国际公约》第14条第3款乙项规定,在判定对他提出的任何刑事指控时,人人完全平等地有资格享受以下的最低限度保证……有相当时间和便利准备他的辩护并与他自己选择的律师联络;出席受审并亲自替自己辩护或经由他自己所选择的法律援助进行辩护;如果他没有法律援助,要通知他享有这种权利;在司法利益有此需要的案件中,为他指定法律援助,而在他没有足够能力偿付法律援助的案件中,不要他自己付费。

我国《宪法》第125条规定,人民法院审理案件,除法律规定的特别情况外,一律公开进行。被告人有权获得辩护。据此,被告人在审判阶段有权获得辩护权,我国《宪法》未赋予犯罪嫌疑人在侦查阶段和审查起诉阶段享有辩护权。我国2012年修订前的《刑事诉讼法》规定犯罪嫌疑人自审查起诉阶段起有权聘请辩护人,但没有赋予犯罪嫌疑人在侦查阶段和审查起诉阶段享有辩护权。其第96条第1款规定,犯罪嫌疑人在侦查阶段有权聘请律师,律师在侦查阶段可以向犯罪嫌疑人了解案情、会见犯罪嫌疑人、为其代理申诉、控告、提供法律咨询、申请变更强制措施,但受聘律师只能被认为是犯罪嫌疑人的法律帮助人,但不是辩护人,不具有辩护人的诉讼地位,犯罪嫌疑人也就不享有辩护权。2012年修订的《刑事诉讼法》第33条第1款规定,犯罪嫌疑人自被侦查机关第一次讯问或者采取强制措施之日起,有权委托辩护人;在侦查期间,只能委托律师作为辩护人。被告人有权随时委托辩护人。由此可见,在我国的刑事诉讼中,犯罪嫌疑人首次在侦查阶段享有了辩护权,受聘律师是其名正言顺的辩护人,是具有独立诉讼地位的辩护律师。

▶ 二、辩护制度及其历史沿革

辩护制度是宪法、刑事诉讼法等法律规定的关于辩护权、辩护种类、辩护方式、

---

① 陈光中主编:《刑事诉讼法》,北京大学出版社、高等教育出版社2010年版,第136页。

辩护人的范围、辩护人的权利与义务、辩护人的责任等一系列规则的总称。辩护制度的确立是犯罪嫌疑人、被告人有权获得辩护原则在刑事诉讼中的体现,是犯罪嫌疑人、被告人享有辩护权的重要保障。辩护制度的确立仰赖于健全的法律渊源,宪法、刑事诉讼法、律师及有关司法解释都是辩护制度的重要渊源。辩护权是辩护制度产生的基础,犯罪嫌疑人、被告人如果不享有辩护权,则不会有辩护制度产生和存在必要;辩护制度正是为了保障犯罪嫌疑人、被告人辩护权而设立的;辩护则是犯罪嫌疑人、被告人及其辩护人行使辩护权的外在形式,也正是辩护制度在刑事诉讼中的具体落实和实现。

辩护制度起源于西方社会,有着久远的历史。公元前450年前后公布的古罗马第一部成文法典《十二铜表法》被称为"一切公法和私法的渊源",它是罗马固有习惯法的汇编,因条文刻在十二块铜牌上而得名。该法明文规定了法庭上辩护人进行辩护的条文:"若当事人双方不能和解,则他们应在午前到市场或会议场进行诉讼。出庭双方应依次申辩。"这种允许双方当事人进行辩论的制度,在公元1世纪发展成了允许代理人即辩护士进行辩论的制度。当时的罗马皇帝对辩护制度给予了热情洋溢的评价:"那些消解诉讼中产生的疑问并以其常在公共和私人事务中进行辩护帮助他人避免错误、帮助疲惫者恢复精力的律师,为人类提供的帮助不亚于那些以战斗和负伤拯救祖国和父母的人。因此,对于我们的帝国来说,我们不仅把身披盔甲、手持剑盾奋战的人视为战士,同样认为律师也是战士。因为那些受托捍卫荣誉之声,保护忧虑者的希望、生活和后代的诉讼辩护人也是在战斗。"由此可见,古罗马是当时世界上刑事辩护最发达的国家。封建制度取代奴隶制度后,纠问式诉讼代替了弹劾式诉讼,这是一种专制和野蛮的诉讼模式,以惩罚犯罪为根本目的,被告人几乎不享有任何诉讼权利,甚至连自我辩护的权利也被剥夺了。在这一时期,辩护原则徒有虚名。近代资产阶级革命取得胜利后,被告人在刑事诉讼中的辩护权得以确认。各主要资本主义国家都在立法中重新肯定了辩护原则。首先规定被告人辩护权的是英国1679年的《人身保护法》。不过,在1696年之前,重罪案件都不允许辩护人进行辩护,1696年的《叛逆法》也仅仅允许叛逆案件被告人获得律师辩护。大约在1730年左右开始,英国法官通过行使自由裁量权的方式,允许其他重罪案件的被告人获得律师帮助。而1808年拿破仑时期的刑事诉讼法典对辩护作了更详尽、周密的规定,使得刑事辩护系统化、规范化,不断发展并趋于完善。当辩护权成为被告人不可或缺的诉讼权利之后,人们更加关注法律赋予被告人的辩护权是否能真正有效地发挥辩护的作用,这就是有效辩护。

在刑事诉讼中,法律不仅应当赋予犯罪嫌疑人、被告人以辩护权,而且辩护应当是实质意义上的,而不应当是形式的。有效辩护原则至少包含以下几层意思:一是犯罪嫌疑人、被告人作为刑事诉讼的当事人在诉讼过程中应当享有充分的辩护权;二是应当允许犯罪嫌疑人、被告人聘请合格的能够有效履行辩护义务的辩护人为其辩护,包括审前阶段的辩护和审判阶段的辩护,甚至包括在执行阶段提供的法律帮助;三是国家应当保障犯罪嫌疑人、被告人自行辩护权的充分行使;设立法律援助制度确保犯罪嫌疑人、被告人获得律师的帮助。美国学者 D. M. 贝勒认为:"一个与有效辩护密切相关的原则——法律帮助原则,即人们有权聘请律师,至少有以下好处,一是律师具有专业知识,能够弥补当事人知识的不足,避免对抗制诉讼下错误的发生……三是律师参与可以带来某些程序利益,如使当事人更能富有成效的参与审判过程,有助于实现公正,使当事人更好的理解案件"。这段文字清楚地表明了律师特别是辩护律师在实体、程序方面的价值。刑事诉讼中辩护律师作用的发挥对于法官形成正确裁判、实现控辩平衡、维护当事人的合法权益、体现诉讼程序公正有很大的作用。因此,有效辩护原则是人类社会文明、进步在刑事诉讼中的体现。

有权获得辩护原则已为大多数法治国家的宪法和刑事诉讼法所确认。《美国宪法修正案》第 6 条规定,在一切刑事诉讼中,被追诉者有权获得律师的帮助为其辩护。《法国刑事诉讼法》第 274 条、第 275 条规定,在重罪案件中,被告人有权获得律师辩护。《俄罗斯刑事诉讼法》第 16 条规定,犯罪嫌疑人和刑事被告人享有辩护权,他们可以自行辩护,或通过辩护人和其法定代理人行使辩护权。

第二次世界大战后,有权获得辩护原则逐渐成为刑事诉讼国际准则,《世界人权宣言》第 11 条规定,受刑事控告者享有辩护权。同时为保障被告人辩护权的行使,《公民权利和政治权利国际公约》(以下简称《公约》)规定了相关保障措施:一是被告人可以自行辩护。《公约》第 14 条第 3 项第 4 目规定,被告人有权到庭受审、亲自辩护。为了保障被告人能够进行切实有效的辩护,《公约》还规定如果被告人不通晓或不能使用法院所用的语言,应当免费为其准备翻译予以协助。二是被告人有获得律师帮助的权利,可以委托律师替自己进行辩护。《公约》规定,受刑事指控的人应有相当的时间和便利以准备辩护并与其委托的律师联络;到庭受审并亲自替自己辩护或经由他自己所选任的律师进行辩护;如果他没有委托律师,要通知他享有这种权利。三是在被告人无力聘请律师的情况下,应当为其提供刑事司法援助。《公约》第 14 条第 3 项规定:法院在审判时认为有必要的,应为他指定辩护律师,如果被告人没有足够能力支付费用,可以免费。1990 年第八届联合国预防犯罪和罪犯待遇大会通过的《关于律师作用的基本原则》规定,所有的人都有权请求由其选择的一名律师协助保护和确立其权利并在刑事诉讼的各个阶段为其辩护。如果他无力支付费用,可以免费。显然,这些国际文件强调被告人享有的辩护权应当是有效的,律师辩护不能只是一张空头支票,它必须能真正发挥作用,使辩护权能真正成为控、辩、审中的辩护一方,使控辩能相对平衡和切实保障被告人人权,使刑事诉讼程序符合正当法律程序的要求。

我国现代意义上的辩护制度是在清朝末年从西方移植而来。最早的立法规定是 1906 年清朝制定的《大清刑事民事诉讼法》,而后国民党政府在 1928 年和 1941 年分别制定和颁行了《律师章程》和《律师法》,构建了一套辩护体系,虽然有半殖民地半封建色彩,但仍有较大的积极意义。新中国成立以后,辩护制度经历了一个曲折的发展过程。由于政治运动过于频繁的特殊原因,出现了长达二十多年的空白时期。党的十一届三中全会后,我国民主法制建设向前推进,1979 年《刑事诉讼法》明确规定了辩护制度,1982 年《宪法》确立了辩护原则。1996 年修订的《刑事诉讼法》就辩护制度进行重大改革,1998 年 10 月,我国政府签署了《公民权利和政治权利国际公约》,标志着我国刑事诉讼制度特别是对于被告人权利保障方面的建设又迈进了一大步。

我国现行《宪法》第 125 条和《刑事诉讼法》第 11 条都明确规定被告人在刑事诉讼中享有辩护权,《刑事诉讼法》第 33 条第 1 款明确规定了犯罪嫌疑人在侦查阶段也同样享有辩护权,有权聘请律师作为自己的辩护人,其辩护权主要包括:犯罪嫌疑人、被告人有权自行辩护;犯罪嫌疑人在侦查阶段享有聘请律师为其提供法律帮助的权利,被告人自审查起诉阶段享有律师辩护权;法院有义务为可能被判死刑而没有聘请辩护律师的被告人、盲聋哑被告人、未成年人等指定辩护律师;犯罪嫌疑人、被告人还享有会见权等。

三、辩护制度的意义

辩护权对维护刑事诉讼程序的正当性、追求实体真实、规制司法权力及巩固犯罪嫌疑人、被告人的诉讼主体地位都具有重要的意义。

首先,犯罪嫌疑人、被告人享有辩护权使刑事诉讼具备了程序正当性。为了打击犯罪和维护社会秩序,赋予侦查机关强大的侦查权实属必然,侦查机关除了可以进行任意侦查之外,还享有实施强制性侦查行为的权力。由于刑事诉讼会限制甚至剥夺犯罪嫌疑人的人身自由等宪法性权利,而辩护权恰好是维护犯罪嫌疑人合法权利的坚强盾牌。辩护权贯穿整个刑事诉讼体现了正当程序中的当事人的参与品格,有利害关系或者可能因该结果而蒙受不利影响的人,都有权参加该程序并得到提出有利于自己的主张和证据以及反驳对方提出之主张和证据的机会。这就是正当程序原则最基本的内容或要求,也是满足程序正义的最重要条件[①];犯罪嫌疑人、被告人享有辩护权是无罪推定这一政治法律思想成为刑事诉讼原则的逻辑延伸,是其参与刑事诉讼、影响诉讼结果的必要条件,是程序正义的必然要求。程序正义的核心内容是对被指控人的个人权利加以保护,而对于国家权力加以制约。[②] 由此可见,犯罪嫌疑人、被告人享有辩护权是刑事诉讼程序具备正当性的重要因

---

① 〔日〕谷口安平:《程序的正义与诉讼》,王亚新等译,中国政法大学出版社 1992 版,第 230 页。
② 黄东熊:《刑事诉讼法论》,台湾三民书局 1987 年版,第 27 页。

素,犯罪嫌疑人、被告人是否真正享有辩护权是刑事诉讼民主化的标志之一。

其次,犯罪嫌疑人、被告人享有辩护权有助于司法机关查清犯罪事实、正确适用法律。强大的侦查权可以保证迅速收集证据,控制犯罪嫌疑人,从追求实体真实的角度而言,似乎没有任何阻力的侦查权才能最迅速地查清犯罪事实。若辩护人介入侦查,并赋予与侦查机关对等的权利,如收集证据权,就可能使侦查活动难以正常展开,案件的真实情况难于查明。再者,如侦查人员讯问犯罪嫌疑人时,允许辩护人在场,这样就大大减轻了犯罪嫌疑人的心理压力,不利于那些真正有罪的犯罪嫌疑人如实陈述案情。此外,犯罪嫌疑人还可能利用与辩护人之间的往来进行串通,销毁有关证据。然而强大和通畅的侦查权、司法权并没有带来满意的结果。我国侦查机关、检察机关、法院负有"客观义务",即侦查人员、检察人员不仅要收集有罪证据,还应当收集无罪证据,而事实并非如此。从承担的诉讼职能看,追究犯罪是侦查机关、检察机关的职能,受本位主义和利益的驱动,侦查人员、检察人员在侦查、审查起诉过程中更关注收集有罪证据,往往不太关心或者甚至有意不去收集无罪证据,有不少无辜的人被错误刑事追究,比如,杜培武案和佘祥林案就是滥用侦查权和辩护权无法落实所导致的恶果,这样既不能发现实体真实,也不利于保护人权。大陆法系国家通过赋予犯罪嫌疑人以阅卷权、申请保全证据等为内容的辩护权来制约侦查权的行使,从而使侦查人员对案件的调查结果更接近于事实真相。英美法系国家的犯罪嫌疑人及其辩护律师则享有与侦查机关的侦查相对立的调查取证权。虽然犯罪嫌疑人的证据收集权不能和侦查机关的证据收集权同日而语,因为前者无权强制调查取证,大多数嫌疑人可能没有用于收集证据的经济条件[①];但犯罪嫌疑人的证据收集权仍然有利于发现案件真相,有助于减少甚至防止无罪者受到错误追究;因为"真相可以通过双方对同一问题的强有力的陈述而获得最好的发现"[②]。

最后,辩护权有助于遏制侦查权、司法权的滥用和保护犯罪嫌疑人、被告人的基本人权,从而巩固犯罪嫌疑人的诉讼主体地位。在现代社会中,由于犯罪行为的日益复杂和隐秘,仅仅实施任意性侦查行为对于侦破案件是不够的,侦查机关不得不采取大量的强制性侦查行为,其扩张性和侵略性不言而喻。另一方面,犯罪嫌疑人、被告人的自我辩护具有很大的局限性,因为他们一般都缺乏专门的法律知识和素养,在押犯罪嫌疑人、被告人处于孤立无援的境地,此时他最需要律师提供及时有效的法律帮助,如在警察讯问时律师在场会使嫌疑人获得心理上的支持,也可以防止警察在讯问时采取非法手段。辩护律师的参与为国家官员和个人两方组合的

---

① Mireille Delmas-Marty & J. R. Spencer, European Criminal Procedures, Cambridge University Press,2002,p. 169。

② United States v. Cronic,466 U. S. 648,655(1984)。

刑事诉讼格局注入了独立于国家机关，也独立于当事人的社会力量；相对于追诉机关，辩护律师的参与体现了对侦查权、司法权的监督。辩护权中的律师在场权、会见权、阅卷权等权利不仅可以从外部对侦查权、司法权形成一定的制约，还能为嫌疑人、被告人参与侦查、审查起诉、审判等影响诉讼结果提供必要的保障措施，因此，辩护权能强化犯罪嫌疑人、被告人的诉讼主体地位。

第二节　我国辩护制度的基本内容

一、辩护的种类

根据我国《刑事诉讼法》第32条、第33条、第34条的规定，我国刑事诉讼中的辩护种类有三：自行辩护、委托辩护、指定辩护。

（一）自行辩护

自行辩护是指犯罪嫌疑人、被告人自己对指控进行反驳、辩解的行为。我国《刑事诉讼法》第32条第1款规定，犯罪嫌疑人、被告人除自己行使辩护权以外，还可以委托一至二人作为辩护人。可见，犯罪嫌疑人、被告人在刑事诉讼的任何阶段，都有权进行自我辩护。

（二）委托辩护

由于犯罪嫌疑人、被告人自身知识水平等的局限，部分犯罪嫌疑人、被告人及其家属委托律师或其他公民担任辩护人，协助其进行辩护。根据我国《刑事诉讼法》第33条，犯罪嫌疑人、被告人在刑事诉讼的每个阶段都有权委托辩护人：(1)在侦查阶段，侦查机关在第一次讯问犯罪嫌疑人或者对犯罪嫌疑人采取强制措施的时候，应当告知犯罪嫌疑人有权委托辩护人，犯罪嫌疑人自侦查机关第一次讯问或者采取强制措施之日起，有权委托辩护人。(2)在审查起诉阶段，人民检察院自收到移送审查起诉的案件材料之日起3日以内，应当告知犯罪嫌疑人有权委托辩护人。(3)在审判阶段，人民法院自受理案件之日起3日以内，应当告知有权委托辩护人。根据上述规定，在我国刑事诉讼中，犯罪嫌疑人、被告人是否委托辩护人、何时委托辩护人、委托何人担任辩护人都由其自行决定；但委托辩护并非不受任何限制，依据最高法《适用刑事诉讼法的解释》第38条，一名被告人可以委托一至二人作为辩护人，一名辩护人不得为两名以上的同案被告人，或者未同案处理但犯罪事实存在关联的被告人辩护。

（三）指定辩护

犯罪嫌疑人、被告人虽然有是否委托辩护人的自由，在我国司法实践中，也确有许多犯罪嫌疑人、被告人不请辩护人，但为了维护某些特殊被告人的合法权益，维护诉讼公正，公安司法机关可以甚至有义务为这些特殊的人群指定律师为其辩护。

指定辩护即指在审判阶段对于没有委托辩护人的被告人，人民法院在法律规定的某些特殊情形下，为被告人指定合格的律师担任其辩护人，由该律师协助该被告人行使辩护权。由此可见，指定辩护发生在审判阶段，指定的机关是人民法院，承担辩护任务的是合格的律师，这种辩护对于被告人而言是免费的，律师的辩护费用由政府支付。

根据最高法《适用刑事诉讼法的解释》第42条、第43条、第44条的规定，我国刑事诉讼中的指定辩护可分为以下几种：

其一，必须的指定辩护。对下列没有委托辩护人的被告人，人民法院应当通知法律援助机构指派律师为其提供辩护：(1) 盲、聋、哑人；(2) 尚未完全丧失辨认或者控制自己行为能力的精神病人；(3) 可能被判处无期徒刑、死刑的人。(4) 高级人民法院复核死刑案件，被告人没有委托辩护人的，应当通知法律援助机构指派律师为其提供辩护。第(1)、(2)种情况是由于生理原因无法完成自行辩护而为其指定辩护，第(3)、(4)种情况是基于慎用死刑、确保死刑案件质量的考虑。

其二，可以的指定辩护。具有下列情形之一，被告人没有委托辩护人的，人民法院可以通知法律援助机构指派律师为其提供辩护：(1) 共同犯罪案件中，其他被告人已经委托辩护人；(2) 有重大社会影响的案件；(3) 人民检察院抗诉的案件；(4) 被告人的行为可能不构成犯罪；(5) 有必要指派律师提供辩护的其他情形。

被法院指定辩护后，有的被告人可能会予以拒绝。我国《刑事诉讼法》对被告人拒绝指定辩护如何处理未作明确规定。最高法《适用刑事诉讼法的解释》对此作了较为详细的规定，其第45条规定，被告人拒绝法律援助机构指派的律师为其辩护，坚持自己行使辩护权的，人民法院应当准许。属于应当提供法律援助的情形，被告人拒绝指派的律师为其辩护的，人民法院应当查明原因。理由正当的，应当准许，但被告人须另行委托辩护人；被告人未另行委托辩护人的，人民法院应当在3日内书面通知法律援助机构另行指派律师为其提供辩护。

▶ 二、辩护人的范围

我国《刑事诉讼法》第32条、最高法《适用刑事诉讼法的解释》第35条、第36条、《律师法》对辩护人的范围作了明确的规定，既规定了可以担任辩护人的人员范围，也规定了禁止担任辩护人的人员范围。

(一) 可以担任辩护人的人员范围

(1) 律师。在我国，要成为一名律师必须通过司法统一考试才能律师资格，取得律师资格后必须到律师事务所实习1年以上，才可能取得律师执业资格证书，然后才能成为一名律师。在我国，律师的职业性质是为社会提供法律服务的法律职业人员。从刑事诉讼法的规定看，律师是担任辩护人的第一人选，也是辩护人的最主要的组成部分和力量,也是最合适的辩护人人选。律师是提供法律服务的专业人士,具有较好的法律基础知识、办案经验,也熟悉辩护业务;而且,我国刑事诉讼法赋予律师作为辩护人的诉讼权利明显比其他辩护人要更多,他或她能更好地为犯罪嫌疑人、被告人辩护,能更好地维护后者的诉讼权利。

(2) 人民团体或者犯罪嫌疑人、被告人所在单位推荐的人。人民团体是指工会、共青团、妇联等群众性团体。我国刑事诉讼法之所以赋予人民团体或者犯罪嫌疑人、被告人所在单位推荐的人可以担任辩护人,原因是多方面的,一是因为我国律师数量虽然发展很快,绝对数量不小,但相对于我国庞大的人口,相对数量仍然十分有限,不可能承担所有刑事辩护业务;二是因为有不少犯罪嫌疑人、被告人确实经济条件较差,无法支付相对较高的律师费用。我国刑事诉讼法允许人民团体或者犯罪嫌疑人、被告人所在单位推荐的人担任辩护人,可以在一定程度上解决上述问题。但这不应成为刑事辩护的主力军,从刑事辩护本身的特点看,只有律师才更能胜任辩护人这一专业性极强的工作,律师也应当成为刑事辩护的中坚力量。

(3) 犯罪嫌疑人、被告人的监护人、亲友。根据我国《民法通则》的规定,监护人,是对无民事行为能力和限制民事行为能力的人(即指未成年人或精神病人)的人身、财产和其他合法权益负有监督和保护责任的人或者单位;监护人必须具有完全行为能力,并依法律规定产生。没有亲属作为监护人的,被告人是未成年人的,由未成年人的父、母的所在单位或者未成年人住所地的居民委员会、村民委员会或者民政部门担任监护人;被告人是精神病人的,由精神病人的所在单位或者住所地的居民委员会、村民委员会在近亲属中指定。对指定不服提起诉讼的,由人民法院裁决。所谓亲友,是指犯罪嫌疑人、被告人的亲戚朋友等。由亲友作为辩护人具有其他辩护人没有的优势,因为亲友与犯罪嫌疑人、被告人关系亲近,对被告人的情况比较了解,在理论上可以缓解刑事辩护律师不足的问题,也可以减轻犯罪嫌疑人、被告人的经济负担,这或许立法的初衷。但从笔者的实务经验看,亲友担任被告人辩护律师的情况鲜有发生,对刑事辩护律师不足的问题作用甚微。

(二) 禁止担任辩护人的人员范围

我国《刑事诉讼法》未规定哪些人不能担任辩护人,最高法《适用刑事诉讼法的解释》第35条第2、3款和第36条列举了不得担任辩护人的人员范围:(1) 正在被执行刑罚或者处于缓刑、假释考验期间的人;(2) 依法被剥夺、限制人身自由的人;(3) 无行为能力或者限制行为能力的人;(4) 人民法院、人民检察院、公安机关、国家安全机关、监狱的现职人员;(5) 人民陪审员;(6) 与本案审理结果有利害关系的人;(7) 外国人或者无国籍人;(8) 审判人员和人民法院其他工作人员从人民法院离任后二年内,不得以律师身份担任辩护人;审判人员和人民法院其他工作人员从人民法院离任后,不得担任原任职法院所审理案件的辩护人,但作为被告人的监护人、近亲属进行辩护的除外;(9) 审判人员和人民法院其他工作人员的配偶、子女或者父母不得担任其任职法院所审理案件的辩护人,但作为被告人的监护人、近亲属进行辩护的除外。

上述条款中的第(4)项至第(9)项规定的人员,如果是被告人的监护人、近亲属,由被告人委托担任辩护人的,可以准许。这些禁止性规定主要从诉讼公正的角度着眼,有的禁止性规定则从辩护的本质考虑禁止有些不合适的人员担任辩护人。另外,担任过案件的鉴定人、证人、翻译人员等人也不适宜担任被告人的辩护人。

▶ 三、辩护人的责任与诉讼地位

在刑事诉讼程序中,辩护人的任务就是为了协助犯罪嫌疑人、被告人行使辩护权,维护后者的合法权益,不仅包括后者的实体权利,还包括其诉讼权利。根据我国《刑事诉讼法》第35条规定,辩护人的责任是根据事实和法律,提出犯罪嫌疑人、被告人无罪、罪轻或者减轻、免除其刑事责任的材料和意见,维护犯罪嫌疑人、被告人的诉讼权利和其他合法权益。具体而言:(1)辩护人应从案件的实体上为犯罪嫌疑人、被告人辩护。在每一个刑事案件中,案件的证据和事实是最重要的。辩护人为犯罪嫌疑人、被告人辩护的第一要义就是依据在案证据和事实以及法律,提出证明犯罪嫌疑人、被告人无罪、罪轻,以及免除、减轻其刑事责任的证据材料或意见。(2)辩护人还应在程序上为犯罪嫌疑人、被告人辩护。辩护人应在刑事诉讼中协助犯罪嫌疑人、被告人行使其诉讼权利;辩护人从接手案件开始就应给其提供的法律咨询,不仅包括罪名的犯罪构成要件,还包括其享有哪些诉讼权利,并指导其如何实现诉讼权利。

辩护人作为犯罪嫌疑人、被告人的受委托人,其是后者合法权益的维护者,是后者行使辩护权的协助者;但辩护人作为其受委托人,又与民事诉讼中的代理人有重大差异。民事诉讼中的代理人必须以委托人的意志为主导,在委托人授权的范围内行事,民事诉讼的后果由委托人承担,代理人是委托人的代言人,代理人没有自己独立的意志和诉讼地位。

辩护人也同样于受托于案件当事人犯罪嫌疑人、被告人,其以维护后者的合法权益为己任;但辩护人不能因为要维护犯罪嫌疑人、被告人的合法权益,就教唆其翻供、引诱证人作伪证,或者进行其他妨碍司法的行为。为犯罪嫌疑人、被告人辩护是辩护人的天职,但其具有独立的诉讼地位,其以自己的名义参加刑事诉讼;辩护人的确应听取犯罪嫌疑人、被告人对案件的看法和意见,但其不受后者意见的约束,也不受公安司法机关的左右,辩护人可以发表和坚持自己对案件的看法和意见。比如,即使被告人已承认有罪,如果辩护人认为被告人无罪,其可以不听从被告人有罪的辩护意见而坚持在法庭上发表被告人无罪的辩护意见。

四、辩护人的诉讼权利和诉讼义务

根据我国《刑事诉讼法》《律师法》以及最高法《适用刑事诉讼法的解释》,辩护人依法享有诉讼权利,同时也应承担诉讼义务,这是刑事辩护得以开展的基础。

(一)辩护人的诉讼权利

(1)履职保障权。辩护人在执业活动中的人身权利和诉讼权利受法律保护,不受其他单位和个人的非法限制和干涉。我国《律师法》规定,辩护律师在法庭上发表的代理、辩护意见不受法律追究。但是,发表危害国家安全、恶意诽谤他人、严重扰乱法庭秩序的言论除外。

(2)会见、通信权。辩护律师可以同在押的或者被监视居住的被告人会见和通信。其他辩护人经人民法院许可,也可以同在押的或者被监视居住的被告人会见和通信。辩护律师会见犯罪嫌疑人、被告人时不被监听。

(3)阅卷权。辩护律师自人民检察院对案件审查起诉之日起可以查阅、摘抄、复制案卷材料。其他辩护人经人民法院许可,也可以查阅、摘抄、复制案卷材料。合议庭、审判委员会的讨论记录以及其他依法不公开的材料不得查阅、摘抄、复制。辩护人查阅、摘抄、复制案卷材料的,人民检察院、人民法院应当提供方便,并保证必要的时间。

(4)调查取证权。辩护律师经证人或者其他有关单位和个人同意,可以向他们收集与本案有关的材料,也可以申请人民检察院、人民法院收集、调取证据,或者申请人民法院通知证人出庭作证。辩护律师经人民检察院或者人民法院许可,并且经被害人或者其近亲属、被害人提供的证人同意,可以向他们收集与本案有关的材料。

辩护人认为在侦查、审查起诉期间公安机关、人民检察院收集的证明被告人无罪或者罪轻的证据材料未随案移送,申请人民法院调取的,应当以书面形式提出,并提供相关线索或者材料。人民法院接受申请后,应当向人民检察院调取。人民检察院移送相关证据材料后,人民法院应当及时通知辩护人。

(5)参加法定调查和辩论权。在法庭调查中,经审判长许可,辩护人在公诉人讯问被告人之后可以向被告人发问;辩护人还可以询问证人、鉴定人;辩护人有权申请通知新的证人到庭、调取新的物证、重新鉴定或勘验。在法庭辩论中,辩护人可以在公诉人发表公诉词及被告人在自我辩护后发表辩护意见。

(6)拒绝辩护权。律师接受委托后,无正当理由的,不得拒绝辩护或者代理;但是,委托事项违法、委托人利用律师提供的服务从事违法活动或者委托人故意隐瞒与案件有关的重要事实的,律师有权拒绝辩护或者代理。

(7)其他权利。除上述权利之外,辩护人还享有获得开庭通知的权利,在征得被告人同意后,辩护人有权对一审判决、裁定提出上诉,享有获得相关法律文书的权利,对公安司法机关工作人员在案件中的侵权行为有控告的权利。

(二)辩护人的诉讼义务

(1)辩护律师接受委托后,无正当理由的,不得拒绝辩护或者代理。

(2)辩护律师不得私自接受委托、收取费用,接受委托人的财物或者其他利益。

(3)辩护律师不得违反规定会见法官、检察官以及其他有关工作人员。

(4)辩护律师不得向法官、检察官、仲裁员以及其他有关工作人员行贿,介绍贿赂或者指使、诱导当事人行贿,或者以其他不正当方式影响法官、检察官以及其他有关工作人员依法办理案件。

(5)辩护律师应当保守在执业活动中知悉的国家秘密、商业秘密,不得泄露当事人的隐私。

(6)辩护律师不得帮助犯罪嫌疑人、被告人隐匿、毁灭、伪造证据或者串供,不得威胁、引诱证人改变证言或者作伪证,不得威胁、收买本案其他诉讼参与人。

(7)辩护律师不得违反诉讼纪律,比如应按时出庭、遵守看守所关于会见的规定。

【拓展阅读】

在国外,犯罪嫌疑人、被告人享有辩护权是每一位公民的基本人权,有效辩护是为各法治国家所认可的基本诉讼原则,在刑事诉讼的任何阶段,犯罪嫌疑人、被告人都有获得律师帮助的权利,如果其付不起律师费,政府有义务为其提供一名合格的律师提供辩护帮助。我国已经签署并批准了《经济、社会和文化权利国际公约》,还签署了作为国际人权领域核心公约的《公民权利和政治权利国际公约》,该公约第14条第3款规定,在判定对他提出的任何刑事指控时,人人完全平等地有资格享受以下的最低限度的保证——出席受审并亲自替自己辩护或经由他自己所选择的法律援助进行辩护;如果他没有法律援助,要通知他享有这种权利;在司法利益有此需要的案件中,为他指定法律援助,而在他没有足够能力偿付法律援助的案件中,不要他自己付费。

我国犯罪嫌疑人、被告人的辩护权比之前有较大的改善与进步,但仍有不少不尽如人意之处。比如我国现行刑事诉讼侦查阶段中的辩护人与原刑事诉讼法的法律帮助人的诉讼权利一致,在侦查阶段辩护律师的作用十分有限,尤其涉嫌危害国家安全的犯罪、恐怖犯罪、重大贿赂犯罪等三类犯罪案件,辩护律师会见犯罪嫌疑人还需得到侦查机关的批准,在司法实践中,重大贿赂犯罪案件中的律师会见权受到严重的限制和不当干预,这应当引起学界、实务界的重视。

第三节　刑事诉讼代理

一、刑事代理制度概述

刑事诉讼中的代理是指代理人接受公诉案件中的被害人及其法定代理人或者其近亲属、自诉案件中的自诉人及其法定代理人、附带民事诉讼当事人及其法定代理人的委托，以被代理人的名义参加诉讼，由被代理人承担诉讼后果的诉讼活动。我国《刑事诉讼法》、最高法《适用刑事诉讼法的解释》、最高检《刑事诉讼规则》等法律对刑事诉讼中的代理作了具体的规定。依据这些法律规定，刑事诉讼中的代理包括三种情况：公诉案件中的代理、自诉案件中自诉人的代理、附带民事诉讼原告和被告的代理。

刑事代理制度是法律规定的关于刑事诉讼中的代理权、代理人的范围、代理的种类、代理人的权利与义务等一系列规则的总称。刑事代理制度的确立是民事诉讼代理制度在刑事诉讼中的借鉴，其有利于帮助刑事诉讼中的被代理人实现其权利，尤其有利于公诉案件中的被害人、自诉案件中的自诉人维护自己的合法权益。刑事代理制度与民事诉讼代理一样具有代理不能亲自参加诉讼的当事人实现其诉讼利益的功能，刑事诉讼中有了代理人的参与可以协助司法机关查清案件事实真相。

二、刑事诉讼中的代理种类

（一）公诉案件中的代理

公诉案件中的代理，是指公诉案件中的被害人及其法定代理人或其近亲属委托诉讼代理人，诉讼代理人代理其参加诉讼。我国《刑事诉讼法》第44条第1款规定，公诉案件的被害人及其法定代理人或者近亲属，附带民事诉讼的当事人及其法定代理人，自案件移送审查起诉之日起，有权委托诉讼代理人。自诉案件的自诉人及其法定代理人，附带民事诉讼的当事人及其法定代理人，有权随时委托诉讼代理人。依据最高检《刑事诉讼规则》第55条，人民检察院自收到移送审查起诉的案件材料之日起3日以内，应当告知被害人及其法定代理人或者其近亲属、附带民事诉讼的当事人及其法定代理人有权委托诉讼代理人。最高法《适用刑事诉讼法的解释》第54条规定，人民法院自受理自诉案件之日起3日以内，应当告知自诉人及其法定代理人、附带民事诉讼的当事人及其法定代理人有权委托诉讼代理人。

公诉案件中的诉讼代理人受聘后参加刑事诉讼与辩护人具有相同的诉讼地位，与公诉人的地位也是平等的，其与公诉人在刑事诉讼过程中同样行使控诉职能，但被害人与公诉人的诉讼立场并非完全一致或者重合，其有自己特殊的利益和目的。因此,被害人的诉讼代理人在庭审过程中可以独立发表自己的意见。

我国《刑事诉讼法》未明确规定公诉案件中的代理人享有的诉讼权利,一般认为,被害人在刑事诉讼中享有的诉讼权利可以为其诉讼代理人所享有和行使,依据我国《刑事诉讼法》的规定,被害人享有的诉讼权利主要有:(1)在审查起诉阶段,有权向检察人员反映对案件的意见。对不起诉的决定被害人如果不服,有权向上一级人民检察院提出申诉,或者直接向人民法院起诉。(2)在法庭上公诉人宣读起诉书后,被害人可以就起诉书指控的犯罪事实进行陈述,经审判长许可,可以向被告人、证人、鉴定人发问。对在法庭上出示或宣读的物证、证人证言、鉴定结论、勘验、检查笔录等证据,可以发表意见。(3)被害人有权申请通知新的证人到庭、调取新的物证,申请重新鉴定或勘验。(4)有权参加法庭辩论。(5)被害人不服地方各级人民法院的一审判决,可以依法请求人民检察院提出抗诉。(6)被害人由于被告人的犯罪行为而遭受物质损失的,依法可以提起附带民事诉讼等。最高人民法院《适用刑事诉讼法的解释》也规定了诉讼代理人享有的一些诉讼权利,经人民法院许可,诉讼代理人可以查阅、摘抄、复制本案的案卷材料。律师担任诉讼代理人,需要收集、调取与本案有关的证据材料的,参照适用本解释第51条至第53条的规定。诉讼代理人接受当事人委托或者法律援助机构指派后,应当在3日内将委托手续或者法律援助手续提交人民法院。

(二)自诉案件中的代理

自诉案件中的代理,是指自诉人及其法定代理人委托诉讼代理人参加刑事诉讼,维护自诉人合法权益的诉讼活动。根据我国《刑事诉讼法》第44条,人民法院自受理自诉案件之日起3日以内,应当告知自诉人及其法定代理人、附带民事诉讼的当事人及其法定代理人有权委托诉讼代理人;自诉案件的自诉人及其法定代理人,附带民事诉讼的当事人及其法定代理人,有权随时委托诉讼代理人。诉讼代理人接受委托的,应与自诉人及其法定代理人或近亲属签订委托合同。

在自诉案件中,自诉人及其诉讼代理人首先行使的是控诉职能,除此之外,自诉人及其诉讼代理人与民事诉讼中的原告及其诉讼代理人享有几乎相同的诉讼权利。在自诉案件中,被告人依法有权提起反诉,反诉的当事人同样可以委托诉讼代理人,反诉方的诉讼代理人大多都具有双重身份,既是被告人的辩护人,又是反诉的诉讼代理人。所以,必须办理双重委托手续,明确代理权限。反诉方的诉讼代理人的诉讼权利与自诉人的诉讼代理人相同。

(三)附带民事诉讼中的代理

附带民事诉讼中的代理,是指附带民事诉讼的原告、被告委托诉讼代理人参与诉讼,诉讼代理人在委托的权限内维护被代理人合法权益的诉讼活动。依据我国《刑事诉讼法》,附带民事诉讼的当事人及其法定代理人,自案件移送审查起诉之日起,有权委托诉讼代理人;附带民事诉讼的当事人及其法定代理人,有权随时委托诉讼代理人。人民检察院自收到移送审查起诉的案件材料之日起3日以内,应当告知附带民事诉讼的当事人及其法定代理人有权委托诉讼代理人。诉讼代理人接受委托的,应与附带民事诉讼原告、被告及其法定代理人或近亲属签订委托合同。

附带民事诉讼虽依附于刑事诉讼而生,其本质与民事诉讼无异。附带民事诉讼的原告、被告与民事诉讼的案件当事人享有同样的诉讼权利,因此,附带民事诉讼的诉讼代理人与民事诉讼中的诉讼代理人也一样享有同样的诉讼权利。

第四节 法律援助制度

一、法律援助制度概述

法律援助制度是维护社会公平正义、帮助弱势群体的重要法律制度,同时也是社会保障的组成部分。党的十八届三中全会《关于全面深化改革若干重大问题的决定》在推进法治中国建设的论述中提出,"完善人权司法保障制度","完善法律援助制度"。

依据英国《简明大不列颠百科全书》,法律援助制度是指在免费或者收费很少的情况下,对需要专业性法律帮助的穷人给予的帮助;美国《大百科全书》将法律援助制度解释为由政府的法律组织免费或者少收费,为因经济困难而不能聘请律师的人提供法律咨询、法庭代理等帮助的一种法律制度。[1] 在我国,一般认为,"法律援助是国家对因经济困难无力支付或者不能完全支付法律服务费用的公民给与减、免收费的法律帮助,以保障其法律赋予的权利得以实现的一项司法救济制度"[2]。

二、我国刑事法律援助制度及其意义

刑事法律援助,是指国家对某些经济困难或者特殊案件的当事人给予减、免费用提供法律帮助的一项法律制度,目的是贯彻法律面前人人平等的法制原则,使公民获得平等的司法保护,保障当事人依法享有的权利,以实现司法公正。[3]

自1994年我国司法部提出建立和实施法律援助制度至今已有三十余年了,2003年7月16日国务院通过了《法律援助条例》和2007年修订的《律师法》对刑事法律援助制度作了明确的规定。《法律援助条例》的实施对改善我国犯罪嫌疑人、被告人的诉讼地位有所助益,其与现行《刑事诉讼法》下的庭审方式改革相契合,使

---

[1] 张耕主编:《法律援助制度比较研究》,法律出版社1997年版,第1页。
[2] 宫晓冰主编:《中国法律援助制度培训教程》,中国检察出版社2002年版,第2页。
[3] 陈光中、[加]丹尼尔·普瑞方廷主编:《联合国刑事司法准则与中国刑事法制》,法律出版社1998年版,第225页。

法律赋予犯罪嫌疑人、被告人的诉讼权利得到较充分的实现,控辩双方的诉讼实力进一步趋近,庭审对抗大为加强,而且还促进了司法公正的实现和诉讼效率的提高。

我国1996年修订的《刑事诉讼法》以惩罚犯罪和保障人权为宗旨,在我国历史上第一次确立了刑事法律援助制度,加强了刑事诉讼中的辩护职能,这一制度的确立有利于司法公正的实现,具体表现为既可促进刑事诉讼中的程序公正,又有助于实体公正的实现。

2012年修订的《刑事诉讼法》,推进了法律援助尤其是刑事法律援助工作的进步,它扩大了刑事法律援助的对象,从原来公诉人出庭案件中因经济困难或者其他原因没有委托辩护人的被告人扩大到因经济困难或者其他原因没有委托辩护人的所有犯罪嫌疑人和被告人。

在刑事诉讼过程中,切实有效的法律援助能确保犯罪嫌疑人、被告人诉讼权利的充分实现。我国《宪法》和《刑事诉讼法》赋予了嫌疑人、被告人广泛的诉讼权利,尤其规定犯罪嫌疑人在侦查阶段可聘请律师为其提供法律咨询、代理、申诉、控告等法律帮助,这对改善嫌疑人的诉讼地位意义重大。在司法实践中,法律规定的诉讼权利并非所有的犯罪嫌疑人、被告人都能平等享有,如贫穷的嫌疑人、被告人往往无力聘请律师,加之大多数嫌疑人、被告人并不知晓自己享有哪些权利,而且有些权利是受聘律师独有的;相反富有的嫌疑人、被告人却有足够的能力聘请律师,从而产生了法定的诉讼权利在实际运行中的不平等,因而贫穷的嫌疑人、被告人经常处于不利的境地。刑事法律援助制度为改善穷人的诉讼地位奠定了基础。法律援助制度的良好运作对国家追诉机关滥用侦查权、侵犯犯罪嫌疑人、被告人的基本人权有极佳的监督和矫正作用,这样不但使国家公权的行使更加理性,也能较好地保障诉讼当事人的基本人权、人格尊严免受非法侵害,并真正成为诉讼主体。这样被告人在一定程度上可以避免成为他人或国家用以实现某种外在目标的工具或手段,而成为有独自主意志的"目的"。① 法律援助制度的确立和实施有利于加强被告人的诉讼进攻、防御能力,缩小与天生强大的控诉方的差距,以最大限度地实现控辩平衡,有助于双方进行理性抗争。可见公正是以平等为前提,没有平等,公正就没有存在的基础。②

另外,法律援助在发现实体真实方面也能起到积极的作用。实施法律援助的律师通过收集证据、庭审中的举证、质证等活动去揭示案件的事实真相有利于查明案件事实,证明被告人是否有罪,应受到何种刑罚,这样有助于法官正确认定案件事实、准确量刑。日本学者棚濑孝雄指出:"审判的本质要素在于,一方面当事者必

---

① 陈瑞华:《刑事审判原理论》,北京大学出版社1997年版,第86页。
② 卓泽渊:《法的价值论》,法律出版社1999年版,第438页。

须有平等的机会来举出根据和说明为什么自己的主张才是应该得到承认的,另一方面,法官作出的判断必须建立在合理和客观的事实和规范基础上,而这两个方面结合在一起,就意味着当事者从事的辩论活动对于法官判断的形成有决定意义。"[1]

三、法律援助的范围

根据国务院2003年7月21日颁布的《法律援助条例》,法律援助是政府的责任,县级以上人民政府应当采取积极措施推动法律援助工作,为法律援助提供财政支持,保障法律援助事业与经济、社会协调发展。

在民事诉讼、行政诉讼领域,公民对下列六种需要代理的民事、行政事项,因经济困难没有委托代理人的,可以向法律援助机构申请法律援助。主要包括以下几种情况:依法请求国家赔偿的;请求给予社会保险待遇或者最低生活保障待遇的;请求发给抚恤金、救济金的;请求给付赡养费、抚养费、扶养费的;请求支付劳动报酬的;主张因见义勇为行为产生的民事权益的。《法律援助条例》所称的经济困难的标准,由省、自治区、直辖市人民政府根据本行政区域经济发展状况和法律援助事业的需要规定。申请人住所地的经济困难标准与受理申请的法律援助机构所在地的经济困难标准不一致的,按照受理申请的法律援助机构所在地的经济困难标准执行。

在刑事诉讼领域,刑事诉讼中有下列情形之一的,公民可以向法律援助机构申请法律援助:(1) 犯罪嫌疑人在被侦查机关第一次讯问后或者采取强制措施之日起,因经济困难没有聘请律师的;(2) 公诉案件中的被害人及其法定代理人或者近亲属,自案件移送审查起诉之日起,因经济困难没有委托诉讼代理人的;(3) 自诉案件的自诉人及其法定代理人,自案件被人民法院受理之日起,因经济困难没有委托诉讼代理人的。另外,下列刑事案件当事人申请法律援助不受经济条件限制:刑事案件的被告人是盲、聋、哑或未成年人,以及可能被判处死刑,没有委托辩护人的,由人民法院依法指定辩护,无须审查其经济困难状况。

四、法律援助的申请、审查及其实施

根据我国《法律援助条例》第14条的规定,在民事、行政诉讼领域,请求国家赔偿的,向赔偿义务机关所在地的法律援助机构提出申请;请求给予社会保险待遇、最低生活保障待遇或者请求发给抚恤金、救济金的,向提供社会保险待遇、最低生活保障待遇或者发给抚恤金、救济金的义务机关所在地的法律援助机构提出申请;请求给付赡养费、抚养费、扶养费的,向给付赡养费、抚养费、扶养费的义务人住所地的法律援助机构提出申请;请求支付劳动报酬的,向支付劳动报酬的义务人住所

---

[1] 〔日〕棚濑孝雄:《纠纷的解决与审判制度》,王亚新译,中国政法大学出版社1994年版,第256页。

地的法律援助机构提出申请;主张因见义勇为行为产生的民事权益的,向被请求人住所地的法律援助机构提出申请。申请人为无民事行为能力人或者限制民事行为能力人的,由其法定代理人代为提出申请。

在刑事诉讼中,《法律援助条例》第11条所列人员申请法律援助的,应当向审理案件的人民法院所在地的法律援助机构提出申请。被羁押的犯罪嫌疑人的申请由看守所在24小时内转交法律援助机构,申请法律援助所需提交的有关证件、证明材料由看守所通知申请人的法定代理人或者近亲属协助提供。

法律援助机构收到法律援助申请后,应当进行审查;认为申请人提交的证件、证明材料不齐全的,可以要求申请人作出必要的补充或者说明,申请人未按要求作出补充或者说明的,视为撤销申请;认为申请人提交的证件、证明材料需要查证的,由法律援助机构向有关机关、单位查证。对符合法律援助条件的,法律援助机构应当及时决定提供法律援助;对不符合法律援助条件的,应当书面告知申请人理由。

由人民法院指定辩护的案件,人民法院在开庭10日前将指定辩护通知书和起诉书副本或者判决书副本送交其所在地的法律援助机构;人民法院不在其所在地审判的,可以将指定辩护通知书和起诉书副本或者判决书副本送交审判地的法律援助机构。法律援助机构可以指派律师事务所安排律师或者安排本机构的工作人员办理法律援助案件;可以根据其他社会组织的要求,安排其所属人员办理法律援助案件。受指派办理法律援助案件的律师或者接受安排办理法律援助案件的社会组织人员在案件结案时,应当向法律援助机构提交有关的法律文书副本或者复印件以及结案报告等材料。

【思考题】

1. 简述刑事辩护制度的意义。
2. 我国有哪些人员不适宜担任辩护人?
3. 简析我国刑事诉讼中的代理与民事诉讼中的代理的异同。

第七章 强制措施

要点提示

- 我国的刑事强制措施有哪几种类型？
- 取保候审的适用条件、适用程序如何？
- 监视居住的适用对象、适用程序如何？
- 拘留的适用条件、适用程序如何？
- 了解逮捕制度的实施、后果与监督措施。

【案例思考】

被告人甲某,于2013年5月5日晚在一商场门口欲抢行人提包,被群众制止后扭送至附近县公安局。公安局人员乙某认为甲符合拘留条件,遂填写拘留证将其执行拘留。5月7日,县公安局向县检察院提起批准逮捕,但未获批准。县公安局不服提出复议,复议被驳回后又提请市检察院复核。在复议复核期间,甲某多次提出释放要求,但县公安局认为甲某态度恶劣,随时可能逃跑,而且根据刑事诉讼法规定拘留期限最长可达37天,因此一直未释放甲某。直至5月25日,市检察院作出不批准逮捕的决定,才将甲某释放。6月20日,人民法庭开庭审理此案,审判长认为应对甲某实施逮捕,于是派法警将其逮捕归案。

请思考如下问题:

1. 县公安局对甲某的拘留是否有违法之处?
2. 在复议复核期间,甲某提出释放要求是否有法律依据?
3. 本案中,甲某是否符合拘留37天的条件?
4. 市检察院作出的决定是否合法?
5. 人民法院对甲某的逮捕是否有违法之处?

被告人丙某,住某市A区B路某花园,是A区工商局局长,涉嫌受贿罪被A区检察院立案侦查,涉案金额达10万元。丙某提供保证人并缴纳1万元人民币保证金之后,检察院对其采取取保候审措施。随着侦查深入,检察院发现丙某涉案金额高达60万,认为已达逮捕条件,但是考虑到丙某患有较为严重的糖尿病和心脏病,检察院决定对其采取监视居住措施,将其指定在检察院的讯问室进行监视居住。检察院认为,本案属于特别重大贿赂犯罪,故决定不通知丙某家属。

请思考下列问题:

1. 县检察院对丙某采取的取保候审措施是否有违法之处?
2. 县检察院对丙某采取的监视居住措施是否有违法之处?

根据无罪推定原则,犯罪嫌疑人、被告人未经法院依法判决,应当被认为是无罪的人,享有相应的无罪待遇,包括人身自由等。但是,为了保障刑事诉讼的顺利进行,在特定条件下对犯罪嫌疑人、被告人可以采取一定的强制性手段。在刑事诉讼中,这些强制性手段被称为强制措施。本章第一节概述部分拟将对刑事诉讼中强制措施的概念、特征、体系、适用原则及其意义等方面进行简要论述,之后分节就每一种强制措施进行阐述。

第一节 概 述

一、强制措施的概念及特征

刑事诉讼中的强制措施,是指公安机关[①]、人民检察院和人民法院为了保证刑事诉讼的顺利进行,依法对犯罪嫌疑人、被告人的人身自由进行限制或者剥夺的各种强制性方法。[②]

根据上述概念可以看出,我国的刑事强制措施具有以下几个特点:

第一,适用主体是公安机关、人民检察院和人民法院。除此之外的任何组织和个人都无权适用刑事强制措施,否则构成违法。

第二,适用对象是犯罪嫌疑人、被告人。除此之外,对于刑事诉讼中的其他诉讼参与人和案外人均不得适用强制措施。显然,其适用对象系处于未决状态。这里的犯罪嫌疑人、被告人是指自然人。在单位犯罪中,可以拘传被告单位的诉讼代表人。[③]

第三,强制措施的内容是限制或剥夺人身自由。在我国,对物的搜查、扣押等强制处分和对隐私的强制干预,不属于强制措施的范畴。

第四,强制措施适用目的具有预防性。即刑事诉讼强制措施适用的目的在于保障刑事诉讼的顺利进行,不得带有惩罚的性质。

第五,强制措施适用过程具有临时性。即对于已经采取的强制措施,应当根据保证刑事诉讼顺利进行的需要,及时予以变更或者解除。

第六,强制措施适用结果具有双重性。即一方面有利于犯罪控制,另一方面会造成对犯罪嫌疑人、被告人人身权利的侵犯。

第七,强制措施的适用具有法定性。由于强制措施是对公民人身自由这一基本权利的限制和剥夺,所以,从人权保障角度出发,法律对有关强制措施的适用均从使用主体、使用条件、使用程序等方面予以严格规定,有关适用主体应当依法适用。

在我国法律制度当中,除了刑事诉讼强制措施之外,涉及限制或者剥夺人身自由的措施还包括刑罚、行政处罚等。由于性质的不同,强制措施与它们之间在适用主体、适用对象、法律依据、法律后果以及稳定性等方面均有所不同。[④]

[①] 这里包括其他行使侦查权的有关机关。
[②] 陈光中主编:《刑事诉讼法》(第 5 版),北京大学出版社、高等教育出版社 2013 年版,第 219 页。
[③] 参见最高法《适用刑事诉讼法的解释》第 280 条。
[④] 关于刑事诉讼强制措施与刑罚、行政处罚之间的区别,可参见陈光中主编:《刑事诉讼法》(第 5 版),北京大学出版社、高等教育出版社 2013 年版,第 219—221 页。

二、强制措施体系

就刑事诉讼强制措施体系而言,我国法律的规定与国外大多数国家的立法不尽相同。根据大多数国家的立法规定,可以将强制措施分为三类:第一类是对人身自由的强制;第二类是对物的强制处分,如搜查、扣押等;第三类是对隐私的强制干预,如监听、提取指纹、强制采样等。我国的强制措施仅指对人身自由的强制。对物和隐私的强制处置在我国属于侦查手段。由于侦查手段的决定机关和执行机关合一,而强制措施除了公安机关决定适用的以外,决定机关和执行机关实行分离原则,因此,从这个意义上讲我国刑事诉讼中对物和隐私的保护程度要低于对人身自由的保护程度。

根据我国法律的规定,刑事诉讼中的强制措施包括拘传、取保候审、监视居住、拘留和逮捕等五种,它们由轻到重构成一个有机的整体,拘传的侵害程度最轻,逮捕的侵害程度最重。其中,拘传、取保候审、监视居住属于对人身自由的限制,而拘留和逮捕则属于对人身自由的剥夺。

需要注意的是,我国法律中还规定了公民扭送制度。扭送不属于刑事强制措施,它只是公民协助公安司法机关办案的一种法律手段。根据我国《刑事诉讼法》第82条的规定,对于有下列情形的人,任何公民都可以立即扭送公安机关、人民检察院或者人民法院处理:(1)正在实行犯罪或者在犯罪后即时被发觉的;(2)通缉在案的;(3)越狱逃跑的;(4)正在被追捕的。公民将上述所列之人扭送到公安司法机关之后,由公安司法机关依法处理,符合条件的可以采取强制措施。

三、强制措施的适用原则

由于强制措施适用结果具有双重性,而其适用的目的在于保证刑事诉讼的顺利进行,所以,从人权保障的角度出发,强制措施的适用应当遵循以下原则:

第一,合法性原则。即强制措施的适用必须严格依照法律规定的适用主体、条件、对象、程序和期限等内容进行。

第二,合目的性原则。即强制措施的适用必须符合预防性目的,不得将其变成惩罚手段。

第三,必要性原则。这一原则包含两层意思:其一,强制措施的适用对于保证刑事诉讼的顺利进行是必要的,如果不采取也不妨碍刑事诉讼的进行,那么就没有必要采取;其二,如果采取侵害性较轻的就足以保证刑事诉讼的顺利进行,那么就没有必要采取侵害性较重的。

第四,相当性原则。即在确有必要采取强制措施的情形下,其侵害性要与行为人的人身危险性和行为的社会危害性相适应,其侵害程度不得高于行为人可能受到的刑罚处罚。

第五，变更性原则。即强制措施应当随着诉讼的进展和案情的变化而及时予以变更或解除。

在上述原则指导下，刑事诉讼强制措施的适用体现出一种羁押例外原则，即大多数犯罪嫌疑人、被告人都没有被羁押，羁押是一种例外现象。在我国，却存在羁押率较高的问题。

具体而言，在考虑是否适用强制措施以及适用何种强制措施时，通常需要考虑以下因素：

第一，犯罪嫌疑人、被告人行为的社会危害性。社会危害性越大，采取强制措施以及适用高强度种类强制措施的必要性就越大。

第二，案件的事实和证据情况。即根据已经查清的事实和掌握的证据，结合法律规定的适用条件来具体适用强制措施。

第三，案件进展程度。即案件事实查清和证据掌握程度越低，适用强制措施的必要性就越大。

第四，犯罪嫌疑人、被告人的个人情况。即犯罪嫌疑人、被告人的年龄、身体状况、前科、犯罪后表现等等，都是适用强制措施时应当考虑的因素。

总的来说，在决定适用时主要考虑犯罪嫌疑人、被告人逃避和妨碍侦查、起诉、审判或者其他诉讼行为的可能性及其大小。

▶ 四、强制措施的意义

强制措施作为一项重要的刑事诉讼法律制度，对于保证刑事诉讼的顺利进行、规范公安司法机关的行为具有重要意义，具体而言，体现在以下几个方面：

第一，可以防止犯罪嫌疑人、被告人逃避侦查、起诉和审判。犯罪行为人在实施犯罪行为之后，为了逃避法律制裁，往往会躲避起来，逃避侦查、起诉和审判，及时采取强制措施可以防止这类行为。

第二，可以防止犯罪嫌疑人、被告人进行妨害侦查、起诉和审判活动。犯罪行为人在实施犯罪之后，为了逃避法律制裁，通常也会毁灭、伪造证据或者与同案犯串供，及时采取强制措施可以防止这类行为。

第三，可以防止犯罪嫌疑人、被告人继续进行犯罪行为。一些犯罪行为人在实施犯罪后，可能会继续实施类似的犯罪行为，也可能杀人灭口等等，及时采取强制措施可以防止这类行为。

第四，可以防止犯罪嫌疑人、被告人自杀或者发生其他意外事件。一些犯罪行为人在实施犯罪之后，可能畏罪自杀或者发生其他意外事件，及时采取强制措施可以起到防护作用。

第五，可以发挥警示作用。及时有效地采取强制措施，既可以震慑潜在的犯罪人，也可以鼓励公民积极同犯罪作斗争。

第二节 拘　　传

▶ 一、拘传的概念、特征及意义

拘传,是指在刑事诉讼过程中,公安机关、人民检察院和人民法院对未被羁押的犯罪嫌疑人、被告人,依法强制其到案接受讯问的强制手段,是我国刑事诉讼强制措施体系中强度最轻的一种。到案,是指犯罪嫌疑人、被告人根据公安司法机关的要求,到公安司法机关或者其指定的地点接受讯问或审判等。我国《刑事诉讼法》第64条、第117条,最高法《适用刑事诉讼法的解释》第113—115条、第280条,最高检《刑事诉讼规则》第78—82条,以及公安部《刑事案件程序规定》第74—76条对拘传作了规定。

拘传具有以下几个特点:第一,拘传的对象是未被羁押的犯罪嫌疑人、被告人。如果犯罪嫌疑人、被告人已被羁押,那么可以直接进行讯问,不需要经过拘传程序。第二,拘传的内容是强制就讯,即强制犯罪嫌疑人、被告人到案接受讯问或审判。第三,拘传的目的是讯问。换言之,拘传的目的不是待侦、待诉、待审,因此,实践中非基于讯问目的而进行的拘传,其合法性值得商榷。正是基于拘传的目的在于讯问,有关司法解释规定,犯罪嫌疑人、被告人到案后必须立即讯问,此与其他强制措施有所不同。

拘传与传唤不同。刑事诉讼中的传唤,是指公安机关、人民检察院、人民法院使用传票通知有关当事人到指定地点接受讯问或审判的诉讼活动。尽管两者都有要求有关人员到指定地点接受讯问(询问)或审判的共同点,但是,从性质上而言,拘传是一种刑事诉讼强制措施,传唤不是强制措施。由此,拘传与传唤在适用主体和强制力方面均有所不同。对于经传唤无正当理由拒不到案的犯罪嫌疑人、被告人,可以进行拘传。但是,拘传并不以传唤为前提,公安司法机关根据案情需要可以直接进行拘传。这一点是刑事诉讼中的拘传与民事诉讼中的拘传的重大区别。

在刑事诉讼中使用拘传强制措施,具有以下意义:第一,及时获取案件信息,保全证据,查明案件事实。通过拘传强制措施所进行的讯问,可以及时获取有关案件的信息,并且通过有关的信息及时保全有关证据,迅速查明案件事实。第二,暂时控制犯罪嫌疑人、被告人。虽然拘传的目的在于讯问,但是在这个过程当中对犯罪嫌疑人、被告人的人身自由也起到了限制性作用。这种暂时控制,不仅可以防止其继续危害社会,对其本人而言也是一种保护。

▶ 二、拘传的适用条件

关于拘传的适用条件,我国《刑事诉讼法》第64条仅作了原则性的规定,即

"根据案件情况"。有关司法解释及规定也未作出更为详细的规定。一般认为,所谓的"案件情况",是指案件的严重程度、案件的进展程度、案件事实和证据情况、采取其他强制措施的可能性,以及犯罪嫌疑人、被告人的个人情况等。总之,要综合案件的有关情况来看,采取拘传是否合法、合理和必要。例如,如果采取传唤即可解决问题,那么就没必要采取拘传;如果有必要逮捕,那么就不应当适用拘传。

三、拘传的程序

根据我国《刑事诉讼法》和有关的司法解释及规定,适用拘传应当按照下列程序进行:

(1) 由案件的经办人提出申请,填写《呈请拘传报告书》,经本部门负责人审核后,由公安机关负责人、人民检察院检察长、人民法院院长批准,签发《拘传证》(法院称为《拘传票》,下同)。《拘传证》上应载明被拘传人的姓名、性别、年龄、籍贯、住址、工作单位、案由、接受讯问的时间和地点,以及拘传的理由。

(2) 执行拘传的人员不得少于2人。

(3) 拘传应当在被拘传人所在的市、县内进行。公安机关、人民检察院或人民法院在本辖区以外执行拘传的,应当通知当地的公安司法机关,当地的公安司法机关应当予以协助。

(4) 拘传时,应当向被拘传人出示《拘传证》,并责令其在拘传证上签名、捺指印。对于抗拒拘传的,可以使用械具。

(5) 到案后,应当责令其在《拘传证》上填写到案时间,而且应当立即进行讯问。

(6) 讯问结束后,应当由其《拘传证》上填写讯问结束时间,拒绝填写的,应当在《拘传证》上注明。

(7) 在拘传期间,应当保证犯罪嫌疑人的饮食和必要的休息时间。

(8) 拘传期限届满,未作出采取其他强制措施决定的,应当立即结束拘传。

(9) 一次拘传持续的时间不得超过12小时,案情特别重大、复杂,需要采取拘留、逮捕措施的,拘传持续的时间不得超过24小时,不得以连续拘传的形式变相羁押犯罪嫌疑人、被告人。根据最高检《刑事诉讼规则》第80条第2款的规定,两次拘传间隔的时间一般不得少于12小时。

第三节 取保候审

一、取保候审的概念、特征及意义

取保候审,是指在刑事诉讼过程中,公安机关、人民检察院和人民法院责令犯罪嫌疑人、被告人提出保证人或交纳保证金等方式，保证其不逃避或妨碍侦查、起诉和审判，并且随传随到的一种强制手段。取保候审的强制程度高于拘传，但低于其他强制措施。我国《刑事诉讼法》第64—71条、第77条，《六机关规定》第13—14条，最高法《适用刑事诉讼法的解释》第113条、第116—124条、第127、129、382条，最高检《刑事诉讼规则》第83—108条，以及公安部《刑事案件程序规定》第77—104条对取保候审作了规定。

取保候审的特点在于通过担保的方式来保证犯罪嫌疑人、被告人不逃避或者妨碍侦查、起诉和审判，并且随传随到。根据担保方式的不同，取保候审分为保证人保证和保证金保证两种类型。保证人保证方式，主要是通过保证人与犯罪嫌疑人、被告人之间特殊的关系而形成的某种心理上的制约关系来发挥保证作用。保证金保证方式，主要是通过金钱方面的制约关系来发挥保证作用。如果提供保证金的人并非犯罪嫌疑人、被告人本人，那么可以通过提供保证金的人与犯罪嫌疑人、被告人之间的特殊关系来发挥制约作用。需要注意的是，保证人保证方式和保证金保证方式，只能二者选一。在决定采取何种保证方式时，通常需要考虑涉嫌犯罪行为或被指控犯罪行为的性质，保证人的条件，犯罪嫌疑人、被告人的自身条件等因素。根据最高检《刑事诉讼规则》第87条第3款和最高法《适用刑事诉讼法的解释》第117条的规定，对符合取保候审条件，具有下列情形之一的犯罪嫌疑人、被告人，采取保证人保证方式为宜：(1)无力交纳保证金的；(2)系未成年人或者已满75周岁的人；(3)其他不宜收取保证金的。

取保候审制度具有以下两个方面的重要意义：第一，防止犯罪嫌疑人、被告人进行妨碍刑事诉讼活动；第二，尽可能地保障犯罪嫌疑人、被告人的人身自由。

▶ 二、取保候审的条件

（一）适用对象

根据我国《刑事诉讼法》第65条的规定，对有下列情形之一的犯罪嫌疑人、被告人，可以取保候审：

(1)可能判处管制、拘役或者独立适用附加刑的。一般而言，可能判处这些刑罚的犯罪嫌疑人、被告人，由于其罪行较轻，所以逃避、妨碍侦查、起诉和审判的可能性较小，不羁押一般不会发生社会危险性。

(2)可能判处有期徒刑以上刑罚，采取取保候审不致发生社会危险性的。可能判处有期徒刑以上刑罚的犯罪嫌疑人、被告人，虽然涉嫌罪行比较严重，但是可能是初犯、偶犯、胁从犯，或者是过失犯罪、未成年人犯罪等特殊情况。如果综合全案来看，对这些人采取取保候审不致发生社会危险性的话，那么也可以采取取保候审。根据公安部《刑事案件程序规定》第78条的规定，一般情况下，对累犯，犯罪集团的主犯，以自伤、自残办法逃避侦查的犯罪嫌疑人，严重暴力犯罪以及其他严重犯罪的犯罪嫌疑人不得取保候审。同时,根据最高检《刑事诉讼规则》第84条的规定,对于严重危害社会治安的犯罪嫌疑人,以及其他犯罪性质恶劣、情节严重的犯罪嫌疑人也不得取保候审。

(3) 患有严重疾病、生活不能自理,怀孕或者正在哺乳自己婴儿的妇女,采取取保候审不致发生社会危险性的。这一规定主要是基于人道主义的考虑。

(4) 羁押期限届满,案件尚未办结,需要采取取保候审的。羁押期限,包括侦查羁押、审查起诉、一审、二审等期限。尚未办结,包括需要继续侦查、审查起诉或者审判。这一规定主要是为了避免超期羁押。

另外,根据公安部《刑事案件程序规定》第77条第2款的规定,对拘留的犯罪嫌疑人,证据不符合逮捕条件,以及提请逮捕后,人民检察院不批准逮捕,需要继续侦查,并且符合取保候审条件的,可以依法取保候审。

(二) 保证方式

适用取保候审,除了需要符合法律规定的特定适用对象之外,还需要满足法律规定的保证方式。根据我国有关法律规定,取保候审的保证方式包括保证人保证和保证金保证两种方式。

采取保证人保证方式取保候审的,应当提供符合法定条件的保证人。保证人必须符合下列条件:(1) 与本案无牵连;(2) 有能力履行保证义务;(3) 享有政治权利,人身自由未受到限制;(4) 有固定的住处和收入。上述要求,主要是为了保障保证人能够有效地履行保证义务。保证人是否符合上述条件,由决定机关审查决定。

保证人应当履行下列义务:(1) 监督被保证人遵守《刑事诉讼法》第69条的规定;(2) 发现被保证人可能发生或者已经发生违反《刑事诉讼法》第69条规定的行为的,应当及时向执行机关报告。

采取保证金保证方式取保候审的,应当缴纳保证金。缴纳人可以是犯罪嫌疑人、被告人本人,也可以是犯罪嫌疑人、被告人之外的其他人。保证金的具体数额应当综合考虑保证诉讼活动正常进行的需要、犯罪嫌疑人的社会危险性、案件的性质、情节、可能判处刑罚的轻重以及被取保候审人的经济状况等情况确定。根据公安部《刑事案件程序规定》第83条的规定,犯罪嫌疑人的保证金起点数额为人民币1000元。根据最高检《刑事诉讼规则》第90条的规定,保证金起点数额也是1000元,但是对于未成年犯罪嫌疑人保证金起点数额则为500元。关于保证金数额的上限,我国现行有关法律并没有作出明确的规定。

犯罪嫌疑人、被告人在取保候审期间未违反《刑事诉讼法》第69条的规定的,取保候审结束的时候,凭解除取保候审的通知或者有关法律文书到银行领取退还的保证金。

三、取保候审的程序

在取保候审程序的启动上有两种方式:一是依申请,即有权提出取保候审申请的人向公安司法机关提出取保候审申请,由公安司法机关决定是否适用取保候审强制措施;二是依职权,即由公安司法机关主动决定适用取保候审强制措施。由于第一种方式包含了公安司法机关审查决定的过程,所以这里仅以第一种方式为样本进行阐述,实际上也包含了第二种方式的审查决定过程。

(一)提出取保候审申请

根据我国《刑事诉讼法》第36、65、95条的规定,有权提出取保候审申请的人员包括:犯罪嫌疑人、被告人及其法定代理人、近亲属和辩护人。

(二)审查保证条件

公安司法机关除了要审查犯罪嫌疑人、被告人的条件之外,还要根据保证方式的不同进行不同的审查。采取保证人保证方式的,应当审查保证人是否符合法定的条件。采取保证金保证方式的,应当审查是否具备缴纳保证金的能力。

(三)取保候审决定

取保候审决定程序,实际上包括两个部分:第一,是审批决定前的步骤。即由办案人员制作《呈请取保候审报告书》,经办案部门负责人审核后,由县级以上公安司法机关负责人审批。审批的结果有两种,即同意与不同意。公安司法机关收到取保候审申请之后,应当在3日以内作出决定,不同意的,应当告知申请人,并说明不同意的理由。第二,是审批决定后的步骤。公安司法机关审批同意之后,应当制作《取保候审决定书》和《执行取保候审通知书》。根据最高检《刑事诉讼规则》第90条的规定,《取保候审决定书》载明取保候审的期间、担保方式、被取保候审人应当履行的义务和应当遵守的规定。

(四)取保候审的执行

根据我国《刑事诉讼法》第65条的规定,取保候审由公安机关执行,即无论是公安机关决定采取的还是人民检察院或人民法院决定采取的取保候审强制措施,均由公安机关执行。

公安司法机关执行取保候审时,应当向取保候审人宣读《取保候审决定书》,由犯罪嫌疑人、被告人签名或盖章,同时告知其应当遵守的法律规定以及违反规定应负的法律责任。但是,人民检察院和人民法院决定采取取保候审强制措施的,由决定机关向犯罪嫌疑人、被告人履行上述手续,并且,在履行上述手续之后,将《取保候审决定书》和《执行取保候审通知书》送达公安机关,由公安机关执行。[①] 根据最高法《适用刑事诉讼法的解释》第120条第1款的规定,这里的公安机关是指当地

---

① 参见最高检《刑事诉讼规则》第93条和最高法《适用刑事诉讼法的解释》第120条。

同级公安机关执行;被告人不在本地居住的,送交其居住地公安机关执行。以保证人方式保证的,还应当同时向公安机关送达取保候审保证书。对使用保证金保证的,应当在核实保证金已经存入公安机关指定银行的专门账户后,将银行出具的收款凭证一并送交公安机关。提供保证金的人,应当一次性将保证金存入取保候审保证金专门账户,保证金应当以人民币交纳。另外,根据1999年8月4日最高人民法院、最高人民检察院、公安部、国家安全部《关于取保候审若干问题的规定》第2条第2款的规定,国家安全机关决定取保候审的,以及人民检察院、人民法院在办理国家安全机关移送的犯罪案件时决定取保候审的,由国家安全机关执行。

公安机关决定取保候审的,应当及时通知被取保候审人居住地的派出所执行。必要时,办案部门可以协助执行。采取保证人担保形式的,应当同时送交有关法律文书、被取保候审人基本情况、保证人基本情况等材料。采取保证金担保形式的,应当同时送交有关法律文书、被取保候审人基本情况和保证金交纳情况等材料。人民法院、人民检察院决定取保候审的,负责执行的县级公安机关应当在收到法律文书和有关材料后24小时以内,指定被取保候审人居住地派出所核实情况后执行。执行取保候审的派出所应当履行下列职责:(1)告知被取保候审人必须遵守的规定,及其违反规定或者在取保候审期间重新犯罪应当承担的法律后果;(2)监督、考察被取保候审人遵守有关规定,及时掌握其活动、住址、工作单位、联系方式及变动情况;(3)监督保证人履行保证义务;(4)被取保候审人违反应当遵守的规定以及保证人未履行保证义务的,应当及时制止、采取紧急措施,同时告知决定机关。人民法院、人民检察院决定取保候审的,负责执行的派出所在批准被取保候审人离开所居住的市、县前,应当征得决定机关同意。

(五)被取保候审人应当遵守的规定及违反的后果

为了保证刑事诉讼的顺利进行,被取保候审人在取保候审期间应当遵守一定的规定。这些规定分为两类:一类是硬性规定,即必须遵守的;另一类是选择性规定。硬性规定包括:(1)未经执行机关批准不得离开所居住的市、县;(2)住址、工作单位和联系方式发生变动的,在24小时以内向执行机关报告;(3)在传讯的时候及时到案;(4)不得以任何形式干扰证人作证;(5)不得毁灭、伪造证据或者串供。选择性规定包括:(1)不得进入特定的场所;(2)不得与特定的人员会见或者通信;(3)不得从事特定的活动;(4)将护照等出入境证件、驾驶证件交执行机关保存。公安司法机关可以根据案情,责令被取保候审的犯罪嫌疑人、被告人遵守上述一项或多项规定,也可以不作上述任何要求。

如果被取保候审人违反取保候审中规定的义务,那么将会给犯罪嫌疑人、被告人本人、保证人以及代替犯罪嫌疑人、被告人缴纳保证金的人带来不利的法律后果。犯罪嫌疑人、被告人已交纳保证金的,可能被没收部分或者全部保证金,并且可能被责令具结悔过、重新交纳保证金、提出保证人,或者被采取监视居住或逮捕。

需要予以逮捕的①,可以先行拘留。如果被保证人有违反我国《刑事诉讼法》第69条规定的行为,保证人未履行保证义务的,可以对保证人处以罚款,构成犯罪的,依法追究刑事责任。根据最高法《适用刑事诉讼法的解释》第122条的规定,根据案件事实和法律规定,认为已经构成犯罪的被告人在取保候审期间逃匿的,如果系保证人协助被告人逃匿,或者保证人明知被告人藏匿地点但拒绝向司法机关提供,对保证人应当依法追究刑事责任。如果保证金并非犯罪嫌疑人、被告人本人交纳,那么交纳人的保证金将可能被部分或全部没收。

（六）取保候审的变更及解除

根据有关司法解释的规定,对于采取保证人保证方式的,如果保证人在取保候审期间不愿继续担保或者丧失担保条件,那么公安司法机关应当责令被取保候审人重新提出保证人或者交纳保证金,或者变更强制措施。人民检察院、人民法院作出变更决定后,应当将变更情况通知公安机关。另外,取保候审也可能因为被取保候审人违反规定的义务而发生变更。

取保候审在两种情形下应当解除：第一,在取保候审期间,发现被取保候审人属于不应当追究刑事责任的人；第二,取保候审期间届满。在上述两种情形下,应当及时解除取保候审,并且及时通知被取保候审人和有关单位。根据公安部《刑事案件程序规定》第104条的规定,需要解除取保候审的,由决定取保候审的机关制作解除取保候审决定书、通知书,送达负责执行的公安机关。负责执行的公安机关应当根据决定书及时解除取保候审,并通知被取保候审人、保证人和有关单位。

（七）取保候审的期限

我国《刑事诉讼法》第77条第1款规定:"人民法院、人民检察院和公安机关对犯罪嫌疑人、被告人取保候审最长不得超过12个月"。根据这一规定,到底是每一个机关采取取保候审的期间最长不得超过12个月,还是三个机关加起来不得超过12个月,存在不同理解。根据最高检《刑事诉讼规则》第102条、最高法《适用刑事诉讼法的解释》第127条的规定,每一个机关采取取保候审最长不得超过12个月。

第四节 监视居住

一、监视居住的概念、特征及意义

监视居住,是指在刑事诉讼过程中,人民法院、人民检察院、公安机关命令犯罪嫌疑人、被告人不得擅自离开住处或者指定居所,并对其予以监控的一种强制手

---

① 最高检《刑事诉讼规则》第100条、最高法《适用刑事诉讼法的解释》第120条,对犯罪嫌疑人违反取保候审规定予以逮捕的情形作了较为详细的规定。

段。从我国现行有关法律规定来看,监视居住是逮捕的替代性措施,被监视居住的人不被羁押于看守所,而是被监视居住于住所或指定居所,其强制程度弱于逮捕,但强于取保候审。我国《刑事诉讼法》第64条、第72—77条,《六机关规定》第13、15、40条,最高法《适用刑事诉讼法的解释》第113条、第125—127条,最高检《刑事诉讼规则》第109—128条,以及公安部《刑事案件程序规定》第105—119条,对监视居住作了较为详细的规定。

监视居住的特点在于被监视居住的人的活动范围被局限于住处或者指定的居所,相对于取保候审而言,其活动范围受到了极大的限制,但相对于拘留和逮捕而言,其待遇要好一些,不必被羁押于看守所。在住所和指定居所空间范围内,被监视居住人享有充分的自由,从这个意义上而言,监视居住是对人身自由的限制而不是剥夺。

二、监视居住的适用对象

适用监视居住的犯罪嫌疑人、被告人,必须同时符合两个方面的条件:一是符合逮捕条件,二是具备法定情形。我国《刑事诉讼法》第79条对逮捕条件作了规定。根据我国《刑事诉讼法》第72条第1款的规定,采取监视居住需要具备的法定情形包括:(1)患有严重疾病、生活不能自理的;(2)怀孕或者正在哺乳自己婴儿的妇女;(3)系生活不能自理的人的唯一扶养人;(4)因为案件的特殊情况或者办理案件的需要,采取监视居住措施更为适宜的;(5)羁押期限届满,案件尚未办结,需要采取监视居住措施的。同时,对符合取保候审条件,但犯罪嫌疑人、被告人不能提出保证人,也不交纳保证金的,可以监视居住。需要注意的是,上述法定情形是采取监视居住的必要条件而不是充分条件,换言之,在符合上述条件下,不一定都采取监视居住。

三、监视居住的场所

监视居住,原则上应当在犯罪嫌疑人、被告人的住处执行。最高检《刑事诉讼规则》第110条第2款①的规定,固定住处是指犯罪嫌疑人在办案机关所在地的市、县内工作、生活的合法居所。在两种情况下可以例外执行,即不在住处执行:(1)无固定住处;(2)对于涉嫌危害国家安全犯罪、恐怖活动犯罪、特别重大贿赂犯罪,在住处执行可能有碍侦查的。根据最高检《刑事诉讼规则》第110条第4款②的规定,"有碍侦查"的情形包括:(1)可能毁灭、伪造证据,干扰证人作证或者串供的;(2)可能自杀或者逃跑的;(3)可能导致同案犯逃避侦查的;(4)在住处执行监

---

① 公安部《刑事案件程序规定》第108条第1款也作出了类似的规定。
② 公安部《刑事案件程序规定》第107条第2款也作出了类似的规定。

视居住可能导致犯罪嫌疑人面临人身危险的;(5)犯罪嫌疑人的家属或者其所在单位的人员与犯罪有牵连的;(6)可能对举报人、控告人、证人及其他人员等实施打击报复的。

需要注意的是,对于涉嫌危害国家安全犯罪、恐怖活动犯罪、特别重大贿赂犯罪等犯罪嫌疑人、被告人指定居所监视居住的,需要满足下列条件:第一,案件类型,限于危害国家安全犯罪、恐怖活动犯罪、特别重大贿赂犯罪等三类。有下列情形之一的,属于特别重大贿赂犯罪:(1)涉嫌贿赂犯罪数额在50万元以上,犯罪情节恶劣的;(2)有重大社会影响的;(3)涉及国家重大利益的。第二,适用主体,限于检察院和公安机关。第三,适用理由,限于"有碍侦查"。第四,批准主体,是上一级检察院或者公安机关。

另外,为了防止变相羁押,根据我国《刑事诉讼法》第73条第1款的规定,监视居住不得在羁押场所、专门的办案场所执行。根据六部门《实施刑事诉讼法的规定》第15条①的规定,指定居所监视居住的,不得要求被监视居住人支付费用。

▶ 四、监视居住的程序

监视居住的程序,大体上分为决定和执行两个环节。

(一)监视居住的决定

根据有关司法解释及实践,人民法院、检察院和公安机关对犯罪嫌疑人、被告人采取监视居住,由办案人员制作《呈请监视居住报告书》,经部门负责人审核后,由人民法院院长、人民检察院检察长、公安局局长批准,制作《监视居住决定书》和《执行监视居住通知书》。

(二)监视居住的执行

根据我国《刑事诉讼法》第72条第3款的规定,监视居住由公安机关执行,即人民法院、人民检察院和公安机关决定的监视居住均由公安机关执行。具体而言,监视居住由被监视居住人住处或者指定住所所在地的派出所执行。

根据公安部《刑事案件程序规定》第111条的规定,公安机关执行监视居住,应当向被监视居住的犯罪嫌疑人、被告人宣布《监视居住决定书》,由犯罪嫌疑人、被告人签名或盖章,并告知被监视居住人应当遵守的法律规定及违反法律规定应负的法律责任。人民法院和人民检察院决定的监视居住,应当在向犯罪嫌疑人、被告人宣布监视居住决定后,将《监视居住决定书》和《执行监视居住通知书》等相关材料及时送达公安机关,由公安机关执行。

由于监视居住原则上在被监视居住人的住处执行,所以通常情况下无需通知

---

① 最高检《刑事诉讼规则》第113条第2款、公安部《刑事案件程序规定》第107条第3款也作了相同的规定。

家属。但是,指定居所监视居住的除外。根据我国《刑事诉讼法》第73条第2款的规定,指定居所监视居住的,除无法通知的以外,应当在执行监视居住后24小时以内,通知被监视居住人的家属。根据公安部《刑事案件程序规定》第109条①第2款的规定,"无法通知"的情形包括:(1) 不讲真实姓名、住址、身份不明的;(2) 没有家属的;(3) 提供的家属联系方式无法取得联系的;(4) 因自然灾害等不可抗力导致无法通知的。无法通知家属的,应当在监视居住通知书中注明原因。无法通知的情形消失以后,应当立即通知被监视居住人的家属。

被监视居住的人在监视居住期间,其权利需要得到保障。根据我国有关法律的规定,需要注意以下几点:第一,被监视居住的犯罪嫌疑人、被告人委托辩护人的权利,办案机关应当予以保障。第二,根据最高检《刑事诉讼规则》第110条第5款②的规定,指定的居所应当符合下列条件:(1) 具备正常的生活、休息条件;(2) 便于监视、管理;(3) 能够保证办案安全。第三,人民检察院对指定居所监视居住的决定和执行是否合法实行监督。

▶ 五、被监视居住人应当遵守的规定及违反的后果

为了实现监视居住的功能,法律对被监视居住人的义务作了硬性规定。被监视居住的犯罪嫌疑人、被告人应当遵守以下规定:(1) 未经执行机关批准不得离开执行监视居住的处所;(2) 未经执行机关批准不得会见他人或者以任何方式通信;(3) 在传讯的时候及时到案;(4) 不得以任何形式干扰证人作证;(5) 不得毁灭、伪造证据或者串供;(6) 将护照等出入境证件、身份证件、驾驶证件交执行机关保存。这里,需要注意以下几点:第一,处所是指犯罪嫌疑人的住处或者指定居所。第二,人民法院、人民检察院决定监视居住的,负责执行的派出所在批准被监视居住人离开住处或者指定的居所以及与他人会见或者通信前,应当征得决定机关同意。第三,被采取监视居住的人将护照等出入境证件、驾驶证交执行机关保存属强制性规定,此与取保候审不同。另外,此处还包括将身份证件交存。

为了有效地监控被监视居住的人,执行机关对被监视居住的犯罪嫌疑人、被告人,可以采取电子监控、不定期检查等监视方法对其遵守监视居住规定的情况进行监督;在侦查期间,可以对被监视居住的犯罪嫌疑人的通信进行监控。

被监视居住的犯罪嫌疑人、被告人违反法律硬性规定,情节严重的,可以予以逮捕;需要予以逮捕的,可以对犯罪嫌疑人、被告人先行拘留。

根据有关法律规定,监视居住在两种情形下应当解除:第一,在监视居住期间,发现被监视居住人属于不应当追究刑事责任的人;第二,监视居住期间届满。在上

---

① 最高检《刑事诉讼规则》第114条第2款也作了类似规定。
② 公安部《刑事案件程序规定》第108条第2款也作了相同的规定。

述两种情形下,应当及时解除监视居住,并且及时通知被监视居住人和有关单位。

根据我国《刑事诉讼法》第 77 条的规定,人民法院、人民检察院和公安机关对犯罪嫌疑人、被告人取保候审最长不得超过 6 个月。根据这一规定,到底是每一个机关采取监视居住的期间最长不得超过 6 个月,还是三个机关加起来不得超过 6 个月,存在不同理解。根据最高检《刑事诉讼规则》第 123 条、最高法《适用刑事诉讼法的解释》第 127 条的规定,是每一个机关采取监视居住最长不得超过 6 个月。

由于指定居所监视居住对人身自由限制的严厉程度比较高,因此,从无罪推定的理念出发,我国《刑事诉讼法》第 74 条规定:"指定居所监视居住的期限应当折抵刑期。被判处管制的,监视居住一日折抵刑期一日;被判处拘役、有期徒刑的,监视居住二日折抵刑期一日。"可见,从效果上而言,指定居所监视居住有别于作为剥夺人身自由的羁押。

第五节 拘 留

一、拘留的概念、特征及意义

拘留,是指公安机关、人民检察院在侦查过程中,在紧急情况下,依法临时剥夺现行犯或者重大嫌疑分子人身自由的一种强制措施。相对于拘传、取保候审、监视居住,拘留的强制程度更高,属于对人身自由的剥夺而不是限制。在我国法律体系中,关于拘留,除了刑事拘留外,还有行政拘留和民事拘留。三者在法律性质、适用机关、适用对象、适用条件、程序、期限等方面均不同。我国《刑事诉讼法》第 69、75、80—81、83—84、89—90、113、163—165 条,《六机关规定》第 16 条,最高检《刑事诉讼规则》第 129—138 条,公安部《刑事案件程序规定》第 120—128 条,对刑事拘留(下文仅称拘留)制度作了较为详细的规定。

拘留具有以下特点:(1) 相对于拘传、取保候审、监视居住,拘留属于对人身自由的剥夺而不是限制。(2) 拘留的适用主体仅包括公安机关和检察院,不包括法院。对于其他强制措施,公安机关、检察院和法院都有权使用,只是公安机关在逮捕的适用上没有决定权。(3) 拘留适用于紧急情形。如果不紧急,那么应当办理逮捕手续而适用逮捕。(4) 拘留属于临时性措施。由于拘留适用于紧急情形,因此,在拘留之后应当及时变更强制措施,符合逮捕条件的转为逮捕,不符合逮捕条件的可以转为取保候审、监视居住,或者释放被拘留人。

采取拘留措施的主要意义在于及时控制现行犯或者重大犯罪嫌疑人,防止其逃跑或者影响取证。

二、拘留的条件

适用拘留措施,必须同时符合两个条件:第一,拘留的对象是现行犯或者是重大嫌疑分子。现行犯,是指正在实施犯罪的人。重大嫌疑分子,一般是指侦查机关通过侦查,已经有大量的证据能够证明犯罪系其实施的犯罪嫌疑人。① 第二,具有法定的紧急情形。由于案件类型或侦查机关不同,所谓的紧急情形不尽相同,换言之,公安机关侦查的案件和检察院侦查的案件,其紧急情形不尽相同。

根据我国《刑事诉讼法》第 80 条的规定,具有下列情形之一,公安机关可以先行拘留:(1)正在预备犯罪、实行犯罪或者在犯罪后即时被发觉的;(2)被害人或者在场亲眼看见的人指认他犯罪的;(3)在身边或者住处发现有犯罪证据的;(4)犯罪后企图自杀、逃跑或者在逃的;(5)有毁灭、伪造证据或者串供可能的;(6)不讲真实姓名、住址,身份不明的;(7)有流窜作案、多次作案、结伙作案重大嫌疑的。"流窜作案",是指跨市、县管辖范围连续作案,或者在居住地作案后逃跑到外市、县继续作案;"多次作案",是指三次以上作案;"结伙作案",是指二人以上共同作案。

根据我国《刑事诉讼法》第 163 条,在下列两种情形下,人民检察院可以先行拘留:(1)犯罪后企图自杀、逃跑或者在逃的;(2)有毁灭、伪造证据或者串供可能的。

三、拘留的程序

拘留的程序大体上可以分为决定和执行两个阶段。

(一)拘留的决定

公安机关拘留犯罪嫌疑人,应当填写《呈请拘留报告书》,经县级以上公安机关负责人批准,制作《拘留证》。检察机关拘留犯罪嫌疑人,应当由办案人员提出意见,部门负责人审核,检察长决定。

需要注意的是,对于人大代表的拘留需要经过特别的报告或许可程序。根据最高检《刑事诉讼规则》第 132 条的规定,担任县级以上人民代表大会代表的犯罪嫌疑人因现行犯被拘留的,人民检察院应当立即向该代表所属的人民代表大会主席团或者常务委员会报告;因为其他情形需要拘留的,人民检察院应当报请该代表所属的人民代表大会主席团或者常务委员会许可。人民检察院拘留担任本级人民代表大会代表的犯罪嫌疑人,直接向本级人民代表大会主席团或常务委员会报告或者报请许可。拘留担任上级人民代表大会代表的犯罪嫌疑人,应当立即层报该代表所属的人民代表大会同级的人民检察院报告或者报请许可。拘留担任下级人民代表大会代表的犯罪嫌疑人,可以直接向该代表所属的人民代表大会主席团或者常务委员会报告或者报请许可,也可以委托该代表所属的人民代表大会同级的

---

① 郎胜主编:《中华人民共和国刑事诉讼法释义》,法律出版社 2012 年版,第 194 页。

人民检察院报告或者报请许可;拘留担任乡、民族乡、镇的人民代表大会代表的犯罪嫌疑人,由县级人民检察院报告乡、民族乡、镇的人民代表大会。拘留担任两级以上人民代表大会代表的犯罪嫌疑人,分别按照有关规定报告或者报请许可。拘留担任办案单位所在省、市、县(区)以外的其他地区人民代表大会代表的犯罪嫌疑人,应当委托该代表所属的人民代表大会同级的人民检察院报告或者报请许可;担任两级以上人民代表大会代表的,应当分别委托该代表所属的人民代表大会同级的人民检察院报告或者报请许可。

(二)拘留的执行

拘留,由公安机关负责执行,包括公安机关决定的拘留和人民检察院决定的拘留,均由公安机关执行。人民检察院作出的拘留决定,公安机关应当立即执行,人民检察院可以协助公安机关执行。公安机关在异地执行拘留,应当通知被拘留人所在地的公安机关,被拘留人所在地的公安机关应当予以配合。公安机关执行拘留,应当遵守下列程序:

(1)出示拘留证。公安机关工作人员执行拘留时,必须出示拘留证,并责令被拘留人在拘留证上签名、捺指印,拒绝签名、捺指印的,侦查人员应当注明。根据公安部《刑事案件程序规定》第154条,对犯罪嫌疑人执行拘留过程中,应当依法使用约束性警械。遇有暴力性对抗或者暴力犯罪行为,可以依法使用制服性警械或者武器。

(2)立即送看守所。拘留后,应当立即将被拘留人送看守所羁押,至迟不得超过24小时。异地执行拘留的,应当在到达管辖地后24小时以内将犯罪嫌疑人送看守所羁押。

(3)通知家属。公安执行拘留后,原则上应当在24小时以内,通知被拘留人的家属。在例外的情形下,可以不通知家属。例外情形包括两种:第一,无法通知;第二,涉嫌危害国家安全犯罪、恐怖活动犯罪,通知可能有碍侦查。"无法通知"[①]的情形包括:不讲真实姓名、住址、身份不明的;没有家属的;提供的家属联系方式无法取得联系的;因自然灾害等不可抗力导致无法通知的。"有碍侦查"的情形包括:可能毁灭、伪造证据,干扰证人作证或者串供的;可能引起同案犯逃避、妨碍侦查的;犯罪嫌疑人的家属与犯罪有牵连的。注意,有碍侦查的情形消失后,应当立即通知被拘留人的家属。对于没有在24小时以内通知家属的,应当在拘留通知书中注明原因。

(4)及时讯问。公安机关、人民检察院对被拘留的人,应当在拘留后的24小时以内进行讯问。在发现不应当拘留的时候,必须立即释放,发给释放证明。根据

---

① 最高检《刑事诉讼规则》第133条第3款也对"无法通知"的情形作了规定:(1)被拘留人无家属的;(2)与其家属无法取得联系的;(3)受自然灾害等不可抗力阻碍的。

公安部《刑事案件程序规定》第124条的规定,发现不应当拘留的,应当经县级以上公安机关负责人批准,制作释放通知书,看守所凭释放通知书发给被拘留人释放证明书,将其立即释放。对于不符合逮捕条件或者没必要逮捕而且符合取保候审或监视居住条件的,公安机关和人民检察院可依法采取取保候审或监视居住。

(5)提请逮捕。公安机关对被拘留的人,认为需要逮捕的,应当提请人民检察院审查批准。关于提请逮捕的期限,我国法律作出了明确的规定。对于一般案件,公安机关应当在拘留后的3日以内提请审查批准逮捕,在特殊情况下,提请审查批准的时间可以延长1日至4日。对于流窜作案、多次作案、结伙作案的重大嫌疑分子,提请审查批准的时间可以延长至30日。犯罪嫌疑人不讲真实姓名、住址,身份不明的,应当对其身份进行调查。经县级以上公安机关负责人批准,拘留期限自查清其身份之日起计算,但不得停止对其犯罪行为的侦查取证。

人民检察院应当自接到公安机关提请批准逮捕书后的7日以内,作出批准逮捕或者不批准逮捕的决定。可见,我国拘留的最长期限是37日。

对于直接受理的案件,人民检察院认为被拘留的人需要逮捕的,应当在14日以内作出决定。

第六节 逮 捕

一、逮捕的概念、特征及意义

逮捕,是指在刑事诉讼过程中,公安机关、人民检察院和人民法院,依法剥夺犯罪嫌疑人、被告人人身自由并予以羁押的一种强制手段。不同于西方国家的逮捕与羁押分离原则,我国适用逮捕措施后将直接导致羁押的效果。同时,我国的羁押期限通常附随于办案期限[①],所以,逮捕后往往导致较长期间的羁押。我国《刑事诉讼法》第78—79、81、85—98条,《六机关规定》第17条,最高法《适用刑事诉讼法的解释》第128—136条,最高检《刑事诉讼规则》第139—146、303—350条,公安部《刑事案件程序规定》第129—143条,对逮捕制度作了较为详细的规定。

逮捕的特征,主要体现在以下几个方面:(1)在决定权上,具有逮捕决定权的主体限于人民检察院和人民法院。(2)在效果上,逮捕将导致较长时间地剥夺犯罪嫌疑人、被告人的人身自由,即较长时间处于羁押状态。(3)在目的上,逮捕除了防止犯罪嫌疑人、被告人实施妨碍刑事诉讼顺利进行的行为之外,还包括防止发生社会危害性行为。

可见,适用逮捕措施,对于证据的收集和保全,防止犯罪嫌疑人、被告人逃跑、

---

① 我国有专门的侦查羁押期限规定,侦查羁押期限并不附随于侦查期限。

自杀自残、继续实施危害社会行为等均具有重要意义。

▶ 二、逮捕的条件

根据我国《刑事诉讼法》第79条的规定,逮捕的适用须同时符合下列三个条件:(1)证据条件;(2)罪责条件;(3)社会危险性条件。

(一)证据条件

所谓证据条件,是指《刑事诉讼法》第79条第1款规定的"有证据证明有犯罪事实"。何谓"有证据证明有犯罪事实",《刑事诉讼法》中没有进一步的规定。根据有关司法解释和规定,"有证据证明有犯罪事实"是指同时具备下列情形:(1)有证据证明发生了犯罪事实;(2)有证据证明该犯罪事实是犯罪嫌疑人实施的;(3)证明犯罪嫌疑人实施犯罪行为的证据已经查证属实的。[①] 犯罪事实既可以是单一犯罪行为的事实,也可以是数个犯罪行为中任何一个犯罪行为的事实。

(二)罪责条件

所谓罪责条件,是指《刑事诉讼法》第79条第1款规定的"可能判处徒刑以上刑罚",即根据有证据证明的犯罪事实以及刑法的规定,对犯罪嫌疑人、被告人的刑罚处罚最低也要判处有期徒刑以上。否则,逮捕的适用将违背无罪推定原则以及强制措施适用的相当性原则。根据这一条件要求,对只可能判处管制、拘役、独立适用附加刑而不可能判处有期徒刑以上刑罚的犯罪嫌疑人、被告人不得适用逮捕措施。

(三)社会危险性条件

所谓的社会危险性条件,是指采取取保候审尚不足以防止发生特定的社会危险性。根据《刑事诉讼法》第79条第1款的规定,这些社会危险性包括:(1)可能实施新的犯罪的;(2)有危害国家安全、公共安全或者社会秩序的现实危险的;(3)可能毁灭、伪造证据,干扰证人作证或者串供的;(4)可能对被害人、举报人、控告人实施打击报复的;(5)企图自杀或者逃跑的。

一般而言,对有证据证明有犯罪事实,可能判处徒刑以上刑罚的犯罪嫌疑人、被告人,如果采取取保候审不足以防止上述社会危险性,那么应当予以逮捕。同时,在下列两种情形下,也应当逮捕犯罪嫌疑人、被告人:(1)有证据证明有犯罪事实,可能判处10年有期徒刑以上刑罚的;(2)有证据证明有犯罪事实,可能判处徒刑以上刑罚,曾经故意犯罪或者身份不明的。

此外,被取保候审、监视居住的犯罪嫌疑人、被告人违反取保候审、监视居住规定,情节严重的,可以予以逮捕。关于何谓"违反取保候审、监视居住规定,情节严重",最高法《适用刑事诉讼法的解释》129—130条,最高检《刑事诉讼规则》第100、

---

① 参见最高检《刑事诉讼规则》第139条第2款和公安部《刑事案件程序规定》第130条第1款。

121条,公安部《刑事案件程序规定》第131—132条等作了更为详细的规定①。需要说明的是,根据2014年4月24日全国人民代表大会常务委员会《关于〈中华人民共和国刑事诉讼法〉第七十九条第三款的解释》,对于被取保候审、监视居住的可能判处徒刑以下刑罚的犯罪嫌疑人、被告人,违反取保候审、监视居住规定,严重影响诉讼活动正常进行的,也可以予以逮捕。

最高检《刑事诉讼规则》第143—144条还对应当作出不批准逮捕的决定或者不予逮捕和可以作出不批准逮捕的决定或者不予逮捕的情形作了规定。根据该《规则》第144条的规定,犯罪嫌疑人涉嫌的罪行较轻,且没有其他重大犯罪嫌疑,具有以下情形之一的,可以作出不批准逮捕的决定或者不予逮捕:(1)属于预备犯、中止犯,或者防卫过当、避险过当的;(2)主观恶性较小的初犯,共同犯罪中的从犯、胁从犯,犯罪后自首、有立功表现或者积极退赃、赔偿损失、确有悔罪表现的;(3)过失犯罪的犯罪嫌疑人,犯罪后有悔罪表现,有效控制损失或者积极赔偿损失的;(4)犯罪嫌疑人与被害人双方根据刑事诉讼法的有关规定达成和解协议,经审查,认为和解系自愿、合法且已经履行或者提供担保的;(5)犯罪嫌疑人系已满14周岁未满18周岁的未成年人或者在校学生,本人有悔罪表现,其家庭、学校或者所在社区、居民委员会、村民委员会具备监护、帮教条件的;(6)年满75周岁以上的老年人。

---

① 根据最高法《适用刑事诉讼法的解释》第129条的规定,被取保候审的被告人,具有下列情形之一的,人民法院应当决定逮捕:(1)故意实施新的犯罪的;(2)企图自杀、逃跑的;(3)毁灭、伪造证据,干扰证人作证或者串供的;(4)对被害人、举报人、控告人实施打击报复的;(5)经传唤,无正当理由不到案,影响审判活动正常进行的;(6)未经批准,擅自离开执行监视居住的处所,影响审判活动正常进行,或者两次未经批准,擅自离开执行监视居住的处所的;(7)未经批准,擅自会见他人或者通信,影响审判活动正常进行,或者两次未经批准,擅自会见他人或者通信的;(8)对因患有严重疾病、生活不能自理,或者因怀孕、正在哺乳自己婴儿而未予逮捕的被告人,疾病痊愈或者哺乳期已满的;(9)依法应当决定逮捕的其他情形。最高检《刑事诉讼规则》第100条对犯罪嫌疑人违反规定的行为视严重程度而分为两类:应当逮捕的情形和可以逮捕的情形。应当逮捕的情形包括如下:(1)故意实施新的犯罪的;(2)企图自杀、逃跑,逃避侦查、审查起诉的;(3)实施毁灭、伪造证据,串供或者干扰证人作证,足以影响侦查、审查起诉工作正常进行的;(4)对被害人、证人、举报人、控告人及其他人员实施打击报复的。可以逮捕的情形包括如下:(1)未经批准,擅自离开所居住的市、县,造成严重后果,或者两次未经批准,擅自离开所居住的市、县的;(2)经传讯不到案,造成严重后果,或者经两次传讯不到案的;(3)住址、工作单位和联系方式发生变动,未在24小时以内向公安机关报告,造成严重后果的;(4)违反规定进入特定场所、与特定人员会见或者通信、从事特定活动,严重妨碍诉讼程序正常进行的。根据公安部《刑事案件程序规定》第131条的规定,被取保候审人违反取保候审规定,具有下列情形之一的,可以提请批准逮捕:(1)涉嫌故意实施新的犯罪行为的;(2)有危害国家安全、公共安全或者社会秩序的现实危险的;(3)实施毁灭、伪造证据或者干扰证人作证、串供行为,足以影响侦查工作正常进行的;(4)对被害人、举报人、控告人实施打击报复的;(5)企图自杀、逃跑、逃避侦查的;(6)未经批准,擅自离开所居住的市、县,情节严重的,或者两次以上未经批准,擅自离开所居住的市、县的;(7)经传讯无正当理由不到案,情节严重的,或者经两次以上传讯不到案的;(8)违反规定进入特定场所、从事特定活动或者与特定人员会见、通信两次以上的。

三、逮捕的程序

逮捕的程序大体上可以分为决定和执行两个阶段。

(一) 逮捕的决定

我国逮捕决定权由人民检察院和人民法院行使,具体而言,逮捕的决定程序,包括人民检察院对公安机关提请逮捕的批准逮捕程序、人民检察院的决定逮捕程序和人民法院的决定逮捕程序。

1. 人民检察院对公安机关提请逮捕的批准逮捕程序

第一,提请逮捕。公安机关认为需要逮捕犯罪嫌疑人的,应该制作《提请批准逮捕书》,由县级以上公安机关负责人批准后,连同案卷材料、证据,一并移送同级人民检察院审查批准。

第二,审查逮捕。对于公安机关提请逮捕的案件,由检察机关侦查监督部门办理。根据有关法律和司法解释,办案人员审查批准逮捕的方法,包括以下几个方面内容:(1)应当审阅案卷材料和证据;(2)可以讯问犯罪嫌疑人;(3)可以询问证人、被害人、鉴定人等诉讼参与人;(4)可以听取辩护律师的意见,辩护律师提出要求的,应当听取辩护律师的意见。我国《刑事诉讼法》第86条第1款特别规定,有下列情形之一的,应当讯问犯罪嫌疑人:(1)对是否符合逮捕条件有疑问的[①];(2)犯罪嫌疑人要求向检察人员当面陈述的;(3)侦查活动可能有重大违法行为的。[②] 根据最高检《刑事诉讼规则》第305条第1款的规定,应当讯问犯罪嫌疑人的还包括下列情形:(1)案情重大疑难复杂的;(2)犯罪嫌疑人系未成年人的;(3)犯罪嫌疑人是盲、聋、哑人或者是尚未完全丧失辨认或者控制自己行为能力的精神病人的。

第三,批准决定。侦查监督部门办案人员经过审查之后,提出批准或者不批准的意见,经部门负责人审核后,报检察长批准。重大案件应经检察委员会讨论决定。审查逮捕决定有两种:(1)对于符合逮捕条件的,作出批准逮捕的决定,制作《批准逮捕决定书》;(2)对于不符合逮捕条件的,作出不批准逮捕的决定,制作《不批准逮捕决定书》,并且说明不批准逮捕的理由。

对公安机关提请批准逮捕的犯罪嫌疑人,已被拘留,人民检察院应当在收到提请批准逮捕书后的7日以内作出是否批准逮捕的决定;未被拘留的,应当在收到提请批准逮捕书后的15日以内作出是否批准逮捕的决定,重大、复杂的案件,不得

---

① 根据最高检《刑事诉讼规则》第305条第3款的规定,是否符合逮捕条件有疑问,主要包括罪与非罪界限不清,据以定罪的证据之间存在矛盾,犯罪嫌疑人的供述前后矛盾或者违背常理的,有无社会危险性难以把握的,以及犯罪嫌疑人是否达到刑事责任年龄需要确认等情形。

② 根据最高检《刑事诉讼规则》第305条第4款的规定,重大违法行为,是指办案严重违反法律规定的程序,或者存在刑讯逼供等严重侵犯犯罪嫌疑人人身权利和其他诉讼权利等情形。

超过 20 日。

对于人民检察院不批准逮捕的,公安机关收到《不批准逮捕决定书》后,应当释放在押的犯罪嫌疑人或者变更强制措施,并将执行回执送达作出不批准逮捕决定的人民检察院。对人民检察院不批准逮捕的决定,公安机关认为有错误需要复议的,可以依法向同级人民检察院提请复议。如果意见不被接受,认为需要复核的,可以依法提请上一级人民检察院复核。上级人民检察院应当立即复核,作出是否变更的决定,通知下级人民检察院和公安机关执行。

2. 人民检察院决定逮捕的程序

人民检察院决定逮捕犯罪嫌疑人有三种不同的情形:

(1) 省级以下(不含省级)人民检察院直接受理立案侦查的案件,需要逮捕犯罪嫌疑人的,应当报请上一级人民检察院审查决定。监所、林业等派出人民检察院立案侦查的案件,需要逮捕犯罪嫌疑人的,应当报请上一级人民检察院审查决定。下级人民检察院报请审查逮捕的案件,由侦查部门制作报请逮捕书,报检察长或者检察委员会审批后,连同案卷材料、讯问犯罪嫌疑人录音、录像一并报上一级人民检察院审查,报请逮捕时应当说明犯罪嫌疑人的社会危险性并附相关证据材料。

(2) 最高人民检察院、省级人民检察院办理直接受理立案侦查的案件,需要逮捕犯罪嫌疑人的,由侦查部门填写逮捕犯罪嫌疑人意见书,连同案卷材料、讯问犯罪嫌疑人录音、录像一并移送本院侦查监督部门审查。

(3) 人民检察院对于公安机关移送审查起诉尚未逮捕犯罪嫌疑人的案件,认为需要逮捕的,由审查起诉部门填写逮捕犯罪嫌疑人意见书,连同案卷材料和证据移送侦查监督部门审查。

人民检察院决定逮捕的,由检察长签发《逮捕决定书》,通知公安机关执行。

3. 人民法院决定逮捕的程序

人民法院决定逮捕被告人有两种情形①:

(1) 对于直接受理的自诉案件,认为需要逮捕被告人的,由办案人员提交人民法院院长决定,对于重大、疑难、复杂案件的被告人的逮捕,提交审判委员会讨论决定。

(2) 对于检察机关提起公诉时未予逮捕的被告人,人民法院认为符合逮捕条件需要逮捕的,可以决定逮捕。

人民法院作出逮捕决定后,应当将逮捕决定书等相关材料送交同级公安机关执行,并将逮捕决定书抄送人民检察院。

4. 对人民代表大会代表犯罪嫌疑人进行逮捕的特别审批程序

人民检察院对担任本级人民代表大会代表的犯罪嫌疑人批准或者决定逮捕,

---

① 关于人民法院应当决定逮捕的具体情形,参见最高法《适用刑事诉讼法的解释》第 128—130 条。

应当报请本级人民代表大会主席团或者常务委员会许可。报请许可手续的办理由侦查机关负责。

对担任上级人民代表大会代表的犯罪嫌疑人批准或者决定逮捕,应当层报该代表所属的人民代表大会同级的人民检察院许可。

对担任下级人民代表大会代表的犯罪嫌疑人批准或者决定逮捕,可以直接报请该代表所属的人民代表大会主席团或者常务委员会许可,也可以委托该代表所属的人民代表大会同级的人民检察院报请许可;对担任乡、民族乡、镇的人民代表大会代表的犯罪嫌疑人批准或者决定逮捕,由县级人民检察院报告乡、民族乡、镇的人民代表大会。

对担任两级以上的人民代表大会代表的犯罪嫌疑人批准或者决定逮捕,分别报请许可。

对担任办案单位所在省、市、县(区)以外的其他地区人民代表大会代表的犯罪嫌疑人批准或者决定逮捕,应当委托该代表所属的人民代表大会同级的人民检察院报请许可;担任两级以上人民代表大会代表的,应当分别委托该代表所属的人民代表大会同级的人民检察院报请许可。

(二) 逮捕的执行

我国逮捕的决定权和执行权实行分离原则,逮捕犯罪嫌疑人、被告人一律由公安机关执行。必要时,人民法院、检察机关可以协助执行。公安机关执行逮捕应当遵守以下程序:

(1) 签发逮捕证。接到人民检察院批准逮捕决定书或人民法院、人民检察院决定逮捕的法律文书后,应当由县级以上公安机关负责人签发逮捕证,并立即执行。

(2) 出示逮捕证。执行逮捕时,必须出示逮捕证,并责令被逮捕人在逮捕证上签名、捺指印,拒绝签名、捺指印的,侦查人员应当注明。执行逮捕的侦查人员不得少于2人。根据公安部《刑事案件程序规定》第154条,对犯罪嫌疑人执行逮捕过程中,应当依法使用约束性警械。遇有暴力性对抗或者暴力犯罪行为,可以依法使用制服性警械或者武器。公安机关在异地执行逮捕的时候,应当通知被拘留、逮捕人所在地的公安机关,被拘留、逮捕人所在地的公安机关应当予以配合。

(3) 立即送看守所。逮捕后,应当立即将被逮捕人送看守所羁押。[①] 看守所收押犯罪嫌疑人、被告人,应当进行健康和体表检查,并予以记录。

(4) 通知家属。除无法通知[②]的以外,应当在逮捕后24小时以内,制作逮捕通知书,通知被逮捕人的家属。逮捕通知书应当写明逮捕原因和羁押处所。这里需

[①] 注意,拘留后送看守所的时间可以宽限至24小时,但逮捕后没有相关规定。
[②] "无法通知"的情形,参见公安部《刑事案件程序规定》第141条第2款和第109条。

要注意以下几点:第一,不通知的理由仅限于"无法通知",而不包括"有碍侦查"等。第二,无法通知的情形消除后,应当立即通知被逮捕人的家属。第三,对于没有在24小时以内通知家属的,应当在逮捕通知书中注明原因。

(5) 讯问。我国《刑事诉讼法》第92条规定:"人民法院、人民检察院对于各自决定逮捕的人,公安机关对于经人民检察院批准逮捕的人,都必须在逮捕后的24小时以内进行讯问。在发现不应当逮捕的时候,必须立即释放,发给释放证明。"这里需要注意以下几点:第一,讯问的主体,包括人民法院、人民检察院、公安机关;第二,讯问的目的,"是通过讯问,及时查明对犯罪嫌疑人所采取的逮捕措施是否正确,逮捕所依据的证据是否可靠,发现错捕的及时纠正"①;第三,释放的程序,根据公安部《刑事案件程序规定》第140条的规定,发现不应当逮捕的,经县级以上公安机关负责人批准,制作释放通知书,送看守所和原批准逮捕的人民检察院。看守所凭释放通知书立即释放被逮捕人,并发给释放证明书。

(6) 通知决定机关。对检察机关批准逮捕的案件,应当将执行回执送达作出批准逮捕决定的人民检察院。如果未能执行,也应当将回执送达人民检察院,并写明未能执行的原因。对人民法院、检察机关决定逮捕的案件,公安机关执行逮捕后,应当及时通知决定机关。公安机关未能抓获犯罪嫌疑人、被告人的,应当将执行情况和未能抓获的原因通知决定逮捕的人民检察院、人民法院。对于犯罪嫌疑人、被告人在逃的,在人民检察院、人民法院撤销逮捕决定之前,公安机关应当组织力量继续执行。

另外,根据公安部《刑事案件程序规定》第136条的规定,对于人民检察院决定不批准逮捕的,公安机关在收到不批准逮捕决定书后,如果犯罪嫌疑人已被拘留的,应当立即释放,发给释放证明书,并将执行回执在收到不批准逮捕决定书后的3日以内送达作出不批准逮捕决定的人民检察院。

▶ 四、人民检察院对逮捕的监督

人民检察院是我国法律监督机关,对刑事诉讼中的逮捕享有监督权,根据有关法律和司法解释,其主要内容如下:

(1) 纠正违法侦查活动。人民检察院在审查批准逮捕工作中,如果发现公安机关的侦查活动有违法情况,应当通知公安机关予以纠正,公安机关应当调查核实,对于发现的违法情况应当及时纠正,并将纠正情况书面通知人民检察院。

(2) 进行捕后羁押必要性审查。犯罪嫌疑人、被告人被逮捕后,人民检察院仍应当对羁押的必要性进行审查。对不需要继续羁押的,应当建议予以释放或者变更强制措施。有关机关应当在10日以内将处理情况通知人民检察院。

---

① 参见郎胜主编:《中华人民共和国刑事诉讼法释义》,法律出版社2012年版,第219页。

(3) 监督逮捕执行。公安机关释放被逮捕的人或者变更逮捕措施的,应当通知原批准的人民检察院。人民检察院发现有违法情形的,应当通知纠正。

(4) 通知补充侦查。对于公安机关提请逮捕但不批准逮捕,需要补充侦查的,应当同时通知公安机关。公安机关应当按照人民检察院的补充侦查提纲补充侦查。公安机关补充侦查完毕,认为符合逮捕条件的,应当重新提请批准逮捕。

(5) 直接逮捕。根据最高检《刑事诉讼规则》第321条,人民检察院办理审查逮捕案件,发现应当逮捕而公安机关未提请批准逮捕的犯罪嫌疑人的,应当建议公安机关提请批准逮捕。如果公安机关仍不提请批准逮捕或者不提请批准逮捕的理由不能成立的,人民检察院也可以直接作出逮捕决定,送达公安机关执行。

五、逮捕等强制措施不当的变更和救济

强制措施采取不当包括两种情形,一种是在实体性和程序性要件方面不当,一种是期限届满。对于不当强制措施的救济方式包括两个方面:一是公权力的变更义务,一是私权的申请权利。

(一) 公权力的变更义务

(1) 人民法院、人民检察院和公安机关如果发现对犯罪嫌疑人、被告人采取强制措施不当的,应当及时撤销或者变更。[①]

(2) 人民法院、人民检察院或者公安机关对被采取强制措施法定期限届满的犯罪嫌疑人、被告人,应当予以释放、解除取保候审、监视居住或者依法变更强制措施。

(3) 犯罪嫌疑人、被告人被羁押的案件,不能在本法规定的侦查羁押、审查起诉、一审、二审期限内办结的,对犯罪嫌疑人、被告人应当予以释放;需要继续查证、审理的,对犯罪嫌疑人、被告人可以取保候审或者监视居住。

(二) 私权的申请权利

(1) 犯罪嫌疑人、被告人及其法定代理人、近亲属或者辩护人有权申请变更强制措施。人民法院、人民检察院和公安机关收到申请后,应当在3日以内作出决定;不同意变更强制措施的,应当告知申请人,并说明不同意的理由。[②]

(2) 犯罪嫌疑人、被告人及其法定代理人、近亲属或者辩护人对于人民法院、人民检察院或者公安机关采取强制措施法定期限届满的,有权要求解除强制措施。

[①] 最高法《适用刑事诉讼法的解释》第133、134条对在押被告人可以变更和应当变更强制措施的情形作了具体规定。

[②] 最高法《适用刑事诉讼法的解释》第137条和最高检《刑事诉讼规则》第147条对具体受理和处理程序作了详细规定。

【拓展阅读】

在西方国家,逮捕与羁押均作为独立的刑事强制措施来适用,两者的适用条件不同。逮捕是短暂限制或剥夺公民人身自由的强制措施,侦查机关有权直接适用,其适用期限一般为24小时。羁押是较长时间剥夺人身自由的强制措施,通常实行法官保留原则,即由法官决定该措施的适用。法官通常就羁押问题举行听证,由控方提出相关证据予以证明羁押必要性,辩方可以发表意见。法官在综合有关材料和意见的基础上作出羁押与否的决定。因此,羁押犯罪嫌疑人、被告人通常需要经过逮捕和羁押两个环节的审查。在我国,羁押并不是一种独立的刑事强制措施,而是作为刑事拘留和逮捕的附随效果,换言之,我国的刑事拘留和逮捕将直接导致犯罪嫌疑人、被告人较长时间被羁押的状态。

在西方国家,刑事强制措施针对的对象包括人身自由、物和隐私。针对人身自由的强制措施,包括逮捕、羁押等;针对物的强制措施包括搜查、扣押等;针对隐私的强制措施包括监听、提取指纹、采样等。作为刑事强制措施,其适用通常遵循法官保留原则或者相对法官保留原则。我国的刑事强制措施针对的对象仅包括人身自由,而不包括物和隐私。对物和隐私的干预,比如搜查、扣押、监听等行为,属于侦查行为,侦查机关有权直接适用。

在英美法系国家,实行保释制度。保释,是指在被逮捕的人提供担保或者接受特定条件的情况下,将其释放的制度。我国实行的取保候审制度与保释有相似之处,比如都是在提供一定保证条件之后获得释放。但是,两者有着根本的区别。保释是作为犯罪嫌疑人、被告人的一种法律权利乃至宪法权利而存在,而我国的取保候审更像是一种职权行为。因此,我们可以看到,在英美法系国家保释是原则,羁押是例外。

【思考题】

1. 如何看待我国的刑事强制措施体系?
2. 如何完善我国的羁押必要性审查制度?
3. 请分析我国羁押制度存在的羁押率高、一押到底、超期羁押等问题。

第八章　附带民事诉讼

要点提示

- 什么是附带民事诉讼？
- 附带民事诉讼有何特点？
- 附带民事诉讼与刑事诉讼有哪些关系？
- 附带民事诉讼有哪些成立条件？
- 了解附带民事诉讼的程序。

**【案例思考】**

2013年1月27日21时许,司机杨某在北京市西城区华远北街的京联顺达停车场内,因40元停车费与停车管理员丁某发生纠纷,在丁某手拽车门的情况下,杨某驾车快速离开,导致丁某被甩出倒地死亡。案发3天后,杨某落网。检方认为,应以故意杀人罪追究杨某刑事责任。丁某家属提出了刑事附带民事赔偿,要求杨某赔偿死亡赔偿金72万余元、丧葬费等其他费用共计88万余元。

此案开庭时,杨某和其辩护律师辩称,杨某并非故意杀人,而是过失犯罪。据法院鉴定意见书证实,案发当时,驾驶员将汽车油门踩到底持续一段时间,其可以通过左侧后视镜清晰看到死者丁某。法院认定杨某构成故意杀人罪。

北京市第二中级人民法院一审以故意杀人罪判处杨某有期徒刑10年,法院同时以死亡赔偿金、精神抚慰金依法不属于刑事附带民事诉讼的受理范围为由,驳回原告两项诉讼请求。法院认定,因杨某的故意杀人行为,给原告造成直接损失4.3万余元,判处杨某赔偿死者家属丧葬费等4.3万余元。

丁某哥哥丁先生声称,在检察院审查起诉阶段,他们曾和杨某的家属进行过两次协商,当时杨某的家人愿意拿出55万作为赔偿,但前提是死者这方要出具一份谅解书。"对方表示,只要检察院认定为过失致人死亡,不以故意杀人罪起诉,就赔偿55万,我们也同意了。但最终检察院以故意杀人罪起诉,对方不同意付钱。"

多名法官表示,2012年《刑事诉讼法》修订前,在刑事附带民事诉讼中,死亡赔偿金的金额占索赔总额的绝大部分。就北京的标准看,一个城镇居民被伤害致死,死亡赔偿金一般可获赔七八十万元,农村居民大约可达四五十万元。2012年《刑事诉讼法》修订后,相当于这些受害人方获赔的金额少了许多。

现死者家属认为赔偿金额过少,准备提起上诉。①

请思考下列问题:

1. 本案中谁有权提起附带民事诉讼?
2. 本案中附带民事诉讼赔偿的范围包括哪些?
3. 如何理解附带民事诉讼调解和当事人和解之间的关系?
4. 受害人提起附带民事诉讼和另案提起民事诉讼各自的利弊是什么?

---

① 参见《法制晚报》2014年4月10日第18版,原标题《拖死收费员 司机赔4.3万》。

第一节 附带民事诉讼的概念和意义

一、附带民事诉讼的概念和特点

(一)附带民事诉讼的概念

刑事附带民事诉讼,是指司法机关在刑事诉讼过程中,在解决被告人刑事责任的同时,附带解决被告人的犯罪行为所造成的物质损失的赔偿问题而进行的诉讼活动。

该概念主要从以下几个方面去定义,一是在论述民事诉讼和刑事诉讼的关系上指出了民事诉讼的附带性;二是限定了附带民事诉讼的赔偿请求范围为物质损失赔偿;三是界定了附带民事诉讼的管辖机关为司法机关。

2011年8月24日,第十一届全国人大常委会第二十二次会议审议《中华人民共和国刑事诉讼法修正案(草案)》后向社会公开征集意见。最高人民法院提出,当前附带民事诉讼中存在的赔偿标准不一、判赔数额虚空、空判现象普遍、缠讼闹访突出等问题,已严重影响社会矛盾化解,影响宽严相济政策贯彻,损害了法律的权威和司法的统一。全国人大法律委员会经研究认为,为有效化解社会矛盾纠纷,在总结司法实践经验的基础上,进一步完善附带民事诉讼程序是必要的。建议对附带民事诉讼制度作出补充修改:一是增加规定,被害人死亡或者丧失行为能力的,被害人的法定代理人、近亲属有权提起附带民事诉讼;二是增加规定,附带民事诉讼的原告人或者人民检察院可以依照民事诉讼法的规定,申请人民法院采取保全措施;三是增加规定,人民法院对于附带民事诉讼,可以进行调解,或者根据物质损失情况作出判决、裁定。

我国《刑事诉讼法》第99条到第102条以专章的形式对附带民事诉讼基本问题进行了原则性的规定,最高法《适用刑事诉讼法的解释》第6章以及《关于审理刑事附带民事诉讼案件有关问题的批复》《关于刑事附带民事诉讼范围的规定》等司法解释对附带民事诉讼进行了更为全面的规定,是司法实践中的重要执法依据,具有较强的可操作性。

(二)附带民事诉讼的特点

附带民事诉讼从本质上来说是民事诉讼,但它又不同于一般的民事诉讼,具有以下几个特点。

(1)处理程序的依附性。附带民事诉讼的提起,以刑事诉讼的存在为前提,无刑事诉讼,附带民事诉讼便不能存在。附带民事诉讼部分的判决不得同刑事部分的判决相抵触,附带民事诉讼的诉讼时效、上诉期限、管辖法院等都取决于刑事案件情况。即附带民事诉讼在处理程序上是依附于刑事诉讼的,它必须以刑事诉讼程序为依托。

（2）诉讼性质的特殊性。附带民事诉讼解决的是平等主体之间的经济损害赔偿问题,解决的问题从性质上看属于民事权利纠纷,但它又不同于一般的民事诉讼。其特殊性体现在三个方面:从提起的条件上看,是由犯罪行为引起的;从提起的时间上看,必须在刑事诉讼过程之中;从审判组织上看,它由审判刑事案件的审判组织审理,是一种特殊的民事诉讼。

（3）法律适用的复合性。附带民事诉讼所解决的是犯罪行为所引起的民事赔偿责任,所以解决这一问题在适用法律方面存在较强的复合性。最高法《适用刑事诉讼法的解释》第163条规定:"人民法院审理附带民事诉讼案件,除刑法、刑事诉讼法以及刑事司法解释已有规定的以外,适用民事法律的有关规定。"在实体法上,对损害事实的认定,不仅要遵循刑法关于具体案件犯罪构成的规定,而且要受民事法律规范调整;在程序法上,除刑事诉讼法有特殊规定以外,例如诉讼原则、强制措施、诉讼证据、先行给付、诉讼保全、调解、反诉等,都要遵循民事诉讼法的有关规定。

▶ 二、附带民事诉讼的意义

附带民事诉讼是一项重要的诉讼制度,其意义可以概括为以下几个方面。

（1）有利于保护被害人的合法权利。在附带民事制度下,一方面,司法机关在查明被告人刑事责任的过程中必须同时收集证明被告人应当承担民事责任的证据,分担了被害人民事赔偿部分的举证责任,从而降低被害人获得赔偿的难度。另一方面,附带民事诉讼具有及时性,避免有关损害事实因时过境迁难以查清,或因被告人将财产转移、隐匿导致损害赔偿难以实现。

（2）有利于贯彻落实宽严相济的刑事政策。在处理刑事案件过程中一并解决民事赔偿问题,一方面有利于查明被告人对其犯罪行为所造成的物质损害的态度,判断被告人认罪态度和悔罪表现,从而正确认定案件事实,进而定罪量刑;另一方面,民事赔偿处理得当,被告人真诚悔罪获得被害人的谅解,有利于化解社会矛盾,实现案结事了。

（3）有利于保证人民法院审判工作的统一性和严肃性。附带民事诉讼由审理刑事案件的同一审判组织进行审理,有利于保证对案件事实认识的统一性,避免因不同审判组织分别进行审理而可能对同一违法行为或同一案件事实得出不同结论,维护法院审判工作的严肃性。

（4）有利于提高诉讼效率和效益。附带民事诉讼是在刑事诉讼过程中一并解决民事赔偿问题,极大地避免了公安司法机关的重复劳动,节省了司法资源,同时也可以减轻当事人的讼累。例如,附带民事诉讼不收取诉讼费,这对原告人而言客观上减轻了经济负担;对被告人而言,避免了审限的拖延。

第二节　附带民事诉讼的成立条件

一、附带民事诉讼必须以刑事诉讼的成立为前提条件

附带民事诉讼由刑事诉讼派生,是在追究行为人的刑事责任的同时,附带追究行为人的损害赔偿责任。因此,附带民事诉讼必须以刑事诉讼的成立为前提。需要注意的是,这里指的是以刑事诉讼的成立为前提,而不是以是否对被告人科以刑事处罚为标准。最高法《适用刑事诉讼法的解释》第160条规定:"人民法院认定公诉案件被告人的行为不构成犯罪,对已经提起的附带民事诉讼,经调解不能达成协议的,应当一并作出刑事附带民事判决。"根据该规定,公诉案件中,如果人民法院认定被告人的行为不构成犯罪,而被害人提出了附带民事诉讼,法院调解达不成协议的,即便刑事部分宣告被告人无罪也不影响附带民事诉讼判决对民事赔偿部分作出判决。

二、附带民事诉讼原告适格

依据我国《刑事诉讼法》和最高法《适用刑事诉讼法的解释》的有关规定,附带民事诉讼的请求权人具体包括以下几种情况:

第一,因为犯罪行为而遭受物质损失的公民。任何公民(自然人)由于被告人的犯罪行为而遭受物质损失的,在刑事诉讼过程中,都有权提起附带民事诉讼。这是附带民事诉讼中最常见的原告。

第二,因犯罪行为而遭受物质损失的企业、事业单位、机关、团体等。我国《刑事诉讼法》第99条所指的"被害人"作为犯罪侵害的对象,应当既包括自然人,也包括单位,因为二者都是可能受到犯罪侵害的主体。

第三,无行为能力人或者限制行为能力人的法定代理人、近亲属。① 如果被害人是未成年人或精神病患者,他们的法定代理人或近亲属可以代为提起附带民事诉讼。此种情况下,无行为能力或者限制行为能力的被害人本人仍然是原告,只不过由其法定代理人在诉讼过程中代行原告的权利而已,在法律文书上应列明法定代理人的基本情况。

第四,已死亡被害人的法定代理人、近亲属。被害人的法定代理人、近亲属有权提起附带民事诉讼。但此时原告仍应列被害人本人,只不过其作为原告的诉讼

---

① 注意,这里的"近亲属"指刑事诉讼法所规定的"近亲属"。《刑事诉讼法》规定的"近亲属"范围为"夫妻、父母、子女、同胞兄弟姊妹",而最高人民法院《关于贯彻执行〈中华人民共和国民法通则〉若干问题的意见》第12条规定:《民法通则》中规定的近亲属,包括配偶、父母、子女、兄弟姐妹、祖父母、外祖父母、孙子女、外孙子女。

权利和义务由其法定代理人或近亲属行使。

第五，如果是国家财产、集体财产遭受损失的，人民检察院在提起公诉时，可以提起附带民事诉讼。根据最高检《刑事诉讼规则》第363条第9项，如果是国家财产、集体财产遭受损失，人民检察院在审查起诉的时候，应当查明是否需要由人民检察院提起附带民事诉讼。人民检察院在提起公诉时提起附带民事诉讼的，人民法院应当受理。人民检察院提起附带民事诉讼的，应当将其列为附带民事诉讼原告人，其享有附带民事诉讼原告人的诉讼权利。

▶ 三、附带民事诉讼必须有明确的被告和具体的诉讼请求

附带民事诉讼的被告，一般来说就是刑事诉讼的被告人，但某些特殊情况下，应当赔偿物质损失的附带民事诉讼被告人，并非承担刑事责任的被告人。根据最高法《适用刑事诉讼法的解释》第143条的规定，附带民事诉讼依法负有赔偿责任的人主要指以下几种情形。

第一，刑事被告人以及未被追究刑事责任的其他共同侵害人。刑事被告人包括公民、法人和其他组织。未被追究刑事责任的其他共同侵害人，这种情形主要是指数人共同犯罪案件中，有的被告人被追究刑事责任而交付人民法院审判，有的被公安机关作出行政拘留处分，有的被人民检察院作出不起诉决定，在这些情况下，被作出其他处理的同案人都可以作为附带民事诉讼的被告人。我国《民法通则》第130条规定："二人以上共同侵权造成他人损害的，应当承担连带责任。"因为数人共同造成他人物质损失的行为是一个不可分开的整体行为，造成物质损失结果的原因是共同的加害行为，各加害人都应对物质损失共同承担民事赔偿责任。但这里的共同致害人不包括在逃的同案犯。共同犯罪案件中，同案犯在逃的，不应列为附带民事诉讼被告人。逃跑的同案犯到案后，被害人或者其法定代理人、近亲属可以对其提起附带民事诉讼，但已经从其他共同犯罪人处获得足额赔偿的除外。

第二，刑事被告人的监护人。监护人与被监护人之间有法定的监护关系，这种特定的法律地位决定监护人应当尽到监护职责，所以当被监护人实施危害行为给被害人造成物质损失时，监护人应当作为附带民事诉讼的被告人，承担赔偿责任。《民法通则》第133条规定："无民事行为能力人、限制民事行为能力人造成他人损害的，由监护人承担民事责任。监护人尽了监护责任的，可以适当减轻他的民事责任。"需要注意的是，此种情况下，附带民事诉讼的被告仍然是刑事被告人本人，只不过由其监护人在诉讼过程中代行被告的权利、承担被告的义务而已，但应当在法律文书中列明负有赔偿责任的监护人。最高法《关于审理未成年人刑事案件具体应用法律若干问题的解释》第19条规定：刑事附带民事案件的未成年被告人有个人财产的，应当由本人承担民事赔偿责任，不足部分由监护人予以赔偿，但单位担任监护人的除外。被告人对被害人物质损失的赔偿情况，可以作为量刑情节予以

考虑。

第三,死刑罪犯的遗产继承人。一般情况下,根据一并审理的原则,在刑事附带民事诉讼判决生效之前,被告人不可能被判处死刑或者执行死刑,但在特殊情况下,附带民事部分可能在刑事案件审判之后,由同一审判组织继续审理,这时就可能遇到刑事被告人已经被执行死刑的情况,此时,他的遗产继承人应当被追加为附带民事诉讼的被告。

第四,共同犯罪案件中案件审结前已死亡的被告人的遗产继承人。如果案件尚未审理完毕,只有部分被告人死亡的,附带民事诉讼仍可继续进行,可追加已死亡被告人的遗产继承人作为附带民事诉讼的被告。对被害人的经济赔偿应当看做是已经死亡的刑事被告人生前所负的债务,属于遗产的清偿范围,赔偿数额应当以其继承的遗产数额为限。但是,如果该继承人声明放弃继承的,则不得继续将其列为被告。

第五,对被害人的物质损失依法应当承担赔偿责任的其他单位和个人。这是对前述四种情况之外其他情况的一种囊括,其他单位和个人对刑事被告人的犯罪行为承担民事赔偿责任,必定在侵权行为上存在某种特殊联系,如雇佣、代理等。如汽车驾驶员、医务人员等在执行职务过程中因过失犯罪而造成公民、法人财产损失的,刑事被告人所在的机关、团体、企事业单位都可能成为附带民事诉讼的被告。

需要注意的是,根据最高法《适用刑事诉讼法的解释》第140条的规定,国家机关工作人员在行使职权时,侵害他人人身、财产权利构成犯罪,被害人或者其法定代理人、近亲属提起附带民事诉讼的,人民法院不予受理,但应当告知其可以依法申请国家赔偿。另外,最高法《适用刑事诉讼法的解释》第143条第2款规定:"附带民事诉讼被告人的亲友自愿代为赔偿的,应当准许。"

▶ 四、刑事被告人的犯罪行为给被害人造成了物质损失

刑事被告人的犯罪行为给被害人造成了物质损失,包括两个相互联系的内容。

首先,只有当被害人所遭受的损失是物质损失时,才可以提起附带民事诉讼。与之对应,精神损失被明确排除在外。

其次,被害人遭受的物质损失是由被告人的犯罪行为直接造成的。也就是说,被告人的犯罪行为与被害人所遭受的物质损失之间必须存在因果关系,存在内在的联系。被害人因犯罪行为遭受的物质损失是指被害人因犯罪行为已经遭受的实际损失和必然遭受的损失,包括积极损失和消极损失两部分。积极损失是指犯罪行为已经给被害人造成的物质损失,例如,被告人在实施犯罪行为时损毁的车辆、物品、建筑物,被害人的医疗费、护理费、交通费、误工费,致人死亡的,还包括丧葬费等。消极损失是指被害人将来必然遭受的物质利益损失,例如,因伤致残的,还应赔偿残疾以及辅助工具费用;但不包括今后只是有可能得到的或通过努力才能

得到的物质利益,比如发明奖、加班费等。至于在犯罪过程中由被害人自己的过错造成的损失,则不应由被告人承担。此外,因民事上的债权债务关系纠纷而引起的刑事犯罪的,也不能就刑事犯罪之前的债权债务问题提起附带民事诉讼。

需要特别指出的是,关于刑事附带民事诉讼的赔偿范围,理论界和实务界一直存在争议。审判部门提出将死亡赔偿金、被扶养人生活费、精神损害抚慰金排除在刑事附带民事诉讼的赔偿范围之外,理由是过高的判赔金额,容易造成"空判""执行难",激化社会矛盾。最终,立法机关做了折中,规定刑事附带民事诉讼的索赔事项限定在"物质损失"的前提下,明确附带民事诉讼可进行调解,赔偿金额不做限制,以利于受害人实际得到赔偿。从司法实践角度看,2012年修订的《刑事诉讼法》实施以后,越来越多的受害人选择另案提起民事诉讼。

将刑事附带民事诉讼的索赔事项严格限制在"物质损失",通行的解释大体有两个。其一是提高刑事诉讼案件审理效率。由于刑事诉讼过程中被追诉方大多处于被羁押状态下,过分延迟诉讼时间不利于被追诉方权利的保护;而在现有"业务庭"条块分割的法院审判管理体制下,刑事审判庭的法官又并不擅长裁决民事案件,尤其是涉及精神损害赔偿的民事案件,所以为提高刑事审判效率计,只好独审"物质损失"。其二是历史原因。在新中国第一部刑事诉讼法典,即1979年《刑事诉讼法》制定之时,所谓"精神损害赔偿"没有得到普遍认可,将附带民事诉讼的求偿对象严格限制于物质损失也就成了顺理成章。

但新中国《刑事诉讼法》迄今已历1996年、2012年两次重大修改,当年制订法律之时的大多历史背景早已时过境迁,例如随着物质生活水平的不断提高,人们自然愈发重视精神性权利的获得和保护;审判法官的业务素养也在稳步提升;等等。最重要的,关于"效率"问题,一方面,如前文所指,"2012年修订的《刑事诉讼法》实施以后,越来越多的受害人选择另案提起民事诉讼",在此情形之下,很难说单独在刑事附带民事诉讼中规避掉若干民事权利的保护,就是"提高了审判效率",整体而言,不过是"按下葫芦起来瓢"。况且刑事判决部分可以单独下判。另一方面,就原告方而言,更加看中的绝非所谓诉讼效率,而是更好保护自己权利。附带民事诉讼之所以有其存在价值,就原告方而言,很大程度上就在于"附"的是国家机器,即公安机关和人民检察院,这是不言而喻的事情。将显然应当予以保护的精神性权利绝对排除在附带民事诉讼求偿范围之外,是否有利于保护当事人,尤其是被害人一方的权利,甚至是否有利于整体提高诉讼效率,维护司法权威,都是应该重新考虑的问题。

第三节　附带民事诉讼的程序

▶ 一、附带民事诉讼的提起

（一）提起附带民事诉讼的期间

依据最高法《适用刑事诉讼法的解释》第141条之规定："人民法院受理刑事案件后，可以告知有权提起附带民事诉讼的人，他们有权在刑事诉讼过程中提起附带民事诉讼。"

附带民事诉讼应当在刑事案件立案后及时提起。自诉案件的被害人，在提起自诉时即可向人民法院提出附带民事诉讼请求。在侦查、审查起诉阶段提起附带民事诉讼的，人民检察院应当记录在案，并将原告人的诉讼请求和有关材料，在提起公诉的同时，一并移送人民法院。

侦查、审查起诉期间，有权提起附带民事诉讼的人提出赔偿要求，经公安机关、人民检察院调解，当事人双方已经达成协议并全部履行，被害人或者其法定代理人、近亲属又提起附带民事诉讼的，人民法院不予受理，但有证据证明调解违反自愿、合法原则的除外。

第一审期间未提起附带民事诉讼，在第二审期间提起的，第二审人民法院可以进行调解；调解不成的，告知当事人可以在刑事判决、裁定生效后另行提起民事诉讼。

总之，附带民事诉讼应当在刑事案件立案以后、第一审判决宣告之前提起。被害人或者其法定代理人、近亲属在刑事诉讼过程中未提起附带民事诉讼，另行提起民事诉讼的，人民法院可以调解，或者根据物质损失的情况作出判决。

（二）提起附带民事诉讼的方式

最高法《适用刑事诉讼法的解释》第147条第2款规定："提起附带民事诉讼应当提交附带民事起诉状。"但该《解释》第150条同时规定，法院受理附带民事诉讼后5日内将口头起诉的内容及时通知被告方并制作笔录。

根据以上规定，提起附带民事诉讼的方式有两种：一种是提交附带民事诉状，一种是口头方式。在一般情况下，如果有权提起附带民事诉讼的人有能力书写附带民事诉状，应当采用书面起诉状方式；如果有权提起附带民事诉讼的人书写诉状确实有困难，则可以采用口头方式，由审判人员制作笔录，最后由附带民事诉讼原告人签名或者盖章。如果是人民检察院提起公诉的时候一并提起附带民事诉讼的，只能以书面方式。

（三）附带民事诉讼的审查和受理

人民法院收到附带民事诉状后，应当进行审查，并在7日内决定是否立案；符合我国《刑事诉讼法》第99条以及相关司法解释规定的,应当受理;不符合的,应当裁定不予受理。根据最高法《适用刑事诉讼法的解释》第150条的规定,"人民法院受理附带民事诉讼后,应当在5日内将附带民事起诉状副本送达附带民事诉讼的被告人及其法定代理人,或者将口头起诉的内容及时通知附带民事诉讼的被告人及其法定代理人,并制作笔录。人民法院送达附带民事起诉状副本时,应当根据刑事案件的审理期限,确定被告人及其法定代理人提交附带民事答辩状的时间。"

二、附带民事诉讼的审理

(一) 附带民事诉讼审理的一般原则

我国《刑事诉讼法》第102条规定了附带民事诉讼审判中的刑民合并审判原则,即:"附带民事诉讼应当同刑事案件一并审判,只有为了防止刑事案件审判的过分迟延,才可以在刑事案件审判后,由同一审判组织继续审理附带民事诉讼。"

根据这一原则,一般情况下,附带民事诉讼应当同刑事诉讼一并审理并作出判决,这样便于全面查清案件事实、节省诉讼成本、提高诉讼效率。这里的一并审判,是指同一审判组织,与刑事案件同时开庭审判,用同一份判决书判决。比照前述原则,特殊情况下,分别审判时,也要注意:一是只能先审理刑事部分后审理民事部分,即先刑后民;二是应当由审理刑事案件的同一审判组织继续审理附带民事部分,不得另行组成合议庭,如果同一审判组织成员确实无法继续参加审判的,可以更换;三是附带民事诉讼部分判决对案件事实的认定不得同刑事判决相抵触;四是附带民事诉讼部分的延期审理不影响刑事判决的生效。

(二) 附带民事诉讼的审理程序

我国《刑事诉讼法》中对于附带民事诉讼具体审理程序规定相对笼统,最高法《适用刑事诉讼法的解释》对此进行了详细规定,依据相关法条,主要内容如下。

1. 举证责任的分配

在附带民事诉讼中,举证责任的承担原则上实行"谁主张,谁举证"的原则,即最高法《适用刑事诉讼法的解释》第151条规定的:"附带民事诉讼当事人对自己提出的主张,有责任提供证据。"这里所提到的举证责任,只限于附带民事诉讼部分,其内容应当是损失的大小,损失的性质是否是物质损失,损失是否为必然遭受的损失以及损失与犯罪行为的因果关系,而不包括刑事犯罪是否成立的事实。

2. 附带民事诉讼的保全

附带民事诉讼的保全,是指人民法院在受理附带民事诉讼之后,为了保证将来发生法律效力的附带民事诉讼的判决能够得到切实执行,而对被告人财产采取一定的强制措施。

依据最高法《适用刑事诉讼法的解释》第152条的规定,人民法院对可能因被告人的行为或者其他原因,使附带民事判决难以执行的案件,根据附带民事诉讼原告人的申请,可以裁定采取保全措施,查封、扣押或者冻结被告人的财产;附带民事诉讼原告人未提出申请的,必要时,人民法院也可以采取保全措施。

有权提起附带民事诉讼的人因情况紧急,不立即申请保全将会使其合法权益受到难以弥补的损害的,可以在提起附带民事诉讼前,向被保全财产所在地、被申请人居住地或者对案件有管辖权的人民法院申请采取保全措施。申请人在人民法院受理刑事案件后15日内未提起附带民事诉讼的,人民法院应当解除保全措施。

3. 附带民事诉讼的先予执行

附带民事诉讼的先予执行,是指人民法院受理附带民事诉讼之后、作出判决之前,根据附带民事原告人的请求决定附带民事被告人先付给附带民事原告人一定款项或特定物并立即执行的措施。附带民事诉讼的先予执行必须具备法定的理由,即犯罪行为给被害人造成了极大困难。

具体而言,附带民事诉讼的先予执行必须符合以下条件:第一,附带民事诉讼当事人之间的权利义务关系明确。第二,双方当事人之间不存在对等的给付义务。第三,行使权利具有紧迫性。例如,故意伤害案件中,不先予执行医疗费,被害人就无法得到及时救治等。第四,必须附带民事诉讼原告人提出申请,否则,司法机关不依职权决定先予执行。第五,必须附带民事诉讼被告人有履行能力。总之,决定先予执行时,要兼顾被害人的需要以及附带民事诉讼的被告人的实际支付能力。先予执行的数额应当折抵附带民事判决中所缺的赔偿数额。

4. 附带民事诉讼的调解和判决

调判结合是我国民事审判的基本原则之一。我国《刑事诉讼法》第101条规定:"人民法院审理附带民事诉讼案件,可以进行调解,或者根据物质损失情况作出判决、裁定。"

人民法院审理附带民事诉讼案件,可以根据自愿、合法的原则进行调解。经调解达成协定的,应当制作调解书。调解书经双方当事人签收后,即具有法律效力。调解达成协议并及时履行完毕的,可以不制作调解书,但应当制作笔录,经双方当事人、审判人员、书记员签名或者盖章后即发生法律效力。

调解未达成协定或者调解书签收前当事人反悔的,附带民事诉讼应当同刑事诉讼一并判决。

对附带民事诉讼作出判决,应当根据犯罪行为造成的物质损失,结合案件具体情况,确定被告人应当赔偿的数额。犯罪行为造成被害人人身损害的,应当赔偿医疗费、护理费、交通费等为治疗和康复支付的合理费用,以及因误工减少的收入。造成被害人残疾的,还应当赔偿残疾生活辅助具费等费用;造成被害人死亡的,还应当赔偿丧葬费等费用。驾驶机动车致人伤亡或者造成公私财产重大损失,构成犯罪的,依照我国《道路交通安全法》第76条的规定确定赔偿责任。

人民检察院提起附带民事诉讼的,人民法院经审理,认为附带民事诉讼被告人依法应当承担赔偿责任的,应当判令附带民事诉讼被告人直接向遭受损失的单位作出赔偿;遭受损失的单位已经终止,有权利义务继受人的,应当判令其向继受人作出赔偿;没有权利义务继受人的,应当判令其向人民检察院交付赔偿款,由人民检察院上缴国库。

人民法院认定公诉案件被告人的行为不构成犯罪,对已经提起的附带民事诉讼,经调解不能达成协议的,应当一并作出刑事附带民事判决。

人民法院准许人民检察院撤回起诉的公诉案件,对已经提起的附带民事诉讼,可以进行调解;不宜调解或者经调解不能达成协定的,应当裁定驳回起诉,并告知附带民事诉讼原告人可以另行提起民事诉讼。

对附带民事诉讼作出判决,应当根据犯罪行为造成的物质损失,结合案件具体情况,确定被告人应当赔偿的数额。

另外,人民法院审理附带民事诉讼案件,不收取诉讼费。

5. 赔偿、追缴或者退赔对刑事部分的影响

最高法《适用刑事诉讼法的解释》第157条规定:"审理刑事附带民事诉讼案件,人民法院应当结合被告人赔偿被害人物质损失的情况认定其悔罪表现,并在量刑时予以考虑。"同时,被告人非法占有、处置被害人财产的,应当依法予以追缴或者责令退赔。被害人提起附带民事诉讼的,人民法院不予受理。追缴、退赔的情况,人民法院可以作为量刑情节予以考虑。

6. 附带民事诉讼的撤诉和缺席判决

附带民事诉讼审结之前,原告要求撤诉的,人民法院应当准许。但国家、集体财产遭受损失,被告人又有赔偿能力的,人民检察院或者受损单位不能要求撤诉。因为对国家、集体财产,任何人无权随意处置。

附带民事诉讼原告人经传唤,无正当理由拒不到庭,或者未经法庭许可中途退庭的,应当按撤诉处理。刑事被告人以外的附带民事诉讼被告人经传唤,无正当理由拒不到庭,或者未经法庭许可中途退庭的,附带民事部分可以缺席判决。

7. 附带民事诉讼案件的第二审程序

对附带民事判决或裁定上诉、抗诉的期限,应当按照刑事部分上诉、抗诉的期限确定。如果原审附带民事部分是另行审判的,上诉期限也应当按照刑事诉讼法规定的期限执行。

刑事附带民事诉讼案件,只有附带民事诉讼当事人及其法定代理人上诉的,第二审人民法院应当对全案进行审查。经审查,第一审判决的刑事部分并无不当的,第二审人民法院只需就附带民事部分作出处理;第一审判决的附带民事部分事实清楚、适用法律正确的,应当以刑事附带民事裁定维持原判,驳回上诉。

刑事附带民事诉讼案件,只有附带民事诉讼当事人及其法定代理人上诉的,第一审刑事部分的判决在上诉期满后即发生法律效力。

应当送监执行的第一审刑事被告人是第二审附带民事诉讼被告人的,在第二审附带民事诉讼案件审结前,可以暂缓送监执行。

第二审人民法院审理对刑事部分提出上诉、抗诉,附带民事部分已经发生法律效力的案件,发现第一审判决、裁定中的附带民事部分确有错误的,应当依照审判监督程序对附带民事部分予以纠正。

第二审人民法院审理对附带民事部分提出上诉,刑事部分已经发生法律效力的案件,发现第一审判决、裁定中的刑事部分确有错误的,应当依照审判监督程序对刑事部分进行再审,并将附带民事部分与刑事部分一并审理。

第二审期间,第一审附带民事诉讼原告人增加独立的诉讼请求或者第一审附带民事诉讼被告人提起反诉的,第二审人民法院可以根据自愿、合法的原则进行调解;调解不成的,告知当事人另行起诉。

【拓展阅读】

对于解决由刑事被告人犯罪行为所引起的损害赔偿问题,世界各国主要有三种基本方式:一是作为基本原则,主要交由刑事诉讼程序附带予以解决,这就是法国、德国、苏联类型的现代意义上的附带民事诉讼解决方式;二是允许在一定情况下,可以通过刑事诉讼附带予以解决,而在其余情况下可以通过民事诉讼程序或者其他单独诉讼程序予以解决,这就是英国立法上的"混合"方式的解决方式,这种方式不是典型意义上的附带民事诉讼的解决方式;三是将其完全交由民事诉讼程序解决,这就是美国和日本现行立法的解决方式。

(一)法国

法国 1808 年《刑事诉讼法》是世界上最早确立具有现代意义的附带民事诉讼制度的法典,并且对其他国家刑事附带民事诉讼制度的建立产生了广泛影响,在对附带民事诉讼制度进行对比研究时,学者们往往将其称为典型的附带民事诉讼模式。总体而言,法国的附带民事赔偿制度具有如下特点:(1)在规定附带民事诉讼的同时保持民事救济的独立性。(2)受害人享有程序选择权。(3)根据刑事犯罪严重程度的不同适用不同的审判程序。(4)刑事诉讼对于民事诉讼具有优先地位。(5)附带民事诉讼制度与受害人国家补偿制度相互补充。(6)进行附带民事诉讼,无需预先缴纳诉讼费用。2000 年 6 月 15 日,法国第 2000-516 号法律对受害人赔偿问题的规定又作了进一步修改,在原规定的"物质上"受到严重损害时可以得到赔偿的基础上,增加了在"心理上"受到严重损害时,也可以得到赔偿。[①] 法国

---

① 参见刘新魁:《法国刑事诉讼法典 2000 年以来的重大修改》,载陈光中主编:《21 世纪域外刑事诉讼立法最新发展》,中国政法大学出版社 2004 年版,第 231 页。

的附带民事诉讼制度突出兼顾了附带民事诉讼的独立性,在其刑事诉讼法中,对附带民事诉讼的规定几与刑事诉讼占有同等地位,只要是因犯罪造成的损害,被害人随时都可提起民事诉讼,并且由审理刑事案件的同一法官审理。

(二) 德国

尽管德国在名义上规定了附带民事诉讼制度,但却是一种受到严格限制的附带民事诉讼模式,还同时赋予法官极大的自由裁量权,只要法官认为民事赔偿问题不宜在刑事诉讼过程中"附带"解决,特别是如果对申请进行处理会拖延诉讼进行就随时可以作出对民事请求不作裁判的裁定。法官的这种自由裁量权导致司法实践中刑事诉讼排斥附带民事诉讼的结果,"在德国的司法实践中,受害人几乎很少提起请求补偿之诉"。①

(三) 英国

英国解决由犯罪造成的损害赔偿问题的诉讼方式是一种"混合式"的方式,不具有典型的刑事附带民事诉讼的性质。英国早在1870年《没收法》中就规定,被害人有权提起因犯罪行为所造成损害的赔偿之诉②,但诉讼的方式可以有三种:一是被害人可以向刑事损害赔偿委员会请求赔偿,二是被害人可对犯罪人提起民事诉讼;三是法律上规定,法庭可以根据自己的职权或根据受害人的请求,在判刑时以"赔偿令"的形式责令犯罪人赔偿受害人的损失。前两种方式都必须在刑事审理终结后才能提起,并不属于刑事附带民事诉讼的范围。

(四) 美国

美国没有刑事附带民事诉讼这种诉讼形式,对因犯罪行为造成损害的民事救济问题,被害人一般只能在刑事诉讼终结后通过另行提起民事诉讼来主张权利,获得赔偿。为了弥补被害人难以获得实际赔偿的不足,美国还通过私人保险、公共资助、国家补偿等形式对刑事被害人进行救助。因此,在美国刑事诉讼与民事诉讼是截然分立的。

(六) 日本

第二次世界大战后的日本受美国刑事诉讼法的影响,彻底抛弃了原来刑事附带民事的诉讼制度,仅规定了可以在裁判中宣告发还赃物,在侦查中发现的没有必要扣押的赃物,可以发还给被害人,但是都以发还被害人理由明显为前提。而且,这种情况不妨碍利害关系人依据民事诉讼程序主张其权利。③ 对于刑事损害赔偿的民事诉讼,日本新刑事诉讼法仿效美国,实行彻底分立的立法模式,刑事犯罪行

---

① 〔德〕约阿希姆·赫尔曼:《德国刑事诉讼法典》,李昌珂译,中国政法大学出版社1995年版,第10页。
② 参见《哈里斯刑法》第56章第4节,转引自叶青主编:《案例刑事诉讼法学》,中国法制出版社2013年版,第176页。
③ 参见日本现行《刑事诉讼法》第123、124、347条。

为引起的损害赔偿问题按照民事程序进行解决。

（七）我国台湾地区

我国台湾地区实行了附带民事诉讼制度。① 对于附带民事诉讼,台湾学者的见解是:"同一犯罪行为每具备两种不同之行为性质,即在公法上属于得科刑罚之行为,在私法上属于侵权行为;前者发生刑事责任,而后者则发生民事责任。此二种不同之责任即因同一行为而生,为免程序之繁复、时间与费用之虚耗,使其适用于同一程序,以期同时予以解决,于公于私,皆不无裨益。"②

【思考题】

1. 附带民事诉讼当事人的称谓是用"原告人"、"被告人"合适,还是用"原告"、"被告"合适?
2. 简述人民检察院提起附带民事诉讼时的诉讼地位。
3. 刑事附带民事诉讼是否可以有第三人参加?
4. 附带民事诉讼的诉讼时效是适用刑事法律的追诉时效期限还是适用民事法律的诉讼时效?
5. 被害人因财产型犯罪而遭受的物质损失是否可以提起附带民事诉讼?

---

① 我国台湾地区"刑事诉讼法"第七编中用了26个条文(第487—512条)对附带民事诉讼作了专门规定,从附带民事诉讼的当事人范围、请求范围、提起的期间、管辖法院、适用法律的标准、提起的程序、诉状的送达、审理期限、证据规则、事实的认定乃至二审、三审的程序都作了详细的规定。

② 参见蔡墩铭:《刑事诉讼法概要》,台湾三民书局1998年版,第326页。

第九章　期间、送达

要点提示

- 刑事诉讼中有哪些关于期间的规定？
- 期间该如何计算？
- 送达的概念与定义。
- 送达都有哪些方式？

【案例思考】

刘某,男,17岁,外来务工人员。2012年12月4日,因涉嫌盗窃被公安机关刑事拘留。公安机关委托刘某所在的乡政府工作人员,向刘某送达刑事拘留通知书。刘某的母亲称自己不识字且已与刘某断绝母子关系,拒绝签收。无奈,乡政府工作人员便将刑事拘留通知书带回办公室。2012年12月13日公安机关提请检察机关对刘某批准逮捕。2013年1月19日,检察机关作出批准逮捕决定。2月11日,公安机关对刘某执行逮捕,并基于上次刘某母亲拒绝签收刑事拘留通知书,遂发布公告送达逮捕通知书。2014年8月8日,刘某一审被判处有期徒刑3年。9月20日宣判时,刘某拒绝签收刑事判决书。10月6日刘某不服,通过邮局邮寄提交上诉状。10月11日法院收到上诉状,但认为拒绝签收判决书且已过上诉期,不予受理。

请思考如下问题:
本案中有关人员的做法是否正确?

第一节 期 间

一、概述

刑事诉讼中的期间,是指公安司法机关、当事人和其他诉讼参与人进行刑事诉讼活动应当遵守的期限和时间。刑事诉讼期间一般都是由法律明确规定的,又被称作法定期间,分为公安司法机关应当遵守的期间和当事人及其他诉讼参与人应当遵守的期间两类。但是,诉讼程序当中包含的诉讼行为不可能都通过法定期间的形式加以确定,在个别情况下,也可能需要由公安司法机关指定,以弥补法定期间的不足,这被称作指定期间。

在刑事诉讼中,与期间相对应的还有期日。期日是指公安司法机关和诉讼参与人共同进行刑事诉讼活动的特定时间。我国《刑事诉讼法》对期日未作具体规定,在诉讼实践中,由公安机关、人民检察院、人民法院根据法律规定的期间和案件的具体情况予以指定。期间与期日关系非常密切,都是刑事诉讼中规范时间的重要范畴。但两者也存区别:第一,期间是指公安司法机关和诉讼参与人各自单独进行某项诉讼活动的时间;期日则是公安司法机关和诉讼参与人共同进行某项刑事诉讼活动的时间。第二,期间为一个时间段,即由一个期日起至另一个期日止的一段时间;而期日是一个特定的时间单位,如某日、某时。第三,期间原则上由法律规定,不得任意变更;而期日则由公安司法机关指定,遇有重大理由时,可以另行指定期日。第四,期间在具体案件中一旦确定开始时间,终止的时间也随之确定;期日只规定开始的时间,不规定终止的时间,以诉讼行为的开始为开始,以诉讼行为的实行完毕为结束。第五,期间开始后,不要求立即实施诉讼行为,只要是在期间届满之前,任何时候实施都是有效的,期日开始后,必须立即实施某项诉讼行为或开始某项诉讼活动。

刑事诉讼期间是《刑事诉讼法》从时间上规范诉讼行为的重要措施,公安司法机关和诉讼参与人都应当严格遵守,否则,将会产生相应的不利法律后果。刑事诉讼期间对于保证刑事诉讼的顺利进行,具有非常重要的意义。

(1) 有利于强化公安司法机关工作人员依法及时办理案件,增强法制观念,提高办案效率。公安司法机关应当严格遵守刑事诉讼期间,违反法定期间属于违法行为,将直接产生相应的法律后果。例如,公安机关拘留犯罪嫌疑人超过了法定期限,被拘留人或其家属有权要求释放,公安机关必须立即释放。

(2) 有利于督促诉讼参与人及时参加相关的诉讼活动,行使诉讼权利,履行诉讼义务。如果程序中的某个环节缺乏时间界限的束缚,就容易导致诉讼程序的不合理中断,从而使案件期限处于不确定状态。这样,不仅对当事人及其他诉讼参与人造成不便和不公,更极大地造成了诉讼效率的降低。因此,法律通常要对诉权的行使规定一定的期限。如有上诉权的人在法定期限内无正当理由没有提出上诉,就会丧失上诉权。

(3) 有利于保障当事人等诉讼参与人的合法权益。一方面,对于被害人来说,通过及时惩罚犯罪,以迅速保护其合法权益。许多被害人受到犯罪的侵害后,心理上受创伤,物质上受损失,只有通过对犯罪的及时处理,才能使被害人在精神和物质上迅速得到安抚和赔偿。另一方面,对于犯罪嫌疑人和被告人来说,案件及时处理有利于保护其人身自由等权利。如我国《刑事诉讼法》规定了严格的羁押期间,有利于防止对犯罪嫌疑人、被告人以捕代罚和久押不决。

▶ 二、期间的计算

(一) 期间的计算方法

根据我国《刑事诉讼法》第 103 条第 1 款的规定,期间以时、日、月计算。如根据《刑事诉讼法》第 73 条、第 91 条的规定,指定居所监视居住、逮捕的,应当在 24 小时以内通知被监视居住人、被逮捕人的家属。第 89 条规定,公安机关对被拘留的人,认为需要逮捕的,应当在拘留后的 3 日以内,提请人民检察院审查批准。在特殊情况下,提请审查批准的时间可以延长 1 日至 4 日。第 154 条规定,对犯罪嫌疑人逮捕后的侦查羁押期限不得超过 2 个月。虽然该条没有规定以"年"作为计算

单位,但实际上刑事诉讼中也存在以"年"为单位的期限,如申诉期限、刑罚执行期限等。期间的计算应遵循以下几项原则:

(1) 期间以时、日计算的,期间开始的时和日不计算在内。不管是法定期间还是指定期间,期间开始的时和日不计算在内,而从下一个小时或从次日起算。如我国《刑事诉讼法》第91条规定,公安机关逮捕犯罪嫌疑人,应当在逮捕后24小时以内通知家属,假如逮捕的时间是上午9:30时,则起算24小时期限的时间点应当是上午10时,即"逮捕后24小时"是指从当日上午10时起,至次日上午10时止,公安机关应当在次日上午10时前通知被逮捕人的家属。关于以日为单位的期间的起算,与此类似,应当从诉讼行为开始之日的第二日起计算。需要注意的是,由于开始的时和日都不算,因而这两种计量单位之间不能互相换算,例如,拘留后应当在24小时以内进行讯问,不可以用1日代替。如对一审判决上诉期10天的计算,是从判决书送达之日起的次日开始起算。

(2) 期间以月计算的,期间开始的月和日计算在内。其一,按照公历月计算,不分大月、小月,自本月某日至下月某日为一个月。如本月1日收案至下个月1日,本月15日收案至下个月15日为一个月的审理期限。其二,如果期满月相对于开始月的某日实际不存在时,应当将期满日向前移,也即以期满月的最后一日为期满日,而不得向后顺延到再下一个月。例如,人民检察院1月31日将案卷退回公安机关补充侦查,公安机关补充侦查的期满之日本应是2月31日,但是由于2月份没有31日,所以,此时的期满之日应是当年2月的最后一日,即28日或者29日。其三,遇有以半月为期的,不分大、小月,均以15天计,不受当月实际天数的影响。

(3) 期间届满时刻的确定。期间届满之日为最后一日的24点。其一,一般情况下,期间最后一日为节假日的,以节假日后的第一日为期满日期。如期间本应当在1月1日届满,但1月1日为元旦,则应当顺延至元旦假日后第一个工作日为期间届满之日。主要是考虑到节假日有关机关和公民个人都在按规定休假,期间届满也无法进行诉讼活动,有必要顺延至节假日后的第一个工作日。此处的假日是指国家法定假日,如清明节、端午节、劳动节、双休日等。它不包括专为某一类人规定的节假日、某些民间节日或单位自己规定的假日,如儿童节、妇女节、重阳节、元宵节、圣诞节以及单位庆典日,等等。其二,犯罪嫌疑人、被告人或者罪犯在押的,其在押期间应当至期满之日为止,不得因节假日而延长。规定这种情况不得顺延,是因为犯罪嫌疑人、被告人、罪犯处于被限制或者剥夺人身自由的状态,拘留、逮捕等强制措施的期限届满或者刑期届满的,就应当立即予以释放,否则等于延长了其被羁押的时间,不利于对其权利进行保护。我国《刑事诉讼法》原来虽然没有对此作出明确规定,但司法实践中一直是照此办理的,有关司法解释中也有规定。2012年修订的《刑事诉讼法》,总结实践经验,对此作出明确规定,体现了刑事诉讼法尊重和保障人权的精神。例如,如果人民检察院审查批捕期限届满之日为10月1日,即应当以此为限适时作出批准逮捕与否的决定,不应顺延。但是,如果被告人上诉的届满之日为10月1日,则应顺延至国庆节后的第一个工作日。应当注意的是,如果节假日在期间开始日或者期间中间的,也即不在期间届满的最后一日的,那么该节假日不予扣除。

(4) 期间不包括在途时间。"路途上的时间",是指司法机关邮寄送达诉讼文书及当事人向司法机关邮寄诉讼文书在路途上所占用的时间。之所以作这样的规定,主要是考虑当事人距离司法机关有远有近,邮寄诉讼文书在路途上所需要的时间有长有短,如果不扣除路途上的时间,那么距离司法机关较远的当事人的诉讼权利就难以保障,有的当事人可能还没有接到司法机关送达的诉讼文书,期间就已经届满了。因此,法律规定法定期间不包括路途上的时间,就是为了便于当事人充分地行使诉讼权利。

一是交通在途期间,如当事人及其他诉讼参与人的住所或者工作地点距离公安司法机关比较远,则路途上的时间应当从法定期间内予以扣除。又如,公安机关到外地缉捕犯罪嫌疑人,如果从外地押解回侦查机关所在地需要2天时间,则24小时讯问和通知其家属或单位的法定期间应当扣除2天,但路途时间仍然应当计算在侦查羁押期限内。二是邮寄在途期间,如9月1日是上诉期间届满的日期,当事人或其法定代理人只要在这一天(包括这一天)之前将上诉状交邮局寄出的,不管法院几天后收到都应视为在上诉期内提起了上诉。确定期满前是否交邮,应以邮局的邮戳为准,只要邮戳上的时间证明在期间届满前,当事人或者人民法院已经将邮寄的诉讼文书交付邮局,就不算过期。

(二) 期间的重新计算

(1) 因另有重要罪行重新计算侦查羁押期限。在侦查期间,侦查机关发现犯罪嫌疑人另有重要罪行的,自发现之日起重新计算侦查羁押期限。这里的"发现",既包括犯罪嫌疑人主动交代,也包括侦查人员采用侦查手段得到的线索。"另有重要罪行",是指与逮捕时的罪行不同种的重大犯罪和同种的将影响罪名认定、量刑档次的重大犯罪。不过,在此种情况下,不需要经过原作出批准逮捕决定的人民检察院批准,但须报送原作出批准逮捕决定的人民检察院备案,人民检察院可以进行监督。

(2) 因补充侦查重新计算办案期限。对于退回公安机关补充侦查的案件,公安机关补充侦查完毕移送审查起诉后,人民检察院重新计算审查起诉期限。人民检察院补充侦查的案件,补充侦查完毕移送人民法院后,人民法院重新计算审理期限。

(3) 因改变管辖重新计算办案期限。人民检察院审查起诉的案件,改变管辖的,从改变后的人民检察院收到案件之日起计算审查起诉期限。人民法院改变管辖的案件,从改变后的人民法院收到案件之日起计算审理期限。

（4）因发回重审重新计算办案期限。二审人民法院发回原审人民法院重新审判的案件,原审人民法院重新计算审理期限。

（5）由简易程序转为普通程序的第一审刑事案件的期限,从决定转为普通程序次日起重新计算。

（三）期间的免于计算

（1）犯罪嫌疑人不讲真实姓名、住址,身份不明的,侦查羁押期限自查清其身份之日起计算,但是不得停止对其犯罪行为的侦查取证。

（2）犯罪嫌疑人、被告人在押的案件,对其作精神病鉴定的时间不计入办案期限,除此以外的其他鉴定时间都应当计入办案期限。

（3）下列期限不计入审理期限:第一,中止审理的期限不计入审理期限;第二,刑事案件另行委托、指定辩护人,法院决定延期审理的,自案件决定延期审理之日起至第10日的准备辩护的时间;第三,刑事案件二审期间,人民检察院查阅案卷超过7日后的时间。第四,因当事人、诉讼代理人、辩护人申请通知新的证人到庭,调取新的证据,申请重新鉴定或者勘验,法院决定延期审理1个月之内的期间。

（四）期间的恢复

期间的恢复是指当事人由于不能抗拒的原因或者有其他正当理由而在法定期限内没有完成应当进行的诉讼行为的,在障碍消除后5日以内,申请法院准许其继续进行应当在期满以前完成的诉讼行为的一种补救措施。

在刑事诉讼中,耽误期间的情况是客观存在的,既有正当理由的耽误,也有无正当理由的耽误。当事人如果耽误了期间,就要承担一定的法律后果。如被告人耽误了上诉期,就失去了上诉权,就要承担判决、裁定生效的后果。鉴于当事人耽误期间的原因中确有不可抗拒的原因或其他正当理由的情形,为充分保护当事人的合法权益,根据我国《刑事诉讼法》第104条第1款的规定,当事人由于不能抗拒的原因或者有其他正当理由而耽误期限的,在障碍消除后5日以内,可以申请继续进行应当在期满以前完成的诉讼活动。据此,期间的恢复必须具备以下条件。

第一,主体要件:只有当事人才有权提出恢复期间的申请。由于只有当事人才与案件裁判结果有着切身的利害关系,因而只有当事人才有权提出恢复诉讼期间的申请,其他诉讼参与人无权提出这种申请。

第二,实质要件:期间的耽误是由于不能抗拒的原因或有其他正当理由。所谓不可抗拒的事由,是指当事人主观上无法预见、客观上无法避免和克服的事实,其通常包括以下几种情况:一是自然灾害,如由于地震、水灾、台风、意外事故等情况,交通断绝,因而不能进行某种诉讼行为,耽误了期间;二是社会异常现象,主要是指一些偶发性的事件阻碍了当事人的行动,如动乱、战争、瘟疫等。至于"其他正当理由",则是指以上不可抗拒的事由以外,且不属于因当事人的故意或者过失而造成了期间的耽误的各种情况。对此,立法未作明文规定。实践中一般由人民法院自由裁量,但一个总的原则是这种迟延是由于不可归责于自己的事由所造成。例如,当事人因重病住院处于急救当中,不能委托代理人或者根本就没有代理人可以委托时,则可以认定为具有正当理由。当事人虽然因病住院,但完全可以委托诉讼代理人代为实施诉讼行为而没有委托,以至于迟延期间的,不属于可以申请顺延期间的正当理由。

第三,时间要件:当事人的申请应当在障碍消除后的5日以内提出。当事人在法定期间,特别是在上诉期间内遇到上述特殊情况而耽误诉讼期间的,可以申请继续进行尚未完成的诉讼活动,但这种申请是有时间要求的,即应当在前述障碍或原因消除后的5日以内提出。此处所规定的5日为不变期间,逾期将丧失申请的权利。例如,当事人对于生效的判决的上诉期限为10日,在期间届满前2日发生洪水,交通中断致使无法行使上诉权,当事人必须在交通恢复正常后的5日内,向人民法院申请行使上诉权,超过5日未申请的,则不得申请。

法院对于当事人的申请,应认真进行审查。经审查认为如果确属不能抗拒的原因或因其他正当理由耽误期限的,应当以裁定形式准许顺延。法定期间的顺延,只能是补足因耽误而延迟或延误的诉讼期限。之所以规定诉讼期间的顺延由人民法院裁定,主要是考虑导致诉讼期限耽误的情况比较复杂,如果不对具体情况进行具体分析,对耽误的期限一律不予顺延,则不利于案件的公正处理,也不利于当事人权利的保护。但是,对于没有正当理由的耽误如果也顺延诉讼期限,又有损司法的严肃性。因此,刑事诉讼法规定对耽误期限是否能够顺延由人民法院根据具体情况裁定,体现了法律的严肃性和灵活性。

▶ 三、法定期间

法定期间是指法律明确规定的诉讼时间期限。法律规定的刑事诉讼期间主要有两种情况:一是公安司法机关进行刑事诉讼活动所应遵守的期限。二是当事人及其他诉讼参与人参加刑事诉讼活动所应遵守的期限。概括起来主要有:

(一)以时为计算单位的期间

(1)传唤、拘传持续的时间不得超过12小时;案情特别重大、复杂,需要采取拘留、逮捕措施的,传唤、拘传持续的时间不得超过24小时。

(2)人民检察院对直接受理的案件中被拘留的人,应当在拘留后的24小时以内进行讯问。在发现不应当拘留的时候,必须立即释放,发给释放证明。

(3)拘留后,应当立即将被拘留人送看守所羁押,至迟不得超过24小时。除无法通知或者涉嫌危害国家安全犯罪、恐怖活动犯罪通知可能有碍侦查的情形以外,应当在拘留后24小时以内,通知被拘留人的家属。有碍侦查的情形消失以后,应当立即通知被拘留人的家属。

（4）逮捕后，应当立即将被逮捕人送看守所羁押。除无法通知的以外，应当在逮捕后24小时以内，通知被逮捕人的家属。

（5）人民法院、人民检察院对于各自决定逮捕的人，公安机关对于经人民检察院批准逮捕的人，都必须在逮捕后的24小时以内进行讯问。在发现不应当逮捕的时候，必须立即释放，发给释放证明。

（6）指定居所监视居住的，除无法通知的以外，应当在执行监视居住后24小时以内，通知被监视居住人的家属。

（二）以日为计算单位的期间

1. 3日

（1）侦查机关在第一次讯问犯罪嫌疑人或者对犯罪嫌疑人采取强制措施的时候，应当告知犯罪嫌疑人有权委托辩护人。人民检察院自收到移送审查起诉的案件材料之日起3日以内，应当告知犯罪嫌疑人有权委托辩护人。人民法院自受理案件之日起3日以内，应当告知被告人有权委托辩护人。

（2）公安机关对被拘留的人，认为需要逮捕的，应当在拘留后的3日以内，提请人民检察院审查批准。在特殊情况下，提请审查批准的时间可以延长1—4日。

（3）犯罪嫌疑人、被告人及其法定代理人、近亲属或者辩护人有权申请变更强制措施。人民法院、人民检察院和公安机关收到申请后，应当在3日以内作出决定；不同意变更强制措施的，应当告知申请人，并说明不同意的理由。

（4）对查封、扣押的财物、文件、邮件、电报或者冻结的存款、汇款、债券、股票、基金份额等财产，经查明确实与案件无关的，应当在3日以内解除查封、扣押、冻结，予以退还。

（5）人民法院确定开庭日期后，应当将开庭的时间、地点通知人民检察院，传唤当事人，通知辩护人、诉讼代理人、证人、鉴定人和翻译人员，传票和通知书至迟在开庭3日以前送达。公开审判的案件，应当在开庭3日以前先期公布案由、被告人姓名、开庭时间和地点。

（6）被告人、自诉人、附带民事诉讼的原告人和被告人通过原审人民法院提出上诉的，原审人民法院应当在3日以内将上诉状连同案卷、证据移送上一级人民法院，同时将上诉状副本送交同级人民检察院和对方当事人。

（7）被告人、自诉人、附带民事诉讼的原告人和被告人直接向第二审人民法院提出上诉的，第二审人民法院应当在3日以内将上诉状交原审人民法院送交同级人民检察院和对方当事人。

（8）侦查机关在第一次讯问犯罪嫌疑人或者对犯罪嫌疑人采取强制措施的时候，应当告知犯罪嫌疑人有权委托辩护人。人民检察院自收到移送审查起诉的案件材料之日起3日以内，应当告知犯罪嫌疑人有权委托辩护人。人民法院自受理案件之日起3日以内，应当告知被告人有权委托辩护人。犯罪嫌疑人、被告人在押期间要求委托辩护人的,人民法院、人民检察院和公安机关应当及时转达其要求。

2. 5日

(1)当事人由于不能抗拒的原因或者有其他正当理由而耽误期限的,在障碍消除后5日以内,可以申请继续进行应当在期满以前完成的诉讼活动。

(2)当庭宣告判决的,应当在5日以内将判决书送达当事人和提起公诉的人民检察院;定期宣告判决的,应当在宣告后立即将判决书送达当事人和提起公诉的人民检察院。判决书应当同时送达辩护人、诉讼代理人。

(3)被害人及其法定代理人不服地方各级人民法院第一审的判决的,自收到判决书后5日以内,有权请求人民检察院提出抗诉。人民检察院自收到被害人及其法定代理人的请求后5日以内,应当作出是否抗诉的决定并且答复请求人。

(4)不服裁定的上诉和抗诉的期限为5日,从接到裁定书的第二日起算。

3. 7日

(1)人民检察院应当自接到公安机关提请批准逮捕书后的7日以内,作出批准逮捕或者不批准逮捕的决定。人民检察院不批准逮捕的,公安机关应当在接到通知后立即释放,并且将执行情况及时通知人民检察院。对于需要继续侦查,并且符合取保候审、监视居住条件的,依法取保候审或者监视居住。

(2)对于有被害人的案件,决定不起诉的,人民检察院应当将不起诉决定书送达被害人。被害人如果不服,可以自收到决定书后7日以内向上一级人民检察院申诉,请求提起公诉。人民检察院应当将复查决定告知被害人。对人民检察院维持不起诉决定的,被害人可以向人民法院起诉。被害人也可以不经申诉,直接向人民法院起诉。人民法院受理案件后,人民检察院应当将有关案件材料移送人民法院。

(3)对于人民检察院依照我国《刑事诉讼法》第173条第2款规定作出的不起诉决定,被不起诉人如果不服,可以自收到决定书后7日以内向人民检察院申诉。人民检察院应当作出复查决定,通知被不起诉的人,同时抄送公安机关。

(4)下级人民法院接到最高人民法院执行死刑的命令后,应当在7日以内交付执行。但是发现有法律规定的特殊情形之一的,应当停止执行,并且立即报告最高人民法院,由最高人民法院作出裁定。

4. 10日

(1)犯罪嫌疑人、被告人被逮捕后,人民检察院仍应当对羁押的必要性进行审查。对不需要继续羁押的,应当建议予以释放或者变更强制措施。有关机关应当在10日以内将处理情况通知人民检察院。

(2)人民法院决定开庭审判后,应当确定合议庭的组成人员,将人民检察院的起诉书副本至迟在开庭10日以前送达被告人及其辩护人。

(3)证人没有正当理由拒绝出庭或者出庭后拒绝作证的,予以训诫,情节严重的,经院长批准,处以10日以下的拘留。被处罚人对拘留决定不服的,可以向上一级人民法院申请复议。复议期间不停止执行。

(4) 不服判决的上诉和抗诉的期限为10日。

(5) 罪犯被交付执行刑罚的时候,应当由交付执行的人民法院在判决生效后10日以内将有关的法律文书送达公安机关、监狱或者其他执行机关。

5. 15日

在法庭审判过程中,如果诉讼参与人或者旁听人员违反法庭秩序,审判长应当警告制止。对不听制止的,可以强行带出法庭;情节严重的,处以1000元以下的罚款或者15日以下的拘留。罚款、拘留必须经院长批准。被处罚人对罚款、拘留的决定不服的,可以向上一级人民法院申请复议。复议期间不停止执行。

6. 20日

(1) 适用简易程序审理案件,人民法院应当在受理后20日以内审结;对可能判处的有期徒刑超过3年的,可以延长至一个半月。

(2) 人民检察院认为人民法院减刑、假释的裁定不当,应当在收到裁定书副本后20日以内,向人民法院提出书面纠正意见。人民法院应当在收到纠正意见后1个月以内重新组成合议庭进行审理,作出最终裁定。

7. 1个月

(1) 对犯罪嫌疑人逮捕后的侦查羁押期限不得超过2个月。案情复杂、期限届满不能终结的案件,可以经上一级人民检察院批准延长1个月。

(2) 人民检察院对于公安机关移送起诉的案件,应当在1个月以内作出决定,重大、复杂的案件,可以延长半个月。对于补充侦查的案件,应当在1个月以内补充侦查完毕。

(3) 依照我国《刑事诉讼法》第198条第2项的规定延期审理的案件,人民检察院应当在1个月以内补充侦查完毕。

(4) 人民检察院提出抗诉的案件或者第二审人民法院开庭审理的公诉案件,同级人民检察院都应当派员出席法庭。第二审人民法院应当在决定开庭审理后及时通知人民检察院查阅案卷。人民检察院应当在1个月以内查阅完毕。人民检察院查阅案卷的时间不计入审理期限。

(5) 接受抗诉的人民法院按照审判监督程序审判抗诉的案件,审理期限适用前款规定;对需要指令下级人民法院再审的,应当自接受抗诉之日起1个月以内作出决定,下级人民法院审理案件的期限适用前款规定。

(6) 决定或者批准暂予监外执行的机关应当将暂予监外执行决定抄送人民检察院。人民检察院认为暂予监外执行不当的,应当自接到通知之日起1个月以内将书面意见送交决定或者批准暂予监外执行的机关,决定或者批准暂予监外执行的机关接到人民检察院的书面意见后,应当立即对该决定进行重新核查。

(7)人民检察院认为人民法院减刑、假释的裁定不当,应当在收到裁定书副本后20日以内,向人民法院提出书面纠正意见。人民法院应当在收到纠正意见后1个月以内重新组成合议庭进行审理,作出最终裁定。

(8)人民法院经审理,对于被申请人或者被告人符合强制医疗条件的,应当在1个月以内作出强制医疗的决定。

8. 2个月

(1)对犯罪嫌疑人逮捕后的侦查羁押期限不得超过2个月。

(2)下列案件在我国《刑事诉讼法》第154条规定的期限届满不能侦查终结的,经省、自治区、直辖市人民检察院批准或者决定,可以延长2个月:交通十分不便的边远地区的重大复杂案件;重大的犯罪集团案件;流窜作案的重大复杂案件;犯罪涉及面广,取证困难的重大复杂案件。

(3)对犯罪嫌疑人可能判处10年有期徒刑以上刑罚,依照我国《刑事诉讼法》第156条规定延长期限届满,仍不能侦查终结的,经省、自治区、直辖市人民检察院批准或者决定,可以再延长2个月。

(4)人民法院审理公诉案件,应当在受理后2个月以内宣判。

(5)第二审人民法院受理上诉、抗诉案件,应当在2个月以内审结。对于可能判处死刑的案件或者附带民事诉讼的案件,以及有本法第156条规定情形之一的,经省、自治区、直辖市高级人民法院批准或者决定,可以延长2个月;因特殊情况还需要延长的,报请最高人民法院批准。

9. 3个月

(1)批准决定应当根据侦查犯罪的需要,确定采取技术侦查措施的种类和适用对象。批准决定自签发之日起3个月以内有效。对于不需要继续采取技术侦查措施的,应当及时解除;对于复杂、疑难案件,期限届满仍有必要继续采取技术侦查措施的,经过批准,有效期可以延长,每次不得超过3个月。

(2)人民法院审理公诉案件,应当在受理后2个月以内宣判,至迟不得超过3个月。对于可能判处死刑的案件或者附带民事诉讼的案件,以及有我国《刑事诉讼法》第156条规定情形之一的,经上一级人民法院批准,可以延长3个月;因特殊情况还需要延长的,报请最高人民法院批准。

(3)人民法院按照审判监督程序重新审判的案件,应当在作出提审、再审决定之日起3个月以内审结。

(4)对被判处死刑缓期二年执行、无期徒刑、有期徒刑的罪犯,由公安机关依法将该罪犯送交监狱执行刑罚。对被判处有期徒刑的罪犯,在被交付执行刑罚前,剩余刑期在3个月以下的,由看守所代为执行。对被判处拘役的罪犯,由公安机关执行。

10. 6个月

（1）人民法院、人民检察院和公安机关对犯罪嫌疑人、被告人监视居住最长不得超过6个月。

（2）人民法院审理自诉案件的期限，被告人被羁押的，适用我国《刑事诉讼法》第202条第1款、第2款的规定；未被羁押的，应当在受理后6个月以内宣判。

（3）人民法院按照审判监督程序重新审判的案件，应当在作出提审、再审决定之日起3个月以内审结，需要延长期限的，不得超过6个月。

（4）附条件不起诉的考验期为6个月以上1年以下，从人民检察院作出附条件不起诉的决定之日起计算。

（5）人民法院受理没收违法所得的申请后，应当发出公告。公告期间为6个月。犯罪嫌疑人、被告人的近亲属和其他利害关系人有权申请参加诉讼，也可以委托诉讼代理人参加诉讼。

11. 12个月

人民法院、人民检察院和公安机关对犯罪嫌疑人、被告人取保候审最长不得超过12个月。

第二节 送 达

一、送达的概念

刑事诉讼中的送达，是指人民法院、人民检察院、公安机关依照法定的程序和方式，将诉讼文书送交诉讼参与人或者公安司法机关相互之间递交诉讼文件的诉讼行为。送达是公安司法机关进行的一项重要的诉讼行为，其目的是为了使受送达人及时了解诉讼文书的内容和意见。因此，各国诉讼法都对送达的原则、送达方式等作出了较为详细的规定。代表公安司法机关负责送达诉讼文书的人为送达人，通常是书记员、司法警察或专职的送达人员。接受诉讼文书的人成为受送达人。送达作为一种诉讼行为，作为法律规定的一项诉讼活动，送达具有以下特点：

（1）送达的主体只能是公安司法机关。即公安司法机关向当事人和其他诉讼参与人以及有关机关实施的诉讼行为。送达是发生在送达主体和送达对象之间的一种法律关系。送达的主体只能是公安机关、人民检察院、人民法院，因此，诉讼参与人向公安司法机关递交诉讼文书或者诉讼参与人相互之间传递诉讼文书的行为，不属于法定意义上的送达。

（2）送达的内容只能是诉讼文书。所谓诉讼文书，是指在刑事诉讼中由公安司法机关和诉讼参与人所制作的具有法律意义的书面文件或者材料的总称。诉讼文书具有重要的法律意义，它不仅可以反映案件情况，还可以反映诉讼过程和结果。诉讼文书的种类很多，其中公安司法机关制作的诉讼文书是送达的主要内容，如传票、通知书、不起诉决定书、起诉书、判决书、裁定书等。此外，诉讼参与人制作的自诉状副本、附带民事诉讼诉状及答辩状副本、上诉状副本等诉讼文书也可通过人民法院送达。

(3) 送达的对象只能是刑事诉讼中的专门机关、当事人及其他诉讼参与人。送达是公安司法机关按一定方式向当事人或其他诉讼参与人交付诉状或其他法律文书。因此，向当事人和诉讼参与人以外的人或者机关发送或报送材料，例如向上下级法院报送材料等，就不是送达，不适用刑事诉讼法和有关司法解释有关送达的规定。

(4) 送达的程序和方式是法律明确规定的。实施送达行为必须依照法律规定办理，否则无法产生法律效力。送达是一项严肃的法律活动，是诉讼程序的组成部分，它直接关系到整个刑事诉讼活动能否顺利进行，诉讼任务能否切实完成。只有收件人按时收到诉讼文书，才能了解其中的内容，按时参加诉讼活动，行使诉讼权利，履行诉讼义务。某些诉讼文书只有按照法定程序送达收件人，才能发生法律效力，例如，当事人收到一审判决书后才开始计算上诉期限。还有的诉讼文书会引起一定的法律后果，例如，当事人在法定期间内收到人民法院的传票，就必须按时出席法庭，如果没有收到传票，则有权拒绝出庭。因此，严格执行法律有关送达的规定是非常重要的。

▶ 二、送达的意义

(1) 送达可以保障诉讼参与人和有关机关依法行使诉讼权利。通过送达文书，当事人可以及时知悉有关信息，并做好相应的诉讼准备。如起诉书副本送达后，被告人就可以知道案件已经由检察机关提起公诉，也可以了解检察机关对其指控的罪名等情况，从而就可以及时地做好辩护准备，进而可以有效地保障被告人充分、有效地行使辩护权。

(2) 送达可以促进公安司法机关正确履行职责。如法院在开庭前将开庭通知书送达给检察机关，检察机关收到开庭通知书后，才能在开庭前认真准备，按时出席法庭审判，履行其出庭支持公诉的职责。因此，送达是保障当事人及其他诉讼参与人充分行使诉讼权利，履行诉讼义务的重要的诉讼活动。

(3) 送达是启动有关诉讼活动的前提。诉讼文书送达后会产生一定的法律后果，也为公安司法机关进一步推进诉讼程序提供了合法前提。如无论检察机关是按照普通程序起诉，还是按照简易程序起诉，人民法院都必须向被告人送达起诉书副本。只有将起诉状副本送达被告人后，人民法院才可能开始审判活动，否则，人民法院的审判就是违法的。

三、送达的方式

按照我国《刑事诉讼法》第 105 条以及有关司法解释的规定,刑事诉讼中,送达主要有以下方式:

(1) 直接送达。直接送达是指公安司法机关派员将诉讼文书直接送交收件人的一种送达方式。直接送达的特点是承办案件的司法机关将诉讼文书直接送达收件人,而不通过中介人或其他中间环节。直接送达应当送交到收件人本人,这种方式可使被送达人直接迅速了解送达内容,是送达的基本要求。收件人本人在送达回证上记明收到的日期,并且签名或者盖章。如果收件人本人不在,由他的成年家属或所在单位的负责人代收,代收人也应当在送达回证上记明收到的日期,并且签名或者盖章。收件人本人或者代收人在送达回证上签收的日期为送达的日期。

公安司法机关送达诉讼文书,一般应当以直接送达为原则。因为直接送达可靠性强,所需时间短,效率高,通常重要的诉讼文书均应尽量采用这种方式。这样不仅可以保障当事人及时知悉文书内容,而且也可以防止诉讼拖延。

(2) 留置送达。留置送达,是指在受送达人或其同住成年家属拒绝接收诉讼文书时,送达人依法将诉讼文书留在受送达人的住所即视为送达的一种送达方式。在诉讼实践中,有些受送达人或其同住成年家属往往借故拒绝签收诉讼文书,甚至还以此作为不履行诉讼义务的理由,从而使诉讼程序无法正常进行。针对这种情况,立法专门规定了留置送达这种强制性的送达方式。留置送达与直接送达具有同等的法律效力。根据我国《刑事诉讼法》和有关司法解释,留置送达须具备以下要件:

第一,前提要件:须有拒不签收的行为。通常有以下三种情形:一是受送达人或者其同住成年家属拒绝接收诉讼文书;二是法人的法定代表人、其他组织的主要负责人或者办公室、收发室、值班室等负责收件的人拒绝签收或者盖章;三是受送达人指定诉讼代理人为代收人时,该代收人拒绝接收送达的诉讼文书。

第二,程序要件:人民法院在适用留置送达时,还必须遵守法律规定的程序,具体包括以下三个方面:一是在受送达人或其同住成年家属拒绝接收诉讼文书时,送达人应当邀请有关基层组织或者其所在单位的代表到场,说明情况,在送达回证上注明拒收事由和日期,由送达人、见证人签名或者盖章;二是如果有关基层组织或其所在单位的代表及其他见证人不愿意在送达回证上签字或盖章的,由送达人在送达回证上注明情况;三是必须把送达文书留在受送达人住所。

这里还有两点需要说明,一是对于人民法院的定期宣判,当事人拒不签收判决书、裁定书的,由宣判人员直接在宣判笔录上记明,即视为送达,无须再邀请见证人;二是调解书应当直接送达当事人本人,不适用留置送达,这是由调解书在送达时当事人可以反悔的性质所决定的。

(3) 委托送达。委托送达,指公安司法机关直接送达诉讼文书有困难的,委托收件人所在地的公安司法机关代为送交收件人的送达方式。委托送达一般是在收件人不住在承办案件的公安司法机关所在地,而且直接送达有困难的情况下所采用的送达方式。其程序是委托送达的公安司法机关应当将委托函、送达的诉讼文书及送达回证,寄送收件人所在地的公安司法机关。受委托的公安司法机关收到委托送达的诉讼文书,应当登记,并由专人及时送交收件人,然后将送达回证及时退回委托送达的公安司法机关。受委托的公安司法机关无法送达时,应当将不能送达的原因及时告知委托的公安司法机关,并将诉讼文书及送达回证退回。

(4) 邮寄送达。邮寄送达,指公安司法机关在直接送达有困难的情况下,通过邮局将诉讼文书用挂号方式邮寄给收件人的送达方式。

邮寄送达与委托送达之间是并列选择关系,它们适用的前提都是送达人"直接送达诉讼文书确有困难",因此,送达人原则上可以对二者进行自由选择,实践中大多数公安司法机关都倾向于选择邮寄送达。其程序是公安司法机关将诉讼文书、送达回证挂号邮寄给收件人,收件人签收挂号邮寄的诉讼文书后即认为已经送达。挂号回执上注明的日期为送达的日期。

由于邮寄送达存在可能丢失等不确定性,且相对而言周期较长,因而为确保受送达人能够及时收到诉讼文书,一般都是在前述几种送达方式不能或难以实施的情形下才采用的。但实践中,由于邮寄送达的简便易行,且成本较低,有些送达单位比较普遍的采用这种送达方式,这不符合直接送达的优先性的基本原则。

(5) 转交送达。转交送达,指公安司法机关将诉讼文书交收件人所在机关、单位代收后,再转交给收件人的送达方式。转交送达是在受送达人身份比较特殊,不宜或不便采用直接送达的情况下所适用的一种送达方式。转交送达通常有下列几种情况:

第一,受送达人是军人的,通过其所在部队团以上单位的政治机关转交;

第二,受送达人是被监禁者,通过其所在监所或者劳动改造单位转交;

第三,受送达人是被劳动教养者,通过其所在劳动教养单位转交。

代为转交的机关、单位收到诉讼文书后,必须立即将其交受送达人签收,受送达人在送达回证上的签收日期,为送达日期。收件人是军人的,通过转交送达有利于保护部队的机密,同时还有利于部队政治机关及时了解情况,做好收件人的思想工作,保持部队的稳定。对服刑和正在被劳动教养的人转交送达,有利于有关单位了解情况,及时掌握收件人的思想、情绪动向,防止发生意外情况。

四、送达回证

所谓送达回证,是指公安司法机关制作的,用以证明业已进行送达及其结果的诉讼文件。送达回证是检查公安司法机关是否按照法定的方式和程序送达诉讼文书的标志,是送达人完成送达任务的标志,也是受送达人接收或者拒绝接收所送达文书的证明。

司法实践中,送达回证的印制有固定的格式。其内容包括送达机关和送达文书的名称;受送达人的姓名(名称)、职务、住所地或者经常居住地;送达方式;送达人和受送达人签名或者盖章;签收日期等。送达回证的使用方法是公安司法机关送达诉讼文书时,向收件人出示送达回证,由收件人、代收人在送达回证上记明收到日期,并且签名或者盖章;遇到拒收或拒绝签名、盖章的,在实施留置送达时,送达人应当邀请受送达人的邻居或者其他见证人到场,说明情况,把诉讼文书留在他的住处,在送达回证上记明拒绝的事由、送达的日期,并且签名或者盖章。送达程序进行完毕后,将送达回证带回入卷。采用委托送达、转交送达的也必须按照上述程序进行,并将送达回证退回承办案件的公安司法机关。邮寄送达的,应当将送达回证和诉讼文书一起挂号邮寄给收件人,送达回证由收件人退回。在这种情况下,收件人在送达回证签收的日期可能与挂号回执上注明的日期不一致,公安司法机关应在送达回证上作出说明,并以挂号回执上注明的日期为送达日期。

【拓展阅读】

犯罪嫌疑人未被采取强制措施时的侦查期间

1995年,国内某著名大学一女生甲突然出现头发脱落,腰、腹、四肢关节疼痛等一系列奇怪症状。经网上求救和名医会诊,确定是重金属铊中毒。由于该女生自己从未接触过铊,因而公安机关认为这一事件可能涉嫌犯罪,于是决定立案侦查,并将与该女生同宿舍的乙女生确定为犯罪嫌疑人,理由是乙女生因做实验的需要而有接触铊的机会,并且乙女生在发案前一段时间与甲女生关系不太好。但经过两年多的侦查,直到1997年,侦查机关也无法收集到确实充分的证据证明乙女生有罪。在毕业时,乙女生以高分申请到国外多所大学的录取通知书,但公安机关却禁止其出境,理由是根据我国《公民出境入境管理法》第8条的规定,刑事案件的被告人以及公安机关或者人民检察院认定的犯罪嫌疑人不得出境。

根据我国《刑事诉讼法》第154条,在犯罪嫌疑人被羁押时,侦查期限一般不得超过两个月。这表明,在犯罪嫌疑人被羁押时,国家侦查权力的行使应当有所节制。但对于犯罪嫌疑人未被羁押时,侦查权力的行使是否也应当有所节制,侦查活动是否也应当有一定的期间限制,法律则没有作出规定。司法实践中,如果犯罪嫌疑人未被采取强制措施,侦查是不受诉讼期间的限制的。这是否意味如果该案件事实一直无法查清,那么侦查机关是否就有权一直无限制的侦查下去呢?

对此,理论界给出的理由是:一方面,由于案件的情况是千差万别的,因此很难作出统一的时间要求。另一方面,如果对犯罪嫌疑人没有采取任何强制措施,具体限定侦查时间也不一定十分必要。但也有学者提出不同意见，认为"刑事案件千差万别，因而很难作出统一的规定"，应当说具有一定的说服力，但能否据此就可以不作规定则不无疑问。至于认为只要没有对犯罪嫌疑人采取强制措施，就没有必要对侦查期限作出统一的规定，则更需仔细斟酌。因为即便没有对犯罪嫌疑人采取强制措施，但只要侦查程序一经启动，犯罪嫌疑人的其他许多权利和自由也会受到剥夺、限制或影响。因而在犯罪嫌疑人未被羁押时，法律也应对侦查的期间作出一定的限制。这不仅有利于规范国家公权力的运行，保护犯罪嫌疑人的基本权利，而且对于查清案件事实、提高诉讼效率也具有非常重要的意义。①

【思考题】

1. "超期羁押"中，羁押的期间是多少？
2. 刑事诉讼能否适用公告送达，为什么？

---

① 陈永生：《论侦查的期间限制与疑案处理》，载《人民检察》2012年第12期。

第十章　诉讼中止、诉讼终止

要点提示

- 刑事诉讼的中止与终止有哪些区别?
- 哪些情况会导致刑事诉讼中止?
- 了解刑事诉讼中止的程序。
- 哪些情况会导致刑事诉讼终止?
- 了解刑事诉讼终止的程序。

**【案例思考】**

一、某区法院刑事诉讼中止裁定主文

公诉机关北京市××区人民检察院。

被告人郭××,男,19岁(1994年10月2日出生),出生地河北省,汉族,初中文化,农民,户籍所在地河北省×××村66号。因涉嫌犯盗窃罪于2013年5月9日被羁押,同年5月17日被取保候审。

北京市××区人民检察院以京×检刑诉[2013]757号起诉书指控被告人郭××犯盗窃罪,于2013年8月19日向本院提起公诉。

本院在审理过程中,因被告人郭××脱逃,依照《中华人民共和国刑事诉讼法》第200条之规定,裁定如下:

本案中止审理。

二、某中级人民法院刑事诉讼终止裁定主文

原公诉机关北京市×城区人民检察院。

上诉人(原审被告人)秦××,男,32岁(1980年8月30日出生),汉族,出生地江苏省××市,中专文化,无业,住江苏省××市××村一组25号。因涉嫌犯故意伤害罪于2012年10月30日被羁押,同年11月14日被逮捕。

北京市×城区人民法院审理北京市×城区人民检察院指控原审被告人秦××犯故意伤害罪一案,于2013年3月12日作出(2013)×刑初字第174号刑事判决。原审被告人秦××不服,提出上诉。在本院审理过程中,上诉人秦××于2013年6月2日死亡。依照《中华人民共和国刑事诉讼法》第15条、最高人民法院《关于适用〈中华人民共和国刑事诉讼法〉的解释》第241条第9项之规定,裁定如下:

本案终止审理。

本裁定送达后即发生法律效力。

请思考下列问题:

1. 诉讼中止的情形有哪些?
2. 诉讼终止的情形有哪些?

第一节　刑事诉讼的中止

一、刑事诉讼中止的概念和意义

刑事诉讼的中止,是指在刑事诉讼过程中,由于发生某种特殊情况影响到诉讼程序的正常进行,而由有关的司法机关决定暂时停止诉讼程序,待障碍消除后,再恢复诉讼的一项法律制度。

一般而言,一个刑事公诉案件经立案程序后,依次经过侦查、审查起诉、起诉、审判直至执行等环节;自诉案件自人民法院受理后,便应当依照刑事诉讼程序连续进行下去,直到人民法院作出判决、裁定生效并交付执行为止,刑事案件才能够正常宣告结束。但在实践中,在诉讼过程中的每个环节都可能出现意外,从而使刑事诉讼无法继续进行下去,但又不能终结诉讼。例如,在侦查阶段,已经取得一部分证据,但犯罪嫌疑人因潜逃而下落不明;在起诉阶段,因犯罪嫌疑人脱逃而无法对其提起公诉;在审判阶段,被告人因由严重的疾病而无法接受审判;等等。在上述情况下,就需要暂时停止诉讼,待引起中断的特殊情况消失或者客观障碍消除后,再继续进行诉讼。

刑事诉讼中止的特点:一是可以发生在刑事诉讼的任何阶段;二是既不撤销案件,也不终结诉讼,只将诉讼程序暂时地、不定期地停止,待引起中止诉讼的情况消失后,再恢复诉讼;三是中止期间所占用的时间不计入专门机关的诉讼期间。

刑事诉讼中止的意义在于:

第一,可以促使公安司法机关采取措施努力消除引起诉讼中止的原因,尽快恢复诉讼的进行,及时打击犯罪,保护无辜;

第二,可以保证公安司法机关集中力量办理其他的刑事案件,提高诉讼效率;

第三,可以保证当事人特别是犯罪嫌疑人、被告人到案参加诉讼,从而保障其诉讼权利的行使,提高办案质量。

二、刑事诉讼中止的条件和程序

刑事诉讼中止的原因,归纳起来有三种:一是犯罪嫌疑人、被告人、自诉人在诉讼过程中患病或精神病发作;二是犯罪嫌疑人、被告人在刑事诉讼过程中潜逃;三是导致刑事诉讼无法正常进行而必须暂时停止的其他原因。

根据诉讼阶段的不同,刑事诉讼的中止可以分为中止侦查、中止审查和中止审理三种,其条件和程序有较大的差别。

1. 中止侦查

在侦查过程中,犯罪嫌疑人长期潜逃,采取有效追捕措施仍不能缉拿归案的,或者犯罪嫌疑人患有精神病及其他严重疾病不能接受询问,丧失诉讼行为能力的,或者有其他不能抗拒的原因的,经侦查机关负责人决定,可以中止侦查。

2. 中止审查

在审查起诉过程中,犯罪嫌疑人潜逃或者患有精神疾病及其他严重疾病不能接受询问,丧失诉讼行为能力的,人民检察院可以中止审查。

3. 中止审理

我国《刑事诉讼法》第200条规定:"在审判过程中,有下列情形之一,致使案件在较长时间内无法继续审理的,可以中止审理:(一)被告人患有严重疾病,无法出庭的;(二)被告人脱逃的;(三)自诉人患有严重疾病,无法出庭,未委托诉讼代理人出庭的;(四)由于不能抗拒的原因。中止审理的原因消失后,应当恢复审理。中止审理的期间不计入审理期限。"出现上述情形,人民法院决定中止审理的,应当使用裁定。

最高法《适用刑事诉讼法的解释》第257条规定:"有多名被告人的案件,部分被告人具有刑事诉讼法第200条第1款规定情形的,人民法院可以对全案中止审理;根据案件情况,也可以对该部分被告人中止审理,对其他被告人继续审理。对中止审理的部分被告人,可以根据案件情况另案处理。"最高法《适用刑事诉讼法的解释》第275条规定:"被告人在自诉案件审判期间下落不明的,人民法院应当裁定中止审理。被告人到案后,应当恢复审理,必要时应当对被告人依法采取强制措施。"

刑事诉讼中止审理与延期审理两者都是因遇到法定事由,由法院暂停审理的一种诉讼制度,但两者有所区别:一方面,中止审理和延期审理的理由不同。中止审理主要是因为与案件有直接利害关系的当事人不能到庭,尤其是被告人不能到庭受审,因而案件不能继续审理;而延期审理则是因故不能按照原定时间开庭审理,或者是在开庭后因故不能继续审理而决定顺延审判期日的一种诉讼处理,当影响开庭审理的事由消失后,诉讼恢复进行。另一方面,中止审理是中止诉讼程序,因而中止审理的期间不计入审判期限;而延期审理只是中断审判的具体时间,而不是诉讼活动的停止,因而延期的期间一般要计入审判期限。

第二节 刑事诉讼的终止

一、刑事诉讼终止的概念和意义

刑事诉讼的终止,是指在刑事诉讼过程中,因出现某种法定情形,致使诉讼不必要或者不应当继续进行,从而结束诉讼的制度。刑事诉讼终止的基本特点是:一旦作出诉讼终止的决定,所有诉讼活动都要立即停止进行;已经对犯罪嫌疑人、被告人采取的各种强制措施也因诉讼终止的决定而失效。

在刑事诉讼过程中,如果出现了不必要或者不应当追究犯罪嫌疑人、被告人刑事责任的法定情形,则诉讼继续进行下去便没有意义。因此,在这种情况下及时终止诉讼,无疑有利于维护法律的严肃性;避免办案人员无效劳动,节省司法资源,集中力量打击犯罪;同时可以使有关当事人及时从诉讼中解脱出来,免受诉累,保障其合法权益。

刑事诉讼终止和刑事诉讼中止都具有停止诉讼进行的效力,但两者有明显的区别。主要表现在:第一,适用的条件不同。诉讼终止适用于不必要或者不应当进行诉讼的各种法定情形;诉讼中止则适用于出现了致使诉讼无法继续进行的特殊情况或客观障碍。第二,法律效力不同。前者是终结案件,不再追究犯罪嫌疑人或被告人的刑事责任;后者是暂停诉讼,待特殊情况或客观障碍消除后再恢复诉讼,继续对犯罪嫌疑人或被告人进行追诉活动。第三,适用的程序不同。出现刑事诉讼终止的法定情形时,由公安机关、人民检察院和人民法院三机关分别作出撤销案件的决定、不起诉的决定或者终止审理的裁定,并应制作正式的法律文书,送达犯罪嫌疑人、被告人及他们所在单位和家属,如果犯罪嫌疑人、被告人在押,应当立即释放,并且发放释放证明。

二、刑事诉讼终止的条件和程序

刑事诉讼终止应当符合两个条件:第一,必须是在刑事诉讼过程中。第二,必须具有不追究刑事责任的法定情形之一,才能终止诉讼。我国《刑事诉讼法》第15条规定:"有下列情形之一的,不追究刑事责任,已经追究的,应当撤销案件,或者不起诉,或者终止审理,或者宣告无罪:(一)情节显著轻微、危害不大,不认为是犯罪的;(二)犯罪已过追诉时效期限的;(三)经特赦令免除刑罚的;(四)依照刑法告诉才处理的犯罪,没有告诉或者撤回告诉的;(五)犯罪嫌疑人、被告人死亡的;(六)其他法律规定免予追究刑事责任的。"

我国的刑事诉讼终止有撤销案件、不起诉、终止审理或宣告无罪几种方式,而且所处的诉讼阶段不同,采用的终止诉讼的方式及程序也就不同:第一,在哪一个诉讼阶段发现应当终止诉讼的情形的,就应由主持该阶段诉讼活动的公安、司法机关决定终止诉讼;第二,在终止诉讼时,人民法院经审理已查明被告人无罪的,应宣告无罪;第三,终止诉讼只是终止追究刑事责任,并不排除依法追究行为人其他责任。具体如下:

第一,在侦查阶段,发现有不追究刑事责任的法定情形之一的,公安机关等侦查机关应当作出撤销案件的决定,从而终止诉讼。

第二,在起诉阶段,发现有不追究刑事责任的法定情形之一的,人民检察院应当作出不起诉的决定,从而终止诉讼。

第三,在审判阶段,人民法院发现有《刑事诉讼法》第15条第1项规定的情形以及被告人的行为缺乏犯罪构成要件不构成犯罪和案件经审查没有犯罪事实的,应当作出宣告被告人无罪的判决;发现有该条第 2、3、4 项规定的情形之一的,应当作出终止审理的裁定;发现有该条第 5 项规定的情形的,应当作出终止审理的裁定,但根据已查明的案件事实和认定的证据,能够确认无罪的,应当作出宣告被告人无罪的判决。

此外,公安机关、人民检察院、人民法院分别作出的撤销案件的决定、不起诉的决定、宣告无罪的判决或终止审理的裁定,均应制作法律文书,及时送达有关专门机关和当事人,当事人死亡的,则送交其近亲属和所在单位。共同犯罪案件中只有部分犯罪嫌疑人、被告人被终止诉讼的,对其他犯罪嫌疑人、被告人的追诉仍应依法继续进行。对于终止诉讼的案件,如果犯罪嫌疑人、被告人在押的,应当立即释放,并发给释放证明。

【拓展阅读】

诉讼中止:

(一)苏联

《俄罗斯联邦刑事诉讼法典》第 208 条第 1 款的规定,"有下列情形之一的,应当中止侦查:

(1)应当作为刑事被告人受到追究的人没有确定;

(2)刑事被告人躲避侦查或其他原因下落不明;

(3)刑事被告人所在地明确,但没有现实的可能;

(4)有医生证明被告人临时患有严重疾病,因而不能参加侦查行为或其他诉讼行为的。"①

(二)我国台湾地区

根据台湾地区"刑事诉讼法"的有关规定,审判中止的理由主要包括②:

1. 被告心神丧失者,应于其恢复以前停止审判。

2. 被告因疾病不能到庭者,应于其能到庭以前停止审判。

3. 犯罪是否成立以他罪为断,而他罪已经起诉者,得于其判决确定前,停止本罪之审判。

4. 被告犯有他罪已经起诉应受重刑之判决,法院认为本罪科刑于应执行之刑无重大关系者,得于他罪判决确定前停止本罪之审判。

5. 犯罪之成立或刑罚应否免除以民事法律关系为断。

6. 法官被申请回避。

根据我国台湾地区"刑事诉讼法"第 293 条之规定,"审判非一次期日所能终结

---

① 《俄罗斯联邦刑事诉讼法典》,黄道秀译,中国政法大学出版社 2003 年版,第 158 页。
② 参见我国台湾地区"刑事诉讼法"第 294 条至第 297 条。蔡墩铭著:《刑事诉讼法论》(第 5 版),台湾五南图书出版公司 2002 年版,第 423 页。

者,除有特别情形外,应于次日连续开庭;如下次开庭因事故间隔至15日以上时,应更新审判程序。"即审判在法律上不能继续进行时,以前所进行之程序以归于无效为原则。这是对于审判中止的限制。

诉讼终止:

(一) 日本

在日本,刑事诉讼的裁判被分为实质裁判和形式裁判。有罪或者无罪的判决被称为实质裁判;而在没有作出有罪或者无罪判决之前终止程序的裁判被称为形式裁判,具体包括管辖错误、驳回公诉和免诉。根据日本《刑事诉讼法》第338条、第339条等相关规定,驳回公诉可以用"判决"或"决定"的方式作出。其中,以决定的方式驳回公诉的理由,主要包括未送达起诉书副本、被告人消灭、撤回公诉以及向不同法院提起重复诉讼的,这与我国《刑事诉讼法》第15条的规定有部分相同之处。而以判决驳回公诉的情况一般包括:(1) 对被告人没有审判权的;(2) 撤销公诉后违反再起诉条件而起诉的。(3) 对于已经提起公诉的案件,又向同一法院提起公诉的;(4) 因违反提起的程序而导致公诉无效的。可见,针对严重程序违法或者违背"一事不再理"原则而提起的公诉,法院是可以通过形式裁判的方式而终止审理的。

(二) 英国及美国①

诉讼终止制度在英美法系国家大多是以判例的形式确定下来的。在英国,诉讼终止的司法命令旨在阻止刑事诉讼程序的继续进行,并对控方提出的诉讼请求拒绝审理。目的主要是为了防止控方律师"滥用诉讼程序"——既包括检控方针对已经经过法庭审判并宣告的行为再次提起重复的诉讼程序,又包括检控方恶意拖延诉讼以致审判会发生不公平之虞的行为。

而在美国,撤销起诉制度被区分为"无不利影响的撤销"(dismiss without prejudice)和"有不利影响的撤销"(dismiss with prejudice)。二者的区别就在于诉讼终止之后是否允许检控方再次提起诉讼。与英国诉讼终止相类似,美国的撤销起诉制度主要针对的也是"违反禁止双重危险原则"和"侵犯迅速审判权"的追诉行为,同时也对于侵犯律师帮助权的行为、滥用诱惑侦查、违法逮捕等滥用诉讼资源的行为向被追诉人提供司法救济,以促使检察机关提高诉讼效率、保障被追诉人的基本权利,维护司法判决的权威性。

【思考题】

1. 诉讼中止、延期审理、诉讼终止三者在法律效力上的区别?
2. 如何完善我国的诉讼中止、诉讼终止制度?

---

① 参见陈瑞华:《比较刑事诉讼法》,中国人民大学出版社2010年版,第224页以下。

第二编 证 据 论

第十一章 刑事诉讼证据制度的一般理论

要点提示

- 什么是刑事诉讼证据?
- 刑事诉讼证据有哪些本质属性?
- 刑事诉讼证据制度有哪些理论基础与基本原则?
- 了解刑事诉讼的证据规则。

【案例思考】

1996年4月1日中午,廖兵与罗诗文、刘国彬(均已判刑)受黄德彬(在逃)邀约杀害被害人谢军。当日13时许,谢军到该区影都二楼上厕所,黄德彬叫动手,四人立即追撵谢军。黄德彬持刀刺杀谢军背部,谢军向三楼逃跑,罗诗文持枪击中谢军背部,廖兵等三人持刀乱砍,致谢军死亡。

法院以故意杀人罪判处廖兵有期徒刑12年。一审宣判后,廖兵上诉提出其被公安机关刑讯逼供而作有罪供述,进看守所时其头、手均有伤。其辩护人提出,廖兵的有罪供述系通过刑讯逼供获得,不能作为定案依据,应予以排除。

内江市中级人民法院二审认为,一审法院采信的证据无法排除公安机关通过刑讯逼供获取廖兵有罪供述的合理怀疑,应予以排除。理由有四:一是无同步录音录像等证明力强的证据证明未通过刑讯逼供获取廖兵有罪供述;二是公安机关关于廖兵辩称被刑讯逼供的情况说明和检察院函虽证实讯问廖兵的合法性,但缺乏应有佐证;三是廖兵的健康检查表由医院2011年8月1日出具,而廖兵的有罪供述却形成于次日,此健康检查表不能证明廖兵作有罪供述时没有被刑讯逼供;四是公安机关的情况说明承认廖兵在讯问中头、手部受伤,但看守所入所体检表却未反映廖兵的伤情,且该表无医生签名,客观性存在重大疑问。

按照我国《刑事诉讼法》第54条第1款、第58条等规定,由于廖兵的有罪供述不能排除刑讯逼供的可能,应予以排除。内江市中级人民法院重新认定案件事实,对原判认定廖兵持刀砍杀谢军的情节予以纠正,仅认定廖兵在现场参与追撵,并认定廖兵系从犯,予以减轻处罚,改判其有期徒刑8年。①

问题:

1. 本案中体现了我国非法证据排除规则的适用范围是什么?

2. 我国如何启动非法证据排除程序?

3. 本案中,证据合法性的证明责任由谁承担,以及证据合法性证明方式有哪些?

4. 我国非法证据排除程序中的证明标准是什么?

---

① 参见《法制日报》2013年2月19日第8版,原标题《内江中院宣判四川"非法证据排除"第一案》。

第一节 刑事诉讼证据

一、刑事诉讼证据概念

"证据"一词,在日常生活中被广泛使用,通常是指"能够证明某事物的真实性的有关事实或材料"①。而作为法学术语的"证据",与前者有所异同。刑事诉讼中的证据的定义,更是受到刑事诉讼规律及相关法律规范的影响,深刻反映出其所特有的司法特征。

我国1979年《刑事诉讼法》第31条和1996年修订的《刑事诉讼法》第42条均规定:"证明案件真实情况的一切事实,都是证据。"它们均是以"事实说"为理论基础对证据概念进行界定。该学说认为,刑事诉讼证据是指以法定形式所表现的,能够证明案件真实情况的一切事实。

"事实说"强调证据的客观性,在此学说下,证据被认为是一种客观存在事实,即"证明案件真伪的客观事实"。无可置疑,证据必然存有事实成分。换言之,事实是证据的内容或因素。但这并不能说证据即等于事实。因为事实具有既成性,一旦发生,不能改变。但证据不同,它存在被伪造或者篡改的可能性,或真或假,有时候还真假并存。因此,将证据定义为事实是不科学的,这极容易误导人们陷入机械唯物论的认识误区,背离了辩证唯物主义认识论的要求。其理论自身也忽略了刑事诉讼当中的程序价值。有鉴于此,我们在强调证据的实质内容的同时,也不能忽视它的形式属性。

另外,从形式逻辑上考察,原条文存在一个明显的矛盾。它把证据界定为"证明案件真实情况的一切事实"的同时,又在其后条文中明确规定"以上证据必须经过查证属实,才能作为定案的根据。"既然证据都是"事实","查证属实"岂非多余?若经过法定程序查证"不实",该"证据"还是不是证据呢?条文逻辑前后矛盾,导致在现有的诉讼实践中出现不少应用上的不适。

我国2012年修订的《刑事诉讼法》,对证据概念的法律定义进行了"重新设定"。《刑事诉讼法》第48条第1款规定:"可以用于证明案件事实的材料,都是证据。"于是,在我国学界一直占据证据概念通说地位的传统观点——"事实说"已然被"材料说"所取代。所谓"材料说",就是把证据界定为与案件事实有实质性联系,对案件事实有证明作用,并具有法定证据资格的材料。

我国《刑事诉讼法》第48条对证据的定义作出重大修改,用"材料"取代"事

---

① 中国社会科学院语言研究所词典编辑室编:《现代汉语词典》(第5版),商务印书馆2005年版,第1741页。

实",承认了证据存在真假问题,消除了原法条中的逻辑矛盾。这一定义实现了证据内容和形式的统一,即证据的内容是证据所表达的事实,证据的形式是证据赖以存在的载体。它标志着证据观念的根本转变,即由过去的实质证据观转向形式证据观,这对于证据制度的整体发展完善来说,意味深远。

二、刑事诉讼证据的本质属性

刑事诉讼证据与一般意义的证据不同,其本质属性的传统观点表现在以下三个方面:

(一) 客观性

刑事诉讼证据的客观性,又称真实性、确实性,是指证据应当是过去发生的案件事实的真实反映,不以人们的主观意志为转移。

我们应该从以下两个方面去理解刑事诉讼证据的客观性:

(1) 由刑事案件事实的客观性所决定。任何一种犯罪行为都是在一定的时空条件内发生的,只要有行为的发生,就必然会留下各种痕迹和印象,即使行为诡秘,甚至于毁灭证据,也还是会留下蛛丝马迹。这是不以人的意志为转移的客观实在。也即是说,证据一旦伴随犯罪行为发生,不论证据能否被发现,它也还是独立存留在世上,只不过是人们能否发现而已。

(2) 刑事证据的来源必须是符合客观性。没有客观存在为依据的任何一种材料,都是不真实的,不能客观反映事物,不能作为定案的证据使用,从这种意义上讲,客观性就是审查判断证据的一条基本标准。

对证据的收集、审查判断过程是一个辨认真伪的复杂过程。对于证据的客观性,在具体的司法活动中,必须把握三个问题:

第一,证据方法和证据资料都必须是客观真实的。[①]这一点要求至关重要。如果证据方法是虚假的,则证据的客观性就无法成立。不过,证据方法的客观性并不等于证据的客观性。因为调查真实的证据方法同样可以得出虚假的证据资料,如确实为现场目击者的证人可能提供假证、被害人可能作出虚假陈述、对物证的审查可能得出错误的结论等。因此,对于证据资料,同样要求具有客观性。二者是密切联系,相互统一的。在司法实践中,要求司法工作人员、当事人及其辩护人、诉讼代理人不能歪曲客观,不能把个人主观的判断,或人们的想象、假设、推理、臆断、虚构等作为定案的证据来使用。

第二,强调证据的客观性并不是要否认或排除人的主观性对于证据的影响。证据作为一种材料,必然是人们经过分析、筛选、判断的结果,必然受到判断者的主

---

① 证据方法是指证据赖以存在的外在形式,也即证据存在的载体,包括物体和人两种。证据资料是指通过调查证据方法所获得的可以用来证明案件真实情况的事实。

观因素的影响,如判断者的判断能力、判断方法、判断角度等。因此,证据的客观性并不意味着证据是一种独立于人的主观意志的客观存在,但证据必须是真实可靠的。

第三,证据的客观性与"客观真实"不能完全等同。证据的客观性作为一种需要经过人的判断才能确定的属性,固然应当尽可能接近"客观真实",但是人的认识能力的有限性决定了人不可能总是能够再现过去发生的事实,人对于过去事实的判断与"客观事实"存在偏差乃是一种正常现象。我们说证据应当是真实的,其实是说根据经验法则,该证据达到了可以"确信"为真实的程度,有充分的理由相信该证据反映了过去发生的事实的真实状态,或者说排除了对于该证据的客观性的合理怀疑。

(二) 关联性

刑事诉讼证据的关联性,又称相关性,是指证据必须同案件事实存在客观内在联系,并因此对证明案情事实具有实际作用。证据对于案件事实有无证明力,以及证明力的大小,取决于证据与案件事实有无联系,以及联系的紧密强弱程度。这就是说,证据必须是与案件事实存在某种实质性联系的事实。证据之所以有关联性,是由于证据是伴随着刑事案件的发生而形成的。

我们应该从以下四个方面去理解刑事诉讼证据的关联性:

(1) 关联性是证据的一种客观属性。即证据事实同案件事实之间的联系是客观联系而不是办案人员的主观想象和强加的联系。它是案件事实作用于客观外界以及有关人员的主观知觉所产生的。

(2) 证据的关联性应具有实质性意义。即与案件的基本事实相关。在刑事案件中,是指关系当事人是否犯罪、犯罪性质及罪责的轻重等,与这些基本事实无关的证据材料则不具有相关性。

(3) 关联的形式或渠道是多种多样的。联系的基本类型包括直接联系和间接联系、必然联系与偶然联系、肯定性关联与否定性关联、单因素关联及复合关联等等。但联系过于间接,相关性十分微弱,这样的证据便可能视为不具有相关性。

(4) 关联性的指示意义在于证明力,即有助于证明案件事实。

在具体的司法活动中,正确地认识和理解证据的关联性,必须注意以下三点:

第一,证据事实与案件事实之间的联系是客观存在的,其联系是不以办案人员的主观意志为转移的,办案人员分析认识这种联系时,既不能主观臆造,又不能牵强附会,更不能强加,否则就会导致冤假错案。

第二,证据事实与案件事实关联的形式、途径和方法是多种多样的。在联系范围上,有时间和空间之分;在联系的途径上,有直接关联和间接关联之分;在联系的规律上,有的是因果关系的必然联系,个别情况下是偶然的巧合而形成的偶然联系;在联系的功能上和作用上,有肯定关系和否定关联。

第三,确定证据的关联性是一个非常重要又极为复杂的问题。因为有的事实比较明显容易判明;有的事实比较复杂不太容易判明;有的事实需要经过仔细检查、辨认、检验和鉴定才能确定;有些言词证据,由于每个作证主体的背景不同、同本案的关系不同,所提供的证据的关联性的确定,要经过对比、分析、推理、实物验证等。

（三）合法性

刑事诉讼证据的合法性,又称法律性,是指对证据的收集、提出、审查和运用的主体、程序以及证据的形式必须合乎法律规定,经过查证属实才能作为定案根据。为了确保证据的合法性,刑事诉讼法对于收集证据、固定和保全证据、审查和判断证据、查证核实证据等,都规定了严格的程序和制度。

我们应该从以下三个方面去理解刑事诉讼证据的合法性：

(1)证据必须由法定的主体提出和收集。我国《刑事诉讼法》第60条规定："凡是知道案件情况的人,都有作证的义务。生理上、精神上有缺陷或者年幼,不能辨别是非、不能正确表达的人,不能作证人。"

(2)证据的收集必须符合法定程序。我国《刑事诉讼法》第50条明确规定:审判人员、检察人员、侦查人员必须依照法定程序,收集能够证实犯罪嫌疑人、被告人有罪或者无罪、犯罪情节轻重的各种证据。严禁刑讯逼供和以威胁、引诱、欺骗以及其他非法的方法收集证据……"此外,该法第54条规定:"采用刑讯逼供等非法方法收集的犯罪嫌疑人、被告人供述和采用暴力、威胁等非法方法收集的证人证言、被害人陈述,应当予以排除。收集物证、书证不符合法定程序,可能严重影响司法公正的,应当予以补正或者作出合理解释;不能补正或者作出合理解释的,对该证据应当予以排除。在侦查、审查起诉、审判时发现有应当排除的证据的,应当依法予以排除,不得作为起诉意见、起诉决定和判决的依据。"需要注意,我国《刑事诉讼法》对证据的合法性提出了明确的要求,但并非一切违法取得的言词证据和实物证据都必须排除,排除的只是符合排除条件的这部分证据。

(3)证据必须符合法定形式。如果不具备法律规定的形式,即使是与案件有关的事实,也不能作为刑事诉讼证据。反映在立法上,即是《刑事诉讼法》规定了8种法定的证据种类,也对证据收集主体的范围以及不同主体收集、运用证据的方法与程序进行了具体的规定。

综上所述,刑事诉讼证据具有客观性、关联性和合法性三个基本属性。这三个属性是互相联系、缺一不可的。客观性和关联性涉及的是刑事诉讼证据的内容,合法性涉及的是刑事诉讼证据的形式。客观性、关联性和合法性正确说明了刑事诉讼证据的基本属性,表明了刑事诉讼证据内容和形式的统一。

三、刑事诉讼证据的意义

证据是整个刑事诉讼活动中的基础和核心,也是刑事诉讼实务中最常见的问题。每一个诉讼环节和诉讼程序,都离不开证据。证据在刑事诉讼中具有重要的意义:

(1) 证据是查明和认定案件事实的基础。不论处理什么样的案件,司法工作人员、当事人及其辩护人、诉讼代理人都要首先运用证据,查明和认定案件事实,以作为正确适用法律的基础。案件的基本事实没有查清,决不能定案和进行处理,而且,案件的某些重要情节存在疑问,也不能勉强定案和进行处理。这是因为对案件的事实情节认定错了,在认定案件性质和适用法律上就不可能正确。只有查明案件全部事实情节,才能正确适用法律处理案件。

(2) 证据是揭露犯罪、证实犯罪的重要手段。在刑事诉讼中,犯罪分子在作案前后总是要掩盖犯罪痕迹,千方百计地逃避侦查、起诉和审判。尽管犯罪分子诡计多端,行动狡猾,既然他实施了犯罪行为,就必然要在客观外界留下痕迹和印象,即留下一系列的相应证据,这是不以犯罪分子的意志为转移的,这些证据也是我们用来揭露、证实犯罪的重要手段。

(3) 证据是保护公民合法权益的重要依据。刑事诉讼法要保障无罪的人不受刑事追究,保护公民的合法权益不受侵犯,不允许无根据地对公民进行立案、侦查、逮捕、起诉和审判。全面地进行调查研究,掌握案件的真凭实据,使刑事诉讼活动自始至终都以客观证据为基础,以案件事实为根据,就可以有效地防止无根据地任意进行刑事诉讼,保护公民的合法权益不受侵犯,防止发生冤假错案。

第二节 刑事诉讼证据制度

一、刑事诉讼证据制度的理论基础

刑事证据制度是刑事诉讼制度的重要组成部分,对其基本内容的规制都离不开科学的理论指导。证据制度的理论基础可以为证据制度的法学研究提供基本的理论指导。目前我国学界的新观点是诉讼真实论。

在刑事诉讼实践中,证据达到客观真实的标准难以实现。在法律事实中得出"真实"的认识却是具有较大的可能性、可操作性。从证明标准上来说,无论是英美法系的"排除一切合理怀疑"还是大陆法系的"内心确信",实际上都是一种主观标准。它们从整体上否认绝对的确定性,把认定事实作为主观思维过程的依据,立足于主观方面来确立证明标准。证据能否证明案件,是否符合证明要求,达到证明标准,则完全取决于其内心是否"排除一切合理怀疑"(也即形成确信)。另一方面,强调怀疑必须建立在证据的基础之上,应当达到从法律的角度可以认为是真实的程度。诉讼真实论正是切合从法律事实出发而对案件得出正确认识的可行性的理论。而它也对于现今刑事诉讼的理论与实践发展,日渐显露出它的理论优势。

(一) 有利于人权保障的落实

如今保障人权是刑事诉讼法的目的之一已在理论界得到普遍认同。从客观真实的角度来看,被告人在诉讼中拥有的一切权利都可能构成对发现案件真实情况的障碍,不利于司法人员打击犯罪。然而,在犯罪的数量和性质恶劣程度都呈递增趋势的今天,人权尤其是刑事被告人的人权保障的观念却大大高涨,与传统的控制犯罪并称为刑事诉讼的两大基本目的,不能不说是对客观真实观念的抛弃。人权保障要求在刑事诉讼中,要尊重作为刑事诉讼核心人物的被告人的人格,使其在诉讼中受到公正的待遇,这就要求追诉手段的正当性和合法性,要求不能为了达到客观真实的目的而不择手段。诉讼真实正是在这一理念下在诉讼领域对"真实"的重新定义,它折射出诉讼制度中的人权保护思想。对法律真实的坚持,也就是对刑事诉讼过程正当性和合理性的坚持,它必然成为人权保障的坚强柱石。

(二) 有利于诉讼效率的提高与司法资源的节省

在刑事诉讼中,公诉人如果不能在法定期限内向法庭提出确实充分的证据证明被告人有罪,法院就会做出被告人无罪的判决。如果案件已过追诉时效,即使已经得到确实证据证明被告人有罪,同样也不能对其再行追究。在诉讼真实的观念下,虽然无法得到有关案情的所有证据,但是集中精力去证明法律事实的成立与否更能有利于控辩双方的争议焦点的明晰,进而更有力地推进诉讼进程,从而更有利于诉讼主体整体上节约时间成本。然而,如若无休止地进行诉讼,一味地追求"铁案如山"的效果,不仅诉讼效率无法得以保证,甚至于大大地浪费了国家的司法资源,让不必要的人财物过多投入而难以"产出"更高的效率。

二、刑事诉讼证据制度的基本原则

刑事诉讼证据制度的基本原则是指在构建以及实践刑事诉讼证据制度时应当遵循的基本准则。证据制度的基本原则指导证据规则的设计及证据运用,是理论基础的体现和对理论基础功能的进一步细化。在我国,大部分学者都认可证据裁判原则、自由心证原则作为刑事证据制度的基本原则。

(一) 证据裁判原则

证据裁判原则,也称证据裁判主义,是指应当依据证据对案件争议事实予以认定。大致包括三方面的内容:第一,证据裁判的主体是法官;第二,证据裁判的根据是由具有证据资格的证据证明的案件事实;第三,证据裁判的方式是依照法定程序调查核实证据。①

我国的立法和司法也遵循证据裁判原则。早在1910年《刑事诉讼律（草案）》已明确规定证据裁判的内容。发展至今，《刑事诉讼法》虽然没有明确规定这一原则，但有关条文包含了证据裁判原则的内容。如第53条第1款规定："对一切案件的判处都要重证据，重调查研究，不轻信口供。只有被告人供述，没有其他证据的，不能认定被告人有罪和处以刑罚；没有被告人供述，证据确实、充分的，可以认定被告人有罪和处以刑罚。"可见，我国对之已有立法体现及要求。

（二）自由心证原则

自由心证原则，是指证据的取舍、证据的证明力大小以及对案件事实的认定规则等，法律不预先加以成文规定，以便由审理案件的法官、陪审员按照自己的良心、理性形成内心确信，以此作为对案件事实认定。② 其中，"心证"是指法官通过对证据的审查在思想中形成的信念。"确信"是指"心证"达到无任何合理怀疑的程度。

自由心证原则有如下特点：(1) 自由心证原则只是适用于诉讼的最终和决定性阶段——公开裁判阶段。(2) 各种证据的价值在法律上平等，具体的证据价值高低由审判主体进行能动的自由判断。(3) 以内心确信为认定罪责有无的根据。

通常认为，它包含两个方面的内容：一是自由判断；二是内心确信。

所谓"自由判断"，是指除法律另有规定的以外，证据及其证明力由法官自由判断，法律并不预先作出规定。法官判断证据证明力时，不受外部的任何影响或法律上关于证据证明力的约束。在刑事诉讼中，由于自由心证是法官在确定涉嫌犯罪指控所涉及的证据与待证事实之间的关联性的判断活动，因此它具有厚重的主观倾向性，而这种主观倾向性的判断活动本身，法律赋予它广泛自由。不仅单一个证据的证明力大小程度如何由法官自由判断，而且证据群的综合证明力大小程度如何，也由法官自由判断。在互相矛盾的证据中确定何者更为可信，取舍分寸，同样由法官自由判断。需要注意的是，"自由"并不是任意、不受限制，自由心证不是让法官依照个人情感及认识去自由擅断。现代意义的自由心证中的"自由"是相对的自由，它要受到整个法律体系中的一系列法律制度和规定的制约，法官应当在适用各种证据规则并慎重考虑庭审证据调查与辩论的全部过程的基础上，依据理性与良心对案件事实做出判断。一者是要依靠抽象的理性，二者是要依靠抽象的良心。二者共同作用于法官对事实材料的认识过程中，规制着法官在合理的认识范围进行"心证"，防止法官超出合理界限。

所谓"内心确信"，是指法官通过对证据的判断所形成的内心确信，并且应达到深信不疑的程度，由此判定事实。禁止法官根据似是而非、存有疑虑的主观感受判

---

① 宋英辉主编：《刑事诉讼法学研究述评（1978—2008）》，北京师范大学出版社2009年版，第546页。
② 秦宗文：《自由心证研究——以刑事诉讼为中心》，法律出版社2007年版，第28页。

定事实。形成确信必须符合以下条件：第一，法官必须直接接触证据；第二，法官必须站在客观、中立的立场；第三，内心确信必须从本案的情况中得出；第四，法官必须斟酌本案的全部证据、辩论的全部意旨认定事实。

第三节 刑事诉讼证据规则

一、概述

（一）刑事诉讼证据规则的概念

刑事诉讼证据规则，是指在刑事诉讼中，规范证据收集、证据审查、证据运用、证据评价等诉讼证明活动的一系列法律准则。

现代诉讼中的证据规则，大部分来自当事人主义诉讼。目前大量的证据规则在英美法系国家已经制定了，如美国《联邦证据规则》。英美法系国家证据规则针对的是证据的关联性、可采性而制定的规则，主要规范的是证据的资格问题；而我国学者则认为证据规则针对的是证据的收集、审查及评价而制定的规则，不仅规范证据资格，而且规范证据的运用程序问题。

（二）刑事诉讼证据规则的分类

现今主要的证据规则有关联性规则、非法证据排除规则、传闻证据排除规则、意见证据规则、补强规则等。根据证据调整的内容不同，证据规则可以划分为两类：一是调整证明力的规则，二是调整证据能力的规则。一般认为，调整证明力的规则有关联性规则、补强规则等，调整证据能力的规则有非法证据排除规则、传闻证据排除规则、意见证据规则等。

（三）刑事诉讼证据规则的意义

（1）便于查明案件事实，保证实体公正。如：传闻证据规则有利于法官接收到最真实可靠的证人证言而避免证人证言经过多次传递而产生失去客观性、真实性的问题，从而有助于法官查明事实真相。

（2）有利于尊重和保障人权。在刑事诉讼证据规则的约束下，侦查机关和检察机关就会依法开展取证活动，避免任意侵犯公民特别是犯罪嫌疑人的人权，保障犯罪嫌疑人的人格尊严和人身权。

（3）有利于提高诉讼效率。现代刑事诉讼不仅要追求正义，但也要考虑到效率。证据规则的存在和适用，一方面使得侦查机关和检察机关取证与案件事实更加直接相关，另一方面也节省法庭的调查时间，降低各方的诉讼成本。

（四）我国刑事诉讼证据规则的立法现状

当前，我国的刑事诉讼证据规则一直没有形成系统，而是分散在《刑事诉讼法》以及相关的司法解释当中。2010年6月13日，我国首次专门为刑事证据问题出台了具有法律效力的文件——最高人民法院、最高人民检察院、公安部、国家安全部、司法部("两高三部")联合颁布的《关于办理死刑案件审查判断证据若干问题》(简称《办理死刑案件证据规定》)、《关于办理刑事案件排除非法证据若干问题的规定》(简称《非法证据排除规定》)。

《办理死刑案件证据规定》主要在以下方面完善我国刑事证据规则体系:一是明确规定了证据裁判原则,即"认定案件事实、必须以证据为根据";二是确立了意见证据规则,规定证人的猜测性、评论性、推断性的证言不能作为证据使用,但根据一般生活经验符合事实的除外;三是进一步确立了原始证据优先规则,明确规定不能反映原始物证、书证的外形、特征或者内容的复制品、复制件应予排除;四是确立了有限的直接言词证据规则,规定了证人应当出庭作证的情形;五是规定了依靠间接证据定案的规则。

《非法证据排除规定》则主要从以下方面进行完善:一是不仅要求排除非法言词证据,也规定了对非法实物证据的排除;二是明确规定了人民检察院在审查批准逮捕、审查起诉阶段负有排除非法证据的义务;三是建立了在审判阶段非法证据的程序;四是规定了举证责任;五是明确规定了法庭在对控辩双方提供的证据存在疑问时,依职权主动调查核实的职责。

我国 2012 年修订的《刑事诉讼法》第 54 条以立法的形式明确规定了非法证据排除规则。这是我国刑事诉讼证据规则的一个重大转折点。

二、非法证据排除规则

(一)非法证据排除规则的概述

非法证据排除规则最先在美国产生,是指在刑事诉讼中,违反法定程序,以非法手段获得的证据没有证据能力,法庭不应当使用该证据作为认定被告人有罪的依据。非法证据规则是证据采纳规则,是对证据合法性规则的补充,是当代法治国家广泛采用的一项证据规则,但又是刑事证据范围内极其有争议的证据规则之一。

非法证据排除规则具有以下特征:一是证据的非法性,主要是指侦查人员取证手段的非法;二是非法证据种类的多样性,非法证据不光是指非法的言词证据,从广义上还包含非法手段获得的实物证据、非法手段获得的言词证据和"毒树之果"(即通过非法言词证据、非法实物证据而获取的证据);三是排除非法证据的不完全性,也即并不排除所有的非法证据,排除非法证据是有限度与范围的要求。

(二)我国非法证据排除规则

我国《刑事诉讼法》第 50 条规定:"审判人员、检察人员、侦查人员必须依照法定程序,收集能够证实犯罪嫌疑人、被告人有罪或者无罪、犯罪情节轻重的各种证据。严禁刑讯逼供和以威胁、引诱、欺骗以及其他非法方法收集证据……"该条是关于公安司法机关依法收集证据的规定,要求公安司法机关要严格按照法律规定的程序收集证据,严禁以非法的方法收集证据,特别禁止以刑讯逼供或者威胁、引诱、欺骗等非法方法收集证据。2010年《非法证据排除规定》和《办理死刑案件证据规定》中也已经对非法证据排除规则的基本内容作出了初步规定。2012年修订的《刑事诉讼法》第54条至第58条重申了两个证据规定的内容,从法律上正式确立了非法证据排除规则。

1. 非法证据排除规则的适用范围

我国《刑事诉讼法》第54条第1款规定:"采用刑讯逼供等非法方法收集的犯罪嫌疑人、被告人供述和采用暴力、威胁等非法方法收集的证人证言、被害人陈述,应当予以排除。收集物证、书证,不符合法定程序,可能严重影响司法公正的,应当予以补正或者作出合理解释;不能补正或者作出合理解释的,对该证据应当予以排除。"最高法《适用刑事诉讼法的解释》第95条规定:"使用肉刑或者变相肉刑,或者采用其他使被告人在肉体上或者精神上遭受剧烈疼痛或者痛苦的方法,迫使被告人违背意愿供述的,应当认定为刑事诉讼法第54条规定的'刑讯逼供等非法方法'"。最高检《刑事诉讼规则》第65条第3款规定:"其他非法方法是指违法程度和对犯罪嫌疑人的强迫程度与刑讯逼供或者暴力、威胁相当而迫使其违背意愿供述的方法"。

以上条文主要规定了非法证据排除规则的适用范围。首先,用非法方法收集的犯罪嫌疑人、被告人供述,证人证言以及被害人陈述是非法言词证据。非法言词证据理当直接排除,不可以用作追究被刑讯逼供人刑事责任的证据,但允许作为证明侦查机关对犯罪嫌疑人、被告人实施了刑讯逼供的证据而使用。非法言词证据仅指通过刑讯逼供、暴力、威胁等方式取得的证据,但在讯问、询问的过程当中存在程序瑕疵所取得的证据不属于非法言词证据。其次,我国非法证据中排除的实物证据仅指物证和书证。被排除的物证、书证必须同时符合收集程序违法,可能严重影响司法公正和不能补正或者作出合理解释这三个条件。

我国《刑事诉讼法》第54条第2款规定了公安司法机关主动排除非法证据的义务:"在侦查、审查起诉、审判时发现有应当排除的证据的,应当依法予以排除,不得作为起诉意见、起诉决定和判决的依据。"该条款与非法证据排除规则的使用范围相适应,规定了公检法三个部门在排除非法证据规则中各自的义务,体现出我国现行《刑事诉讼法》保障人权的目的。

2. 检察院对侦查人员非法取证依法进行法律监督

我国《刑事诉讼法》第55条规定:"人民检察院接到报案、控告、举报或者发现侦查人员以非法方法收集证据的,应当进行调查核实。对于确有以非法方法收集证据的情形的,应当提出纠正意见;构成犯罪的,依法追究刑事责任。"该条再次明确了检察院是国家的法律监督机关,在非法证据排除规则当中是对侦查机关非法取证进行监督的法定主体。

3. 非法证据排除程序的启动

我国《刑事诉讼法》第 56 条规定:"法庭审理过程中,审判人员认为可能存在本法第 54 条规定的以非法方法收集证据情形的,应当对证据收集的合法性进行法庭调查。当事人及其辩护人、诉讼代理人有权申请人民法院对以非法方法收集的证据依法予以排除。申请排除以非法方法收集的证据的,应当提供相关线索或者材料。"该条规定了我国非法证据排除程序的启动有两种方式:一是审判人员依职权启动,也即第 56 条第 1 款的规定;二是当事人及其辩护人、诉讼代理人申请人民法院启动,也即第 56 条第 2 款之规定,但依申请启动的方式要求申请方应当提供相关线索或者材料。

4. 证据合法性的证明责任及证明方式

我国《刑事诉讼法》第 57 条规定:"在对证据收集的合法性进行法庭调查的过程中,人民检察院应当对证据收集的合法性加以证明。现有证据材料不能证明证据收集的合法性的,人民检察院可以提请人民法院通知有关侦查人员或者其他人员出庭说明情况;人民法院可以通知有关侦查人员或者其他人员出庭说明情况。有关侦查人员或者其他人员也可以要求出庭说明情况。经人民法院通知,有关人员应当出庭。"本条清晰规定人民检察院承担证据收集合法性的证明责任。

人民检察院对证据合法性的证明方式是在"现有证据材料不能证明证据收集的合法性"时,才启动让有关侦查人员或者其他人员出庭的程序,具体程序分三种方式:第一是人民检察院提请人民法院通知有关侦查人员或者其他人员出庭说明情况;第二是人民法院不经提请,自行通知有关侦查人员或者其他人员出庭说明情况;第三是有关侦查人员或者其他人员主动要求出庭说明情况。

5. 非法证据排除程序中的证明标准

我国《刑事诉讼法》第 58 条规定:"对于经过法庭审理,确认或者不能排除存在本法第 54 条规定的以非法方法收集证据情形的,对有关证据应当予以排除。"该条文指出检察机关承担举证责任,并且检察机关的举证务必达到排除合理怀疑的证明标准,不然将认定有关证据为非法证据,予以排除。

▶ 三、传闻证据排除规则

(一)传闻证据排除规则的概念

根据《牛津法律大辞典》,传闻证据是指非由证人亲自所看到、听到或以其他凡是观察到的证据,而是来自他人那里就调查中的事实所听到的消息的证据。在对传闻证据进行定义时,其内涵被各学者一致地认为是"用来认识所属事项真实性的庭外陈述"。

而其外延,即传闻证据的对象在国外法学界中各不相同。就英美法立法实践中,传闻证据则有将其分为口头陈述,书面陈述及叙述性动作三种(英国),也有分成口头或书面的主张或者旨在表达一项主张的叙述性动作(美国)。而在国内理论研究当中,传闻证据直接来源于英语的"hearsay",即证人所作出的,根据别人讲述的内容,而不是本人所了解的情况作出的证词。

在我国国内的研究当中,存在传闻证据和传来证据相混淆的状况,甚至有的认为传来证据就是传闻证据。必须指出,我国的传来证据分类和传闻证据具有一定的相似性,但是传来证据是在证据来源的原生与派生区别方面相对于原始证据的概念,如当事人、证人就案件事实的亲自所为、亲身感觉、亲眼所见所作的陈述,物证、书证的原件和原物等即为原始证据;上述证据材料经过复制、转述等中间环节形成的"第二手"证据材料即为传来证据。传来证据的可靠性和证明力一般因为信息减损和扭曲的可能而不及原始证据。

通过以上分析可得出,虽然传来证据和传闻证据有着一定的相似之处,但两者的区别较为明显。首先两者的外延不同:传来证据包括"第二手"以上的人证、书证等证据形式,而传闻证据仅仅指传闻陈述。其次,两者划分本质不同。我国刑事诉讼三阶段的证据均有可能成为诉讼的证据,因此侦控审三阶段加上辩论活动中的"第一手"证据均为原始证据,只有转述从他人处得知的案件事实,才是传来证据。而在传闻证据诞生的英美法系,划分原始和传闻证据则以审判为标准,在庭审外取得的言辞证据,只要在审判中以言词形式提出,则无论其内容是否为作证人所亲身感知,均为传闻证据。据此,前面谈及的书面形式的传闻证据均为原始证据而非传来证据。最后,我国对证据作出的原始和传来证据的划分不涉及证据可采性,但英美法系中对于传闻证据的划分则涉及该证据能否被法庭所采用。

一般认为,传闻证据规则是英美证据法特有的概念。传闻证据规则又称传闻法则,是指除了另有规定以外,传闻证据一般不具有可采性。在法庭审判过程当中,当事人不能向法庭提交传闻证据进行调查和质证。如果当事人已经在法庭出示传闻证据的,不得提交陪审团作为评议的对象,否则另一方当事人有权对此提出异议。

(二)传闻证据规则的理论依据

传闻证据规则在英美确立已久。国内学者总结出如下传闻证据规则的理论依据。

(1)传闻证据缺少当事人的交叉询问。英美法系国家当中,控辩双方对证人的询问和交叉询问能使法庭比较有效地检验证人的当庭陈述究竟是真实的还是虚假的,证人陈述的过程中,陪审团和法官通过对证人的观察,还可以发现与事实有关的细节。

(2)陪审团无法对传闻证据进行正确的评价。传闻证据会对英美法庭里没有受到过法律训练的陪审团造成误导。这是传闻证据自身的缺陷所导致的。

(3)传闻证据不是证明案件事实的最佳证据。英美法当中的最佳证据原则指诉讼一方当事人必须提出案件性质许可的最佳证据。除非当事人具有合适的理由无法提交原始证据之外，一方当事人在诉讼过程中应当尽可能提交能够证明案件真实的原始证据，而不是第二手证据或者原始证据的替代品。而传闻证据不是证人亲自到庭经过宣誓之后提供的证言，而是包含两个陈述人并经过两个陈述环节的第二手证据，并且英美法系普遍认为其真实性可靠性存在疑问，因此传闻证据通常不符合最佳证据原则。

（4）传闻证据未经法庭宣誓。英美法中宣誓具有重要价值。首先证人宣誓后会因为害怕自己说谎而受到惩罚，一般会如实提供证言。其次宣誓程序可以提醒证人作证的神圣性并督促其如实作证。最后，证人宣誓时证人处于伪证罪的心理约束。这些都是庭外陈述所不能做到的。

（5）传闻证据在传递过程中易出错。首先，证人证言易受到做证人的主观因素影响。其次，证人受到主客观条件限制有可能提供不符合客观事实的证言。在这种情况下，传闻证据没有受到质证，使审判出错的危险性更大。

（6）传闻证据容易被捏造。传闻证据因为没有经过交叉询问这一"消毒"程序从而被捏造的风险比直接证据要大，在传闻证据发展的阶段中曾经因为这个理由而被坚决排除。

（7）传闻证据导致陪审团或者法官无法观察证人的举止等情况。英美法当中陪审团需要对证人证言的证明力作出判断，衡量其可信性。当事人也可以更好地提出交叉质询的问题，以揭露证人证言的虚假之处。在这种情况下，传闻证据导致了其失去了观察证人作证的机会。

（三）我国传闻证据规则的适用

我国《刑事诉讼法》第187条第1、2款规定："公诉人、当事人或者辩护人、诉讼代理人对证人证言有异议，且该证人证言对案件定罪量刑有重大影响，人民法院认为证人有必要出庭作证的，证人应当出庭作证。人民警察就其执行职务时目击的犯罪情况作为证人出庭作证，适用前款规定。"

作为2012年《刑事诉讼法》修改的亮点之一，在这一法条当中加入了证人应当在满足以上三种情况之下出庭作证。证人出庭作证作为传闻证据规则的要求之一，其目的是为了满足当事人的质证权，其本身并非目的。然而在2012年的修法当中，规定了证人应当出庭，但是另一方面却没有规制书面证据的适用。司法实务当中，只要经过质证的书面证据，即使证人不出庭也可以成为定案的依据。这一点实际上坚持了2010年《死刑案件证据规定》第15条中确立的书面证言运用原则，即"只有经依法通知不出庭作证证人的书面证言经质证无法确认的，不能作为定案的根据"，换言之，即使证人经依法通知不出庭，但只要其书面证言经质证可以确认其真实性的，仍然可以作为定案的根据。

四、意见证据规则

（一）意见证据规则的概念及特点

意见证据规则，也称为意见证据排除规则。与传闻证据排除规则一样，意见证据规则来自于英美法当中。现时，我国的立法实践中尚未明确确立意见证据规则。

1. 意见证据

意见证据在英美法中指在刑事诉讼当中，由证人陈述的从证人对事实的观察所得出的推论。

意见证据是证人通过其本身观察到的事实，再加上自己的主观意志，或者自身生活经验后作出的陈述，而根据陈述的主体不同可被分为普通证人的证言即陈述人自己对案件事实的体验的陈述以及专家证人的意见即根据专门知识或经验而作出的对案件特定事实的看法。

意见证据的形态有时候具有一定的隐蔽性，在证人的供述当中，会不可避免的带有一定的判断。所以在司法实践当中，判断意见证据不能只是通过证词中是否出现"我相信"、"我认为"等字眼作为判断依据，而是需要通过对证词的内容进行判断。

2. 意见证据规则

意见证据规则是一种排除规则，是指证人在作证时只能就自己感知的过去的事实做陈述，而就自己知觉直接感知到的事实陈述及其意见、推论或者结论，不得作为证据适用的规则。

意见证据规则一般表现为言辞证据意见。首先，作为证人所表达的对其对案件事实的陈述，言辞证据应当只反映出案件发生了什么，而意见证据则加入了证人的经验和想象，从而存在利用意见证据规则进行排除的必要。其次，意见证据规则针对言辞证据当中的推断性语句。一般而言，证人只能就其看到、听到、感觉到的事物作出陈述，而不能带有进一步的推断。正如说，证人只能作证被告人"手持酒瓶"，走路"摇摇晃晃"甚至"胡言乱语"，而不能向法庭供述"当事人喝醉了。"此种陈述即为证人对事实作出的判断，为意见证据。最后，意见证据规则是一种排除规则。意见证据在适用上原则上不得采纳为证据，也不具有证据能力。证人只能就自己所见的事实予以陈述或提供证据，其提供证明案件的陈述属于有关的意见、推论或判断的，则不得作为定案的根据。

（二）意见证据排除规则的法理学意义

意见证据规则规定证人只能对其亲身体验的事实作证，除特殊情况外，不得发表其直接观察得出的推论和意见。其法理依据如下：

（1）意见证据与案件事实之间缺乏相关性。意见证据要具有相关性，必须使其意见和待证事实有关联，从而具有证明待证事实的能力。但是意见证据证人在陈述事实中带有自己的个人见解,从而使其失去了关联性。

(2) 意见证据侵犯了审理事实者的职权。在刑事诉讼当中,证人只能就其知觉到的事实如实向法庭反映,而就案件事实作出性质认定与推断的任务归于案件事实审理者。证人对事实进行推断,实际上是代替审理事实者行使职权。

(3) 意见证据对案件事实的认定有误导的危险。证人陈述中的意见有可能因为证人的主观因素而产生偏向性,从而影响审判者对于客观事实的获得,影响客观公正认定犯罪事实。

(三) 意见证据规则的适用及例外

必须指出,尽管意见证据规则的原则是排除,不得采纳为证据,也不具有证据能力,但是就各国实践而言,具有如下例外。

英美法中证人分成了普通证人和专家证人两种。而大陆法上证人即是普通证人,专家证人则被称为鉴定人。英美法的专家证人不适用意见证据排除规则,大陆法上的鉴定人意见具有可采性。首先,采纳专家证人的意见是科学技术的需要。无论是专家证人,还是鉴定人,他们在庭审中的作用均是为法庭审理提供必要信息,以弥补审判者在专业领域方面知识的欠缺。缺少专家证人的帮助,法庭将无法作出对事实的准确推断。其次,专家证人的意见有较强的客观性。和普通证人不同,专家证人所提供的并不是与案件客观有关的证供,而是运用自己的专业知识和经验对有关的专门性问题提供意见,自身对案件事实和处理结果没有利害关系。最后,专家证人的意见有利于查清案件事实。在一些案件当中,专家的鉴定有助于发掘证据与案件事实之间的联系。

即使是针对普通证人,在意见证据的使用上也存在例外。这种例外的出现是因为在现实当中,很多意见和事实的分野并不明确,有时候只是程度问题。如果一律对其进行排除将大大增加证人作证的难度。以美国为例,证人享有"集合事实规则"这一例外。它赋予了证人以权利,在表达"当事人非常紧张"这一信息时,无需对该当事人的紧张行为一一描述,只需要直接说出当事人非常紧张即可。美国《联邦证据规则》还清楚地定义出普通证人适用这一规则例外的条件:(1) 合理地建立在证人的个人感觉的基础上;(2) 有利于清楚理解证人证词或者对争议问题的决定。英美法理论上认为以下几种情况可以不排除意见证据:(1) 个人印象及其叙述事实;(2) 证人的自身情况;(3) 书写笔迹;(4) 恐怖分子案件中的证据。其中,恐怖分子案件中的证据是指在恐怖活动案件中,一名高级警官可以对被告人是否属于特定恐怖组织提供意见,但对被告人不能仅仅依赖于这个意见而被宣告有罪。大陆法国家中,事实裁判者通常属于训练有素的职业法官,能够对证人的意见证据作出适当评判,因此大陆法系国家证据法一般允许证人根据其所体验的事实作出一些必要分析、判断和推测。并且需注意,大陆法系当中专家证人被纳入鉴定人范畴,其意见并不受意见证据排除规则规制。

（四）我国意见证据规则

在我国现行法律当中，与意见证据规则有关的法条并不多。可以说，我国现时并没有如大多数英美法国家或者大陆法国家一样建立起具有中国特色的意见证据制度。相关法条只有最高法《适用刑事诉讼法的解释》第75条第2款："证人的猜测性、评论性、推断性的语言，不能作为证据使用，但根据一般生活经验判断符合事实的除外。"

▶ 五、补强证据规则

（一）补强证据规则的概念与特点

补强证据是相对于主证据而言，是以能否对案件事实起到主要作用和一方对另一方有无担保或依赖关系为依据而作的理论分类。

要理解补强证据，就必须理解主证据的含义。主证据是指为能够证明案件主要事实需要增强或者担保其证明力的证据，其在证明案件主要事实上起着关键性作用，具有证明主要事实的能力，不存在瑕疵和疑点。只是主证据基于自身的性质，未经补强证据增强、担保其证据力则不发生对案件主要事实的证明作用。

而补强证据则是指在证明案件事实的同时具有增强或担保主证据证明力，并能够与主证据共同证明案件事实的证据。补强证据支持、确认主证据，起到增强、担保的作用，直接影响主证据的证明力。其中，补强证据必须具有与主证据不同的独立的证据来源，补强证据不能是主证据的产物或者复制品；而且补强证据一方面在方向、对象等方面可能与主证据交叉重合，另一方面增强主证据的证明力。补强证据在一般情况下不能直接证明案件的主要事实，一般为间接证据。

补强证据规则，则是指为了保护被告人的权利，防止对案件事实的误认，对于虚假可能程度比较大，或者某些证明力显然薄弱的证据，要求有其他证据予以证实才可以作为定案根据的规则。根据世界各国刑事诉讼实践，补强证据规则主要适用于口供等言辞证据，但是某些国家对于被告人自白以外的证人证言如果存在必要也需要有其他证据予以证实。

现代的刑事诉讼对于事实的判断基于自由心证的原则，只是在一定程度上限制某些证据的证据能力，但是对证明力就很少限制。而补强证据规则就是作为自由心证原则的一个补充。

（二）补强证据规则的意义

补强证据规则是世界各国针对被告人自白的证据力大小而作出的刑事诉讼证据规则。在世界各国实践当中，有防范刑讯逼供等现象出现的作用。补强证据规则在实践当中主要有如下意义：

（1）补强证据规则有助于维护犯罪嫌疑人、被告人的基本人权。在补强证据规则缺失的情况下，犯罪嫌疑人及被告人的自白被允许作为定案证据，客观上鼓励办案人员以各种手段获得自白,变相鼓励了刑讯逼供的出现。

(2)补强证据规则有助于保证所获证据的真实性,可靠性,避免冤假错案的发生。自白等言辞证据较多受作证人主观意志的影响,真实性与证明力会受到较大影响。在这种情况下单纯依据自白证据作为唯一证据进行断案会有较大机会出现错案。补强证据规则要求对自白等言辞证据进行补强,减少言辞证据出错的可能性。

(三)补强证据规则的适用

补强规则的适用对象,在英美法系和大陆法系国家存在一定差异。在大陆法系国家,补强证据规则的适用对象只是一些概括性的规定,包括犯罪嫌疑人、被告人的供述。而在英美法系当中,补强规则的适用除了针对犯罪嫌疑人、被告人外,还针对一般的证人证言,包括被害人的陈述。此外,对于补强证据的适用分为庭外供述和庭上供述。大陆法系国家,如日本等则在庭外和庭上均适用补强证据规则,但在英美法系国家则只要求针对庭外供述。

而理论认为,在补强证据的证明程度上,对于单一犯罪嫌疑人和共犯的供述是有区别的。在对于单一犯罪嫌疑人的情况下,为确保犯罪嫌疑人供述的真实性和准确性有必要适用补强规则。补强证据和主证据结合的情况下要做到排除合理怀疑的程度,但是补强证据本身并不要求做到排除合理怀疑。补强证据的范围也只是涉及犯罪的构成要件。同时,在发生处断的一罪和法定的一罪两种牵连犯的情况下,要分别对两罪适用补强证据规则。

(四)我国的补强证据原则

我国刑事诉讼当中的补强证据原则主要出现在《刑事诉讼法》第53条第1款的规定,"对一切案件的判处都要重证据,重调查研究,不轻信口供。只有被告人供述,没有其他证据的,不能认定被告人有罪和处以刑罚"。最高法《适用刑事诉讼法的解释》第106条规定:"根据被告人的供述、指认提取到了隐蔽性很强的物证、书证,且被告人的供述与其他证明犯罪事实发生的证据相互印证,并排除串供、逼供、诱供等可能性的,可以认定被告人有罪"。普遍认为,以上两条已经说明口供补强规则在我国刑事诉讼立法中已经确立。

【拓展阅读】

世界各国由于文化传统、价值取向、司法实践情况、法律观念、诉讼模式等相异,所以对非法证据排除规则的认识存在一定的差别,其所强调的重点有所不同。从形式上看,英美法系国家主要通过判例形成比较完备的非法证据排除规则和体系;大陆法系国家关于排除非法证据的规定起步较晚,具体证据材料是否具有证据资格基本上由法官自由裁量,缺少明确的立法规则可循。① 近年来两大法系不断交融以及为了保障人权,大陆法系国家的诉讼价值取向开始往"正当程序"倾斜,并逐渐完善非法证据排除规则。

(一) 美国

美国是非法证据排除规则的起源地,其有关排除非法证据的规定对世界各国产生深远的影响。在美国,对非法证据排除规则有两种理解:一种仅指违反美国联邦宪法第四修正案而取得的证据不得在刑事诉讼中用于证明被告人有罪;另一种认为非法证据排除规则不限于对"物"的排除,还包括对非法取得的口供和其他陈述的排除。因此不仅包括违反宪法第四修正案的,还包括违反宪法第五修正案、第六修正案和其他成文法和案例法情况下取得的证据,都应当予以排除。这被称为广义上的非法证据排除规则。② 主要内容为:

第一,非法言词证据的排除。非法言词证据最初是指违反美国联邦宪法第五修正案"不得自证其罪"原则而取得的被告人有罪供述。20世纪40年代以后,从排除"非任意性自白"渐渐转向排除"程序性违法"的供述,要求排除凡是侵害被追诉人正当程序权利而获得的自白,如警察违反1966年联邦最高法院在米兰达诉亚利桑那州案中确立的"米兰达规则"所要求的讯问程序而获得的证据将在刑事诉讼中被排除。

第二,非法实物证据的排除。非法实物证据的排除主要指违反美国联邦宪法第四修正案规定的程序,非法搜查、扣押取得的证据。1914年,在威克斯诉合众国一案中,体现了第四修正案排除非法实物证据的要求,确立了现代意义上的非法证据排除规则。

第三,"毒树之果"的排除。"毒树之果",是指以非法获取的证据为线索而取得的证据。该理论确立于联邦最高法院1920年朗伯诉美国案中。"毒树之果"原则上予以排除,但应根据案情判断是否采信以非法搜查、扣押、逮捕获得的口供为线索而获得的实物证据。

第四,非法证据排除规则的例外。20世纪80年代,在美国社会治安情况恶化、司法效率下降、被害人权益得不到保护的情况下,联邦最高法院通过判例确立了非法证据排除规则的例外:一是污染中断原则,二是逐渐减弱原则,三是"最终发现"或"必然发现"原则,四是"独立来源"原则,五是"善意的例外",六是"弹劾的例外",七是"被告人首先引用之例外"。

(二) 英国

尽管与美国同属英美法系国家,但英国在非法证据排除规则上与美国相去甚

---

① 何家弘:《证据学论坛》(第1卷),中国检察出版社2000年版,第161页。
② 杨宇冠:《非法证据排除规则研究》,中国人民公安大学出版社2002年版,第4页。

远。英国排除非法证据不仅通过判例来确立,还表现在成文法上。

对于非法言词证据排除,英国从立法上明确表示绝对排除。法官有义务依照法律规定对非法手段获得的被告人供述无条件排除,而不享有自由裁量权。[①] 1984年《警察与刑事证据法》第76条第2款的规定实际便是确立非法取得的被告人供述的自动排除原则。

关于非法实物证据排除,英国的法官则享有裁量权,根据一定的准则判断该证据是否具备可采性。1984年《警察与刑事证据法》第78条确立了对非法实物证据采取裁量排除的原则。然而,在司法实践中被排除的非法证据是很有限的。

英国对于"毒树之果"的态度比较折中,采取的是"排除毒树、采用毒果"的原则。也就是说,从被排除的言词证据中发现任何与案件相关且真实可靠的证据都可以被采纳成为定案的依据。

(三)德国

德国是大陆法系国家的代表,其刑事诉讼的目标以惩罚犯罪为主,保障人权为次,因此在非法证据排除规则上起步较晚,在刑事诉讼中注重发现实体真实,对非法证据的证据能力规定不多。

德国主要在1950年修订的《刑事诉讼法典》第136条中明文规定:"禁止以不正当方式讯问被告人,对被告人适用非法折磨、疲劳战术、妨害身体、服用药品、拷问、欺诈或催眠方法、威胁、许诺以及使用损害被告人记忆和理解力的方法所得的陈述,即使被告人同意,也不允许使用。"除了在刑事诉讼法典中这样明确规定排除严重违法取得的言词证据以外,其他类型的非法证据是否排除基本由法官依据案件的实际情况决定。如德国对非法实物证据排除的主流观点就是"个案处理",也即认为"不能因为在取得物证的过程中产生错误就自动排除证据,而是要在个案中对不同的利益进行分析,以决定是否使用该证据"[②];而对"毒树之果"的态度则是:认为只要有证明力,就可以成为定罪量刑的根据。

(四)法国

非法证据排除规则同样还没有在法国的刑事诉讼立法中形成系统,但法国历来重视查明案件事实以及保障人权,因此非法证据排除规则还是在其立法中有所体现。立法和判例对以刑讯逼供、欺骗等非法手段所获取的言词证据都持否定态度。在1993年修改的《刑事诉讼法典》第171条中也规定对某一行为宣布无效相应地会导致某些非法实物证据被排除。但是,司法实践中法国大多数的非法实物证据都是不予排除的,另外对"毒树之果"的采纳与否是由法官自由裁量决定的。

---

① 沈志先主编:《刑事证据规则研究》,法律出版社2011年版,第171页。
② 〔德〕托马斯·魏根特《德国刑事诉讼程序》,岳礼玲、温小洁译,中国政法大学出版社2004年版,第195页。

【思考题】

1. 如果把证据理解为一种信息,那么对于证据概念的定义有何影响?
2. 证据的合法性是否应该属于证据的本质属性?
3. 如何合理完善我国的非法证据排除规则?
4. 传闻证据规则与直接言辞原则有何异同?

第十二章 刑事诉讼的证据种类、分类

要点提示

- 我国刑事诉讼的证据有哪些法定种类?
- 了解证据的四种分类模式。

【案例思考】

被告人王志余、秦群英系夫妻关系，共同经营江苏省海安县曲塘镇白塘浴室。2012年3月6日，公安机关查获2名浴客在该浴室嫖娼，后又查获19名嫖客和2名卖淫女，并对嫖客和卖淫女均分别按照我国《治安管理处罚法》的程序制作了询问笔录。同年5月2日，公安机关将该案作为刑事案件立案侦查，并对其中的9名嫖客和2名卖淫女的证言笔录按照刑事诉讼法程序重新收集。后，江苏省海安县人民检察院以被告人王志余、秦群英犯介绍、容留卖淫罪，向海安县人民法院提起公诉。

海安县人民法院一审审理认为，对公诉机关依据公安机关在查处卖淫嫖娼行为的行政执法过程中收集的证人证言等证据，不得直接作为刑事诉讼的证据使用。公诉机关依据我国《刑事诉讼法》规定重新收集的2名卖淫女及9名嫖客的证人证言等证据，与二被告人的供述相印证的王志余容留卖淫9次、秦群英参与容留卖淫2次的事实，可予以确认，公诉机关指控的其他10人、13次犯罪事实难予认定，不予支持。

海安法院2012年12月20日判决：被告人王志余犯容留卖淫罪，判处有期徒刑3年零3个月，并处罚金人民币1万元；被告人秦群英犯容留卖淫罪，判处有期徒刑8个月，并处罚金人民币3000元；追缴违法所得人民币160元，予以没收，上缴国库。

海安县人民检察院提出抗诉认为，本案侦查主体是既有行政执法权又有刑事侦查权的公安机关。无论是查办与本案有关的周某宜、周某菊卖淫的治安案件，还是查办王志余、秦群英介绍、容留卖淫案，均是同一组侦查人员依法进行的。虽然查办治安案件的询问笔录形式上使用的是"根据《中华人民共和国治安管理处罚法》的相关规定"，但其实体内容、询问的程序与刑事诉讼过程中的询问要求是一致的。因此，起诉书依据周某宜、周某菊及全部19名嫖客的证言，指控被告人王志余、秦群英分别介绍或容留卖淫22人次和15人次并无不当。一审判决减少认定二被告人大部分犯罪事实属于认定事实错误，量刑明显不当。

南通市中级人民法院经审理后认为：关于对于行政执法机关收集的证据能否采用以及如何采用，我国2012年修订的《刑事诉讼法》第52条第2款规定："行政机关在行政执法和查办案件过程中收集的物证、书证、视听资料、电子数据等证据材料，在刑事诉讼中可以作为证据使用"。由于言词证据具有较强的主观性，容易发生变化，行政机关依据行政法律、法规等收集言词证据的程序、证明对象、法律后果、权利与义务、保护力度等，明显不如刑事侦查机关依刑事诉讼法收集言词证据严格。故抗诉机关称应以行政执法过程中取证认定的19人22次认定二原审被告人王志余、秦群英容留卖淫犯罪事实的抗诉意见不能成立。

2013年4月23日,南通市中级人民法院裁定:驳回抗诉,维持原判。①

问题:

1. 讯问犯罪嫌疑人、被告人以及询问证人时形成的视听资料属于言词证据还是实物证据?

2. 如何理解行政机关在行政执法和查办案件中获取的物证、书证等证据材料,可以在刑事诉讼中作为证据使用?

3. 如何理解因为言词证据具有较强主观性,应当由侦查人员依据刑事诉讼法的规定,对其重新收集、制作证言笔录?

4. 结合第十一章相关知识,法院在本案审理中对未经重新收集、制作的言词证据材料,运用了何种证据规则予以排除?

第一节 证据种类

证据的种类,亦称证据的法定形式,指法律规定的证据的不同表现形式。我国《刑事诉讼法》第48条第2款规定了八种证据形式,分别是:物证;书证;证人证言;被害人陈述;犯罪嫌疑人、被告人供述和辩解;鉴定意见;勘验、检查、辨认、侦查实验等笔录;视听资料、电子数据。但以上形式的"证据"并非一定真实可靠,所以我国《刑事诉讼法》第48条第3款同时规定:"证据必须经过查证属实,才能作为定案的根据。"

▶ 一、物证

(一)物证的概念

物证有广义或狭义之分。狭义的物证,是指以其外部特征、存在场所和物质属性证明案件事实的实物和痕迹。广义的物证,是"实物证据"简称,与"人证"相对应。指表现为客观存在的物体的证据。它包括狭义的物证,书证,视听资料,勘验、检查笔录。刑事诉讼法中所讲"物证"指狭义的物证。

物证主要分实物和痕迹两类。实物是指与案件事实有联系的客观实在物。痕迹是指在外界因素的作用下,一物体留在另一物体上的印痕。

(二)物证的表现形式

根据具体案情的不同,物证一般存在以下几种表现形式。

---

① 本案案号:(2012)安刑初字第0136号;(2013)通中刑终字第0013号。

（1）犯罪工具，如杀人刀具、枪械等，盗窃用撬棍、钳子、运输工具等，爆炸用的炸药，纵火用的引燃物。

（2）犯罪侵犯对象，如被害人尸体、赃款赃物、抢劫的财产、被破坏的物品。

（3）犯罪行为产生的物品，如非法出版物、非法生产的枪支弹药、假币。

（4）留在犯罪现场的物品和痕迹，如犯罪分子遗留的衣物、烟蒂、纽扣、头发等，犯罪行为产生的足迹、指纹、血迹、体液、撬痕等。

（5）其他可以揭露犯罪事实的实物或痕迹。

（三）物证的特点

物证是一种十分重要且运用广泛的证据，一般认为具有如下特征。

（1）物证是以其外部特征、内在物质属性、存在状况等证明案件事实。此特点是分辨证据是物证还是书证的一个重要标准。

（2）物证的客观性、可靠性强，易于查实。与证人证言等言词证据相比，此特点更加突出。言词证据可受证人感情因素或淡化或夸大、甚至虚构事实，或者因记忆力、判断力等因素影响案件真实，难于查实。而物证一旦形成，则不易发生改变，易于分辨真假。

（3）物证需要通过人去发现、识别，并将之运用到诉讼程序之中，才能发挥证明作用。

（4）很多物证对科学技术有依赖性，这反映在对物证的收集、固定、检验、鉴定等方面，只有凭借一定的科学技术，物证才能发挥证明作用。

（5）物证的证明范围狭窄，具有片面性。它只能证明案件的某个环节，不能反映案件全貌，需要与其他证据结合起来证明案件全部事实。

（四）物证的收集和保全

公安司法机关可通过勘验、检查、搜查、扣押、讯问、询问等途径和方法收集物证。公安司法机关在收集物证的过程中，应该严格按照法律规定的程序进行，还应采取先进、科学的技术和手段，防止物证造假、损坏、丢失。收集物证时，据以定案的物证应当是原物。原物不便搬运，不易保存，依法应当由有关部门保管、处理，或者依法应当返还的，可以拍摄、制作足以反映原物外形和特征的照片、录像、复制品。制作照片、录像或者复制品时，制作人员不得少于2人，并且应当附有关制作过程及原物存放处的文字说明，并由制作人和物品持有人或者物品持有单位有关人员签字。

物证应当妥善保管或者封存，不得使用、调换或者损毁。对于可能产生环境或精神污染的物证，应按照相关规定保管和处理。对于不易搬动的物证，应以相应的科学方法固定，以保留其证明价值。

（五）物证的审查

对于物证的审查，要注意以下方面：

（1）物证收集的程序、方式方法是否符合法律规定。我国《刑事诉讼法》第54条第1款规定：收集物证、书证不符合法定程序，可能严重影响司法公正的，应当予以补正或者作出合理解释；不能补正或者作出合理解释的，应当对该证据予以排除。

（2）物证是否为原件、原物，以及是否受到损毁和改变；复印件、复制品与原件、原物是否相符。

（3）物证与案件是否有相关性。通过审查物证的外部特征、内在物质属性、存在状况等信息与案件事实之间是否存在关联，判断证据的有效性。无效证据应当排除。

（4）物证是否全面收集。对于与案件相关的物证应该提取而未提取的，应检验而未检验的，可能导致案件事实存疑的，人民法院应当向人民检察院说明情况，人民检察院依法可以补充收集、调取证据的，应作出合理的说明或退回侦查机关补充侦查，调取有关证据。

（六）物证的应用

据以定案的物证应当是原物。原物不便搬运，不易保存，依法应当由有关部门保管、处理，或者依法应当返还的，可以拍摄、制作足以反映原物外形和特征的照片、录像、复制品。物证的照片、录像、复制品只有经与原物核对无误、经鉴定为真实或者以其他方式确认为真实的，可以作为定案的根据。

在勘验、检查、搜查过程中提取、扣押的物证，未附笔录或者清单，不能证明物证来源的，不得作为定案的根据。对物证的来源、收集程序有疑问，不能作出合理解释的，该物证不得作为定案的根据。

物证的收集程序、方式有下列瑕疵，经补正或者作出合理解释的，可以采用：

（1）勘验、检查、搜查、提取笔录或者扣押清单上没有侦查人员、物品持有人、见证人签名，或者对物品的名称、特征、数量、质量等注明不详的；

（2）物证的照片、录像、复制品未注明与原件核对无异，无复制时间，或者无被收集、调取人签名、盖章的；

（3）物证的照片、录像、复制品没有制作人关于制作过程和原物、原件存放地点的说明，或者说明中无签名的；

（4）有其他瑕疵的。

▶ 二、书证

（一）书证的概念

书证是指以文字、符号、图画、图表等表达的思想内容来证明有关案件事实的书面文件或者其他物品。书证的表现形式既可以是文字，又可以是图画、图表等其他符号。承载这些文字和符号的载体，既可以是纸张，又可以是金属、木头、石头等其他材质。另外书证既可以是书写的,又可以是雕刻的、印刷的。书证的范围比较广泛,包括文字、符号、数字、图画、印章或其他具有表情达意功能的许多实物材料,如出生证、身份证、护照、户口簿、票据、收据、车船票、合同等。

(二) 书证的特点

(1) 书证所记载的内容和表达的思想能够为一般人认知和理解,并以这些内容和思想起到证明作用。这一特点,是书证之所以为书证的判断标准。比如,在案发现场发现一张写满字的纸条,如果是根据该纸条用纸规格、种类或者文字的笔迹发现犯罪嫌疑人,该纸条则属于物证。如果是根据纸条上所写内容发现犯罪嫌疑人,该纸条则属于书证。

(2) 书证具有证明的直接性和主动性。与物证相比较,书证因其所记载或表达思想的"直白性",而无需通过技术手段等中间媒介和环节来证明书证与案件事实的联系,书证的证明能力是直接就能够判断的。

(3) 书证具有稳定性。这是由承载书证思想内容的载体决定的,书证所表达的思想和内容以某种形式固定下来,而载体又保存完好,书证的证明作用就不会丧失或改变。这一点有别于证人证言,证人证言会因证人的记忆因素、立场的动摇等主客观原因而变化。

(三) 书证的收集

原则上,所收集的书证应该是原件,只有在取得原件确有困难的情况下才能使用副本、影印本等。副本、影印本作为书证的,副本、影印本必须经过与原件核实无误或经鉴定证明是真实的,才能具有与原件同等的证明力。

制作书证的副本、影印本等其他形式时,制作人不得少于 2 人,并应当附有关于制作过程的文字说明及原件存在何处的说明,由制作人签名或盖章;否则,该书证不能成为定案依据。

扣押信件、电报等书证和提取机密文件时,必须严格遵守有关规定。扣押邮件、电报等要经公安机关或者人民检察院批准。对被扣押的书证要妥善保管或者封存,不得使用或者毁损。在复制、摘抄书证时,要注意内容的完整性,不得任意取舍,不得断章取义。

对收集到的书证应当妥善保管,不得使用或损坏。对内容反动或者淫秽的书证,应当按照有关管理部门的规定专门保管或处理。

对于收集程序或者方式存在瑕疵的书证,经补正或者作出合理解释的,可以采用;反之,则不能成为定案的依据。

(四) 书证的审查

(1) 书证是否存在伪造情况,是否是在暴力、威胁、欺诈等情况下作出的。

(2) 书证是否为原件,是否经过辨认、鉴定。如果是副本、复制件,那么,副本、复制件是否与原件相符,是否由 2 人以上制作,有无制作人关于制作过程以及原件存放于何处的文字说明和签名。

(3) 书证的收集程序和方式是否符合法律、有关规定。经勘验、检查、搜查提取、扣押的书证,是否附有相关笔录、清单,笔录、清单是否经侦查人员、物品持有人、见证人签名,没有物品持有人签名的,是否注明原因;物品的名称、特征、数量、质量等是否注明清楚。

(4) 书证在收集、保管、鉴定过程中是否受损或者改变。

(5) 书证与案件事实有无关联,与案件事实有关联的书证是否全面收集。

(五) 书证的运用

在刑事诉讼过程中,据以定案的书证应当是原件。取得原件确有困难的,可以使用副本、复制件。副本、复制件只有经过与原件核定无误、经鉴定为真实或者以其他方式确认为真实的,才可以作为定案的根据。书证有更改或者更改迹象不能作出合理解释,或者书证的副本、复制件不能反映原件及其内容的,不得作为定案的根据。对书证的来源、收集程序有疑问,不能作出合理解释的,该物证、书证不得作为定案的根据。

在书证的收集程序、方式有下列瑕疵,经补正或者作出合理解释的,可以采用:

(1) 勘验、检查、搜查、提取笔录或者扣押清单上没有侦查人员、物品持有人、见证人签名,或者对物品的名称、特征、数量、质量等注明不详的;

(2) 书证的副本、复制件未注明与原件核对无异,无复制时间,或者无被收集、调取人签名、盖章的;没有制作人关于制作过程和原物、原件存放地点的说明,或者说明中无签名的;

(3) 有其他瑕疵的。

(六) 书证与物证的关系

书证属于广义上的物证,因此具有物证的特征。但书证与物证的差别也非常明显。

物证是根据其客观的存在形式、外部特征或者物质属性对案件事实起到证明作用的;书证则是以其承载的内容和思想起到证明作用的。物证需要人们发挥主动性才能揭露与案件事实的联系,进而起到证明作用;书证却因其内容的明确性,可以直接发挥证明作用。物证只能证明案件事实的某个环节;书证则可以证明案件事实的主要事实。

三、证人证言

(一) 证人证言的概念

证人证言是指证人就自己所知道的案情向公安司法机关所作的陈述。

有资格作为证人的几个条件:

(1) 证人必须是案件的知情人,并且必须是当事人以外的知情人。

对案件知情,应该是作为证人的最基本的条件,也是证据可信的最基本保障。然而并非所有知情人都能成为证人,比如案件的当事人、参与该案诉讼活动的侦查、检察、审判人员或者书记员、鉴定人、翻译人员。对于见证人,多数学者认为:刑事诉讼中的见证人只对勘验、检查、搜查、扣押物证、书证、送达等程序性问题是否合法作证,这些证明行为不是针对案件事实而作出的,所以不同于证人。

(2)证人必须具有辨别是非和正确表达的能力。

我国《刑事诉讼法》第60条第2款规定:"生理上、精神上有缺陷或者年幼,不能辨别是非、不能正确表达的人,不能作证人。"此条规定需要注意的是,并非只要"生理上、精神上有缺陷或者年幼"就不能作为证人,而是只有达到"不能辨别是非、不能表达"的程度,才不能作证人。换句话说,只要能够辨别是非、能够正确表达,精神上有缺陷或者年幼者也能作证人。对于能否辨别是非、能否正确表达,并不是简单依靠主观判断,而是要经过专门的鉴定来确认。

(3)证人只能是自然人,不可以是法人和非法人组织。

证人证言一般应当是口头陈述,以证人证言笔录加以固定;但经办案人员的同意,由证人书写的书面证词也属于证人证言。法人及非法人组织根本不能"口头陈述",故不能成为证人。法人或非法人组织所提供的与案件有关的书面材料也不能等同于证人证言笔录和证人的书面证词,应当作为书证。

(二)证人证言的特点

(1)与物证相比,证人证言证明作用更直接、更具体,但更容易受主客观因素影响,易失真。

(2)与被害人陈述,犯罪嫌疑人、被告人供述和辩解相比,证人证言更客观、可信。

(三)证人证言的审查

(1)审查证人是否有作证资格。证人作证时的年龄,认知、记忆和表达能力,生理和精神状态是否影响作证。

(2)证人与案件当事人、案件处理结果有无利害关系。

(3)证人证言是否为对案件真实情况的感知。

(4)询问证人是否个别进行。证人证言必须一人一证,不能以座谈会形式形成所谓的"证言"。

(5)询问未成年证人时,是否通知其法定代理人或者有关人员到场,其法定代理人或者有关人员是否到场。

(6)询问证人时有无以暴力、威胁或引诱等非法方法收集的情况。

(7)证言之间以及与其他证据之间能否相互印证,有无矛盾。

(8)询问笔录的制作、修改是否符合法律、有关规定,是否注明询问的起止时间和地点,首次询问时是否告知证人有关作证的权利义务和法律责任,证人对询问笔录是否核对确认。

（四）证人证言的运用

处于明显醉酒、中毒或者麻醉等状态，不能正常感知或者正确表达的证人所提供的证言，不得作为证据使用。证人的猜测性、评论性、推断性的证言，不得作为证据使用，但根据一般生活经验判断符合事实的除外。

证人证言具有下列情形之一的，不得作为定案的根据：

（1）询问证人没有个别进行的。

（2）书面证言没有经证人核对确认的。

（3）询问聋、哑人，应当提供通晓聋、哑手势的人员而未提供的。

（4）询问不通晓当地通用语言、文字的证人，应当提供翻译人员而未提供的。

证人证言的收集程序、方式有下列瑕疵，经补正或者作出合理解释的，可以采用；不能补正或者作出合理解释的，不得作为定案的根据：

（1）询问笔录没有填写询问人、记录人、法定代理人姓名以及询问的起止时间、地点的。

（2）询问地点不符合规定的。

（3）询问笔录没有记录告知证人有关作证的权利义务和法律责任的。

（4）询问笔录反映出在同一时段，同一询问人员询问不同证人的。

证人当庭作出的证言与其庭前证言矛盾，证人能够作出合理解释，并有相关证据印证的，应当采信其庭审证言；不能作出合理解释，而其庭前证言有相关证据印证的，可以采信其庭前证言。

证人没有正当理由拒绝出庭或者出庭后拒绝作证，法庭对其证言的真实性无法确认的，该证人证言不得作为定案的根据。

▶ 四、被害人陈述

（一）被害人陈述的概念

被害人陈述，是指刑事案件中的被害人就其受害情况及其他案件事实向公安司法机关所作的陈述。此处的"被害人"应作广义的理解，不仅包括公诉案件的被害人，还包括自诉案件的自诉人和附带民事诉讼的原告人。

在被害人的陈述中，往往夹杂着被害人主观的分析、猜测、判断，以及出于"泄愤"而要求对犯罪嫌疑人被告人的诉讼请求，这些都不能作为定案证据，能作为证据使用的只有被害人对案件真实情况和犯罪嫌疑人的陈述部分。

（二）被害人陈述的特点

被害人，特别是那些与犯罪分子直接面对的被害人，是犯罪行为直接利害人和亲历者，因此对案件事实、过程，犯罪嫌疑人、被告人的情况了解得更充分，更具体。与此同时，被害人陈述容易受到被害人主观影响，扩大或缩小甚至虚构犯罪事实。

五、犯罪嫌疑人、被告人供述和辩解

（一）犯罪嫌疑人、被告人供述和辩解的概念

犯罪嫌疑人、被告人供述和辩解，又称口供，是指犯罪嫌疑人、被告人就其被指控的犯罪事实和其他相关情况，向公安司法机关所作的陈述。所谓的"供述"，是指犯罪嫌疑人、被告人承认其被指控的犯罪事实，并对案件相关情况所作的陈述。所谓的"辩解"，是指犯罪嫌疑人、被告人否认其被指控的犯罪事实的陈述，或者承认犯罪事实，但辩称自己应当依法不被追究刑事责任，或者从轻、减轻或免除刑事处罚的陈述。

（二）犯罪嫌疑人、被告人供述和辩解的特点

（1）真实的口供能全面而具体地反映案件事实。如果犯罪嫌疑人、被告人实施了犯罪，那么他比任何人都更能直接、全面、具体地反映案件的时间、地点、手段等客观事实，也能反映作案动机等主观事实。

（2）可信性低。因为案件的处理结果直接影响犯罪嫌疑人、被告人的切身利益，出于人们趋利避害的本性，犯罪嫌疑人、被告人很可能提供虚假信息，或者避重就轻，妄图逃避法律制裁。出于某些原因，有的犯罪嫌疑人、被告人为真正的犯罪实施者开脱，把全部罪行往自己身上揽，进而提供虚假信息。

（三）犯罪嫌疑人、被告人供述和辩解的收集

和证人证言一样，犯罪嫌疑人、被告人供述和辩解应当是口头陈述，以笔录或者录音、录像的形式加以固定。经犯罪嫌疑人、被告人要求或办案人员要求，也可以由犯罪嫌疑人、被告人书写证词。

（四）犯罪嫌疑人、被告人供述和辩解的审查

审查被告人供述和辩解，应当结合控辩双方提供的所有证据以及被告人的全部供述和辩解进行并着重注意以下问题：

（1）讯问的时间、地点，讯问人的身份、人数以及讯问方式等是否符合法律、有关规定。

（2）讯问笔录的制作、修改是否符合法律、有关规定，是否注明讯问的具体起止时间和地点，首次讯问时是否告知被告人相关权利和法律规定，被告人是否核对确认。

（3）讯问未成年被告人时，是否通知其法定代理人或者有关人员到场，其法定代理人或者有关人员是否到场。

（4）被告人的供述有无以刑讯逼供等非法方法收集的情形。

（5）被告人的供述是否前后一致，有无反复以及出现反复的原因；被告人的所有供述和辩解是否均已随案移送。

（6）被告人的辩解内容是否符合案情和常理，有无矛盾。

(7) 被告人的供述和辩解与同案被告人的供述和辩解以及其他证据能否相互印证,有无矛盾。

必要时,可以调取讯问过程的录音录像、被告人进出看守所的健康检查记录、笔录,并结合录音录像、记录、笔录对上述内容进行审查。

(五) 犯罪嫌疑人、被告人供述和辩解的运用

被告人供述具有下列情形之一的,不得作为定案的根据:(1) 讯问笔录没有经被告人核对确认的;(2) 讯问聋、哑人,应当提供通晓聋、哑手势的人员而未提供的;(3) 讯问不通晓当地通用语言、文字的被告人,应当提供翻译人员而未提供的。

讯问笔录有下列瑕疵,经补正或者作出合理解释的,可以采用;不能补正或者作出合理解释的,不得作为定案的根据:(1) 讯问笔录填写的讯问时间、讯问人、记录人、法定代理人等有误或者存在矛盾的;(2) 讯问人没有签名的;(3) 首次讯问笔录没有记录告知被讯问人相关权利和法律规定的。

被告人庭审中翻供,但不能合理说明翻供原因或者其辩解与全案证据矛盾,而其庭前供述与其他证据相互印证的,可以采信其庭前供述。

被告人庭前供述和辩解存在反复,但庭审中供认,且与其他证据相互印证的,可以采信其庭审供述;被告人庭前供述和辩解存在反复,庭审中不供认,且无其他证据与庭前供述印证的,不得采信其庭前供述。

▶ 六、鉴定意见

(一) 鉴定意见的概念

鉴定意见,是指具有专门知识和技能的人,受司法机关的指派或者聘请,对诉讼案件中涉及的某些专门性问题进行分析、鉴别判断后所作的书面结论。

在刑事诉讼中,常见的鉴定的种类有:(1) 法医类鉴定,包括法医病理鉴定、法医临床鉴定、法医精神病鉴定、法医物证鉴定和法医毒物鉴定;(2) 物证类鉴定,包括文书鉴定、痕迹鉴定和微量鉴定;(3) 声像资料鉴定,包括对录音带、录像带、磁盘、光盘、图片等载体上记录的声音、图像信息的真实性、完整性及其所反映的情况过程进行的鉴定和对记录的声音、图像中的语言、人体、物体作出种类或者同一认定;(4) 刑事科学技术鉴定;(5) 一般技术鉴定;(6) 会计鉴定;等等。

(二) 鉴定意见的特点

(1) 具有特定的书面形式。鉴定意见的形式必须是书面鉴定书,由鉴定人本人签名并加盖单位公章。如果一个问题由多个鉴定人共同鉴定,而鉴定意见不一致的,鉴定人应当分别作出鉴定,而不能少数服从多数。

(2) 所解决的问题只限定在专门的科学技术问题,而不能就法律问题提出意见。

(3) 客观性强,可信度高。与被害人陈述和犯罪嫌疑人、被告人供述和辩解相

比,一般情况下,鉴定人与案件事实和当事人没有利害关系,故而客观性强,可信度高。

(4) 证明范围较窄。对某一专业问题的鉴定意见只能对案件某环节作出证明,而不能像证人证言等证据一样,对整个案件或者多个环节作出证明。

(三) 鉴定意见的审查

对鉴定意见应当着重审查以下内容:

(1) 鉴定机构和鉴定人是否具有法定资质;

(2) 鉴定人是否存在应当回避的情形;

(3) 检材的来源、取得、保管、送检是否符合法律、有关规定,与相关提取笔录、扣押物品清单等记载的内容是否相符,检材是否充足、可靠;

(4) 鉴定意见的形式要件是否完备,是否注明提起鉴定的事由、鉴定委托人、鉴定机构、鉴定要求、鉴定过程、鉴定方法、鉴定日期等相关内容,是否由鉴定机构加盖司法鉴定专用章并由鉴定人签名、盖章;

(5) 鉴定程序是否符合法律、有关规定;

(6) 鉴定的过程和方法是否符合相关专业的规范要求;

(7) 鉴定意见是否明确;

(8) 鉴定意见与案件待证事实有无关联;

(9) 鉴定意见与勘验、检查笔录及相关照片等其他证据是否矛盾;

(10) 鉴定意见是否依法及时告知相关人员,当事人对鉴定意见有无异议。

(四) 鉴定意见的运用

鉴定意见具有下列情形之一的,不得作为定案的根据:(1) 鉴定机构不具备法定资质,或者鉴定事项超出该鉴定机构业务范围、技术条件的;(2) 鉴定人不具备法定资质,不具有相关专业技术或者职称,或者违反回避规定的;(3) 送检材料、样本来源不明,或者因污染不具备鉴定条件的;(4) 鉴定对象与送检材料、样本不一致的;(5) 鉴定程序违反规定的;(6) 鉴定过程和方法不符合相关专业的规范要求的;(7) 鉴定文书缺少签名、盖章的;(8) 鉴定意见与案件待证事实没有关联的;(9) 违反有关规定的其他情形。

经人民法院通知,鉴定人拒不出庭作证的,鉴定意见不得作为定案的根据。鉴定人由于不能抗拒的原因或者有其他正当理由无法出庭的,人民法院可以根据情况决定延期审理或者重新鉴定。

七、勘验、检查、辨认、侦查实验等笔录

(一) 勘验、检查笔录

1. 勘验、检查笔录的概念

勘验、检查笔录是指公安司法人员对与犯罪有关的场所、物品、文件、人身、尸

体进行检验时就所观察、测量的情况所作的实况记载。勘验笔录的形式,包括文字记载、绘制的图样、照片、复制的模型材料和录像等。

勘验、检查的目的是为了解案件的发生情况,发现和收集或核实有关的犯罪证据与线索。勘验、检查笔录包括现场勘验笔录、物证检查笔录、尸体勘验笔录、人体检查笔录。

2. 勘验、检查笔录的特点

(1) 制作主体特定,只能是侦查人员、检察人员或审判人员。其他种类的证据,除鉴定意见的制作主体是特定的外,并无特殊要求。而与鉴定意见相比,除制作主体不同外,勘验、检查笔录是司法人员客观的、直接的、如实的记录,而鉴定意见是鉴定人进行专业检查分析后作出的判断。

(2) 客观、全面。勘验、检查笔录只是一种固定和保全证据的方法和手段,必须客观、全面地记录所观察到的,不能是推测、分析。

3. 勘验、检查笔录的审查

对勘验、检查笔录应当着重审查以下内容:

(1) 勘验、检查是否依法进行,笔录的制作是否符合法律、有关规定,勘验、检查人员和见证人是否签名或者盖章;

(2) 勘验、检查笔录是否记录了提起勘验、检查的事由,勘验、检查的时间、地点,在场人员、现场方位、周围环境等,现场的物品、人身、尸体等的位置、特征等情况,以及勘验、检查、搜查的过程;文字记录与实物或者绘图、照片、录像是否相符;现场、物品、痕迹等是否伪造、有无破坏;人身特征、伤害情况、生理状态有无伪装或者变化等;

(3) 补充进行勘验、检查的,是否说明了再次勘验、检查的原因,前后勘验、检查的情况是否矛盾。

勘验、检查笔录存在明显不符合法律、有关规定的情形,不能作出合理解释或者说明的,不得作为定案的根据。

(二) 辨认笔录

辨认笔录是对辨认过程和结果的记录,需要在场相关人员签名。所谓的辨认,是指在侦查人员的主持下,由被害人、证人、犯罪嫌疑人对犯罪嫌疑人以及案件有关的物品、尸体、场所进行识别认定的活动。

对辨认笔录应当着重审查辨认的过程、方法,以及辨认笔录的制作是否符合有关规定。

辨认笔录具有下列情形之一的,不得作为定案的根据:

(1) 辨认不是侦查人员主持下进行的;

(2) 辨认前使辨认人见到辨认对象的;

(3) 辨认活动没有个别进行的;

（4）辨认对象没有混杂在具有类似特征的其他对象中，或者供辨认的对象数量不符合规定的；

（5）辨认中给辨认人明显暗示或者明显有指认嫌疑的；

（6）违反有关规定、不能确定辨认笔录真实性的其他情形。

（三）侦查实验笔录

侦查实验笔录是指侦查人员在进行侦查实验时，对实验的经过和结果依法制作的文字记录。所谓的侦查实验，是指侦查机关为了确定与案件有关的某一事件或者事实在某种条件下是否发生以及如何发生，而按照原来的条件，将该事件或事实重演、加以实验的一种证据调查活动。

对侦查实验笔录应当着重审查实验的过程、方法，以及笔录的制作是否符合有关规定。

侦查实验的条件与事件发生时的条件有明显差异，或者存在影响实验结论科学性的其他情形的，侦查实验笔录不得作为定案的根据。

▶ 八、视听资料、电子数据

（一）视听资料

视听资料是指载有能够证明有关案件事实的内容的录音带、录像带、电影胶片、电子磁盘及其所载的音响、活动影像和图形，以及电子计算机所存储的音响、活动影像和图形。

需要注意是：视听资料作为证据运用，是基于其所载的内容，而不是外观。如被盗窃的录像带，应该属于证明盗窃行为的物证，而不是视听资料。在询问证人、被害人过程中的录音录像，应当属于证人证言或被害人陈述。

1. 视听资料的特点

（1）真实性和准确性较强。视听资料的形成一般不受主观因素的影响，能较客观地反映案件真实情况。

（2）直观性和动态性。视听资料能够动态、连续地反映案件真实，具有直观性和逼真性。

（3）较强的证明力。视听资料能够再现案件事实发生过程，只要在形成过程中没有发生错误，其证明力是其他证据不能相比的。

（4）科技性。与其他种类证据相比，视听资料的产生、应用、审查都具有相当的科技性。依赖于现代科技，视听资料一旦被伪造，便不易分辨。

2. 视听资料的审查

对视听资料应当着重审查以下内容：

（1）是否附有提取过程的说明，来源是否合法。

（2）是否为原件，有无复制及复制份数；是复制件的，是否附有无法调取原件的原因、复制件制作过程和原件存放地点的说明,制作人、原视听资料持有人是否签名或者盖章。

(3) 制作过程中是否存在威胁、引诱当事人等违反法律、有关规定的情形。

(4) 是否写明制作人、持有人的身份,制作的时间、地点、条件和方法。

(5) 内容和制作过程是否真实,有无剪辑、增加、删改等情形。

(6) 内容与案件事实有无关联。

对视听资料有疑问的,应当进行鉴定。

(二) 电子数据

电子数据,是指以电子形式存在,用作证据使用的一切材料及派生物。常见的电子数据形式有电子邮件、电子数据交换、网上聊天记录、博客、微博客、手机短信、电子签名、域名等。

电子数据的存在依赖电子介质,对其感知必须借助电子设备,具有传播迅速、易复制的特点。

对电子邮件、电子数据交换、网上聊天记录、博客、微博客、手机短信、电子签名、域名等电子数据,应当着重审查以下内容:

(1) 是否随原始存储介质移送;在原始存储介质无法封存、不便移动或者依法应当由有关部门保管、处理、返还时,提取、复制电子数据是否由 2 人以上进行,是否足以保证电子数据的完整性,有无提取、复制过程及原始存储介质存放地点的文字说明和签名。

(2) 收集程序、方式是否符合法律及有关技术规范;经勘验、检查、搜查等侦查活动收集的电子数据,是否附有笔录、清单,并经侦查人员、电子数据持有人、见证人签名;没有持有人签名的,是否注明原因;远程调取境外或者异地的电子数据的,是否注明相关情况;对电子数据的规格、类别、文件格式等注明是否清楚。

(3) 电子数据内容是否真实,有无删除、修改、增加等情形。

(4) 电子数据与案件事实有无关联。

(5) 与案件事实有关联的电子数据是否全面收集。

对电子数据有疑问的,应当进行鉴定或者检验。

视听资料、电子数据经审查如果无法确定真伪,或者制作、取得的时间、地点、方式等有疑问,不能提供必要证明或者作出合理解释,不得作为定案根据。

第二节 证据分类

不同于证据种类,证据分类是指对证据进行理论研究的过程中,按照证据本身特点,在学理上从不同的角度对证据作的划分,没有法律约束力。按照不同标准,证据可以分为:原始证据与传来证据、言词证据与实物证据、控诉证据与辩护证据、直接证据与间接证据。我国《刑事诉讼法》规定的八种证据种类,从不同角度,可以被划分到不同的分类中。例如被害人陈述,既可以是直接证据或者间接证据,也可以是原始证据或传来证据。

证据分类的意义在于,有助于发现不同证据的特点,从而掌握运用各类证据的规律,进而指导人们在司法实践中的行为。

一、原始证据与传来证据

根据证据的来源、出处不同,可以将证据分为原始证据和传来证据。

原始证据,是指直接来源于案件事实,未经复制、转述的证据,也被称为第一手材料。常见的原始证据包括:犯罪现场发现的与案件有关的痕迹、作案工具、赃物,现场目击证人证言,被害人陈述,犯罪嫌疑人、被告人供述和辩解,勘验笔录等。传来证据,是指不是直接来源于案件事实,而是间接来源事实,经过复制或者转述原始证据而派生出来的证据,也被称为第二手或者第二手以上的材料。常见的传来证据包括:转述他人的证人证言、物证和书证的复制件等。

从证据的可靠程度上说,原始证据强于传来证据,而且,传来证据"转手"次数越多,可靠程度越低。这一规律,要求公安司法人员要区别对待原始证据和传来证据。在收集证据时,要尽量收集原始证据,次之取得中间环节较少的传来证据。与此同时,不能忽略传来证据的作用,因为原始证据往往通过传来证据的线索被发现,以及传来证据可以作为审查判断原始证据的重要依据;在无法收集或者难以提取原始证据的情况下,传来证据可以替代原始证据起到一定证明作用。例如被害人临终前向第三人所作陈述,往往能够成为重大破案线索及证据。

在运用证据方面,对传来证据的审查要更加严格,除遵守一般证据证明规则外,还应注意:(1)传来证据应当查明来源,来源不明的不能作为证据使用。(2)运用时,应当采用传闻、转抄或者复制次数最少的资料。(3)只有传来证据,不能认定犯罪嫌疑人、被告人有罪。

二、言词证据与实物证据

根据证据的表现形式不同,可以将证据分为言词证据和实物证据。作此划分的意义在于,可以帮助公安司法人员充分认清证据在表现形式方面的不同特点,并且有针对性的采取相应方法加以收集、审查和运用,并据以正确判断案件的实际情况。

言词证据,是指以人的陈述,即以言词,作为表现形式的证据。言词证据包括:证人证言,被害人陈述,犯罪嫌疑人、被告人供述和辩解,鉴定意见。鉴定意见虽以书面形式出现,但它属于鉴定人员个人意见,并且在庭审时,鉴定人员需对此进行口头说明,接受控辩双方的质证。言词证据的特点是生动、形象、具体、全面、直接、但同时受证据提供者主观因素、身体因素、利益原因的影响较大,容易产生虚假或失真,应严格审核。

实物证据,是指以物品的性质或者外部形态、存在状况及其内容表现证据价值的证据。实物证据包括:物证,书证,勘验、检查、侦查实验等笔录,视听资料、电子数据。有些教材因视听资料的内容不同而提出,视听资料属于言词证据还是实物证据要具体分析。如果视听资料的内容是对证人证言,被害人陈述,犯罪嫌疑人、被告人供述和辩解的固定,则属于言词证据。本书认为,上述情况的"视听资料"不是真正意义上的视听资料,应该属于证人证言,被害人陈述,犯罪嫌疑人、被告人供述和辩解等。实物证据的特点是客观、稳定,但受外在客观条件影响不易保存,因此收集要及时,保管要完善,审核时要注意有无造假等情况。

三、控诉证据与辩护证据

我国《刑事诉讼法》第50条规定:"审判人员、检察人员、侦查人员必须依照法定程序,收集能够证实犯罪嫌疑人、被告人有罪或者无罪,犯罪情节轻重的各种证据。"根据证据的内容和证明作用与犯罪嫌疑人、被告人的利害关系为标准,可以将证据分为控诉证据和辩护证据。

控诉证据即不利于犯罪嫌疑人、被告人的证据,是肯定犯罪嫌疑人、被告人有罪或加重其罪责的证据。控诉证据是对犯罪嫌疑人、被告人进行立案侦查、控诉和人民法院作出有罪判决、加重刑罚的依据。

辩护证据,是证明犯罪嫌疑人、被告人无罪以及应当从轻、减轻、免除刑事处罚的证据。辩护证据是犯罪嫌疑人、被告人及其辩护人反驳控诉,进行辩解以及人民法院作出无罪判决、减轻或者免除刑罚的依据。

划分控诉证据与辩护证据有利于司法工作人员在收集证据时兼顾证据的全面性,既要收集能够证明犯罪嫌疑人有罪、罪重的证据,也要收集能够证明犯罪嫌疑人、被告人无罪或者从轻、减轻、免除处罚的证据;同时有利于司法工作人员认定有罪时,排除无罪的可能性,做到有罪证据确实、充分,避免产生冤假错案。

四、直接证据与间接证据

根据某一证据是否能单独、直接地证明案件主要事实,可以将证据分为直接证据与间接证据。案件的主要事实,指犯罪行为是否系犯罪嫌疑人、被告人所实施。作此类划分的证据仅限于证明案件主要事实的证据,与案件主要事实无关但对量刑有作用的证据不作此分类。

直接证据,是指能够单独、直接地证明案件主要事实的证据。常见的直接证据包括犯罪嫌疑人、被告人的供述和辩解,与被告人接触过的被害人指控犯罪嫌疑人、被告人实施犯罪的陈述,目击证人指认或否认某人犯罪的证词,能直接再现被告人、犯罪嫌疑人犯罪事实的视听资料。直接证据一般是言词证据,但不是所有的言词证据都是直接证据。

直接证据又可分为肯定性直接证据与否定性直接证据。肯定性直接证据需要同时证明发生了犯罪案件和谁是实施者。而否定性直接证据仅需要否定发生了犯罪案件或谁是实施者即可。

间接证据,是指不能单独地直接地指明案件主要事实的证据。间接证据需要其他证据的配合才能证明案件主要事实。常见间接证据包括犯罪对象,认定案发地点的勘验笔录,证明犯罪嫌疑人、被告人到过犯罪现场的痕迹、物品。

同时,不应将此种划分同原始证据与传来证据的划分相混淆。由于直接证据与间接证据的划分同证据是否直接来源于案件事实无关,所以不能认为直接证据就是原始证据,间接证据就是传来证据。例如,证人仅仅证明某犯罪嫌疑人案发时在现场,则其证言即为间接证据,因为仅凭该证言无法证明案件是该犯罪嫌疑人所为,必须与其他证据相结合才能证明案件事实;同时它又是原始证据,直接来源于案件事实,没有经过转述。

需要注意的是,直接证据虽然能够单独、直接证明案件的主要事实,却不可仅凭一个直接证据定案。而认定被告人有罪也不一定必需直接证据,根据最高法《适用刑事诉讼法的解释》第105条的规定,只要间接证据同时符合下列条件,可以认定被告人有罪。

(1)证据已经查证属实;
(2)证据之间相互印证,不存在无法排除的矛盾和无法解释的疑问;
(3)全案证据已经形成完整的证明体系;
(4)根据证据认定案件事实足以排除合理怀疑,结论具有唯一性;
(5)运用证据进行的推理符合逻辑和经验。

【拓展阅读】

一、传来证据与传闻证据

我国证据分类中的传来证据易和英美证据法上的传闻证据混淆。事实上,传来证据是以证据的来源作为划分的标准,不是直接源自案件事实的证据均属传来证据;而传闻证据是以是否在法庭上提出、是否经过交叉询问等诉讼程序为标准,二者不同。

具体参见本书第十一章"刑事诉讼证据制度的理论基础"中有关传闻证据规则的介绍。

二、对于行政执法机关收集的证据能否采用以及如何采用

关于本章起始的案例思考，还可以进一步做如下探讨。①

根据权力法定原则，刑事诉讼中据以定案的证据必须系具有侦查权的主体依照刑事诉讼法的规定收集、调取、制作，并经庭审质证才可以作为证据使用。由于行政机关并非法律所规定的刑事侦查主体，因此，无论是行政执法部门收集、调取、制作的物证、书证、视听资料、检验报告、鉴定结论等，还是行政执法部门制作的证人证言、当事人陈述等调查笔录，依法均应在移送刑事司法处理后由侦查机关重新收集。

最高人民法院、最高人民检察院、公安部《关于办理侵犯知识产权刑事案件适用法律若干问题的意见》中，对行政执法部门收集、调取的证据在刑事诉讼中的效力问题作出了规定："行政执法部门依法收集、调取、制作的物证、书证、视听资料、检验报告、鉴定结论、勘验笔录、现场笔录，经公安机关、人民检察院审查，人民法院庭审质证确认，可以作为刑事证据使用。行政执法部门制作的证人证言、当事人陈述等调查笔录，公安机关认为有必要作为刑事证据使用的，应当依法重新收集、制作。"2012年修订的《刑事诉讼法》第52条第2款规定："行政机关在行政执法和查办案件过程中收集的物证、书证、视听资料、电子数据等证据材料，在刑事诉讼中可以作为证据使用。"

由于言词证据具有较强的主观性，容易发生变化，行政机关依据行政法律、法规等收集言词证据的程序、证明对象、法律后果、权利与义务、保护力度等，明显不如刑事侦查机关依刑事诉讼法收集言词证据严格。因此，在我国，无论是修改前的《刑事诉讼法》及司法实践，还是修改后的《刑事诉讼法》、最高人民法院《关于适用〈中华人民共和国刑事诉讼法〉的解释》及相关立法、理解适用说明，均明确对公安机关认为有必要作为刑事证据使用的言词证据，应当依法重新收集、制作。

在我国，公安机关作为既有行政执法权又有刑事侦查权的国家机关，依据《治安处罚法》查办卖淫嫖娼等治安行政类案件时发现犯罪线索的，在刑事立案后，对行政执法中收集的言词证据，认为确有必要作为刑事证据使用的，应当由侦查人员依据《刑事诉讼法》的规定，在告知当事人权利与义务、相关法律后果后，对证人证言、当事人陈述等重新收集、制作证言笔录，并不能因其权力主体的双重性，行政处罚与刑事诉讼程序不分，任意执法。对未经重新收集、制作的言词证据材料，非系公安机关中的侦查人员依法取得，不能作为刑事诉讼中证据使用。

---

① 参见杜开林、陈伟：《行政执法中收集的言词证据不可直接作为刑事诉讼证据》，载《人民法院报》2013年8月15日第6版。

三、对鉴定人和鉴定机构的管理

我国于2005年通过并实施了《关于司法鉴定管理问题的决定》，择其要摘录如下。

(1) 国务院司法行政部门主管全国鉴定人和鉴定机构的登记管理工作。省级人民政府司法行政部门依照本决定的规定，负责对鉴定人和鉴定机构的登记、名册编制和公告。

(2) 因故意犯罪或者职务过失犯罪受过刑事处罚的，受过开除公职处分的，以及被撤销鉴定人登记的人员，不得从事司法鉴定业务。

(3) 申请从事司法鉴定业务的个人、法人或者其他组织，由省级人民政府司法行政部门审核，对符合条件的予以登记，编入鉴定人和鉴定机构名册并公告。

(4) 侦查机关根据侦查工作的需要设立的鉴定机构，不得面向社会接受委托从事司法鉴定业务。

(5) 人民法院和司法行政部门不得设立鉴定机构。

(6) 各鉴定机构之间没有隶属关系；鉴定机构接受委托从事司法鉴定业务，不受地域范围的限制。

(7) 鉴定人应当在一个鉴定机构中从事司法鉴定业务。

(8) 鉴定人和鉴定机构应当在鉴定人和鉴定机构名册注明的业务范围内从事司法鉴定业务。

(9) 鉴定人应当依照诉讼法律规定实行回避。

(10) 司法鉴定实行鉴定人负责制度。鉴定人应当独立进行鉴定，对鉴定意见负责并在鉴定书上签名或者盖章。多人参加的鉴定，对鉴定意见有不同意见的，应当注明。

(11) 在诉讼中，当事人对鉴定意见有异议的，经人民法院依法通知，鉴定人应当出庭作证。

(12) 鉴定人或者鉴定机构有下列情形之一的，由省级人民政府司法行政部门给予停止从事司法鉴定业务3个月以上1年以下的处罚；情节严重的，撤销登记：

第一，因严重不负责任给当事人合法权益造成重大损失的；
第二，提供虚假证明文件或者采取其他欺诈手段，骗取登记的；
第三，经人民法院依法通知，拒绝出庭作证的；
第四，法律、行政法规规定的其他情形。

【思考题】

1. 物证和书证的区分标准是什么？
2. 证人证言和被害人陈述有什么区别和联系？

3. 鉴定人和证人的区别是什么？鉴定人可否出庭作证？
4. 为什么说公安司法人员也要在刑事诉讼过程中注意收集证明犯罪嫌疑人、被告人无罪或罪轻的证据？
5. 直接证据和间接证据的区分标准是什么？仅凭间接证据能否定案？
6. 八种法定证据种类中，哪些证据可能成为直接证据？
7. 为什么说仅凭单独的直接证据不能定案？

第十三章　刑事诉讼证明

要点提示

- 刑事诉讼的证明包括哪些内容？
- 什么是证明责任？证明责任如何分配？
- 什么是证明对象？证明对象的范围如何？
- 什么是证明标准？
- 我国刑事案件的证明标准是什么？

【案例思考】

被告人陈永强,原系某速递有限公司(香港)深圳福田站员工。因涉嫌犯抢劫罪于 2007 年 12 月 15 日被逮捕。

深圳市福田区人民检察院以被告人陈永强犯抢劫罪,且具有入户抢劫的加重情节,向深圳市福田区人民法院提起公诉。

被告人陈永强辩称被害人到医院就医后,其在被害人朋友的要求下到医院看望被害人,因此其有自首情节,请求法庭对其从轻或减轻处罚。

深圳市福田区人民法院经公开审理查明:2007 年 12 月 4 日 12 时许,被告人陈永强按其公司的安排来到本市福田区梅林四村 2 栋 617 房投递包裹,后其趁居住在此的被害人许某某低头签收单据时,拿出在路边捡拾的铁锤连续击打许的头部(经鉴定,为轻微伤),将许某某打倒在地,之后又用力卡住许的脖子,致许不能反抗。随后被告人陈永强又用捡拾来的塑料绳将被害人许某某的手指绑住,抢得现金人民币 800 元后即携款逃离现场。被告人陈永强抢劫得手后因心生悔意,遂给被害人手机发去道歉短信。被害人朋友看到该短信后致电被告人,被告人陈永强即承认其伤害被害人的事实,并在被害人朋友的要求下前往医院看望被害人,后被守候在医院的公安人员抓获归案。涉案赃款人民币 800 元亦被缴回,作案工具铁锤被被告人丢弃未能寻回。

深圳市福田区人民法院认为,被告人陈永强以非法占有为目的,使用暴力方法劫取他人财物并致被害人轻微伤,其行为已构成抢劫罪,应依法予以惩罚。公诉机关指控的罪名成立。但公诉机关指控被告人陈永强具有入户抢劫的加重情节证据不足,法院不予支持。被告人陈永强虽有向被害人朋友承认作案的行为,但并不符合法定的自首条件,故其提出自己有自首情节的辩护意见理由不足,法院亦不予采纳。综合考虑被告人的具体犯罪情节及其悔罪表现,依照我国《刑法》第 263 条之规定,判决如下:被告人陈永强犯抢劫罪,判处有期徒刑 6 年,并处罚金人民币 1000 元。

判决后,被告人陈永强未上诉,检察机关亦未抗诉,现判决已发生法律效力。

【思考题】

1. 什么是举证责任?我国刑事诉讼法对于举证责任的规定是怎样的?
2. 什么是证明标准?我国刑事诉讼法对于证明标准的规定是怎样的?
3. 法院为何认定陈永强"入户抢劫的加重情节"证据不足?

第一节 概　　述

根据我国《刑事诉讼法》规定,刑事诉讼的证明是指以司法机关及其办案人员为主要主体,由当事人及其辩护人、诉讼代理人参与,所进行的收集、运用证据从而认定案件事实的诉讼活动,即贯穿于刑事诉讼全过程中查明案件事实真相的活动。包括收集证据、举证、质证、辩论等诉讼行为。

诉讼证明是证据发挥作用的途径,证据是诉讼证明的基础。诉讼证明是司法机关了解案情、判定案件的最基本方式,所以正确了解、运用诉讼证明的相关内容,能够指导人们更好地完成证明活动,从而达到惩罚犯罪、保障人们合法利益的目的。

刑事诉讼中的证明不同于一般的证明,它有自己的特征:

(1)刑事诉讼证明受到诉讼法律规范和证据制度的严格约束,这种证明不仅要遵循一般的认识规律,还要体现司法规律和特点,以保障准确认定案件事实。

(2)刑事诉讼证明的主体为国家公诉机关和诉讼当事人。作为诉讼证明的主体,国家公诉机关和诉讼当事人有责任提供证据证明。公安机关虽然承担了案件的侦查任务,但侦查行为本身只是为公诉机关在法庭上进行刑事证明做准备,它不能成为诉讼证明主体。法院作为刑事诉讼裁判者,它的立场是居中的,也不能参与刑事证明。被告人一般不负有证明责任。

(3)刑事诉讼证明的客体是那些对定罪、量刑、保障程序正义有意义的事项。

(4)刑事诉讼的证明是用证据来阐述案件事实,即证明须依证据。

刑事诉讼证明有着严谨、自洽的逻辑体系,大体包括证明责任、证明对象、证明标准、证明方法、证明过程、证明规则诸方面的内容。

第二节　证明责任

一、证明责任的概念

证明责任,又称为"举证责任",对其概念的理解,学界有三种主要观点:一是行为责任说,二是结果责任说,三是将前两种观点结合的"双重含义说"。

行为责任,又称为提供证据的责任。行为责任说认为,证明责任就是控辩双方对己方提出的主张,有提供证据的责任。结果责任,又称为说服责任。结果责任说认为,证明责任就是当待证事实的存在与否、真伪不明时,应当由谁承担由此而产生的不利法律后果的责任。双重含义说,吸收了行为责任说和结果责任说的优点,得到更多人的认同。本教程亦采纳双重含义说。因此我们认为,证明责任是指控辩双方对自己提出的诉讼主张有提供证据证明的责任；如果没有提供证据，或者提出的证明不足以证明其诉讼主张时，要承受由此产生的对自己不利的后果。

证明责任包括三方面内容：一是提出诉讼主张和主张的事实，二是收集和提出相关刑事证据，三是运用证据证明所提出的诉讼主张符合刑事诉讼证明的标准。

▶ 二、证明责任的承担

（一）公诉案件中的证明责任承担

我国《刑事诉讼法》第49条规定：公诉案件中被告人有罪的举证责任由人民检察院承担。也就是说，在公诉案件中，被告人既没有提供自己无罪证据的责任，也没有提供自己有罪证据的责任。法庭不能因为被告人无法提供证明自己无罪的证据或者保持沉默而判定被告人有罪。

出于以下几个原因，犯罪嫌疑人、被告人原则上无举证责任：

（1）无罪推定原则。无罪推定原则认为刑事被告人在被审判之前，应视为无罪。根据该原则，被告人有不自证其罪的权利。证明被告人有罪的责任由起诉方，即人民检察院承担，人民检察院必须以无疑义的充足证据确认被告人犯下被指控的罪行。如果人民检察院不能提供确凿的证据，就不能认定被告人有罪。

（2）谁主张谁举证原则。人民检察院代表国家对犯罪分子行使追诉权，是刑事诉讼的发动者，所以需要为自己提出的诉讼请求承担证明责任。

（3）被告人之于公诉方，处于不利地位，不利于收集证据。把举证责任转移给公诉方，一定程度上也可避免刑讯逼供、"有罪推定"，从而减少冤案、错案。

（二）自诉案件中的证明责任承担

我国《刑事诉讼法》第49条同时规定：在自诉案件中，自诉人负有举证责任。自诉人不能提出符合法律要求的证据，人民法院不予立案。在法庭审判阶段，也要提供证据能够证明被告人有罪，否则不能实现诉讼请求。当然，自诉人还可以委托代理人或者律师来履行或协助自诉人履行举证责任。自诉案中，如果被告人依法提起反诉的，被告人则负有对反诉的举证责任。

（三）被告人承担证明责任的例外

作为特别规定，在巨额财产来源不明案件中，犯罪嫌疑人、被告人负有一定的证明责任。我国《刑法》第395条规定："国家工作人员的财产、支出明显超过合法收入，差额巨大的，可以责令该国家工作人员说明来源，不能说明来源的，差额部分以非法所得论……"，作为公诉方的人民检察院需要提供证明某国家工作人员的财产、支出明显超出其合法收入的证据，而该国家工作人员则需要承担证明此差额部分收入合法，否则要承担对自己不利的后果。如此规定，是因为在巨额财产来源不明案件中，公诉方查明巨额财产不明来源存在较大困难，同时，也是为了打击国家工作人员贪污受贿行为。

另外需要注意的是，刑事诉讼证明对象繁多，对于一些程序法事实，证明责任需遵循"谁主张、谁举证"的证明责任分配原则进行分配，而并非专属由公诉方承担。例如，被告人申请审判人员回避，必须说明理由并提供相应的证据证明。

（四）人民法院不承担证明责任

人民法院是诉讼主张的裁判者，不应有自己的诉讼主张，因此也不承担任何证明责任。

第三节 证明对象

▶ 一、证明对象的概念与意义

刑事诉讼中的证明对象，又称待证事实、证明客体，主要是指证明主体在刑事诉讼中需要运用证据予以证明的事实情况。证明对象必须要与犯罪嫌疑人、被告人的定罪量刑及保证程序正义有关，并且须是有必要被证明的事实，唯此，才具有证明意义。

研究和确定证明对象的范围在刑事诉讼中有重要意义。侦查机关调查和收集证据，公诉机关审查和提供证据，审判机关审理和判断证据都要围绕证明对象展开。只有明确证明对象，相关工作才能有的放矢，有限的办案资源才能得到充分利用，既不遗漏对案件有关的重大证据，又不会在与案件无关的事实上浪费精力。

▶ 二、证明对象的范围

我国《刑事诉讼法》并未明确规定证明对象的范围，不过最高法《适用刑事诉讼法的解释》规定了"应当运用证据证明的案件事实"，公安部颁布的《公安机关办理刑事案件程序规定》中明确了"需要查明的案件事实"范围。

最高法《适用刑事诉讼法的解释》第64条规定，应当运用证据证明的案件事实包括：(1) 被告人、被害人的身份；(2) 被指控的犯罪是否存在；(3) 被指控的犯罪是否为被告人所实施；(4) 被告人有无刑事责任能力，有无罪过，实施犯罪的动机、目的；(5) 实施犯罪的时间、地点、手段、后果以及案件起因等；(6) 被告人在共同犯罪中的地位、作用；(7) 被告人有无从重、从轻、减轻、免除处罚情节；(8) 有关附带民事诉讼、涉案财物处理的事实；(9) 有关管辖、回避、延期审理等的程序事实；(10) 与定罪量刑有关的其他事实。

《公安机关办理刑事案件程序规定》第65条规定，需要查明的案件事实包括：(1) 犯罪行为是否存在；(2) 实施犯罪行为的时间、地点、手段、后果以及其他情节；(3) 犯罪行为是否为犯罪嫌疑人实施；(4) 犯罪嫌疑人的身份；(5) 犯罪嫌疑人实施犯罪行为的动机、目的；(6) 犯罪嫌疑人的责任以及与其他同案人的关系；(7) 犯罪嫌疑人有无法定从重、从轻、减轻处罚以及免除处罚的情节;(8)其他与案件有关的事实。

概括来讲,刑事诉讼的证明对象包括实体法事实和程序法事实两部分。

(一) 实体法事实

(1) 犯罪构成的要件事实。犯罪构成要件的事实主要由刑法规定,包括犯罪主体、犯罪客体、犯罪的主观方面和犯罪的客观方面。凡是涉及罪与非罪、此罪与彼罪的确定、一罪与数罪的均需证明。具体指:第一,犯罪事实是否为犯罪嫌疑人、被告人所为及其身份(姓名、性别、出生年月日、民族、出生地、文化程度、职业、住址等)。第二,犯罪事实是否发生,犯罪行为的实施过程,包括时间、地点、手段等。第三,犯罪嫌疑人、被告人的主观罪过,包括故意和过失,以及犯罪的动机和目的。第四,犯罪事实造成的危害。

为了便于司法实践,可以将上述关于犯罪构成要件的事实概括为"七何"问题。第一,"何人"?这里解决的是犯罪主体要件。第二,"何时"?这里回答的是犯罪时间。第三,"何地"?回答犯罪地点。第四,"何动机"?回答犯罪主观方面。第五,"何手段"?回答犯罪方法。第六,"何行为"?回答犯罪的表现形式。第七,"何后果"?回答犯罪行为的损害。需要说明的是,刑事案件具体情况千差万别,并不是每一个案件都要将以上七方面全部证明齐备,还是需要根据犯罪构成理论进行个案判断。

(2) 有关判断罪行轻重的量刑情节的事实。我国刑法规定了一系列可以从重、从轻、减轻、免除刑事处罚事由的情节,对于诉讼双方有重要意义。累犯、主犯、教唆不满18周岁的人犯罪属于从重处罚的情节,而预备犯、未遂犯、中止犯、从犯、胁从犯、未成年人犯罪、自首等情节都属于从轻或减轻的情节。

(3) 有关排除行为违法性、可罚性的事实。保障无罪之人不受刑事追诉也是我国刑事诉讼法的任务之一。也就是说,对刑事被追诉方有罪的事实应当查明,有关排除行为违法性、可罚性的事实也应查明。具体包括:第一,正当防卫和紧急避险行为。第二,犯罪已过追诉时效期限、经特赦令免除刑罚、被告人死亡等事实。即根据我国《刑事诉讼法》第15条规定的六种情况的事实。

(4) 排除行为人刑事责任的事实。包括行为人未达到刑事责任年龄而无刑事责任能力,以及行为人案发时因患精神病正处于病发状态,经法定程序鉴定确认的,不负刑事责任。

(二) 程序法事实

程序法事实即对解决程序问题具有法律意义的事实。比如,当控辩双方就被告人审判前供述、未到庭证人的书面证言、未到庭被害人的书面陈述是否为非法取得有争议时,需要证明被告人审判前供述、未到庭证人的书面证言、未到庭被害人的书面陈述获得的合法性。在审理犯罪嫌疑人、被告人是少数民族的案件时,犯罪嫌疑人、被告人有权使用本民族语言文字进行诉讼,必要时应当为他们提供翻译。犯罪嫌疑人、被告人是未成年人,讯问时依法应当通知其法定代理人到场,应当或可以不公开审理。最高法《适用刑事诉讼法的解释》第64条将"有关管辖、回避、延期审理等的程序事实"纳入"应当运用证据证明的案件事实"。概括而言,程序法事实主要包括:

(1) 有关回避的事实。我国《刑事诉讼法》规定,对于审判人员、检查人员、侦查人员、书记员、翻译人员、鉴定人符合法定回避条件的,应当回避。

(2) 对于某些犯罪嫌疑人、被告人是否应当采取强制措施的事实。

(3) 关于耽误诉讼期限是否有不可抗的原因和其他正当理由的事实。

(4) 证据合法性事实,证据是否属于依法排除的事实。

(5) 与执行合法性相关的事实,例如罪犯"是否怀孕"的事实。

(6) 其他违反法定程序的事实。

(三) 免证事实

免证事实即"不需要证据的证明",与待证事实相对,不属于证明的对象。顾名思义,控辩双方对此类事实不需举证证明。免证事实的意义在于缩小证明对象的范围,减少证明环节,提高诉讼效率。

我国《刑事诉讼法》没有规定免证事实。最高检《刑事诉讼规则》第437条规定了在法庭审理中,不必提出证据进行证明的事实,包括:(1)为一般人共同知晓的常识性事实;(2)人民法院生效裁判所确认的并且未依审判监督程序重新审理的事实;(3)法律、法规的内容以及适用等属于审判人员履行职务所应当知晓的事实;(4)在法庭审理中不存在异议的程序事实;(5)法律规定的推定事实;(6)自然规律或者定律。其中第(1)项不能理解为所有的人都知道的事实,而应该理解为只要审判案件所在地的一定地域范围内的都人知晓的事实。

理论上,可以将免证事实分为:第一,众所周知的事实,例如上述规则第(1)项之规定。第二,司法认知的事实。这是指对于应当适用的法律或某一可以认定的事实,由法官直接认定其为真实。前者如各种法律规定,后者如生效判决所确认之事实。第三,推定的事实。推定指根据某一事实的存在而做出另一事实也存在的假设。刑事诉讼中的推定与证明责任有着复杂关系,主要涉及非法持有型犯罪和巨额财产来源不明罪的认定。第四,无争议的程序性事实。例如上述规则第(4)项之规定。

第四节　证　明　标　准

▶ 一、证明标准的概念

证明标准是指法律规定的运用证据证明待证事实所要达到的程度或标准。在刑事诉讼中,证明标准有着重要意义。它既是法官进行判断的标尺也是刑事证明活动的指导和规范。举证一方只有在所提供的证据达到证明标准时,其诉讼主张才能成立,反之则会承担诉讼主张不能成立的不利后果。这对证据和证明都提出了要求。

证明标准的概念和证明责任密不可分:证明责任解决的问题是由谁承担提供证据的义务,提供不能的法律后果是什么;而证明标准解决的问题是提供该种证据到何种程度才算完全尽到了证明责任。

在西方国家,存在着两种对于刑事证明标准的经典表述,即英美法系国家的"排除合理怀疑"和大陆法系国家的"内心确信"。一般认为,二者只是表述有所区别,内涵完全契合。

▶ 二、我国刑事诉讼中的证明标准

根据刑事诉讼阶段的不同,我国刑事诉讼中的证明标准也有各自差异。这是从人的科学认知规律的角度出发,做出的实事求是的判断,即随着刑事诉讼的发展,证明标准应该是一个由低到高的过程。

刑事诉讼证明标准主要包括定罪量刑的证明标准、启动公诉的证明标准、移送审查起诉的证明标准,拘留、逮捕的证明标准以及刑事证据合法性的证明标准等。

（一）认定有罪的证明标准

对于刑事诉讼中认定有罪的证明标准,我国《刑事诉讼法》进行了反复、明确的规定,即"案件事实清楚,证据确实、充分"。

事实清楚指的是对定罪量刑有关的事实和情节必须清楚;证据确实、充分指证据必须真实可靠,案件的证明对象都有相应证据证明其真实性,并能排除其他可能性。

根据我国《刑事诉讼法》第53条之规定,认定被告人有罪并处以刑罚需要达到"证据确实、充分"的证明标准,即应当符合三个条件:(1)对于我国刑法规定的某一罪名的构成要件及量刑事实均需证据证明,即"定罪量刑的事实都有证据证明"。这是对证据在量上的要求。(2)据以定案的证据在法庭上要经过法庭审查和质证,确定证据具有真实性、关联性与合法性,排除非法证据的可能性,即"据以定案的证据均经法定程序查证属实"。这是对证据在质上的要求。(3)综合全案证据,对所认定事实已排除合理怀疑。这是指办案人员在每一证据均已查证属实的基础上,经过对证据的综合审查,运用法律知识和逻辑、经验进行推理、判断,对认定的案件事实达到排除合理怀疑的程度,得出的结论具有唯一性。

(二) 不同诉讼阶段对证据的要求

需要强调的是,对于"案件事实清楚,证据确实、充分"的证明标准,并不要求在刑事诉讼的每个阶段中都要达到。如前所述,人类认识事物的过程总是一个由浅到深的过程。在刑事诉讼的过程中,办案人员对案件的认识也是如此,所以对于刑事诉讼的每个阶段都要求达到"案件事实清楚,证据确实、充分"的标准是不现实的。笼统地讲,刑事立案阶段的证明标准较低,刑事判决阶段的证明标准较高。另外该证明标准也不适用于程序法事实方面。

立案期间的证明标准,只需证明有犯罪事实的发生并需追究刑事责任即可,不需查明犯罪事实。自诉案件立案的证明标准也只需有证据证明被告人对被害人人身、财产或其他合法权益进行了侵犯即可。

拘留时的证明标准,我国《刑事诉讼法》第80条规定了七种公安机关对于现行犯或者重大嫌疑分子可以先行拘留的情况。(1) 正在预备犯罪、实行犯罪或者在犯罪后即时被发觉的。(2) 被害人或者在场亲眼看见的人指认他犯罪的。(3) 在身边或者住处发现有犯罪证据的。(4) 犯罪后企图自杀、逃跑或者在逃的。(5) 有毁灭、伪造证据或者串供可能的。(6) 不讲真实姓名、住址,身份不明的。(7) 有流窜作案、多次作案、结伙作案重大嫌疑的。

逮捕时的证明标准,我国《刑事诉讼法》第79条规定:对有证据证明有犯罪事实,可能判处徒刑以上刑罚的犯罪嫌疑人、被告人,采取取保候审尚不足以防止发生下列社会危险性的,应当予以逮捕:(1) 可能实施新的犯罪的。(2) 有危害国家安全、公共安全或者社会秩序的现实危险的。(3) 可能毁灭、伪造证据,干扰证人作证或者串供的。(4) 可能对被害人、举报人、控告人实施打击报复的。(5) 企图自杀或者逃跑的。对有证据证明有犯罪事实,可能判处10年有期徒刑以上刑罚的,或者有证据证明有犯罪事实,可能判处徒刑以上刑罚,曾经故意犯罪或者身份不明的,应当予以逮捕。被取保候审、监视居住的犯罪嫌疑人、被告人违反取保候审、监视居住规定,情节严重的,可以予以逮捕。

有关回避、管辖、违反法定诉讼程序、某些程序法事实及采取强制措施的事实的证明,司法实践中一般都低于"犯罪事实清楚,证据确实、充分"的标准。

我国法律规定,在公安机关侦查终结移送审查起诉时,在人民检察院提起公诉时,在人民法院作出判决时,需要达到"犯罪事实清楚,证据确实、充分"的证明标准。但有学者对此提出疑义,认为侦查终结和提起公诉时适用这一标准过于严格,不符合实际,不利于节约司法资源和提高诉讼效率。同时,是不是应该针对不同类型的刑事案件、不同的证明责任主体、不同的证明对象,设置不同的证明标准?例如,区分死刑案件和普通刑事案件,前者的证明标准需要高于后者。

三、证据不足案件的处理

证据不足的案件,又叫"疑罪",是指在司法实践中,由于各种原因,有些案件达不到"犯罪事实清楚,证据确实、充分"的证明标准。对于此类案件,应该作出妥善处理,不能久拖不决。

我国《刑事诉讼法》对于证据不足的案件的处理作出了明确的规定。人民检察院审查案件,对于需要补充侦查的,可以退回公安机关补充侦查,也可以自行侦查。对于二次补充侦查的案件,人民检察院仍然认为证据不足,不符合起诉条件的,应当作出不起诉的决定。在法庭审判案件时,人民法院认为控诉证据不足,不能认定被告人有罪的,应当作出证据不足、指控的犯罪不能成立的无罪判决。

【拓展阅读】

一、关于证明责任

仍以本章"案例思考"部分引述"陈永强抢劫案"为例。

在公诉机关无充分证据证明被告人的行为构成入户抢劫的情况下,应本着疑罪从无的原则作出有利于被告人的认定。

根据最高人民法院《关于审理抢劫案件具体应用法律若干问题的解释》(以下简称《解释》)第1条的规定,认定入户抢劫时,应当注意三个问题,其中第二个问题就是强调入户目的的非法性。根据该《解释》的规定,进入他人住所须以实施抢劫等犯罪为目的时才能构成入户抢劫。抢劫虽然发生在户内,但行为人不以实施抢劫等犯罪为目的进入他人住所,而是在户内临时起意实施抢劫的,不属于入户抢劫。本案中,因被告人陈永强是快递公司的员工,其是在投递包裹进入被害人家中时实施的抢劫行为,具有合法进入的表面特征,故在此种情况下,我们应该认真辨明被告人入户的目的是否具有非法性,从而以此认定被告人的行为是否构成入户抢劫。而其中的关键点则在于被告人抢劫犯意的产生时间。如果被告人是在入户之前就产生了抢劫犯意,那么即使其是以投递包裹的正当理由堂而皇之地进入被害人家中,之后实施了抢劫行为的,也应认定为入户抢劫;反之,如果被告人事先并无预谋,而是临时产生了抢劫意图并实施了抢劫行为的,则不能认定为入户抢劫。那么,究竟是公诉机关应就被告人的抢劫犯意产生于入户之前因而构成入户抢劫进行举证,还是被告人应就自己并非预谋抢劫因而不构成入户抢劫进行举证呢?

在刑事诉讼的过程中,因公诉机关是控诉机关,故其控诉职能决定了其对控诉事实应承担证明责任,而嫌疑人或被告人则无自证其罪的义务。

具体到本案中,公诉机关应就被告人陈永强的行为构成抢劫罪且具有入户抢劫的加重情节承担证明责任。被告人陈永强的行为已构成抢劫罪这点毋庸置疑,有争议的是其行为是否构成入户抢劫。因被告人抢劫犯意的产生是其主观心理活动,我们无从确知,只能从其外在行为加以判断。

综观本案,公诉机关用以指控被告人有预谋地实施入户抢劫的唯一证据是被告人携带了铁锤、塑料绑带等作案工具进入被害人家中而后实施了抢劫行为。因被告人的作案工具是其随身携带的,故公诉机关认为其有预谋抢劫的故意。那么公诉机关这一证据能否有效助其履行证明义务呢?这又涉及刑事诉讼中的证明标准问题。证明标准与证明责任紧密相连,承担证明责任的主体在举证达不到法定的证明标准时就要承担自己的主张可能不被采纳的不利后果。我国1996年《刑事诉讼法》第162条第1项规定,"案件事实清楚,证据确实、充分,依据法律认定被告人有罪的,应当作出有罪判决。"根据该规定,一般认为我国刑事诉讼中的证明标准是"犯罪事实清楚,证据确实、充分"。简单地说,证据确实指的是作为定案依据的证据均经过查证属实,且与待证事实之间存在关联性,具有证明力;证据充分则指的是经查证属实的证据之间能环环相扣,互相印证,形成完整的证据链。除此之外,还要求由证据所推导出的结论具有唯一性,能排除合理怀疑。

本案中,被告人携带铁锤、塑料绑带进入被害人家中这一点是确凿无疑的,但这与被告人"有预谋地实施入户抢劫"这一待证事实之间是否存在必然的关联性,两者之间能否直接画等号呢?一般来说,对于一个正在投递包裹履行工作职责的快递员,其工作期间随身携带铁锤、塑料绑带等工具确实存在不合常理之处,而其后来又利用这些工具实施了抢劫的行为,这不能不让司法人员产生内心确信,认为其就是有预谋地实施抢劫的。在无相反证据的情况下,根据高度盖然性的标准,我们可以认定被告人的行为构成入户抢劫。

但在本案中,不能忽视的一个问题是,被告人对其随身携带的工具的来历及用途作出了较为合理的解释,被告人从公安机关对其进行第一次讯问时起一直到审查起诉阶段均稳定地供称,其作案用的铁锤和塑料绑带是其在投递包裹的途中从别人丢弃的装修垃圾中发现并捡拾的,其捡拾铁锤及塑料绑带的目的是带回家自用,并称其是在看到被害人有钱且是独身一人时才瞬间产生了抢劫的念头。分析被告人的该供述,我们认为,捡拾铁锤回家自用这一说法并不违背常理,因为铁锤在日常生活中确实可能经常用到,而被告人作为一名普通的打工者,其出于图方便或省钱的心理将别人丢弃的铁锤捡回家自用也是合情合理的。

除此之外,被告人还对其捡拾铁锤及塑料绑带的地点作出了具体的供述(侦查机关未及时对该地点进行勘查以致审判阶段时因现场已发生变动而失去勘查意义),其供述的作案过程在细节上亦能与被害人的陈述相互吻合,加上被告人只是一名具有中专文化的普通打工者,其不太可能了解刑法及司法解释对入户抢劫的具体规定而在第一次被讯问时就有针对性地作出对自己有利的辩解。

因此,我们有理由相信被告人的供述具有较大的真实性。当然,我们不能否认被告人关于其捡拾塑料绑带回家自用这一说法有不合常理之处,因为几根细小的塑料绑带并不具有什么财产价值及使用价值。但从另一个角度看,如果被告人真是有预谋地实施抢劫,其会选择这么几根长度只有几厘米只够绑住手指头,且非常细小容易挣脱的塑料绳作为作案工具吗?围绕塑料绑绳所产生的疑点,在公诉机关及被告人都无法对自己的主张提出足够的证据予以证明的情况下,应由公诉机关承担举证不力的不利后果。综合本案的证据,我们认为,公诉机关指控被告人陈永强的抢劫犯意产生于入户之前的证据仅有被告人携带工具入户的事实,而没有其他相关证据予以佐证,并未达到确实、充分的程度,亦未能排除合理怀疑,本案在关键事实上仍存在若干疑点及其他可能性,故根据疑罪从无的原则,公诉机关作为承担证明责任的主体,应承担其指控入户抢劫的主张不被法院支持的后果。①

二、关于证明标准

根据美国证据法学者的阐述,确信的程度可以分为九个等级:(1)无线索,也就是没有任何根据,确信度为零,不足以采取任何有法律意义的行为;(2)怀疑,即轻微的相信,可以开始侦查;(3)合理怀疑,或称有理由的怀疑,可以将被告人无罪释放;(4)合理地相信,适用于拦截和拍身搜查;(5)合理根据,又称可成立的理由,适用于签发逮捕令状、实施无证逮捕、搜查和扣押,大陪审团签发起诉书或检察官签发起诉书、撤销缓刑和假释等情况;(6)优势证据,通常用于民事诉讼的判决和刑事诉讼中认可辩护理由;(7)清晰和有说服力的证据,某些司法辖区在死刑案件中拒绝保释时所要求,以及在某些司法辖区的民事诉讼中对于特定案件的证明会有此要求;(8)排除合理怀疑,通常为刑事诉讼中定罪所要求;(9)绝对确定,受人类认知水平所限,通常认为这一要求无法实现。②

也就是说,证明标准并非可以做出绝对化、一元化的规定,根据证明主体、待证事实等的不同,证明标准也有所不同。

而"排除合理怀疑"本身是英美法系国家认定被告人有罪的证明标准,2012年修订的《刑事诉讼法》第53条把"证据确实、充分"解释为"排除合理怀疑",使我国刑事诉讼证明标准与英美法系国家的证明标准统一了起来。

至于什么是"排除合理怀疑",按照《布莱克法律词典》的解释,排除合理怀疑的

---

① 此案例分析,参见黄婷:《陈永强抢劫案——从一起抢劫案谈刑事诉讼中的证明责任与标准》,http://vrefer.lawy.cn/lawsuitReader? dxid=400301832886&d=B3CC4BB7E92B2349B565942650A77887&sw=%E8%AF%81%E6%98%8E%E8%B4%A3%E4%BB%BB,最后访问时间2014年7月21日。

② 卞建林:《美国刑事诉讼简介》,载《美国联邦刑事诉讼规则和证据规则》,中国政法大学出版社1996年版。

证明,并不排除轻微可能的或者想象的怀疑,而是排除每一个合理的假设,除非这种假设已经有了根据;踏实"达到道德上的确定性"的证明。作为理性人,陪审团成员在根据有关指控犯罪是由被告人实施的证据进行推理时,如此确信以至于不可能做出其他结论。而借用美国 Victor 判例中的结论:"合理的怀疑"是这样的一种怀疑,即一个理智正常且审慎的人,在比较重大、重要的日常活动中,在相信表现出来的事实是真实的并且依赖这些事实行事时,令他暂停并且犹豫的怀疑。

【思考题】

1. 刑事诉讼证明的体系大体包括哪几部分?
2. 法院为何不是刑事证明主体?
3. 如何理解刑事诉讼证明责任主要由公诉方承担?
4. 刑事诉讼证明对象的实体法事实包括哪些?
5. "证据确实、充分"的内涵是什么?
6. 如何理解证明对象、证明责任、证明标准三者之间的关系?

第三编 程 序 论

第十四章 立案

要点提示

- 立案的概念是什么?
- 立案有何法律意义?
- 立案的条件是什么?
- 立案应经过哪些程序?
- 了解我国的立案监督制度。

第三篇 野牛分

【案例思考】

某高校同宿舍两学生尚某、梁某,因琐事发生争吵继而发生互殴,梁某情急之下抓起一玻璃杯打向尚某,造成尚某左眼球破裂,失明,脑功能遭到严重损害。后经鉴定,尚某为限制行为能力人。尚某的父亲向该校所在地的公安机关控告,要求立案追究梁某的刑事责任。公安机关认为本案事实清楚,不需采用特别的侦查手段,遂让尚某的父亲直接去人民法院起诉。而尚父认为这是一起明显的故意伤害致人重伤案,不属于人民法院直接受理案件范围,法院不会受理,就向人民检察院申诉。检察机关要求公安机关说明理由后,认为其理由不能成立,通知其应当立案。但公安机关仍不立案。

请思考:
1. 公安机关不立案的做法是否正确?
2. 尚父能否提起自诉?

第一节 概 述

一、立案的概念

刑事诉讼中的立案,是指公安机关、人民检察院和人民法院对报案、控告、举报和犯罪嫌疑人自首的材料,依照管辖范围进行审查,以查明是否有犯罪事实存在和是否应当追究刑事责任,并决定是否作为刑事案件进行侦查或者审判的诉讼程序。

我国的刑事诉讼程序是从立案开始的。立案程序是我国刑事诉讼程序开始的法定程序,是我国刑事诉讼过程中独立的诉讼程序。根据我国《刑事诉讼法》的规定,立案程序包括三方面内容:发现立案材料或者对立案材料的接受;对立案材料的审查和处理;人民检察院对不立案的监督。立案程序中以上三个方面的内容互相衔接,互相联系,构成我国刑事诉讼的立案程序体系。

惩罚犯罪和保障人权是我国刑事诉讼的两大根本任务。但在不同的诉讼阶段,刑事诉讼活动任务的侧重点和具体内容又有所不同。立案作为刑事诉讼开始的标志,是每一个刑事案件都必须经过的法定阶段,并且这一诉讼阶段有着相对的和特定的诉讼任务。立案的任务在于决定是否启动刑事诉讼程序,也就是通过对主动获取的案件线索或者接受的有关材料进行审查,确定有无犯罪事实,是否需要依法追究刑事责任,从而作出是否启动刑事诉讼程序的决定。我国《刑事诉讼法》

第107条、第112条规定:"公安机关或者人民检察院发现犯罪事实或者嫌疑人,应当按照管辖范围,立案侦查。""对于自诉案件,被害人有权向人民法院直接起诉。被害人死亡或者丧失行为能力的,被害人的法定代理人、近亲属有权向人民法院起诉。人民法院应当依法受理。"由此可见,刑事诉讼中的立案是法律赋予公安机关、人民检察院、人民法院的职权。根据我国《刑事诉讼法》的其他有关规定,危害国家安全刑事案件的立案由国家安全机关负责;军队内部发生的刑事案件的立案由军队保卫部门负责;罪犯在监狱内犯罪案件的立案由监狱负责;走私犯罪的立案由走私犯罪侦查机关负责。未经法律授权,任何单位和个人不得行使立案的权力。

在侦查前是否要经过立案程序,并将其作为刑事诉讼的标志和独立的诉讼阶段,世界各国的法律规定不尽相同。除原苏联、东欧和蒙古等国家采取与我国类似的做法,将提起刑事诉讼作为独立的诉讼阶段在其刑事诉讼法典中加以明确规定以外,美国、英国、法国、日本、意大利等国家的刑事诉讼立法都不将立案规定为独立的诉讼阶段。例如在美国实行的是审判中心主义,通过控方起诉启动刑事诉讼程序,而在此前所进行的侦查行为都仅仅是审判的准备阶段,并非独立的诉讼阶段,更没有独立的立案程序。而俄罗斯、蒙古等国家的刑事诉讼法则专门规定了立案程序作为独立的刑事诉讼阶段,是刑事诉讼的开始。在我国,立案程序是《刑事诉讼法》规定的刑事诉讼开始的必经程序。只有经过立案程序,案件才能纳入刑事诉讼轨道,司法机关的审查、起诉、和审判才具有合法的依据。

▶ 二、立案的意义

《刑事诉讼法》在总结我国长期司法实践经验的基础上,将立案确立为刑事诉讼的开始和必经程序,对于实现刑事诉讼的任务,保障刑事诉讼活动的顺利进行具有重要意义,主要体现在以下几个方面:

(1) 严格遵守立案程序有利于保障公民的合法权益不受非法侵犯。刑事诉讼所确立的保障无罪的人不受刑事追究,保护公民的人身权利、民主权利和其他合法权益不受侵犯的任务,体现在立案阶段就是要求公安、司法机关通过立案前的审查,如果发现不具有犯罪事实或者依法不应当追究被控告人刑事责任的情形,就不应当立案,从而避免对不应当追究刑事责任的无辜者错误地进行刑事追究,防止和减少冤假错案,从刑事诉讼的第一道关口上保障公民的合法权益不受侵犯。

(2) 立案程序能够保证司法机关及时、准确地同犯罪行为作斗争。立案是刑事诉讼开始的必经程序,公安、司法机关必须切实遵照执行。公安机关一旦发现犯罪嫌疑人已经实施、预备实施或正在实施需要追究刑事责任的犯罪行为时,必须准确、及时地立案,迅速组织力量进行必要的侦查行为,采取必要的强制措施,开展侦查活动,以及时发现、收集和保全案件证据,从而有效地揭露证实和惩罚罪犯分子。公安、司法机关只有及时、有效地立案,才能保证一切依法需要追究刑事责任的犯罪行为受到及时有效的追究。反之,如果该立案而不立案或者立案不及时,就会贻误时机,放纵犯罪分子,甚至可能导致犯罪分子继续实施犯罪而给社会造成新的危害。

(3) 客观立案能够加强社会治安综合治理、为预防和打击犯罪提供科学的决策依据。在立案过程中,公安、司法机关通过对立案材料的接受和审查,可以及时发现和掌握一定时期内各种违法犯罪活动的基本情况,以便于研究和分析犯罪活动的特点、规律和发展态势,从而为国家决策和立法机关制定相应的法律、法规和对策,为司法机关有针对地开展专项斗争、确立打击重点、提出防范措施和建议提供信息和依据,将打击犯罪和制止、减少和预防犯罪有机结合起来,搞好社会治安的综合治理。

第二节 立案的材料来源和条件

一、立案的材料来源

立案的材料来源,是指公安、司法机关获取有关犯罪事实及犯罪嫌疑人情况的渠道或途经。而立案材料则是指公安机关、司法机关发现的或者有关单位、组织或者个人向公安、司法机关提交的有关犯罪事实和犯罪嫌疑人情况的材料。它是公安、司法机关进行审查,决定是否立案的事实依据。

根据我国《刑事诉讼法》的规定及司法实践,立案的材料来源主要有以下几个方面:

(1) 公安机关、人民检察院自行发现的犯罪事实或者犯罪嫌疑人。我国《刑事诉讼法》第107条规定:"公安机关或者人民检察院发现犯罪事实或者犯罪嫌疑人,应当按照管辖范围,立案侦查。"公安机关、人民检察院是享有侦查权,同犯罪做斗争的专门机关,应当积极主动地发现、获取犯罪线索,特别是在执行公务中,不能就案办案,坐堂办案,而应当注意案件疑点,查清余罪。一旦发现有犯罪事实或者犯罪嫌疑人需要追究刑事责任的,必须主动立案追查或者移送有管辖权的机关处理,需采取紧急措施的,应先采取紧急措施,再移送有关机关处理。司法实践中,公安机关、人民检察院主动发现、获取的犯罪线索是立案材料的重要来源。

(2) 单位和个人的报案或者举报。我国《刑事诉讼法》第108条第1款规定:"任何单位和个人发现有犯罪事实或者犯罪嫌疑人,有权利也有义务向公安机关、人民检察院或者人民法院报案或者举报。"

单位或者个人的报案或者举报材料是公安、司法机关审查决定是否立案的主要材料来源之一,但是报案和举报有所不同。报案是指单位和个人发现有犯罪事实发生而向公安机关、人民检察院、人民法院揭露和报告的行为。举报是指有关单位或者个人将其发现的犯罪事实及犯罪嫌疑人向公安机关、人民检察院、或者人民法院揭发、报告的行为。可见,报案一般是针对犯罪事实的发生,报案材料提供的案件事实、证据材料较为简单笼统,往往不能明确指出犯罪嫌疑人,但是举报除了能够向公安机关、人民检察院、人民法院提供犯罪事实发生的情况以外,通常还能提供谁是犯罪嫌疑人以及犯罪嫌疑人的有关情况。另外,举报的案件事实以及证据材料与报案相比较,也详细、具体得多。

(3) 被害人的报案或者控告。我国《刑事诉讼法》第108条第2款规定:"被害人对侵犯其人身、财产权利的犯罪事实或者犯罪嫌疑人,有权向公安机关、人民检察院或者人民法院报案或者控告"

被害人(包括被害单位)是受犯罪行为直接侵害的人,具有追究犯罪的强烈愿望和积极主动性,同时,由于被害人与犯罪嫌疑人有过直接接触,能够提供较为详细、具体的有关犯罪事实和犯罪嫌疑人的情况,从而控告对于追究犯罪具有重要的证据价值,所以,被害人的报案或者控告也是立案材料的主要来源。

报案与控告的区别与前述报案和举报的区别相同,控告与报案就其内容而言基本是一样的,都是向公安机关、人民检察院或者人民法院揭发、报告犯罪事实以及犯罪嫌疑人。二者的区别在于控告是由遭受犯罪行为直接侵害的被害人提出,而举报则一般是由于案件无直接利害关系的单位或者个人提出;控告人主要是基于维护自身权益而追究被控告人的刑事责任,而举报人往往是为了维护国家、集体或者他人的合法权益或者伸张正义,要求司法机关追究被举报人的刑事责任。

(4) 犯罪人的自首。我国《刑事诉讼法》第108条第4款规定犯罪人的自首是重要的立案材料来源。自首,是指犯罪人在实施犯罪行为后自动投案,如实交代自己的罪行并接受公安、司法机关的审查和审判的行为。自首一般是在犯罪行为未被发觉,或者虽被发觉但尚未被公安、司法机关查获或者被扭送时,犯罪人自己或者在其家长、监护人、亲友陪同,护送下,主动向公安、司法机关如实交代自己的罪行。

▶ 二、立案的条件

公安、司法机关接受或者获取有关犯罪事实和犯罪嫌疑人的材料后,并非必须立即立案侦查或者审判,而是首先对相关材料依法进行审查,在确认符合立案条件后才予立案,只有当这些材料所反映的实施符合立案的法定条件时,才能做到正确、合法、及时立案。

我国《刑事诉讼法》第110条规定:"人民法院、人民检察院或者公安机关对于报案、控告、举报和自首的材料,应当按照管辖范围,迅速进行审查,认为有犯罪事实需要追究刑事责任的时候,应当立案;认为没有犯罪事实,或者犯罪事实显著轻微,不需要追究刑事责任的时候,不予立案。"根据这一个规定,刑事诉讼立案的条件包括：

（1）有犯罪事实。有犯罪事实作为犯罪的事实条件，包括两方面的含义：一是在刑事诉讼中，需要追究刑事责任的必须是依照刑法的规定构成犯罪的行为，而非一般违法、违反党纪、政纪、违反社会主义道德行为，即立案首先要划清罪与非罪的界限。二是必须有一定的证据证明犯罪事实确已发生和存在，绝非出于司法工作人员的主观想象或者猜测，更不是道听途说、捕风捉影或者凭空捏造。需要说明的是，立案要求的有犯罪事实仅指有某种触犯刑法的社会危害行为的发生，并不要求在立案审查阶段就查清犯罪过程、具体的犯罪细节、犯罪嫌疑人情况等全部犯罪事实，因为立案只是刑事诉讼的启动程序，案件尚未进行侦查或审理，犯罪事实需要由立案后的侦查或者审理活动来查明。

（2）需要追究刑事责任。只有在存在犯罪事实并且需要追究刑事责任的情况下，才能启动立案程序。司法机关启动立案程序的目的是要对犯罪行为进行刑事追究，并通过以后的侦查、起诉和审判活动，揭露犯罪、证实犯罪和惩罚犯罪。因此，只有在存在犯罪事实并且依法需要追究行为人刑事责任的情况下，才具备立案的条件。否则，就不予立案。

我们知道，立案是以追究行为人的刑事责任为前提的，但并非对于所有的犯罪行为，法律都规定要追究刑事责任，根据我国《刑事诉讼法》第15条的规定，凡属下列情形之一者，不追究刑事责任，已追究的应当撤销案件，或者不起诉，或者终止审理，或者宣告无罪，尚未立案的应不予立案：第一，情节显著轻微、危害不大，不认为是犯罪的；第二，犯罪已过追诉时效期限的；第三，经特赦令免除刑罚的；第四，依照刑法告诉才处理的犯罪，没有告诉或者撤回告诉的；第五，犯罪嫌疑人、被告人死亡的；第六，其他法律规定免予追究刑事责任的。

（3）符合管辖的规定。有犯罪事实和需要追究刑事责任是立案必须具备的两个实体条件。而特定的公安机关对某个刑事案件是否具有管辖权则是立案的程序条件。我国《刑事诉讼法》第107条规定："公安机关或者人民检察院发现犯罪事实或者犯罪嫌疑人，应当按照管辖范围，立案侦查。"第108条第3款规定："对于不属于自己管辖的，应当移送主管机关处理，并且通知报案人、控告人、举报人；对于不属于自己管辖而又必须采取紧急措施的，应当先采取紧急措施，然后移送主管机关。"

为了便于公安、司法机关正确掌握和执行法定的立案条件，严格和统一执法，公安部、最高人民检察院、最高人民法院还根据《刑法》《刑事诉讼法》及其他有关法律规定，结合司法实践，分别或联合对某些刑事案件制定了具体的立案标准，将《刑事诉讼法》规定的立案条件在某些刑事案件中具体化，便于司法工作人员操作和掌握。

另外，由于自诉案件不经过侦查程序，自诉人向人民法院起诉后，如果符合立案条件,人民法院就应当受理,并直接进入审判程序,所以自诉案件立案除了应当具备公诉案件的立案条件以外,根据最高法《适用刑事诉讼法的解释》第259条规定,还应当具备以下条件:第一,属于自诉案件范围;第二,属于该人民法院管辖;第三,刑事案件的被害人告诉的;第四,有明确的被告人、具体的诉讼请求和能证明被告人犯罪事实的证据。如果该案件属于我国《刑事诉讼法》第204条第3项规定的自诉案件,还应当符合《刑事诉讼法》第110条、第176条的规定。

第三节 立案的程序

立案程序是立案活动中各种诉讼活动进行的先后步骤和形式。它主要包括立案材料的接受、对立案材料的审查和处理。

▶ 一、立案材料的接受

(1) 公安机关、人民检察院、人民法院对于报案、控告、举报、自首、扭送都应当立即接受,不得以任何借口推诿和拒绝。对不属于自己管辖的应当先接受后移送主管机关处理,情况紧急必须采取紧急措施的,应当先采取紧急措施,然后移送主管机关。我国《刑事诉讼法》及有关司法解释和规定均对此作了明确而具体的要求,《公安机关办理刑事案件程序规定》第166条规定:"公安机关对于公民扭送、报案、控告、举报或者犯罪嫌疑人自动投案的,都应当立即接受,问明情况,并制作笔录,经核对无误后,由扭送人、报案人、控告人、举报人、自动投案人签名、捺指印。必要时,应当录音或者录像。"第172条规定:"经过审查,认为有犯罪事实,但不属于自己管辖的案件,应当立即报经县级以上公安机关负责人批准,制作移送案件通知书,移送有管辖权的机关处理。对于不属于自己管辖又必须采取紧急措施的,应当先采取紧急措施,然后办理手续,移送主管机关。"法律将公安机关无条件接受所有有关犯罪的材料确立为其必须履行的职责,是为了便于广大群众同违法犯罪行为作斗争,有利于公安机关及时有效地打击犯罪。

(2) 为了便于有关单位和个人报案、控告以及犯罪人自首、群众扭送,报案、控告、举报既可以用书面形式提出,也可以用口头形式提出,两者具有同等的法律效力。接受口头报案、控告、举报的公安人员、检察人员和审判人员,应当就报案、控告、举报的内容认真、详细地写成笔录,经宣读无误后,由报案人、控告人、举报人签名或者盖章。对于单位报案、控告、举报的,应当由单位负责人签名或者盖章,以便查证和防止诬告陷害。对于犯罪人的自首,接受自首的公安、司法人员也应当将犯罪人投案自首的时间、地点,以及其供述的犯罪行为发生的过程、情节、手段、后果等写成笔录,并经宣读无误后,由自首人签名或者盖章。

(3) 为了防止诬告陷害,确保控告、举报材料的真实、客观,接受控告、举报的工作人员应当向控告人、举报人说明诬告应负的法律责任,要求实事求是、客观准确。但是,对控告人、举报人的控告、举报的事实有出入甚至错告的只要不是故意捏造事实,伪造证据诬陷他人,也要和诬告严格区别。对此,公安部《刑事案件程序规定》第169条规定:"公安机关接受控告、举报的工作人员,应当向控告人、举报人说明诬告应负的法律责任。但是,只要不是捏造事实,伪造证据,即使控告、举报的事实有出入,甚至是错告的,也要和诬告严格加以区别。"最高检《刑事诉讼规则》第159条规定:"接受控告、举报的检察人员,应当告知控告人、举报人如实控告、举报和捏造、歪曲事实应当承担的法律责任。"同时《刑事诉讼规则》第180条还规定:"对于属于错告的,如果对被控告人、被举报人造成不良影响的,应当自作出决定之日起1个月内向其所在单位或者有关部门通报初查结论,澄清事实。对于属于诬告陷害的,应当移送有关部门处理。"

(4) 公安机关应当保障报案人、控告人、举报人及其近亲属安全,并为他们保密。由于报案、控告和举报是公安、司法机关立案的重要来源,对于及时侦破案件,查获犯罪嫌疑人,打击、惩罚犯罪,维护国家和人民利益有十分重要的意义,故而为了保护人民群众同犯罪斗争的积极性,我国《刑事诉讼法》第109条第3款规定:"公安机关、人民检察院或者人民法院应该保障报案人、控告人、举报人及其近亲属的安全。报案人、控告人、举报人如果不愿公开自己的姓名和报案、控告、举报的行为,应当为他保守秘密。"根据这一规定,公安机关、人民检察院、人民法院应当采取必要措施,切实保障报案人、控告人、举报人及其近亲属的人身、财产安全。凡对报案人、控告人、举报人进行威胁、侮辱、殴打或者打击报复、陷害的,都应当严肃查处;构成犯罪的,应当依法追究其刑事责任。另外,针对保护报案人、控告人和举报人的安全,公安部《刑事案件程序规定》第170条规定:"公安机关应当保障扭送人、报案人、控告人、举报人及其近亲属的安全。扭送人、报案人、控告人、举报人如果不愿意公开自己身份,应当为其保守秘密,并在材料中注明。"最高检《刑事诉讼规则》第162条规定:"控告检察部门或者举报中心对于不愿公开姓名和举报行为的举报人,应当为其保密。"对于那些威胁、侮辱、殴打扭送人、报案人、控告人、举报人的不法分子必须予以严肃查处,构成犯罪的要依法追究刑事责任;不够刑事处罚的,可以给予行政处罚或者建议、监督有关主管部门予以党纪、政纪处分。

(5) 公安机关、司法机关的工作人员在接受报案、控告、举报和犯罪人自首的立案材料后,应当填写"受理刑事案件登记表"。根据公安部《刑事案件程序规定》第168规定,应当制作受案登记表,并出具回执,作为公安机关管理刑事案件的原始材料妥善保管,存档备查。人民检察院控告监察部门或者举报中心负责统一管理犯罪案件线索,并将收到的犯罪案件线索逐件登记;根据最高检《刑事诉讼规则》第163条规定,人民检察院对于直接受理的要案线索实行分级备案的管理制度。县、处级干部的要案线索一律报省级人民检察院举报中心备案,其中涉及犯罪数额特别巨大或者犯罪后果特别严重的,层报最高人民检察院举报中心备案;厅、局级以上干部的要案线索一律报最高人民检察院举报中心备案。要案线索是指依法由人民检察院直接立案侦查的县、处级以上干部犯罪的案件线索。

司法实践中,匿名的报案、控告、举报占有一定的比重。对此,公安、司法机关应该持特别谨慎的态度,不能因匿名报案、控告、举报无法找到报案、控告、举报人调查核实其报案、控告、举报的内容而一概否认其证据价值。匿名报案、控告、举报的原因是复杂的,有的是由于害怕遭到打击报复而不敢署名,有的是因为怕麻烦、怕负责而不愿署名,有的也可能是利用匿名举报诬告陷害他人。因此,公安、司法机关对匿名报案、控告、举报应当仔细审查,可采取必要的调查措施以核实其内容,查证属实的可作为立案根据,未经查证属实的不能作为立案的根据。

二、对立案材料的审查和处理

我国《刑事诉讼法》第110条规定:"人民法院、人民检察院或者公安机关对于报案、控告、举报和自首的材料,应当按照管辖范围,迅速进行审查,认为有犯罪事实需要追究刑事责任的时候,应当立案;认为没有犯罪事实,或者犯罪事实显著轻微,不需要追究刑事责任的时候,不予立案,并且将不立案的原因通知控告人……"

对立案材料的审查是指公安、司法机关对立案材料决定是否立案,所进行的鉴别和判断,其任务是正确认定有无犯罪事实发生,依法应否追究行为人的刑事责任,为正确决定是否立案提供相关的事实根据。公、检、法三机关对立案材料进行审查核实,是能否正确、及时立案的关键。因为立案或者不立案,取决于公、检、法三机关对立案材料的审查结果,而审查结果的过程,也就是根据法律规定的立案条件,确认有无犯罪的事实和分析、评断这种犯罪事实是否需要追究刑事责任的过程,因此,对立案材料的审查是立案程序的中心。

由于公安机关、人民检察院、人民法院在刑事诉讼中职能分工不同,直接受理的刑事案件各有特色,因而三机关在对立案材料的审查和处理上具体做法有所不同。

(一)公安机关对立案材料的审查和处理

公安机关对于接受的案件或者发现的犯罪线索,应当迅速进行审查,经过审查分别作出以下处理:(1)有犯罪事实,但不属于自己管辖的案件,应当立即报经县级以上公安机关负责人批准,签发制作移送案件通知书,移送有管辖权的机关处理,并且通知报案人、控告人、举报人;必须采取紧急措施的,应当先采取紧急措施,然后办理手续,移送主管机关。(2)对告诉才处理的案件,公安机关应当告知当事人向人民法院起诉。对被害人有证据证明的轻微刑事案件,公安机关应当告知被害人可以向人民法院起诉;被害人要求公安机关处理的,公安机关应当依法受理。人民法院审理自诉案件,依法调取公安机关已经收集的案件材料和有关证据的,公安机关应当及时移交。(3)对于不够刑事处罚需要给予行政处罚的,依法予以处理或者移送有关部门。(4)认为没有犯罪事实,或者犯罪情节是显著轻微不需要追究刑事责任,或者具有其他依法不追究刑事责任情形的,经县级以上公安机关负责人批准的,不予立案。对有控告人的案件,决定不予立案的,公安机关应当制作不予立案通知书,并在3日以内送达控告人。控告人对不予立案不服的,可以在收到不予立案通知书后7日以内向作出决定的公安机关申请复议;公安机关在收到复议申请后7日以内作出决定,并书面通知控告人。控告人对不予立案的复议决定不服的,可以在收到复议决定书后7日以内向上一级公安机关申请复核;上一级公安机关应当在收到复核申请后7日以内作出决定。对上级公安机关撤销不予立案决定的,下级公安机关应当执行。(5)认为有犯罪事实,需要追究刑事责任且属自己管辖的,经县级以上公安机关负责人批准,予以立案。对于疑难、复杂、重大、特别重大案件还应当拟定侦查方案。

(二)人民检察院对于立案材料的审查和处理

人民检察院对于控告部门或者举报中心统一受理的报案、控告、举报申诉和犯罪嫌疑人投案自首类案件,根据具体情况和管辖规定,在7日以内分别作出以下处理:(1)属于下级人民检察院或者其他人民检察院管辖的,移送有管辖权的人民检察院。(2)不属于人民检察院管辖的,移送有管辖权的机关处理,并通知报案人、控告人、举报人、自首人。对于不属于人民检察院管辖又必须采取紧急措施的,应当先采取紧急措施,然后移送主管机关。(3)属于本院管辖,应当由侦查部门初查,移送侦查部门初查。

根据最高检《刑事诉讼规则》的规定,人民检察院侦查部门对举报中心移交的举报线索进行审查后,有犯罪事实需要初查的,应当报检察长或者检察委员会决定。初查由人民检察院侦查部门负责,在刑罚执行和监管活动中发现的应当由人民检察院直接立案侦查的案件线索,由监所检察部门负责初查。初查一般应当秘密进行,不得擅自接触初查对象。公开进行初查或者接触对象,应当经检察长批准。在初查过程中,可以采取询问、勘验、检查、鉴定、调取证据材料等不限制调查对象人身、财产权的措施。不得对初查对象采取强制措施,不得查封、扣押、冻结初查对象的财产,不得采取技术侦查。侦查部门对举报线索初查后,认为有犯罪事实需要追究刑事责任的,应当制作审查报告,提请批准立案侦查,报检察长决定。对上级人民检察院交办、指定管辖或者按照规定应当向上级人民检察院备案的案件线索,应当在初查终结后10日以内向上级人民检察院报告初查结论。上级人民检察院认为处理不当的,应当在收到备案材料后10日以内通知下级人民检察院纠正。对于实名举报,经初查决定不立案的,侦查部门应当制作不立案决定书写明案由和案件来源、决定不立案的理由和法律依据,连同举报材料和调查材料,自作出不立案决定10日以内移送本院举报中心,由举报中心答复举报人。必要时候可以由举报中心与侦查部门共同答复。对于其他机关或者部门移送的案件线索,经初查决定不立案的,侦查部门应当制作不立案通知书,写明案由和案件来源、决定不立案的理由和法律依据,自作出不立案决定之日起10日以内送达移送案件线索的单位。对于错告的,如果对被控告人、被举报人造成不良影响的,应当自作出决定之日起1个月以内向其所在单位或者有关部门通报初查结论,澄清事实。对于诬告陷害的,应当移送有关部门处理。

(三)人民法院对立案材料的审查和处理

人民法院只接受自诉案件,对收到的案件材料经审查不属于自己管辖的,应当将材料移送有管辖权的机关处理;对属于自己管辖的自诉案件,符合《刑事诉讼法》及有关司法解释规定的,决定予以立案受理;不符合有关规定的,应当说服自诉人撤回起诉,或者裁定驳回起诉。同时,根据《刑事诉讼法》第176条规定,对人民检察院维持不起诉决定的案件,被害人可以向人民法院起诉。被害人也可以不经申诉,直接向人民法院起诉。人民法院受理案件后,人民检察院应当将有关案件材料移送人民法院。

第四节 立案监督

人民检察院对刑事诉讼实行法律监督是我国刑事诉讼的一项基本原则。由于立案是刑事诉讼程序中的独立阶段,故而对立案活动进行法律监督是刑事诉讼法律监督的重要内容之一。我国《刑事诉讼法》第111条规定:"人民检察院认为公安机关对应当立案侦查的案件而不立案侦查的,或者被害人认为公安机关对应当立案侦查的案件而不立案侦查,向人民检察院提出的,人民检察院应当要求公安机关说明不立案的理由。人民检察院认为公安机关不立案理由不能成立的,应当通知公安机关立案,公安机关接到通知后应当立案。"该条规定的是人民检察院对公安机关的立案活动进行法律监督的方式。

人民检察院对公安机关不立案实施监督的材料来源主要有两个方面:一是通过人民检察院的各种业务活动发现公安机关有应当立案而不立案的情况;二是通过被害人的申诉获得。被害人认为公安机关应当立案而不立案,向人民检察院提出的,人民检察院都应当接受,不得以任何理由拒绝。

人民检察院侦查监督部门通过调查、核实相关证据资料,认为需要公安机关说明不立案理由的,经检察长批准,应当要求公安机关书面说明不立案理由。有证据证明公安机关可能存在违法动用刑事手段插手民事、经济纠纷,或者利用立案实施报复陷害、敲诈勒索以及谋取其他非法利益等违法立案情形,尚未提请批准逮捕或者移送审查起诉的,经检察长批准,应当要求公安机关书面说明立案理由。

人民检察院获得不立案监督或者立案监督的材料后,应当根据事实和法律进行审查。审查中可以要求被害人提供有关资料,进行必要的调查、核实。人民检察院要求公安机关说明不立案理由或者立案理由,应当制作要求说明不立案理由通知书或者要求说明理由通知书,及时送达公安机关,并且告知公安机关在收到要求说明不立案通知书或者要求说明立案通知书后7日以内,书面说明不立案或者立案的情况、依据和理由,连同有关证据回复人民检察院。

公安机关说明不立案或者立案的理由后,人民检察院侦查监督部门应当进行审查,认为公安机关不立案或者立案理由不能成立的,经检察长或者检察委员会讨论决定,应当通知公安机关立案或者撤销案件。侦查监督部门认为公安机关不立案或者立案理由成立的,应当通知控告检察部门,由其在10日以内将不立案或者立案的理由和根据通知被害人及其法定代理人、近亲属或者行政执法机关。

人民检察院通知公安机关立案或者撤销案件,应当制作通知立案书或者通知撤销案件书,说明依据和理由,连同证据材料送达公安机关,并且告知公安机关应当在受到立案通知书后15日以内立案,对通知撤销案件书没有异议的应当立即撤销案件,并将立案决定书或者撤销案件通知书及时送达人民检察院。

人民检察院通知公安机关立案或者撤销案件的,应当依法对执行情况进行监督。公安机关在收到通知立案书或者通知撤销案件通知书后超过15日不予立案或者既不提出复议、复核也不撤销案件的,人民检察院应当发出纠正违法通知书予以纠正。公安机关不纠正的,报上一级人民检察院协商同级公安机关处理。公安机关立案后3个月以内认为侦查终结的,人民检察院可以向公安机关发出立案监督案件催办函,要求公安机关及时向人民检察院反馈工作进展情况。

对于公安机关认为人民检察院撤销案件通知有错误要求同级人民检察院复议的,人民检察院应当重新审查,在收到复议意见书和案卷材料后7日以内作出是否变更的决定,并通知公安机关。对于公安机关不接受人民检察院复议决定而提请上一级人民检察院复核的,上级人民检察院应当在收到提请复核意见书和案卷材料后15日以内作出是否变更的决定,通知下级人民检察院和公安机关执行。上级人民检察院复核认为撤销案件通知有错误的,下级人民检察院应当立即纠正;上级人民检察院复核认为撤销案件通知正确的,应当作出复核决定并送达下级公安机关。

人民检察院侦查监督部门或者公诉部门发现本院侦查部门对应当立案侦查的案件不报请立案侦查或者对不应当立案侦查的案件进行立案侦查的,应当建议侦查部门报请立案侦查或者撤销案件;建议不被接纳的,应当报请检察长决定。

对于公安机关管辖的国家工作人员利用职权实施的重大犯罪案件,人民检察院通知公安机关立案,公安机关不予立案的,经省级以上人民检察院决定,人民检察院可以直接立案侦查。

【拓展阅读】

　　立案是开启刑事诉讼程序的钥匙,虽然立案权由公安机关、人民检察院和人民法院共同享有,但在实践中绝大多数案件由公安机关决定是否立案,因此立案监督主要指的是作为国家法律监督机关的人民检察院对公安机关的立案活动依法实行的监督。但是从现在司法实践来看,立案监督存在着诸多难题,分别是:(1)立案标准不清,使立案监督缺少必要的准绳,立案监督的法律规定制约了立案监督工作的开展;(2)案件管辖分工模糊,造成立案监督出现"盲区"。首先,我国刑法在许多条文中都把"数额较大"、"情节严重"、"重大损失"、"严重后果"作为犯罪构成的必要条件,而对这些又缺乏进一步的规定或明确的解释,究竟达到什么样的数额和程度才需要追究刑事责任,无具体标准,造成执法过程中难以操作。其次,立法关于检察机关对公安机关立案监督的规定过于程序,使立案监督的作用在具体的司法实践中难以完全体现,难以对公安机关立案管辖的所有案件实行监督。且监督方式单一,缺乏有效的制约手段。这些都是造成立案监督困难的关键。

【思考题】

1. 如何理解立案程序的独立性?
2. 立案材料的来源包括哪些范围?

第十五章 侦查

要点提示

- 什么是侦查？它的任务是什么？
- 了解刑事诉讼中的各侦查行为。
- 侦查终结的处理方式。
- 补充侦查的方式及意义。
- 了解侦查监督制度。

【案例思考】

　　W 市 Z 区公安分局法制科民警郑某与家人一起到 W 市下属的 Y 县自驾游，行至 A 村时误撞死村民王某饲养的山羊两只。王某称山羊系从意大利进口的优良种样，要求郑某赔偿损失人民币 6000 元。郑某表示最多赔偿人民币 1000 元，并出示了自己的警官证。双方随后发生争执，伴有肢体冲突，在路边农田劳作的李某、强某是王某的小学同学，见状赶来同王某一起将郑某打倒在地，随后打碎了轿车的前车灯和前挡风玻璃。经法医鉴定，郑某双耳耳鼓膜穿孔、阴囊血肿，构成轻伤。Y 县公安局对此事立案侦查，由于临近年关工作繁忙，经市局协调，Z 区公安分局内勤民警闫某、程某被抽调前去调查当地村民。闫某、程某着制服将四位村民带至办案民警在 A 村的临时住所询问：

　　"我们是市里派来调查你们村王某等人打伤郑警官一案的，你们四个要对他们那天殴打郑警官的过程如实交代。"

　　"嗯，领导尽管问。"

　　"那天你们几个都在路边干农活？"

　　"是的，正在翻土就听见有人在路边争吵，我们赶过去就看见王某和一个城里人指着轿车前的死羊说赔钱什么的。"

　　"谁先动手的？"

　　"这个没看清，王某不知怎么就坐在死羊边上了，弄了一身羊血，怪吓人的。"

　　"然后王某就喊李某、强某帮忙是不是？"

　　"是他们俩自己赶过来的，李某马上把王某扶起来，强某转身……"

　　"转身去找棍棒什么的来打人？"

　　"这倒没有，他往回走几步把自家的耕牛拴在路边的大树上，然后就过去了。"

　　"郑警官倒地后，他们仨有没有想跑？"

　　"那城里人一倒下，围观的人就炸开锅了，没有看到他们仨。不一会儿村主任就来了，听说好像是王某跑回去叫的。"

　　询问结束后，闫某、程某让四位村名中最年长的在笔录上签了字。①

思考：

1. 我国《刑事诉讼法》规定的侦查主体有哪些？
2. 本案中公安机关实施了哪些侦查行为、程序上存在哪些瑕疵？

---

① 转引自史立梅著：《法学原理与案例讲堂——刑事诉讼法》，北京师范大学出版社 2013 年版，第 242 页。

第一节 概 述

一、侦查的概念

我国《刑事诉讼法》第 106 条第 1 款第(1)项规定:"侦查是指公安机关、人民检察院在办理案件过程中,依照法律进行的专门调查工作和有关的强制性措施。"这里的"专门调查工作"是指公安机关、人民检察院针对犯罪案件,为收集证据、查获犯罪嫌疑人,而采取的讯问犯罪嫌疑人、询问证人、被害人、勘验、检查、鉴定、辨认、侦查实验等方法。有关的"强制性措施"是指与专门调查工作有关的强制性措施,具体包括强制搜查、强制检查、扣押物证、书证、通缉等方法。

根据刑事诉讼法的规定,除了公安机关、人民检察院之外,国家安全机关、军队保卫部门和监狱也是法定的侦查主体,因此这些机关为查清犯罪事实、收集证据、查获犯罪嫌疑人而采取的各种措施也属于侦查的范围,应受法律的调整。

二、侦查的任务

根据刑事诉讼法的相关规定,侦查的基本任务除了收集证据、查明犯罪事实、确定和查获犯罪嫌疑人外,还包括保障侦查对象的诉讼权利。

(一)收集证据,查明犯罪事实

在刑事诉讼中,证据是司法机关正确处理案件的最根本的依据。只有掌握了确实、充分的证据,才能客观全面地查清案情,才能对犯罪嫌疑人有罪或无罪、罪轻或罪重作出正确的判断。侦查活动是司法机关获得控诉证据的主要来源,因此,收集、调取证据材料不仅仅是刑事侦查的一项重要任务,更是侦查活动的中心环节。

在侦查实践中,收集、调取证据的内容通常包括三部分的内容:发现证据,通过采取各种合法有效的策略方法和技术手段,及时、准确地找到能够证明案件真实情况的一切事实;固定和提取证据,将发现的案件事实材料加以固定和提取,使之符合法定证据形式,发挥诉讼证据作用;核实证据材料,对案件各种证据材料进行检验和审查,以鉴别真伪,查明证据材料之间的相互关系,以及每个证据材料对于证明案件事实的实际意义。

查明犯罪事实是处理刑事案件的基础,是侦查的一项最基本的任务。所谓犯罪事实就是根据我国刑法的规定已经构成犯罪,并且应当追究刑事责任的各种事实。具体而言,它包括犯罪分子实施犯罪行为的时间、地点、手段、动机目的、侵害的对象和所造成的危害后果,以及实施犯罪行为时的年龄、精神状态等。

（二）保障侦查对象的诉讼权利

侦查是以国家强制力为后盾的，每一项侦查活动的开展，都可能会限制或者剥夺公民的各种基本权利。侦查活动只有严格依法进行，才能防止公民权利遭受不当侵犯，也才能维护侦查机关执法活动的公信力，获得人民群众的支持、配合和协助，从而更有利于收集证据和查获犯罪嫌疑人，实现侦查目的。如何在发现实体真实和遵循正当程序之间求得平衡，一直是我国刑事诉讼法改革的方向所在。①

我国《刑事诉讼法》第113条规定："公安机关对已经立案的刑事案件，应当进行侦查、收集、调取犯罪嫌疑人有罪或者无罪、罪轻或者罪重的证据材料。对现行犯或者重大嫌疑分子可以依法先行拘留，对符合逮捕条件的犯罪嫌疑人，应当依法逮捕。"侦查机关若发现侦查假设有误，存在对依法不应追究刑事责任的情形，应及时撤销案件、解除已采取的强制措施，同时消除由此对侦查对象带来的不良社会影响；侦查机关在第一次讯问犯罪嫌疑人或对其采取强制措施之日起，应当告知犯罪嫌疑人其享有委托律师作为辩护人的权利；侦查机关严禁采用刑讯逼供、暴力取证、人身侮辱等非法方法收集证据。

▶ 三、侦查的法治原则

侦查的法治原则是指从维持法治秩序的角度考察，侦查程序所应当遵循的基本原则。这些原则通常在法律上有明确规定，侦查机关在具体的侦查活动中如果违反某个原则或者违反该原则的某些要求，权利受到侵犯的个人可以通过法院寻求救济。侦查的法治原则侧重于宪法和法律对于侦查权的限制和约束，与个人的基本权利保障息息相关。

（一）任意侦查原则

任意侦查原则的基本要求是凡侦查活动应该尽可能采取任意侦查的方式，强制侦查只有在法律规定的例外情形下才能使用。强制侦查与任意侦查是根据侦查行为是否由相对人自愿配合为前提而对侦查行为所作的分类。任意侦查是指不采用强制手段，不对相对人的生活权益强制性的造成损害，而由相对人自愿配合的侦查，如侦查机关经过被搜查人同意后对其人身或住所进行的搜查，经嫌疑人和知情人同意后听取其陈述或者对嫌疑人进行测谎实验等。强制侦查是指为了收集或保全犯罪证据、查获犯罪嫌疑人而通过强制方法对相对人进行的侦查，如拘留、逮捕、搜查、扣押、监听、强制提取体液样品等等。

（二）强制侦查法定原则

强制侦查法定原则是对任意侦查原则的必要补充，是程序法定原则在侦查阶段的体现。一般认为强制侦查法定原则有两个维度：一是法律保留原则，强制侦

---

① 左卫民、赵开年：《侦查监督制度的考察与反思一种基于实证的研究》，载《现代法学》2006年第6期。

的措施直接触及公民的基本权利,只有一国的立法机关方有权就强制侦查的事项作出规定,此权利不得另行授予或委托行使;二是令状原则,这在英美法和日本法中均有体现,即要求由法官掌握启动强制侦查的决定权,并以裁决、令状的形式作出,侦查机关应当仅仅有权启动任意侦查。

(三)必要性原则

必要性原则又称比例原则或相应性原则,即不论是强制侦查,还是任意侦查,都必须与案件的情况相适应,控制在必要的限度内。任意侦查虽然不动用强制侦查措施,但仍然可能给相对人的权利带来损害,因此在程度和方法上不得超过"必要"的限度。必要性原则对侦查提出了三项具体的要求:其一"妥当性",侦查机关所采取的任何侦查措施、手段都要适合于实现其法定职能、所追求的诉讼目标,务必以特定的犯罪事实状态存在为前提;其二"必要性",侦查机关在办案过程中应选择对公民权利侵害相对最小的措施、手段,采取强制措施时应注意强制力度的逐步增加,将羁押作为最终的、无法替代的措施而谨慎使用;其三"均衡性",公民在侦查过程中受到的权利损害不应大于开展侦查所能保护的国家、公共利益,侦查所能保护的国家、公共利益与犯罪的社会危害性成正比。

(四)保守秘密原则

保守秘密原则,是指侦查机关不得把案情、侦查线索、方向和意图、证据材料、侦查措施或者某些诉讼参与人、秘密侦查员的身份以及在侦查过程中了解到的国家秘密、商业秘密和个人隐私方面的信息等情况向无关人员透露的原则。根据我国《刑事诉讼法》第62条的规定,对于危害国家安全犯罪、恐怖活动犯罪、黑社会性质的组织犯罪、毒品犯罪等案件,证人、鉴定人、被害人因在诉讼中作证,本人或者其近亲属的人身安全面临危险的,公安机关应当采取不公开真实姓名、住址和工作单位等措施予以保护。根据我国《刑事诉讼法》第152条的规定,使用技术侦查措施收集的证据可能危机有关人员的人身安全或者可能产生其他严重后果的,应当采取不暴露有关人员身份、技术方法等保护措施。因此,在侦查过程中,泄露案件情况,不仅会影响案件的及时侦破,泄露国家秘密和商业秘密,侵害到诉讼参与人的隐私,还可能会危及诉讼参与人及其近亲属的人身安全。侦查人员违反规定,泄露侦查秘密的,应视情节和后果,依法追究其法律责任。

(五)被动型侦查为主、主动型侦查为辅的原则

传统的侦查行为基本上是"回应型"侦查,即在获悉发生了犯罪行为之后,为了收集犯罪证据、查获犯罪嫌疑人而进行一系列的活动,犯罪在前,侦查在后;除了现行犯案件外,侦查机关在决定开始侦查时可能连谁是嫌疑人都不知道,在经过一段时间的侦查之后才有证据怀疑某个特定的人,进而采取逮捕、搜查等措施。在犯罪率不高、犯罪行为有明显外部后果(死伤、毁坏等)的条件下,这种侦查手段的充分运用基本上可以达到维持社会安定的目的,而且对于个人私生活的影响程度也相

对较小。然而,随着国家管理职能的扩张以及科学技术的进步,犯罪行为日趋多样化、隐蔽化、组织化和职能化,特别是没有明显被害人的犯罪、白领犯罪(尤其是公共官员的渎职犯罪)、制造和贩卖毒品、诈骗、网络犯罪等犯罪的增多,靠被害人和其他人的控告、举报后进行现场勘查、搜查等传统方法已经不大可能达到侦破案件、捕获嫌疑人的目的,侦查机关为了对一定的犯罪进行追究,不得不对于重点场所或特定嫌疑人进行预防性的监控或者同步监控,如利用耳目进行跟踪监视、电子监控、监听通讯、开拆邮件等,这就是"监控型"侦查,其基本特点是与犯罪的过程同步进行,但侦查人员并不参与犯罪。另外,对于某些隐蔽性特别强的犯罪,侦查机关往往不得不在一定程度上参与犯罪的过程,对于潜在的追究对象进行某种程度的引诱,诱导其犯罪或者为其提供犯罪的现实机会,然后才能将其逮捕、起诉。这就是"诱导型侦查"。诱导性侦查可以分为两种类型:一是"机会提供型",即犯罪嫌疑人本来就有犯罪的意图,侦查机关的诱导只是为其实施犯罪提供一种机会。二是"犯意诱发型",即由于侦查机关的诱导,行为人才产生犯罪的意图,并进而实施犯罪。对于前者,各国国内法及欧洲人权法院均持肯定立场,对于后者则多持否定立场,这实际上也是对诱导性侦查提出了一个基本一致的底线要求,即政府不能为了侦查、追诉的需要而教唆一个本来无意实施犯罪的人去犯罪。

如果说回应型侦查是"被动型侦查"的话,那么,监控型侦查和诱导型侦查就是"主动型侦查",前者针对的是已经发生的犯罪,后者针对的是正在进行或者将要实施的犯罪。现代国家对于这两类侦查行为的基本立场是要求以被动型侦查为主、以主动型侦查为辅,即原则上侦查只能针对已经发生的犯罪,为追究行为人的刑事责任而进行,只有在被动型侦查已经失败或者很难甚至不可能取得成效的情况下,才能在严格的限制条件下经过法定批准程序后依法定的程序进行主动型侦查。[①]

▶ 四、侦查的构造

根据侦查程序中各主体之间的相互关系的不同,可将侦查构造划分为三种:纠问式侦查观、弹劾式侦查观和诉讼式侦查观。

纠问式侦查观把查明实体真实作为侦查的目的。为此,它强调作为查明实体真实手段的讯问嫌疑人的意义,并且认为逮捕和羁押可以出于讯问的目的。与此相联系的是,主张在讯问在押犯罪嫌疑人时,嫌疑人有到场义务和停留义务。因此,侦查机关(检察官和司法警察)与嫌疑人不是对等的当事人,而是上位对下位的关系,换言之,嫌疑人处于讯问客体的地位。但是检察官与司法警察之间是什么关系,纠问式侦查观内部又有"主从说"和"独立说"两种不同看法。在侦查机关与法官的关系上,纠问式侦查观承认司法令状主义,但认为令状主义所要求的司法审查

---

① 孙长永著:《侦查程序与人权:比较法考察》,中国方正出版社2000年版,第23页以下。

应当尽可能形式化,关于侦查必要性的实质判断权应当最大限度地让侦查机关行使。可见,纠问式侦查观的核心观点是强调实体真实的发现以及以此为目的的侦查的裁量性,其程序上的归结点主要在于确认嫌疑人对于侦查机关讯问的"忍受义务"以及侦查机关出于侦查目的而动用强制侦查措施的权力,相应地追求令状主义、沉默权、律师帮助权的形式化。

与此相反,弹劾式侦查观认为,侦查的目的是侦查机关与嫌疑人及其辩护人双方独立为审判进行准备。因此,侦查机关与嫌疑人及其辩护人之间原则上不产生直接交涉的关系,检察官与司法警察职员则可以视为统一整体。在法官与侦查机关的关系上,只有法官出于准备将要进行的审判的目的才能享有强制处分权,侦查机关只不过在必要时对此加以利用而已。但是,对于强制措施的决定权以及令状的性质,弹劾式侦查观内部也有意见分歧,多数人认为搜查、扣押、勘验等干预个人财产权和隐私权的强制处分权应当归属于侦查机关,与此有关的令状只是"许可状"。这种侦查观在程序上的主要归结点是出于正当程序的要求而否定嫌疑人接受讯问的义务,并且要求令状主义、沉默权、律师帮助权和辩方的诉讼准备活动应当尽可能地实质化。由此可见,纠问式侦查观和弹劾式侦查观的对立实际上是实体真实与正当程序这一对刑事诉讼的基本矛盾在侦查程序的具体体现。

诉讼式侦查观认为,侦查是独立于审判的一个程序,其目的是为了作出是否起诉的决定,查明有无犯罪嫌疑以及有关的情节。侦查是由以检察官为顶点、司法警察与犯罪嫌疑人及其辩护人为对立双方的三方组合关系构成的。对犯罪嫌疑人的讯问不应当作为侦查机关收集证据的手段,应当侧重于听取他的主张和辩解。在决定提起公诉之后,由于侦查的目的已经实现,控方不得再进行强制侦查。但诉讼式侦查观把本身就享有侦查权的检察官作为完全中立的裁判机关对待,而且没有对法官在侦查程序中的地位作出合理的解释,因而其作为解说不同国家侦查构造的理论模型的价值相当有限。

侦查构造是对各国侦查程序所进行的高度理论概括和抽象,并不是说英美法系或者大陆法系或者某个国家的侦查程序必然属于某种侦查构造。从比较法的角度而言,大陆法系国家的侦查构造是以相信侦查机关公正客观地查明事实的能力为前提的,英美法系国家的侦查构造是以不信任政府权力、强调个人权利的保障为前提的,两者在各自的法治传统中都有相对合理的基础。①

第二节 侦查行为

侦查通常是在侦查机关认为有犯罪嫌疑的时候开始的,认定存在犯罪嫌疑的

---

① 孙长永著:《侦查程序与人权:比较法考察》,中国方正出版社 2000 年版,第 10 页以下。

根据一般有被害人的控告、其他人或单位的检举和移送或请求、行为人自首、发现了现行犯以及有侦查权的行政机关在进行例行检查时发现可能发生的犯罪等。侦查机关决定开始侦查以后，即采取各种侦查行为收集证据、查获犯罪嫌疑人。根据我国《刑事诉讼法》的有关规定，侦查行为主要有以下几种。

一、讯问犯罪嫌疑人

（一）讯问犯罪嫌疑人的概念

讯问犯罪嫌疑人，是指侦查人员依照法定的程序，用言词提问的方式，就案件事实和其他与案件有关的问题，直接对犯罪嫌疑人进行查问和审讯。讯问犯罪嫌疑人分为对未羁押的犯罪嫌疑人讯问和对羁押的犯罪嫌疑人讯问两种形式。

根据我国《刑事诉讼法》第114条"公安机关经过侦查，对有证据证明有犯罪事实的案件，应当进行预审，对收集、调取的证据材料予以核实"的规定，讯问犯罪嫌疑人在侦查程序中通常分为一般讯问和预审讯问。一般讯问犯罪嫌疑人，通常是由办案的侦查员，为了查明案情，先于预审讯问而进行的讯问。预审预问是在一般讯问的基础上，为了进一步查明案情，并核实已收集、调取的证据材料（包括核实一般讯问犯罪嫌疑人的笔录在内）而由预审人员进行的讯问。两种讯问虽然重点不同，有先后顺序之分，但均属于侦查性质。

（二）讯问犯罪嫌疑人的程序要求

根据我国《刑事诉讼法》的相关规定，讯问犯罪嫌疑人应当严格遵守以下程序：

（1）讯问犯罪嫌疑人必须由检察机关、公安机关（含国家安全机关）的侦查人员负责实施。为了保证讯问安全，防止发生意外，也为了合理分工，避免片面，提高讯问质量和相互监督，杜绝违法讯问，讯问时，侦查人员不得少于二人。

（2）对于未予羁押的犯罪嫌疑人，可以传唤到犯罪嫌疑人所在市、县内的指定地点或者到其住处进行讯问，但是应当出示人民检察院或者公安机关的证明文件。传唤犯罪嫌疑人应当使用《传唤通知书》，到犯罪嫌疑人住处进行讯问时应当出示证明侦查人员身份的证明文件。为了防止丧失最佳时机获取重要证据，我国《刑事诉讼法》第117条第1款规定："对在现场发现的犯罪嫌疑人，经出示工作证件，可以口头传唤，但应当在讯问笔录中注明。"犯罪嫌疑人经合法传唤，无正当理由而不到案的，可以拘传，也可以不经传唤，直接拘传犯罪嫌疑人，进行讯问。但是，根据我国《刑事诉讼法》第117条第2款的规定："传唤、拘传持续时间不得超过12小时，案情特别重大、复杂，需要采取拘留、逮捕措施的，传唤、拘传持续的时间不得超过24小时。"不得以连续传唤、拘传的形式变相拘禁犯罪嫌疑人。最高检《刑事诉讼规则》第80条第2款规定，两次拘传间隔的时间一般不得少于12小时。为了防止连续性讯问，保障犯罪嫌疑人日常生活需要，我国《刑事诉讼法》第117条第3款规定："传唤、拘传犯罪嫌疑人，应当保证犯罪嫌疑人的饮食和必要的休息时间。"

根据我国《刑事诉讼法》第83条、第84条、第91条、第92条的相关规定,拘留后,应当立即将被拘留人送看守所羁押,至迟不得超过24小时;逮捕后,应当立即将被逮捕人送看守所羁押。为保障犯罪嫌疑人的诉讼权利,防止刑讯逼供等违法讯问行为的发生,我国《刑事诉讼法》第116条第2款规定:"犯罪嫌疑人被送交看守所羁押以后,侦查人员对其进行讯问,应当在看守所内进行。"对于被逮捕、拘留的犯罪嫌疑人,应当在逮捕或拘留后的24小时以内进行讯问。在发现不应当拘留或逮捕时,应立即释放。

(3) 侦查人员在讯问之前,应告知被讯问人有申请回避的权利。讯问时,应当先讯问犯罪嫌疑人是否有犯罪行为,让他陈述有罪的情节或者无罪的辩解,然后向他提出问题。犯罪嫌疑人对侦查人员的提问,应当如实回答。但与本案无关的问题,有权拒绝回答。所谓与本案无关的问题,是指与犯罪嫌疑人参与的案件既无直接联系,也无间接联系的问题。我国刑事诉讼法赋予犯罪嫌疑人的拒绝回答权,与西方一些国家规定的沉默权不同,最根本的区别是:犯罪嫌疑人拒绝回答要以"与本案无关"为法定前提条件。即法律要求犯罪嫌疑人应首先如实回答与本案有关的提问,不能借口与本案无关,拒绝回答。而西方国家的被告人沉默权则不附加任何条件,即无论问题与案件有无关系,被告人都可以不予回答,法律不强制被告人回答。为了鼓励事实上有罪的犯罪嫌疑人如实供述自己的罪行,落实坦白从宽的刑事政策,我国《刑事诉讼法》第118条第2款规定:"侦查人员在讯问犯罪嫌疑人的时候,应当告知犯罪嫌疑人如实供述自己罪行可以从宽处理的法律规定。"

(4) 讯问聋、哑犯罪嫌疑人,应当有通晓聋、哑手势的人参加,并将此情况记入笔录。讯问不满18岁的未成年犯罪嫌疑人时,应当通知其法定代理人或者其他合适的成年人到场。讯问不通晓当地通用的语言文字的犯罪嫌疑人时,应当为其提供翻译。

(5) 为了保证讯问行为依法进行,保障犯罪嫌疑人的合法权益,为非法证据排除制度提供证明材料,我国《刑事诉讼法》第121条规定:"侦查人员在讯问犯罪嫌疑人的时候,可以对讯问过程进行录音或者录像;对于可能判处无期徒刑、死刑的案件或者其他重大犯罪案件,应当对讯问过程进行录音或者录像。录音或者录像应当全程进行,保持完整性。"

(6) 我国没有赋予犯罪嫌疑人沉默权,犯罪嫌疑人在询问中负有如实回答与本案有关的问题之义务。同时,我国《刑事诉讼法》第50条规定侦查人员不得以刑讯逼供和以威胁、引诱、欺骗等其他非法的方法收集证据,不得强迫任何人证实自己有罪。对此学界普遍认为,"应当如实回答"可能诱发我国《刑事诉讼法》严加防范的非法讯问,且与"不得强迫自证其罪"相矛盾,应被删除。犯罪嫌疑人对侦查人员侵犯其诉讼权利的违法行为,有权提出控告;构成犯罪的,应当依法追究其刑事责任。

（7）自侦查机关在第一次讯问犯罪嫌疑人后,或者在对犯罪嫌疑人采取强制措施之日起,犯罪嫌疑人可以委托律师作为自己的辩护人。侦查人员在第一次讯问犯罪嫌疑人或对犯罪嫌疑人采取强制措施时,应当将此项权利告知犯罪嫌疑人。受聘律师可以为犯罪嫌疑人提供法律帮助,如告知诉讼权利、指导犯罪嫌疑人正确运用法律保护自己的合法权利、申请解除或变更强制措施;代理申诉、控告;向侦查机关了解犯罪嫌疑人涉嫌的罪名和案件有关情况,提出意见。虽然犯罪嫌疑人在侦查、控告、审判三阶段都具有委托辩护人的权利,但是在侦查阶段辩护人的唯一适格主体只能是律师。

（8）侦查人员应如实制作讯问笔录。讯问笔录应交犯罪嫌疑人核对,对没有阅读能力的,应当向其宣读。如果记载有遗漏或者差错,犯罪嫌疑人可以提出补充或改正。犯罪嫌疑人承认笔录没有错误后,应当签名或者盖章,侦查人员也应在笔录上签名。犯罪嫌疑人请求自行书写供述的,应当准许。必要时侦查人员也可以要求犯罪嫌疑人亲笔书写供词。

▶ 二、询问证人和被害人

（一）询问证人和被害人的概念

询问证人、被害人,是指侦查人员依照法定程序,以言词方式直接向证人、被害人调查他们所知道、所经历的案件情况的侦查行为。

证人虽然是案件当事人以外的第三人,但他直接或间接了解的案件情况,可以证明案件事实。这里的"证人",是指一切知道案件情况的人,但不包括生理上、精神上有缺陷或者年幼,不能辨别是非、不能正确表达的人。由于证人是以自己的感官感知案件实事为条件,因此,单位、团体等非自然人不能作为证人。被害人是直接受到犯罪行为侵害的人,他所陈述的遭受侵害的过程,可以揭露、证实犯罪。询问证人、被害人就能够取得作为诉讼证据的证人证言和被害人陈述,以查明案件事实真相,证实犯罪嫌疑人是否犯罪,罪重或罪轻。因此向证人、被害人调查询问是侦查阶段中经常而广泛采用的一种侦查措施。

（二）询问证人、被害人的程序

询问证人、被害人应当按刑事诉讼法规定的以下程序进行：

（1）侦查人员询问证人、被害人一般可以到证人、被害人所在单位或者住处进行,但是必须出示人民检察院或者公安机关的证明文件。把询问地点确定在证人、被害人所在单位或住处,是为了方便证人、被害人,尽量不耽误或少耽误他们的工作时间,减少他们的思想顾虑,得到他们所在单位的支持。在必要时候,也可以通知证人、被害人到人民检察院或公安机关进行询问。"必要的时候",一般是指这样一些情况:到证人、被害人单位或住处,有可能泄露国家秘密,或暴露案情,给侦破案件带来障碍;有可能影响对证人、被害人的安全保护;证人、被害人单位或亲属有可能干扰询问等。

(2) 询问证人、被害人应当个别进行。为保证询问结果的客观性,一个案件不论证人和被害人有多少,都必须分别逐个进行询问,分别制作询问笔录。不允许将几个证人、被害人召集在一起以开座谈会的方式进行询问。单独询问可以防止相互影响,彼此串通,有利于证人、被害人独立客观地提供证言和陈述。同时也可以解除证人、被害人的思想顾虑,有畅所欲言的环境。

(3) 询问证人、被害人,应当告知他们应当如实地提供证据、证言和陈述,以及有意作伪证、虚假陈述或者隐匿罪证要负的法律责任。

(4) 依据我国《刑事诉讼法》第270条的规定,询问未成年证人、被害人,与讯问未成年犯罪嫌疑人的要求相同。未成年人的法定代理人或其他适合的成年人在场不是代替、帮助未成年证人、被害人回答有关案情的提问,只是为了稳定被询问人的情绪,形成缓和、宽松的询问氛围,有利于侦查人员对未成年证人、被害人进行询问。因此这不违反个别询问证人、被害人的法律规定。向未成年证人、被害人提问应简短、明确、易懂、便于回答,但不能采取暗示性提问。

(5) 作好询问笔录。笔录应交证人、被害人核对,对没有阅读能力的,应向其宣读。如果笔录内容有遗漏或差错,证人、被害人可以补充或改正。笔录应当由证人、被害人签名或盖章。侦查人员也应当签名。如果证人、被害人愿意亲笔书写证词、陈述,应当允许。

▶ 三、勘验、检查

(一) 勘验、检查的概念

勘验、检查,是指侦查人员对与犯罪有关的场所、物品、尸体、人身进行实地调查和查看,以发现和收集犯罪活动所遗留下来的各种痕迹和物品的一种侦查行为。勘验和检查虽属于同性质的侦查行为,但由于对象不同而有所区别:勘验的对象包括现场、物品和尸体;检查的对象只是活人的身体。

通过勘验、检查活动,能够发现和提取犯罪的痕迹和证物,分析和研究案件发生的情况,推断案犯去向,确定侦查范围,进而揭露和证实犯罪,查获犯罪嫌疑人。

勘验、检查的种类包括:现场勘验、物证检验、尸体检验、人身检查和侦查试验。

(二) 勘验、检查的种类及其程序要求

1. 现场勘验

现场勘验,是指侦查人员对犯罪有关现场所进行的观察了解、分析研究的一种侦查行为。犯罪现场是指与犯罪活动有关的一切场所。它的有关痕迹和物品客观地记录了犯罪的全过程。侦破案件离不开对犯罪现场的勘验。因此,我国《刑事诉讼法》规定,任何单位和个人,都有义务保护犯罪现场,并且立即通知公安机关派员勘验。

侦查人员勘验现场,必须持有人民检察院或者公安机关的证明文件。现场勘查必须邀请两名与案件无关的公民作见证人,公安、司法人员不能充当见证人。还可以邀请有关专业技术人员参加。必要时,应商请人民检察院派员参加。

勘验现场前应当准确地划定现场范围,布置警戒进行保护。勘验时应遵守及时、全面、细致、客观的原则,坚持实事求是的科学态度,采取各种技术手段提取和保全证据,根据各种痕迹和物品进行分析判断,切忌主观臆断。

现场勘验的情况应当写成笔录,由参加勘验的人和见证人签名或盖章。勘验笔录,是记录勘验结果的文字材料,是刑事诉讼证据的一种。其内容包括前言、叙事和结尾三部分,要求侦查人员对现场勘验情况和勘验结果进行客观描述和真实记载。

2. 物证检验

物证检验,是指利用科学技术原理、手段、设备,对与犯罪有关的痕迹、物品进行鉴别、判断,分析研究其与犯罪有无联系,有何联系的一种侦查活动。物证检验通常要涉及各种专业技术性问题。

物证检验应当制作笔录,记录检验的过程、物证或痕迹特征等。所有参加检验的人员和见证人,均应在笔录上签名或盖章,同时注明时间。

3. 尸体检验

尸体检验,是指对尸表进行检验,对尸体进行解剖,以推定死亡时间、死亡原因、致死工具和手段,为侦查破案提供线索和依据的一种侦查活动。

尸体检验通常先进行尸表检验。对尸表检验无法确定死因或者对死因有怀疑的尸体,公安机关有权决定解剖,并应通知死者家属到场。开棺验尸和解剖尸体,必须经县以上公安机关负责人批准,并商请检察机关派员参加。尸体检验应当通知死者家属到场。如死者家属不到场或无法通知其到场,不影响解剖进行。

尸体检验应当制作笔录,记录检验中所看见的全部情况及作出的结论,所有参加检验的侦查人员、法医或者医生、死者家属等均应签名或盖章,同时注明时间。

4. 人身检查

人身检查,是指对被害人、犯罪嫌疑人的人身特征、伤害情况或生理状态,依法进行查看、验证的一种侦查行为。我国《刑事诉讼法》第130条第1款对此作出了规定。

所谓人身特征是指被害人、犯罪嫌疑人身体上的、有别于他人而特有的某些状态或标记。所谓伤害情况是指被害人或犯罪嫌疑人的身体某一部位或某一器官,由于犯罪行为的实施而受到的不同程度的损坏情况。所谓生理状态是指人的机体的生理活动和身体各器官的机能情况。通过人身检查查明以上情况,进而了解犯罪的手段、情节,判断作案的工具,查证案件证据,从而揭露犯罪、证实犯罪,并进一步确定被害人、犯罪嫌疑人身份。

必须注意的是,检查被害人、犯罪嫌疑人的人身特征、伤害情况和生理状态,必须与犯罪事实有关,无关的不得检查。

犯罪嫌疑人拒绝进行人身检查时,侦查人员认为有必要,可以对其强制检查。对被害人进行人身检查,必须征得本人同意,不得强制检查。

对妇女进行人身检查时,无论其是被害人,还是犯罪嫌疑人,都应由女工作人员或医师进行。

人身检查应作笔录,详细记载检查情况和结果,并由参加检查的人员和见证人签名或者盖章。

5. 侦查实验

侦查实验,是指为了确定和判明与案件有关的某些特定事实或情节在某种特定情况下能否发生以及怎样发生,而按照案发当时条件予以实验性重演的侦查行为。侦查实验的任务有:(1)确定在一定条件下能否听到或看到;(2)确定在一定时间内能否完成某一行为;(3)确定在什么条件下能够发生某种现象;(4)确定在某种条件下某种行为和某种痕迹是否吻合一致;(5)确定在某种条件下使用某种工具可能或不可能留下某种痕迹;(6)确定某种痕迹在什么条件下会发生变异;(7)确定某种事件是怎样发生的。

侦查实验可以独立进行,也可以与现场勘查同时进行。公安机关、人民检察院进行侦查实验,经县级以上公安机关负责人或者检察长批准。侦查实验由侦查人员负责实施,在必要时可以聘请有关人员参加,也可以要求犯罪嫌疑人、被害人、证人参加。侦查实验中严禁任何足以造成危险、侮辱人格或有伤风化的行为。侦查实验的情况,应当写成笔录,其中记明侦查实验的条件、经过和结果,由侦查实验的人员签名或盖章。必要时,可以对侦查实验的过程进行录音录像。①

6. 复验、复查

为了加强人民检察院对公安机关侦查活动的监督,保证勘验、检查的质量,防止和纠正可能出现的或已经出现的错误,我国《刑事诉讼法》第132条规定:"人民检察院审查案件的时候,对公安机关的勘验、检查,认为需要复验、复查时,可以要求公安机关复验、复查,并且可以派检察人员参加。"根据最高检《刑事诉讼规则》第369条和公安部《刑事案件程序规定》第215条的规定,人民检察院审查案件时,对公安机关的勘验、检查,认为需要复验、复查的,应当要求公安机关复验、复查,人民检察院可以派员参加;也可以自行复验、复查,商请公安机关派员参加,必要时也可以聘请专门技术人员参加。复验、复查可以多次进行,每次都要制作笔录,复验、复查应当遵守的法定程序与勘验、检查相同。

---

① 史立梅著:《法学原理与案例讲堂——刑事诉讼法》,北京师范大学出版社2013年版,第239页以下。

四、搜查

（一）搜查的概念

搜查，是指侦查人员依法对犯罪嫌疑人的人身、住所、物品以及可能隐藏罪犯、罪证的有关人或地点强行搜寻查找的一种侦查行为。

搜查的任务是收集犯罪证据、查获犯罪嫌疑人，是一种强制性的侦查行为，直接涉及公民的人身自由和住宅不受侵犯的权利。根据我国《刑事诉讼法》的规定，搜查只能由侦查人员依法进行，其他任何机关、单位、个人都无权进行搜查。按照搜查的方式划分，搜查可分为公开搜查和秘密搜查两类。从搜查对象来划分，搜查可以分为：人身搜查、住处搜查和室外搜查。

（二）搜查的程序

搜查是一种强制性的侦查措施，使用得当，则能够及时准确获取证据，查明案情，查获犯罪分子。使用不当，则可能会侵犯公民的合法权益。我国《刑法》第245条也规定：非法搜查他人身体、住宅，或者非法侵入他人住宅的，应当依法追究刑事责任。因此侦查人员必须严格履行法律程序。

（1）侦查人员搜查时必须向被搜查人出示搜查证。搜查证由县级以上公安机关负责人签发。但在执行逮捕、拘留的时候，遇上紧急情况，不另用搜查证也可以进行搜查。

根据公安部《刑事案件程序规定》第219条以及最高检《刑事诉讼规则》第224条，"紧急情况"是指：可能随身携带凶器的；可能隐藏爆炸、剧毒等危险物品的；可能隐匿、毁弃、转移犯罪证据的；可能隐匿其他犯罪嫌疑人的；其他突然发生的紧急情况。对于职务犯罪条件，侦查人员在上述紧急搜查结束后的24小时内应当向检察长报告，并补办有关手续。

（2）搜查的对象只能是犯罪嫌疑人和可能隐藏罪犯、罪证的人、场所、物品。除罪犯和违禁品外，搜查时，不得提取与案件无关的物品。任何单位和个人，有义务按照人民检察院和公安机关的要求，交出可以证明犯罪嫌疑人有罪或无罪的物证、书证、视听资料。如果拒不交出，可以强制其交出。

（3）搜查时，应当有被搜查人或者其家属、邻居或其他见证人在场。搜查到的与案件相关的物品，应让见证人过目。

（4）搜查妇女的身体，应当由女性工作人员进行。

（5）搜查结束时，搜查的情况应当写成笔录，由侦查人员和被搜查人或其家属，邻居或者其他见证人签名或者盖章。如果被搜查人或其家属在逃或者拒绝签名、盖章，应当在笔录上注明。

五、查封、扣押物证、书证

（一）查封、扣押物证、书证的概念

查封、扣押物证、书证，是指侦查机关为了获得和保全证据，不经当事人及有关人员同意，而依法强制提取、封存可以证明犯罪嫌疑人有罪或者无罪的各种物品、文件的一种侦查行为。

查封、扣押物证、书证这种侦查行为，依法只有侦查人员才能实施。

查封、扣押物证、书证的目的是获得和保全证据。根据我国《刑事诉讼法》的相关规定，可查封、扣押的物证和书证必须符合的条件是"可以证明犯罪嫌疑人有罪或无罪"。可见法律对于可查封、扣押的物证、书证是有严格限制的。另外，在勘验、搜查中，如果发现违禁品，虽然与本案无关，也应当查封、扣押，交有关部门。

（二）查封、扣押物证、书证的程序

根据我国《刑事诉讼法》的规定，查封、扣押物证、书证应当遵守下列程序：

（1）侦查人员向机关、团体、企事业单位和公民调取证据时，应持有公安机关或人民检察院的法律文书和侦查人员的工作证。

（2）查封、扣押物证、书证通常是在进行勘验、搜查时，与其同步进行，由现场指挥人员决定是否查封、扣押。在其他侦查活动中，如果发现与证明案件有关的物品、文件，也应当及时查封、扣押。

（3）查封、扣押的对象，只能是与查明案件情况有关的、具有证据意义的物品、文件。与案件无关的物品、文件，不得查封、扣押。

（4）对于查封、扣押的物品和文件，应当会同在场的见证人和被查封、扣押物品持有人查点清楚，并当场开列查封、扣押清单一式三份，由侦查人员、见证人和持有人签名或者盖章，一份交持有人，一份交给公安机关保管人员，一份附卷备查。持有人及其家属不在场或拒绝在查封、扣押清单上签名，不影响查封、扣押进行，但应将此情况在查封、扣押清单上注明。

（5）对于查封、扣押的物品、文件，负责侦查的公安机关或人民检察院应当妥善保管或者封存，不得丢失、损坏、使用或者调换。

（6）侦查人员认为需要扣押犯罪嫌疑人的邮件、电报的时候，经县级以上公安机关或人民检察院负责人批准，即可通知邮电机关将有关邮件、电报检交扣押。扣押邮件、电报涉及公民通信自由，应当严格控制扣押范围，完备扣押报批手续和制作《扣押通知书》。扣押时，应详细注明被扣押邮件、电报的收发人姓名等相关情况，并逐件开列清单一式两份，分别由扣押机关和邮电部门查存。不需要继续扣押时，应立即通知邮电机关停止扣押。

（7）人民检察院、公安机关根据侦查犯罪的需要，可以依照规定查询、冻结犯罪嫌疑人的存款、汇款。犯罪嫌疑人的存款、汇款已被冻结的不得重复冻结。

(8) 对扣押的物品、文件、邮件、电报或者冻结的存款、汇款,经查明确实与案件无关的,应当在 3 日内解除扣押、冻结,退还原主或者原邮电机关。退还时应核对扣押清单,清退注销,并由收件人签名或者盖章。

六、鉴定

(一) 鉴定的概念

鉴定,是指鉴定人根据侦查机关的指派或者聘请,运用自己的专门知识和科学技术手段,对案件的专门性问题,进行分析研究,推断认定的一种侦查活动。

在我国,刑事技术鉴定权属于公安(含国家安全)机关和人民检察院,除此之外,其他任何部门和单位都没有刑事技术鉴定权(根据 2005 年 10 月 1 日起实施的全国人大常委会《关于司法鉴定管理问题的决定》,人民法院不得设立鉴定机构)。当事人只能向司法机关申请鉴定、补充鉴定或重新鉴定。鉴定的范围必须是和犯罪案件有关的物品、文件、痕迹、人身、尸体。在刑事诉讼中,通常进行的有:痕迹鉴定、文书鉴定、枪弹鉴定、外貌相片鉴定、司法化学鉴定、法医学鉴定、司法精神学鉴定、司法会计鉴定等。

(二) 鉴定的程序

根据我国《刑事诉讼法》的规定和司法实践经验,鉴定应遵守的程序是:

(1) 鉴定人只能对案件中的专门性问题进行鉴定,不能对案件的事实认定、定罪与量刑等法律问题作鉴定。

(2) 鉴定人的指派或聘请。侦查机关指派或者聘请的鉴定人必须是具有解决案件专门性问题的专门知识,不具有法定回避情况,能公正客观进行鉴定的人。鉴定的要求必须明确,鉴定的材料必须充分,否则鉴定人可以拒绝鉴定。

(3) 鉴定人进行鉴定后,应当写出鉴定结论,并签名。鉴定结论应对提出的鉴定问题作出明确的回答,不能模棱两可。确实难以作出结论,应当如实说明。几个鉴定人共同鉴定同一专门问题,可以讨论研究,取得一致意见后,作出一个鉴定结论,共同签名。如果意见不一致,可以分别作出不同的鉴定意见,分别签名。

对人身伤害的医学鉴定有争议需要重新鉴定或者对精神病的医学鉴定,由省级人民政府指定的医院进行。鉴定人进行鉴定后,应当写出鉴定结论,并且由鉴定人签名,医院加盖公章。鉴定人故意作虚假鉴定的,应当承担法律责任。

(4) 侦查机关应当将用作证据的鉴定结论告知犯罪嫌疑人、被害人。如果犯罪嫌疑人、被害人提出申请,可以补充鉴定或者重新鉴定。

(5) 需要补充鉴定的情况一般是:鉴定人没有完全利用司法机关提供的全部鉴定材料,得出的鉴定结论也没有对需要鉴定的全部问题作出明确回答;在鉴定结论得出后,又收集到或提取了有关这个鉴定问题的新材料;犯罪嫌疑人、被害人不完全同意鉴定意见,并就有争议的问题提出了修正的理由和鉴定材料,且侦查机关认为正确的。

(6)需要重新鉴定的情况一般是:鉴定结论与其他证据材料发生矛盾,其正确性值得怀疑;几个鉴定人之间的意见分歧较大,鉴定结论应当明确的根本性问题,出现了截然相反的意见;鉴定人拒绝出具鉴定意见;犯罪嫌疑人、被害人完全不同意鉴定意见,提出重新鉴定的申请和理由,侦查机关认为有必要的。

▶ 七、技术侦查

(一)技术侦查的概念和意义

根据公安部《刑事案件程序规定》第255条的规定,技术侦查是指由设区的市一级以上公安机关负责技术侦查的部门实施的记录监控、行踪监控、通信监控、场所监控等措施。技术侦查措施的适用对象是犯罪嫌疑人、被告人以及与犯罪活动直接关联的人员。根据我国《刑事诉讼法》第148、151条的规定,我国的技术侦查实际上包含了技术侦查和秘密侦查两种类型。

无论是借助技术侦查措施还是秘密侦查措施收集的材料,我国《刑事诉讼法》第152条规定均可作为证据在法庭上直接使用而无须转化。《六部委规定》第20条进一步要求,采取技术侦查措施收集的材料作为证据使用的,批准采取技术侦查措施的法律文书应当附卷,辩护律师可以依法查阅、摘抄、复制,在审判过程中可以向法庭出示。此举既有利于打击犯罪、节约司法资源,又可以发挥法庭审理程序对技术侦查的监督制约功效,避免转化过程中非法取证现象发生。如果在刑事诉讼过程中出示这些证据可能危及实施技术侦查措施的人员、线人等有关人员的人身安全,或可能造成其他严重后果的,应当采取不暴露有关人员身份、技术方法等保护措施,如遮蔽面部、改变音色。必要时,人民检察院可以建议不在法庭上予以质证,转而又审判人员在庭外对这些证据进行核实。

(二)技术侦查措施

1. 适用案件

我国《刑事诉讼法》第148条第1款规定:公安机关在立案后,对于危害国家安全犯罪、恐怖活动犯罪、黑社会性质的组织犯罪、重大毒品犯罪或者其他严重危害社会的犯罪案件,根据侦查犯罪的需要,经过严格的批准手续,可以采取技术侦查措施。

公安部《刑事案件程序规定》第254条第1款规定:公安机关在立案后,根据侦查犯罪的需要可以对下列严重危害社会的犯罪案件采取技术侦查措施:(1)危害国家安全犯罪、恐怖活动犯罪、黑社会性质的组织犯罪、重大毒品犯罪案件;(2)故意杀人、故意伤害致人重伤或者死亡、强奸、抢劫、绑架、放火、爆炸、投放危险物质等严重暴力犯罪案件;(3)集团性、系列性、跨区域性重大犯罪案件;(4)利用电信、计算机网络、寄递渠道等实施的重大犯罪案件,以及针对计算机网络实施的重大犯罪案件;(5)其他严重危害社会的犯罪案件,依法可能判处七年以上有期徒刑的。

我国《刑事诉讼法》第148条第2款规定:人民检察院在立案后,对于重大的贪污、贿赂犯罪案件以及利用职权实施的严重侵犯公民人身权利的重大犯罪案件,根据侦查犯罪的需要,经过严格的批准手续,可以采取技术侦查措施,按照规定交有关机关执行。

最高检《刑事诉讼规则》第264条规定:人民检察院办理直接受理立案侦查的案件,需要追捕被通缉或者批准、决定逮捕的在逃的犯罪嫌疑人、被告人的,经过批准,可以采取追捕所必需的技术侦查措施,不受本规则第263条规定的案件范围的限制。

2. 审批程序

根据公安部《刑事案件程序规定》第256条,需要采取技术侦查措施的,应当制作呈请采取技术侦查措施报告书,报地市级以上公安机关负责人批准,制作采取技术侦查措施决定书。人民检察院等部门决定采取技术侦查措施的,由地市级以上公安机关按照规定办理相关手续后,交负责技术侦查的部门执行,并将执行情况通知人民检察院等部门。

3. 执行主体

技术侦查措施由公安机关、国家安全机关执行。人民检察院对自侦案件有实施技术侦查措施的决定权,但须由公安机关或国家安全机关执行,其他任何个人、机关团体都不能采取。

4. 有效期限

根据公安部《刑事案件程序规定》第257条的规定,采取技术侦查措施的决定自签发之日起3个月内有效。在有效期限内,对不需要继续采取技术侦查措施的,办案部门应当立即书面通知负责技术侦查的部门解除技术侦查措施;负责技术侦查的部门认为需要解除技术侦查措施的,报批准机关负责人批准,制作解除技术侦查措施决定书,并即时通知办案部门。

对于复杂、疑难案件,期限届满仍有必要继续采取技术侦查措施的,应当在期限届满前10内制作呈请延长技术侦查措施期限报告书,写明延长的期限及理由,经原批准机关批准后,有效期可延长,但每次不得超过3个月。

有效期限届满,负责技术侦查的部门应当立即解除技术侦查措施。

5. 执行要求

技术侦查措施,必须严格按照批准的措施种类、对象和期限执行。侦查人员对于采取技术侦查措施过程中知悉的国家秘密、商业秘密和个人隐私,应当保密;对于采取技术侦查措施获取的与本案无关的信息和事实资料,应当及时销毁,并制作销毁记录。采取技术侦查措施获取的材料,只能用于对犯罪的侦查、起诉和审判。公安机关依法采取技术侦查措施,有关单位和个人应当配合,并对有关情况予以保密。

最高检《刑事诉讼规则》第266条规定,采取技术侦查措施收集的物证、书证及其他证据材料,侦查人员应当制作相应的说明资料,写明获取证据的时间、地点、数量、特征以及采取技术侦查措施的批准机关、种类等,并签名和盖章。

(三)秘密侦查措施

我国《刑事诉讼法》第151条肯定了控制下交付和隐匿身份侦查两种秘密侦查措施的合法性。

1. 隐匿身份侦查

为查明案情,在必要时,经县级以上公安机关负责人决定,可由侦查人员或侦查机关指定的其他人员隐匿其身份,以便接近犯罪集团或潜伏于犯罪集团内部调查案件。我国《刑事诉讼法》限定该侦查措施适用的案件范围,实践中主要用于侦查跨国犯罪、有组织犯罪、毒品犯罪等重大案件。隐匿身份侦查措施的运用应坚守两条底线:一是"不得诱使他人犯罪"——不得诱使他人产生犯罪意图;二是"不得采用可能危害公共安全或发生重大人身危险的方法"——为骗取信任,允许与犯罪分子共同实施一些违法犯罪行为,但不得危害公共安全或造成他人重大的人身危险。

2. 控制下交付

控制下交付,是指公安机关在发现非法或可疑的物品后,在对物品进行秘密监控的情况下,允许非法或可疑物品继续流转,为彻底查明该案所采取的侦查措施。在我国的刑事司法框架下,控制下交付主要是针对涉及给付毒品等违禁品或财务的犯罪活动。是否实施控制下交付,应当由县级以上公安机关负责人视侦查犯罪的实际需要决定。

▶ 八、通缉

(一)通缉的概念

通缉,是指公安机关在一定的地区内公开发布通报,搜寻追捕应当逮捕而又在逃的犯罪嫌疑人或者在逃犯的一种侦查行为。通缉是公安机关通力合作、协同作战共同打击犯罪的有效措施,对抓获在逃的犯罪嫌疑人具有十分重要的作用。

(二)通缉的程序

根据我国《刑事诉讼法》的规定,通缉应当遵守以下程序:

(1)通缉的对象必须是依法应当逮捕而又在逃的犯罪嫌疑人,对不够逮捕条件而又在逃的,不能采取通缉措施。被通缉的对象可以是犯罪后即已逃跑的犯罪嫌疑人,也可以是被羁押后因看管不严逃跑的犯罪嫌疑人,还可以是在服刑时逃跑的已决罪犯。

(2)有权发布通缉令的只能是县级以上的公安机关。各级公安机关可以在自己管辖的地区以内,直接发布通缉令;超出自己管辖的地区,应当报请有权决定的上级机关发布。人民检察院需要通缉在逃犯罪嫌疑人,应商请公安机关发布通缉令。

(3) 通缉令应当写清被通缉人的姓名、性别、曾用名、绰号、年龄、籍贯、住址、口音、体貌特征、逃走时衣着和简要案情,并附照片。此外通缉令中还应写明与发布通缉令单位的联系方式。必要时,经县级以上公安机关负责人批准,通缉令中可以发布犯罪嫌疑人的视频资料。

(4) 为发现重大犯罪线索,追缴涉案财物、证据,查获犯罪嫌疑人,必要时,经县级以上公安机关负责人批准,可以在自己管辖的地区内发布悬赏通告。悬赏通告应写明悬赏对象的基本情况和赏金的具体数额。

(5) 需要对犯罪嫌疑人在口岸采取边控措施的,应当按照有关规定制作边控对象通知书,经县级以上公安机关负责人审核后,层报省级公安机关批准,办理全国范围内的边控措施。需要限制犯罪嫌疑人人身自由的,应当附有关法律文书。紧急情况下,需要采取边控措施的,县级以上公安机关可以出具公函,先向当地边防检查站交控,但应当在7日以内按照规定程序办理全国范围内的边控措施。

(6) 各地公安机关接到通缉令后,应迅速采取有效措施,积极追捕被通缉人。一切国家机关、团体、企事业单位和公民有义务协助追捕,一经发现,立即扭送司法机关。

(7) 通缉令发出之后,如果又发现新的重要情况,可以发补充通报,通报中必须注明通缉令的编号和日期。通缉对象被捕获归案、自动投案或者已经死亡,发布通缉令的公安机关应当在原发布范围内撤销通缉令。

▶ 九、辨认

(一) 辨认的概念

辨认是指在侦查中,为了查明某人、某物是否同犯罪有联系,或者是无名尸体的身份,侦查机关组织被害人、目睹人及其他知情人对人、物、尸体进行识别的一种侦查行为。

(二) 辨认的程序

我国《刑事诉讼法》虽然未对辨认作出规定,但根据最高人民检察院和公安部有关规定以及侦查实践,辨认必须按照基本的诉讼规则和程序来进行:

(1) 辨认应当在侦查人员主持下进行,并应邀请见证人参加。组织对犯罪嫌疑人进行辨认的,应当经办案部门负责人或者检察长批准。人民检察院主持进行辨认时,可以商情公安机关参加或者协助。

(2) 辨认前要详细询问辨认人、被辨认人或被辨认物体的具体特征,并认真做好询问笔录,以便和辨认结果核对。

（3）采取分别辨认和混杂辨认的方式。分别辨认：如果有数个辨认人对同一个被辨认对象进行辨认时，应让辨认人分别进行辨认，以免互相影响，干扰辨认结果的客观性。混杂辨认：辨认犯罪嫌疑人时，被辨认人人数不少于5人（公安部门规定不少于7人），照片不少于5张（公安部门规定不少于10张）。辨认物品时，同类物品不少于5件，照片不少于5张。严禁任何诱导和暗示。

（4）辨认的形式可以分为公开辨认和秘密辨认。秘密辨认的结果不能作为诉讼证据使用，只能作为侦查线索，如果需要用作证据，则应该重新组织公开辨认。辨认的有关情况应当制作笔录，并由所有参加辨认的人员签名或者盖章。对辨认对象应当拍照，必要时应对辨认过程进行录音录像。

第三节 侦查终结

一、侦查终结的概念和条件

侦查终结，是指侦查机关对刑事案件进行了一系列侦查活动之后，认为事实已经查清，证据确实、充分，足以对侦查对象作出认定，而决定结束侦查，依法对案件作出处理或提出处理意见的一项诉讼活动。

侦查终结是整个侦查程序中必不可少的、最后的工作内容。依法完成侦查终结工作，侦查程序的全过程才算完成，案件才能最后脱离侦查阶段转入下一诉讼程序。侦查终结的条件是：案件经过一系列的侦查活动，事实已经清楚，证据确实、充分，法律手续完备。以上三个条件必须同时完备。

二、侦查终结的处理

（一）制作结案报告

结案报告应包括以下内容：犯罪嫌疑人的基本情况；是否采取了强制措施及理由；案件的事实和证据；法律依据和处理意见。

公安机关侦查的案件，结案报告由县级以上公安机关负责人批准，重大、复杂、疑难案件应集体讨论决定。

人民检察院侦查的案件，结案报告由侦查部门的负责人审核，检察长批准。

（二）听取辩护律师意见

辩护律师在侦查终结前提出要求的，侦查机关应听取辩护律师的意见，并记录在案。辩护律师提出书面意见的，应附卷。[①]

---

① 孙长永著：《侦查程序与人权：比较法考察》，中国方正出版社2000年版，第258页以下。

三、移送审查起诉的条件

（一）犯罪事实清楚

犯罪事实清楚,是指犯罪嫌疑人,犯罪的时间、地点,犯罪的动机、目的,犯罪的手段、犯罪的结果以及犯罪的具体情节都已查清,并且没有遗漏罪行和其他应当追究刑事责任的人。

（二）证据确实、充分

证据确实、充分,是指证明犯罪嫌疑人犯罪事实、情节的每一个证据都已经查证属实,证据与证据之间没有矛盾(或者矛盾已经被排除),能够相互印证,并且形成一个完整的证明体系,完全可以确定犯罪嫌疑人有罪和犯罪情节的轻重。

（三）证据的性质和罪名认定正确

证据的性质和罪名认定正确,是指根据查明的事实和法律规定,足以对犯罪嫌疑人犯了某种罪或者某几种罪的性质和罪名作出正确的认定。

（四）法律手续完备

法律手续完备,是指侦查机关在进行各项侦查活动过程中都履行了相应的法律手续,如拘留有拘留证,搜查有搜查证,扣押物证已开列扣押清单等。同时,进行侦查活动的各项手续还必须符合法律规定的要求,如讯问笔录要有被讯问人和侦查人员签名或者盖章。

（五）依法应当追究刑事责任

根据已查明的事实和《刑法》规定,只有犯罪嫌疑人应当被追究刑事责任的,侦查机关才能作出移送审查起诉的决定;如果发现对犯罪嫌疑人不应当追究刑事责任的,则应作出撤销案件的决定。

四、撤销案件的条件

犯罪嫌疑人的行为缺乏犯罪构成要件,不构成犯罪的;或者本案根本不存在犯罪事实或者有《刑事诉讼法》第15条规定的6种情形之一的,不追究刑事责任。

五、侦查羁押期限

侦查羁押期限,是指在侦查中犯罪嫌疑人从逮捕到侦查终结的时间段。如果侦查机关不能在侦查羁押期限内侦查终结,则应依法释放犯罪嫌疑人或变更强制措施。

根据我国《刑事诉讼法》及相关规定,侦查羁押期限可分为一般羁押期限、延长羁押期限、重新计算羁押期限和不计入羁押期限共四种。

（一）一般羁押期限

依据我国《刑事诉讼法》第154条,一般刑事案件的侦查羁押期限不得超过2

个月。该期限仅指犯罪嫌疑人被逮捕之后的羁押期限,在此之前的拘留期限不计入其中。

(二)延长羁押期限

依据我国《刑事诉讼法》第154—157条,我国的侦查羁押期限实际上可无限延长。

(1)我国《刑事诉讼法》第154条规定,对于案情复杂、期限届满不能终结的案件,可经上一级人民检察院批准延长1个月。

(2)我国《刑事诉讼法》第156条规定,下列案件在《刑事诉讼法》第154条规定的期限届满不能侦查终结的,经省、自治区、直辖市人民检察院批准或决定,可延长2个月,即下列案件的侦查羁押期限最长可达5个月:第一,交通十分不便的边远地区的重大复杂案件;第二,重大的犯罪集团案件;第三,流窜作案的重大复杂案件;第四,犯罪涉及面广,取证困难的重大复杂案件。经省级人民检察院直接受理立案侦查的案件,属上述情形的可直接决定延长2个月。

(3)我国《刑事诉讼法》第157条规定,对犯罪嫌疑人可能判处10年有期徒刑以上刑罚,依照本法第156条规定延长期限届满,仍不能侦查终结的,经省、自治区、直辖市人民检察院批准或者决定,可以再延长2个月。即这类案件的侦查羁押期限最长可达7个月。省级人民检察院直接受理立案侦查的案件,属于上述情形的可直接决定延长2个月。

(4)我国《刑事诉讼法》第155条规定,因特殊原因,在较长时间内不宜交付审判的特别重大复杂的案件,由最高人民检察院报请全国人大常委会批准延期审理。

根据《六部委规定》,公安机关对案件提请延长羁押期限时,应在羁押期限届满7日前提出,并书面呈报延长羁押期限案件的主要案情和延长羁押期限的具体理由,人民检察院应当在羁押期限届满前作出决定。

最高人民检察院直接侦查的案件,符合我国《刑事诉讼法》第155条、第156条和第157条规定的条件,需延长侦查羁押期限的,由最高人民检察院依法决定。

(三)重新计算羁押期限

根据我国《刑事诉讼法》及相关规定,遇有下列情况可重新计算羁押期限。

(1)侦查期间,发现犯罪嫌疑人另有重要罪行的,自发现之日起依《刑事诉讼法》第154条的规定重新计算侦查羁押期限。公安机关在侦查期间,发现犯罪嫌疑人另有重要罪行,重新计算侦查羁押期限的,由公安机关决定,不再经人民检察院批准,但须报人民检察院备案,人民检察院可进行监督。

(2)犯罪嫌疑人不讲真实姓名、住址,身份不明的,应对其身份进行调查,侦查羁押期限自查清其身份之日起计算,但不得停止对其犯罪行为的调查取证。对犯罪事实清楚,证据确实、充分的,也可按其自报的姓名移送人民检察院审查起诉。

应当注意的是,侦查监督部门审查延长侦查羁押期限、审查重新计算侦查羁押期限案件,可以讯问犯罪嫌疑人,听取辩护律师意见,调取案卷及相关材料等。

(四)不计入羁押期限

我国《刑事诉讼法》第147条规定,对犯罪嫌疑人、被告人作精神病鉴定的期间不计入办案期限(包括侦查羁押期限),其他鉴定耗费的时间均应计入办案期限。

第四节 补充侦查

一、补充侦查的概念和意义

补充侦查,是指公安机关或者人民检察院依照法定程序,在原有侦查工作的基础上,对案件中的部分事实情况作进一步调查、补充证据的一种诉讼活动。

补充侦查并不是每一个刑事案件都必须经过的诉讼程序,它只适用于事实不清、证据不足或遗漏罪行、遗漏同案犯罪嫌疑人的案件。正确、及时进行补充侦查,对于公、检、法清犯罪,防止和纠正在诉讼过程中可能发生或已经发生的错误和疏漏,保证不枉不纵、不错不漏,准确适用国家法律,具有十分重要的意义。

二、补充侦查的种类和形式

根据诉讼阶段的不同,刑事诉讼中的补充侦查可以划分为审查批捕阶段的补充侦查、审查起诉阶段的补充侦查和法庭审理阶段的补充侦查三种;再者,根据补充侦查的提出主体不同,可以将其划分为退回补充侦查和自行补充侦查两种。以下按诉讼阶段之不同加以论述。

(一)审查批捕阶段的补充侦查

根据我国《刑事诉讼法》第88条的规定,人民检察院对于公安机关提请批准逮捕的案件进行审查后,对于不批准逮捕的,人民检察院应当说明理由,需要补充侦查的,应当同时通知公安机关。《六机关规定》第27条规定:"人民检察院审查公安机关提请批准逮捕的案件,应当作出批准或不批准逮捕的决定,对报请批准逮捕的案件不另行侦查。"根据这一规定,人民检察院在审查批准逮捕阶段,由于只有7天的期限,时间较短,人民检察院既不自行补充侦查,也不得要求公安机关进行补充侦查。对于不符合逮捕条件的案件,只是在作出不批准逮捕决定后向公安机关说明理由,如果认为需要补充侦查的,应当通知公安机关。但通知补充侦查,并不是审查批捕阶段的补充侦查,而是不批捕决定做出后的建议。

(二)审查起诉阶段的补充侦查

我国《刑事诉讼法》第171条第2、3、4款规定:"人民检察院审查案件,对于需要补充侦查的,可以退回公安机关补充侦查,也可以自行侦查。对于补充侦查的案件,应当在1个月以内补充侦查完毕。补充侦查以二次为限。补充侦查完毕移送人民检察院后,人民检察院重新计算审查起诉期限。对于二次补充侦查的案件,人民检察院仍然认为证据不足,不符合起诉条件的,应当作出不起诉的决定。"根据这一规定,审查起诉阶段的补充侦查,由人民检察院决定,既可以由公安机关执行,也可由人民检察院自行补充侦查。

(三)法庭审理阶段的补充侦查

根据我国《刑事诉讼法》第198条、第199条和相关司法解释的规定,在法庭审理过程中,检察人员发现提起公诉的案件需要补充侦查,并提出补充侦查建议的,人民法院可以延期审理。最高法《适用刑事诉讼法的解释》第223条规定,在庭审过程中,公诉人发现案件需要补充侦查,提出延期审理建议的,合议庭应当同意。为了维护被告人的合法权益,合议庭在案件审理过程中,发现被告人可能有自首、立功等法定量刑情节,而起诉和移送的证据材料中没有这方面的证据材料的,应当建议人民检察院补充侦查。法庭审理时补充侦查只能由人民检察院自行进行,必要时可以要求公安机关协助。补充侦查应当在1个月以内进行完毕,补充侦查的次数不得超过2次。法庭宣布延期审理后,人民检察院在补充侦查的期限内没有提请人民法院恢复法庭审理的,人民法院应当按人民检察院撤诉处理。

第五节 侦 查 监 督

▶ 一、侦查监督的概念和意义

侦查监督,是指人民检察院依法对侦查机关的侦查活动是否合法进行的法律监督。根据我国《刑事诉讼法》的规定,公安机关、国家安全机关、监狱和军队保卫部门、走私犯罪侦查机关、人民检察院的侦查部门均享有侦查权。对侦查机关的侦查工作的监督是人民检察院法律监督工作的重要内容之一。

侦查监督对于保证侦查机关的侦查工作的依法进行,及时纠正违法侦查行为,保障公民的合法权益,具有十分重要的意义。

▶ 二、侦查监督的范围

人民检察院对侦查活动进行监督,旨在发现、纠正侦查机关及其侦查人员以下违法行为:采用刑讯逼供等非法方法收集犯罪嫌疑人供述的;采用暴力、威胁等非法方法收集证人证言、被害人陈述,或以暴力、威胁等方法阻止证人作证或指使他人作伪证的;伪造、隐匿、销毁、调换、私自涂改证据,或帮助当事人毁灭、伪造证据的;徇私舞弊,放纵、包庇犯罪分子的;故意制造冤、假、错案的;在侦查活动中利用职务之便谋取非法利益的;非法拘禁他人或者以其他方法非法剥夺他人人身自由的;非法搜查他人身体、住宅或者非法侵入他人住宅的;非法采取技术侦查措施的;在侦查过程中不应当撤案而撤案的;贪污、挪用、私分、调换、违反规定使用查封、扣押、冻结的财务及其孳息的;对于本案无关的财物取查封、扣押、冻结措施,或者应当解除查封、扣押、冻结不解除的;应当退还取保候审保证金而不退还的;违反刑事诉讼法关于决定、执行、变更、撤销强制措施规定的;侦查人员应当回避而不回避的;对犯罪嫌疑人拘留、逮捕、指定居所监视居住后依法应当通知家属而未通知的;应当依法告知犯罪嫌疑人诉讼权利而不告知的,影响犯罪嫌疑人行使刑事诉讼权利的;阻碍当事人、辩护人、诉讼代理人依法行使诉讼权利的;讯问犯罪嫌疑人依法应当录音或者录像而没有录音或者录像的;在侦查中有其他违反《刑事诉讼法》有关规定的行为的。

三、侦查监督的方式

(一)审查逮捕、审查起诉

人民检察院通过审查逮捕、审查起诉或侦查机关执行批准或不批准逮捕的决定情况发现违法侦查行为后,可以直接监督纠正。侦查监督部门、公诉部门发现侦查人员在侦查活动中的违法行为情节严重,构成犯罪的,应移送本院侦查部门审查,并报告检察长。侦查部门审查后应提出是否立案侦查的意见,报检察长决定。并对不属于本院管辖的,应移送有管辖权的人民检察院或其他机关处理。监所检查部门发现侦查机关违反法律规定的羁押和办案期限的,应当依法提出纠正违法意见,并通报侦查监督部门。

(二)审查释放被逮捕的犯罪嫌疑人或变更强制措施的情况

对情节较轻的违法情形,由检察人员以口头方式向侦查人员或侦查机关负责人提出纠正意见,并及时向本部门负责人汇报,必要时,由部门负责人提出。对情节较重的违法情形,应在报请检察长批准后,向侦查机关发出纠正违法通知书。人民检察院发出纠正违法通知书的,应根据侦查机关的回复,监督落实整改;没有回复的,应督促侦查机关回复。人民检察院提出的纠正意见不被接受,且公安机关要求复查的,应当在收到公安机关的书面意见后7日内进行复查。经过复查,该级人民检察院认为纠正违法意见正确的,应当及时向上一级人民检察院报告;认为纠正违法意见错误的,应及时撤销。上一级人民检察院经审查,认为下级人民检察院意见正确的,应通知同级侦查机关督促下级侦查机关纠正;上一级人民检察院认为下级人民检察院纠正违法的意见错误的,应通知下级人民检察院撤销。下级人民检察院应当执行,并及时向公安机关及有关侦查人员说明情况,同时将调查结果及时回复申诉人、控告人。

侦查监督部门或公诉部门对本院侦查部门侦查活动中的违法行为,应根据情节分别处理。情节较轻的,可直接向侦查部门提出纠正意见;情节较重或需要追究刑事责任的,应报请检察长决定。上级人民检察院发现下级人民检察院在侦查活动中有违法情形,应当通知其纠正。下级人民检察院应当及时纠正,并将纠正情况报告上级人民检察院。

(三) 派员参加侦查机关对于重大案件的讨论和其他侦查活动

人民检察院发现违法侦查的行为后,情节较轻的,可以口头纠正;情节较重的,应当报检察长批准后,向公安机关发出纠正违法通知书。

(四) 受理当事人、诉讼参与人、利害关系人对违法侦查行为的申诉、控告

根据我国《刑事诉讼法》第 115 条规定,当事人和辩护人、诉讼代理人、利害关系人对于司法机关及其工作人员有下列行为之一的,有权向该机关申诉或控告:(1) 采取强制措施法定期限届满,不予以释放、解除或变更的;(2) 应当退还取保候审保证金不退还的;(3) 对与本案无关的财物采取查封、扣押、冻结措施的;(4) 应当解除查封、扣押、冻结不解除的;(5) 贪污、挪用、私分、调换、违反规定使用查封、扣押、冻结的财物的。倘若当事人和辩护人、诉讼代理人、利害关系人提出了上述情形之外的申诉或控告,人民检察院应当告知其向办理案件的机关申诉或控告。①

【拓展阅读】

西方侦查程序的发展趋势

比较刑事诉讼法学的研究揭示了这样一个现象:在英美等普通法国家,刑事诉讼的中心是审判(尤其是第一审程序)而不是侦查程序;相反,在法国、德国和意大利,侦查程序乃至整个审判前程序在刑事诉讼中则具有举足轻重的地位。可以说,与英美相比,大陆法国家具有较为完整、发达的审判前程序。

归结起来,现代西方各国基本上都抛弃了那种将侦查视为国家对公民个人进行单方面追诉的观念,大体上都能够按照"诉讼"的形态构建侦查程序,将国家追究公民刑事责任的活动纳入"诉讼"的运行轨道。无论是英美还是大陆法国家,其侦查程序都呈现出以下几个方面的发展趋势:

(1) 普遍建立了针对侦查行为的司法授权和审查机制。

侦查程序中存在的最大"诉讼"问题是如何对那些涉及限制公民权益的侦查行为进行司法审查问题。在这一方面,西方各国普遍建立了由法官颁布许可令的"令状制度"。无论是逮捕、搜查、扣押、窃听还是羁押、保释或者其他强制性措施,司法警察或检察官都要事先向法官或者法院提出申请,后者经过专门的司法审查程序,认为符合法定的条件后,才能许可进行上述侦查活动。这样,强制措施的实施必须取得法官的授权和审查。侦查机构只能在法定特殊情况下才能自行实施上述措

---

① 史立梅著:《法学原理与案例讲堂——刑事诉讼法》,北京师范大学出版社 2013 年版,第 249 页以下。

施,但一般要立即送交法官或者法院作出决定。在西方各国的侦查构造中,负责侦查的警察、检察官尽管有权实施具体的侦查行为,但对于那些涉及限制或者剥夺公民个人自由、财产、隐私等权益的强制性侦查措施,却没有最终的决定权,而要向司法官员提出申请,由后者依法发布许可的令状。这显然是所谓"司法最终裁决"这一现代法治原则的典型体现,也符合"控诉与裁判职能分离"这一基本诉讼原则。

(2) 普遍建立了对审前羁押的司法控制机制。

大体说来,西方各国通过以下途径对审前羁押实施司法控制:第一,逮捕和拘留被设计成保证嫌疑人到场或到庭的手段,因此只能带来较短时间的羁押,而正式的审前羁押则一律要由法官或法院在控辩双方同时参与下专门加以确定。第二,法官对于是否适用羁押以及羁押期间的问题,按照法庭审理的方式进行确定。这种程序性裁判活动具有典型的控、辩、裁三方主体参与的诉讼构造,并按照控辩双方平等对抗、法官居中裁判这一诉讼原则进行运作,使得有关羁押问题的裁判能够严格按照法定的条件和程序来进行。第三,在有关适用羁押的实体性限制方面,各国确立了所谓的"比例原则"(又称为"相适应原则"),要求法官在确定羁押期间时要考虑被告人所涉嫌的犯罪的性质和被告人逃避诉讼的可能性等诸多程序性因素。第四,对于审前羁押,各国普遍要求只在最必要的情况下加以适用,一般不将适用羁押作为保证诉讼进行的一般原则,而使其尽可能地成为一种例外和最后的措施。第五,各国都允许嫌疑人、被告人对其所受的羁押措施随时向法院提起申诉或者上诉,以期引起法院对羁押合法性问题进行事后的司法救济,如发布"人身保护令"等。不少国家还确定了向法院提起这种诉讼的法定期限,超过此期间,嫌疑人和被告人都可以直接提请有关法院进行司法审查。第六,各国都建立了针对不公正羁押措施的国家赔偿制度,保证遭受不当羁押的被告人获得由一中立的司法机构主持的赔偿听审机会。

(3) 被告人的沉默权和律师帮助权得到较为普遍的确立。

作为无罪推定原则的基本要求,任何侦查机构都不得强迫被告人自证其罪,被告人因此在接受讯问时享有保持沉默的权利和不作陈述的自由。这一权利目前在西方各国大体上都得到了确立。例如,在英美,警察逮捕嫌疑人以及对其进行讯问之前必须告知其有权保持沉默,否则整个讯问程序均属无效,由此获得的被告人口供也将被排除在法庭之外。在德国和意大利,警察、检察官在对嫌疑人进行讯问之前要告知其没有义务进行陈述。而在法国,司法警察、检察官以及预审法官在对嫌疑人、被告人进行讯问之前尽管不必告知其有权保持沉默,但也并不赋予其进行陈述的义务,被告人的沉默权从理论上还是能够得到保障的。当然,在英美,被告人在行使沉默权时也逐渐出现了一些例外情况。

作为与沉默权具有同等重要性的获得律师帮助的权利,在西方各国的侦查程序中也普遍地得到保证。在英美,被告人在被逮捕时就要被告知有权委托律师给予帮助，如果无力委托，政府将为其指定一名律师提供法律援助。以后在讯问之前还要重复告知这些权利。在德国和意大利，警察、检察官和法官在进行第一次讯问之前，都要告知被告人有权获得律师的帮助，对于符合法定条件的被告人还要提供免费的律师帮助。

(4) 辩护律师在侦查中的参与范围得到扩大。

与嫌疑人、被告人诉讼主体地位的增强相适应的是，辩护律师在侦查程序中的参与范围得到逐步扩大。在英美，辩护律师有权在警察讯问被告人时始终在场，并可以代被告人行使其所享有的各项诉讼权利，如申请保释、申请就羁押问题进行司法审查，参加法官就一些涉及被告人权利的事项举行的听审程序等。而在德国，法官和检察官在对被告人进行讯问时，辩护律师有权到场，但在警察讯问时，则一般不允许律师到场。在意大利，无论是司法警察还是检察官对被告人进行讯问，都必须允许甚至通知辩护律师到场参与，甚至连检察官和警察进行一些侦查活动，辩护律师也有权直接参与。在法国，预审法官对被告人进行的任何讯问，都必须通知辩护律师到场参与，但警察进行的讯问则一般不允许律师到场。不过，无论在英美还是在大陆法国家，辩护律师在侦查阶段都可以与在押的嫌疑人、被告人进行秘密的会见和通讯；辩护律师能够阅览侦查机构制作的案卷材料；辩护律师的职业秘密都得到法律的确立和司法机构的尊重。这些传统上属于英美律师的权利，也逐渐为大陆法国家的律师所享有。

(5) 普遍通过司法裁判程序对侦查活动进行制约。

在西方各国刑事诉讼中，法院在法庭审判过程中仍要对侦查活动进行司法审查。这种审查有两个方面：一为实体性审查，即就被告人在法律上是否有罪作出最终的裁判；二为程序性审查，即就侦查活动的合法性作出权威的裁判。为完成后一项审查，法庭则要对侦查机构收集、检察官提交的证据是否合法进行独立的审查，对于通过严重违反诉讼程序、侵犯公民基本权利和自由的手段获得的各种证据，即使确认其具有证明力，也要排除于法庭之外。这就使得侦查活动在法庭审判乃至司法救济阶段仍能受到司法机构的继续制约和控制。①

【思考题】

1. 不定项选择题

在刑事诉讼中，下列哪些材料不得作为鉴定结论使用？（　　）

A. 材料甲，系被害人到医院就诊时医生出具的诊断证明

B. 材料乙，盖有某鉴定机构公章，但签名人系被撤销鉴定人登记的人员

C. 材料丙，由具有专门知识但因职务过失犯罪受过刑事处罚的张某作出

---

① 陈瑞华：《刑事侦查构造之比较研究》，载《政法论坛》1999年第5期。

D. 材料丁,经依法登记的司法鉴定机构指定的鉴定人王某作出

2. 多项选择题

关于技术侦查,下列哪些说法是正确的?（　　）

A. 适用于严重危害社会的犯罪案件
B. 必须在立案后实施
C. 公安机关和检察院都有权决定并实施
D. 获得的材料需要经过转化才能在法庭上使用

3. 案例分析题

案情：李某于2012年7月毕业后到某国有企业从事财务工作。因无钱买房,单位又不分房,在同学、朋友及亲戚家里四处借住,如何弄钱买一套住房成为他的心结。

2013年4月,单位有一笔80万元现金未来得及送银行,存放于单位保险柜,李某借职务之便侵吞了全部现金并伪造外人盗窃现场。李某用该款购买了一套公寓。

李某的反常行为被单位举报到检察机关,检察机关反贪技术侦查部门当即实施技术侦查措施,查明系李某作案并予以立案。在刑事拘留期间,李某供认了全部犯罪事实。鉴于本人最终认罪并将全部赃物全部追回,根据本案特殊情况和办案需要,检察机关决定对其采取指定居所监视居住。

2013年7月该案提起公诉。李某及其辩护律师向法院提出李某在拘留期间遭受了严重的刑讯逼供,要求排除非法证据。

问题：

（1）检察机关对李某贪污行为采取技术侦查措施,是否正确?为什么?

（2）根据我国《刑事诉讼法》,技术侦查措施在使用主体、案件范围和适用程序上有哪些特殊要求?

（3）检察机关对李某采取指定居所监视居住措施是否正确?为什么?

（4）法院处理李某及其辩护人申请排除非法证据的程序步骤是什么?

第十六章 起诉

要点提示

- 起诉的概念及意义。
- 审查起诉的内容、方法和期限。
- 审查完毕后有哪些处理方式?
- 提起公诉需经何种程序?
- 了解支持公诉制度。

【案例思考】

2012年某市印染厂女工赵某突然失踪,其家人发现她失踪后多方寻找未果,几天后,在郊区一片废弃的建筑工地上发现其尸体。该市公安局经立案、侦查,认为该市印染厂的司机钱某有嫌疑。侦查终结后,公安局于2012年10月31日将案件移送至该市检察院审查起诉。市检察院接到公安局移送起诉的案件后,由检察员孙某一人仅对犯罪嫌疑人钱某进行了讯问,即认为证据不足,遂于2012年11月12日退回公安局补充侦查。2012年12月19日,公安局补充侦查完毕,再移送起诉。市检察院经过审查,认为证据仍然不足以证明钱某实施了杀人行为,遂于2013年2月10日作出了证据不足不起诉的决定。市检察院公开宣布该不起诉决定,并于2013年2月12日将不起诉决定书送达了公安局、犯罪嫌疑人钱某、被害人赵某的母亲李某。市公安局认为不起诉决定不当,于是继续羁押钱某并向上一级检察院即该省人民检察院提请复议,省检察院维持了不起诉决定。

请思考:

1. 市检察院在审查起诉过程中有哪些地方违反了我国《刑事诉讼法》的相关规定?

2. 市公安机关对不起诉决定提出异议时,有哪些地方违背了我国《刑事诉讼法》的规定?

第一节 刑事起诉概述

一、起诉的概念

刑事起诉,是指国家公诉机关和享有控诉权的公民,依法向法院提起诉讼,请求法院对指控的内容进行审判,以确定被告人刑事责任并依法予以刑事制裁的诉讼活动。起诉是刑事诉讼程序中不可或缺的一个重要环节。根据我国《刑事诉讼法》的有关规定,即按照行使追诉权主体的不同,刑事诉讼可以分为公诉和自诉两种方式。公诉是指依法享有刑事起诉权的国家专门机关代表国家向法院提起诉讼,要求法院通过审判确定被告人犯有被指控的罪行并给予相应的刑事制裁的诉讼活动。公诉亦有狭义和广义之分。自诉则是指刑事被害人及其法定代理人、近亲属等,以个人的名义向法院起诉,要求保护被害人的合法权益,追究被告人刑事责任的诉讼活动。

▶ 二、刑事起诉的分类和原则

人类社会最早的起诉方式是私诉。即犯罪发生后,一般由被害人及其近亲属等直接向有管辖权的司法机关控告犯罪人。随着社会的发展,犯罪性质的深入、司法经验的积累以及国家职能的进一步强化,更重要的是,犯罪的泛滥也从根本上危害了国家和社会利益,对整个统治秩序都构成威胁。于是,统治阶级为了加强惩罚危害国家利益和统治秩序的犯罪,开始设立专门的机构和官员来承担起诉职能。而公元14世纪,法国设立了代表国家对犯罪进行追诉的检察官及检察机关,标志着公诉制度在刑事诉讼中得到正式确认。由于设立公诉可以克服单纯自诉的不足,同时更有利于同犯罪作斗争,它已逐渐成为世界各国刑事诉讼中的主要起诉形式。

现代各国的刑事起诉制度主要分为两种类型:一种是刑事起诉完全实行公诉的方式,即刑事案件的起诉权被国家垄断,排除被害人自诉,例如日本,就由检察官独占犯罪追诉权;另一种是刑事公诉兼自诉制度,即较为严重的犯罪案件由监察机关代表国家提起刑事公诉,而少数轻微的刑事案件允许公民自诉。例如俄罗斯、德国及我国。而对于符合起诉条件的刑事公诉案件是否必须向审判机关起诉的问题,也存在两种不同的原则:一是起诉法定原则,即只要被告人的行为符合法定起诉条件,公诉机关就不享有自由裁量的权力,必须起诉,而不得考虑犯罪嫌疑人及其罪行是否有酌定起诉具体情节。西方学者认为,采取这种方式,强调的是起诉的合法性、公平性。因此它又被称为起诉合法原则,可以避免公诉机关滥用公诉权。但是,它欠缺对案件的具体情况的考虑,并且不能充分体现诉讼的效率原则,因此,起诉法定原则在司法实践中日益受到冲击。二是起诉便宜原则,即被告人的行为具备起诉条件的,是否起诉,由检察官根据被告人及其行为的具体情况以及刑事政策等因素自由裁量。由于起诉便宜原则赋予检察机关在提前公诉问题上有一定的自由裁量权,公诉机关可以根据案件的具体情节和刑事政策的有关规定决定有无追诉的必要,从而有利于实现刑法的价值目标,所以,世界上大多数国家的刑事诉讼法确认起诉便宜原则。现代刑事诉讼则强调起诉法定原则与起诉便宜原则的两元并存,强调二者的相互补充。

我国刑事诉讼实行以公诉为主、自诉为辅的犯罪追诉机制,即在对刑事犯罪实行国家追诉的同时,兼采被害人追诉主义。绝大多数刑事案件由人民检察院代表国家向人民法院提起公诉,只有部分刑事案件由被害人及其法定代理人、近亲属直接向人民法院提起自诉,由人民法院直接受理。我国实行公诉为主、自诉为辅的起诉机制的目的是在保护国家利益、社会利益的同时,最大限度地保护被害人等的个人合法权益。公诉和自诉两种控诉形式互相补充,构成了我国刑事起诉的完整体系。在起诉原则上,我国以采用起诉法定原则为主,兼采起诉便宜原则,检察官的起诉裁量权受到严格限制。

在我国,提起公诉是指行使国家公诉权的检察机关,对公安机关侦查终结移送起诉的案件或者对自行侦查终结的案件,经过全面审查,确认侦查阶段所收集的证据已经确实、充分,犯罪嫌疑人的行为已经构成犯罪,依法应当追究其刑事责任而提请人民法院审判的一项诉讼活动。提起公诉是我国刑事诉讼程序中的重要阶段,是人民检察院的重要职权。提起公诉是侦查终结后的一个独立的诉讼阶段,是人民检察院单独行使检察权的范畴,与其他诉讼阶段相比,具有下列特点:

(1) 代表国家对公安机关侦查终结移送起诉的案件和自行侦查终结的案件,进行全面审查。

(2) 根据事实和法律,对案件分别决定起诉、不起诉或者撤销案件,并制作相应的法律文书。

(3) 通过对公安机关移送案件的审查,实行侦查监督,纠正违法的侦查行为。

(4) 对于决定提起公诉交付审判的案件,做好出庭支持公诉的准备工作,并将案卷材料、证据移送人民法院;对于决定不起诉或者撤销的案件,从综合治理的目的出发做好善后工作。

▶ 三、起诉的意义

起诉是连接侦查与审判的唯一桥梁,是刑事诉讼的关键性程序之一,具有非常重要的意义:首先,起诉是审判程序之前的必经程序。不告不理是现代刑事诉讼的一项基本原则。所以,起诉是刑事审判的前提,没有起诉,也就没有审判。其次,当社会主体的权益受到犯罪行为侵害时,需要借助国家审判力量予以保护,惩罚犯罪,恢复权益的正常状态。而起诉正是向审判提供对象的活动。因此,起诉对于有效地惩罚犯罪和保障人权,都具有重要意义。最后,起诉程序公正都具有非常重要的意义。在公诉案件中,人民检察院通过审查起诉和提起公诉活动,可以对侦查机关侦查终结后移送起诉的案件从认定事实到适用法律进行全面审查,监督侦查工作依法进行;将符合起诉条件的人起诉到人民法院,保障准确惩罚犯罪,使无辜的人和依法不受追诉的人尽早从形式诉讼程序中解脱出来。在自诉案件中,通过提起自诉和对自诉的审查,既能够解决人民群众告状难的问题,也可以保证案件处理的准确性,顺利实现诉讼公正与效率的双重价值。

第二节 审查起诉

审查起诉,是指人民检察院在提起公诉阶段,为了确定对侦查终结的刑事案件是否应当提起公诉,而对侦查机关确认的犯罪事实和证据、犯罪性质和罪名进行审查核实,并作出处理决定的一项诉讼活动。它是实现人民检察院公诉职能的一项最基本的准备工作,也是人民检察院对侦查活动实行法律监督的一项重要手段。因此,它对保证人民检察院正确地提起公诉,发现和纠正侦查活动中的违法行为,具有重要意义。

▶ 一、审查起诉的内容

根据我国的有关规定,人民检察院对于公安机关移送审查起诉的案件,应当在7日内进行审查,审查的期限计入审查起诉的期限。人民检察院收到公安机关的起诉意见书后,应当指定检察人员审查案件是否属于本院管辖,起诉意见书以及案卷材料是否齐备,案卷装订、移送是否符合有关规定和要求,诉讼文书、技术性鉴定材料是否单独装订成卷,作为证据使用的实物是否随卷移送及移送的实物与物品清单是否相符,犯罪嫌疑人是否在案及采取强制措施的情况。经过审查,对具备受理条件的,填写受理审查起诉登记表。对移送的起诉意见及其他材料不符合有关规定和要求或者有遗漏的,应当要求公安机关按照要求制作后移送或者在3日内补送。对于犯罪嫌疑人在逃的,应当要求公安机关采取措施保证在逃的犯罪嫌疑人到案后另案移送审查起诉,对在案的犯罪嫌疑人的审查起诉应当照常进行。人民检察院审查起诉部门受理本院侦查部门移送审查起诉的案件,应当按照上述程序办理。

根据我国《刑事诉讼法》第168条和《人民检察院刑事诉讼规则(试行)》第363条的规定,人民检察院对于移送审查起诉的案件,必须查明以下内容:

(1) 犯罪嫌疑人身份状况是否清楚。犯罪嫌疑人的身份状况包括姓名、性别、国籍、出生年月、职业和单位等。

(2) 犯罪事实、情节是否清楚,认定犯罪性质和罪名的意见是否正确;有无法定的从重、从轻、减轻或者免除处罚的情节;对于共同犯罪案件的犯罪嫌疑人在犯罪活动中的责任的认定是否恰当。

(3) 证据材料是否随案移送,不宜移送的证据的清单、复制件、照片或者其他证明文件是否随案移送。

(4) 证据是否确实、充分。犯罪事实和情节是否清楚,是由证据加以证明的。只有掌握了确实、充分的证据,才能准确认定犯罪事实,因此,在审查犯罪事实、情节时,必须对侦查中所获得的全案证据进行分析、鉴别,看其是否客观、全面、真实;是否与案件事实有关,是否充分;证据的证明效力如何;收集证据的程序是否合法。在审查时,既要注意证明有罪和罪重的证据,也要注意证明无罪和罪轻的证据,并注意各种证据之间有无矛盾,特别是犯罪嫌疑人的供述和其他证据之间有无矛盾。

(5) 有无遗漏罪行和其他应当追究刑事责任的人。是否属于不应当追究刑事责任的情况。在审查起诉时,除了划清罪与非罪的界限之外,还要从事实、情节、法律规定等方面审查犯罪嫌疑人是否属于不应追究刑事责任的情况。我国《刑事诉讼法》第 15 条规定了不予追究刑事责任的六种情形,凡是具有规定的六种情形之一的,都不应追究刑事责任。一经查明,应当依法作出不起诉的处理决定。这样,在依法追究犯罪嫌疑人刑事责任的同时,又避免无罪的人或依法不应追究刑事责任的人受到错误的追究。

(6) 有无附带民事诉讼。对于国家财产、集体财产遭受损失的,由人民检察院提起附带民事诉讼;被害人由于被告人的犯罪行为遭受直接物质损失的,在刑事诉讼过程中,有权提起附带民事诉讼。因此,人民检察院在对案件进行审查时,还必须审查犯罪嫌疑人的犯罪行为是否给国家、集体和公民个人造成财产上的损失以及损失的大小。如果是国家、集体财产受到损失,被害人没有提起附带民事诉讼的,人民检察院应当主动告知被害人有权提起附带民事诉讼,以保护被害人的合法权益。

(7) 采取的强制措施是否恰当,侦查活动是否合法。我国《刑事诉讼法》第 8 条规定:"人民检察院依法对刑事诉讼实行法律监督。"对侦查机关的侦查活动是否合法实行监督,是人民检察院实施法律监督的重要途径。这种监督主要通过提起公诉阶段对侦查机关移送审查的案件进行审查来实现。在审查起诉时,一旦发现侦查活动有违法情况,应及时提出纠正违法的意见,侦查机关应当将纠正的情况告知人民检察院。对于在侦查活动中有刑讯逼供、贪污、挪用赃款、赃物以及徇私枉法等行为,情节严重,构成犯罪的,应当依法追究刑事责任。

(8) 与犯罪有关的财物及其孳息是否被扣押、冻结并妥善保管,以供核查。对被害人合法财产的返还和对违禁品或不宜长期保存的物品的处理是否妥当,移送的证明文件是否完备。

▶ 二、审查起诉的步骤和方法

在人民检察院审查起诉阶段,实行专人审查、集体讨论、检察长决定的制度。根据我国《刑事诉讼法》的有关规定和司法实践经验,审查起诉的基本步骤和方法应当如符合以下要求:

(1) 各级人民检察院审查起诉的案件应与人民法院审判管辖相适应。人民检察院受理同级公安机关移送审查起诉的案件,经审查认为属于上级人民法院管辖的第一审案件,应当退回同级公安机关,由其按照案件管辖规定交由上级公安机关,向同级人民检察院移送审查起诉;该级人民法院必要时也可以写出审查报告,连同案卷材料报送共同上级人民检察院指定。上级人民检察院受理同级公安机关移送审查起诉的案件,认为属于下级人民法院管辖的,可以建议同级公安机关按照案件管辖规定,交由下级公安机关向同级人民检察院移送审查起诉;也可以直接交下级人民检察院审查起诉。

(2) 审阅案卷材料。审阅案卷材料是检察机关接触案件、掌握案情的开始,侦查机关或侦查部门移送的案卷材料是检察机关查清事实、核实证据的基础。根据最高检《刑事诉讼规则》第360条第2款规定,办案人员应当全面审阅案卷材料,必要时制作阅卷笔记。对于物证、书证、视听材料、勘验、检查笔录存在疑问的,可以要求侦查人员提供相关的情况说明,必要时也可以询问提供证据材料的人员或者进行技术鉴定。对证人证言笔录中存在的疑点或者认为对证人的询问不够全面具体的,可以再次对证人进行询问调查,并制作笔录。

(3) 讯问犯罪嫌疑人。根据我国《刑事诉讼法》第170条规定,人民检察院审查案件,应当讯问犯罪嫌疑人。这一规定表明讯问犯罪嫌疑人是办案人员审查案件的必经程序。在审查起诉阶段讯问犯罪嫌疑人的目的,在于通过办案人员直接听取犯罪嫌疑人的供述和辩解,核实犯罪嫌疑人在侦查阶段口供的可靠性,分析口供与其他证据之间有无矛盾,查清犯罪事实和情节的具体细节,以便正确认定犯罪性质和罪名,同时了解犯罪嫌疑人的思想动态、认罪悔罪态度和是否聘请律师辩护等情况。通过办案人员直接讯问,还可以发现有无遗漏罪行和其他应当追究刑事责任的人,发现侦查人员在侦查活动中有无刑讯逼供、诱供、骗供等违法情况。最高检《刑事诉讼规则》第364条第1款规定,人民检察院审查案件应当讯问犯罪嫌疑人,并制作笔录附卷。

(4) 听取被害人意见。根据我国《刑事诉讼法》第170条规定,人民检察院审查案件,应当听取被害人意见。最高检《刑事诉讼规则》第365条规定,对于无法直接听取被害人意见的,可以通知被害人提出书面意见,在指定期限内未提出意见的,应记录在案。办案人员直接听取被害人的意见包括两个方面的内容:一是通过询问被害人进一步查清案件事实,核实其他证据;二是听取被害人关于案件处理的意见以及对惩罚犯罪的要求,告知被害人有权就因犯罪行为遭受的物质损害提起附带民事诉讼。

(5) 听取辩护人和诉讼代理人的意见。根据我国《刑事诉讼法》第170条规定,人民检察院审查案件,应当听取辩护人、被害人及其诉讼代理人的意见,并记录在案。辩护人、被害人及其诉讼代理人提出书面意见的,应当附卷。最高检《刑事诉讼规则》第365条规定,直接听取辩护人、被害人及其诉讼代理人的意见有困难的,可以通知辩护人、被害人及其诉讼代理人提出书面意见,在指定期限内未提出意见的,应当记录在案。因此,听取被害人、犯罪嫌疑人委托人的意见是人民检察院审查案件的必经程序,对相关口头意见应记录在案,对相关书面意见应附卷保管。

(6) 补充侦查。根据我国《刑事诉讼法》第171条第2款的规定,在审查起诉阶段的补充侦查,是指人民检察院通过审查发现案件事实不清、证据不足或遗漏罪行、同案犯罪嫌疑人等情形,不能作出提起公诉或者不起诉决定,而采取的补充进行有关专门调查等工作的一项诉讼活动。补充侦查的目的在于查清有关事实和证据,以决定是否将犯罪嫌疑人交付审判。这里所说补充侦查,包括两种情况:一是指人民检察院自行补充侦查,其适用情况包括:非主要的犯罪事实、情节认定不清,证据不足,侦查机关侦查活动有违法情况,人民检察院在事实和证据认定上与侦查机关有较大分歧,以及案件已经过退查仍未查清的案件等。二是检察院退回公安机关补充侦查,这主要适用于主要犯罪事实不清、证据不足,或者遗漏了很重要犯罪事实,遗漏了应当追究刑事责任的同案犯罪嫌疑人,或者需要采用技术性较强的专门侦查手段才能查清事实的案件等。

(7) 作出决定。一般来说,人民检察院的检察人员审查起诉,应当首先全面阅卷,找出疑点、矛盾后,再有的放矢地讯问犯罪嫌疑人,听取被害人和犯罪嫌疑人、被害人委托的人的意见,以解决案卷中存在的问题。如果发现新情况,根据需要作进一步的调查和补充侦查。检察人员对案件经过一系列审查活动,查清全部案件事实以后,应当拟写案件审查意见书,根据审查的具体情况,提出起诉或者不起诉以及是否需要提前附带民事诉讼的意见,报请审查起诉部门负责人审核,审查起诉部门负责人对案件进行审核后,应当提出审核意见,报请检察长或者检察委员会决定起诉或者不起诉。

需要指出,根据我国《刑事诉讼法》第 171 条第 1 款规定,人民检察院审查案件,可以要求公安机关提供法庭审判所必需的证据材料;认为可能存在本法第 54 条规定的以非法方法收集证据情形的,可以要求其对证据收集的合法性作出说明。这是我国《刑事诉讼法》配合庭审方式改革而作出相应的规定,也是审查起诉阶段适用非法证据排除规则的具体要求。从配合庭审方式改革角度,在公诉案件庭审中,公证人负有举证证明被告人犯有被指控罪行的责任,公诉人要当庭向法庭出示物证、书证等各种证据材料,让当事人辨认、质证。因此,对于公安机关提供的证据不足以支持检察机关提起控诉,可以要求公安机关提供法庭审判所必需的证据材料。实质上,这是将检察机关审查起诉职能与职权予以强化的重要方式。我国《刑事诉讼法》第 132 条还规定:人民检察院审查案件的时候,对公安机关的勘验、检查,认为需要复验、复查时,可以要求公安机关复验、复查,并且可以派检察人员参加。最高检《刑事诉讼规则》规定,认为对犯罪嫌疑人或被害人需要进行医学鉴定的,应当要求公安机关进行或者交由公安机关移送有鉴定资格的医学机构进行。必要时可以由人民检察院进行或者由人民检察院移送有鉴定资格的医学机构进行。这些规定对于公安机关、人民检察院做好补充侦查,查明案件事实具有重要作用。同时,根据我国《刑事诉讼法》第 54 条第 2 款规定,检察机关在审查起诉时发现有应当排除的证据的,应当依法予以排除,不得作为起诉决定的依据。因此,对检察机关而言,需要对证据的合法性进行充分审查,而要求公安机关就证据收集的合法性作出说明是重要途径之一。

三、审查起诉的期限

我国《刑事诉讼法》第 169 条规定："人民检察院对于公安机关移送起诉的案件,应当在 1 个月以内作出决定,重大、复杂的案件,可以延长半个月。人民检察院审查起诉的案件,改变管辖的,从改变后的人民检察院收到案卷之日起计算审查起诉期限。"该条对审查起诉的期限以及改变管辖后审查起诉期限的计算,都作出了明确的规定。这一规定是长期审查起诉经验的总结,是符合准确、及时办案要求的。根据我国《刑事诉讼法》第 171 条第 3 款的规定,对于补充侦查的案件,补充侦查完毕移送人民检察院后,人民检察院重新计算审查起诉期限。以上规定的审查起诉的期限是针对犯罪嫌疑人被羁押的案件来说的,实践中对犯罪嫌疑人未被羁押的案件,人民检察院不受 1 个月至 1 个半月期限的限制,既可以在 1 个月至 1 个半月内完成,也可以超过这个期限,但是,必须贯彻迅速、及时原则,不得中断对案件的审查。此外,在审查起诉过程犯罪嫌疑人在逃的,人民检察院应当中止审查,并按照我国《刑事诉讼法》的有关规定作出通缉的决定并通知公安机关执行。共同犯罪中的部分犯罪嫌疑人在逃的,对在逃犯罪嫌疑人应当中止审查,对其他犯罪嫌疑人的审查起诉应当照常进行。中止审查应当由审查部门负责人提出意见报请检察长决定。中止审查的时间不计入审查起诉的期限。

第三节 决定起诉

审查起诉的目的在于决定是否需要对某一案件提起公诉。提起公诉,是指人民检察院代表国家,对于公安机关侦查终结移送审查起诉的案件以及自行侦查终结的案件,经过全面审查,认为犯罪事实已经查清,证据确实、充分,依法应当追究刑事责任的,向人民法院提起诉讼。公诉是检察机关代表国家向被告人提出控告,要求法院通过审判追究被告人刑事责任的活动。他表明被告人正受到国家的刑事追究,将面临法院的刑事审判并可能被判处刑罚,直接影响到公民的人身权利和其他合法权利。因此,检察机关对于是否提起公诉的把握十分关键,对于不符合提起公诉条件的案件,应当做出不起诉决定。

一、决定提起公诉

为了保证起诉质量,正确行使国家刑事追诉权,防止因错诉使无罪的人受到刑事追究,法律对公诉规定了明确的条件,只有符合以下条件,检察院才能决定提起公诉。

根据我国《刑事诉讼法》第 172 条的规定,人民检察院提起公诉时,必须具备以下条件:

（1）犯罪嫌疑人的犯罪事实已经查清。犯罪事实是对犯罪嫌疑人正确定罪和处罚的基础，只有查清犯罪事实，才能正确定罪量刑。因此，人民检察院提起公诉，必须首先查清犯罪嫌疑人的犯罪事实。这里的"犯罪事实"，是指影响定罪量刑的犯罪事实，包括：第一，确定犯罪嫌疑人实施的行为是犯罪，而不是一般违法行为的事实。第二，确定犯罪嫌疑人是否负刑事责任或者免除刑事责任的事实。比如犯罪嫌疑人的主观状态（包括故意、过失、动机和目的），犯罪嫌疑人的年龄、精神状态等。第三，确定对犯罪嫌疑人应当从轻、减轻或者从重处罚的事实。查清上述各项事实就符合犯罪嫌疑人的犯罪事实已经查清的条件。实践中，就具体案件来说，具有下列情形之一的，可以确认犯罪事实已经查清：第一，属于单一罪行的案件，与定罪量刑有关的事实已经查清，不影响定罪量刑的事实无法查清的；第二，属于数个罪行的案件，部分罪行意见查清并符合起诉条件，其他罪行无法查清的；第三，无法查清作案工具、赃物去向，但有其他证据足以对被告人定罪量刑的；第四，言词证据中主要情节一致，只有个别情节不一致且不影响定罪的。对于符合上述第二种情况的，应当以已经查清的罪行起诉。因此，对那些并不影响定罪量刑的事实，则没有必要查清，司法实践中那种查清案件的一切事实后才提前公诉的做法是不可取的。

（2）证据确实、充分。证据是认定犯罪事实的客观依据。因此，人民检察院指控犯罪嫌疑人实施犯罪行为，必须要有确实、充分的证据。证据确实，是对证据质的要求，是指用以证明犯罪事实的每一证据必须是客观真实存在的事实，同时与犯罪事实有内在的联系，能够证明案件的事实真相。证据充分，是对证据量的要求，只要一定数量的证据足够证明犯罪事实，就达到了证据充分性的要求。证据确实与证据充分是相互联系、不可分割的两个方面，证据确实必须以证据充分为条件，如果证据不充分，那么证据确实也无法达到；反之，如果证据不确实，那么证据再充分，也不能证明案件真实。因此，证据确实、充分是提起公诉的一个必要条件。

（3）依法应当追究刑事责任。依照法律规定，犯罪嫌疑人实施了某种犯罪，并非一定要负刑事责任。根据我国《刑法》《刑事诉讼法》的有关规定，有些犯罪行为为法定不予追究刑事责任的情形。因此，决定对犯罪嫌疑人提起公诉，还必须排除法定不予追究刑事责任的情形。依法应当追究犯罪嫌疑人的刑事责任，就成为对其提起公诉的又一必要条件。

总之，对犯罪嫌疑人决定提起公诉，必须同时具备上述三个条件，缺少上述三个条件的任何一个，都不能对犯罪嫌疑人提起公诉。

二、决定不起诉

不起诉，是指人民检察院对公安机关侦查终结移送起诉的案件或者对自行侦查终结的案件，经过审查后，认为犯罪嫌疑人具有我国《刑事诉讼法》第15条规定的不追究刑事责任的情形,或者犯罪嫌疑人犯罪情节轻微、依法不需要判处刑罚或免除刑罚,或者经两次补充侦查尚未达到起诉条件,或者对于未成年人涉嫌侵犯人身权利、民主权利,侵犯财产,妨害社会管理秩序犯罪,可能判处1年有期徒刑以下刑罚,符合起诉条件,但有悔罪表现的,而作出的不将案件移送人民法院进行审理的决定。不起诉是人民检察院审查案件的结果之一,具有终止诉讼的法律效力。不起诉决定具有终止刑事诉讼的效力,其性质是人民检察院确认犯罪嫌疑人的行为不构成犯罪或者依法不追究其刑事责任的诉讼上处分。

(一)不起诉的种类

根据我国《刑事诉讼法》的有关规定,不起诉分为法定不起诉、酌定不起诉、存疑不起诉和附条件不起诉四类。

1. 法定不起诉

法定不起诉,又称绝对不起诉,是指犯罪嫌疑人没有犯罪事实或者具有《刑事诉讼法》第15条规定的不追究刑事责任情形之一的,人民检察院应当作出的不起诉决定。法定不起诉是法律规定的应当不起诉。《刑事诉讼法》第173条第1款规定:"犯罪嫌疑人没有犯罪事实,或者有本法第十五条规定的情形之一的,人民检察院应当作出不起诉决定。"这里规定的"应当作出不起诉决定",是指人民检察院遇到犯罪嫌疑人没有犯罪事实或者具有《刑事诉讼法》第15条规定的情形之一时,只能依法作出不起诉决定,没有自由裁量的余地。除了犯罪嫌疑人没有犯罪事实的情形之外,根据《刑事诉讼法》第15条的规定,法定不起诉还有以下六种情形:(1)犯罪嫌疑人实施的行为情节显著轻微,危害不大,不认为是犯罪的。(2)犯罪嫌疑人的犯罪已过追诉时效期限的。(3)犯罪嫌疑人的犯罪经特赦令免除刑罚的。(4)依照《刑法》规定告诉才处理的犯罪,没有告诉或者撤回告诉的。(5)犯罪嫌疑人、被告人死亡的。(6)其他法律规定免予刑事责任的。

以上情形,有的没有犯罪事实,有的不认为是犯罪,有的是不应追究刑事责任或无法追究刑事责任,总之都不具备起诉的法定条件。因此,人民检察院在审查起诉中,对于具有上述情形之一的,都应当作出不起诉决定,而无须权衡作出这一决定是否适宜,这是法定不起诉不同于酌定不起诉的重要特征。

2. 酌定不起诉

酌定不起诉,又称相对不起诉,是指人民检察院认为犯罪嫌疑人的犯罪情节轻微,依照《刑法》规定不需要判处刑罚,可以作出的不起诉决定。

我国《刑事诉讼法》第173条第2款规定:对于犯罪情节轻微,依照《刑法》规定不需要判处刑罚或者免除刑罚的,人民检察院可以作出不起诉决定。根据这一规定,酌定不起诉必须同时具备两个条件:一是犯罪嫌疑人实施的行为触犯了刑律,符合犯罪构成的要件,已经构成犯罪;二是犯罪行为情节轻微,依照《刑法》规定不需要判处刑罚或者免除刑罚。《刑法》第37条规定:对于犯罪情节轻微不需要判处刑罚的,可以免予刑事处罚,但是可以根据案件的不同情况,予以训诫或责令具结悔过、赔礼道歉、赔偿损失,或者由主管部门予以行政处罚或者行政处分。这是《刑法》规定的不需要判处刑罚的情形。依照《刑法》规定,免除刑罚的情形主要是指:(1)犯罪嫌疑人在中华人民共和国领域外犯罪,依照我国《刑法》规定应当负刑事责任,但在外国已经受过刑事处罚的。(2)犯罪嫌疑人又聋又哑,或者是盲人犯罪的。(3)犯罪嫌疑人因防卫过当或紧急避险超过必要限度,造成不应有的危害而犯罪的。(4)为犯罪准备工具、制造条件的。(5)在犯罪过程中自动中止或自动有效地防止犯罪结果发生的。(6)在共同犯罪中,起次要或辅助作用的。(7)被胁迫、诱骗参加犯罪的。(8)犯罪嫌疑人自首或者在自首后有立功表现的。

在司法实践中,人民检察院在确认犯罪嫌疑人具有上述情形之一时,只有在其犯罪情节轻微的前提条件下才可以作出不起诉决定。人民检察院要根据犯罪嫌疑人的年龄、犯罪动机和目的、手段以及危害后果等情节以及其一贯表现进行综合考虑,在确实认为作出不起诉的决定更为有利时,才可以作出不起诉决定。

3. 存疑不起诉

存疑不起诉,又称证据不足的不起诉,是指检察机关对于某一案件经过补充侦查后,仍然认为证据不足,不符合起诉条件的,可以作出不起诉决定。我国《刑事诉讼法》第171条第4款规定:对于二次补充侦查的案件,人民检察院仍然认为证据不足,不符合起诉条件的,应当作出不起诉的决定。根据我国《刑事诉讼法》第171条规定,补充侦查的案件应在1个月内补充侦查完毕,补充侦查以两次为限。因此,经过两次补充侦查,对于事实仍未查清、证据不足的案件,人民检察院应当作出不起诉的决定。案件经过两次补充侦查,具有下列情形之一,不能确定犯罪嫌疑人构成犯罪和需要追究刑事责任的,属于证据不足,不符合起诉条件:(1)犯罪构成要件事实缺乏必要的证据予以证明的;(2)据以定罪的证据存在疑问,无法查证属实的;(3)据以定罪的证据之间、证据与案件事实之间的矛盾不能合理排除的;(4)根据证据得出的结论具有其他可能性,不能排除合理怀疑的;(5)根据证据认定案件事实不符合逻辑和经验法则,得出的结论明显不符合常理的。人民检察院根据上述情形作出不起诉决定后,如果发现新的证据,证明案件符合起诉条件,那么可以撤销不起诉决定,提起公诉。

对于存疑不起诉应当注意的是,只有案件经过两次补充侦查后,人民检察院仍然认为案件事实不清、证据不足的,才应当作出不起诉决定。因此,案件经过两次补充侦查和案件事实不清、证据不足,是《刑事诉讼法》规定的这种酌定不起诉的必要条件,人民检察院必须严格执行。只有这样,才可以既防止放纵犯罪分子,又防止久侦不决、久押不放的现象,更好地保护公民的合法权益。

4. 附条件不起诉

附条件不起诉,是指对于未成年人涉嫌侵犯人民权利、民主权利,侵犯财产,妨害社会管理秩序犯罪,可能判处1年有期徒刑以下刑罚,符合起诉条件,但有悔罪表现的,人民检察院可以作出附条件不起诉的决定。

根据《刑事诉讼法》的相关规定,人民检察院在作出附条件不起诉的决定以前,应当听取公安机关、被害人的意见。对附条件不起诉的决定,公安机关有权要求复议,提请复核;被害人有权申诉或提起自诉。未成年犯罪嫌疑人及其法定代理人对人民检察院决定附条件不起诉有异议的,人民检察院应当作出起诉的决定。在附条件不起诉的考验期内,由人民检察院对被附条件不起诉的未成年犯罪嫌疑人进行监督考察。未成年犯罪嫌疑人的监护人,应当对未成年嫌疑人加强管教,配合人民检察院做好监督考察工作。附条件不起诉的考验期为6个月以上1年以下,从人民检察院作出附条件不起诉的决定之日起计算。

被附条件不起诉的未成年犯罪嫌疑人,应当遵守下列规定:(1)遵守法律法规,服从监督;(2)按照考察机关的规定报告自己的活动情况;(3)离开所居住的市、县或者迁居,应当报经考察机关批准;(4)按照考察机关的要求接受矫治和教育。此外,被附条件不起诉的未成年犯罪嫌疑人,在考验期内有下列情形之一的,人民检察院应当撤销附条件不起诉的决定,提起公诉:(1)实施新的犯罪或者发现决定附条件不起诉以前还有其他犯罪需要追诉的;(2)违反治安管理规定或者考察机关有关附条件不起诉的监督管理规定,情节严重的。被附条件不起诉未成年犯罪嫌疑人,在考验期内没有上述情形,考验期满的,人民检察院应当作出不起诉的决定。

（二）不起诉的程序

同起诉决定一样,人民检察院对犯罪嫌疑人作出的不起诉决定,也是对案件处理的一种结果,因而是一项十分严肃的工作。不起诉决定一经作出,即具有法律效力,因此,为了保证人民检察院不起诉决定的质量,及时发现和纠正可能发生的差错,我国《刑事诉讼法》规定了不起诉的诉讼程序,其具体内容如下:

1. 制作不起诉决定书。

凡是不起诉的案件,人民检察院都应当制作不起诉决定书,这是人民检察院代表国家依法确认不追究犯罪嫌疑人刑事责任的决定性法律文书,具有法律效力。不起诉决定书应当包括以下主要内容:(1)不起诉决定书的名称、编号;(2)犯罪嫌疑人的基本情况,包括犯罪嫌疑人的姓名、出生年月日、出生地、民族、文化程度、职业、住址、身份证号码,是否受过刑事处罚,以及拘留、逮捕的年月日等;(3)案由和案件来源;(4)案件事实,包括否定或者指控犯罪嫌疑人构成犯罪的事实以及其他作为不起诉决定根据的事实;(5)不起诉的理由和法律根据,写明作出不起诉决定适用的《刑事诉讼法》条款;(6)查封、扣押、冻结的涉案款物的处理情况;(7)检察长署名,制作日期和加盖院印;(8)附注事项。

2. 不起诉决定书的宣布和送达。

依照我国《刑事诉讼法》的规定,不起诉的决定书应当公开宣布,同时应当将不起诉决定书分别送达下列机关和人员:(1)被不起诉人和他的所在单位。被不起诉人在押的,应当立即释放。(2)对于公安机关移送起诉的案件,应当将不起诉决定书送达公安机关。(3)对于有被害人的案件,应当将不起诉决定书送达被害人。

3. 解除查封、扣押、冻结。

我国《刑事诉讼法》第173条第3款规定:人民检察院决定不起诉的案件,应当同时对侦查中查封、扣押、冻结的财物解除查封、扣押、冻结。侦查中对犯罪嫌疑人的财物采取查封、扣押、冻结,是一种强制侦查措施,其目的在于防止犯罪嫌疑人转移财物,保证判决的执行。人民检察院对案件作出不起诉决定后,就终止了刑事诉讼,应当同时对侦查中查封、扣押、冻结的财物解除查封、扣押、冻结。对于公安机关作出的查封、扣押、冻结,人民检察院应当以口头或者书面形式通知公安机关或者执行公安机关查封、扣押、冻结决定的机关解除查封、扣押、冻结。

4. 移送有关主管机关处理。

根据我国《刑事诉讼法》第173条第3款规定,对被不起诉人需要给予行政处罚、行政处分或者需要没收其违法所得的,人民检察院应当提出检察意见,移送有关主管机关处理。有关主管机关应当将处理结果及时通知人民检察院。

5. 对公安机关的意见进行复议、复核。

根据我国《刑事诉讼法》第175条的规定,对于公安机关移送起诉的案件,人民检察院决定不起诉的,应当将不起诉决定书送达公安机关。公安机关认为不起诉决定有错误的时候,可以要求复议,人民检察院审查起诉部门应当另行指定检察官进行审查并提出审查意见,经审查起诉部门负责人审核后,报请检察长或检察委员会决定。人民检察院应当在收到要求复议意见书后的30日内作出复议决定,通知公安机关。公安机关认为复议决定有错误的,还可以向上一级人民检察院申请复核,上一级人民检察院收到公安机关提请复核的意见书后,应当交由审查起诉部门办理。审查起诉部门应当指定检察官进行审查并提出审查意见,经审查起诉部门负责人审核后,报请检察长或者检察委员会决定。上一级人民检察院应当在收到提请复核意见书后的30日内作出复核决定并通知下级人民检察院和公安机关。改变下级人民检察院的决定的,应当撤销下级人民检察院作出的不起诉决定,交由下级人民检察院提起诉讼。

6. 对被害人、被不起诉人的申诉进行复查。

根据我国《刑事诉讼法》第176条和第177条的规定,对于有被害人的案件,决定不起诉的,人民检察院应当将不起诉决定书送达被害人。被害人不服,可以自收到决定书后7日以内向上一级人民检察院申诉、请求提起公诉。人民检察院应当将复查决定告知被害人。对于人民检察院依照《刑事诉讼法》第173条第2款规定作出的不起诉决定,被不起诉人不服的,可以自收到决定书后7日以内向人民检察院申诉。人民检察院应当作出复查决定,应当送达被害人和作出不起诉决定的下级人民检察院。上一级人民检察院经复查作出起诉决定的,应当撤销下级人民检察院的不起诉决定,交由下级人民检察院提起公诉,并将复查决定抄送审查起诉的公安机关。被不起诉人在申诉期限内向人民检察院提出申诉的,由人民检察院的控告申诉部门受理,控告申诉部门复查后提出复查意见,认为应当维持不起诉决定的,报请检察长作出复查决定;认为应当撤销不起诉决定、提起公诉的,报请检察委员会作出复查决定。复查决定书应当送达被不起诉人,撤销不起诉决定的,应当同时抄送起诉的公安机关。人民检察院作出撤销不起诉决定、提起公诉的复查决定后,应当将案件交由刑事检察部门提起公诉。

此外,我国《刑事诉讼法》第176条还规定:对人民检察院维持不起诉决定的,被害人可以向人民法院起诉。被害人也可以不经申诉,直接向人民法院起诉。人民法院受理案件后,人民检察院应当将有关案卷材料移送人民法院。根据这一规定,人民检察院接到人民法院受理被害人起诉的通知后,人民检察院应当终止复查,将诉讼文书和有关的证据材料移送人民法院。法律的这一规定既体现了对被害人合法权益的充分保护,也完善了对人民检察院不起诉决定的制约制度。不起诉决定同样是人民检察院对案件的处理结果,一旦作出,就具有法律约束力,因此保证它的正确性至关重要。如果人民检察院的不起诉决定缺乏一种有效的制约方式,就难以保证错误的不起诉决定得到纠正,从而不利于保护被害人的合法权益。人民检察院的不起诉决定能够受到人民法院的制约,不正确的决定就可以通过人民法院的判决予以纠正。

第四节 提起公诉

人民检察院对于依法应当提起公诉的案件,决定提起公诉。提起公诉是国家赋予人民检察院的一项专有职权,只有人民检察院才能代表国家对犯罪提起公诉,其他任何机关,团体和个人均无权行使该权力。按照法律规定,人民检察院应当制作起诉书,按照审判管辖的规定,向人民法院提起公诉,并将案卷材料、证据移送人民法院。

▶ 一、制作起诉书

人民检察院决定起诉的,应当制作起诉书。起诉书是人民检察院代表国家向人民法院提出追究被告人刑事责任的诉讼请求的重要法律文书。从理论上讲,起诉书具有限定审判范围、阐释控诉理由、强制被告人到案等法律功能,它既是人民法院受理案件、对被告人进行审判的依据,也是控、辩双方进行法庭调查和辩论的基础。既直接关系到被告人的切身利益,也关系到国家法律的正确、统一实施,因此,制作起诉书是一项十分严肃的工作,必须做到忠实于事实真相和符合法律要求。起诉书的主要内容应当包括:

(1) 被告人的基本情况,包括姓名、性别、出生年月日、出生地和户籍地、身份证号码、民族、文化程度、职业、工作单位及职务、住址,是否受过刑事处分及处分的种类和时间,采取强制措施的情况等;如果是单位犯罪,应当写明犯罪单位的名称和组织机构代码、所在地址、联系方式,法定代表人和诉讼代表人的姓名、职务、联系方式;如果还有应当负刑事责任的直接负责的主管人员或其他直接责任人员,应当按上述被告人基本情况的内容写明。

(2) 案由和案件来源。案件事实,包括犯罪的时间、地点、经过、手段、动机、目的、危害后果等与定罪量刑有关的事实要素。起诉书叙述的指控犯罪事实的必备要素应当明晰、准确。被告人被控有多项犯罪事实的,应当逐一列举,对于犯罪手段相同的同一犯罪可以概括叙写。

(3) 起诉的根据和理由,包括被告人触犯的刑法条款、犯罪的性质及认定的罪名、处罚条款、法定从轻、减轻或者从重处罚的情节,共同犯罪各被告人应负的罪责等。

(4) 被告人真实姓名、住址。对于无法查清的,应当按其绰号或者自报的姓名、住址制作起诉书,并在起诉书中注明。被告人自报的姓名可能造成损害他人名誉、败坏道德风俗等不良影响的,可以对被告人编号并按编号制作起诉书,并附具被告人的照片记明足以确定被告人面貌、体格、指纹以及其他反映被告人特征的事项。

(5) 起诉书应当附有被告人现在处所,证人、鉴定人、需要出庭的有专门知识的人的名单,需要保护的被害人、证人、鉴定人的名单,涉案款物情况,附带民事诉讼情况以及其他需要附注的情况。

(6) 证人、鉴定人、有专门知识的人的名单应当列明姓名、性别、年龄、职业、住址、联系方式,并注明证人、鉴定人是否出庭。

▶ 二、人民检察院提起公诉的案件,应当向人民法院移送起诉书、案卷材料和证据

根据我国 1996 年《刑事诉讼法》第 150 条规定,人民检察院按照普通程序向人民法院提起公诉时,应当向人民法院移送起诉书、证据目录、证人名单和主要证据复印件或照片。证人名单应当包括在起诉前提供了证言的证人名单,证人名单应当列明证人的姓名、年龄、性别、职业、住址、通讯处。人民检察院针对具体案件移送起诉时,主要证据的范围由办案人员根据有关规定和各个证据在具体案件中的实际证明作用加以确定。现行《刑事诉讼法》第 172 条对以上规定进行了修改,规定人民检察院作出起诉决定,按照审判管辖的规定向人民法院提起公诉,应将案卷

材料、证据移送人民法院。按照这一规定，人民检察院提起公诉时，起诉书应当一式八份，每增加一名被告人增加起诉书5份。关于被害人姓名、住址、联系方式、被告人采取强制措施的种类、是否在案及羁押处所等问题，人民检察院应当在起诉书中列明，不再单独移送材料；对于涉及被害人隐私或者为保护证人、鉴定人、被害人人身安全，而不宜公开证人、鉴定人、被害人姓名、住址、工作单位和联系方式等个人信息的，可以在起诉书中使用化名替代证人、鉴定人、被害人的个人信息，但是应当另行书面说明使用化名的情况，并标明密级。按照我国现行《刑事诉讼法》的规定，人民检察院在提起公诉时，向法院移送案卷及证据材料恢复采取全案移送的方式。

第五节　支 持 公 诉

支持公诉是指检察长或检察官以国家公诉人身份出席法庭，根据事实和法律，支持检察机关对刑事被告人的指控，要求对被告人处以刑罚的诉讼活动。

根据我国《刑事诉讼法》规定，人民法院审判公诉案件，除罪行较轻，经人民法院同意的以外，人民检察院都应当派员出席法庭支持公诉。人民法院应将开庭的时间、地点在开庭的3日以前通知人民检察院。人民检察院抗诉的案件和二审人民法院要求检察院派员出庭的案件，应在开庭10日前通知检察院查阅案卷。检察人员出庭前，应全面熟悉案情，核对证据，拟定公诉词和答辩提纲。支持公诉活动主要包括：(1)宣读起诉书。(2)参加法庭调查，经审判长许可，讯问被告人、询问证人、被害人。(3)发表公诉词、参加法庭辩论。(4)对法庭审判活动实行法律监督；发现违法情况及时提请审判长予以纠正。(5)如发现起诉案件主要事实不清、证据不足或发现漏罪、漏犯，应适当纠正或建议休庭，延期审理。

【拓展阅读】

英美法系国家和大陆法系国家虽然都赋予公诉机关起诉裁量的权力，使其得以在诉讼过程中对部分案件进行分流，在一定程度上减轻了法院的负担，也有利于提高诉讼效率，节省司法资源。但是在具体做法上，又有所区别，从而体现出起诉便宜主义与起诉法定主义之间的同异。

英美刑事诉讼采用起诉便宜主义。实行当事人主义诉讼模式的英美法系注重人权的保障，与此相对应的模式是起诉便宜主义，检察官拥有广泛而几乎不受限制的自由裁量权。具体表现在：

首先，检察官的公诉裁量权不受案件性质的限制。对于轻罪案件，检察官自然享有起诉、不起诉的权力。对于重罪案件，检察官亦享有较大的自由裁量权。在英国,根据《刑事案件起诉规则》规定,公众利益是检察官考虑诉或不诉的首要问题。因此,无论是轻罪还是重罪,只要检察官认为追诉不符合公共利益,都可以裁量不予起诉。在美国,虽然检察官在决定起诉时要考虑犯罪的轻重,但还需要考虑犯罪嫌疑人的个人情况和是否有利于其改造等其他因素。即使是重罪案件,如果检察官对案件进行综合考虑后,认为起诉不利于犯罪行为人改造、不体现公众利益、无助于遏制犯罪或耗费司法资源太大时,都可以不予起诉。其次,检察官的公诉裁量权权限较为宽泛。在刑事追诉中,检察官不仅在起诉问题上享有对案件是否起诉的决定权,而且,在决定起诉的案件中,享有以何种罪名提出指控的选择权。在触犯数罪的案件中,检察官可以选择只对部分罪名提起指控;在构成一罪的案件中,检察官可以以降格罪名进行指控。在美国,检察官享受极为广泛的公诉裁量权。众所周知的辩诉交易已成为美国刑事案件的主要处理方式,几乎90%的刑事案件是通过辩诉交易来处理的。其中,选择性起诉完全属于检察官的自由裁量权,大陪审团和预审法官对此无权过问。除上述权力之外,特别是不起诉裁量权,几乎不受制约。此外,检察官还有撤回起诉、污点证人的刑事责任豁免等方面的权力。

相较之下,大陆法系国家受传统的绝对国家观的影响,重视国家的权威,遵循理性主义和严格规则主义,曾一度实行严格的起诉法定主义,否认检察官的自由裁量权。虽然19世纪末以后,基于客观现实的要求,大陆法系国家开始赋予检察官一定的自由裁量权,但仍持一种谨慎的态度,授予检察官的自由裁量权的范围较为有限,并规定了较为严格的制约措施。德国长期以来实行的是起诉法定主义。德国《刑事诉讼法典》第152条明确规定了起诉法定原则:提起公诉权,专属检察院行使。除法律另有规定外,在有足够的事实根据时,检察院负有对所有的可予以追究的犯罪行为作出行动的义务。但起诉法定原则在司法实践中受到越来越大的冲击。随着犯罪日趋复杂化,环境犯罪、经济犯罪、跨国犯罪等新的犯罪形式的出现,使调查取证出现很大困难,而司法资源却相对有限,加上德国统一以后,德国出现的财政困难,使得提高诉讼效率成为一个重要的问题。从20世纪60年代开始,德国司法界逐渐接受了起诉便宜原则,通过法律赋予检察官享有起诉斟酌权,即赋予检察官一定的自由裁量权,主要包括轻罪不起诉、附条件不起诉、证据不足不起诉、免予处罚不起诉等方面。实践中,对于轻罪案件,检察官享有不起诉等裁量权,而对于重罪案件,检察官原则上得依法提起诉讼,不享有自由裁量权。据统计,在德国,几乎50%的刑事案件是由公诉人以自由裁量的形式作出决定而撤销案件的。另外,从20世纪80年代初期开始,被认为不可能在大陆法系国家出现的辩诉交易,已经在德国频繁出现,并获得实务界的支持。

从以上几个代表性国家关于公诉裁量权的态度和规定中可以看出,由于不同的政治和社会文化(主要是特定的社会价值观与法律传统)的影响,各国对公诉裁量权的适用还存在着差异,这是因为各国都是根据本国的特定文化背景来进行制度选择的,从而在刑事诉讼价值目标的选择上表现出特殊性。伴随着刑事犯罪的激增,司法资源出现了严重不足,同时,由于各国之间法文化交流、融合的加强,两大法系检察制度呈现出共同发展的趋势。从西方国家刑事诉讼发展的情况来看,检察机关的公诉裁量权不但普遍存在,而且呈现出不断扩张的态势。

【思考题】

1. 提起公诉的条件是什么?
2. 如何制约检察院机关的不起诉裁量权?

第十七章　第一审程序

要点提示

- 刑事审判的概念、任务与基本制度。
- 公诉案件的第一审程序如何进行？
- 自诉案件的第一审程序如何进行？
- 哪些案件适用简易程序？其审理程序如何？
- 判决、裁定、决定针对的是哪些事项？

【案例思考】

被告人李某,男,1981年7月19日出生,工人。因涉嫌犯抢劫罪于2011年7月22日被逮捕。北京市朝阳区人民检察院以被告人李某犯抢劫罪,向朝阳区人民法院提起公诉。被告人辩称其无抢劫故意,不构成犯罪。

朝阳区人民法院经审理查明:被告人李某于2011年6月5日3时许,在朝阳区工人体育场西门"BABYFACE"酒吧门前,酒后无故对被害人郭某进行殴打,并将上前劝阻的刘某的iPhone4手机1部(价值人民币5000元)拿走。后李某被抓获归案,赃物已追缴并发还被害人。

朝阳区人民法院认为,被告人李某法制观念淡薄,酒后无故滋事,强拿硬要他人财物,情节严重,其行为妨害了社会管理秩序,已构成寻衅滋事罪,依法应予惩处。朝阳区人民检察院指控李某犯罪的事实清楚、证据确实、充分,但指控李某犯抢劫罪罪名不当。经查,在案证据证实李某系酒后无故对郭某进行殴打,因担心上来劝架的刘某通过手机找人报复,遂将其手机拿走,其行为符合寻衅滋事罪的构成要件,应当以寻衅滋事罪追究刑事责任,故对公诉机关的相关指控,依法应予纠正。根据《中华人民共和国刑法》第293条第3项、第61条、第67条第3款之规定,朝阳区人民法院以被告人李某犯寻衅滋事罪,判处有期徒刑1年。

在本案判决中,朝阳区人民法院改变了检察院的公诉罪名。对此种做法,有以下不同观点:第一种观点认为法院在判决中改变公诉罪名违背了法院中立、"不告不理"等现代诉讼原则,应予否定。控审分离、不告不理,是现代刑事诉讼的基本理念。其中,"不告不理"原则有两项基本要求:一是未经起诉,法院不得实施任何形式的法庭审理活动;二是法院审判的范围应当限于公诉机关指控的范围,而不得审理和判决任何未经起诉的行为,以确保法院的中立性、被动性和超然性。为了严格遵循这一原则,法院在审理过程中发现被告人还有其他犯罪事实或者公诉机关还有未指控的犯罪嫌疑人的,可以建议检察机关补充或者变更起诉,而不能直接改变起诉内容进行审理。第二种观点认为法院可以变更公诉罪名,但只能将较重的罪名改成较轻的罪名,即不能在判决书中恶化被告人的地位。法院通过判决直接改变公诉罪名,判决确认的罪名没有经过被告人发表辩护意见,这与将起诉书指控的事实和罪名提前告知被告人,以便让被告人作辩护准备的立法本意相悖,损害了被告人的辩护权。因此,本着对被告人有利的原则,法院认为公诉机关起诉认定的罪名不当,可将公诉机关指控对被告人量刑较重的罪名变更为量刑较轻的罪名。第三种观点认为,法院变更罪名不仅包括将重罪变更为轻罪,还包括将轻罪变更为重罪。起诉书对犯罪事实的法律评价及所援引的条文,只具有辅助确定审判范围的作用,对法院不具有约束力。对案件事实的法律评价属于法院的职权,法院可以依职权径行变更罪名,包括由轻罪名改为重罪名。反之,如果认为法院仅能针对公诉罪名是否成立进行评价,就意味着法院要么按照公诉机关错误的指控罪名进行认定,要么宣告被告人无罪,再由公诉机关变更起诉罪名,重新进行审理后,予以定罪。这种处理方式容易造成程序空转、诉讼拖延,增加当事人诉累和诉讼成本,为司法实践所不取。

思考:结合两大法系刑事诉讼法原则和审判对象理论,分析法院判决罪名与公诉罪名不一致的情况,应当如何处理。

第一节 概 述

▶ 一、刑事审判的含义

刑事审判,是指人民法院为了确定被告人的刑事责任,对人民检察院提起的公诉和自诉人提起自诉案件进行审理和裁判的诉讼活动。其中,审理是人民法院通过开庭或不开庭的方式,在控辩双方和其他诉讼参与人的参加下,依照法定程序调查核实证据、查明案件事实并适用法律的诉讼活动;裁判是人民法院在审理的基础上,依据刑事法律对案件实体问题和部分程序问题作出结论的诉讼活动。审理是裁判的前提,裁判是审理的结果;审理和裁判共同构成辩证统一的整体。

与民事审判、行政审判相比,刑事审判有两个基本特征:其一,刑事审判的目的是为了确定被告人的刑事责任。民事审判是为了确定平等主体之间的权利义务关系,行政审判是为了确定具体行政行为的合法性问题。而刑事审判则是为了确定被告人的刑事责任。因为刑事诉讼的目的之一是通过适用刑罚,惩罚犯罪,而确定被告人的刑事责任是适用刑罚的前提。通过确认被告人的刑事责任,犯罪人可能会被剥夺部分或者全部财产、自由,甚至是生命。这是刑事审判与民事、行政审判的重大区别之一。其二,刑事审判分为公诉案件的审判和自诉案件的审判。民事审判中的当事人,或者行政审判中的原告,往往都是与案件有利害关系的个人或者单位。而我国的刑事审判采取起诉分享主义,不仅人民检察院可以代表国家提起公诉,符合法律规定的个人和单位也可以对被告人提起自诉。且对犯罪的追诉采取"公诉为主,自诉为辅"的模式。因此,我国刑事审判分为公诉案件的审判和自诉案件的审判,这构成了刑事审判与民事、行政审判另一个重要区别。

审判是整个刑事诉讼的中心环节,是对证据、事实和法律适用进行全面审理和裁判的集中体现,对促进实体和程序公正、有效惩罚犯罪和保障人权、教育公民自觉守法等,有着多方面的理论和实践意义。长期以来,我国的刑事司法实践一直奉行"侦查中心主义",审判权虚置的现象较为严重,这削弱了刑事审判的作用,不利于保障人权、公正定案。随着《刑事诉讼法》的两次大修,诉讼构造逐渐由"侦查中心"向"审判中心"转变,刑事审判的地位愈加凸显。因此,对刑事审判相关原则、制度、程序的学习和深入研究弥足重要。

二、刑事审判的任务

刑事审判的任务,是指依据刑事诉讼法的规定,刑事审判应当承担的职责及达到的具体要求。我国刑事审判的任务可以从三个方面来理解:

(1) 审查证据与案件事实。公诉案件中被告人有罪的举证责任由人民检察院承担,自诉案件中被告人有罪的举证责任由自诉人承担。而被告人往往也会提出事实和证据来反驳控罪。因此,刑事审判的首要任务就是通过审查证据,判断指控的犯罪事实是否存在,并对控辩双方主张的事实及证据作出认定与否的宣告。

(2) 审判程序性事项。刑事审判的内容不仅包括定罪量刑等实体问题,还包括某些程序性事项,如申请回避、恢复诉讼期间、解除强制措施、请求排除非法证据等。对于这些问题,控辩双方也会提出主张及证据,并交由人民法院审查判断。

(3) 正确适用法律,对案件作出裁判。人民法院在审查判断证据、认定案件事实的基础上,还应当正确适用法律,依据刑事实体法和程序法的相关规定,对被告人的刑事责任作出全面的裁判并予以公开宣告。

刑事审判的三项任务是紧密联系、环环相扣的。审查判断证据是认定案件事实的基础;认定案件事实又是正确适用法律的前提;而法律适用问题始终贯穿在审查证据、认定事实及确定程序性事项的过程中。

三、刑事审判的基本制度

(一) 审判公开制度

我国《刑事诉讼法》第 11 条规定:"人民法院审判案件,除本法另有规定的以外,一律公开进行。……"审判公开是指人民法院审理案件和宣告判决应当公开进行,允许公民旁听,允许新闻记者采访和报道。也即是说,刑事审判程序不仅要向当事人和其他诉讼参与人公开,还要向社会公众公开。审判公开是诉讼民主化在刑事审判程序中的具体体现,已为法治国家所普遍确认,并成为国际性的刑事司法准则。例如,《世界人权宣言》第 10 条和《公民权利和政治权利国际公约》第 14 条都规定了人人有权接受法庭的公开审讯。我国《宪法》第 125 条也规定,人民法院审理案件,除法律规定的特别情况外,一律公开进行。因此,在我国,审判公开制度不仅是刑事审判的基本制度,更是一项宪法性原则。贯彻和落实审判公开制度,有利于实现公民的司法知情权和监督权;有利于防止法官专横有利于并提升刑事司法的公信力;有利于加强法制宣传,增强公众的法律意识。

根据我国《刑事诉讼法》和最高法《适用刑事诉讼法的解释》的规定,审判公开应当包括以下内容:

(1) 就公开的内容而言,审判公开包括审理公开和宣判公开。审理公开就是要公开开庭,当庭调查证据和事实,进行辩论;宣判公开就是要对判决进行公开宣告,宣布判决的内容、理由和适用的法律。因此,审判公开可以简单概括为证据公开、事实公开、认证公开、判决公开。

(2) 就公开的对象而言,审判公开包括向当事人公开和向社会公开两个方面。人民法院对刑事案件决定开庭审判后,应当确定合议庭的组成人员,将人民检察院的起诉书副本至迟在开庭 10 日前送达被告人及其辩护人;确定开庭日期后,应当将开庭的时间、地点通知人民检察院,传唤当事人,通知辩护人、诉讼代理人、证人、鉴定人和翻译人员,传票和通知书至迟在开庭 3 日以前送达;对于公开审判的案件,还应当在开庭 3 日以前先公布案由、被告人姓名、开庭时间和地点。公开审理的涉外刑事案件,外国籍当事人国籍国驻华使、领馆官员要求旁听的,可以向受理案件的人民法院所在地的高级人民法院提出申请,人民法院应当安排。

(3) 就公开的保障而言,审判公开可能成为启动二审或再审的程序性理由。在二审中,人民法院如果发现一审程序违反了公开审判的规定,应当裁定撤销原判,发回原审人民法院重新审判;如果判决已经生效,当事人还可以提出再审申诉,法院经过审查,确认原审法院违反公开审判规定的,应当按照审判监督程序对案件重新审判。

当然,审判公开并非绝对,权衡利益,亦有例外。这些例外主要表现在两个方面:其一是审判程序上的例外。虽然审判公开要求庭审程序公开,但合议庭评议却是例外,评议情况应当保密。其二是案件类型上的例外。根据我国《刑事诉讼法》第 183 条和第 274 条的规定,人民法院审判有关国家秘密或者个人隐私的案件,不公开审理;涉及商业秘密的案件,当事人申请不公开审理的,可以不公开审理;对于审判时被告人不满 18 周岁的案件,一律不公开审理。其中,"国家秘密"应根据我国《保守国家秘密法》的规定予以认定;涉及"个人隐私"的案件是指案件涉及个人不愿意公开的隐私,如若公开这些隐私将会给当事人造成不良影响,带来心理痛苦和压力;"商业秘密"的概念,根据我国《刑法》第 219 条的规定,是指不为公众所知悉,能为权利人带来经济利益,具有实用性并经权利人采取保密措施的技术信息和经营信息。

对于不公开审理的申请,人民法院在举行庭前会议时,可以向控辩双方了解情况,听取意见。最终确定不公开审理的案件,应当在开庭时宣布不公开审理的理由,除法律另有规定外,任何人不得旁听。另外,即使案件是公开审理,精神病人、醉酒的人、未经人民法院批准的未成年人以及其他不宜旁听的人也不得旁听案件审理。公开审理案件时,公诉人、诉讼参与人提出涉及国家秘密、商业秘密或者个人隐私的证据的,法庭应当制止。有关证据确与本案有关的,可以根据具体情况,决定将案件转为不公开审理,或者对相关证据的法庭调查不公开进行。被告人最后陈述的内容涉及国家秘密、个人隐私或者商业秘密的,也应当制止。对于不公开审理的未成年人犯罪的案件,经未成年被告人及其法定代理人同意,未成年被告人所在学校和未成年人保护组织可以派代表到场。对依法公开审理,但可能需要封存犯罪记录的案件,不得组织人员旁听。对未成年人刑事案件宣告判决应当公开进行,但不得采取召开大会等形式。

近年来,为了加强司法监督、克服司法腐败,各级人民法院都在积极采取措施保障审判公开的有效进行。最高人民法院也出台了多项意见和规定,并在全国范围内建立了审判公开的机制和平台。例如,最高人民法院在《关于切实践行司法为民大力加强公正司法不断提高司法公信力的若干意见》中,要求各级法院加快建设审判流程公开、裁判文书公开、执行信息公开三大平台;完善法院领导干部接待日制度和新闻发言人制度;重视运用网络、微博、微信等现代信息技术和方式,扩大司法公开的影响力,丰富司法民主的形式和内容。对社会广泛关注的案件和普遍关心的纠纷,要主动、及时、全面、客观地公开,有针对性地回应社会公众的关切和疑惑。要正确对待来自社会各方面的意见与建议,善于正面引导社会舆论,逐步形成司法审判与社会舆论常态化的良性互动。在此指导下,各地人民法院在落实审判公开制度方面取得了明显的成效。例如,多数法院已经开始利用数字资源同步公开庭审信息,并将裁判文书全文挂网。

(二)人民陪审员制度

人民陪审员制度是指依照法定程序产生的人民陪审员与职业法官共同组成合议庭审判案件的司法制度。人民陪审员制度是司法民主化的集中体现,是司法公正的重要保障,是社会公众监督法院审判工作的具体路径,也是对公众进行法制宣传和教育的重要形式。根据我国《刑事诉讼法》第178条规定,基层人民法院、中级人民法院审判第一审案件,应当由审判员3人或者由审判员和人民陪审员共3人组成合议庭进行。高级人民法院、最高人民法院审判第一审案件,应当由审判员3人至7人或者由审判员和人民陪审员共3人至7人组成合议庭进行。人民陪审员在人民法院执行职务,同审判员有同等的权利。而且,为依法保障和规范人民陪审员参加审判活动,促进司法公正,全国人民代表大会常务委员会于2004年颁布了《关于完善人民陪审员制度的决定》(本章以下称《决定》),最高人民法院、司法部也于同年颁布了《关于人民陪审员选任、培训、考核工作的实施意见》(本章以下称《意见》),最高人民法院也于2010年颁布了《关于人民陪审员参加审判活动若干问题的规定》(本章以下称《规定》)。据此,人民陪审员制度包括以下主要内容:

(1)人民陪审员制度的适用范围。对于刑事诉讼来讲,人民陪审员制度仅适用于一审普通程序,其案件范围是:其一,社会影响较大的刑事案件。其中"社会影响较大"主要是指：涉及群体利益的；涉及公共利益的；人民群众广泛关注的；其他社会影响较大的。其二，刑事被告人申请由陪审员参加合议庭审判的案件。人民法院征得被告人同意由人民陪审员和法官共同组成合议庭审判案件的，视为申请。

（2）人民陪审员的资格条件。公民担任人民陪审员，应当具备以下条件：其一，拥护中华人民共和国宪法；其二，年满23周岁；其三，品行良好、公道正派；其四，身体健康。担任人民陪审员，一般应当具有大学专科以上文化程度。但是，对于执行《规定》要求的人民陪审员的文化条件确有困难的地方，以及年龄较大、群众威望较高的公民，担任人民陪审员的文化条件可以适当放宽。人民代表大会常务委员会的组成人员，人民法院、人民检察院、公安机关、国家安全机关、司法行政机关的工作人员和执业律师等人员，不得担任人民陪审员。公民不得同时在两个以上的基层人民法院担任人民陪审员。因犯罪受过刑事处罚和曾经被开除公职的，也不得担任人民陪审员。

（3）人民陪审员的任免。选任人民陪审员，应当遵循公平、公正、公开的原则。应当注意吸收社会各阶层人员，以体现人民陪审员来源的广泛性。基层人民法院根据本辖区案件数量、人口数量、地域面积、民族状况等因素，并结合上级人民法院从本院随机抽取人民陪审员的需要，对本院人民陪审员的名额提出意见，提请同级人民代表大会常务委员会确定。基层人民法院应当在人民陪审员选任工作开始前1个月，向社会公告人民陪审员的名额、选任条件、程序等相关事宜。符合担任人民陪审员条件的公民，可以由其所在单位或者户籍所在地的基层组织向基层人民法院推荐，或者本人提出申请，由基层人民法院会同同级人民政府司法行政机关进行审查，并由基层人民法院院长提出人民陪审员人选，提请同级人民代表大会常务委员会任命。必要时，由基层人民法院会同同级人民政府司法行政机关到公民所在单位、户籍所在地或者经常居住地的基层组织进行调查。基层人民法院应当将任命决定书面通知人民陪审员本人及其所在单位、户籍所在地或者经常居住地的基层组织，并将任命名单抄送同级人民政府司法行政机关，同时向社会公告。人民陪审员的任期为5年。

人民陪审员职务免除的情形主要是：其一，本人申请辞去人民陪审员职务；其二，无正当理由，拒绝参加审判活动，影响审判工作正常进行；其三，具有《决定》第5条、第6条所列情形的；其四，违反与审判工作有关的法律及相关规定，徇私舞弊，造成错误裁判或者其他严重后果的。对此，人民陪审员所在地基层人民法院应当会同同级人民政府司法行政机关进行查证，如果属实，由基层人民法院院长提请同级人民代表大会常务委员会决定对人民陪审员职务予以免除。基层人民法院应当将免职决定书面通知被免职者本人及其所在单位、户籍所在地或者经常居住地的基层组织，并将免职名单抄送同级人民政府司法行政机关，同时向社会公告。

（4）人民陪审员的抽选。第一审人民法院决定适用普通程序审理案件后，应当明确告知被告人在收到通知5日内有权申请由人民陪审员参加合议庭审判。人民法院接到被告人的申请后,如符合规定,应当组成有人民陪审员参加的合议庭进行审判。基层人民法院应当在人民陪审员名单中随机抽取确定,中级、高级人民法院需要人民陪审员参加审判的,则应在其所在城市基层人民法院的人民陪审员名单中随机抽取。人民法院应当在开庭7日前采取电脑生成等方式,从人民陪审员名单中随机抽取确定人民陪审员。特殊案件需要具有特定专业知识的人民陪审员参加审判的,人民法院可以在具有相应专业知识的人民陪审员范围内随机抽取。人民陪审员确有正当理由不能参加审判活动,或者当事人申请其回避的理由经审查成立的,人民法院应当及时重新确定其他人选。

(5)人民陪审员的权利和义务。人民陪审员依法参加审判活动,受法律保护。人民法院、人民陪审员所在单位或者户籍所在地的基层组织应当依法保障人民陪审员参加审判活动。人民陪审员参加合议庭审判案件,对事实认定、法律适用应当独立发表意见,行使表决权并说明理由。合议庭评议案件时,实行少数服从多数的原则。先由承办法官介绍案件涉及的相关法律、审查判断证据的有关规则,后由人民陪审员及合议庭其他成员充分发表意见,审判长最后发表意见并总结合议庭意见。人民陪审员同合议庭其他组成人员意见分歧,要求合议庭将案件提请院长决定是否提交审判委员会讨论决定的,应当说明理由。人民陪审员提出的要求及理由应当写入评议笔录;人民陪审员应当认真阅读评议笔录,确认无误后签名;发现评议笔录与评议内容不一致的,应当要求更正后签名。人民陪审员应当审核裁判文书文稿并签名。人民陪审员参加审判活动,应当遵守法官履行职责的规定,保守审判秘密、注重司法礼仪、维护司法形象。人民陪审员的回避,参照有关法官回避的规定执行。

(6)人民陪审员的职务保障。人民陪审员任命后、依法参加人民法院的审判活动前必须经过培训,以保证人民陪审员的素质。人民陪审员的培训计划由基层人民法院根据本院审判工作的实际情况,征求同级人民政府司法行政机关意见后予以制定。培训由人民法院法官培训机构具体承办,并应当符合人民陪审员参加审判活动的实际需要。培训内容包括法律基础知识、审判工作基本规则、审判职业道德和审判纪律等。承办培训工作的机构应当在培训开始前7天书面通知人民陪审员,同时书面通知人民陪审员所在单位、户籍所在地或者经常居住地的基层组织,以便人民陪审员本人及其所在单位、户籍所在地或者经常居住地的基层组织安排工作、生活,保证人民陪审员按时参加培训。人民陪审员因参加培训而支出的交通、就餐等费用,由所在的基层人民法院参照当地差旅费支付标准给予补助。有工作单位的人民陪审员参加培训期间,所在单位不得克扣或者变相克扣其工资、奖金及其他福利待遇。无固定收入的人民陪审员参加培训期间,由所在的基层人民法院参照当地职工上年度平均货币工资水平,按实际培训日给予补助。

基层人民法院制定人民陪审员执行职务的考核办法,并征求同级人民政府司法行政机关的意见。考核内容包括陪审工作实绩、思想品德、工作态度、审判纪律和审判作风等。中级人民法院、高级人民法院在其所在城市的基层人民法院人民陪审员名单中随机抽取人民陪审员参与本院审判工作的,应当将人民陪审员在本院执行职务的情况通报其所在的基层人民法院,作为对人民陪审员进行考核的依据之一。对于在审判工作中有显著成绩或者有其他突出事迹的人民陪审员,由基层人民法院会同同级人民政府司法行政机关给予表彰和奖励,并由基层人民法院及时书面通知人民陪审员本人及其所在单位、户籍所在地或者经常居住地的基层组织。

人民陪审员因参加审判活动而支出的交通、就餐等费用,由人民法院给予补助。有工作单位的人民陪审员参加审判活动期间,所在单位不得克扣或者变相克扣其工资、奖金及其他福利待遇。如果人民陪审员因参加培训或者审判活动,被其所在单位克扣或者变相克扣其工资、奖金及其他福利待遇的,由基层人民法院向其所在单位或者其所在单位的上级主管部门提出纠正意见。无固定收入的人民陪审员参加审判活动期间,由人民法院参照当地职工上年度平均货币工资水平,按实际工作日给予补助。人民陪审员因参加审判活动应当享受的补助,人民法院和司法行政机关为实施陪审制度所必需的开支,列入人民法院和司法行政机关业务经费,由同级政府财政予以保障。

(三) 审级制度

1. 审级制度的概念和意义

审级制度是指法律规定审判机关在组织体系上的等级以及案件经过几级法院审判即告终结的诉讼制度。

审级制度的合理设置有利于实现诉讼公正。任何诉讼制度都不能保证案件经过一次审判就能准确定案。通过当事人提出上诉或检察院提出抗诉,法院就有机会发现原审中的错误,从而保证案件质量,实现诉讼公正。

审级制度的合理设置有利于提高诉讼效率。案件无休止的审理是对诉讼资源的极大浪费。通过合理设置审级,规定案件经过几级法院审理即告终结,能够及时定纷止争,防止诉讼拖延,节省司法资源。

审级制度的合理设置有利于增强审判机关的权威性和公信力。上级法院既要纠正下级法院的错误判决,也要维持下级法院的正确裁判。上级法院对上诉和抗诉案件进行审理之后作出的裁判是终审的裁判,具有终结刑事诉讼的效力,原则上不得再通过其他渠道寻求救济。这对于增强裁判的权威性和公信力,及时终结刑事诉讼,具有重要意义。

2. 我国审级制度的内容

在我国,人民法院的组织体系分为四级,即最高人民法院、高级人民法院、中级人民法院和基层人民法院。同时,根据我国《刑事诉讼法》第 10 条的规定,人民法院审判案件,实行两审终审制。由此,我国审级制度就表述为"四级两审终审制",即在上述四个级别的法院中,一个案件原则上经过两级法院审判即告终结的诉讼制度。

根据四级两审终审制的要求,基层、中级或者高级人民法院按照第一审程序审理后作出的判决、裁定,尚不能发生法律效力。只有在法定上诉期限内,有上诉权的人没有上诉,同级人民检察院也没有抗诉,第一审法院作出的判决、裁定才发生法律效力。而在法定期限内,提出了上诉或者抗诉的话,上一级人民法院应依照第二审程序对该案件进行审判,其作出的裁判,才是终审的判决、裁定。这样,一个案件经过两级法院的审判即告终结,裁判即行生效。

当然,两审终审制也存在一些特殊情况。第一,最高人民法院审理的案件一审终审。最高人民法院是国家的最高审判机关,由其审理的一审案件不存在上诉法院,所作出的判决或裁定立即发生法律效力。如果最高人民法院的判决有错误,只能通过审判监督程序予以纠正。这是两审终审制的唯一例外。第二,判处死刑的案件要经过死刑复核程序。为了确保死刑案件的质量,我国《刑事诉讼法》规定了特别的复核程序。只要判处死刑立即执行,或死刑缓期两年执行,复核程序就会依法启动。即便某一死刑判决经过二审法院予以确认,但只要没有通过死刑复核程序,判决就不能生效。这样,二审的审判对于死刑判决来讲就并非是终局性的,而这也就构成了二审终审制的特殊情况。第三,在法定刑以下判处刑罚的案件须经过最高人民法院核准。根据我国《刑法》第 63 条第 2 款的规定,某些刑事被告人虽不具有法律规定的减轻处罚情节,但是根据案件的特殊情况,经最高人民法院核准,也可以在法定刑以下判处刑罚。如果这类案件已经处于二审阶段,那么对于需要在法定刑以下判处刑罚的,二审法院亦没有终结的审判权。

还要注意的是,第二审程序并非案件的必经程序。如果在法定的上诉和抗诉期内,被告人和检察院没有提出上诉和抗诉,则第一审判决就会发生法律效力。如果提出上诉和抗诉的案件经过二审的审理被发回原审人民法院重审,则作出的判决仍然可以上诉和抗诉。这些内容在相应的章节有详细介绍,在此就不赘述。

四级两审终审制并非所有国家的通例,在不同的司法体系和法院设置背景下,有些国家采取三审终审制,第一、二审为事实审,第三审为法律审,德国、日本及我国台湾地区即是如此。有些国家则兼采两审终审和三审终审制,以两审终审为原则,三审终审为例外或补充。以美国为例,其法院的设置是双轨制,联邦法院和州法院系统原则上实行两审终审制,当事人可以上诉一次,上诉审法院主要是审查第一审判决适用法律有无错误。第二次上诉是例外,只有少数涉及联邦法律问题的案件,经过严格的批准手续后,才能经第二次上诉提交到联邦最高法院审理。

我国没有采取三审终审而实行两审终审制,是符合国情及司法实践需要的正确选择。首先,我国幅员辽阔,司法资源并不充足。一个案件经过三次审判才告终结并非现实之选,既不利于及时打击犯罪和保障人权,降低了诉讼效率,也不利于公众参与刑事诉讼,造成诉讼的拖延。其次,第二审程序的适用原则基本上可以保证案件得到正确处理。我国两审终审制并未区分事实审和法律审,而是采取"全面审查原则",对事实认定和法律适用进行全面的复查,这一原则的采用能够保证大部分案件的正确裁判。最后,二审终审制并非绝对。我国刑事诉讼中有比较完备的级别管辖制度、审查起诉制度,死刑案件还设有死刑复核程序。即使少数案件的判决、裁定出现了错误,还可以通过审判监督程序予以纠正。因此,审级制度实行四级两审终审制是符合我国国情和司法实践需要的。

第二节 公诉案件第一审程序

公诉案件第一审程序,是指人民法院对人民检察院提起公诉的案件进行初次审判时应遵循的程序。它是公诉案件刑事审判的必经程序,是对侦查机关收集的证据、公诉机关主张的事实及适用的法律进行初次全面审理和裁判的程序,是之后可能启动的二审、死刑复核、审判监督程序的基础。公诉案件第一审程序包括公诉审查、庭前准备和庭前会议、法庭审判、评议和宣判等环节。

▶ 一、公诉审查

(一)公诉审查的含义

公诉案件庭前审查,又称公诉审查,是指人民法院收到人民检察院提起公诉的案件材料后,审查是否符合起诉要求,以决定是否开庭审判的活动。公诉审查的任务在于查明人民检察院提起公诉的案件是否具备开庭审判的条件,是一种程序性审查,并不是对案件进行审判,它不解决对被告人的刑事责任问题。通过公诉审查,可以使法官初步了解案件情况,使当事人免受不必要的讼累,从而保障刑事审判的顺利进行。

我国《刑事诉讼法》从最初制定到两次修改,对公诉审查有一个不断探索的过程。根据1979年《刑事诉讼法》第108条的规定,人民法院开庭审理案件,要求公诉必须达到"事实清楚、证据充分"的程度,否则就要求人民检察院补充侦查甚至撤回起诉。显然,这是一种实体性审查,容易使法官在庭前形成预断,不利于无罪推定原则的贯彻。针对这一弊端,1996年修订的《刑事诉讼法》第150条将公诉审查的标准转变为完全的程序性审查,即人民法院"对于起诉书中有明确的指控犯罪事实并且附有证据目录、证人名单和主要证据复印件或者照片的,应当决定开庭审判"。从而将公诉审查与法庭审判功能进行了明确的区分,避免了法官的"先入为主"。但是,在之后的司法实践中,由于移送的材料过于简单,法官在庭前无法初步了解争议问题、作出庭审准备,主持庭审出现困难。很多法官只好在庭后全面阅卷,这在一定程度上架空了庭审,造成了诉讼的拖延。同时,也给辩护人到法院阅卷造成了一定困难,不利于保障被告人的辩护权。为了避免先前法律规定出现的问题,2012年修订的《刑事诉讼法》第172条和第181条对庭前移送和公诉审查再次进行了修改。结合《六机关规定》第24条的规定,人民检察院在提起公诉时应当将案卷材料和全部证据移送人民法院,既包括指控被告人有罪、罪重的证据,也包括犯罪嫌疑人、被告人翻供的材料,证人改变证言的材料,以及对犯罪嫌疑人、被告人有利的其他证据材料。在此基础上,人民法院对提起公诉的案件进行审查后,对于起诉书中有明确指控的犯罪事实的,应当决定开庭审判。因此,我国现行《刑事诉讼法》设置的公诉审查既坚持了形式审查的理念,也能够满足法官初步了解案件情况及律师查阅卷宗的需要,是较为科学合理的设计。

(二)公诉审查的内容

根据我国《刑事诉讼法》第181条和最高法《适用刑事诉讼法的解释》第180条和第278条的规定,对提起公诉的案件,人民法院在收到起诉书(一式八份,每增加一名被告人,增加起诉书五份)和案卷、证据后,应当指定审判人员审查以下内容:(1)是否属于本院管辖。(2)起诉书是否写明被告人的身份,是否受过或者正在接受刑事处罚,被采取强制措施的种类、羁押地点,犯罪的时间、地点、手段、后果以及其他可能影响定罪量刑的情节。单位涉嫌犯罪的案件应当审查起诉书是否列明被告单位的名称、住所地、联系方式,法定代表人、主要负责人以及代表被告单位出庭的诉讼代表人的姓名、职务、联系方式。(3)是否移送证明指控犯罪事实的证据材料,包括采取技术侦查措施的批准决定和所收集的证据材料。(4)是否查封、扣押、冻结被告人的违法所得或者其他涉案财物,并附证明相关财物依法应当追缴的证据材料。(5)是否列明被害人的姓名、住址、联系方式;是否附有证人、鉴定人名单;是否申请法庭通知证人、鉴定人、有专门知识的人出庭,并列明有关人员的姓名、性别、年龄、职业、住址、联系方式;是否附有需要保护的证人、鉴定人、被害人名单。(6)当事人已委托辩护人、诉讼代理人,或者已接受法律援助的,是否列明辩护人、诉讼代理人的姓名、住址、联系方式。(7)是否提起附带民事诉讼;提起附带民事诉讼的,是否列明附带民事诉讼当事人的姓名、住址、联系方式,是否附有相关证据材料。(8)侦查、审查起诉程序的各种法律手续和诉讼文书是否齐全。(9)是否具有我国《刑事诉讼法》第15条第2项至第6项规定的情形。

(三)公诉审查后的处理

根据我国《刑事诉讼法》第181条规定,人民法院对提起公诉的案件进行审查后,对于起诉书中有明确的指控犯罪事实的,应当决定开庭审判。对此,最高法《适用刑事诉讼法的解释》第181条规定,人民法院对提起公诉的案件审查后,应当按照下列情形分别处理:(1)属于告诉才处理的案件,应当退回人民检察院,并告知被害人有权提起自诉。(2) 不属于本院管辖或者被告人不在案的,应当退回人民检察院。(3) 不符合最高法《适用刑事诉讼法的解释》第 180 条第 2 项至第 8 项规定之一,需要补充材料的,应当通知人民检察院在 3 日内补送。(4) 依照我国《刑事诉讼法》第 195 条第 3 项规定宣告被告人无罪后,人民检察院根据新的事实、证据重新起诉的,应当依法受理。(5) 依照最高法《适用刑事诉讼法的解释》第 242 条规定裁定准许撤诉的案件,没有新的事实、证据,重新起诉的,应当退回人民检察院。(6) 符合我国《刑事诉讼法》第 15 条第 2 项至第 6 项规定情形的,应当裁定终止审理或者退回人民检察院。(7) 被告人真实身份不明,但符合我国《刑事诉讼法》第 158 条第 2 款规定的,应当依法受理。人民法院对公诉案件是否受理,应当在 7 日内审查完毕。对于决定开庭审判的,应当制作决定书。

此外,根据《六机关规定》第 25 条的规定,对于人民检察院提起公诉的案件,人民法院都应当受理。人民法院对提起公诉的案件进行审查后,对于起诉书中有明确的指控犯罪事实并且附有案卷材料、证据的,应当决定开庭审判,不得以上述材料不充足为由而不开庭审判。人民法院对提起公诉的案件进行审查的期限计入人民法院的审理期限。

▶ 二、庭前准备和庭前会议

(一)庭前准备

为了保证法庭审判的顺利进行,人民法院开庭前应当做好必要的准备工作。根据我国《刑事诉讼法》第 182 条及最高法《适用刑事诉讼法的解释》第 182 条、第 185 条的规定,人民法院在开庭审理前应当进行下列准备工作:

(1) 确定审判长及合议庭组成人员或者独任庭的审判员。人民法院决定开庭审判以后,适用普通程序审理的案件,由院长或者庭长指定审判长并确定合议庭组成人员。审判长是审判活动的具体组织者和指挥者。院长或者庭长亲自参加审判时,由院长或者庭长自己担任审判长。人民陪审员不能担任审判长。适用简易程序审理的案件,由庭长指定审判员 1 人独任审理。此外,在确定合议庭或者独任庭人员时,还需确定法庭的书记员,负责审判庭的记录工作。

(2) 拟出审理提纲。开庭审理前,合议庭可以拟出法庭审理提纲,提纲一般包括下列内容:第一,合议庭成员在庭审中的分工。第二,起诉书指控的犯罪事实的重点和认定案件性质的要点。第三,讯问被告人时需了解的案情要点。第四,出庭的证人、鉴定人、有专门知识的人、侦查人员的名单。第五,控辩双方申请当庭出示的证据的目录。第六,庭审中可能出现的问题及应对措施。

(3) 对被告人和辩护人送达起诉书副本。人民检察院的起诉书副本应至迟在开庭 10 日以前送达被告人及其辩护人,以便被告人和辩护人了解指控的罪名、证据等相关情况,准备辩护。同时,法院应当告知被告人有权聘请辩护人,对于被告人没有委托辩护人的,符合法定情形时应当通知法律援助机构指派律师为其提供辩护。

(4)通知人民检察院和当事人,送达传票。在决定开庭后,人民法院应该通知当事人、法定代理人、辩护人、诉讼代理人在开庭5日前提供证人、鉴定人名单,以及拟当庭出示的证据;申请证人、鉴定人、有专门知识的人出庭的,应当列明有关人员的姓名、性别、年龄、职业、住址、联系方式。这有利于法庭对当事人、法定代理人、辩护人、诉讼代理人的诉讼准备有所了解,并提供便利或保障措施。

同时,人民法院还应在开庭3日前将开庭的时间、地点通知人民检察院,并将传唤当事人的传票和通知辩护人、诉讼代理人、法定代理人、证人、鉴定人等出庭的通知书予以送达;通知有关人员出庭,也可以采取电话、短信、传真、电子邮件等能够确认对方收悉的方式进行。向各方发出通知既有利于人民检察院做好出庭支持公诉的准备,也有利于当事人和其他诉讼参与人做好出席法庭的准备并按时到庭。

对于单位犯罪案件,根据最高法《适用刑事诉讼法的解释》第280条的规定,人民法院开庭审理此类案件,应当通知被告单位的诉讼代表人出庭;没有诉讼代表人参与诉讼的,应当要求人民检察院确定。被告单位的诉讼代表人不出庭的,应当按照下列情形分别处理:第一,诉讼代表人系被告单位的法定代表人或者主要负责人,无正当理由拒不出庭的,可以拘传其到庭。因客观原因无法出庭,或者下落不明的,应当要求人民检察院另行确定诉讼代表人。第二,诉讼代表人系被告单位的其他人员的,应当要求人民检察院另行确定诉讼代表人出庭。

(5)公开案件信息。公开审理的案件,应当在开庭3日前公布案由、被告人姓名、开庭时间和地点。根据公开审判制度的内容,第一审案件如果确定公开审判,就应当通过法院的公告栏、报刊、网络、媒体等先期公布案件的信息,以便公众和当事人的亲友等提前做好旁听准备。

上述工作情况应当记录在案,由审判人员和书记员签名并附卷。

(二)庭前会议

根据我国《刑事诉讼法》第182条第2款规定,人民法院在开庭以前,审判人员可以召集公诉人、当事人和辩护人、诉讼代理人,对回避、出庭证人名单、非法证据排除等与审判相关的问题,了解情况,听取意见。这是我国2012年修订的《刑事诉讼法》新增加的内容。其目的主要是在庭前通过控辩双方对相关审判问题交换意见,法庭可以前期确定争议的重点,保障庭审的效率和审判的质量。

根据最高法《适用刑事诉讼法的解释》第183条规定,刑事案件具有下列情形之一的,审判人员可以召开庭前会议:(1)当事人及其辩护人、诉讼代理人申请排除非法证据的。(2)证据材料较多、案情重大复杂的。(3)社会影响重大的。(4)需要召开庭前会议的其他情形。召开庭前会议,根据案件情况,可以通知被告人参加。

同时,最高法《适用刑事诉讼法的解释》第184条规定,召开庭前会议,审判人员可以就下列问题向控辩双方了解情况,听取意见:(1)是否对案件管辖有异议。(2)是否申请有关人员回避。(3)是否申请调取在侦查、审查起诉期间公安机关、人民检察院收集但未随案移送的证明被告人无罪或者罪轻的证据材料。(4)是否提供新的证据。(5)是否对出庭证人、鉴定人、有专门知识的人的名单有异议。(6)是否申请排除非法证据。(7)是否申请不公开审理。(8)与审判相关的其他问题。审判人员可以询问控辩双方对证据材料有无异议,对有异议的证据,应当在庭审时重点调查;无异议的,庭审时举证、质证可以简化。被害人或者其法定代理人、近亲属提起附带民事诉讼的,可以调解。庭前会议情况应当制作笔录。

需要注意的是,庭前会议并不能对上述事项作出任何裁决,而只是"了解情况、听取意见",否则就会导致正式庭审的虚置,违背设置庭前会议的立法目的。

▶ 三、庭审程序

法庭审判是人民法院采取开庭的方式,在公诉人、当事人和其他诉讼参与人的参加下,依据法律规定的审判制度和程序,对案件证据、事实和适用法律进行全面审理并作出裁判的诉讼活动。根据我国《刑事诉讼法》的规定,庭审程序分为开庭、法庭调查、法庭辩论、被告人最后陈述、评议和宣判五个阶段。

(一)开庭

1. 书记员的工作

开庭是法庭审理的开始,其任务是为了实体审理做好程序上的准备。根据最高法《适用刑事诉讼法的解释》第189条的规定,人民法院在开庭审理前,书记员应当依次进行下列工作:(1)受审判长委托,查明公诉人、当事人、证人及其他诉讼参与人是否到庭。(2)宣读法庭规则。(3)请公诉人及相关诉讼参与人入庭。(4)请审判长、审判员(人民陪审员)入庭。(5)审判人员就座后,向审判长报告开庭前的准备工作已经就绪。

2. 审判长的工作

根据我国《刑事诉讼法》第185条及最高法《适用刑事诉讼法的解释》第190条至第194条的规定,开庭阶段,审判长应当承担以下工作:

(1)审判长宣布开庭,传被告人到庭后,并查明被告人的下列情况:姓名、出生日期、民族、出生地、文化程度、职业、住址,或者被告单位的名称、住所地、诉讼代表人的姓名、职务;是否受过法律处分及处分的种类、时间;是否被采取强制措施及强制措施的种类、时间;收到起诉书副本的日期;有附带民事诉讼的,附带民事诉讼被告人收到附带民事起诉状的日期。被告人较多的,可以在开庭前查明上述情况,但开庭时审判长应当作出说明。

(2)审判长宣布案件的来源、起诉的案由、附带民事诉讼当事人的姓名及是否公开审理。不公开审理的,应当宣布不公开审理的理由。

(3) 审判长宣布合议庭组成人员、书记员、公诉人名单及辩护人、鉴定人、翻译人员等其他诉讼参与人的名单。

(4) 审判长应当告知当事人及其法定代理人、辩护人、诉讼代理人在法庭审理过程中依法享有下列诉讼权利:可以申请合议庭组成人员、书记员、公诉人、鉴定人和翻译人员回避;可以提出证据,申请通知新的证人到庭、调取新的证据,申请重新鉴定或者勘验、检查;被告人可以自行辩护;被告人可以在法庭辩论终结后作最后陈述。

(5) 审判长应当询问当事人及其法定代理人、辩护人、诉讼代理人是否申请回避、申请何人回避和申请回避的理由。当事人及其法定代理人、辩护人、诉讼代理人申请回避的,依照《刑事诉讼法》及相关司法解释的规定处理。同意或者驳回回避申请的决定及复议决定,由审判长宣布,并说明理由。必要时,也可以由院长到庭宣布。

对于共同犯罪案件,应将各被告人同时传唤到庭,集中宣布上述事项和被告人在法庭审理过程中享有的权利,以避免重复,节省开庭时间。

(二) 法庭调查

开庭阶段的事项进行完毕后,由审判长宣布开始法庭调查。法庭调查是指在公诉人、当事人和其他诉讼参与人的参加下,合议庭对案件事实和证据进行全面调查核实的诉讼活动。这一阶段的任务是通过控辩双方提出证据,当庭予以质证和调查,全面查明案件事实,为法庭做出正确的裁判提供事实根据。法庭调查是案件进入实体审理的重要阶段,是法庭审判的中心环节。这一阶段提出的证据及查明的案件事实,对之后的法庭辩论有着决定性的影响。

根据我国《刑事诉讼法》第186条至第192条及最高法《适用刑事诉讼法的解释》第195条至第227条的规定,法庭调查的具体步骤和程序如下:

(1) 公诉人宣读起诉书。审判长宣布法庭调查开始后,应当先由公诉人宣读起诉书。有附带民事诉讼的,再由附带民事诉讼原告人或者其法定代理人、诉讼代理人宣读附带民事起诉状。起诉书指控的被告人的犯罪事实为两起以上的,法庭调查一般应当分别进行,但宣读起诉书时应当同时在场。通过宣读起诉书,公诉人可以向法庭阐明被告人应负刑事责任的事实根据和法律依据,同时,旁听公众也了解了案件情况,以便更深入的观察庭审过程。

(2) 被告人、被害人陈述。在审判长主持下,被告人、被害人可以就起诉书指控的犯罪事实分别陈述。陈述的目的在于使合议庭了解当事人对指控的基本意见,为进一步查明案件事实作出必要的准备。要注意的是,这一阶段的陈述仅限于提出和阐释证据,并没有辩论的性质。

(3) 讯问被告人,向当事人发问。在审判长主持下,公诉人可以就起诉书指控的犯罪事实讯问被告人。经审判长准许,被害人及其法定代理人、诉讼代理人可以就公诉人讯问的犯罪事实补充发问;附带民事诉讼原告人及其法定代理人、诉讼代理人可以就附带民事部分的事实向被告人发问;被告人的法定代理人、辩护人,附带民事诉讼被告人及其法定代理人、诉讼代理人也可以在控诉一方就某一问题讯问完毕后向被告人发问。审判人员可以讯问被告人。讯问同案审理的被告人,应当分别进行。必要时,可以传唤同案被告人等到庭对质。

经审判长准许,控辩双方可以向被害人、附带民事诉讼原告人发问。在必要时,审判人员可以向被害人、附带民事诉讼当事人发问。

被害人和附带民事诉讼原告人等对被告人发问的目的,一方面是证实起诉书的指控,另一方面是对公诉人指控的某些遗漏进行补充。而辩护人的发问则是为辩护做准备,重点在于向法庭展示能够证明被告人无罪、罪轻或减轻、免除刑事责任的事实和情节。对指控不清的事实,辩护人也应当对被告人发问,以便让其澄清事实。另外,不论是哪方讯问、发问,都应避免可能影响陈述或证言真实性的诱导性讯问、发问。如果出现诱导性讯问、发问,另外一方应当要求审判长制止。

(4)询问证人、鉴定人。为了保障被告人的对质权,贯彻直接言词原则,证人证言必须在法庭上经过公诉人、被害人和被告人、辩护人双方质证并且查实以后,才能作为定案的根据。为此,我国《刑事诉讼法》第187条规定了证人必须出庭作证的情形,即公诉人、当事人或者辩护人、诉讼代理人对证人证言有异议,且该证人证言对案件定罪量刑有重大影响,人民法院认为证人有必要出庭作证的,证人应当出庭作证。人民警察就其执行职务时目击的犯罪情况作为证人出庭作证,适用上述规定。公诉人、当事人或者辩护人、诉讼代理人对鉴定意见有异议,人民法院认为鉴定人有必要出庭的,鉴定人应当出庭作证。经人民法院通知,鉴定人拒不出庭作证的,鉴定意见不得作为定案的根据。这里应特别注意的是,此条并非证人出庭的条件,而是证人"应当"出庭的条件。不能认为只有符合上述条件的证人才需要出庭,其他证人不必出庭。因为,从《刑事诉讼法》对证人出庭的立法理念来看,证人出庭作证是原则,证人不出庭才是例外。

对于证人出庭的例外,根据我国《刑事诉讼法》第188条和相关司法解释的规定,经人民法院通知,证人没有正当理由不出庭作证的,人民法院可以强制其到庭,但是被告人的配偶、父母、子女除外。证人具有下列情形之一,无法出庭作证的,人民法院可以准许其不出庭,并可以允许其通过视频等方式作证:其一,在庭审期间身患严重疾病或者行动极为不便的。其二,居所远离开庭地点且交通极为不便的。其三,身处国外短期无法回国的。其四,有其他客观原因,确实无法出庭的。据此,强制到庭的例外,其一是身份上的例外,某些近亲属关系的证人如果出庭作证,不利于家庭的和睦和社会的和谐。其二是正当理由的例外,如患病、交通不便、身在国外等。还要注意的是,免于强制出庭作证并非就是"拒证权"。拒证权是指在整个刑事诉讼中,负有作证义务的人因其特殊身份或法律规定而享有拒绝作证的权利,并不限于审判阶段。而根据我国的规定,证人除了庭审阶段之外,在侦查和审查起诉阶段仍然有作证的义务。

对于通知证人出庭的具体程序,根据最高法《适用刑事诉讼法的解释》和《六机关规定》,公诉人可以提请审判长通知证人、鉴定人出庭作证,或者出示证据。被害人及其法定代理人、诉讼代理人,附带民事诉讼原告人及其诉讼代理人也可以提出申请。接着,在控诉一方举证后,被告人及其法定代理人、辩护人也可以提请审判长通知证人、鉴定人出庭作证,或者出示证据。控辩双方申请证人出庭作证,出示证据,应当说明证据的名称、来源和拟证明的事实。法庭认为有必要的,应当准许;对方提出异议,认为有关证据与案件无关或者明显重复、不必要,法庭经审查异议成立的,可以不予准许。依法通知证人、鉴定人出庭作证的,应当同时将证人、鉴定人出庭通知书送交控辩双方,各方应当予以配合。如果无法通知或者证人、鉴定人拒绝出庭的,应当及时告知申请人。鉴定人由于不能抗拒的原因或者有其他正当理由无法出庭的,人民法院可以根据案件审理情况决定延期审理。实践中,法官应当充分尊重控辩双方的意见,尽量通知作出有争议鉴定意见的鉴定人出庭作证,以提升刑事判决的公信力。另外,在某些情况下需要强制证人出庭的,应当由院长签发强制证人出庭令。这里的"强制出庭"是指人民法院派司法警察采用强制手段,将证人带到法庭作证。

在证人出庭的保障上,因其出庭作证所支出的交通、住宿、就餐等费用,人民法院应当给予补助。人民法院还应当保障证人及其近亲属的安全。证人、鉴定人、被害人认为因在诉讼中作证,本人或者其近亲属的人身安全面临危险的,可以向人民法院请求予以保护。人民法院依法采取保护措施,有关单位和个人应当配合。对于危害国家安全犯罪、恐怖活动犯罪、黑社会性质的组织犯罪、毒品犯罪等案件,证人、被害人因在诉讼中作证,本人或者其近亲属的人身安全面临危险的,人民法院应当采取以下一项或者多项保护措施:第一,不公开真实姓名、住址和工作单位等个人信息。第二,采取不暴露外貌、真实声音等出庭作证措施。第三,禁止特定的人员接触证人、鉴定人、被害人及其近亲属。第四,对人身和住宅采取专门性保护措施。第五,其他必要的保护措施。决定对出庭作证的证人、鉴定人、被害人采取不公开个人信息的保护措施的,审判人员应当在开庭前核实其身份,对证人、鉴定人如实作证的保证书不得公开,在判决书、裁定书等法律文书中可以使用化名等代替其个人信息。对证人及其近亲属进行威胁、侮辱、殴打或者打击报复,构成犯罪的,应当依法追究刑事责任;尚不够刑事处罚的,依法给予治安管理处罚。

对于证人不出庭的处罚,证人没有正当理由拒绝出庭或者出庭后拒绝作证的,予以训诫,情节严重的,经院长批准,处以10日以下的拘留。被处罚人对拘留决定不服的,可以向上一级人民法院申请复议。复议期间不停止执行。对不出庭证人的处罚主要针对的是"应当"出庭作证的证人。而且,惩罚并非是目的,有关机关和个人应该鼓励证人作证,对其提供必要的补偿或保护,打消其顾虑,促其自愿出庭。

对于证人作证的庭审程序,根据我国《刑事诉讼法》第 189 条及相关司法解释,证人、鉴定人到庭后,审判人员应当核实其身份、与当事人及本案的关系,并告知其作证的权利、义务和如实提供证言及有意作伪证、隐匿罪证要负的法律责任。证人、鉴定人作证前,应当在如实作证的保证书上签名。

向证人、鉴定人发问,应当先由提请通知的一方进行;发问完毕后,经审判长准许,对方也可以发问。向证人发问应当遵循以下规则:第一,发问的内容应当与本案事实有关。第二,不得以诱导方式发问。第三,不得威胁证人。第四,不得损害证人的人格尊严。这些规则同样适用于对被告人、被害人、附带民事诉讼当事人、鉴定人、有专门知识的人的讯问、发问。审判人员认为必要时,可以询问证人、鉴定人、有专门知识的人。向证人、鉴定人、有专门知识的人发问应当分别进行。证人、鉴定人、有专门知识的人经控辩双方发问或者审判人员询问后,审判长应当告知其退庭,不得旁听对本案的审理。这主要是为了避免证人、鉴定人、有专门知识的人作证时互相影响。

控辩双方的讯问、发问方式不当或者内容与本案无关的,对方可以提出异议,申请审判长制止,审判长应当判明情况予以支持或者驳回;对方未提出异议的,审判长也可以根据情况予以制止。对证人陈述不清楚或者有矛盾的,可以要求证人作进一步说明。对于证人之间的证言有矛盾的,公诉人、当事人和辩护人、诉讼代理人可以让证人进行对质。审判人员对证人等的询问不宜越俎代庖,应主要让公诉人、当事人、辩护人和诉讼代理人询问。

公诉人、当事人及其辩护人、诉讼代理人申请法庭通知有专门知识的人出庭,就鉴定意见提出意见的,应当说明理由。法庭认为有必要的,应当通知有专门知识的人出庭。申请有专门知识的人出庭,出庭人数不得超过 2 人。有多种类鉴定意见的,可以相应增加人数。有专门知识的人出庭,适用鉴定人出庭的规定。"专门知识的人"在理论上被称为"专家辅助人",不同于国外诉讼中的"专家证人"。专家证人出庭是直接就专门问题提供意见,而专家辅助人则是就专家的意见提供意见。设置该制度的目的主要是为了方便控辩双方对鉴定人提出的意见进行质证,也有利于法官在控辩双方质证的基础上对相关事实作出准确的认定。而且,专家辅助人的设立也在无形中给鉴定人施加了压力,令其在鉴定时更加谨慎,从而节省了司法资源,提高了诉讼效率。

(5)出示物证,宣读鉴定意见和相关文书。根据我国《刑事诉讼法》第 190 条及相关司法解释,公诉人、辩护人应当向法庭出示物证,已经移送人民法院的证据,控辩双方需要出示的,可以向法庭提出申请。法庭同意的,应当指令值庭法警出示、播放;需要宣读的,由值庭法警交由申请人宣读。对未到庭的证人的证言笔录、鉴定人的鉴定意见、勘验笔录和其他作为证据的文书,应当当庭宣读。举证方当庭出示证据后,由对方进行辨认并发表意见,控辩双方可以互相质问、辩论。审判人员对出示的物证、宣读的鉴定意见,应当听取公诉人、当事人和辩护人、诉讼代理人的意见。当庭出示的证据,尚未移送人民法院的,应当在质证后移交法庭。

(6) 调查证据。法庭审理过程中,合议庭对证据有疑问的,可以告知公诉人、当事人及其法定代理人、辩护人、诉讼代理人补充证据或者作出说明;必要时,可以宣布休庭,对证据进行调查核实。人民法院调查核实证据,可以进行勘验、检查、查封、扣押、鉴定和查询、冻结。对公诉人、当事人及其法定代理人、辩护人、诉讼代理人补充的和法庭庭外调查核实取得的证据,应当经过当庭质证才能作为定案的根据。但是,经庭外征求意见,控辩双方对证据没有异议的除外。有关情况,应当记录在案。

公诉人申请出示开庭前未移送人民法院的证据,辩护方提出异议的,审判长应当要求公诉人说明理由;理由成立并确有出示必要的,应当准许。辩护方提出需要对新的证据作辩护准备的,法庭可以宣布休庭,并确定准备辩护的时间。辩护方申请出示开庭前未提交的证据,参照前述规定。

法庭审理过程中,当事人和辩护人,诉讼代理人有权申请通知新的证人到庭,调取新的物证,申请重新鉴定或者勘验。作出以上申请,应当提供证人的姓名、证据的存放地点,说明拟证明的案件事实,要求重新鉴定或者勘验的理由。法庭认为有必要的,应当同意,并宣布延期审理;不同意的,应当说明理由并继续审理。延期审理的案件,符合我国《刑事诉讼法》第202条第1款规定的,可以报请上级人民法院批准延长审理期限。人民法院同意重新鉴定申请的,应当及时委托鉴定,并将鉴定意见告知人民检察院、当事人及其辩护人、诉讼代理人。

人民法院向人民检察院调取需要调查核实的证据材料,或者根据被告人、辩护人的申请,向人民检察院调取在侦查、审查起诉期间收集的有关被告人无罪或者罪轻的证据材料,应当通知人民检察院在收到调取证据材料决定书后3日内移交。人民检察院如果没有上述材料,应当向人民法院说明情况。审判期间,合议庭发现被告人可能有自首、坦白、立功等法定量刑情节,而人民检察院移送的案卷中没有相关证据材料的,应当通知人民检察院移送。人民法院根据申请收集、调取的证据或者合议庭休庭后自行调查取得的证据,应当经过庭审出示、质证才能决定是否作为判决的依据。

根据《六机关规定》第30条和最高法《适用刑事诉讼法的解释》第243条的规定,人民法院审理公诉案件,发现有新的事实,可能影响定罪的,人民检察院可以要求补充起诉或者变更起诉,人民法院也可以建议人民检察院补充起诉或者变更起诉。人民法院提出建议的,人民检察院应当在7日以内回复意见。人民检察院不同意或者在7日内未回复意见的,人民法院应当就起诉指控的犯罪事实,依照最高法《适用刑事诉讼法的解释》第241条的规定作出判决、裁定。

根据最高检《刑事诉讼规则》第446条和第447条规定,在法庭审理过程中,被告人及其辩护人提出被告人庭前供述系非法取得,审判人员认为需要进行法庭调查的,公诉人可以根据讯问笔录、羁押记录、出入看守所的健康检查记录、看守管教人员的谈话记录以及侦查机关对讯问过程合法性的说明等,对庭前讯问被告人的合法性进行证明,可以要求法庭播放讯问录音、录像,必要时可以申请法庭通知侦查人员或者其他人员出庭说明情况。

审判人员认为可能存在我国《刑事诉讼法》第54条规定的以非法方法收集其他证据的情形,需要进行法庭调查的,公诉人可以参照前述规定对证据收集的合法性进行证明。公诉人不能当庭证明证据收集的合法性,需要调查核实的,可以建议法庭休庭或者延期审理。

在法庭审理期间,人民检察院可以要求侦查机关对证据收集的合法性进行说明或者提供相关证明材料,必要时可以自行调查核实。公诉人对证据收集的合法性进行证明后,法庭仍有疑问的,可以建议法庭休庭,由人民法院对相关证据进行调查核实。人民法院调查核实证据,通知人民检察院派员到场的,人民检察院可以派员到场。

(7) 补充侦查。审判期间,被告人提出新的立功线索的,人民法院可以建议人民检察院补充侦查。公诉人发现案件需要补充侦查,建议延期审理的,合议庭应当同意,但建议延期审理不得超过两次。人民检察院将补充收集的证据移送人民法院的,人民法院应当通知辩护人、诉讼代理人,查阅、摘抄、复制。补充侦查期限届满后,经法庭通知,人民检察院未将案件移送人民法院,且未说明原因的,人民法院可以决定按人民检察院撤诉处理。

(8) 量刑事实、证据的调查。根据我国《刑事诉讼法》第193条规定,法庭审理过程中,对与定罪、量刑有关的事实、证据都应当进行调查、辩论。为此,最高法《适用刑事诉讼法的解释》第225条规定,人民法院除应当审查被告人是否具有法定量刑情节外,还应当根据案件情况审查以下影响量刑的情节:案件起因;被害人有无过错及过错程度,是否对矛盾激化负有责任及责任大小;被告人的近亲属是否协助抓获被告人;被告人平时表现,有无悔罪态度;退赃、退赔及赔偿情况;被告人是否取得被害人或者其近亲属谅解;影响量刑的其他情节。这些规定主要是针对实践中法庭审判往往只注重定罪事实而忽视量刑事实的现象。

(9) 对被告人认罪的案件的特殊规定。对被告人认罪的案件,在确认被告人了解起诉书指控的犯罪事实和罪名,自愿认罪且知悉认罪的法律后果后,法庭调查可以主要围绕量刑和其他有争议的问题进行。对被告人不认罪或者辩护人作无罪辩护的案件,法庭调查应当在查明定罪事实的基础上,查明有关量刑事实。

（三）法庭辩论

根据我国《刑事诉讼法》第193条第2款规定，经审判长许可，公诉人、当事人和辩护人、诉讼代理人可以对证据和案件情况发表意见并且可以互相辩论。法庭辩论是法庭调查之后专门的诉讼阶段，又称集中辩论阶段。在这一阶段，控辩双方将就案件的事实、证据和法律适用问题充分阐述理由和根据，并展开辩论。它是刑事审判程序的一个重要环节，是当事人和诉讼参与人行使诉讼权利的重要阶段。通过控辩双方的辩论，将进一步揭示案情，明确适用的法律，为案件正确裁判奠定基础。

这里需要注意的是，控辩双方的辩论并不限于法庭辩论阶段，法庭调查阶段控辩双方也可以在审判长的许可下，根据案件具体情况就定罪、量刑问题进行辩论。法庭调查阶段的辩论又被称为分散辩论。法庭调查结束后，合议庭认为案件事实已经调查清楚的，应当由审判长宣布开始就定罪、量刑的事实、证据和适用法律等问题进行法庭辩论。

法庭辩论应当按照以下顺序进行：

（1）公诉人发言。公诉人在法庭辩论阶段的首次发言，称为公诉词。公诉词应以起诉书为基础，是对起诉书内容的进一步深化。公诉词通过对犯罪事实进行深入、精辟的分析，进一步揭露、证实犯罪，并进行法制宣传。同时，公诉人在这一阶段还可以提出量刑建议并说明理由。量刑建议应当具有一定幅度。

（2）被害人及其诉讼代理人发言。被害人是人身权和财产权遭受犯罪行为直接侵害的人，是控诉一方当事人。被害人及其诉讼代理人的发言不仅可以支持公诉，而且可以弥补公诉人出现的遗漏。同时，被害人如果是附带民事诉讼的原告人，则这一部分的辩论应当在刑事部分的辩论结束后进行，先由附带民事诉讼原告人及其诉讼代理人发言，后由附带民事诉讼被告人及其诉讼代理人答辩。

（3）被告人自行辩护。被告人自行辩护是其行使辩护权的基本方式，是被告人诉讼主体地位的体现。通过被告人自行辩护，合议庭能够进一步了解案件事实，并可以通过观察被告人的状态来判断其所述事实的真实性和对犯罪行为的态度。被告人在此阶段可以放弃自行辩护，或者由辩护人代为辩护。

（4）辩护人辩护。辩护人在法庭辩论阶段的首轮发言，称为辩护词。司法实践中，被告人诸多权利的实现，主要在于辩护人作用的发挥。而辩护活动的成败，与辩护词的质量高低有莫大关系。这一阶段的辩论以法庭调查为基础。如果法庭调查的证据不足以证明被告人犯了罪，辩护人就应当要求合议庭认定控方证据不确实、不充分；如果法庭调查的证据表明起诉书指控的犯罪事实失实或者被告人的行为不构成犯罪，辩护人就应当请求合议庭认定指控的罪名不成立并宣告被告人无罪；如果证据调查中提出的证据不足以认定被告人犯有重罪或者应该从轻处罚，辩护人就应当据此提出从轻、减轻或者免除处罚的意见和理由。共同犯罪案件，每位被告人的辩护人应当依次分别进行辩护。同时,当事人及其辩护人、诉讼代理人可以对量刑提出意见并说明理由。

(5) 控辩双方进行辩论。法庭辩论是以"轮"计算的。第一轮控辩双方发言完毕后,可以就存在的争议点进行辩论。辩论中双方机会均等,只要控方发言,就应当允许辩方反驳,每轮发言应当完整。

法庭辩论阶段,审判长应当充分听取控辩双方的意见并主持辩论。应当使辩论集中在与定罪量刑有关的实质问题上,对控辩双方提出的与案件无关、重复或者指责对方的发言,审判长应当提醒、制止。其他审判人员应当认真听取双方的论证及辩驳,以形成自己对事实认定和法律运用的正确认识。

法庭辩论时,对被告人认罪的案件,可以引导控辩双方主要围绕量刑和其他有争议的问题进行。对被告人不认罪或者辩护人作无罪辩护的案件,法庭辩论时,可以引导控辩双方先辩论定罪问题,后辩论量刑问题。

法庭辩论过程中,合议庭发现与定罪、量刑有关的新的事实,有必要调查的,审判长可以宣布暂停辩论,恢复法庭调查,在对新的事实调查后,继续法庭辩论。如果恢复法庭调查仍然不能查清而需要补充侦查的,可以延期审理。经过一轮或者几轮辩论,合议庭认为控辩双方均已经提不出新的意见,没有继续辩论的必要时,审判长应当询问被告人和辩护人是否有新的辩护意见,如果没有,则终止双方发言,宣布辩论终结。

(四) 被告人最后陈述

根据我国《刑事诉讼法》第193条第3款规定,审判长在宣布辩论终结后,被告人有最后陈述的权利。被告人最后陈述是一项重要的诉讼权利,也是法庭审判中一个独立的诉讼阶段。被告人是案件的当事人,审判的结果关系到被告人的切身利益。在作出判决前,给被告人一个陈述的机会,听取他对案件的意见,既可以让被告人独立完整地阐述自己的观点,强化合议庭对辩护的印象,也可以弥补在法庭调查和法庭辩论中辩护的不足,保证法庭裁判的质量。

审判长宣布法庭辩论终结后,合议庭应当保证被告人充分行使最后陈述的权利。为此,审判长在宣布法庭调查终结时,应当告知被告人享有此项权利。被告人最后陈述只要与本案有关就不应随意打断或限制时间。在最后陈述时,被告人如果多次重复自己的意见,审判长可以制止;陈述内容蔑视法庭、公诉人,损害他人及社会公共利益,或者与本案无关的,应当制止;在公开审理的案件中,被告人最后陈述的内容涉及国家秘密、个人隐私或者商业秘密的,应当制止。

被告人在最后陈述中提出新的事实、证据,合议庭认为可能影响正确裁判的,应当恢复法庭调查;被告人提出新的辩解理由,合议庭认为可能影响正确裁判的,应当恢复法庭辩论。

（五）评议和宣判

根据我国《刑事诉讼法》第195条规定，被告人最后陈述后，审判长应当宣布休庭，合议庭进行评议。由此，刑事审判进入评议和宣判阶段。

1. 评议

评议是合议庭全体人员在法庭审理的基础上，对案件的事实认定和法律适用进行全面的分析、讨论并依法作出结论的诉讼活动。合议庭评议案件，应当根据已经查明的事实、证据和有关法律规定，在充分考虑控辩双方意见的基础上，确定被告人是否有罪、构成何罪，有无从重、从轻、减轻或者免除处罚情节，应否处以刑罚、判处何种刑罚，附带民事诉讼如何解决，查封、扣押、冻结的财物及其孳息如何处理等，并依法作出判决、裁定。

根据我国《刑事诉讼法》第176条、第178条、第179条的规定，开庭审理和评议案件，应当由同一合议庭进行。合议庭成员在评议案件时，应当独立表达意见并说明理由。意见分歧的，应当按多数意见作出决定，但少数意见应当记入笔录。评议笔录由合议庭的组成人员在审阅确认无误后签名。评议情况应当保密。

合议庭评议后，应当及时作出判决、裁定。拟判处死刑的案件、人民检察院抗诉的案件，合议庭应当提请院长决定提交审判委员会讨论决定。对合议庭成员意见有重大分歧的案件、新类型案件、社会影响重大的案件以及其他疑难、复杂、重大的案件，合议庭认为难以作出决定的，可以提请院长决定提交审判委员会讨论决定。人民陪审员可以要求合议庭将案件提请院长决定是否提交审判委员会讨论决定。对提请院长决定提交审判委员会讨论决定的案件，院长认为不必要的，可以建议合议庭复议一次。审判委员会的决定，合议庭、独任审判员应当执行；有不同意见的，可以建议院长提交审判委员会复议。

评议后的裁判结果，根据我国《刑事诉讼法》第195条的规定，人民法院应当根据已经查明的事实、证据和有关的法律规定，分别作出以下判决：(1) 案件事实清楚，证据确实、充分，依据法律认定被告人有罪的，应当作出有罪判决。(2) 依据法律认定被告人无罪的，应当作出无罪判决。(3) 证据不足，不能认定被告人有罪的，应当作出证据不足、指控的犯罪不能成立的无罪判决。人民法院在判决中，应当对查封、扣押、冻结的财物及其孳息的处理作出决定。

对此，最高人民法院《适用刑事诉讼法的解释》第241条对裁判的原因和结果进行了细化，规定对第一审公诉案件，人民法院审理后，应当按照下列情形分别作出判决、裁定：(1) 起诉指控的事实清楚，证据确实、充分，依据法律认定指控被告人的罪名成立的，应当作出有罪判决。(2) 起诉指控的事实清楚，证据确实、充分，指控的罪名与审理认定的罪名不一致的，应当按照审理认定的罪名作出有罪判决。对此情形，人民法院应当在判决前听取控辩双方的意见，保障被告人、辩护人充分行使辩护权。必要时，可以重新开庭，组织控辩双方围绕被告人的行为构成何罪进行辩论。(3)案件事实清楚,证据确实、充分,依据法律认定被告人无罪的,应当判决宣告被告人无罪。(4)证据不足,不能认定被告人有罪的,应当以证据不足、指控的犯罪不能成立,判决宣告被告人无罪。对此情形,被告人被宣告无罪之后,人民检察院根据新的事实、证据重新起诉的,人民法院应当依法受理,并应当在判决中写明被告人曾被人民检察院提起公诉,因证据不足,指控的犯罪不能成立,被人民法院依法判决宣告无罪的情况。之前依照我国《刑事诉讼法》第 195 条第 3 项作出的判决不予撤销。(5)案件部分事实清楚,证据确实、充分的,应当作出有罪或者无罪的判决;对事实不清、证据不足部分,不予认定。(6)被告人因不满 16 周岁,不予刑事处罚的,应当判决宣告被告人不负刑事责任。(7)被告人是精神病人,在不能辨认或者不能控制自己行为时造成危害结果,不予刑事处罚的,应当判决宣告被告人不负刑事责任。(8)犯罪已过追诉时效期限且不是必须追诉,或者经特赦令免除刑罚的,应当裁定终止审理。(9)被告人死亡的,应当裁定终止审理;根据已查明的案件事实和认定的证据,能够确认无罪的,应当判决宣告被告人无罪。

合议庭成员应当在评议笔录上签名,在判决书、裁定书等法律文书上署名。裁判文书应当写明裁判依据,阐释裁判理由,反映控辩双方的意见并说明采纳或者不予采纳的理由。

需要说明的是,对最高人民法院解释中裁判结果的细化规定,理论界颇有微词。第一,根据上述第(2)项的规定,判决所认定的罪名可以较起诉罪名重,那么判决相对于起诉就可能恶化被告人的地位,这显然违背了"不告不理"原则。这一观点在本章开始的案例思考中已有论及,就不赘述。第二,根据上述第(4)项的规定,如果是证据不足被判无罪的,人民检察院可以根据新证据、新事实重新起诉,原判决不予撤销。这既不符合我国《刑事诉讼法》关于审判监督程序的规定,也有违无罪判决的稳定性,不利于保障被告人的诉讼权利。第三,根据上述第(6)项和第(7)项的规定,人民法院在某些情形下可以作出"不负刑事责任"的判决。多数观点认为,依据我国《刑事诉讼法》的规定,刑事判决只应划分为"有罪判决"和"无罪判决"两种。而最高人民法院却创设了"不负刑事责任"的判决,这不仅给司法实践带来了文本表述上的困难,也有违"不负刑事责任就是不构成犯罪"的刑法基本原理。

2. 宣判

评议结束后,案件进入宣判阶段。宣判是人民法院将判决书的内容向当事人和社会公开宣告,使当事人和社会公众获知人民法院对案件判决结论的诉讼活动。

宣判的方式有当庭宣判和定期宣判两种。当庭宣判是在合议庭休庭评议并作出裁判后,立即复庭由审判长口头宣告判决结果的诉讼活动。当庭宣告判决的,应当在 5 日内送达判决书。定期宣判是当庭无法宣判,另定日期宣告判决的诉讼活动。定期宣告判决的,应当在宣判前,先期公告宣判的时间和地点,传唤当事人并通知公诉人、法定代理人、辩护人和诉讼代理人。判决宣告后,应当立即送达判决书。

判决书应当送达人民检察院、当事人、法定代理人、辩护人、诉讼代理人,并可以送达被告人的近亲属。判决生效后,还应当送达被告人的所在单位或者原户籍地的公安派出所,或者被告单位的注册登记机关。此外,宣告判决前,人民检察院要求撤回起诉的,人民法院应当审查撤回起诉的理由,作出是否准许的裁定。

不论案件是否公开审理,判决的宣告一律公开进行。公诉人、辩护人、诉讼代理人、被害人、自诉人或者附带民事诉讼原告人未到庭的,不影响宣判的进行。对未成年人刑事案件宣告判决应当公开进行,但不得采取召开大会等形式。宣告判决结果时,法庭内全体人员应当起立。实践中,第一审人民法院在宣告判决时,往往由审判长口头告知被告人享有上诉权,并会将具体的上诉期限和上诉法院一并告知。

四、庭审笔录

庭审笔录是法院书记员制作的全面记载法庭审判活动的诉讼文书,是刑事案件判决后备案存查的重要文档资料,也是二审和再审时判断原审法院审判程序是否合法的依据之一。通过庭审笔录,可以明确获知被告人的权利义务是否被告知、法庭组成是否合法、当事人证据是否提交、被告人是否当庭翻供等。因此,书记员应当按照法庭审判活动的顺序,如实记录庭审的全过程,对当事人、证人等的陈述,应当原话记录,不失原意。

根据我国《刑事诉讼法》第201条和相关司法解释的规定,法庭审判的全部活动,应当由书记员写成笔录,经审判长审阅后,由审判长和书记员签名。法庭笔录应当在庭审后交由当事人、法定代理人、辩护人、诉讼代理人、证人、鉴定人、有专门知识的人阅读或者向其宣读。以上人员如果认为记录有遗漏或者差错的,可以请求补充或者改正;确认无误后,应当签名或者盖章;拒绝签名的,应当记录在案;要求改变庭审中陈述的,不予准许。

五、庭审录音录像

随着现代技术手段为法院和法庭所吸收,除了记载审理过程的庭审笔录之外,录音录像亦成为法庭审判的记录方式之一。庭审录音录像有利于加强审判管理,完善法庭记录方式,保护当事人的诉讼权利,促进司法公正。根据2010年最高人民法院印发的《关于庭审活动录音录像的若干规定》的通知,人民法院审判刑事案件时的录音录像应当注意以下几点:

(1)人民法院按照普通程序开庭审理第一审或者第二审刑事案件,应当对庭审活动全程同步录音或录像;简易程序及其他程序,应当根据需要对庭审活动录音或者录像。对于巡回审判等不在法庭进行的庭审活动,不具备录音录像条件的,可以不录音录像。

(2) 人民法院应当在审判法庭安装录音设备;有条件的应当安装录像设备。人民法庭可以根据实际需要在部分审判法庭安装录音或者录像设备。

(3) 庭审录音录像应当由书记员或者其他工作人员自案件开庭时开始录制,并告知诉讼参与人,至闭庭时结束。除休庭和不宜录音录像的调解活动外,录音录像不得间断。书记员应当将庭审录音录像的起始、结束时间及有无间断等情况记入法庭笔录。

(4) 当事人和其他诉讼参与人对法庭笔录有异议并申请补正的,书记员应当播放录音录像进行核对、补正。如果不予补正,应当将申请记录在案。

(5) 人民法院应当使用专门设备存储庭审录音录像,并将其作为案件材料以光盘等方式存入案件卷宗;具备当事人、辩护人、代理人等在人民法院查阅条件的,应当将其存入案件卷宗的正卷。未经人民法院许可,任何人不得复制、拍录、传播庭审录音录像。庭审录音录像的保存期限与案件卷宗的保存期限相同。

(6) 人民法院应当采取叠加同步录制时间或者其他措施保证庭审录音录像的真实性、完整性。对于毁损庭审录音录像或者篡改其内容的,追究行为人相应的行政或者法律责任。因设备、技术等原因导致庭审录音录像内容不完整或者不存在的,负责录制的人员应当作出书面说明,经审判长或者庭长审核签字后附卷;内容不完整的庭审录音录像仍应存储并入卷。

(7) 在庭审中,诉讼参与人或者旁听人员违反法庭纪律或者有关法律规定,破坏法庭秩序、妨碍诉讼活动顺利进行的,庭审录音录像可以作为追究其法律责任的证据。

(8) 当事人和其他诉讼参与人认为庭审活动不规范或者存在违法现象的,人民法院应当结合庭审录音录像进行调查核实。

(9) 人民法院院长、庭长或者纪检监察部门,可以根据工作需要调阅庭审录音录像。调阅不公开审理案件的庭审录音录像,应当遵守有关保密规定。

(10) 高级人民法院可以结合当地实际,在庭审录音录像的技术、管理、应用等方面制定本规定的实施细则。

(11) 人民法院进行其他审判、执行、听证、接访等活动,需要录音录像的,参照本规定执行。

▶ **六、法庭秩序**

法庭秩序是为保证法庭审判的正常进行,诉讼参与人、旁听人员应当遵守的纪律和秩序。法庭是人民法院行使国家审判权的重要场所。法庭审判有秩序的进行,不仅体现了国家审判活动的严肃性,而且也有利于正确认定案件事实和适用法律。因此,保障正常的法庭秩序对审理的正常进行和判决的及时作出非常重要。

根据最高法《适用刑事诉讼法的解释》第249条的规定,法庭审理过程中,诉讼参与人、旁听人员应当遵守以下纪律:(1)服从法庭指挥,遵守法庭礼仪。(2)不得鼓掌、喧哗、哄闹、随意走动。(3)不得对庭审活动进行录音、录像、摄影,或者通过发送邮件、博客、微博客等方式传播庭审情况,但经人民法院许可的新闻记者除外。(4)旁听人员不得发言、提问。(5)不得实施其他扰乱法庭秩序的行为。

对违反上述规定的,根据我国《刑事诉讼法》第194条和最高法《适用刑事诉讼法的解释》第250条至第253条之规定,法庭审判过程中,如果诉讼参与人或者旁听人员违反法庭秩序,审判长应当按照下列情形分别处理:(1)情节较轻的,应当警告制止并进行训诫。(2)不听制止的,可以指令法警强行带出法庭。(3)情节严重的,报经院长批准后,可以对行为人处1000元以下的罚款或者15日以下的拘留。诉讼参与人、旁听人员对罚款、拘留的决定不服的,可以直接向上一级人民法院申请复议,也可以通过决定罚款、拘留的人民法院向上一级人民法院申请复议。通过决定罚款、拘留的人民法院申请复议的,该人民法院应当自收到复议申请之日起3日内,将复议申请、罚款或者拘留决定书和有关事实、证据材料一并报上一级人民法院复议。复议期间,不停止决定的执行。(4)未经许可录音、录像、摄影或者通过邮件、博客、微博客等方式传播庭审情况的,可以暂扣存储介质或者相关设备。(5)担任辩护人、诉讼代理人的律师严重扰乱法庭秩序,被强行带出法庭或者被处以罚款、拘留的,人民法院应当通报司法行政机关,并可以建议依法给予相应处罚。辩护人严重扰乱法庭秩序,被强行带出法庭或者被处以罚款、拘留,被告人自行辩护的,庭审继续进行;被告人要求另行委托辩护人,或者被告人属于应当提供法律援助情形的,应当宣布休庭。(6)聚众哄闹、冲击法庭或者侮辱、诽谤、威胁、殴打司法工作人员或者诉讼参与人,严重扰乱法庭秩序,构成犯罪的,应当依法追究刑事责任。

▶ 七、审判障碍

人民法院自受理刑事案件到评议宣判之前,可能会遇到使审判无法按照诉讼程序进行或者不能继续开庭的特殊情况,这些情况称为诉讼障碍。按照我国《刑事诉讼法》的相关规定,人民法院可以区别不同的情形作出延期审理的决定或者中止审理的裁定。

(一)延期审理

延期审理是人民法院在开庭审理过程中,因为遇到某些情况而决定把案件的审理推迟,待司法人员将这些情况查明或者解决之后,再继续审理的一种诉讼上的处理。

根据我国《刑事诉讼法》第198条和相关司法解释的规定,在法庭审判过程中,可能导致延期审理的情形是:(1)需要通知新的证人到庭,调取新的物证,重新鉴定或者勘验的。(2)检察人员发现提起公诉的案件需要补充侦查,提出建议的。需要补充侦查的事项包括事实不清、证据不足、遗漏罪行、遗漏同案犯罪嫌疑人,及被告人揭发他人犯罪行为或提供重要线索等。建议延期审理不得超过两次,每次不得超过1个月。(3)由于申请回避而不能进行审判的。(4)因为特殊原因,在较长时间内不宜交付审判的特别重大复杂的案件,由最高人民检察院报请全国人民代表大会常务委员会批准延期审理。(5)公诉人不能当庭证明证据收集的合法性,需要调查核实的,可以建议法庭休庭或者延期审理。(6)遗漏罪行或者遗漏同案犯罪嫌疑人,虽不需要补充侦查和补充提供证据,但需要补充、追加或者变更起诉的,人民检察院可以提出延期审理的建议。(7)公诉人申请人民法院通知证人、鉴定人出庭作证或者有专门知识的人出庭提出意见而提出延期审理建议的。(8)公诉人出示、宣读开庭前未移送人民法院的证据,或者补充、变更起诉,需要给予被告人、辩护人必要时间进行辩护准备,提出延期审理建议的。(9)被告人、辩护人向法庭出示公诉人未掌握的与定罪量刑有关的证据,需要调查核实,公诉人提出延期审理建议的。(10)简易程序转为普通程序审理的案件,公诉人需要为出席法庭进行准备的,可以建议人民法院延期审理。(11)人民检察院在接到第二审人民法院决定开庭、查阅案卷通知后,可以查阅或者调阅案卷材料,并应当在接到人民法院通知之日起1个月以内完成。在1个月以内无法完成的,可以商请人民法院延期审理。(12)人民法院改变管辖,可以决定延期审理。(13)鉴定人由于不能抗拒的原因或者有其他正当理由无法出庭的,人民法院可以根据情况决定延期审理。(14)被告人有正当理由提出更换辩护人的要求,法庭同意的,可以决定延期审理。(15)被告人、辩护人在审理中因为身体原因,使审理无法继续进行的,也可以决定延期审理。

延期审理的开庭日期,应当当庭确定,也可以在休庭后另定日期。能够当庭确定的,应该当庭宣布下次开庭的时间、地点。当庭不能确定的,另行确定时应通知公诉人、当事人和其他诉讼参与人。延期审理后再行开庭时,如果中途没有更换审判人员,已经调查过的证据可以不再重新调查。但是,开庭中的当事人、其他诉讼参与人身份的核对和必要诉讼权利、义务的告知不能省略。

(二)中止审理

中止审理是人民法院在审判案件过程中,出现了某些特殊情况,使案件在较长时间内无法继续审理而裁定将其暂停,待这些情况消失之后,再行恢复审理的一种诉讼上的处理。

中止审理的情形,按照我国《刑事诉讼法》第200条和相关司法解释的规定,包括下列情形:(1)被告人患有严重疾病,无法出庭的。有多名被告人的案件,部分被告人患有严重疾病无法出庭的,人民法院可以对全案中止审理;根据案件情况,也可以对该部分被告人中止审理,对其他被告人继续审理。对中止审理的部分被告人,可以根据案件情况另案处理。(2) 被告人脱逃的。(3) 自诉人患有严重疾病,无法出庭,未委托诉讼代理人出庭的。(4) 由于不能抗拒的原因。(5) 被告人在自诉案件审理期间下落不明的,人民法院应当裁定中止审理。被告人到案后,应当恢复审理,必要时应当对被告人依法采取强制措施。

中止审理的原因消失后,应当恢复审理。中止审理的期间不计入审理期限。

▶ 八、审理期限

根据我国《刑事诉讼法》第202条的规定,人民法院审理公诉案件,应当在受理后2个月以内宣判,至迟不得超过3个月。对于可能判处死刑的案件或者附带民事诉讼的案件,以及有本法第156条规定情形之一的,经上一级人民法院批准,可以延长3个月;因特殊情况还需要延长的,报请最高人民法院批准。人民法院改变管辖的案件,从改变后的人民法院收到案件之日起计算审理期限。人民检察院补充侦查的案件,补充侦查完毕移送人民法院后,人民法院重新计算审理期限。

第三节　自诉案件第一审程序

▶ 一、自诉案件的概念和范围

刑事自诉案件是相对于公诉案件而言的,是指法律规定有自诉权的个人或者单位为了追究被告人的刑事责任,直接向法院提起诉讼,由法院受理并审判的案件。

根据我国《刑事诉讼法》第204条的规定,自诉案件包括下列案件:

(1) 告诉才处理的案件。此类案件有四种,即侮辱、诽谤案(《刑法》第246条第1款,但严重危害社会秩序和国家利益的除外);暴力干涉婚姻自由案(《刑法》第257条第1款);虐待案(《刑法》第260条第1款);侵占案(《刑法》第270条)。

(2) 被害人有证据证明的轻微刑事案件。这里的"轻微刑事案件"主要包括故意伤害案(《刑法》第234条第1款);非法侵入住宅案(《刑法》第245条);侵犯通信自由案(《刑法》第252条);重婚案(《刑法》第258条);遗弃案(《刑法》第261条);生产、销售伪劣商品案(《刑法》分则第3章第1节,但是严重危害社会秩序和国家利益的除外);侵犯知识产权案(《刑法》分则第3章第7节,但是严重危害社会秩序和国家利益除外);以及属于《刑法》分则第4章、第5章规定的,对被告人可能判处3年有期徒刑以下刑罚的案件。以上八项案件,被害人直接向人民法院起诉的,人民法院应当依法受理。对其中证据不足,可以由公安机关受理的,或者认为对被告人可能判处3年有期徒刑以上刑罚的,应当告知被害人向公安机关报案,或者移送公安机关立案侦查。被害人向公安机关控告的,公安机关应当受理。要注意的是,这类案件强调被害人的举证责任,被害人应该明确提供被告人的身份,并有确实、充分的证据证明该被告人对自己实施了犯罪行为。此外,伪证罪、拒不执行判决裁定罪由公安机关立案侦查。

(3) 被害人有证据证明对被告人侵犯自己人身、财产权利的行为应当依法追究刑事责任,而公安机关或者人民检察院不予追究被告人刑事责任的案件。此类自诉案件的立法本意是为了解决实践中被害人告状无门、权益受到侵害的问题,并督促侦查机关和公诉机关积极行使追诉权。当然,为了防止公诉和自诉案件出现管辖上的混乱,对公诉转自诉案应当作出如下限制:第一,被告人实施了犯罪行为,应当依法追究刑事责任。第二,受犯罪行为侵害的对象应该是被害人的人身权和财产权。第三,被害人有证据证明被告人对其实施了犯罪行为。第四,公安机关或者人民检察院对被告人的犯罪行为不予追究。这里的"不予追究",主要是指公安机关或人民检察院作出了不予追究的书面决定,即不立案、撤销案件、不起诉等决定。

与公诉案件相比,自诉案件有以下特点:

(1) 从犯罪客体看,自诉案件主要侵犯的是公民的个人权益,例如侵犯公民的人身权利、财产权利、名誉权、婚姻自主权等。

(2) 从起诉对象看,自诉案件多数是性质不太严重,给社会造成的危害相对公诉案件较小的案件。这类案件,国家将追诉犯罪的权利交给被害人,不但不会危害国家利益、集体利益和社会利益,而且可以节省人力、物力、财力,使国家侦查、公诉机关集中力量打击较为严重的刑事犯罪,将有限的司法资源进行更为合理的配置。

(3) 从诉讼程序看,被害人及其法定代理人等自诉人有能力依靠自己的力量承担诉讼。自诉案件一般有明确的被告,案情比较清楚,情节相对简单,无须专门的取证手段和侦查措施,被害人及其法定代理人有能力自行提起诉讼和支持诉讼。如果案情复杂需要专门侦查手段,被害人及其法定代理人没有能力查清事实、收集证据的,不应作为刑事自诉案件。

▶ 二、受理自诉案件的条件

自诉案件的提起条件和人民法院受理自诉案件的条件是相同的,只是一个问题的两面而已,其设置主要是为了预防自诉权的滥用,保障人民法院对自诉案件的审判质量。根据最高法《适用刑事诉讼法的解释》第259条的规定,人民法院受理自诉案件应当满足下列条件:

(1) 符合我国《刑事诉讼法》第204条规定的自诉案件的受案范围。

(2) 案件属于受诉人民法院管辖。

(3) 自诉人享有自诉权。根据我国《刑事诉讼法》和相关司法解释的规定,对于自诉案件,被害人有权向人民法院直接起诉。如果被害人死亡、丧失行为能力或者因受强制、威吓等无法告诉,或者是限制行为能力人以及因年老、患病、盲、聋、哑等不能亲自告诉,其法定代理人、近亲属告诉或者代为告诉的,人民法院应当依法受理。被害人的法定代理人、近亲属告诉或者代为告诉,应当提供与被害人关系的证明和被害人不能亲自告诉的原因的证明。"法定代理人"是指被代理人的父母、养父母、监护人和负有保护责任的机关、团体的代表。"近亲属"是指夫、妻、父、母、子、女、同胞兄弟姊妹。此外,我国《刑事诉讼法》并未规定单位不能提起自诉,故单位被害人也可以作为自诉人向人民法院提起自诉。

(4) 有明确的被告人、具体的诉讼请求和证明犯罪事实的证据。

(5) 对于公诉转自诉案件,还应当提交公安机关或者人民检察院作出的不予追究被告人刑事责任的书面决定。

▶ 三、自诉案件的提起和受理程序

提起自诉应当提交刑事自诉状;同时提起附带民事诉讼的,应当提交刑事附带民事自诉状。

自诉状应当包括以下内容:(1)自诉人(代为告诉人)、被告人的姓名、性别、年龄、民族、出生地、文化程度、职业、工作单位、住址、联系方式。(2)被告人实施犯罪的时间、地点、手段、情节和危害后果等。(3)具体的诉讼请求。(4)致送的人民法院和具状时间。(5)证据的名称、来源等。(6)证人的姓名、住址、联系方式等。对两名以上被告人提出告诉的,应当按照被告人的人数提供自诉状副本。

对自诉案件,人民法院应当在15日内审查完毕。符合受理条件的,应当决定立案,并书面通知自诉人或者代为告诉人。具有下列情形之一的,应当说服自诉人撤回起诉;自诉人不撤回起诉的,裁定不予受理:(1)不属于最高法《适用刑事诉讼法的解释》第1条规定的案件的。(2)缺乏罪证的。(3)犯罪已过追诉时效期限的。(4)被告人死亡的。(5)被告人下落不明的。(6)除因证据不足而撤诉的以外,自诉人撤诉后,就同一事实又告诉的。(7)经人民法院调解结案后,自诉人反悔,就同一事实再行告诉的。

对已经立案,经审查缺乏罪证的自诉案件,自诉人提不出补充证据的,人民法院应当说服其撤回起诉或者裁定驳回起诉;自诉人撤回起诉或者被驳回起诉后,又提出了新的足以证明被告人有罪的证据,再次提起自诉的,人民法院应当受理。

自诉人对不予受理或者驳回起诉的裁定不服的,可以提起上诉。第二审人民法院查明第一审人民法院作出的不予受理裁定有错误的,应当在撤销原裁定的同时,指令第一审人民法院立案受理;查明第一审人民法院驳回起诉裁定有错误的,应当在撤销原裁定的同时,指令第一审人民法院进行审理。

自诉人明知有其他共同侵害人,但只对部分侵害人提起自诉的,人民法院应当

受理,并告知其放弃告诉的法律后果;自诉人放弃告诉,判决宣告后又对其他共同侵害人就同一事实提起自诉的,人民法院不予受理。共同被害人中只有部分人告诉的,人民法院应当通知其他被害人参加诉讼,并告知其不参加诉讼的法律后果。被通知人接到通知后表示不参加诉讼或者不出庭的,视为放弃告诉。第一审宣判后,被通知人就同一事实又提起自诉的,人民法院不予受理。但是,当事人另行提起民事诉讼的,不受此限。被告人实施两个以上犯罪行为,分别属于公诉案件和自诉案件,人民法院可以一并审理。

▶ 四、自诉案件的审理

审理自诉案件,符合简易程序适用条件的,可以适用简易程序审理。不适用简易程序审理的,应当适用公诉案件第一审普通程序。对犯罪事实清楚,有足够证据的自诉案件,应当开庭审理。自诉案件的审理还应当注意以下几点:

(1) 自诉案件当事人因客观原因不能取得的证据,申请人民法院调取的,应当说明理由,并提供相关线索或者材料。人民法院认为有必要的,应当及时调取。

(2) 人民法院审理自诉案件,可以在查明事实、分清是非的基础上,根据自愿、合法的原则进行调解。调解达成协议的,应当制作刑事调解书,由审判人员和书记员署名,并加盖人民法院印章。调解书经双方当事人签收后,即具有法律效力。调解没有达成协议,或者调解书签收前当事人反悔的,应当及时作出判决。我国《刑事诉讼法》第 204 条第 3 项规定的公诉转自诉案件不适用调解。

(3) 判决宣告前,自诉案件的当事人可以自行和解,自诉人可以撤回自诉。人民法院经审查,认为和解、撤回自诉确属自愿的,应当裁定准许;认为系被强迫、威吓等,并非出于自愿的,不予准许。裁定准许撤诉或者当事人自行和解的自诉案件,被告人被采取强制措施的,人民法院应当立即解除。

(4) 自诉人经两次传唤,无正当理由拒不到庭,或者未经法庭准许中途退庭的,人民法院应当裁定按撤诉处理。部分自诉人撤诉或者被裁定按撤诉处理的,不影响案件的继续审理。

(5) 被告人在自诉案件审判期间下落不明的,人民法院应当裁定中止审理。被告人到案后,应当恢复审理,必要时应当对被告人依法采取强制措施。

(6) 对自诉案件,应当参照我国《刑事诉讼法》第 195 条和最高法《适用刑事诉讼法的解释》第 241 条的有关规定作出判决;对依法宣告无罪的案件,其附带民事部分应当依法进行调解或者一并作出判决。

(7) 告诉才处理和被害人有证据证明的轻微刑事案件的被告人或者其法定代理人可以对自诉人提起反诉。反诉是相对于自诉而言的,是指在自诉案件的审理中,被告人作为被害人控诉自诉人犯有与本案有关联的犯罪行为,而请求人民法院追究其刑事责任的诉讼行为。根据我国《刑事诉讼法》的规定,反诉必须符合下列条件:第一,反诉的对象必须是本案自诉人。第二,反诉的内容必须是与本案有关的行为。第三,反诉的案件必须符合告诉才处理的案件和被害人有证据证明的轻微刑事案件的规定。在有反诉发生的自诉案件中,诉讼双方同时具备双重身份,既是自诉人又是被告人,形成互诉。反诉以自诉的存在为前提,但反诉本身并不是对自诉的答辩,而是一个独立的自诉。因此,自诉人撤诉的,不影响反诉案件的继续审理。反诉案件适用自诉案件的规定,应当与自诉案件一并审理。

(8) 对于人民法院审理自诉案件的期限,被告人被羁押的,适用我国《刑事诉讼法》第202条第1款、第2款关于一般公诉案件审理期限的规定;未被羁押的,应当在受理后6个月以内宣判。

第四节 简 易 程 序

一、简易程序的概念和意义

简易程序是基层人民法院审理第一审刑事案件时,在符合法律规定条件下所适用的,比普通程序相对简化的审判程序。随着犯罪数量的不断增加,很多国家司法机关都不堪重负。为了节省司法资源、提高诉讼效率,世界多数国家都在其刑事诉讼法中规定了不同于普通程序的简易程序,例如英国的简易审判程序、美国的"辩诉交易"程序、德国的"处罚令程序"等。简易程序和其他速决程序的广泛运用是世界刑事诉讼立法和实践的大势所趋。在我国,1979年《刑事诉讼法》并未规定"简易程序"。1996年修订的《刑事诉讼法》,设专节规定了"简易程序"。2012年修订的《刑事诉讼法》总结了以往的经验和司法实践的需要,在保障司法公正的前提下,考虑案件的难易程度、社会危害性、被告人的认罪态度和对适用简易程序的意见等因素,进一步对案件进行了繁简分流,适当扩大了简易程序的适用范围。总之,简易程序的设置及适用范围的扩大顺应了世界刑事诉讼的发展趋势,符合我国司法实践的需要,其意义表现在:

首先,简易程序的适用充分利用了有限的司法资源,提高了诉讼效率。转型时期,各类刑事案件迅猛增长,案件的承办法院,尤其是基层人民法院已经不堪重负。在基层人民法院管辖的案件中,对那些事实清楚、证据确实、充分,控辩双方无争议,特别是被告人认罪的案件适用简易程序,可以迅速结案、降低成本,使人民法院将有限的司法资源投入到其他更为疑难、复杂、重大的案件中,从而节省了审判成本,提高了诉讼效率。

其次,简易程序减轻了当事人的诉讼负担。在被告人认罪的情况下适用简便易行的审判程序,不仅使控辩双方尽早摆脱了讼累,而且尽早结束了程序的不确定状态,实现了人权保障功能和重建社会秩序功能的双赢。

最后,简易程序使刑事审判程序更加科学化、合理化。从刑事案件的现实情况看,繁简轻重存在很大差异。对不同案件适用不同程序进行审理,能使审判更加科学化和合理化。一般来讲,基层人民法院审判的刑事案件较上级法院简单、罪行也较轻,适用简易程序能够保障查清案件事实、正确适用法律。并且,随着法制建设取得长足进步,基层人民法院的审判人员也基本具备了审理各类案件的业务能力,能够利用简易程序对案件作出公正的审判。①

▶ 二、简易程序的适用范围及例外

(一)简易程序的适用范围

依据我国《刑事诉讼法》第208条的规定,基层人民法院适用简易程序审判案件,应当同时符合下列条件:

(1)案件事实清楚、证据充分的。这是适用简易程序的事实基础。简便易行的程序虽然节省了司法资源,但是其在查清事实、审查证据、组织辩论等方面较普通程序仍有不足。因此,适用简易程序的事实前提就是法庭各方对案件事实和证据认定没有根本性的冲突。

(2)被告人承认自己所犯罪行,对指控的犯罪事实没有异议的。从司法实践看,大部分刑事案件的被告人都是认罪的。对这些案件的审理适用简易程序可以大大降低司法成本、提高诉讼效率。当然,即便被告人认罪,其辩护权却不能剥夺。适用简易程序审理案件,被告人有辩护人的,应当通知其出庭。被告人及其辩护人经审判人员许可,可以同公诉人、自诉人及其诉讼代理人互相辩论。在被告人符合《刑事诉讼法》第34条第1款规定时,人民法院应当告知被告人及其近亲属可以申请法律援助。

(3)被告人对适用简易程序没有异议的。简易程序毕竟在某些程序流程上比普通程序简单且不够严谨,这也就增加了侵犯被告人诉讼权利的风险。因此,被告人如果不同意适用简易程序,人民法院应当尊重被告人的程序选择权,按照普通程序对案件进行审判。程序上,基层人民法院受理公诉案件后,经审查认为案件事实清楚、证据充分的,在将起诉书副本送达被告人时,应当询问被告人对指控的犯罪事实的意见,告知其适用简易程序的法律规定。被告人对指控的犯罪事实没有异议并同意适用简易程序的,可以决定适用简易程序,并在开庭前通知人民检察院和辩护人。开庭时,审判长或者独任审判员应当当庭询问被告人对指控的犯罪事实的意见,告知被告人适用简易程序审理的法律规定,确认被告人是否同意适用简易程序。

---

① 参见郎胜主编:《〈中华人民共和国刑事诉讼法〉修改与适用》,新华出版社2012年版,第368页。

（二）简易程序的适用例外

我国《刑事诉讼法》第209条和最高法《适用刑事诉讼法的解释》第290条规定了适用简易程序的例外：

（1）被告人是盲、聋、哑人，或者是尚未完全丧失辨认或者控制自己行为能力的精神病人的；

（2）案件有重大社会影响的；

（3）共同犯罪案件中部分被告人不认罪或者对适用简易程序有异议的；

（4）辩护人作无罪辩护的；

（5）被告人认罪但经审查认为可能不构成犯罪的；

（6）不宜适用简易程序审理的其他情形。

以上情形，要么是为了保障特殊被告人的诉讼权利，要么是案情重大或者复杂，要么是控辩双方分歧较大。对这些案件，都不应适用简易程序。

三、简易程序的特点

根据我国《刑事诉讼法》及相关司法解释的规定，简易程序与普通程序相比，应当注意以下特点：

（1）在适用的法院上，简易程序只适用于基层人民法院。中级人民法院、高级人民法院和最高人民法院审理的刑事案件均不能适用简易程序。

（2）在适用程序上，简易程序只适用于第一审刑事程序，不适用于第二审程序、死刑复核程序和审判监督程序，以及发回重审的程序。

（3）在审判组织上，简易程序的审判组织一般较为简单。适用简易程序审理案件，对可能判处3年有期徒刑以下刑罚的，可以组成合议庭进行审判，也可以由审判员一人独任审判；对可能判处的有期徒刑超过3年的，应当组成合议庭进行审判。适用简易程序独任审判过程中，发现对被告人可能判处的有期徒刑超过3年的，应当转由合议庭审理。

（4）在适用的案件上，简易程序只适用于案件事实清楚，证据确实、充分，被告人认罪的刑事案件。案情疑难、复杂、重大的刑事案件不宜适用简易程序。人民法院在审理过程中，有下列情形之一的，应当按照第一审普通程序的规定重新审理：第一，被告人的行为可能不构成犯罪的；第二，被告人可能不负刑事责任的；第三，被告人当庭对被起诉指控的犯罪事实予以否认的；第四，案件事实不清、证据不足的；第五，不应当或者不宜适用简易程序的其他情形。转为普通程序审理的案件，审理期限应当从决定转为普通程序之日起计算。

（5）在公诉机关的作用上，人民检察院在提起公诉的时候，可以建议人民法院适用简易程序，如果人民法院认为不符合简易程序适用条件的，应当通知人民检察院。适用简易程序审理公诉案件，人民检察院应当派员出席法庭。这是我国2012

年修订的《刑事诉讼法》增加的公诉机关在简易程序适用及审理中的职责,主要是为了推动人民检察院在适用简易程序的公诉案件中积极履行控诉职能,对程序进行有效的监督。

(6)在庭审程序上,简易程序较为简化。审判程序简便易行是简易程序的突出特点。适用简易程序审理案件,不受普通程序关于送达期限、讯问被告人、询问证人、鉴定人、出示证据、法庭辩论程序规定的限制。但在判决宣告前应当听取被告人的最后陈述意见。具体来讲,人民法院应当在开庭3日前,将开庭的时间、地点通知人民检察院、自诉人、被告人、辩护人,也可以通知其他诉讼参与人。通知可以采用简便方式,但应当记录在案。

开庭审理时,可以对庭审作如下简化:第一,公诉人可以摘要宣读起诉书;第二,公诉人、辩护人、审判人员对被告人的讯问、发问可以简化或者省略;第三,对控辩双方无异议的证据,可以仅就证据的名称及所证明的事项作出说明;对控辩双方有异议,或者法庭认为有必要调查核实的证据,应当出示,并进行质证;第四,控辩双方对与定罪量刑有关的事实、证据没有异议的,法庭审理可以直接围绕罪名确定和量刑问题进行。适用简易程序审理案件,一般应当当庭宣判。

(7)在审理期限上,简易程序时间较短。适用简易程序审理案件,人民法院应当在受理后20日以内审结;对可能判处的有期徒刑超过3年的,可以延长至1个半月。

第五节　判决、裁定和决定

刑事裁判是人民法院在刑事审判过程中对案件的实体问题和程序问题作出的处理结论。我国的刑事裁判包括判决、裁定和决定。

▶ 一、判决

(一)判决的概念和种类

判决是人民法院在案件终结时就实体问题做出的处理结论。在我国,刑事案件的判决是人民法院经过法庭审理,根据已经查明的事实、证据和有关的法律规定,就被告人是否犯罪、犯了什么罪、应否处以刑罚和处以什么刑罚的问题所作的一种结论。从程序上说,它标志着案件审理的结束。从内容上说,它解决的是案件的实体问题,所以是实体裁判。

判决是人民法院行使国家审判权和适用国家法律的具体结果。判决一经发生法律效力,就具有强制性。除人民法院外,任何机关、团体或者个人都无权变更或者撤销判决。拒不执行已经发生法律效力的判决,就要受到法律的追究。因此,判决具有极高的权威性、严肃性和稳定性。

刑事判决根据其法律适用结果为标准，可以划分为有罪判决和无罪判决。根据我国《刑事诉讼法》第195条的规定，有罪判决是人民法院在案件事实清楚，证据确实、充分，依据法律认定被告人有罪时作出的判决。有罪判决又可以进一步划分为科刑判决和免刑判决。科刑判决，又叫做定罪处刑判决，是在认定被告人有罪的基础上，给予刑罚处罚的判决。免刑判决，又叫做定罪免刑判决，是指虽认定被告人有罪，但对其免于刑事处罚的判决。无罪判决是认定被告人的行为不构成犯罪的判决。无罪判决也包括两种情况：其一是依法认定被告人无罪的判决，包括查明被告人没有实施犯罪行为，或者被告人的行为依法不构成犯罪等。其二是因证据不足，不能认定被告人有罪时，作出的证据不足，指控的犯罪不能成立的无罪判决。

此外，对错误的判决，可以通过上诉或者抗诉的方式予以救济。被告人、自诉人和他们的法定代理人不服地方各级人民法院第一审判决，有权用书状或者口头向上一级人民法院提起上诉。被告人的辩护人和近亲属，经被告人同意，可以提出上诉。附带民事诉讼的当事人和他们的法定代理人，可以对地方各级人民法院第一审判决中的附带民事诉讼部分提出上诉。地方各级人民检察院认为本级人民法院第一审的判决确有错误时，应当向上一级人民法院提出抗诉。

（二）判决书

不论是有罪判决还是无罪判决都应当制作判决书。刑事判决书，是人民法院对刑事案件经过审理后，就实体问题作出判决时制作的法律文书。判决的书面表现形式，必须严格按照规定的格式和要求制作。根据我国《刑事诉讼法》第51条的规定，人民法院判决书，必须忠实事实真相。故意隐瞒事实真相的，应当追究责任。判决书的具体要求是：格式规范；事实叙述清楚、具体，层次清楚，重点突出；说理透彻，论证充分；结论明确，法律条文的引用正确、无误，逻辑结构严谨，无前后矛盾之处；行文通俗易懂，繁简得当，标点符号正确。

对判决书的格式，根据最高人民法院审判委员会1999年4月通过的《法院刑事诉讼文书样式》（样本），判决书的制作要求和内容有以下几方面：

（1）首部。首部包括人民法院名称、判决书类别、案号；公诉机关和公诉人、当事人、辩护人、诉讼代理人基本情况；案由和案件来源；开庭审理，审判组织的情况等。

（2）事实部分。事实是判决的基础，是判决理由和判决结果的根据。这部分包括四个方面的内容：人民检察院指控被告人犯罪的事实和证据；被告人的供述、辩护和辩护人的辩护意见；经法庭审理查明的事实和据以定案的证据。其中，对认定事实的证据必须做到：第一，依法公开审理的案件，除无需举证的事实外，证明案件事实的证据必须是指经过法庭公开举证、质证的，未经法庭公开举证、质证的不能认证。第二，要通过对证据的具体分析、认证来证明判决所确认的犯罪事实，防止并杜绝用"以上事实、证据充分，被告人也供认不讳，足以认定"等抽象、笼统地说法或简单地罗列证据的方法来代替对证据的具体分析、认证,法官认证和采证的过程应当在判决书中充分体现出来。第三,证据的叙写要尽可能明确、具体。此外,叙述证据时,还应当注意保守国家秘密,保护报案人、控告人、举报人、被害人、证人的安全和名誉。

(3) 理由部分。理由是判决的灵魂,是将事实和判决结果有机联系在一起的纽带,是判决书说服力的基础。其核心内容是针对具体案件的特点,运用法律规定、犯罪构成和刑事诉讼理论,阐明控方的指控是否成立,被告人的行为是否构成犯罪,犯什么罪,情节轻重与否,依法应当如何处理。书写判决理由时应注意:第一,理由的论述要结合具体案情有针对性和个性,说理力求透彻,使理由具有较强的思想性和说服力,切忌说空话、套话。第二,罪名确定准确。一人犯数罪的,一般先定重罪,后定轻罪,共同犯罪案件应在分清各被告人在共同犯罪中的地位、作用和刑事责任的前提下,依次确定首要分子、主犯、从犯或者胁从犯、教唆犯的罪名。第三,被告人具有从轻、减轻、免除处罚或从重处罚情节的,应当分别或者综合予以认定。第四,对控辩双方适用法律方面的意见应当有分析地表明是否予以采纳,并阐明理由。第五,法律条文(包括司法解释)的引用要完整、准确、具体。

(4) 结果部分。判决结果是依照有关法律的具体规定,对被告人作出定性处理的结论。书写时应当字斟句酌、认真推敲,力求文字精练、表达清楚、准确无误。其中有罪判决应写明判处的罪名、刑种、刑期或者免除刑罚,数罪并罚的应分别写明各罪判处的刑罚和决定执行的刑罚;被告人已被羁押的,应写明刑期折抵情况和实际执行刑期的起止时间;缓刑的应写明缓刑考验期限;附带民事诉讼案件,应写明附带民事诉讼的处理情况;有赃款赃物的,应写明处理情况。无罪判决要写明认定被告人无罪以及所根据事实和法律依据;对证据不足,不能认定被告人有罪的应写明证据不足、指控的犯罪不能成立,并宣告无罪。

(5) 尾部。这部分写明被告人享有上诉权利、上诉期限、上诉法院、上诉方式和途径;合议庭组成人员或独任审判员和书记员姓名;判决书制作、宣判日期;最后要加盖人民法院印章。

▶ 二、裁定

裁定是人民法院在案件审理或者判决执行过程中,对某些重大程序问题和部分实体问题作出的处理结论。人民法院用裁定处理的刑事程序问题主要有:是否恢复诉讼期限、中止审理、维持原判、撤销原判并发回重审、驳回起诉、核准死刑等。人民法院处理实体问题的裁定主要适用于执行中,例如减刑、假释、撤销缓刑、减免罚金、没收违法所得等。

刑事裁定和判决都会涉及一些实体问题,而它们的主要区别是:

(1) 适用对象不同。判决只解决案件的实体问题,而裁定除解决部分实体问题外,主要解决程序性问题。

(2) 适用范围不同。判决只适用于审判程序终结时。因此,在具体案件中,发生法律效力并被执行的判决只有一个。而裁定则可适用于整个审判和执行程序。因此,个案中,发生法律效力的裁定可以有若干个。

(3) 适用方式不同。判决必须用书面形式作出,而裁定既可用书面形式,又可用口头形式。口头裁定作出后,记入笔录即可。

(4) 上诉、抗诉期限不同。不服第一审刑事判决的上诉、抗诉期限为 10 日,而不服第一审裁定的上诉、抗诉期限为 5 日。

裁定书是裁定的书面形式。其格式、写法和署名,与判决书基本相同,只是内容相对简单。按照我国《刑事诉讼法》的规定,第一审裁定都是程序性裁定。除最高人民法院作出的之外,都可以上诉或者抗诉。

三、决定

按照作出的机关不同,可以将决定分为公安机关的决定、人民检察院的决定和人民法院的决定。而只有人民法院的决定才属于刑事裁判的范畴。人民法院的决定主要是针对诉讼中的程序问题作出的处理结论。而公安机关和人民检察院作出的决定既涉及程序性问题,也包括一些实体性问题,如立案的决定、撤销案件的决定、不起诉决定等。

决定与判决、裁定的不同之处在于,对判决、裁定是可以上诉和抗诉的,而决定一经作出,立即发生法律效力,不能上诉或者抗诉。当然,决定也并非完全不能监督或救济。例如,对公安机关作出的不立案决定,如果有控告人的,公安机关应当制作《不予立案通知书》,并在 3 日以内送达控告人。控告人不服的,可以在收到通知书后 7 日内向作出决定的公安机关申请复议;公安机关应当在收到复议申请后 7 日以内作出决定,并书面通知控告人。控告人对不予立案的复议决定不服的,可以在收到复议决定书后 7 日以内向上一级公安机关申请复核;上一级公安机关应当在收到复核申请后 7 日以内作出决定。对上级公安机关撤销不予立案决定的,下级公安机关应当执行。如果案件是行政执法机关移送到公安机关,而行政执法机关对不予立案决定不服的,可以在收到不予立案通知书后 3 日以内向作出决定的公安机关申请复议;公安机关应当在收到行政执法机关的复议申请后 3 日以内作出决定,并书面通知移送案件的行政执法机关。并且,人民检察院也可以对公安机关的不立案决定进行监督,如果认为公安机关对应当立案侦查的案件而不立案侦查的,或者被害人认为公安机关对应当立案侦查的案件而不立案侦查,向人民检察院提出的,人民检察院应当要求公安机关说明不立案的理由。公安机关应当在收到通知书后 7 日内,对不立案的情况、依据和理由作出书面说明,回复人民检察院。公安机关作出立案决定的,应当将立案决定书复印件送达人民检察院。人民检察院通知公安机关立案的,公安机关应当在收到通知书后15日以内立案,并将立案决定书复印件送达人民检察院。

对人民检察院作出的不起诉决定,公安机关如果认为有错误的,应当在收到不起诉决定书后7日以内制作《要求复议意见书》,经县级以上公安机关负责人批准后,移送同级人民检察院复议。要求复议的意见不被接受的,可以在收到人民检察院的复议决定书后7日以内制作《提请复核意见书》,经县级以上公安机关负责人批准后,连同人民检察院的复议决定书,一并提请上一级人民检察院复核。对于有被害人的案件,决定不起诉的,人民检察院应当将不起诉决定书送达被害人。被害人如果不服,可以自收到决定书后7日以内向上一级人民检察院申诉,请求提起公诉。人民检察院应当将复查决定告知被害人。对人民检察院维持不起诉决定的,被害人可以向人民法院起诉。被害人也可以不经申诉,直接向人民法院起诉。人民法院受理案件后,人民检察院应当将有关案件材料移送人民法院。对于人民检察院依照我国《刑事诉讼法》第173条第2款规定作出的不起诉决定,被不起诉人如果不服,可以自收到决定书后7日以内向人民检察院申诉。人民检察院应当作出复查决定,通知被不起诉的人,同时抄送公安机关。

人民法院在一审中作出的决定主要是回避的决定。对于人民法院作出的驳回当事人回避申请的决定,当事人及其法定代理人可以在接到决定时申请复议一次。不属于我国《刑事诉讼法》第28条、第29条规定情形的回避申请,由法庭当庭驳回,并不得申请复议。

由此可见,不论是作为裁判文书的法院决定,还是公安机关和人民检察院作出的决定,都主要是通过当事人或者有关机关申请复议、复核的方式进行监督和救济。具体的救济手段,我国《刑事诉讼法》针对不同的决定有不同的规定,应依法进行。

此外,决定的形式可以是书面,也可以是口头。书面形式应当制作决定书,写明处理结论及理由。口头决定应当记入笔录,与书面决定有同等的法律效力。

【拓展阅读】

刑事审判方式是在刑事审判程序中,由裁判者和其他刑事诉讼主体所处的地位和发挥的作用不同而形成的案件审理方法和形式。我国《刑事诉讼法》的两次修改都涉及了"审判方式改革"的内容。有学者通过考察国内外审判理论及实践,认为我国现行的审判制度,既非"对抗式",亦非"审问式",而是一种具有中国特色的"混合式"审判方式。① 然而,"讨论当下中国的法治建设,不论怎样强调本土资源

---

① 秦宗文:《刑事二审全面审查原则新探》,载《现代法学》2007年第3期。

的重要性,也离不开对两大法系从法理到制度的借鉴与参照。"①因此,考察"对抗式"和"审问式"审判方式的运行特点,不仅有助于理解《刑事诉讼法》审判制度的设计理念,也有助于预测我国刑事诉讼审判方式的走向及未来。从诉讼模式角度分析,世界不同国家的审判方式大致可以分为对抗式、审问式和混合制三种。

英美法系"对抗式"审判方式强调当事人在诉讼中的地位和作用,审判活动依据控诉方和被告方的主张和举证行为,而审判机关则处于居中公断的地位。以英国为例,"对抗式"庭审包括以下步骤:(1) 检控方作开庭陈述,介绍证据,说明事实;(2) 检控方传召第一位证人,进行询问;(3) 辩护律师对证人进行交叉询问;(4) 检控官如果希望,可以再次询问该证人(这种询问也适用于之后的每个证人);(5) 辩护律师作开庭陈述;(6) 被告人如果愿意,可以放弃沉默权,以证人的身份作出陈述;(7) 其他辩方证人被传唤、被询问、被检控方交叉询问,并被辩护律师再次询问;(8) 检控方总结案件;(9) 辩护律师作总结陈词;(10) 如果是陪审团审判,法官对陪审团做出总结指示;(11) 陪审团退庭,讨论并作出有罪或者无罪的裁决。在这一过程中,法官对案件事实是被动的仲裁者,而对诸多程序性问题又有着极大的自由裁量权,可以决定案件是否合并审理、证据的可采性、制止不当询问等。并且,考虑到被告人在侦查阶段的不利地位,"对抗式"庭审给予了辩方适当的"补偿"。辩护律师可以为明知有罪的被告人作无罪辩护。只要不违背职业道德和法律,他可以调动各种手段为被告人开脱。而控方作为一方当事人则受到诸多的制约,须要遵守"公平竞赛规则",例如,不得抨击被告人及其配偶的作证,控诉必须客观、公正等。总之,这种竞技性的庭审使法官和陪审团的裁判极大地依赖于控辩双方的对抗。

与"对抗式"不同,法国、德国、奥地利等大部分欧陆国家采取"审问式"的庭审方式,强调法官在审判中积极查明案件事实的作用,控辩双方的庭审活动较为消极。以德国为例,其刑事诉讼法所规定的开庭及调查程序主要是:(1) 审判以审判长就案件有关人员进行点名开始;(2) 审判长就公诉被告人的个人情况进行讯问;(3) 检察官宣读起诉书;(4) 讯问被告人(需要被告人同意);(5) 证据调查。法庭调查程序完毕后,审判长宣布证据调查结束,并请公诉人发言,从而开始法庭辩论。在辩论结束后,被告人还有作最后陈述的机会。在庭审中,法官全程指挥审判,可以依职权主动收集、调查证据。检察官的法庭活动大大减少,一般仅限于法官询问被告人和证人后,作出少量补充性询问。而辩护人表达观点以及与控方进行辩论的机会也非常有限。按照大陆法系的庭审理论,这些设计主要是为了防止单纯依靠检察官和辩护律师的作用、技巧来决定被告人的命运。

不论是英美法系"对抗式"庭审,还是大陆法系"审问式"庭审,都是不同国家在本国人文环境及司法运行背景下,对公平、正义、效率等基本原则进行深入考量之

---

① 卞建林、刘玫主编:《外国刑事诉讼法》,中国政法大学出版社2008年版,第82页。

后的理性选择。因此,不能武断地认为孰优孰劣。采行"对抗式"或者"审问式",在相当程度上是一个价值选择的问题。前者突出个人价值,更能显示程序公正;后者具有国家主义倾向,更易发现客观真实。近、现代刑事诉讼发展的一个重要特征就是两种庭审方式相互融合、取长补短。这一融合的结果就出现了"混合式"庭审,日本就是一典型代表。在"混合式"庭审中,法官仍然可以改变和决定证据调查的范围、顺序和方法,并可以直接询问证人。但是,控辩双方的作用被显著提升,可以对证人进行交叉询问,庭审的对抗性大大增强。

当前,世界主要法治国家庭审方式转化的基本倾向是"审问式"向"对抗式"转变,而不是相反。就欧陆国家而言,西班牙在1868年和1882年,采取了若干吸收英国对抗式审判的改革措施。1887年,挪威朝着同一方向迈进。1916年丹麦紧随其后。1948年瑞典诉讼法典规定,在法院进行的诉讼应当由当事人决定是选择"审问式"还是"对抗式"。之后,由于"对抗式"审判在瑞典较为流行,其在1988年被立法确认为强制性程序。同年,葡萄牙也改为"对抗式"庭审方式。意大利1989年进行了同样改革。阿尔巴尼亚、捷克和爱沙尼亚等国家在上世纪90年代也都由"审问式"向"对抗式"转变。

我国《刑事诉讼法》经过两次大修,在审判方式上也较多地吸收了英美法系"对抗式"的做法。但是,受我国司法传统的影响,为了追求案件的实体真实,也为了防止彻底的当事人主义对法官视野的限制,在新的审判制度中,保留了法官补充性调查的职权。同时,原有的一些特殊程序原则、制度仍然保留。例如,检察院具有公诉机关和法律监督机关的双重法律身份;被告人有辩护权却没有沉默权;不参加审理的审判委员会,对合议庭提交的重大复杂案件具有审决权等。由此可见,我国现行的审判方式,既非对抗制,亦非审问式,而是有中国特色的混合式审判方式。它是中国传统和固有的制度因素、现代职权主义以及当事人主义三大要素揉合的结果。①

【思考题】

1. 简述我国陪审员制度的问题及完善的对策。
2. 简述陪审制、参审制及观审制的异同。
3. 分析我国对审判程序进行监督的方式及运行问题。
4. 简述刑事审判中庭前会议的作用。
5. 分析我国法院刑事案件法庭审理程序的缺陷,并提出改革的建议。
6. 简述延期审理与中止审理的异同。
7. 简述我国2012年修订的《刑事诉讼法》对刑事简易程序制度的规定及与1996年修订的《刑事诉讼法》相关规定的区别。

---

① 参见龙宗智:《刑事庭审制度研究》,中国政法大学出版社2001年版,第93—112页。

第十八章　第二审程序

要点提示

- 第二审程序的概念及特征。
- 为什么要设置第二审程序？
- 第二审程序是如何启动的？
- 了解第二审程序的审判方式与期限。

 **【案例思考】**

陈某和张某涉嫌共同故意伤害一案,由县人民检察院向县人民法院提起公诉。被害人刘某提起附带民事诉讼。第一审人民法院经过审理认定故意伤害罪名成立,分别判处陈某有期徒刑5年并向被害人赔偿3万元,王某有期徒刑4年并向被害人赔偿2万元。陈某在收到判决书10日内向市中级人民法院提起上诉,被害人刘某就陈某的民事责任也提出上诉,张某在上诉期内没有提起上诉,检察机关没有提出抗诉。于是一审法院在判决书送达给两被告的次日,将被告张某交付执行。市中级人民法院就陈某的民事和刑事责任进行了二审。第二审期间,陈某以刘某损害自家庄稼才引起故意伤害行为的发生为由提出损害赔偿的反诉。中级人民法院经审理认为,对于陈某的刑事责任部分,一审判决认定事实正确,但量刑畸轻,遂以一审人民法院适用法律不当为由,改判为7年。

请思考以下问题:
1. 本案中哪些做法是违法的?
2. 第二审人民法院对于民事责任部分可以如何处理?

第一节 概 述

一、第二审程序的概念

上诉权作为晚近发展起来的"第一代"人权之一,为国际刑事司法准则体系所认可。① 如《公民权利和政治权利国际公约》第14条第5款规定:"凡被判定有罪者,应有权由一个较高级法庭对其定罪及刑罚依法进行复审。"该条款赋予了刑事定罪者向一个较高级的法庭上诉的权利,该权利的行使将启动上诉审程序。在我国,第二审程序实质即为上诉审程序,它为纠正一审审判中的错误,保证公正裁判,吸收和化解诉讼双方或一方对一审裁判的不满,解决纠纷以及实现权利救济提供了保障。

具体而言,我国第二审程序是指第一审人民法院的上一级法院根据上诉人的上诉或者人民检察院的抗诉,对第一审人民法院尚未发生法律效力的判决和裁定

---

① 参见〔奥〕曼弗雷德诺瓦克著:《民权公约评注:联合国〈公民权利和政治权利国际公约〉》,毕小青、孙世彦主译,生活·读书·新知三联书店2003年版,第262页。

进行审判时所应遵循的程序规则的总称。第二审程序是刑事诉讼中一个独立的阶段,但不是审理刑事案件的必经阶段。只有当上诉人不服人民法院第一审的判决、裁定或地方各级检察院认为本级人民法院第一审的判决、裁定确有错误的时候,向上一人民法院提起上诉或抗诉才会引发第二审程序。

正确理解第二审程序的概念需要注意以下几点:(1)第二审程序是对尚未发生法律效力的判决和裁定进行的重新审判,审判监督程序是对已经生效的判决和裁定进行的重新审判,两者针对的案件不同。(2)对案件的第二次审判不一定采用第二审程序。比如人民法院按审判监督程序重新审判的案件,如果原来是第一审案件,应当依照第一审程序进行审判,所作的判决、裁定,可以上诉、抗诉。(3)中级人民法院、高级人民法院和最高人民法院都可以采用第二审程序对上诉和抗诉案件进行重新审理。它们对于各自下一级法院来说,都是第二审人民法院。基层人民法院无权审理第二审案件的不能成为第二审人民法院。(4)除最高人民法院外,其他各级人民法院的第一审判决和裁定在法定上诉、抗诉期限内都属于未生效裁判,可以上诉、抗诉。第二审的判决、裁定和最高人民法院的判决、裁定,都是终审的判决、裁定,不能上诉、抗诉。

▶ 二、第二审程序的特征

我国刑事第二审程序具有以下四方面特征:

(一)全面审查原则

全面审查原则涉及第二审审判范围问题。第二审审判范围限制在上诉、抗诉理由之内的称为部分审查;不受上诉、抗诉理由限制的称为全面审查。实行部分审查者,对于上诉、抗诉没涉及的内容,即使发生明显错误,上诉审也不得重新审理和改正这部分内容。实行全面审查者,不囿于上诉、抗诉内容,对上诉、抗诉未涉及内容发生的错误应当改正。英美法系国家大致采用部分审查原则,且倾向于法律审,大陆法系国家一般采用全面审查原则。

受原苏联立法影响,我国刑事第二审程序坚持全面审查原则。我国《刑事诉讼法》第222条第1款规定,第二审人民法院应当就第一审判决认定的事实和适用法律进行全面审查,不受上诉或者抗诉范围的限制。全面审查原则适用时需特别注意共同犯罪案件和附带民事诉讼案件。共同犯罪案件,只有部分被告人提出上诉,或者自诉人只对部分被告人的判决提出上诉,或者人民检察院只对部分被告人的判决提出抗诉的,第二审人民法院应当对全案进行审查,一并处理。共同犯罪案件,上诉的被告人死亡,其他被告人未上诉的,第二审人民法院仍应对全案进行审查。经审查,死亡的被告人不构成犯罪的,应当宣告无罪;构成犯罪的,应当终止审理。对其他同案被告人仍应作出判决、裁定。

刑事附带民事诉讼案件,只有附带民事诉讼当事人及其法定代理人上诉的,第二审人民法院应当对全案进行审查,即既要审查民事部分,也要审查刑事部分。经审查,第一审判决的刑事部分并无不当的,第二审人民法院只需就附带民事部分作出处理;第一审判决的附带民事部分事实清楚,适用法律正确的,应当以刑事附带民事裁定维持原判,驳回上诉。

刑事附带民事诉讼案件,只有附带民事诉讼当事人及其法定代理人上诉的,第一审刑事部分的判决在上诉期满后即发生法律效力。应当送监执行的第一审刑事被告人是第二审附带民事诉讼被告人的,在第二审附带民事诉讼案件审结前,可以暂缓送监执行。如第二审法院发现第一审判决、裁定中的刑事部分确有错误的,应当依照审判监督程序对刑事部分进行再审,并将附带民事部分与刑事部分一并审理。第二审人民法院审理对刑事部分提出上诉、抗诉,附带民事部分已经发生法律效力的案件,发现第一审判决、裁定中的附带民事部分确有错误的,应当依照审判监督程序对附带民事部分予以纠正。

全面审查原则使第二审人民法院不受上诉、抗诉理由的限制,对案件的事实和法律进行全面的审查,体现了多方面的价值功能。(1)有利于保护被告人的权利,保证法律的正确实施。由于刑事案件中律师参与率低,被告人文化水平有限,欠缺法律知识,不熟悉刑事流程,被告人在提起上诉时难以发现第一审程序中的问题,难以准确地提出上诉理由。全面审查原则是对被告人自我救济能力不足的补强,允许法院发现上诉理由之外的事实认定、证据运用和法律适用的问题,保证了法律的正确适用和裁判的公正,保护了被告人权利。(2)有利于国家刑罚权的落实和刑事政策的实施。刑事诉讼不仅具有纠纷解决功能,而且是实现国家刑事政策的重要手段。"实质上,司法只是治理国家的一种手段,是为政治目标服务的。刑事程序设置的目的主要是保证国家刑事政策和刑罚权的正确实现,程序的运行主要体现为国家意志的行使与实现过程。"①与部分审查相较,全面审查原则使司法权力的介入不受当事人意志的限制,为国家通过诉讼引导、塑造社会提供更为广阔的空间。(3)全面审查原则是我国刑事诉讼坚持的"以事实为依据,以法律为准绳"原则在第二审程序中的体现,是"实事求是、有错必纠"原则的重要保证。在"实事求是、有错必纠"原则的指导下,我国刑事二审程序的任务之一在于弥补第一审认识能力的不足,查清事实,纠正错误,以保证在事实清楚,证据确实充分,法律适用正确的基础上实现公正的裁判。(4)有利于第二审人民法院监督第一审人民法院的工作,促使第一审人民法院认真负责开展工作,提高审判质量。由于全面审查原则使第二审法院对第一审人民法院的审判工作进行全面的审查,发现错误时加以改判或发回重审。第一审法官通常不愿意看到第一审裁判被改判或发回重审,为了避免这种情况的发生,第一审法官会努力提高审判质量,减少错判误判。

---

① 秦宗文:《刑事二审全面审查原则新探》,载《现代法学》2007年第3期。

全面审查原则发挥了纠正第一审错误,保证公正裁判等价值功能的同时,也受到了质疑。①(1)违背司法的被动性。司法的被动性是指法院不能审判没有向其提起诉求的案件,也不得超出起诉范围进行裁判。即法官审理的启动和范围都受到起诉的限制。司法被动性的原理在于,"从性质来说,司法权自身不是主动的。要想使它行动,就得推动它。向它告发一个犯罪案件,它就惩罚犯罪的人;请它纠正一个非法行为,它就加以纠正;让它审查一项法案,它就予以解释。但是,它不能自己去追捕犯罪、调查非法行为和纠察事实。如果它主动出面以法律的检查者自居,那它就有越权之嫌。"②全面审查原则使第二审法官对上诉、抗诉范围外的内容进行审查,违反了司法的被动性原则。(2)不符合诉讼经济原则。诉讼经济原则要求公安司法机关进行刑事诉讼时要尽可能消耗较少的司法资源来完成诉讼任务。全面审查原则要求第二审人民法院不受上诉、抗诉限制,对全案法律和事实问题全面进行审查,扩大的审查范围,增大了法官的工作量,增大了司法投入,与诉讼经济原则相悖。

(二)开庭审理为主,不开庭审理为辅

我国第二审审理方式包括开庭审理和不开庭审理两种。开庭审理是指第二审人民法院在合议庭的主持下,由检察人员和诉讼参与人参加,通过法庭调查、辩论、评议和宣判的方式审判案件。第二审开庭审理与第一审审理程序相似。我国《刑事诉讼法》第 223 条和最高人民法院《适用刑事诉讼法的解释》第 317、318 条规定,第二审人民法院对于下列案件,应当组成合议庭,开庭审理:被告人、自诉人及其法定代理人对第一审认定的事实、证据提出异议,可能影响定罪量刑的上诉案件;被告人被判处死刑的上诉案件;人民检察院抗诉的案件;其他应当开庭审理的案件。其中第 1 项将开庭审理限定于对事实和证据有异议的案件,原理在于心证出于开庭直接审理,即法官只有透过开庭直接审理才能对案件证据和事实获得直接印象,才能判断证据证明力,才能对案件事实形成心证。③因此该条款将对事实、证据有异议案件的审理方式设定为开庭审理。此外,被判处死刑立即执行的被告人没有上诉,同案的其他被告人上诉的案件,第二审人民法院应当开庭审理。被告人被判处死刑缓期执行的上诉案件,虽不属于上述开庭审理案件第 1 项的案件,有条件的,也应当开庭审理。第二审人民法院开庭审理上诉、抗诉案件,可以到案件发生地或者原审人民法院所在地进行。灵活选择开庭地点,可以避免因二审法院与原审法院地理位置相距较远产生的诉讼当事人和参与人参与庭审的不便以及押解被

---

① 参见陈卫东、李奋飞:《刑事二审"全面审查原则"的理性反思》,载《中国人民大学学报》2001 年第 2 期;张智辉、武小凤:《二审全面审查制度应当废除》,载《现代法学》2006 年第 3 期。
② 〔法〕托克维尔著:《论美国的民主(上卷)》,董果良译,商务印书馆 1991 年版,第 110—111 页。
③ 林钰雄:《严格证明与刑事证据》,法律出版社 2008 年版,第 47 页。

告人不安全等问题,同时还起到法制宣传和教育的作用。

不开庭审理又称作调查讯问审,它是指第二审人民法院根据法律规定决定不开庭审理,经过审查案件材料,讯问被告人,听取其他当事人、辩护人、诉讼代理人的意见,径直作出判决或裁定的案件。不开庭审理不等于书面审,它除了审查案卷之外还需采取其他调查讯问手段,以便正确认定事实适用法律。最高法《适用刑事诉讼法的解释》第318条规定,对上诉、抗诉案件,第二审人民法院经审查,认为原判事实不清、证据不足,或者具有《刑事诉讼法》第227条规定的违反法定诉讼程序情形,需要发回重新审判的,可以不开庭审理。开庭审理和不开庭审理都以全面审查原则为指导,对第一审判决认定的事实和适用法律进行全面审查。

我国1996年修订的《刑事诉讼法》同样规定了第二审程序以开庭审理为原则,不开庭审理为例外,并以"事实清楚"为标准来决定是否开庭审理。当合议庭经过阅卷,讯问被告人,听取其他当事人、辩护人、诉讼代理人的意见,对事实清楚的,可以不开庭审理。是否"事实清楚"全由法官自行掌握,实践中出于减少工作量,提高工作效率等考虑,不开庭审理被扩大使用,出现开庭审理为例外,不开庭审理为原则的现象。2012年修订的《刑事诉讼法》放弃了"事实清楚"标准,列举了必须开庭审理的情形,有利于提高开庭审理率。但现行《刑事诉讼法》第223条第1款第1项和第4项中"可能影响定罪量刑"和"其他应当开庭审理的案件"的规定同样赋予了法官自由裁量的空间,为扩大使用不开庭审理埋下了伏笔。

(三) 上诉不加刑原则

上诉不加刑原则是刑事第二审程序特有的原则。它是指第二审人民法院审判仅有被告人一方提出上诉的案件,不得以任何理由加重原判刑罚的原则。根据我国《刑事诉讼法》第226条规定,第二审人民法院审理被告人或者他的法定代理人、辩护人、近亲属上诉的案件,不得加重被告人的刑罚。第二审人民法院发回原审人民法院重新审判的案件,除有新的犯罪事实,人民检察院补充起诉的以外,原审人民法院也不得加重被告人的刑罚。人民检察院提出抗诉或者自诉人提出上诉的,不受前款规定的限制。当被告一方和控诉方同时上诉或抗诉时,上诉不加刑原则也不适用。上诉不加刑原则是从"禁止不利变更"原则引申出来的,为现代各国普遍采用。该原则设立的价值在于使被告人免于因上诉可能带来的更加不利的处遇,保障被告人上诉权行使,实现上诉制度和两审终审制度。上诉不加刑原则同时强化了辩方地位,平衡了诉讼结构,即"从辩方的程序补偿出发寻求刑事诉讼结构中的控辩平衡,辉映着现代刑事诉讼的民主精神。"[①]

第二审人民法院适用上诉不加刑原则时,不仅要遵守我国《刑事诉讼法》的规定,同时还需遵循最高法《适用刑事诉讼法的解释》第325条、第327条和第328条

---

① 陈林林:《论上诉不加刑》,载《法学研究》1998年第4期。

的规定:

(1) 同案审理的案件,只有部分被告人上诉的,既不得加重上诉人的刑罚,也不得加重其他同案被告人的刑罚。人民检察院只对部分被告人的判决提出抗诉,或者自诉人只对部分被告人的判决提出上诉的,第二审人民法院不得对其他同案被告人加重刑罚。

(2) 被告人或者其法定代理人、辩护人、近亲属提出上诉的案件,原判事实清楚,证据确实、充分,只是认定的罪名不当的,可以改变罪名,但不得加重刑罚。第一审人民法院没有判处附加刑的,第二审人民法院判决改变罪名后,不得判处附加刑;第一审人民法院原判附加刑较轻的,第二审人民法院不得改判较重的附加刑,也不得以事实不清或者证据不足发回第一审人民法院重新审理;必须依法改判的,应当在第二审判决、裁定生效后,按照审判监督程序重新审判。

(3) 原判对被告人实行数罪并罚的,被告人或者其法定代理人、辩护人、近亲属提出上诉后,人民法院不得加重决定执行的刑罚,也不得在维持原判决决定执行的刑罚不变的情况下,加重数罪中某罪或某几个罪的刑罚。

(4) 被告人或者其法定代理人、辩护人、近亲属提出上诉的案件,原判对被告人宣告缓刑的,不得撤销缓刑或者延长缓刑考验期。

(5) 被告人或者其法定代理人、辩护人、近亲属提出上诉的案件,原判没有宣告禁止令的,不得增加宣告;原判宣告禁止令的,不得增加内容、延长期限。

(6) 被告人或者其法定代理人、辩护人、近亲属提出上诉的案件,原判对被告人判处死刑缓期执行没有限制减刑的,不得限制减刑。

(7) 被告人或者其法定代理人、辩护人、近亲属提出上诉的案件,原判事实清楚,证据确实、充分,但判处的刑罚畸轻、应当适用附加刑而没有适用的,不得直接加重刑罚、适用附加刑,也不得以事实不清、证据不足为由发回第一审人民法院重新审判。必须依法改判的,应当在第二审判决、裁定生效后,依照审判监督程序重新审判。

(四) 参照第一审程序原则

根据我国《刑事诉讼法》第231条规定,第二审人民法院审判上诉或者抗诉案件的程序,除本章已有规定的以外,参照第一审程序的规定进行。第一审程序在各种审判程序中具有代表意义。它以三角形结构为基础,通过举证、质证发现事实,由双方辩论,澄清法理,适用法律。第一审程序的程序规则较其他程序更为完备,它全面集中地贯彻了各项诉讼原则,比如公开、辩护、直接言词、控辩平等原则等,对其他程序的设计与开展具有"参照"价值。这里的"参照"不是按照,而是有弹性的空间,第二审人民法院可以不照搬第一审程序而结合第二审特点作变更,如第二审中发言顺序按诉讼地位调整,增加宣告第一审判决书环节,庭审围绕对第一审判决、裁定有争议和疑问的部分展开等。

除参照第一审程序的有关规定外,最高法《适用刑事诉讼法的解释》规定了第二审程序开庭审理时发言顺序。法庭调查阶段,审判人员宣读第一审判决书、裁定书后,上诉案件由上诉人或者辩护人先宣读上诉状或者陈述上诉理由,抗诉案件由检察员先宣读抗诉书;既有上诉又有抗诉的案件,先由检察员宣读抗诉书,再由上诉人或者辩护人宣读上诉状或者陈述上诉理由。法庭辩论阶段,上诉案件,先由上诉人、辩护人发言,后由检察员、诉讼代理人发言;抗诉案件,先由检察员、诉讼代理人发言,后由被告人、辩护人发言;既有上诉又有抗诉的案件,先由检察员、诉讼代理人发言,后由上诉人、辩护人发言。

三、第二审程序的意义

上诉制度可以认为具有私人和公共两方面的目的。其中私人目的旨在纠正导致不公正结果的错误、不公或不当的法官自由裁量;公共目的旨在确保公众对司法裁判的信心,并在有关案件中阐明并发展法律、惯例和程序以及协助维持第一审法院和第一审裁处的水准。[①]"私人"和"公共"两分法强调了上诉审程序在个案中纠正第一审法院错误,吸收当事人不满,解决纠纷,为当事双方提供权利救济,实现公正的微观层面功能,以及维护法院权威,统一法律解释和适用的宏观层面功能。

(一)第二审程序有利于纠正第一审裁判的错误,确保个案公正的实现

刑事一审程序设计了严密的程序规则,以保证控辩双方能平等有效地参与法庭调查与辩论,还原案件真相,澄清双方观点,揭示争议,让法官全面了解案情并不偏不倚地作出公正裁判。完善第一审程序的诸多努力并不能消除程序的不完善。刑事程序在有限的时空内进行,审理活动受到人类认知能力、侦查技术、审理期限等多方面的限制,裁判瑕疵和错误难以完全避免。第二审程序在第一审之上另设审查程序,以减少裁判错误的概率。此外,第二审程序的设置源于上下级法院之间的权力制衡,第二审对第一审的监督有利于促使第一审法官依法认真办案,提高案件质量,实现个体公正。

(二)为当事人权利提供救济,吸收化解当事方对第一审裁判的不满

权利需要救济,没有救济就没有权利,这是现代法治社会普遍奉行的一项法律原则。在刑事诉讼中,当事人享有广泛的诉讼权利以维护其实体性权利不受侵害。若当事人的程序性权利乃至实体性权利在第一审程序中受到不公正的处置,这时第二审程序就为当事人提供一条权利救济的司法渠道,以减少第一审司法权力运用不当给当事人造成的损害,保障当事人各项权利的实现。第二审程序通过纠正第一审判决消解当事人的不满,从而达到息诉服判的效果。同时,第二审程序为当事人诉求的表达提供了正式的路径,起到疏导不满的作用,使纠纷在正式体制中得

---

① 参见徐昕著:《英国民事诉讼与民事司法改革》,中国政法大学出版社2002年版,第364页。

以解决。

（三）统一法律的解释与适用，保持法律的整体性

大陆法系国家传统上法官没有创制法律的权利，刑事二审程序以解决纠纷为主，同时发挥了监督功能和部分法律统一适用功能。① 英美法系国家，法官具有创制法律和解释法律的功能，上级法院的个案判决对下级法院的法官具有约束力，因而二审法院可以通过对具体案件的裁量填补法律空白，厘清法律规定，统一法律适用。我国二审程序功能大致与大陆法系接近，除主要的纠纷解决功能外，也可以通过审理来自各下级法院的上诉案件，将统一的法律释义用于案件审判，避免法律适用的不一致，从而起到统一法律的解释与适用，保持法律的整体性的功能。

第二节 第二审程序的提起

一、上诉、抗诉的概念

上诉和抗诉是启动第二审程序的两种机制，两者都不需要法院的审查批准而必然引起第二审程序，其主要区别在于适用主体不同。上诉是指当事人及其法定代理人（除被害人及其法定代理人外）不服地方各级人民法院第一审的判决、裁定，在上诉期限内以法定程序提请上级人民法院重新审理和裁判该案的诉讼权利或活动。在第二审程序中，抗诉是指地方各级人民检察院认为本级人民法院第一审的判决、裁定确有错误的时候，在抗诉期内以法定程序提请上级人民法院重新审理和裁判该案的诉讼活动。

二、提起第二审程序的主体

根据我国《刑事诉讼法》第 216 条规定，有权提起上诉的主体有：被告人、自诉人和他们的法定代理人，附带民事诉讼的当事人和他们的法定代理人，以及经被告人同意的被告人的辩护人和近亲属。由于各上诉主体在刑事诉讼中的地位不同，刑事诉讼法对他们的上诉权限作出了不同的规定。

（1）被告人、自诉人和他们的法定代理人是具有独立上诉权的主体。被告人、自诉人在刑事诉讼中分别处于被告和原告的地位，法院的判决和裁定对他们的权益有直接的利害关系，因而法律赋予了他们独立的上诉权，只要他们提起上诉就必然启动第二审程序。此外，上诉权对于被告尤为重要，它为被告提供了由一个偏正无私法院再次审判的机会，减少错判误判的可能性。因而我国《刑事诉讼法》第 216 条第 3 款规定，对被告人的上诉权，不得以任何借口加以剥夺。法定代理人作

---

① 王超：《中国刑事上诉程序的机构性功能及其缺陷》，载《法学论坛》2008 年第 1 期。

为无行为能力人和限制行为能力人的被告人和自诉人合法权益的保护者,法律也赋予了他们独立的上诉权,他们的上诉不需要被告人和自诉人的同意。

(2)被告人的辩护人和近亲属享有附条件的上诉权,他们提出上诉需要征得被告人同意。如果被告人不同意,辩护人和近亲属不得提起上诉。被告人的辩护人和近亲属不是刑事诉讼当事人,法院的判决、裁定对他们的权益没有直接影响,他们为被告人提起的上诉,将影响到被告人的切身利益,因而没有赋予被告人的辩护人和近亲属以独立上诉权。但鉴于大多数被告人处于羁押状态他们的人身自由和精神都受到一定程度强制,不能很好地行使他们的上诉权,而辩护人和近亲属没有受到刑事诉讼程序的限制,辩护人还具有法律专业知识和办案经验,能够很好地维护被告人的权益,因而准许被告人的辩护人和近亲属在征得被告人同意后提起上诉。

(3)附带民事诉讼的当事人和他们的法定代理人享有部分上诉权,他们可以对地方各级人民法院第一审的判决、裁定中的附带民事诉讼部分,提出上诉。他们的上诉仅涉及民事诉讼部分,对刑事判决、裁定无权提起上诉,对民事部分的上诉不影响刑事判决、裁定,在上诉期满后发生法律效力和执行。应当送监执行的第一审刑事被告人是第二审附带民事诉讼被告人的,在第二审附带民事诉讼案件审结前,可以暂缓送监执行。

(4)抗诉权的主体是与第一审人民法院相对应的同级人民检察院。根据我国《刑事诉讼法》第217条规定,地方各级人民检察院认为本级人民法院第一审的判决、裁定确有错误的时候,应当向上一级人民法院提出抗诉。人民检察院作为法律监督机关,对于同级人民法院第一审的判决、裁定确有错误时,本着有错必纠的原则,提请上一级人民法院重新审理判决,以纠正错误,正确地认定法律事实适用法律。

公诉案件中的被害人及其法定代理人虽然具有当事人地位,但法律没有赋予其上诉权,他们对第一审判决、裁定不服时,无权向上一级人民法院提起上诉,只能请求人民检察院抗诉。根据我国《刑事诉讼法》第218条规定,被害人及其法定代理人不服地方各级人民法院第一审的判决的,自收到判决书后5日以内,有权请求人民检察院提出抗诉。人民检察院自收到被害人及其法定代理人的请求后5日以内,应当作出是否抗诉的决定并且答复请求人。注意,被害人及其法定代理人只对第一审未生效判决享有请求抗诉权,对第一审未生效裁定不具有请求抗诉权。不赋予被害人上诉权,有学者认为,可以防止案件性质不明。因为被害人不能代表国家追诉被告人责任,被害人上诉案件不能视为公诉案件。如将被害人提起的上诉案件作为自诉处理,会使第一审和第二审的性质相矛盾,使诉讼法律关系混乱。此外,被害人诉讼能力有限,也不适合担当公诉案件的检控功能。对于是否应赋予公诉案件被害人上诉权学界尚存争论。

三、上诉、抗诉的理由

上诉是在两审终审的框架内启动第二审程序,为了落实两审终审,保障上诉权的充分实现,我国刑事诉讼法对上诉的理由没有加以限制,只要上诉人对第一审判决、裁定不服提起上诉,无论理由是否充分合法,都必然启动第二审程序。检察机关提起抗诉,是代表国家行使权力,纠正第一审判决、裁定中的错误,具有严肃性,因而我国《刑事诉讼法》第217条要求地方各级人民检察院只有在认为本级人民法院第一审的判决、裁定确有错误的时候,才能向上一级人民法院提出抗诉。最高检《刑事案件程序规定》第584条细化了"确有错误"的几种情况:(1)认定事实不清、证据不足的;(2)有确实、充分证据证明有罪而判无罪,或者无罪判有罪的;(3)重罪轻判,轻罪重判,适用刑罚明显不当的;(4)认定罪名不正确,一罪判数罪、数罪判一罪,影响量刑或者造成严重社会影响的;(5)免除刑事处罚或者适用缓刑、禁止令、限制减刑错误的;(6)人民法院在审理过程中严重违反法律规定的诉讼程序的。出现以上情形之一,人民检察院应当向上一级人民法院提出抗诉。

四、上诉、抗诉的期限

对地方各级人民法院的判决、裁定提出上诉和抗诉的,必须在法定上诉和抗诉期内提出。若没有在法定期限内提出,法院的判决、裁定就发生效力。对已经发生效力的判决、裁定要求重新审理裁判的,启动的是审判监督程序而不是第二审程序。根据我国《刑事诉讼法》第219条规定,不服判决的上诉和抗诉的期限为10日,不服裁定的上诉和抗诉的期限为5日,从接到判决书、裁定书的第二日起算。对上诉、抗诉期限的规定,给予了上诉人和检察机关充分时间综合全案考量是否上诉、抗诉,准备上诉状,保障上诉权和抗诉权的行使。同时,限定上诉、抗诉期可以促使上诉权人和检察机关及时启动第二审程序,纠正错误,防止诉讼拖沓,确保诉讼及时原则的实现。

最高法《适用刑事诉讼法的解释》第301条规定,对附带民事判决、裁定的上诉、抗诉期限,应当按照刑事部分的上诉、抗诉期限确定。附带民事部分另行审判的,上诉期限也应当按照刑事诉讼法规定的期限确定。注意,1998年最高人民法院《关于执行〈中华人民共和国刑事诉讼法〉若干问题的解释》(失效)第242条曾规定,对附带民事判决或者裁定的上诉、抗诉期限,应当按照刑事部分的上诉、抗诉期限确定。如果原审附带民事部分是另行审判的,上诉期限应当按照民事诉讼法规定的期限执行。最高法《适用刑事诉讼法的解释》的这一改变,推测是基于全面审查原则在刑事附带民事诉讼第二审程序中的适用的考虑,即民事部分的上诉、抗诉不仅引起法院对民事部分的审查,而且引发对刑事部分的审查,因此要求对于附带民事部分另行审判的案件,上诉期限也按照刑事诉讼法规定的期限执行。

五、上诉、抗诉的方式和程序

上诉人一般应以书面形式提起上诉。人民法院受理的上诉案件,一般应当有上诉状正本及副本。上诉状内容应当包括:第一审判决书、裁定书的文号和上诉人收到的时间,第一审人民法院的名称,上诉的请求和理由,提出上诉的时间。被告人的辩护人、近亲属经被告人同意提出上诉的,还应当写明其与被告人的关系,并应当以被告人作为上诉人。书写有困难的上诉人,可以口头提出,由人民法院工作人员制作笔录或者记录在案,并向口述人宣读或者交其阅读,上诉人应当签名或盖章。被告人、自诉人、附带民事诉讼当事人及其法定代理人是否提出上诉,以其在上诉期满前最后一次的意思表示为准。

提起上诉的程序,我国《刑事诉讼法》和最高法《适用刑事诉讼法解释》作出了相关规定。被告人、自诉人、附带民事诉讼的原告人和被告人可以通过第一审人民法院提出上诉也可以直接向上一级人民法院提出上诉。上诉人通过第一审人民法院提出上诉的,第一审人民法院应当审查。上诉符合法律规定的,应当在上诉期满后3日内将上诉状连同案卷、证据移送上一级人民法院,并将上诉状副本送交同级人民检察院和对方当事人。上诉人直接向第二审人民法院提出上诉的,第二审人民法院应当在收到上诉状后3日内将上诉状交第一审人民法院。第一审人民法院应当审查上诉是否符合法律规定。符合法律规定的,应当在接到上诉状后3日内将上诉状连同案卷、证据移送上一级人民法院,并将上诉状副本送交同级人民检察院和对方当事人。

上诉人在上诉期限内要求撤回上诉的,人民法院应当准许。上诉人在上诉期满后要求撤回上诉的,第二审人民法院应当审查。经审查,认为原判认定事实和适用法律正确,量刑适当的,应当裁定准许撤回上诉;认为原判事实不清、证据不足或者将无罪判为有罪、轻罪重判等的,应当不予准许,继续按照上诉案件审理。被判处死刑立即执行的被告人提出上诉,在第二审开庭后宣告裁判前申请撤回上诉的,应当不予准许,继续按照上诉案件审理。

提起抗诉的方式和程序,我国《刑事诉讼法》、最高法《适用刑事诉讼法解释》和最高检《刑事诉讼规则》作出了相关规定,并细化了办案流程。最高检《刑事诉讼规则》第585条规定:"人民检察院在收到人民法院第一审判决书或者裁定书后,应当及时审查,承办人员应当填写刑事判决、裁定审查表,提出处理意见,报公诉部门负责人审核。"对于需要提出抗诉的案件,公诉部门应当报请检察长决定;案情重大、疑难、复杂的案件,由检察长提交检察委员会讨论决定。决定抗诉的,地方各级人民检察院应当通过原审人民法院提出抗诉书,并且将抗诉书抄送上一级人民检察院。第一审人民法院应当在抗诉期满后3日内将抗诉书连同案卷、证据移送上一级人民法院,并将抗诉书副本送交当事人。上一级人民检察院对下级人民检察院按照第二审程序提出抗诉的案件,认为抗诉正确的,应当支持抗诉;认为抗诉不当的,应当向同级人民法院撤回抗诉,并且通知下级人民检察院。下级人民检察院如果认为上一级人民检察院撤回抗诉不当的,可以提请复议。上一级人民检察院应当复议,并将复议结果通知下级人民检察院。上一级人民检察院在上诉、抗诉期限内,发现下级人民检察院应当提出抗诉而没有提出抗诉的案件,可以指令下级人民检察院依法提出抗诉。

最高法《适用刑事诉讼法解释》第307条和第308条规定,人民检察院在抗诉期限内撤回抗诉的,第一审人民法院不再向上一级人民法院移送案件;在抗诉期满后第二审人民法院宣告裁判前撤回抗诉的,第二审人民法院可以裁定准许,并通知第一审人民法院和当事人。在上诉、抗诉期满前撤回上诉、抗诉的,第一审判决、裁定在上诉、抗诉期满之日起生效。在上诉、抗诉期满后要求撤回上诉、抗诉,第二审人民法院裁定准许的,第一审判决、裁定应当自第二审裁定书送达上诉人或者抗诉机关之日起生效。

第三节 第二审程序的审判

一、第二审程序的审理方式和程序

如前述,我国刑事第二审程序审理方式以开庭审理为主,不开庭审理为辅。开庭审理案件的范围包括被告人、自诉人及其法定代理人对第一审认定的事实、证据提出异议,可能影响定罪量刑的上诉案件;死刑案件;抗诉案件和其他应当开庭审理的案件。开庭审理采用三角形的司法化模式,在合议庭的主持下,当事人和其他诉讼参与人共同参与,核实证据、弄清事实真相、展开辩论,使合议庭全面考虑案件事实和双方意见,保证公平裁判。开庭审理规则参照了第一审程序规定,并具有自身特点。第二审开庭审理的审理程序按照以下程序进行:

(1) 由审判员3人至5人组成合议庭,开庭审理前准备,开庭时宣布合议庭组成,告知当事人诉讼权利等。

(2) 人民检察院提出抗诉的案件或者第二审人民法院开庭审理的公诉案件,同级人民检察院都应当派员出席法庭。抗诉案件,人民检察院接到开庭通知后不派员出庭,且未说明原因的,人民法院可以裁定按人民检察院撤回抗诉处理,并通知第一审人民法院和当事人。第二审人民法院应当在决定开庭审理后及时通知人民检察院查阅案卷。人民检察院应当在1个月以内查阅完毕。在1个月以内无法完成的,可以商请人民法院延期审理。人民检察院查阅案卷的时间不计入审理期限。

(3) 检察人员出席第二审法庭的任务是:支持抗诉或者听取上诉意见,对原审人民法院作出的错误判决或者裁定提出纠正意见;维护原审人民法院正确的判决或者裁定,建议法庭维持原判;维护诉讼参与人的合法权利;对法庭审理案件有无违反法律规定的诉讼程序的情况制作笔录;依法从事其他诉讼活动。

(4) 第二审期间,被告人除自行辩护外,还可以继续委托第一审辩护人或者另行委托辩护人辩护。共同犯罪案件,只有部分被告人提出上诉,或者自诉人只对部分被告人的判决提出上诉,或者人民检察院只对部分被告人的判决提出抗诉的,其他同案被告人也可以委托辩护人辩护。

(5) 第二审期间,人民检察院或者被告人及其辩护人提交新证据的,人民法院应当及时通知对方查阅、摘抄或者复制。

(6) 法庭调查阶段,审判人员宣读第一审判决书、裁定书后,上诉案件由上诉人或者辩护人先宣读上诉状或者陈述上诉理由,抗诉案件由检察员先宣读抗诉书;既有上诉又有抗诉的案件,先由检察员宣读抗诉书,再由上诉人或者辩护人宣读上诉状或者陈述上诉理由。

(7) 法庭辩论阶段,上诉案件,先由上诉人、辩护人发言,后由检察员、诉讼代理人发言;抗诉案件,先由检察员、诉讼代理人发言,后由被告人、辩护人发言;既有上诉又有抗诉的案件,先由检察员、诉讼代理人发言,后由上诉人、辩护人发言。

(8) 同案审理的案件,既未提出上诉、人民检察院也未对其判决提出抗诉的被告人要求出庭的,应当准许。出庭的被告人可以参加法庭调查和辩论。

(9) 辩论结束后,上诉人(原审被告人)最后陈述。

(10) 合议庭评议,宣布判决、裁定。

根据最高法《适用刑事诉讼法解释》第 323 条第 1 款规定,"开庭审理上诉、抗诉案件,可以重点围绕对第一审判决、裁定有争议的问题或者有疑问的部分进行。"根据案件情况,可以按照下列方式审理:宣读第一审判决书,可以只宣读案由、主要事实、证据名称和判决主文等;法庭调查应当重点围绕对第一审判决提出异议的事实、证据以及提交的新的证据等进行;对没有异议的事实、证据和情节,可以直接确认;对同案审理案件中未上诉的被告人,未被申请出庭或者人民法院认为没有必要到庭的,可以不再传唤到庭;被告人犯数罪的案件,对其中事实清楚且无异议的犯罪,可以不在庭审时审理。

不开庭审理的方式,是指第二审人民法院的合议庭依照法律规定决定不开庭审理的上诉、抗诉案件,经过阅卷,讯问被告人,听取其他当事人、辩护人、诉讼代理人的意见,对案件事实和适用法律进行全面审查,进而作出判决和裁定的审理方式。采取此种审理方式,可以避免开庭审理三方参与的繁杂的程序流程,节省司法资源,更符合诉讼经济和效率原则,及时有效地实现第二审的职能。不开庭审理需遵守以下程序规范:

(1) 由审判员 3 人至 5 人组成合议庭。

(2) 合议庭全体成员应当阅卷,必要时应当提交书面阅卷意见。阅卷旨在使合议庭成员全面了解案情和证据,查明一审判决事实是否清楚,证据是否确实、充分,适用法律是否正确,程序是否合法。

(3) 讯问被告人。在阅卷的基础上讯问被告人,合议庭应当听取被告人的供述、辩解以及对一审定罪量刑的意见等。注意被告口供和辩解前后矛盾之处,以其他证据核实被告供述的真实性。

(4) 听取其他当事人、辩护人、诉讼代理人的意见。合议庭应当认真听取其他当事人、辩护人、诉讼代理人的意见,同时也应听取检察人员的意见。听取控辩双方和其他当事人意见,在一定程度上可以弥补因不开庭审理可能产生的事实不清和意见不明的问题。

(5) 合议庭评议和宣判。经过不开庭审理,第二审合议庭在查清案件事实和兼听双方法律适用意见的基础上,进行评议,根据评议结果制作裁判文书并宣判。

二、对上诉、抗诉案件的处理

我国《刑事诉讼法》第 225 条和第 227 条对不服第一审判决的上诉、抗诉案件,经过审理后的处理决定作出了以下规定:

不同情形	处理决定
原判决认定事实和适用法律正确、量刑适当的	应当裁定驳回上诉或者抗诉,维持原判
原判决认定事实没有错误,但适用法律有错误,或者量刑不当的	应当改判
原判决事实不清楚或者证据不足的	可以在查清事实后改判 也可以裁定撤销原判,发回原审人民法院重新审判
违反本法有关公开审判的规定的	应当裁定撤销原判,发回原审人民法院重新审判
违反回避制度的	
剥夺或者限制了当事人的法定诉讼权利,可能影响公正审判的	
审判组织的组成不合法的	
其他违反法律规定的诉讼程序,可能影响公正审判的	

几种处理决定中,第二审人民法院对于证据不足的上诉、抗诉的案件,裁定撤销原判,发回原审人民法院重新审判的规定受到学者质疑。有学者认为,我国《刑事诉讼法》第 195 条确立了疑罪从无的原则。该条文第(3)项规定,证据不足,不能认定被告人有罪的,应当作出证据不足、指控的犯罪不能成立的无罪判决。因此,第二审人民法院对于证据不足的上诉、抗诉案件也应该直接宣告被刑事追诉人无罪,

而不应该撤销原判,发回原审法院重新审理。我国《刑事诉讼法》未采纳此类意见。

我国1996年修订的《刑事诉讼法》对第二审法院发回重审的次数没有规定,在实务中造成第二审法院多次发回重审,案件在第一审和第二审法院"踢皮球",造成案件久拖不决,刑事被追诉人超期羁押的问题。针对这一问题,我国《刑事诉讼法》2012年修改时增加规定第二审人民法院发回重审的次数只能为一次,即发回重新审判的案件作出判决后,被告人提出上诉或者人民检察院提出抗诉的,第二审人民法院不得再发回原审人民法院重新审判,而应当依法作出判决或者裁定。

对于第二审法院发现第一审人民法院违反法律规定的诉讼程序而裁定撤销原判,发回原审人民法院重新审判的几种情形当中,违反公开审判、回避制度和审判组织的组成不合法的三种情况,没有程度的要求,即第二审法院发现有这三种违法情况发生,即应发回重审。这样规定的理由在于公开审判、回避制度和审判组织组成是我国刑事诉讼法的基本原则和制度,违反基本原则和制度,势必影响审判的公正性,因而只要有违反必引起发回重审。对于剥夺或者限制了当事人的法定诉讼权利和其他违反法律规定的诉讼程序,只有程度较深、情节严重、可能影响公正审判的,才应发回重审;如果程度较浅,不足以产生影响公正审判效果的,是否发回重审,由第二审法院综合全案情况决定。

原审人民法院对于发回重新审判的案件,应当另行组成合议庭,依照第一审程序进行审判。对于重新审判后的判决,可以上诉、抗诉。第二审人民法院对不服第一审裁定的上诉或者抗诉,经过审查后应当参照我国《刑事诉讼法》第225条、第227条和第228条关于判决的处理决定,分别情形用裁定驳回上诉、抗诉,或者撤销、变更原裁定。第二审人民法院发回原审人民法院重新审判的案件,原审人民法院从收到发回的案件之日起,重新计算审理期限。

三、对附带民事诉讼案件和对自诉案件的处理

对于附带民事诉讼,可以单就刑事部分或民事部分启动第二审程序,就刑事或民事部分启动第二审程序并不影响另一部分在上诉或抗诉期满后生效。根据不同情况第二审人民法院对于附带民事诉讼案件可以作如下处理:

(1)第二审人民法院审理附带民事上诉案件,如果发现刑事和民事部分都有错误,需依法改判的,应当一并审理,一并改判。

(2)第二审人民法院审理对刑事部分提出上诉、抗诉,附带民事部分已经发生法律效力的案件,发现第一审判决、裁定中的附带民事部分确有错误的,应当依照审判监督程序对附带民事部分予以纠正。

(3)第二审人民法院审理对附带民事部分提出上诉,刑事部分已经发生法律效力的案件,发现第一审判决、裁定中的刑事部分确有错误的,应当依照审判监督程序对刑事部分进行再审,并将附带民事部分与刑事部分一并审理。

（4）第二审期间，第一审附带民事诉讼原告人增加独立的诉讼请求或者第一审附带民事诉讼被告人提出反诉的，第二审人民法院可以根据自愿、合法的原则进行调解；调解不成的，告知当事人另行起诉。

最高人民法院《适用刑事诉讼法的解释》第333条和第334条就第二审程序中自诉案件的处理作出了特别的规定。根据该规定，自诉案件当事人不服第一审判决提出上诉的，第二审人民法院可以对诉讼的双方进行调解，调解结案的，应当制作调解书，第一审判决、裁定视为自动撤销；当事人也可以自行和解，当事人自行和解的，应当裁定准许撤回自诉，并撤销第一审判决、裁定。在第二审程序中，自诉案件的当事人提出反诉的，第二审人民法院应当告知其另行起诉。

四、对查封、扣押、冻结财物的处理

我国《刑事诉讼法》第234条、最高法《适用刑事诉讼法的解释》《六机关规定》和最高检《刑事诉讼规则》相关条款对查封、扣押、冻结财物的处理作出了规定。

公安机关、人民检察院和人民法院对查封、扣押、冻结的犯罪嫌疑人、被告人的财物及其孳息，应当妥善保管，以供核查，并制作清单，随案移送。任何单位和个人不得挪用或者自行处理。(1)对违禁品或者不宜长期保存的物品，应当依照国家有关规定处理。(2)查封不动产、车辆、船舶、航空器等财物，应当扣押其权利证书，经拍照或者录像后原地封存，或者交持有人、被告人的近亲属保管，登记并写明财物的名称、型号、权属、地址等详细情况，并通知有关财物的登记、管理部门办理查封登记手续。扣押物品，应当登记并写明物品名称、型号、规格、数量、重量、质量、成色、纯度、颜色、新旧程度、缺损特征和来源等。(3)扣押货币、有价证券，应当登记并写明货币、有价证券的名称、数额、面额等，货币应当存入银行专门账户，并登记银行存款凭证的名称、内容。扣押文物、金银、珠宝、名贵字画等贵重物品以及违禁品，应当拍照，需要鉴定的，应当及时鉴定。对扣押的物品应当根据有关规定及时估价。(4)冻结存款、汇款、债券、股票、基金份额等财产，应当登记并写明编号、种类、面值、张数、金额等。(5)审判期间，权利人申请出卖被扣押、冻结的债券、股票、基金份额等财产，人民法院经审查，认为不损害国家利益、被害人利益，不影响诉讼正常进行的，以及扣押、冻结的汇票、本票、支票有效期即将届满的，可以在判决、裁定生效前依法出卖，所得价款由人民法院保管，并及时告知当事人或者其近亲属。

对被害人的合法财产，应当及时返还。对被害人的合法财产，权属明确的，应当依法及时返还，但须经拍照、鉴定、估价，并在案卷中注明返还的理由，将原物照片、清单和被害人的领取手续附卷备查；权属不明的，应当在人民法院判决、裁定生效后，按比例返还被害人，但已获退赔的部分应予扣除。

对作为证据使用的实物应当随案移送，对不宜移送的，应当将其清单、照片或

者其他证明文件随案移送。对作为证据使用的实物,包括作为物证的货币、有价证券等,应当随案移送。第一审判决、裁定宣告后,被告人上诉或者人民检察院抗诉的,第一审人民法院应当将上述证据移送第二审人民法院。对不宜移送的实物,应当根据情况,分别审查以下内容:(1)大宗的、不便搬运的物品,查封、扣押机关是否随案移送查封、扣押清单,并附原物照片和封存手续,注明存放地点等。(2)易腐烂、霉变和不易保管的物品,查封、扣押机关变卖处理后,是否随案移送原物照片、清单、变价处理的凭证(复印件)等。(3)枪支弹药、剧毒物品、易燃、易爆物品以及其他违禁品、危险物品,查封、扣押机关根据有关规定处理后,是否随案移送原物照片和清单等。上述不宜移送的实物,应当依法鉴定、估价的,还应当审查是否附有鉴定、估价意见。(4)对查封、扣押的货币、有价证券等未移送的,应当审查是否附有原物照片、清单或者其他证明文件。

人民法院作出的判决,应当对查封、扣押、冻结的财物及其孳息作出处理。对查封、扣押、冻结的财物及其孳息,应当在判决书中写明名称、金额、数量、存放地点及其处理方式等。涉案财物较多,不宜在判决主文中详细列明的,可以附清单。涉案财物未随案移送的,应当在判决书中写明,并写明由查封、扣押、冻结机关负责处理。

人民法院作出的判决生效以后,有关机关应当根据判决对查封、扣押、冻结的财物及其孳息进行处理。随案移送的或者人民法院查封、扣押的财物及其孳息,由第一审人民法院在判决生效后负责处理。涉案财物未随案移送的,人民法院应当在判决生效后10日内,将判决书、裁定书送达查封、扣押机关,并告知其在1个月内将执行回单送回。对冻结的存款、汇款、债券、股票、基金份额等财产判决没收的,第一审人民法院应当在判决生效后,将判决书、裁定书送达相关金融机构和财政部门,通知相关金融机构依法上缴国库,并在接到执行通知书后15日内,将上缴国库的凭证、执行回单送回。

对查封、扣押、冻结的赃款赃物及其孳息,除依法返还被害人的以外,一律上缴国库。判决返还被害人的涉案财物,应当通知被害人认领;无人认领的,应当公告通知;公告满3个月无人认领的,应当上缴国库;上缴国库后有人认领,经查证属实的,应当申请退库,予以返还;原物已经拍卖、变卖的,应当返还价款。对侵犯国有财产的案件,被害单位已经终止且没有权利义务继受人,或者损失已经被核销的,查封、扣押、冻结的财物及其孳息应当上缴国库。

查封、扣押、冻结的非赃款赃物的处理。法庭审理过程中,对查封、扣押、冻结的财物及其孳息,应当调查其权属情况,是否属于违法所得或者依法应当追缴的其他涉案财物。案外人对查封、扣押、冻结的财物及其孳息提出权属异议的,人民法院应当审查并依法处理。经审查,不能确认查封、扣押、冻结的财物及其孳息属于违法所得或者依法应当追缴的其他涉案财物的,不得没收。查封、扣押、冻结的财物与本案无关但已列入清单的,应当由查封、扣押、冻结机关依法处理。查封、扣押、冻结的财物属于被告人合法所有的,应当在赔偿被害人损失、执行财产刑后及时返还被告人;财物未随案移送的,应当通知查封、扣押、冻结机关将赔偿被害人损失、执行财产刑的部分移送人民法院。

犯罪嫌疑人、被告人死亡的涉案财物的处理。犯罪嫌疑人、被告人死亡,现有证据证明存在违法所得及其他涉案财产应当予以没收的,公安机关、人民检察院可以进行调查。公安机关、人民检察院进行调查,可以依法进行查封、扣押、查询、冻结。人民法院在审理案件过程中,被告人死亡的,应当裁定终止审理;被告人脱逃的,应当裁定中止审理。人民检察院可以依法另行向人民法院提出没收违法所得的申请。

司法工作人员贪污、挪用或者私自处理查封、扣押、冻结的财物及其孳息的,依法追究刑事责任;不构成犯罪的,给予处分。

▶ 五、第二审案件的审判期限

根据我国《刑事诉讼法》第232条规定,第二审人民法院受理上诉、抗诉案件,应当在2个月以内审结。对于可能判处死刑的案件或者附带民事诉讼的案件,以及有该法第156条规定情形之一的,经省、自治区、直辖市高级人民法院批准或者决定,可以延长2个月;因特殊情况还需要延长的,报请最高人民法院批准。最高人民法院受理上诉、抗诉案件的审理期限,由最高人民法院决定。

我国1996年修订的《刑事诉讼法》规定,第二审人民法院审理上诉、抗诉案件的期限是一个月,至迟不超过一个半月,有该法第126条规定情形之一的,经省、自治区、直辖市高级人民法院批准或者是决定,可以再延长一个月。由于第二审案件有些属于重大、疑难、复杂案件,案卷多,阅卷需要耗费大量时间,这类案件大多需要提交审判委员会讨论决定,又涉及审判委员会排期,再加上第二审法院需要全面审理案件,主动调查核实相关证据,以及案多人少的客观压力,许多第二审案件无法在法定期限内审结。为延长审理期限,在实践中,无论是否属于我国1996年修订的《刑事诉讼法》第126条的规定,法官一律向高级人民法院申请延期一个月;或者建议律师以通知新的证人到庭,调取新的证据,申请重新鉴定或者勘验为由申请延期审理,延期审理的时间不计入审限。① 针对第二审审限过短的问题我国《刑事诉讼法》在2012年修改时将延长了审理期限,对实务中的问题作出了回应。

---

① 曾新华:《二审审理期限:问题与改革》,载《刑事司法论坛》2011年第4辑。

【拓展阅读】

上诉审的具体设置与上诉审构造模式相关。从世界范围来看，上诉审构造模式主要有三种，即复审制、续审制和事后审查制。复审制，也称为"第二次的第一审"，即上诉法院不囿于一审的查证结果，对在一审中审查过的证据重新调查，对在一审中出庭作证的证人重新询问，在上诉审中准许提出新的证据，并对新证据展开调查的上诉审构造。大陆法系国家通常采用此种模式。例如，《德国刑事诉讼法典》上诉一章规定，对于第一审中接受过询问的证人和鉴定人，仅当再次询问对查清案情没有必要时，才可以不做传唤。[①] 同时，在报告程序结果和证据调查时，如果再次传唤证人或鉴定人，或者法庭审理前被告人及时申请对证人或鉴定人再次传唤时，未经检察院和被告人同意，不得宣读第一审法庭审理中有关证人和鉴定人陈述的笔录，第251条和第253条的情形除外。[②] 第251条规定了在第一审程序中以宣读笔录代替证人、鉴定人或共同被指控人出庭作证的情形，其中包括如果被告人有辩护人，且检察官、辩护人和被告人对此同意的；以及证人、鉴定人或共同被指控人死亡，或者出于出于其他原因在可预见时间内不能接受法院询问的等情形。[③] 第253条规定了第一审程序中为帮助证人或鉴定人回忆某事项和为澄清法庭询问中出现的前后矛盾的情形而允许宣读笔录的情形。德国上诉审准许提出新的证据材料。[④]

续审制，又称为"继续的第一审"，即第一审程序中的诉讼行为在第二审程序中仍然有效，上诉审中允许当事人提供新证据、新证据和新请求。在续审制下，对原审中已经调查过的证据不得重新调查，法官综合一二审证据查证情况确定案件事实，进行裁判。"这种模式之上诉程序的主要功能是尽可能保障正确地认定事实，并在此基础上作出正确判决，二审法院认为自己的职能是对实质问题作出新的正确判决，二审作为一审的继续，所适用的程序与一审程序相差无几，基本程序规则也大致相同。"[⑤]这种模式多为民事诉讼程序采用。如我国台湾地区的"民事诉讼法"第448条明确规定，在第一审所为之诉讼行为，于第二审亦有效力。该法第447条同时准许在特定情况下当事人可在第二审程序中提出新攻击和防御方法，该等情形包括：因第一审法院违背法令致未能提出者；事实发生于第一审法院言词辩论终结后者；对于在第一审已提出之攻击或防御方法为补充者；事实于法院已显著

[①] 《德国刑事诉讼法典》第323条第2款。
[②] 《德国刑事诉讼法典》第325条。
[③] 《德国刑事诉讼法典》第251条。
[④] 《德国刑事诉讼法典》第323条第3款。
[⑤] 傅郁林：《论民事上诉程序的功能与结构——比较法视野下的二审上诉模式》，载《法学评论》2005年第4期。

或为其职务上所已知或应依职权调查证据者；其他非可归责于当事人之事由，致未能于第一审提出者；如不许其提出显失公平者。

事后审查制，是指第二审法院以初审判决为审查对象，根据初审记录、书证和法庭记录作出裁判，证人不必再出庭，不再调查新的证据和事实的上诉审构造。在事后审构造中，二审法官的任务旨在纠正一审裁判的错误，而不是制造错误。此种形式通常为英美法系国家所采用。如学者介绍，在美国，上诉人不得就陪审团对事实的认定提起上诉，只能就法官适用实体法和程序法方面的错误提起上诉，因而上诉审是法律审而非事实审。① 上诉法院审理上诉案件，审判由职业法官进行，没有陪审团，一般书面审，不再传唤证人，不再审查证据。②

以上三种是大陆法系学者语境中最为典型的上诉审构造，复审制与事后审查制为两种较为极端的选择，而续审制是此两种的折中表现形式。③ 不同的二审构造模式与各国一审程序设置直接有关。④ 如果第一审程序设计的对抗性、集中性和参与性低，遗漏证据和事实的可能性大，第一审的事实揭示功能就弱。为弥补这一缺陷，二审势必需要重复一审程序，对一审调查过的事实重新查证，并允许新证据和事实在二审中提出，形成二审中心主义，二审构造偏向复审制一方。相反，如果一审对抗性越强，证据开示制度越完善，当事人程序参与度越高，第一审遗漏证据和事实的可能性越小，事实审功能发挥得越充分，一审的程序正当性和可信赖度提高，一审中心主义形成。在一审中心主义的系统中，二审的事实审功能不需要太强，新证据和事实在二审的可接受空间减小，二审的构造向事后审的一方偏移。除受一审程序影响外，学者还强调二审构造与诉讼价值理念和二审程序功能的差异性认识息息相关。⑤ 大陆法系国家以追求案件的客观真实和有效控制犯罪为基本的价值理念，刑事程序中法官致力于查明案件的客观真相，实现案件的实体正义，推行国家刑事政策。在此种价值理念的指引下，必然要求法官在第二审程序中克尽查明事实真相的职责，对第一审调查过的证据重新查证，准许一审中遗漏的证据和事实进入二审程序。而英美法系国家的刑事程序强调的是正当程序、法律真实和个人权利的保障。在这样价值观念的主导下，刑事第二审程序旨在确保被告人在正当程序中行使上诉权，实现权利救济。加之，英美法系国家第一审程序事实认定功能的充分发挥，第二审法院原则上尊重第一审法院认定的事实，只给予被告人法律上的救济，因而没有必要重复第一审的证据调查程序，第二审程序倾向采事后审查构造。

---

① 卞建林、刘玫主编：《外国刑事诉讼法》，中国政法大学出版社2008年版，第82页。
② 同上。
③ 〔日〕高桥宏志著：《重点讲义民事诉讼法》，张卫平、许可译，法律出版社2007年版，第435—436页。
④ 尹丽华：《论刑事上诉审的权利救济价值》，载《法商研究》2007年第2期。
⑤ 同上。

【思考题】

1. 上诉不加刑原则是为被告充分行使上诉权而设置的。在我国刑事诉讼程序当中,检察机关为被告人利益提出抗诉时是否适用上诉不加刑原则?

2. 根据第二审程序构造复审制、续审制和事后审查制的三分法,我国第二审程序偏向于哪(几)种构造?

3. 世界各国大都采用三审终审制,三审终审制为被告提供了两次纠正错误裁判和权利救济的机会。试想如果我国采用三审终审制,将对二审构造带来哪些冲击?

第十九章　死刑复核程序

要点提示

- 为什么要设置死刑复核程序？
- 死刑立即执行条件的复核程序如何？
- 死刑缓期两年执行条件的复核程序如何？
- 辩护律师在死刑复核条件中的作用。

【案例思考】

2009年5月,云南李昌奎因求婚不成及其他琐事纠纷产生报复他人之念,强奸、杀害被害人王家飞及其年仅3岁的弟弟王家红。云南省昭通市人民检察院指控被告人李昌奎犯故意杀人罪、强奸罪,一审法院判处李昌奎犯故意杀人罪,判处死刑,剥夺政治权利终身;犯强奸罪判处有期徒刑5年,决定执行死刑,剥夺政治权利终身。李昌奎上诉后,云南省高级人民法院将李昌奎的量刑由死刑立即执行改为死刑缓刑两年执行。二审后,被害一方提出申诉,云南省检察院提出检察建议,认为量刑偏轻,应当予以再审。云南省高级人民法院依照审判监督程序再审,改判李昌奎死刑,剥夺政治权利终身,并依法报请最高人民法院核准。

结合案例思考以下问题:
1. 死刑立即执行和死刑缓期两年执行的复核程序有何区别?
2. 我国设置死刑缓期两年的复核程序有实质性意义吗?
3. 在死刑复核程序中,检察机关能发挥哪些作用?
4. 死刑复核程序中保障被告人权利的措施有哪些?

第一节 死刑复核程序的概念和意义

一、死刑复核程序的概念

死刑复核程序是指对死刑判决或裁定进行审查核准所遵循的一种特殊程序。根据我国《刑事诉讼法》的规定,对于判决死刑、死刑缓期两年执行的案件,即使一审判决已过法定期限没有上诉、抗诉,或者是二审的判决或裁定,也不立即发生法律效力,还必须经过一个特别的复核程序,即只有依法再经最高人民法院或高级人民法院核准死刑后,才发生法律效力并交付执行。

死刑复核程序是我国刑事诉讼中的特有程序,也是我国刑事诉讼中的特殊程序。它具有以下特点:

第一,死刑复核程序是死刑案件的必经程序。死刑复核程序不需要任何人、任何机关的提起,判处死刑的法院根据《刑事诉讼法》的规定自动将死刑案件综合报告、案卷材料、证据逐级上报,由有核准权的人民法院核准,既不需要当事人的申请,也不需要上级法院的指令。

第二,死刑复核程序的审理客体具有特殊性。死刑复核程序的审理客体既可以是各级人民法院的第一审死刑判决,也可以是各级人民法院的第二审死刑判决、裁定,还可以是各级人民法院按照审判监督程序所作的死刑再审判决、裁定。

二、死刑复核程序的意义

第一,死刑的复核程序有利于贯彻少杀方针。我国对死刑适用历来采取谨慎的方针,坚持少杀、慎杀政策,严格控制杀人的范围。为了贯彻党和国家这一刑事政策,刑法从实体法的角度控制了死刑的适用范围。如我国《刑法》第48条规定:"死刑只适用于罪行极其严重的犯罪分子。对于应当判处死刑的犯罪分子,如果不是必须立即执行的,可以判处死刑同时宣告缓期两年执行。"我国《刑法》第49条规定:"犯罪的时候不满18周岁的人和审判的时候怀孕的妇女,不适用死刑。"我国《刑事诉讼法》规定的死刑复核程序,则从程序上保证了死刑判决复核实体上的规格和条件。实践证明,死刑复核程序在很大程度上控制着刑法中关于死刑适用范围规定的贯彻执行,有利于保证稳、准、狠地判处少数罪大恶极、非杀不可的犯罪分子的死刑,使之受到严厉的法律制裁。同时,又能坚持少杀政策,对可杀可不杀的坚决不杀;对罪该处死,但又不是必须立即执行的犯罪分子,通过复核,判处其死缓,给予犯罪分子一个改过自新、重新做人的机会。这无论对国家、对社会还是对犯罪分子本人来说,都是有益的。

第二,死刑复核程序有利于防止错杀。死刑是剥夺犯罪分子生命的刑罚,正确适用死刑,可以有效地打击犯罪和保护人民。错杀,不仅给无辜者带来不可弥补的损失,也有失法律的尊严和权威,因此,我国要求司法机关必须准确无误地适用死刑,体现在《刑事诉讼法》上,立法者不但把判处死刑第一审案件的审判管辖权统一收归中级以上人民法院行使,而且在诉讼程序上,对判处死刑的判决设置一道复核程序,使一切判处死刑的判决或裁定在上诉期限过后或在两审终审后都不发生法律效力,待最高审判机关再次审判核准后方可发生法律效力,交付执行。这样做,不仅能够使死刑适用标准掌握得准确,而且,通过复核,总结经验,指导各级人民法院对于法律的理解和执行也趋向统一和平衡,从而最大限度地确保死刑判决或裁定的质量。可见,死刑复核程序是从审判程序上防止错杀的一种有力保障。

第二节 死刑立即执行案件的复核程序

一、死刑立即执行案件的核准权

死刑核准权是死刑复核程序的关键问题。我国《刑事诉讼法》第235条规定死刑由最高人民法院核准。我国《人民法院组织法》第13条也规定:"死刑除依法由最高人民法院判决的以外,应报请最高人民法院核准。"可见,死刑由最高人民法院核准,但依法授权高级人民法院核准的除外。

中华人民共和国成立以来,死刑复核权在不同的历史时期,为适应当时形势的需要,有着不同的规定。我国1979年制定的《人民法院组织法》第13条规定:"死刑案件由最高人民法院判决或核准。"不久,根据犯罪分子的活动情况,为了及时打击刑事犯罪,适应客观形势的需要,1983年9月2日第六届全国人大常委会第二次会议通过了《关于修改〈中华人民共和国法院组织法〉的决定》,根据该《决定》,修改后的《人民法院组织法》第13条规定:"死刑案件除由最高人民法院判决的以外,应当报请最高人民法院核准,杀人、强奸、抢劫、爆炸以及其他严重危害公共安全和社会治安判处死刑的案件的核准权,最高人民法院在必要的时候得授权省、自治区、直辖市的高级人民法院行使。"据此,最高人民法院于1983年9月7日发出了《关于授权高级人民法院核准部分死刑案件的通知》。《通知》决定:"在当前严厉打击刑事犯罪活动期间,为了及时严惩严重危害公共安全和社会治安的罪大恶极的刑事犯罪分子,除由本院判决的死刑案件外,各地对反革命案件(该类犯罪案件现已统一归入危害国家安全罪案件)和贪污等严重经济犯罪案件(包括受贿案件、走私案件、投机倒把案件、贩毒案件、盗运珍贵文物出口案件)判处死刑的,仍应由高级人民法院复核同意后,报本院核准;对杀人、强奸、抢劫、爆炸以及其他严重危害公共安全和社会治安判处死刑的案件的核准权,本院依法授权有省、自治区、直辖市高级人民法院和解放军军事法院行使。"我国《刑事诉讼法》1996年修改以来,最高人民法院再次于1997年以通知的形式授权在高级人民法院行使部分死刑案件的核准权。此外,为了及时严惩走私、贩卖、运输、制造毒品等犯罪活动,保护公民身心健康、维护社会治安秩序,最高人民法院从1991年6月开始,先后发出通知,将云南、广东、广西、四川、甘肃等省、自治区的毒品犯罪死刑案件的核准权(除涉外),授予云南、广东、广西、四川、甘肃等省、自治区的高级人民法院行使。

客观地说,根据迅速及时打击刑事犯罪的需要,对部分死刑案件下放核准权是必要的。但是,这种死刑核准权下放的弊端也是很明显的,主要是不利于严格控制死刑适用范围,不利于统一掌握死刑核准标准。第十届全国人大常委会第二十四次会议通过了《关于修改〈中华人民共和国法院组织法〉的决定》,将《人民法院组织法》原第13条修改为第12条:"死刑除依法由最高人民法院判决的以外,应当报请最高人民法院核准。"该《决定》自2007年1月1日起施行。最高人民法院《关于统一行使死刑案件核准权有关问题的决定》于2006年12月13日由最高人民法院审判委员会第1409次会议通过,自2007年1月1日起施行。

二、死刑立即执行案件的复核

（一）死刑立即执行案件的报请复核

死刑复核是以作出死刑判决、裁定的法院报请复核开始的。这一类案件的核准权由最高人民法院统一掌握,它包括判处死刑立即执行的案件。其报请程序,根据一审判决系由中级人民法院作出还是高级人民法院作出而有所不同。如果是中级人民法院作出的死刑判决,应根据我国《刑事诉讼法》第236条第1款的规定报请复核:"中级人民法院判处死刑的第一审案件,被告人不上诉的,应由高级人民法院复核后,报请最高人民法院核准。高级人民法院不同意判处死刑的,可以提审或者发回重新审判。"根据这一规定的精神,中级人民法院判处的应由最高人民法院核准的死刑案件,如未提出上诉、抗诉,应将全部案卷报送高级人民法院复核。高级人民法院复核同意判处死刑的,应再报请最高人民法院核准。如果高级人民法院经过复核发现原审量刑过重,不同意判处死刑的,可以直接提审改判或以裁定撤销原判发回中级人民法院重新审判。提审后,如果仍判处死刑的,再报请最高人民法院核准。

(二)死刑立即执行案件的复核

第一,合议庭的组成。我国《刑事诉讼法》第238条规定:"最高人民法院复核死刑案件,高级人民法院复核死刑缓期执行的案件,应当由审判员3人组成合议庭进行。"高级人民法院对中级人民法院报送的应由最高人民法院核准的死刑案件进行复核,也应根据此条规定的精神由审判员3人组成合议庭进行。

第二,复核方法。2007年3月9日最高人民法院、最高人民检察院、公安部、司法部《关于进一步严格依法办案确保办理死刑案件质量的意见》要求:复核死刑案件,合议庭成员应当阅卷,并提出书面意见存查。对证据有疑问的,应当对证据进行调查核实,必要时到案发现场调查。高级人民法院复核死刑案件,应当讯问被告人。最高人民法院复核死刑案件,原则上应当讯问被告人。我国《刑事诉讼法》第240条规定:"最高人民法院复核死刑案件,应当讯问被告人,辩护律师提出要求的,应当听取辩护律师的意见。在复核死刑案件过程中,最高人民检察院可以向最高人民法院提出意见。最高人民法院应当将死刑复核结果通报最高人民检察院。"

在司法实践中,合议庭复核死刑案件前,先由承办审判员对案卷材料进行全面审查。如果需要查对某些事实,承办审判员可以委托原审法院补充调查或者自行调查。承办人员审查结束后写出审查报告提交合议庭审核评议。评议时,先由承办审判员详细报告案情,提出处理意见,然后由合议庭成员进行详细评议,并作出结论。评议应坚持少数服从多数原则。最后由院长提交审判委员会讨论决定。

第三,审核内容。包括:犯罪事实是否清楚(指犯罪的时间、地点、手段、情节、后果、动机、目的等构成犯罪的主客观情况)、核实证据是否确实充分、定罪量刑是否准确、犯罪主体有无过错(如犯罪主体是否未成年,审判时是否怀孕,是否为精神病人)、审核诉讼过程是否违法诉讼程序。

三、对死刑立即执行案件复核后的处理

我国《刑事诉讼法》第 239 条规定:"最高人民法院复核死刑案件,应当作出核准或者不核准死刑的裁定。对于不核准死刑的,最高人民法院可以发回重新审判或者予以改判。"2007 年 1 月 22 日最高人民法院《关于复核死刑案件若干问题的规定》指出:

第一,原判认定事实和适用法律正确、量刑适当、诉讼程序合法的,裁定予以核准。原判判处被告人死刑并无不当,但具体认定的某一事实或者引用的法律条款等不完全准确、规范的,可以在纠正后作出核准死刑的判决或者裁定。

第二,最高人民法院复核后认为原判认定事实不清、证据不足的,裁定不予核准,并撤销原判,发回重新审判。

第三,最高人民法院复核后认为原判认定事实正确,但依法不应当判处死刑的,裁定不予核准,并撤销原判,发回重新审判。

第四,最高人民法院复核后认为原审人民法院违反法定诉讼程序,可能影响公正审判的,裁定不予核准,并撤销原判,发回重新审判。

第五,数罪并罚案件,一人有两罪以上被判处死刑,最高人民法院复核后,认为其中部分犯罪的死刑裁判认定事实不清、证据不足的,对全案裁定不予核准,并撤销原判,发回重新审判;认为其中部分犯罪的死刑裁判认定事实正确,但依法不应当判处死刑的,可以改判并对其他应当判处死刑的犯罪作出死刑的判决。

第六,一案中两名以上被告人被判处死刑,最高人民法院复核后,认为其中部分被告人的死刑裁判认定事实不清、证据不足的,对全案裁定不予核准,并撤销原判,发回重新审判;认为其中部分被告人的死刑裁判认定事实正确,但依法不应当判处死刑的,可以改判并对其他应当判处死刑的被告人作出核准死刑的判决。

四、发回重审的有关程序

其一,高级人民法院依照复核程序审理后报请最高人民法院核准死刑的案件,最高人民法院裁定不予核准死刑,发回高级人民法院重新审判的,高级人民法院可以提审或者发回第一审人民法院重新审判。

其二,发回第二审人民法院重新审判的案件,第二审人民法院可以直接改判;必须通过开庭审判查清事实、核实证据的,或者必须通过开庭审理纠正原审程序违法的,应当开庭审理。

其三,发回第一审人民法院重新审判的案件,第一审人民法院应当开庭审理。

其四,依照最高人民法院《关于复核死刑案件若干问题的规定》及《适用刑事诉讼法解释》的有关规定,最高人民法院裁定不予核准死刑,发回重新审判的案件,原审人民法院都应当另行组成合议庭审理。但有两种情形除外,一是复核期间出现

新的影响定罪量刑的事实、证据的,应当裁定不予核准,并撤销原判,发回重新审判;二是原判认定事实正确,但依法不应当判处死刑的,应当裁定不予核准,并撤销原判,发回重新审判。

▶ 五、关于保障律师辩护问题

根据2008年5月21日最高人民法院、司法部《关于充分保障律师依法履行辩护职责确保死刑案件办理质量的若干规定》第17条的规定,死刑案件复核期间,被告人的律师提出当面反映意见要求或者提交证据材料的,人民法院有关合议庭应当在工作时间和办公场所接待,并制作笔录附卷。律师提出的书面意见,应当附卷。我国《刑事诉讼法》第240条第1款也对此进一步作了规定:最高人民法院复核死刑案件,应当讯问被告人,辩护律师提出要求的,应当听取辩护律师的意见。此外,该条第2款还规定了检察机关对死刑立即执行复核程序予以监督的职能,"在复核死刑案件过程中,最高人民检察院可以向最高人民法院提出意见。最高人民法院应当将死刑复核结果通报最高人民检察院。"

第三节 死刑缓期两年执行案件的复核程序

死刑缓期两年执行,是我国独有的一种行之有效地刑法制度。它不是一个独立的刑种,而是属于死刑范畴,是对死刑的一种特殊执行方法,是贯彻惩办与宽大相结合、区别对待和坚持少杀、防止错杀政策的重大措施。根据我国《刑事诉讼法》的规定,判处死刑缓期两年执行的案件应纳入死刑复核程序的范围。

▶ 一、死刑缓期两年执行案件的核准权

我国《刑事诉讼法》第237条规定:"中级人民法院判处死刑缓期两年执行的案件,由高级人民法院核准。"可见,死刑缓期两年执行虽属死刑范畴,但是司法实践证明,绝大多数被判处死刑缓期两年执行的罪犯,在缓刑期内由于表现较好而在缓刑期满后被改处无期徒刑,可见,死刑缓期两年执行本身就在很大程度上坚持了少杀、并防止了错杀。而且,判处死刑缓期两年执行的案件较之判处死刑立即执行的案件相对多。所以,为了及时处理案件,简化手续,对此类案件的核准权不必由最高人民法院统一掌握,由高级人民法院行使死刑核准权是较切实可行的。

▶ 二、死刑缓期两年执行案件的复核

(一)死刑缓期2年执行案件的报请复核

中级人民法院判处死刑缓期两年执行的案件,被告人不上诉、检察院不抗诉的,或者中级人民法院二审改判死刑缓期两年执行的案件,应将全部案卷材料、证据及案件综合报告报送高级人民法院复核。

高级人民法院判处死刑缓期两年执行的案件,被告人不上诉、检察院也不抗诉的以及高级人民法院第二审改判死刑缓期两年执行或维持死缓原判的裁定,同时也是核准死刑缓期两年执行的判决、裁定,不必再行复核。

(二)死刑缓期两年执行的复核

根据我国《刑事诉讼法》第238条的规定,高级人民法院复核死刑缓期执行的案件,应由审判员3人组成合议庭进行。复核时应提审被告人。

三、对死刑缓期两年执行案件复核后的处理

高级人民法院复核死刑缓期两年执行案件后,分别不同情况作出处理:

(1)原判认定事实和适用法律正确、量刑适当、诉讼程序合法的,应当裁定核准;

(2)原判认定的某一具体事实或者引用的法律条款等存在瑕疵,但判处被告人死刑缓期执行并无不当的,可以在纠正后作出核准的判决、裁定;

(3)原判认定事实正确,但适用法律有错误,或者量刑过重的,应当改判;

(4)原判事实不清、证据不足的,可以裁定不予核准,并撤销原判,发回重新审判,或者依法改判;

(5)复核期间出现新的影响定罪量刑的事实、证据的,可以裁定不予核准,并撤销原判,发回重新审判,或者按规定审理后依法改判;

(6)原审违反法定诉讼程序,可能影响公正审判的,应当裁定不予核准,并撤销原判,发回重新审判。

高级人民法院复核死刑缓期执行案件,不得加重被告人的刑罚。

【拓展阅读】

死刑复核程序作为死刑案件的最后一道程序,其存在的价值不仅仅是为了维护法律的公正与公平,也是为了给死刑案件的被告人一个最后的救济的机会,是为了更好地保障死刑案件被告人的合法权益,也体现了我国对于死刑的惯有政策"少杀、慎杀"。除此之外,我国的死刑复核程序也是保障人权的重要措施之一。然而,我国现阶段的死刑复核程序由于种种原因,并没有达到程序设立之初所要完成的初衷,加之在历史沿袭的种种因素的综合作用下,死刑复核程序越来越多地呈现出一种比较浓厚的行政化色彩。相比之下,不少国家都取消了对死刑的适用,而现存的保留死刑制度的国家对死刑的控制程序也与我国的死刑复核程序不同。

美国:美国作为英美法系的代表国家至今仍然保留着对死刑的适用,在美国53个司法辖区中,共有军方、美国联邦和38个地方州在内的40个地方司法辖区

保留死刑的适用。美国的死刑控制程序为一审被判处死刑的被告人提供了四种救济方式：直接上诉、定罪复核程序、人身保护令程序和死刑赦免程序。

"直接上诉"(direct appeal)是在美国案件中被告人被判处死刑后的常规救济程序。被告人在一审被判处死刑立即执行以后，可以申请启动第一顺位的上诉程序——直接上诉。在州法院，直接上诉程序是向州上诉法院提起的，并且可以一直上诉到州最高法院；而在美国联邦法院，直接上诉程序是向地方巡回法院提起，最高可以一直向联邦的最高法院提出申请。美国对死刑案件"直接上诉"的裁决由法庭的所有法官集体来进行，裁决实行少数服从多数的原则。

在直接上诉程序完成后，被告人可以通过定罪复核程序继续寻求救济。如被驳回，被告人可以再次提出上诉的请求，如果仍被驳回，被告人可以向联邦最高法院申请对案件的相关卷宗进行复核。

如果定罪复核仍被拒绝，被告可以向当地的联邦的区法院提出人身保护令的请求，发动人身保护令程序。被告人在哪个法院被判决死刑，就应该向当地的州法院申请人身保护令。如果申请被州法院拒绝，那么被告人应当向联邦法院提出人身保护令的申请，并可逐级上诉到美国联邦最高法院。一般来说，死刑案件的被告人都会向联邦法院来提出人身保护令的请求。如果联邦最高法院拒绝报告人人身保护令的请求或者经过对案件的复核后对死刑判决予以了确认，就意味着死刑案件的被告人已经用尽了所有可能救济死刑的司法程序。

当死刑案件被告人用尽了一切的救济措施后而仍会被交付执行死刑时，他最后的机会就是申请赦免。对于死刑案件的被告人而言，主要的赦免方式包括特赦、暂缓执行和减刑。不过，美国的死刑赦免程序被民众普遍认为是一种行政程序而非司法程序。

美国的死刑案件通过这些控制程序实现了对死刑被告人的更全面的保护。基于这个原因，在美国真正被执行死刑的被告并不多，大多数被告都可以通过各种救济手段避免死刑的执行。

日本： 日本也是少数几个保留死刑的国家之一，但日本在立法和司法上，逐渐倾向于限制死刑的适用。日本《刑事诉讼法典》第475条对死刑的救济作了如下的规定：死刑根据法务大臣的命令执行，该命令从判决确定之日起6个月内执行。但是，请求恢复上诉权或再审、申请非常上告或恩赦的，上述程序终了之前的期间，以及对共同被告人作出判决确定以前的期间，不计入该期间。基于此，日本对死刑的救济程序包括上诉、再审和申请非常上告。其中，日本的刑事诉讼法明确规定，被告人不得放弃对死刑判决的上诉权，即使上诉权人在上诉期间没有上诉或撤回上诉，也必然会启动上诉程序；而再审和非常上告程序是对死刑的非常救济程序，只要存在判决，即使判决已经执行或已发生法律效力仍然可以提出再审或者非常上告。

日本的死刑上诉制度与我国的死刑复核程序不同,我国的死刑复核不是独立的审级,而日本的死刑救济实际上是独立的审级,是第三审程序,其发动由当事人主动申请,能够减轻上诉法院复审案件的压力,也便于对死刑既判判决审查效率的提高,这种诉讼化的死刑审理程序对我国死刑复核的完善有重要意义。

推荐参考书目

肖胜喜:《死刑复核程序论》,中国政法大学出版社1989年版。

胡常龙:《死刑案件程序问题研究》,中国人民公安大学出版社2003年版。

赵秉志、邱兴隆:《死刑的正当程序之探讨》,中国人民公安大学出版社2005年版。

杨文革:《死刑的程序控制研究》,中国人民公安大学出版社2009年版。

【思考题】

1. 死刑复核权收归最高人民法院行使对保障人权有何意义?
2. 对于死刑复核案件,哪些情况下最高人民法院应当裁定撤销原判,发回重审?
3. 如何评价死刑复核程序的审理方式和审理内容?
4. 如何认识死刑复核程序中人民检察院的监督作用?

第二十章　审判监督程序

要点提示

- 什么是审判监督程序？
- 为什么要设置审判监督程序？
- 怎样提起审判监督程序？
- 了解再审案件的审判程序。

【案例思考】

李某为国家工作人员,因贪污罪被检察机关依法提起公诉,后经该地中级人民法院一审判处死刑缓期两年执行。判决作出之后,李某未提起上诉,检察院亦没有提出抗诉。但在判决生效后发现本案第一审的合议庭成员在审理该案时,曾收受李某的贿赂。由此,该省高级人民法院对本案提起审判监督程序。

结合案例思考以下问题:

1. 如果发现本案的实体判决并没有问题,请问提起审判监督程序是否有必要?

2. 本案中李某未提起上诉,检察院亦没有提出抗诉,省高级人民法院提起审判监督程序是否影响了程序的安定性?

3. 个人能否启动审判监督程序?为什么?

4. 启动审判监督程序的条件是什么?

第一节 审判监督程序的概念和意义

一、审判监督程序的概念

我国刑事诉讼中的审判监督程序,是指人民法院和人民检察院为了纠正已经生效的判决或裁定在认定事实和适用法律上存在的错误,依法提起并对案件进行重新审判的一种特殊诉讼程序。

审判监督程序通常称为再审程序。两个概念是否等同在学界尚有争议。审判监督程序也不能完全等同于审判监督,只能说是审判监督的部分内容。审判监督程序也不是法定的第三审程序,而是对有错误的生效裁判的一种补救性措施。这种程序只能发生在生效判决或裁定确有错误的前提下,并非每一个案件都有这种程序,司法实践中绝大多数案件没有这种程序。我国的审判监督程序既可以为被告人的利益而提起,也可以为被告人的不利益而提起。提起审判监督程序不能停止原判决、裁定的执行。

审判监督程序与第二审程序、死刑复核程序的区别:

第一,审判监督程序的审理对象是已经发生法律效力的判决和裁定,其中包括业已执行完毕的裁判。第二审程序和死刑复核程序的审理对象是尚未发生法律效力的判决和裁定。

第二,法律将提起审判监督程序的权利赋予了特定的机关和人员。依照法律规定,有权提起审判监督程序的机关是作出判决、裁定的法院和上级人民法院、上级人民检察院。与此不同,提起第二审程序的权利只限于当事人和他们的法定代理人或经被告人同意的近亲属、辩护人,依第二审程序提出抗诉的权力只限于同级人民检察院。而死刑复核程序是因作出死刑判决、裁定的法院依法移送而引起,无所谓提起。

第三,提起审判监督程序的条件是在已生效的判决、裁定在认定事实或适用法律上确有错误时,才能提起。而第二审程序则没有实体条件的限制,死刑复核程序也没有实体条件限制。

第四,有权依照审判监督程序审理的机关是最高人民法院、上级人民法院和作出判决、裁定的法院,而第二审程序的审理机关只能是原审法院的上一级人民法院。死刑复核程序的审理机关只能是最高人民法院或高级人民法院。

第五,审判监督程序的提起期限视不同情况而定,其提起的次数不受限制。人民法院的判决、裁定生效后,如发现判决、裁定在认定事实和适用法律上确有错误,除需加重刑罚的情形要受追诉时效限制外,一般没有期限的限制,任何时候都可以提前审判监督程序。依照审判监督程序重审过的案件,只要发现判决、裁定确有错,就可以再提起审判监督程序,不受次数限制。而第二审程序受法定的上诉、抗诉期限的限制,死刑复核程序法律虽未规定明确的期限,但司法实践中,人民法院作出死刑判决、裁定后,应在上诉、抗诉期限届满后或二审判决裁定后立即报最高人民法院或高级人民人民法院核准,没有任何理由拖延。对于同一案件,第二审程序和死刑复核程序只能进行一次。

▶ 二、审判监督程序的意义

审判监督程序是实现"不枉不纵"、"有错必纠"方针的最后一道法律屏障。我国司法工作历来坚持"既不放纵一个坏人,也不冤枉一个好人"、"有反必肃"、"有错必改"的方针。在刑事诉讼中,已经发生法律效力的判决和裁定一般经过了立案、侦查、提起公诉、第一审程序。为了保证裁判的正确性,很多案件又经过了第二审程序,死刑案件又经过死刑复核程序,因此,已经生效的判决、裁定必须维护其稳定性,不得随意变更或撤销,以维护法律的严肃性和判决、裁定在群众中的威信,这是刑事诉讼的一个基本原则。但是,已经生效的裁判未必就是完全正确的,事实上由于种种原因,有些生效判决存在着不同程度的错误,有时甚至是完全错误的。审判监督程序的确立就是为了协调这种法院裁判的确定性和真实性之间的矛盾,它的任务是依据法定的程序和条件,对原审法院已经发生法律效力的刑事判决、裁定在认定事实和适用法律上是否确有错误进行全面审查,以纠正错误的判决、裁定,维持正确的判决、裁定,实现"有错必纠"、"不枉不纵",以达到准确地打击犯罪,保障

无辜的人不受刑事追究,最终实现刑事诉讼法的根本目的。因此,审判监督程序至少具有三方面的意义:

(1) 有利于恢复个案公正,保障国家刑罚权的正确行使。鉴于社会生活的纷繁复杂性,实践中的判决无论是一审、二审判决还是死刑复核裁定,都有可能出现错误,建立最后的纠错程序,可以使个案公正得以在可能的情况下充分体现,司法的整体公正是建立在个案公正的基础之上的。

(2) 有利于保证司法体系内部监督的落实和国家法律适用的统一。再审程序本质上也是一种监督程序,通过再审程序,检察院和法院可以有效地纠正已经发生的错判,并保障国家法律在适用上具有统一的标准。

(3) 有利于发挥司法体系外部的监督作用,增强司法机关的可信度和权威性。无论是当事人还是媒体发现了错误判决,司法机关实事求是予以纠正都会提升司法公信力,进而增强司法的权威性。

第二节 审判监督程序的提起

一、提起审判监督程序的材料来源

是否提起审判监督程序需要在审查各种证明生效裁判可能错误的材料的基础上作出决定。证明生效裁判可能错误的材料来源于各种渠道:

第一,当事人及其法律代理人、近亲属的申诉。当事人及其法定代理人、近亲属的申诉,是指他们对已经发生法律效力的判决、裁定不服,向人民法院或者人民检察院提出重新审查的请求。

第二,人民群众的来信来访。人民群众的来信来访是指机关、团体、工厂、学校、街道以及各界人民群众对生效判决、裁定提出的意见和反映。

第三,司法机关自行发现的裁判不当的案件。人民检察院或人民法院对所办案件都应当进行定期或不定期的复查,在复查案件中如果发现错误,就成为提起审判监督程序的材料来源。此外,司法机关通过报刊、社会传闻等途径自行发现的有关生效判决、裁定可能有错误的材料也可以成为提起审判监督程序的材料来源。

在以上各种材料来源中,当事人、法定代理人及其近亲属的申诉占有很大比重,是提起审判监督程序的主要材料来源。

材料来源仅仅是提起审判监督程序的信息。有材料并不意味着必然提起审判监督程序。人民法院、人民检察院接到申诉后,经过初步审查予以登记立案后,要对申诉进行实质审查,即对申诉的具体内容进行审查。审查所依据的准则有两个,一个是当事人的申诉必须提出新的事实与理由,这是据以审查的基本依据和线索,提不出新的事实与理由,或重复案件已经审理过的事实、理由,这样的申诉是无效的。审查的另一个准则是,经过审查认为原判决或裁定确有错误。如果认为申诉有理有据,原案确有错误的,则应依法提起审判监督程序。根据我国《刑事诉讼法》第 241 条的规定,提出申诉不能停止原判决、裁定的执行。

我国《人民法院组织法》第 14 条第 3 款规定:"各级人民法院对于当事人提出的对已经发生法律效力的判决和裁定的申诉,应当认真负责处理。"对提起审判监督程序的材料的接受和审查,虽然未纳入正式再审的程序,但本质上也是一种诉讼活动,必须认真对待。

▶ 二、提起审判监督程序的条件

第一,有新的证据证明原判决、裁定认定的事实确有错误,可能影响定罪量刑的。所谓新证据指的是法院的裁判生效后,当事人在申诉中提出的过去未曾审查核实过的且足以证明原裁判所依据的证据系不确实或不充分的证据,如果这些证据又可能影响定罪量刑的,就应提起审判监督程序。所谓实践的新证据主要包括以下几种情况:

（1）原判决、裁定生效后新发现的证据;

（2）原判决、裁定生效前已经发现,但未予收集的证据;

（3）原判决、裁定生效前已经收集,但未经质证的证据;

（4）原判决、裁定所依据的鉴定意见,勘验、检查等笔录或者其他证据被改变或者否定的。

第二,据以定罪量刑的证据不确实、不充分、依法应当予以排除,或者证明案件事实的主要证据之间存在矛盾的。当事人在申诉中虽未提出新的证据,但有合理的理由认为原裁判所依据的证据不确实、不充分或者依法应当予以排除,从而影响到案件的定罪量刑的,或者发现主要证据之间存在无法解释的疑点,也应提起审判监督程序。

第三,原判决、裁定适用法律确有错误的。所谓适用法律上确有错误,主要指生效裁判所依据的法律条文不正确。"以事实为依据,以法律为准绳"是我国刑事诉讼法的一项基本原则,如果说认定事实上的错误使原裁判失去了可靠的基础的话,那么,适用法律上的错误则使生效裁判失去了法律依据。因此,适用法律错误应该成为提起审判监督程序的条件。一般来说,认定事实有错误,必然导致适用法律上的错误,但这里所指的适用法律上的错误,仅指原判认定事实正确而适用法律错误。适用法律错误直接导致了定性不准和量刑失当,例如不依据有关法律规定而依据有关政策或已经废止的法律判决处罚;应当适用某一法律条款,却适用了另一条款;应该适用一般法律条款,却只适用了个别的条款;应当在刑法规定的量刑幅度内判刑,却超出量刑幅度适用了减轻或加重刑罚,或者应当在量刑幅度外减轻或加重,却在量刑幅度内作了从轻或从重的判处,等等。

第四,违反法律规定的诉讼程序,可能影响公正审判的。司法机关要正确办理案件,不仅应严格遵守实体法,也应严格遵守程序法。严重违反程序法,可能影响正确裁判时,也应成为提起审判监督程序的理由,比如应当回避的司法人员没有回避,非法剥夺了被告人的辩护权、上诉权,死刑案件未经复核就交付执行,等等,均应作为提起审判监督程序的条件。

第五,审判人员在审理案件的时候,有贪污贿赂、徇私舞弊、枉法裁判行为。审判人员的廉洁自律是法院作出正确裁判的前提条件之一,如果审判人员在对案件作出裁判前后发生贪污受贿、徇私舞弊、枉法裁判行为,不仅严重损害法院的公正形象,更会导致错误的裁判结果。如果在申诉中当事人有证据证明审判人员有上述行为,就应提起审判监督程序。

此外,经审查如果查明生效判决中存在主要事实依据被依法变更或者撤销的、认定罪名错误的、违反法律关于溯及力规定的,也应当决定重新审判。申诉不具有上述情形的,应当说服申诉人撤回申诉;对仍然坚持申诉的,应当书面通知驳回。

三、提起审判监督程序的机关

提起审判监督程序的机关也叫提起审判监督程序的主体。根据我国《刑事诉讼法》第 243 条的规定,有权提起审判监督程序的机关包括以下三种:

第一,作出生效裁判的人民法院。《刑事诉讼法》第 243 条第 1 款规定:"各级人民法院院长对本院已经发生法律效力的判决和裁定,如果发现在认定事实上或者适用法律上确有错误,必须提交审判委员会处理。"可见,作出生效裁判的人民法院有权提起审判监督程序。提起审判监督程序必须由院长提交审判委员会讨论决定,而院长本人无权提起审判监督程序。在审判实践中,如果案件经过了第二审程序,应由第一审法院向第二审法院反映意见,由第二审法院院长提交审判委员会决定是否提起审判监督程序。

第二,最高人民法院和上级人民法院。《刑事诉讼法》第 243 条第 2 款规定:"最高人民法院对各级人民法院已经发生法律效力的判决和裁定,上级人民法院对下级人民法院已经发生法律效力的判决和裁定,如果发现确有错误,有权提审或者指令下级人民法院再审。"可见,最高人民法院和上级人民法院有权提起审判监督程序。最高人民法院对各级人民法院、上级人民法院对下级人民法院已经生效的判决和裁定提起审判监督程序则是实现监督的一种重要方式。一般来说,作出生效判决、裁定的法院在处理申诉或自行复查中发现错误,都会主动提起审判监督程序予以纠正,但由于审判水平、本位主义或原有观点的局限,有的错判案件并未能在原审法院得到纠正。所以,规定最高人民法院和上级人民法院有提起审判监督程序的权力,则弥补了这一缺陷。最高人民法院和上级人民法院有提起审判监督程序的主要方式是提审或指令再审。所谓提审,是指最高人民法院或上级人民法院上调案件,自行组成合议庭进行重新审判。所谓指令再审,是指示或命令下级人民法院按照审判监督程序对案件进行重新审理。司法实践中,最高人民法院、上级人民法院一般对案情重大、疑难的案件或原作出生效裁判的法院坚持己见,久拖不决,不宜自行审理的案件实行提审,其他情况下一般实行指令再审。

第三,最高人民检察院和上级人民检察院。《刑事诉讼法》第243条第3款规定:"最高人民检察院对各级人民法院已经发生法律效力的判决和裁定,上级人民检察院对下级人民法院已经发生法律效力的判决和裁定,如果发现确有错误,有权按照审判监督程序提出抗诉。"此条规定赋予了最高人民检察院和上级人民检察院提起审判监督程序的权力。人民检察院是国家的法律监督机关,对人民法院的审判活动依法行使审判监督权。这种审判监督的职权不仅限于一审、二审程序,而且及于审判监督程序。人民检察院提起审判监督程序的方法是抗诉,即对人民法院错误裁判的一种法定抗议形式。地方各级人民检察院如果发现同级人民法院已经发生法律效力的判决和裁定确有错误时,无权直接提出抗诉,应当将案件的错误情况调查清楚,提出抗诉意见,报请上一级人民检察院审查决定。根据《刑事诉讼法》第243条第4款的规定:"人民检察院抗诉的案件,接受抗诉的人民法院应当组成合议庭重新审理,对于原判决事实不清楚或者证据不足的,可以指令下级人民法院再审。"

第三节 再审案件的审判程序

再审案件的审判程序是指人民法院对已经提起审判监督程序的案件进行审理和判决的法律程序。

▶ 一、重新审判的法院

根据我国《刑事诉讼法》第243条的规定,重新审判的法院可能是最高人民法院,也可能是地方各级人民法院。人民法院有权对本院已经发生法律效力的判决和裁定决定再审,最高人民法院、上级人民法院有权提审或指令下级人民法院再审。上级人民法院可以是任何上级人民法院,不仅仅指上一级人民法院。最高人民法院或上级人民法院的提审或指令再审,既可能是针对原一审生效的判决和裁定,也可能指原二审生效的判决和裁定。根据我国《刑事诉讼法》第244条的规定,上级人民法院指令下级人民法院再审的,应当指令原人民法院以外的下级人民法院审理;由原人民法院审理更为适宜的,也可以指令原人民法院审理。根据此条规定可以看出,指令再审的法院一般应当是原审法院以外的法院,以确保法院不为自己先前判决产生的前见所束缚。

二、重新审判的程序

(一) 重新审判的审判组织

我国《刑事诉讼法》的 245 条规定:"人民法院按照审判监督程序重新审判的案件,由原审人民法院审理的,应当另行组成合议庭进行。"根据此条规定,原审合议庭不能继续审理再审案件。如果是人民法院对本院已经发生法律效力的判决和裁定决定再审或上级人民法院指令再审的,应指定另外的审判员(第一审包括陪审员)组成新的合议庭。这是为了避免原审合议庭因受已有观点的影响而先入为主或固执己见,从而确保客观公正地进行再审。如果是由人民法院提审的,合议庭自然改变,不存在另行组织的问题。

(二) 重新审判的程序

根据我国《刑事诉讼法》第 245 条规定,人民法院按照审判监督程序重新审判的案件,如果原来是第一审案件,应当依照第一审程序进行审判,所作的判决、裁定可以上诉、抗诉;如果原来是第二审程序进行审判,或者是上级人民法院提审的案子,应该依照第二审程序进行审判,所作的判决、裁定是终审的判决、裁定。此条规定确立了对决定再审案件重新审判程序的基本原则。

根据最高人民法院《关于刑事再审案件开庭审理程序的具体规定》,依第一审程序或第二审程序开庭审理的刑事再审案件包括审前准备及法庭审理。

第一,依照第一审程序或第二审程序开庭审理的刑事再审案件的审前准备。根据最高人民法院《关于刑事再审案件开庭审理程序的具体规定》,以有新的证据目录、证人名单和主要证据复印件或者照片为由提出申诉的,人民检察院应当在 7 日内补充;经补充后仍不完备或逾期不补的,裁定维持原判。以有新的证据证明原判决、裁定认定的事实确有错误为由提出申诉的,应当同时附有新的证据目录、证人名单和主要证据复印件或者照片。需要申请人民法院调取证据的,应当附有证据线索。未附有的,应当在 7 日内补充;经补充后仍不完备或逾期不补的,应当决定不予受理。

人民法院审理下列再审案件应当依法开庭审理:依照第一审程序审理的;依照第二审程序需要对事实或者证据进行审理的;人民检察院按照审判监督程序提出抗诉的;可能对原审被告人(原审上诉人)加重刑罚的;有其他应当开庭审理情形的。

下列再审案件可以不开庭审理:原判决、裁定认定事实清楚、证据确实充分,但适用法律错误,量刑畸重的;1979 年《刑事诉讼法》施行以前作出裁判的;原审被告人(原审上诉人)、原审自诉人已经死亡,或者丧失刑事责任能力的;原审被告人(原审上诉人)在交通十分不便的边远地区监狱服刑,提押到庭确有困难的,但若属人民检察院提出抗诉的,人民法院应征得人民检察院的同意;人民法院按照审判监督程序决定再审,按上述规定第9条第4项规定,经两次通知,人民检察院不派员出庭的。

人民法院在开庭审理前,应当进行下列工作:确定合议庭的组成人员;将再审决定书、申请书副本至迟在开庭30日前,重大、疑难案件至迟在开庭60日前送达同级人民检察院并通知其查阅案卷和准备出庭;将再审决定书或抗诉书副本至迟在开庭30日以前送达原审被告人(原审上诉人),告知其可以委托辩护人,或者依法为其制定承担法律援助义务的律师担任辩护人;至迟在开庭15日前,重大、疑难案件至迟在开庭60日前,通知辩护人查阅案卷和准备出庭;将开庭的时间、地点在开庭7日以前通知人民检察院;传唤当事人,通知辩护人、诉讼代理人、证人、鉴定人和翻译人员,传票和通知书至迟在开庭7日以前送达;公开审判的案件,在开庭7日以前先期公开案由、原审被告人(原审上诉人)姓名、开庭时间和地点。

人民法院应当在开庭30日前通知人民检察院、当事人或者辩护人查阅、复制双方提交的新证据目录及新证据复印件、照片。人民法院应当在开庭15日前通知控辩双方查阅、复制人民法院调取的新证据目录及新证据复印件、照片等证据。

第二,依照第一审程序或第二审程序开庭审理的刑事再审案件的法庭审理。根据最高人民法院《关于刑事再审案件开庭审理程序的具体规定》,人民法院决定再审的,由合议庭组成人员宣读再审决定书。根据人民检察院提出抗诉进行再审的,由公诉人宣读抗诉书。当事人及其法定代理人、近亲属提出申诉的由原审被告人(原审上诉人)及其辩护人陈述申诉理由。在审判长主持下,就控辩双方有争议的问题,进行法庭调查和辩论。在审判长主持下,控辩双方就提出的新证据或者有异议的据以定罪量刑的原审证据进行质证。进行辩论阶段,原审被告人(原审上诉人)及其法定代理人、近亲属提出申诉的,先由原审被告人(原审上诉人)及其辩护人发表辩护意见,然后由公诉人发言、被害人及其代理人发言。被害人及其法定代理人、近亲属提出申诉的,先由被害人及其代理人发言、公诉人发言,然后由原审被告人(原审上诉人)及其辩护人发表辩护意见。人民检察院提出抗诉的,先由公诉人发言、被害人及其代理人发言,然后由原审被告人(原审上诉人)及其辩护人发表辩护意见。既有申诉又有抗诉的,先由公诉人发言,后由申诉方当事人及其代理人或者辩护人发言或者发表辩护意见,然后由对方当事人及其代理人或辩护人发言或者发表辩护意见。

此外,根据我国《刑事诉讼法》第245条第2款的规定,人民法院开庭审理的再审案件,同级人民检察院应当派员出席法庭。根据我国《刑事诉讼法》第246条第2款的规定,人民法院决定再审的案件,需要对被告人采取强制措施的,由人民法院依法决定;人民检察院提出抗诉的再审案件,需要对被告人采取强制措施的,由人民检察院依法决定。人民法院按照审判监督程序审判的案件,可以决定中止原判决、裁定的执行。

(三) 重新审判的期限

我国《刑事诉讼法》对提起审判监督程序的案件的审理期限作出了明确规定,第247条第1款规定:"人民法院按照审判监督程序重新审判的案件,应当在作出提审、再审决定之日起3个月以内审结,需要延长期限的,不得超过6个月。"第247条第2款规定:"接受抗诉的人民法院按照审判监督程序审理抗诉的案件,审理期限适用前款规定;对需要指令下级人民法院再审的,应当自接受抗诉之日起1个月以内作出决定,下级人民法院审理案件的期限适用前款规定。"

三、重新审判对再审案件的处理

再审案件经过重新审理后,应当按照下列情形分别处理:

(1) 原判决、裁定认定事实和适用法律正确、量刑适当的,应当裁定驳回申诉或者抗诉,维持原判决、裁定;

(2) 原判决、裁定定罪准确、量刑适当,但在认定事实、适用法律等方面有瑕疵的,应当裁定纠正并维持原判决、裁定;

(3) 原判决、裁定认定事实没有错误,但适用法律错误,或者量刑不当的,应当撤销原判决、裁定,依法改判;

(4) 依照第二审程序审理的案件,原判决、裁定事实不清或者证据不足的,可以在查清事实后改判,也可以裁定撤销原判,发回原审人民法院重新审判。

原判决、裁定事实不清或者证据不足,经审理事实已经查清的,应当根据查清的事实依法裁判;事实仍无法查清,证据不足,不能认定被告人有罪的,应当撤销原判决、裁定,判决宣告被告人无罪。

根据最高人民法院《关于刑事再审案件开庭审理程序的具体规定》,除人民检察院抗诉的以外,再审一般不得加重原审被告人(原审上诉人)的刑罚。再审改判宣告无罪并依法享有申请国家赔偿权利的当事人,宣判时,合议庭应当告知该当事人在该判决发生法律效力后即有申请国家赔偿的权利。

此外,对原判决、裁定认定被告人姓名等身份信息有误,但认定事实和适用法律正确、量刑适当的,作出生效判决、裁定的人民法院可以通过裁定对有关信息予以更正,而不需要重新审判。

【拓展阅读】

在我国,不论是在事实认定方面还是法律适用方面,是有利于被告人还是不利于被告人,只要是对确有错误的生效判决、裁定进行重新审判都统一规定在一个审判监督程序里。而现代西方各国无论是大陆法系国家还是英美法系国家,基于一事不再理、正当程序、人权保障等理念,都没有采取我国这样的做法。

英美法系国家在平等武装的对抗制的基础上,由陪审团对案件的事实问题进行审判。而对陪审团的裁决一般是不容推翻的,陪审团对事实的认定被认为是真实的,对基于陪审团认定的事实而对被告人被判无罪的判决不能提起再审。但对有严重程序瑕疵的案件,有类似监督程序的人身保护令、调卷令、禁审令、履行职务令等制度。其中,人身保护令制度是为了保证公民自由权的一种特权令状,是为了保护被非法拘禁者的利益而设立的;调卷令一般是根据当事人的申请对下级法院没有管辖权的或超越管辖权的裁判签发的,上级法院可以通过调卷令使这个裁判无效,当事人不服终审判决,经过特别申请,由联邦法院颁发调卷令,进行重新审查,纠正错误或下级法院的越权行为;而禁审令则是由上级法院签发的禁止低级法院在没有管辖权、超越管辖权或在违反法律的情况下,开始或继续一项诉讼的命令,其可以单独使用,也可以和调卷令合并使用。

大陆法系国家的纠错程序按审理对象的不同一般分为再审程序和监督程序。再审程序是指发现生效裁判在事实认定上确有错误而重新进行审理的程序;监督程序是指生效裁判在法律适用上确有不当而重新进行审理的程序。其中由于审理范围的不同,又以法国和德国为两类不同的代表。法国基于保障被告人人权的理念,进行再审的范围仅限于有利于被告人的案件。而德国本着发现案件事实,维护社会安定的需要,再审的范围既可以是有利于被告人的案件,也可以是不利于被告人的案件。

法国对生效裁判的纠错程序分为两类。一种是针对在适用法律上错误的终审裁判进行重新审理的程序,叫做撤销原判程序;另一种是针对在认定事实上错误的生效裁判进行重新审理的程序,称为再审程序。其中,撤销原判诉讼是一种特别的诉讼程序,是指对上诉法院作出的终审判决或者对其他法院作出的不准向上诉法院提起上诉的终审判决,直接向最高法院刑事审判庭提出申诉,请求其对判决的合法性进行监督的诉讼;而所谓再审之诉,是法律规定享有权利的人针对已经最终取得既判力但确有事实错误的裁判向最高法院提起的诉讼,其目的在于对判决认定的事实错误进行纠正,从而达到司法真实。提起再审之诉同撤销之诉一样,是一种由最高法院刑事审判庭管辖的非常申诉途径,只能在确定的案件中加以运用。只要有其他法律手段可以补救判决发生的错误,则不能再运用这一手段。

法国的再审之诉与撤销之诉有所不同:撤销之诉仅能在原审判决违反法律的情况下提出,并且仅能针对尚未取得既判力的判刑判决提出;而再审之诉则可针对包含有事实错误的、已经取得既判力的判刑判决提出。但无论以哪种程序进行重新审理均不能作出对被告人不利的结果。在法国,最高法院是司法法院系统唯一可以通过审判监督程序作出撤销原判和提起决定的机关,最高法院刑事审判庭不是从实体上再次审判案件的第三审法院,对申诉案件一般只复议法律问题,不审理案件的事实,其职能是法律审。

德国的刑事再审制度与法国、意大利等欧洲大陆国家仅能对有利于被判刑人的终审裁判提起再审不同,对不利于被判刑人的终审裁判在德国也可以提起再审。而且在德国,提起再审的理由也分为有利于被判刑人的和不利于被判刑人的。申请再审没有期限的限制。

推荐参考书目

陈卫东:《刑事审判监督程序研究》,法律出版社2001年版。

陈光中主编:《刑事再审程序与人权保障》,北京大学出版社2005年版。

汪建成主编:《刑事诉讼监督程序专论》,群众出版社1990年版。

张毅:《刑事诉讼中的禁止双重危险原则》,中国人民公安大学出版社2004年版。

【思考题】

1. 审判监督程序与司法判决稳定性有着怎样的关系?
2. 如何理解审判监督与审判独立之间的关系?
3. 请思考我国审判监督程序与大陆法系国家的再审程序有何异同?
4. 试析再审不加刑原则背后的法理依据。
5. 我国现行法律关于审判监督程序的规定有何不当之处?应如何改进?

第二十一章 执行

要点提示

- 刑事执行的概念、功能及意义。
- 各种判决、裁定的执行程序。
- 执行变更包括哪些情形?如何变更?
- 了解执行监督程序。

【案例思考】

2007年2月12日,张某因职务侵占罪、挪用资金罪被F市中级人民法院一审判处有期徒刑15年。2008年9月27日,张某利用其他犯罪嫌疑人提供的检举揭发材料立功,其中一条被G省高级人民法院采纳,二审维持原审对其犯职务侵占罪和挪用资金罪的认定,同时认定张某在狱中检举他人犯罪立功,把原审判决的有期徒刑15年改判为有期徒刑10年。2010年9月,张某利用另一份虚假立功材料,获裁定减刑2年,服刑期间,又指使他人为其虚假申报实用新型专利,2011年1月25日,张某因重大立功获减刑,于次日刑满释放,后逃往境外。2013年10月Z市中级人民法院依法撤销了对张某的两次减刑裁定,G省高级人民法院也对张某二审判决立案再审。2014年1月8日,G市中级人民法院发布通报称张某获得减刑案存在弄虚作假的问题。目前已多人因涉案被查并移送司法机关处理。

请思考以下问题:

1. 减刑的条件是什么?
2. 如何推动减刑案件审理的法制化、规范化?
3. 如何发挥检察机关在执行程序中的监督作用?

第一节 执 行 概 述

一、刑事执行的概念

刑事执行是刑事执行理论体系的基本概念,但法律对此并没有明确规定,学者们的理解也并不一致。从刑事执行的判决、裁定范围区分,刑事执行有广义与狭义之分:广义的刑事执行,是指有关国家机关为实现人民法院作出的一切刑事判决和裁定中所确定的内容而进行的活动,它不仅包括对死刑、徒刑、拘役、管制、罚金刑等刑事法律规定的各种主刑和附加刑的执行,而且还包括对无罪判决和免除刑事处罚等非刑罚内容的判决和裁定的执行。而狭义上的刑事执行仅针对具有刑罚内容的生效裁判。刑事执行一般针对发生法律效力的判决、裁定,但基于权利保护的需要,我国《刑事诉讼法》第249条作出了例外规定,即第一审人民法院判决被告人无罪、免除刑事处罚的,如果被告人在押,在宣判后应当立即释放。该条文置于《刑事诉讼法》"执行"一编之下,可见我国法律是从广义上规范刑事执行程序的。

传统诉讼理论将刑事执行视为刑事诉讼立案、侦查、起诉、审判、执行五个主要阶段的最后阶段,是刑事诉讼的必然结果和最后环节,强调程序的延续性。据此理解,刑事执行通常被表述为"有关国家机关为了实现生效裁决而进行的活动"。有学者认为,刑事执行法意义上的执行是实现生效刑事裁判的实际执行活动,其范围超出了刑事诉讼中的"执行",包括执行过程中的狱政管理、教育改造等实体性活动和程序性活动,具有独立性。随着社会文明的进步与发展,刑罚的目的不再一味地强调惩罚与报应,刑罚的功能集惩罚、教育、矫正于一体,更加注重刑罚效益的提高和"交付执行"后实现刑罚目的的"实际执行",更加侧重于实体方面的效应。刑事执行是以《刑法》《刑事诉讼法》《监狱法》等刑事法律规范体系为基础的活动,具有独立于刑事诉讼程序的性质和内容。

二、刑事执行的性质

关于刑事执行的性质,主要有以下几种观点:第一种观点认为刑事执行权与量刑权一样,同属国家司法权;第二种观点从监狱的狱政管理性质出发,认为刑事执行权是一种行政权;第三种观点认为刑事执行权是司法权与行政权的统一;第四种观点认为,不同刑罚的执行具有不同的属性,如罚金刑、没收财产刑和死刑的执行表现为司法权,而死刑缓期两年执行、有期徒刑、无期徒刑等裁决的执行,则主要表现为行政权;还有一种观点认为,刑事执行权是一种刑事行政权,属于国家刑事权的一种,具有明显的行政性,但不同于一般的行政权。

一般认为,司法权的本质是一种裁判权,对纠纷作出裁决,具有中立性和被动性。从这一角度理解,刑事执行具有明显区别于司法权的特征。刑事执行是实现已经发生效力的法律裁判的活动,而不是裁决纠纷的过程;刑事执行是有关机关对罪犯的主动干预、管理和控制,罪犯处于被动接受教育与改造的地位,双方主体并不具有平等地位,存在由第三方居中裁判的当事人,而呈现行政上的管理关系;刑事执行具有主动性,是由执行的主体根据已经生效的判决、裁定而主动发起的。因此,很难将刑事执行权认定为一种司法权。既然刑事执行权不属于司法权,自然也不能将其认定为司法权与行政权的统一。而认为不同刑罚的执行具有不同的属性的观点则人为割裂了刑事执行,也缺乏统一、有效的分类标准。国家权力基本理论将权力类型划分为立法权、司法权和行政权,不宜创造出另外一种权力形式,据此,将刑事执行权视为行政权的一种更为合宜,或者是部分学者提出的刑事行政权。由此产生的问题是,对于监狱等国家机关,罪犯作为被管理对象是否享有提起行政诉讼的权利?目前对于这一问题仍处于探讨阶段,未有定论。

三、刑事执行的功能

刑事执行的目的经历了一段发展变迁的过程。风靡于奴隶制社会的报复型理论把刑罚视为对犯罪人引起社会危害的行为的报复,倾向于对犯罪人采取同态复仇的方式，反映的是"有约必践、有害必偿、有罪必罚"①的自然思想。起源于奴隶社会末期的威慑刑理论关注对社会潜在犯罪人员的威慑作用，采用刑罚的力量使人不敢轻易实施犯罪，"这一时期，行刑的唯一目的是制造痛苦。"②因此在行刑方式上多以公开方式进行，通过各种极其残酷的方式最大限度发挥刑罚的威慑作用。而近代预防刑和教育刑理论则将重心转移至罪犯本身，开始关注刑事执行过程中的人权保护价值，更加注重刑罚的个别化运用和矫治功能，以使犯罪人尽快地回归社会。在这种理念的指导下，西方国家在监禁刑的执行中，创立了独居制、分类制、自治制和累进制等多种刑罚执行制度，使犯罪人的人权保障达到一个新的高度，对犯罪人的改造发挥了巨大作用。我国《监狱法》第3条规定，监狱对罪犯实行惩罚与改造相结合、教育与劳动相结合的原则，将罪犯改造成为守法公民。在实践中采取"分管、分押、分教"制度并辅之以文化教育、心理咨询、职业技能培训等多种执行手段，达到感化、教育的目的。具体而言，刑事执行具有以下几点功能：

（1）实现法院判决、裁定，维护社会主义法治和司法工作的权威性、严肃性，使违法的人受到应有的惩罚。

（2）使犯罪分子受到应有的惩罚，通过限制罪犯的人身自由、强制劳动、罚金等方式惩罚犯罪，打击犯罪，也在社会中形成示范效应，起到预防犯罪和减少犯罪的作用。

（3）教育和改造罪犯，促使犯罪人早日回归社会。刑事执行不是简单地处理和惩罚罪犯，而是要把罪犯教育改造为遵纪守法、自食其力、能够重新回归社会的人，一方面通过强制罪犯劳动使罪犯做到自食其力，另一方面通过减刑、假释、暂予监外执行等方式使罪犯更早回归社会并为社会所接纳。

▶ 四、刑事执行的主体和客体

（一）刑事执行的主体

一般而言，刑事执行的主体多指执行机关，即依法享有执行法院生效裁决权力的国家机关，包括人民法院、公安机关、监狱、社区矫正机构等。广义的执行主体应当包括被执行主体——罪犯在内，但学界在讨论执行主体问题时，多以执行权在各执行机关之间的配置问题为视角，本书也将以执行机关为重点探讨执行主体的问题。

我国采取分散执行的方式，不同刑罚由不同的国家机关执行。根据我国《刑事诉讼法》的规定，人民法院是交付执行机关，根据刑罚内容的不同，在判决、裁定发生法律效力后交付监狱、公安机关、社区矫正机构等不同执行机关执行。死刑立即

---

① 马克昌：《近代西方国家刑法学史略》，中国检察出版社1996年版，第7页。
② 〔英〕凯伦·法林顿：《刑罚的历史》，陈丽红、李臻译，希望出版社2004年版，第28页。

执行、罚金刑、没收财产、无罪判决和免除刑事处罚判决的执行由人民法院负责；监狱负责成年罪犯死刑缓期两年执行、无期徒刑、有期徒刑等刑罚的执行，被判处有期徒刑的罪犯，在交付执行刑罚前，剩余刑期在3个月以下的，由看守所代为执行；未成年犯管教所负责未成年犯刑罚的执行；公安机关负责拘役、剥夺政治权利的执行；社区矫正机构负责对被判处管制、宣告缓刑、假释或者暂予监外执行的罪犯的执行。

我国刑事执行由多个执行主体在职权管辖范围内分工配合、相互监督，有利于根据不同机关的特点充分发挥主体优势。例如，与传统的实行封闭式行刑的机构相比，社区矫正机构负责执行管制、宣告缓刑、假释或者暂予监外执行对于犯罪人的再社会化有天然的优势。但多元化的执行主体机制导致执行资源分散，不同执行主体之间难以形成合力，甚至有可能出现相互推诿的情况，执行效能低下。因此，有学者提出要效仿美国等国家，实行执行主体一体化，由专门机构负责执行。笔者认为，目前我国建立统一的国家刑事执行机关的条件仍未成熟，可在继续实行分散执行制的基础上对具体分工进行一定的调整。

一是法院执行职能的调整。法院作为裁判者，既承担着定罪量刑的审判任务，又负责死刑立即执行、罚金刑等刑罚的执行。一方面，法院既是裁判者，又是执行者，可能对其消极中立地位造成影响；另一方面，法院本身的力量不足，执行效果不理想，例如对死刑的执行需要动用大量警力来维护现场安全，法院往往需要公安机关、武警配合执行，法院在刑事执行方面并没有什么特殊的优势。因此，有人提议，根据法院的职能分工和角色定位，法院的权力应当仅限于定罪量刑等审判活动，不再承担执行功能。

二是公安机关执行职能的调整。一方面，公安机关承担着打击犯罪、刑事侦查的职能，与犯罪人处于天然的敌对状态；另一方面，公安机关承担着维护治安、打击犯罪等多项繁重的工作任务，缺乏对看守所内关押的囚犯进行教育改造的设备配置、专业人员和制度建设，难以实现刑罚教育改造罪犯，促其重新回归社会的执行目的。对此，我国2012年修订的《刑事诉讼法》进行了一定的完善，规定社区矫正机构负责执行管制、假释，不再由公安机关执行，并且将看守所代为执行的有期徒刑由剩余刑期1年以下缩减为3个月以下，大大减轻了公安机关的执行任务。

三是刑事被害人在执行中的地位的提升。原始社会时期，被害人依靠私力救济来对抗和报复侵害行为，扮演着惩罚者的角色。随着国家权力观念的兴起，追诉犯罪、执行刑罚成为国家公权力的一部分，被害人在刑事司法中逐渐处于次要地位。往后，人们对犯罪人权保障的关注带来了对刑事被害人权利更进一步的漠视，以罪犯为本位的刑事诉讼反而成为对被害人的第二次伤害。因此，有人主张"废除以罪犯为核心的刑事司法体制，建立以被害人为核心的刑事司法制度，被害人对定罪和量刑以及审前保释和服刑后假释应当具有更大的影响。"①考虑到司法实践中,被害人的损害赔偿权得以实现的情况不容乐观,将赔偿损失与缓刑、减刑和假释结合起来,具有一定的合理性和必要性。

(二)刑事执行的客体

刑事执行的客体是人民法院作出的发生法律效力的判决、裁定。第一,执行的客体必须是法院作出的判决、裁定,未经人民法院依法判决,对任何人不得确定为有罪。第二,执行的客体必须是已经生效的裁决,这点在各国刑事诉讼法中都有所体现,例如,韩国《刑事诉讼法》第459条规定:"裁判,除本法有特别规定者外,要在确定之后执行。"②德国《刑事诉讼法典》第449条规定,尚未发生法律效力之前,不得执行刑事判决。③根据我国《刑事诉讼法》第248条的规定,判决和裁定在发生法律效力后执行。发生法律效力的判决和裁定包括:(1)已过法定期限没有上诉、抗诉的判决和裁定;(2)终审的判决和裁定;(3)最高人民法院核准的死刑的判决和高级人民法院核准的死刑缓期两年执行的判决。但我国《刑事诉讼法》第249条作出了例外规定,第一审人民法院判决被告人无罪、免除刑事处罚的,如果被告人在押,在宣判后立即释放。

第二节 各种判决、裁定的执行

一、死刑立即执行判决的执行

死刑立即执行剥夺被执行人的生命,是最严厉的一种刑罚,因此对死刑的执行尤为慎重,我国《刑事诉讼法》执行部分的规定中关于死刑执行的条文数量也最多。我国《刑法》规定的适用死刑的犯罪类型在逐渐减少,《刑法修正案(九)》对走私武器、弹药罪、走私核材料罪、走私假币罪、伪造货币罪、集资诈骗罪、组织卖淫罪、强迫卖淫罪、阻碍执行军事职务罪、战时造谣惑众罪9个罪的刑罚规定作出了调整,取消死刑。目前我国《刑法》中规定死刑的罪名有46种。虽然保留死刑,但立法对死刑执行程序作了特别严格的规定,无论判处还是执行死刑,都非常慎重。根据我国《刑事诉讼法》的规定,死刑立即执行的程序如下:

(一)签发死刑执行命令

考虑到死刑执行的不可逆转性,为了控制死刑、防止错杀,一般国家都规定死刑执行命令要由国家机关的高级官员签发。例如,日本执行死刑的条件是"法务大

---

① 郭建安:《犯罪被害人学》,北京大学出版社1997年版,第13页。
② 《韩国刑事诉讼法》,李相哲译,中国政法大学出版社2004年版,第122页。
③ 《德国刑事诉讼法典》,李昌珂译,中国政法大学出版社1998年版,第167页。

臣签发命令"①,我国《刑事诉讼法》第 250 条第 1 款规定,最高人民法院判处和核准的死刑立即执行的判决,应当由最高人民法院院长签发执行死刑的命令。

(二)死刑执行的准备

根据我国《刑事诉讼法》和相关司法解释,最高人民法院的执行死刑命令,由高级人民法院交付第一审人民法院执行。第一审人民法院接到执行死刑命令后,应当在 7 日内执行。对此,有观点认为,要求 7 日内执行死刑的时间过于仓促,容易产生"快审快决"、"集中审判"、"集中执行"等问题。

在执行死刑前,执行法院应作如下准备:

(1)确定死刑执行的具体日期,在执行死刑 3 日前,通知同级人民检察院派员临场监督。

(2)第一审人民法院在执行死刑前,应当告知罪犯有权会见其近亲属。罪犯申请会见并提供具体联系方式的,人民法院应当通知其近亲属。罪犯近亲属申请会见的,人民法院应当准许,并及时安排会见。

(3)执行死刑前,指挥执行的审判人员应当对罪犯验明正身,讯问有无遗言、信札,并制作笔录,再交执行人员执行死刑。

(三)执行死刑

我国《刑事诉讼法》规定死刑采用枪决或者注射等方法执行。将注射规定为死刑执行的主要方法之一,体现了我国死刑执行的人道化与文明化,但目前关于死刑执行的具体程序规定较为简略,仅规定死刑采用枪决或者注射等方法执行,并没有规定采用何种死刑执行方式的决定权归属、枪击部位、注射药物选择、注射程序等,造成实践中死刑执行的混乱,不能体现死刑执行的严肃性。

另外,我国《刑事诉讼法》规定,执行死刑应当公布,禁止游街示众或者其他有辱罪犯人格的行为。

(四)执行完毕后相关事宜

执行死刑后,应当由法医验明罪犯确实死亡,在场书记员制作笔录。负责执行的人民法院应当在执行死刑后 15 日内将执行情况,包括罪犯被执行死刑前后的照片,上报最高人民法院。

执行死刑后,负责执行的人民法院应当办理以下事项:

(1)及时审查罪犯的遗书、遗言笔录。涉及财产继承、债务清偿、家事嘱托等内容的,将遗书、遗言笔录交给家属,同时复制附卷备查;涉及案件线索等问题的,抄送有关机关。

(2)依法处理罪犯骨灰或者尸体。通知罪犯家属在限期内领取罪犯骨灰;没有火化条件或者因民族、宗教等原因不宜火化的,通知罪犯家属领取尸体;过期不

---

① 〔日〕松尾浩也:《日本刑事诉讼法》(下卷),张凌译,中国人民大学出版社 2005 年版,第 337 页。

领取的,由人民法院通知有关单位处理,并要求有关单位出具处理情况的说明;对罪犯骨灰或者尸体的处理情况,应当记录在案。

(3) 对外国籍罪犯执行死刑后,通知外国驻华使、领馆的程序和时限,根据有关规定办理。

▶ 二、死缓、无期徒刑、有期徒刑、拘役判决的执行

(一) 交付执行

根据我国《刑事诉讼法》第253条及最高人民法院《适用刑事诉讼法的解释》,罪犯被交付执行刑罚的时候,相关"法律文书"由"交付执行的法院"在判决生效后10日以内送达。有关法律文书包括判决书、裁定书、起诉书副本、自诉状复印件、执行通知书和结案登记表。而交付收监"罪犯",由"公安机关"负责。判决、裁定生效前未被羁押的,人民法院应当根据生效的判决书、裁定书将罪犯送交看守所羁押,再由公安机关送交监狱执行刑罚。实践中,判决前未被羁押罪犯未能及时交付执行的情况较为严重。

(二) 执行机关和执行场所

对被判处死刑缓期两年执行、无期徒刑、有期徒刑的罪犯,由公安机关依法将该罪犯送交监狱执行刑罚。对被判处有期徒刑的罪犯,在被交付执行刑罚前,剩余刑期在3个月以下的,由看守所代为执行。对被判处拘役的罪犯,由公安机关执行。对未成年犯应当在未成年犯管教所执行刑罚。

执行机关应当将罪犯及时收押,并且通知罪犯家属。

(三) 执行过程中的教育与改造

现代教育刑理论强调惩罚与教育相结合,通过各种方式对罪犯进行改造,具体包括以下几种措施:

(1) 分管分押。监狱照顾未成年犯和女犯生理、心理特点,对成年男犯、女犯和未成年犯实行分开关押和管理。根据罪犯的犯罪类型、刑罚种类、刑期、改造表现等情况,对罪犯实行分别关押,采取不同方式管理。

(2) 分类教育。监狱设立教室、图书阅览室等必要的教育设施,因材施教,分类对罪犯进行思想教育、文化教育和职业技能教育等。监狱应当根据不同情况,对罪犯进行扫盲教育、初等教育和初级中等教育,经考试合格的,由教育部门发给相应的学业证书。根据监狱生产和罪犯释放后就业的需要,对罪犯进行职业技术教育,经考核合格的,由劳动部门发给相应的技术等级证书。

(3) 强制劳动。根据我国《监狱法》第69条的规定,有劳动能力的罪犯,必须参加劳动。监狱通过强制劳动矫正罪犯恶习,使其养成劳动习惯,学会生产技能,并为释放后就业创造条件。罪犯的劳动时间,参照国家有关劳动工时的规定执行;在季节性生产等特殊情况下,可以调整劳动时间。罪犯享有在法定节日和休息日

休息和按照有关规定收取劳动报酬的权利。

三、有期徒刑缓刑、拘役缓刑判决的执行

缓刑不是独立的刑种,是短期自由刑的替代措施。广义的缓刑包括缓起诉、缓宣告(宣告犹豫)和缓执行。我国的缓刑制度有两种,一是战时缓刑①,一是普通缓刑,本节讨论的缓刑是普通缓刑,指对社会危害性较小的罪犯,附条件暂缓执行刑罚,考验期满,原判的刑罚就不再执行的一种特殊执行制度。我国《刑事诉讼法》第258条规定:对被判处管制、宣告缓刑、假释或者暂予监外执行的罪犯,依法实行社区矫正,由社区矫正机构负责执行。

(一)缓刑的考察方案

缓刑考验期限,从判决确定之日起计算。拘役的缓刑考验期限为原判刑期以上1年以下,但是不能少于2个月。有期徒刑的缓刑考验期限为原判刑期以上5年以下,但是不能少于1年。

被宣告缓刑的犯罪分子,应当遵守下列规定:(1)遵守法律、行政法规,服从监督;(2)按照考察机关的规定报告自己的活动情况;(3)遵守考察机关关于会客的规定;(4)离开所居住的市、县或者迁居,应当报经考察机关批准。同时,法院可以根据犯罪情况禁止犯罪分子在缓刑考验期限内从事特定活动,进入特定区域、场所,接触特定的人。这些规定看似全面却过于原则,非常模糊而缺乏可操作性,发挥不了监督、管理罪犯的作用。同时,宣告缓刑的意义在于防止短期自由刑的弊端,给犯罪人改过自新,回归社会的机会,我国《刑法》与《刑事诉讼法》都规定对宣告缓刑的犯罪分子,在缓刑考验期限内,依法实行社区矫正,但法律规定的条件中缺乏任何改造、教育等方面的内容,没有真正体现社区"矫正"的措施。

(二)缓刑的执行程序

对宣告缓刑的犯罪分子,在判决确定之日起应交由社区矫正机构负责执行。缓刑执行期间,考察人员负责监督犯罪人是否严格遵守法律、行政法规和监督管理规定,是否严格遵守判决确定的各项禁令,是否履行判决确定的各项义务。当然,并非一旦违反要求即撤销缓刑,而是区分情况,对犯罪分子进行警告或者治安管理处罚,只有在严重违反应当遵守的规则时,才由居住地同级司法行政机关向原裁判人民法院提出撤销缓刑书面建议并附相关证明材料。

---

① 战时缓刑是我国《刑法》为了鼓励犯罪人戴罪立功,针对战时被判处3年以下有期徒刑但没有现实危险的犯罪军人规定的一种制度,与普通缓刑不同的是,战时缓刑允许犯罪人戴罪立功,确有立功表现时,可以撤销原判刑罚,不以犯罪论处。执行效果上类似于英美首创的暂缓宣告,即对于依法审判结果本应认定为有罪的人,暂缓宣告其有罪并在一定期限内进行监督考察,如果在此期间犯罪人遵守缓刑条件,则不再进行有罪宣告,视为未被定罪。

(三) 缓刑的撤销

根据我国《刑法》规定,对宣告缓刑的犯罪分子,在缓刑考验期限内,依法实行社区矫正,如果没有在缓刑考验期限内犯新罪或者发现判决宣告以前还有其他罪没有判决的,缓刑考验期满,原判的刑罚就不再执行,并公开予以宣告。

被宣告缓刑的犯罪分子,在以下几种情况下应当撤销缓刑:

(1) 在缓刑考验期限内犯新罪或者发现判决宣告以前还有其他罪没有判决的,应当撤销缓刑,对新犯的罪或者新发现的罪作出判决,把前罪和后罪所判处的刑罚数罪并罚。

(2) 被宣告缓刑的犯罪分子,在缓刑考验期限内,违反法律、行政法规或者国务院有关部门关于缓刑的监督管理规定,或者违反人民法院判决中的禁止令,情节严重的,应当撤销缓刑,执行原判刑罚。对此,最高人民法院、最高人民检察院、公安部、司法部联合发布的《社区矫正实施办法》第25条规定:缓刑、假释的社区矫正人员有下列情形之一的,由居住地同级司法行政机关向原裁判人民法院提出撤销缓刑、假释建议书并附相关证明材料,人民法院应当自收到之日起1个月内依法作出裁定:违反人民法院禁止令,情节严重的;未按规定时间报到或者接受社区矫正期间脱离监管,超过1个月的;因违反监督管理规定受到治安管理处罚,仍不改正的;受到司法行政机关3次警告仍不改正的;其他违反有关法律、行政法规和监督管理规定,情节严重的。

四、管制、剥夺政治权利判决的执行

(一) 管制的执行

管制是一种限制人身自由的刑罚,由社区矫正机构负责执行。管制的期限,为3个月以上2年以下,从判决执行之日起计算,判决执行以前先行羁押的,羁押1日折抵刑期2日。

根据我国《刑法》第39条的规定,被判处管制的犯罪分子,在执行期间,应当遵守下列规定:(1) 遵守法律、行政法规,服从监督;(2) 未经执行机关批准,不得行使言论、出版、集会、结社、游行、示威自由的权利;(3) 按照执行机关规定报告自己的活动情况;(4) 遵守执行机关关于会客的规定;(5) 离开所居住的市、县或者迁居,应当报经执行机关批准。人民法院可以根据犯罪情况,同时禁止犯罪分子在执行期间从事特定活动,进入特定区域、场所,接触特定的人。

由此可见,管制刑的内容与宣告缓刑的考察内容基本相同,主要区别在于被判处管制的犯罪分子行使言论、出版、集会等政治自由需经执行机关批准。我国法律关于管制刑内容的规定极不完善,实践中无法对判处管制的犯罪分子进行有效监管。例如"遵守法律、行政法规"、"未经批准不得集会、游行、示威"等内容,普通公民亦须如此,在此没有规定的必要。又如"报告自己的活动情况"具体是指哪些活

动? 包括哪些情况? 以及违反管制规定有何不利后果? 这些都没有具体规定,使管制在实际中很难操作。因此,有学者提出,应当充实管制刑的内容,明确管制犯应当遵守的规定,增设易科拘役的规定,以保障管制的执行。①

(二) 剥夺政治权利的执行

剥夺政治权利是指根据人民法院生效判决,剥夺犯罪人参与国家管理活动和政治活动权利的一种刑罚,可以作为主刑的附加刑适用,也可以独立适用,由公安机关执行。

根据我国《刑法》第54条,剥夺政治权利是指剥夺以下几种权利:(1) 选举权和被选举权;(2) 言论、出版、集会、结社、游行、示威自由的权利;(3) 担任国家机关职务的权利;(4) 担任国有公司、企业、事业单位和人民团体领导职务的权利。我国《刑法》规定剥夺的政治权利有过宽之嫌。如言论、出版、集会、结社自由,除了政治性言论、出版、集会、结社之外,还有很多基于科学研究、艺术创作等目的进行的言论、出版、集会和结社,是否有必要一概剥夺? 关于"领导职务"的范围包括哪些? 是否包括最基层的领导在内? 法律也没有明确规定。

剥夺政治权利的期限,根据所附加的主刑不同而有所不同:(1) 被判处死刑、无期徒刑的犯罪分子,应当剥夺政治权利终身;(2) 死刑缓期执行减为有期徒刑或者无期徒刑减为有期徒刑的,附加剥夺政治权利的期限为3年以上10年以下,从有期徒刑执行完毕或者假释期满之日起计算;(3) 判处拘役、有期徒刑附加剥夺政治权利的期限是1年以上5年以下,从徒刑、拘役执行完毕之日或者从假释之日起计算,剥夺政治权利的效力当然适用于主刑执行期间;(4) 判处管制附加剥夺政治权利的,剥夺政治权利的期限与管制的期限相等,同时执行。剥夺政治权利也可以独立适用,但实践中我国法院判决独立适用剥夺政治权利的比例非常低。

剥夺政治权利由公安机关执行,具体程序是判决生效后,人民法院将法律文书送达公安机关,公安机关收到判决后,建立监督管理罪犯档案,指定罪犯居住地的公安派出所具体负责监督考察,基层组织或者罪犯所在单位进行监督。由于我国公安机关并没有相应的刑罚执行部门,各地派出所对罪犯的监督考察缺乏统一的组织管理,剥夺政治权利刑罚的实施效果并不理想。

▶ 五、罚金、没收财产判决的执行

罚金、没收财产是剥夺犯罪分子财产利益的刑罚方式。由人民法院负责执行。

(一) 罚金刑的执行

罚金刑是人民法院判决剥夺罪犯一定数额金钱的执行方式。无论大陆法系国家,还是英美法系国家,罚金刑都是一种非常重要的刑罚。罚金刑的执行与落实,

---

① 参见马克昌主编:《刑罚通论》,武汉大学出版社1999年版,第187页。

是罚金制度最重要的环节,"对于犯罪最强有力的约束力不是刑罚的严酷性,而是刑罚的必定性。"①罚金刑的执行,正是为了保证法院判决的权威性和必定性,发挥罚金刑的功能。

根据最高法《适用刑事诉讼法的解释》,罚金刑由第一审人民法院负责裁判执行的机构执行。法院可以根据犯罪人的经济实力、财产状况决定采取一次缴纳还是分期缴纳的方式。期满无故不缴纳或者未足额缴纳的,人民法院应当强制缴纳。经强制缴纳仍不能全部缴纳的,在任何时候,包括主刑执行完毕后,发现被执行人有可供执行的财产的,应当追缴。因遭遇不能抗拒的灾祸缴纳罚金确有困难,被执行人申请减少或者免除罚金的,应当提交相关证明材料。人民法院应当在收到申请后1个月内作出裁定。符合法定减免条件的,应当准许;不符合条件的,驳回申请。

实践中,由罚金刑执行程序不明、罚金执行措施不力等原因带来的罚金刑执行难问题是刑事执行实践中的通病。一方面法院查证、跟踪管理被执行人财产的能力严重不足,尤其是犯罪人转移到境外的财产更加难以执行;另一方面缺乏有效的监督机制,执行人员处于无人监管状态,随意中止、终结罚金刑执行的现象并不罕见。对此,有学者提出,应效仿其他国家,建立罚金刑易科制度,对罚金缴纳不能者采取其他刑罚或者替代措施,如易科劳役、易科自由刑或以自由劳动偿付。

(二)没收财产刑的执行

根据我国《刑法》第59条规定,没收财产是没收犯罪分子个人所有财产的一部或者全部。没收全部财产的,应当对犯罪分子个人及其扶养的家属保留必需的生活费用。根据我国《刑事诉讼法》第261条规定,没收财产刑由人民法院执行,必要时可以会同公安机关执行。在此,需要注意以下两点:(1)民事赔偿责任优先于财产刑的执行。我国《刑法》第36条明确规定,由于犯罪行为而使被害人遭受经济损失的,对犯罪分子除依法给予刑事处罚外,并应根据情况判处赔偿经济损失。承担民事赔偿责任的犯罪分子,同时被判处罚金,其财产不足以全部支付的,或者被判处没收财产的,应当先承担对被害人的民事赔偿责任。可见,民事赔偿责任优先于财产刑的执行,不过这种赔偿责任仅限于赔偿因犯罪行为导致的经济损失,不包括精神损失。(2)正当债务的清偿。我国《刑法》第60条规定:"没收财产以前犯罪分子所负的正当债务,需要以没收的财产偿还的,经债权人请求,应当偿还。"

第二节 执行变更

执行变更是指在生效判决、裁定执行过程中,如果出现了不能按照原生效法律

---

① 〔意〕贝卡利亚:《论犯罪与刑罚》,黄风译,中国法制出版社2002年版,第68页。

裁判执行的法定情形,由人民法院依照刑事诉讼法规定的程序对原判执行内容和刑罚方法进行更改。

一、死刑执行的变更

根据我国《刑事诉讼法》第 251 条规定,下级人民法院在死刑执行过程中发现有下列情形之一的,应当停止执行,并且立即报告最高人民法院,由最高人民法院作出裁定:

(1)在执行前发现判决可能有错误的。人死不能复生,出于对死刑执行的慎重,为了防止误杀,执行死刑前,发现原判决可能存在错误,此时虽然未经调查、核实,但也应当立即停止执行,体现了对生命的尊重。

(2)在执行前罪犯揭发重大犯罪事实或者有其他重大立功表现,可能需要改判的。此项规定的目的在于给罪犯最后一次改过自新的机会,也体现了少杀慎杀的思想。

(3)罪犯正在怀孕。出于人道主义精神,对于怀孕的罪犯不适用死刑以及死刑缓期两年执行,这是刑罚人道观的必然要求。因被告人怀孕停止执行的,应当报请最高人民法院依法改判。

对下级人民法院报送的停止执行死刑的调查结果和意见,由最高人民法院原作出核准死刑判决、裁定的合议庭负责审查,必要时,另行组成合议庭进行审查。前款第 1 项、第 2 项停止执行的原因消失后,必须报请最高人民法院院长再签发执行死刑的命令才能执行。

最高人民法院对停止执行死刑的案件,处理方式如下:

查明的情况	处理方式
确认罪犯怀孕	应当改判
确认罪犯有其他犯罪,依法应当追诉	裁定不予核准死刑,撤销原判,发回重新审判
确认原判决、裁定有错误或者罪犯有重大立功表现,需要改判	
确认原判决、裁定没有错误	裁定继续执行死刑,并由院长重新签发执行死刑的命令
罪犯没有重大立功表现,或者重大立功表现不影响原判决、裁定执行	
罪犯没有怀孕	

二、死刑缓期两年执行的变更

被判处死刑缓期两年执行的罪犯,根据其在死刑缓期执行期间的表现以观后效。主要有两种情况:

(一)死缓变更为死刑立即执行

如果故意犯罪,查证属实,应当执行死刑,由高级人民法院报请最高人民法院核准。

对"故意犯罪"的理解,在理论研究上有不同的意见:一种观点认为无论情节轻重,只要经人民法院生效判决认定构成故意犯罪的,则应当执行死刑;另一种观点从限制死刑角度出发,认为故意犯罪应当限于比较严重的故意犯罪。笔者认为,死缓制度设置的目的就在于给应当判处死刑而又不需要立即执行的罪犯一个改过自新的机会,如果罪犯在此情况下仍然故意犯罪,可见其主观恶性过大,改造的可能性较低,应当从字面意思上理解"故意犯罪",按照规定执行死刑。

（二）死缓变更为徒刑

罪犯在死刑缓期执行期间,没有故意犯罪的,死刑缓期执行期满后应当予以减刑,由执行机关提出书面意见,报请高级人民法院裁定。一般情况下,对于没有故意犯罪的罪犯,由死缓减为无期徒刑;对于没有故意犯罪而又有重大立功的罪犯,减为25年有期徒刑。问题在于,对于既有故意犯罪,又有重大立功的罪犯,应当如何处理？对此,学界有不同主张,有学者主张根据犯罪的轻重程度和立功的重大程度区别对待;有学者主张应限制死刑,减为无期徒刑。笔者认为,死缓减刑的前提条件是没有故意犯罪,与是否具有重大立功没有关系,只要故意犯罪查证属实,则应当执行死刑。

▶ 三、减刑和假释

（一）减刑概述

广义的减刑是指通过变更执行减轻罪犯所受刑罚的制度,包括死刑缓期两年执行减为徒刑、赦免等;狭义的减刑仅指被判处管制、拘役、有期徒刑、无期徒刑的犯罪分子,根据其在刑罚执行期间的表现适当减轻其原判刑罚的制度。为了明确减刑制度的具体内涵,方便对减刑制度进行研究,本书采用狭义的减刑概念,即指根据被判处管制、拘役、有期徒刑、无期徒刑的犯罪分子在执行刑罚过程中的悔改表现或者立功表现,依法减轻其原判刑罚的制度。这也符合我国《刑法》第78条关于减刑适用条件的规定。

根据刑种不同,减刑的起始时间也有所不同:(1)判处管制、拘役、有期徒刑的,不能少于原判刑期的1/2;(2)判处无期徒刑的,不能少于13年;(3)被人民法院依法限制减刑的死刑缓期执行的犯罪分子,缓期执行期满后依法减为无期徒刑的,不能少于25年,缓期执行期满后依法减为25年有期徒刑的,不能少于20年。

我国法律和相关司法解释对减刑程序进行了大量规范,但实践中减刑仍然存在较多问题,减刑腐败、减刑不公等问题引起人们的广泛关注,本章案例思考即为其中一个例子。首先是减刑标准不明确,"确有悔改表现"、"立功表现"的评价标准模糊,各地对减刑标准的认识不统一,考核标准缺乏正当性。其次是减刑的启动机制和审理程序缺少监督,容易出现腐败问题,检察机关人力、物力有限,也难以对监狱这样一个封闭场所进行有效监督,法院审理减刑案件主要根据监狱的书面材料作出裁定,减刑裁定权实际上掌握在监狱手里,以法院作为减刑的"最后一道防线"作用不大。

(二) 假释概述

假释是被判处有期徒刑、无期徒刑的犯罪分子,执行一定期限刑罚后,如果认真遵守监规,接受教育改造,确有悔改表现,没有再犯罪的危险的,可以有条件予以释放,考验期满,视为原判刑罚已经执行完毕的制度。

假释必须达到一定的服刑期限。世界各国对于最低服刑期限的规定主要有年限制、比例制和混合制三种。我国采取混合制,即直接规定罪犯需要服刑的最低具体年限以及规定罪犯服刑需达到其刑期的一定比例两者相结合。对于被判处有期徒刑的犯罪分子,需执行原判刑期 1/2 以上,采取比例制,对于被判处无期徒刑的犯罪分子,法律要求实际执行 13 年以上,采取年限制。如果有特殊情况,经最高人民法院核准,可以不受上述执行刑期的限制。同时,我国《刑法》规定了假释的禁止性条件,对累犯以及因故意杀人、强奸、抢劫、绑架、放火、爆炸、投放危险物质或者有组织的暴力性犯罪被判处 10 年以上有期徒刑、无期徒刑的犯罪分子,不得假释。

假释的考验期一般为剩余刑期,我国有期徒刑的假释考验期限,为没有执行完毕的刑期;无期徒刑的假释考验期限为 10 年。假释考验期限,从假释之日起计算。对于假释的罪犯,依法实行社区矫正,由社区矫正机构负责执行。根据犯罪分子在假释考验期的表现,分情况处理:(1) 犯罪分子在假释考验期限内犯新罪,或者发现被假释的犯罪分子在判决宣告以前还有其他罪没有判决的,应当撤销假释,实行数罪并罚。(2) 犯罪分子在假释考验期限内,有违反法律、行政法规或者国务院有关部门关于假释的监督管理规定的行为,尚未构成新的犯罪的,应当依照法定程序撤销假释,收监执行未执行完毕的刑罚。(3) 犯罪分子在假释考验期限内,依法实行社区矫正,并没有上述两种情况的,假释考验期满,就认为原判刑罚已经执行完毕,并公开予以宣告。

(三) 减刑和假释的具体程序

根据我国《刑事诉讼法》第 262 条和 2014 年最高人民法院《关于减刑、假释案件审理程序的规定》,减刑和假释的具体程序如下:执行机关提出建议书,报请人民法院审核确定;人民法院对建议书、裁判文书、悔改或者立功、重大立功书面证明材料、评审鉴定表等材料进行审查,除依法必须开庭审理的减刑、假释案件,其他减刑、假释案件可以采取开庭审理或者书面审理的方式。人民法院作出减刑、假释裁定后,应当在 7 日内送达报请减刑、假释的执行机关、同级人民检察院以及罪犯本人。作出假释裁定的,还应当送达社区矫正机构或者基层组织。

四、暂予监外执行

暂予监外执行是因罪犯出现某些法定特殊情况而改变执行场所的一种变更执行方式。暂予监外执行具有暂时性,只是一种变通执行方式,暂予监外执行的情形消失而刑期未满的,应当及时收监。暂予监外执行的决定主体具有多样性,在交付执行前,暂予监外执行由交付执行的人民法院决定;在交付执行后,暂予监外执行由监狱或者看守所提出书面意见,报省级以上监狱管理机关或者设区的市一级以上公安机关批准。对于暂予监外执行的罪犯,依法实行社区矫正,由社区矫正机构负责。

我国《刑事诉讼法》第 254 条规定,对被判处有期徒刑或者拘役的罪犯,有下列情形之一的,可以暂予监外执行:(1) 有严重疾病需要保外就医的。对适用保外就医可能有社会危险性的罪犯,或者自伤自残的罪犯,不得保外就医。对罪犯确有严重疾病,必须保外就医的,由省级人民政府指定的医院诊断并开具证明文件。(2) 怀孕或者正在哺乳自己婴儿的妇女。司法实践中,哺乳期一般定为 1 年,从分娩之日起计算。(3) 生活不能自理,适用暂予监外执行不致危害社会的。暂予监外执行一般只适用于被判处有期徒刑或者拘役的罪犯,对被判处无期徒刑的罪犯,只有是怀孕或者正在哺乳自己婴儿的妇女才可以暂予监外执行。

根据我国《刑事诉讼法》第 257 条和相关司法解释,对暂予监外执行的罪犯,有下列情形之一的,应当及时收监:(1) 不符合暂予监外执行条件的;(2) 未经批准离开所居住的市、县,经警告拒不改正,或者拒不报告行踪,脱离监管的;(3) 因违反监督管理规定受到治安管理处罚,仍不改正的;(4) 受到执行机关两次警告,仍不改正的;(5) 保外就医期间不按规定提交病情复查情况,经警告拒不改正的;(6) 暂予监外执行的情形消失后,刑期未满的;(7) 保证人丧失保证条件或者因不履行义务被取消保证人资格,不能在规定期限内提出新的保证人的;(8) 违反法律、行政法规和监督管理规定,情节严重的其他情形。

暂予监外执行体现了行刑的人道性,也尊重了罪犯的基本人权,有利于降低刑罚执行成本,但同时遭致许多质疑。一是暂予监外执行是否应该计入执行刑期的问题。我国一般将暂予监外执行计入执行刑期,由此带来刑罚过轻与犯罪行为危害性不相适应以及罪刑不当的问题,对罪犯判处的刑罚流于形式。因此有人提议暂予监外执行期间不计入执行刑期,以"推迟执行"或者"暂停执行"替代暂予监外执行。二是暂予监外执行的条件不明确问题。尤其是保外就医方面,我国法律规定由省级人民政府指定的医院诊断并开具证明文件,但具备资质的医院范围很广,又没有关于诊断程序、医生资格等其他方面的具体要求,实践中通过弄虚作假、贿赂医生进行疾病诊断,违法办理监外执行的现象并不少见。三是脱管漏管现象严重。暂予监外执行期间,对罪犯缺乏有力监管措施,部分罪犯几乎处于无人监管的状态。

▶ 五、错判的发现和申诉的处理

在执行期间,如果罪犯认为人民法院对自己作出的刑事判决有错误,可以向执行机关提出申诉,请求撤销或者变更原判决。我国《刑事诉讼法》第264条规定,监狱和其他执行机关在刑罚执行中,如果认为判决有错误或者罪犯提出申诉,应当转请人民检察院或者原判人民法院处理。人民检察院或者人民法院对收到的申诉材料进行审查,发现罪犯申诉有理,原判决、裁定确有错误的,依照审判监督程序重新审理案件。若经审查认为罪犯的申诉不成立,原判决、裁定没有错误,人民检察院或者人民法院应当驳回申诉,书面通知移送申诉材料的执行机关。根据我国《监狱法》第24条的规定,人民检察院或者人民法院应当自收到监狱提请处理意见书之日起6个月内将处理结果通知监狱。

申诉制度的设立,给予罪犯表达意见的机会,有利于及时发现并纠正裁决的错误。在执行过程中,只要罪犯认为对自己的裁决有错误,就有权进行申诉。问题在于,我国适用减刑、假释等执行变更程序均要求罪犯在服刑期间认真接受改造,"有悔改表现",虽然不能因罪犯申诉而认为罪犯"不服从改造"、"不认罪伏法",但在实践中难免会因罪犯的反复申诉而影响执行机关对罪犯的考察结果,考虑到申诉获得认可的难度以及因此而失去减刑、假释机会的可能性,罪犯往往"有冤不敢申",选择接受刑罚并争取减刑、假释的机会。

第四节 执行监督

▶ 一、执行监督概述

人民检察院是我国的法律监督机关,依法对其他国家机关的活动进行监督。在刑事司法领域,人民检察院的监督内容包括侦查监督、审判监督和执行监督。广义的执行监督不仅包括对各项刑罚执行的监督,还包括拘禁性刑事强制措施以及特殊刑事处遇措施(如强制医疗)的监督。本章主要探讨的是人民检察院对刑罚执行的监督。

根据我国《刑事诉讼法》和相关司法解释,人民检察院对人民法院、公安机关、看守所、监狱、社区矫正机构等执行机构的交付执行活动、刑罚执行活动以及其他有关执行刑事判决、裁定活动中违法行为进行全面监督和同步监督。实践中,人民检察院主要通过派驻检察的方式对刑罚执行进行监督。"目前,全国检察机关在大型监狱或监狱、劳教所①集中的地区设立了 80 个派出检察院,在其他监狱、劳教所和看守所设立了 3700 多个派驻检察室,对全国约 95% 的监狱、看守所和劳教所实行了派驻检察。"②然而,一方面派驻监所的检察人员在与执行人员的长期共同工作中,逐渐形成信任关系与合作关系,容易导致派驻人员的角色错位。而在办公场所、设备、经费等方面又过分依赖监狱、看守所,使人民检察院对刑罚执行的监督常常流于形式,重配合而轻监督。另一方面,由于派驻监所的检察人员比较固定,容易成为罪犯及其家属行贿的对象,滋生腐败。因此,有学者提出建立巡回检察制。但巡回检察制同样有其弊端,由于工作人员的流动性,容易出现监督人员责任不清、"走过场"的问题,而且不利于检察人员全面、深入掌握监所执行情况,及时纠正违法行为。将来,如何完善检察机关执行监督机制,还有待进一步探索。

此外,人民检察院执行监督还存在监督力量不足的问题。一方面,人民检察院监督的方式有限,主要通过对执行机关提交的书面材料的审查,虽然最高检《刑事诉讼规则》第 645 条、第 652 条分别规定,检察人员审查暂予监外执行决定、审查人民法院减刑、假释裁定,可以向罪犯所在单位和有关人员调查、向有关机关调阅有关材料。但实践中检察机关调查罪犯具体服刑情况的手段非常有限,不能全面了解刑罚执行的真实情况。另一方面,检察机关发现执行过程中存在违法行为,多数以提出书面纠正意见的方式进行纠正。根据我国《刑事诉讼法》第 256 条规定,决定或者批准暂予监外执行的机关接到人民检察院的书面意见后,应当立即对该决定进行重新核查。但对重新核查之后的结果该如何监督的问题,法律并没有明确规定;我国《刑事诉讼法》第 263 条规定人民法院应当在收到纠正意见后 1 个月以内重新组成合议庭审理减刑、假释案件,但如果人民检察院认为重新审理后作出的"最终裁定"仍然有错误,法律也没有明确规定,而仅有最高检《刑事诉讼规则》第 647 条和第 655 条分别对上述情况作出的解释。

人民检察院执行监督范围非常广,下文笔者将选取其中几点内容进行详细介绍。

▶ 二、人民检察院对执行死刑的监督

人民检察院对执行死刑的监督方式是临场监督。根据我国《刑事诉讼法》和最高检《刑事诉讼规则》,人民法院在交付执行死刑前,应当通知同级人民检察院派员临场监督。人民检察院收到同级人民法院执行死刑临场监督通知后,查明同级人民法院是否收到最高人民法院核准死刑的裁定或者作出的死刑判决、裁定和执行

---

① 2013 年 12 月 28 日闭幕的全国人大常委会通过了《关于废止有关劳动教养法律规定的决定》,已经依法废止了我国劳教制度。
② 袁其国:《试论人民检察院的执行监督权》,载《人民检察》2011 年第 12 期。

死刑的命令。临场监督执行死刑的检察人员应当依法监督执行死刑的场所、方法和执行死刑的活动是否合法。在执行死刑前,发现有应当停止执行死刑的情形,应当建议人民法院立即停止执行。执行死刑后,人民检察院临场监督人员应当检查罪犯是否确已死亡,并填写死刑执行临场监督笔录,签名后入卷归档。

人民检察院发现人民法院在执行死刑活动中有侵犯被执行死刑罪犯的人身权、财产权或者其近亲属、继承人合法权利等违法情形的,应当依法向人民法院提出纠正意见。罪犯虽然被执行死刑,但仍然享有法定的人身权和财产权,享有法定的人格尊严。人民法院依法保护罪犯及其近亲属、继承人合法权利。罪犯被执行死刑后,人民检察院应当对死刑罪犯尸体或尸体器官的捐献、利用活动进行监督,防止违背罪犯或者其近亲属意愿非法捐献、买卖尸体或者尸体器官。

▶ 三、人民检察院对暂予监外执行的监督

我国《刑事诉讼法》第 255 条规定,监狱、看守所提出暂予监外执行的书面意见的,应当将书面意见的副本抄送人民检察院。人民检察院暂予监外执行的监督主要包括以下两个方面:

(1) 对暂予监外执行意见的监督审查。人民检察院收到执行机关抄送的暂予监外执行书面意见副本后,应当逐案进行审查,审查罪犯是否符合暂予监外执行的条件,发现暂予监外执行不当或者违反法定程序的,应当在 10 日以内向决定或者批准机关提出书面检察意见,同时也可以向执行机关提出书面纠正意见。决定或者批准暂予监外执行的机关接到人民检察院的书面意见后,应当立即对该决定进行重新核查。

(2) 对收监执行的监督。对于暂予监外执行的罪犯,人民检察院发现罪犯不符合暂予监外执行条件、严重违反有关暂予监外执行的监督管理规定或者暂予监外执行的情形消失而罪犯刑期未满的,应当通知执行机关收监执行,或者建议决定或者批准暂予监外执行的机关作出收监执行决定。

▶ 四、人民检察院对减刑、假释的监督

人民检察院对减刑、假释的监督主要包括两个方面:

(1) 审查执行机关提请减刑、假释程序是否合法。我国《刑事诉讼法》第 262 条规定,执行机关在提出减刑、假释建议书时,应当将建议书副本抄送人民检察院。人民检察院收到执行机关抄送的减刑、假释建议书副本后,应当逐案进行审查,发现减刑、假释建议不当或者提请减刑、假释违反法定程序的,应当在 10 日以内向审理减刑、假释案件的人民法院提出书面检察意见,同时也可以向执行机关提出书面纠正意见。

(2) 审查人民法院减刑、假释裁定是否合法。人民检察院派员出席人民法院

开庭审理的减刑、假释案件,及时审查法院减刑、假释的裁定书副本,经审查认为人民法院减刑、假释的裁定不当,应当在收到裁定书副本后20日以内,报经检察长批准,向作出减刑、假释裁定的人民法院提出书面纠正意见,人民法院在收到纠正意见后1个月以内重新组成合议庭进行审理。

【拓展阅读】

开放式处遇制度

所谓开放式处遇制度,就是指针对符合一定条件的罪犯,在不影响刑罚执行的前提下,采取更加灵活的刑罚执行方式,减少对罪犯自由的限制,使罪犯尽早融入社会生活的制度。一般认为,开放式处遇制度源于1891年瑞士监狱行刑改革,通过撤销监狱围墙、栅栏等警戒措施的方式,拉近罪犯与社会的距离,促使犯罪人更加积极接受改造。后来,这一制度由于其较好的矫治效果而被世界多个国家和地区效仿,逐渐在英国、美国、法国、加拿大、意大利等欧美国家发展出各具特色的开放式处遇制度。

虽然各国具体的开放式处遇制度不尽相同,但主要有以下几种措施:(1)归假制度。规定受刑人在适当情况下享有归假的待遇,准许离开监狱场所一段时间,并将这段时间计入服刑期限。服刑人获得归假一般有两种情况:一种是特殊情形的归假,如罪犯家属或者共同生活人濒临生命危险时,准许服刑人按规定探视病人;一种是奖励性质的归假,即对于遵守狱规,表现良好,没有社会危险性的服刑人员给予一定时期的奖励假,方便罪犯保持与家庭的联系,促使其重新融入社会,尽早适应新的环境。(2)狱外劳动。允许服刑人员在监狱外参加劳动,享受休假、薪酬等相关劳动待遇,并有相对完善的康乐活动。(3)半自由处遇。即允许罪犯一天中有一部分时间在监狱机构外从事活动,如接受职业培训,参加短期工作等,每天的释放时间一经结束,即应返回监狱机构监禁的制度。一般而言,开放式处遇适用于罪行较轻、刑期较短、遵守狱规、社会危险性小且已经执行了一定时期刑罚的罪犯,而且都规定了相应的监管、考察措施,罪犯违反规定或者不满足条件的,则根据情况撤销半自由处遇、给予纪律处分甚至追究刑事责任。

各国开放式处遇制度做法多样,但都以促进罪犯重返社会为目标。传统监禁行刑将罪犯关押在一个封闭的场所之内,长期与社会隔离的生活使罪犯容易丧失自信心和自尊感,不利于罪犯的心理健康和人格发展。当然,刑罚的执行不能仅仅考虑罪犯的人格尊严和对罪犯的矫正,还要顾及社会安全,开放式处遇制度给罪犯更多的自由和回归社会的机会,但如何确保处遇对象不会继续危害社会?虽然绝大多数国家在实施开放式处遇制度时,都规定了"不具有社会危害性"的限制条件,但开放式处遇的罪犯仍然可能给社会安全造成威胁。更重要的是,现代意义的刑罚虽然强调教育与矫正多层功能,但惩罚的严厉性仍然是刑罚的本质,否则法律如何得到遵守?秩序如何得以维持?自由刑的本质在于剥夺犯罪人的人身自由,开放式处遇大大减少了对犯罪人自由的限制,与自由刑的本质相悖。因此,虽然开放式处遇有其存在的价值,但仍然具有一定的局限性,对开放式处遇制度的引进应当慎重。

实际上,我国监狱行刑中也有部分开放式处遇的规定和实践。除了监内劳动之外,监狱还会组织罪犯参加采石、修路等监外劳动。在短期自由刑方面,公安部2013年修订的《看守所留所执行刑罚罪犯管理办法》规定,被判处拘役的罪犯每月可以回家一至二日,罪犯遇有配偶、父母、子女病危或者死亡,确需本人回家处理的,经批准后可以暂时离所,由二名以上民警押解,并于当日返回。实践中个别地方也开展了一些探索,如北京试行罪犯日常放假制度[①],为我国开放式处遇的实施和完善积累了经验。

【思考题】

1. 我国刑事执行权是如何配置的?是否合理?
2. 如何完善我国社区矫正制度?
3. 如何强化检察机关的执行监督职能?

---

① 相关报道见 http://news.sina.com.cn/c/2003-08-17/0557582163s.shtml,访问日期:2014年11月5日。

第二十二章　特别程序

要点提示

- 未成年人刑事诉讼程序。
- 当事人和解的公诉案件诉讼程序。
- 犯罪嫌疑人、被告人逃匿、死亡案件违法所得的没收程序。
- 依法不负刑事责任的精神病人的强制医疗程序。
- 涉外刑事诉讼与司法协助程序。

第一节 未成年人刑事诉讼程序

【案例思考】

2011年11月,刘星随同三名犯罪嫌疑人在电影院门口合伙抢劫一部苹果手机,价值4800元。案发时,刘星16岁。在父母陪同下,刘星于案发后向公安机关投案自首,被公安机关采取取保候审强制措施,后公安机关以涉嫌抢劫罪移送当地检察院审查起诉。

办案检察官分别通过刘星的父母、其他亲属、邻居、所在学校老师、同学、受害人及公安机关,对刘星的家庭和教育背景、一贯表现、监管条件等进行了全面社会调查。发现刘星主要是因为法律意识不强,一时糊涂而触犯法律,主观恶性较小,也未造成严重危害后果。同时,刘星到案后认悔罪态度较好,又系在校生,家庭和谐,具备较好的家庭和学校管束条件。公安机关和被盗车车主均建议从宽处理。

于是,检察院决定对刘星作附条件不起诉处理,并设定7个月的考验期限。规定其在考验期内必须遵纪守法,努力学习,每月写一份思想汇报。在考验期内,刘星没有发生新的违法行为,按时上交思想汇报,学习有明显进步,也比以前懂事很多。鉴于其良好的表现,检察院作出了不起诉决定,且将涉案材料封存,不存入个人档案。

2013年8月,刘星收到了大学录取通知书,他第一时间给办案检察官打电话报喜,感谢检察官挽救了他。

请思考以下问题:
1. 什么是附条件不起诉?
2. 为何未成年人犯罪的档案要特殊处理?
3. 办理未成年人犯罪案件需要遵循什么诉讼原则?

一、未成年人刑事诉讼程序概述

刑法意义上的未成年人与民法意义上的未成年人不同,前者是指已满14周岁、不满18周岁的人。因此,未成年人犯罪是指已满14周岁、不满18周岁的未成年人实施的危害社会、应受刑罚处罚的行为。未成年人刑事案件诉讼程序是刑事诉讼中的特别程序,它是指对未成年人犯罪案件依法追究刑事责任时所适用的立案、侦查、起诉、审判、执行等一系列的诉讼程序。

（一）我国未成年人刑事案件诉讼程序的主要法律渊源

我国 1996 年修订的《刑事诉讼法》没有对未成年人刑事案件设置专门的诉讼程序，有关程序规定主要散见于《刑事诉讼法》《未成年人保护法》以及相关的司法解释或部门规定中。2012 年 3 月对《刑事诉讼法》修订，标志着我国系统建立了具有中国特色的未成年人刑事司法制度。我国调整未成年人刑事案件诉讼程序的法律渊源，主要包括以下几种：

1. 主要法律

（1）《刑事诉讼法》

我国 2012 年修订的《刑事诉讼法》在增设的第五编"特别程序"编中设置了"未成年人刑事案件诉讼程序"专章，作为该编第一章，共 11 个条文，该章使未成年人刑事案件的处理成为相对独立的专门的诉讼程序。

（2）《未成年人保护法》和《预防未成年人犯罪法》

我国 1991 年 9 月全国人大常委会通过，并于 2006 年修订的《未成年人保护法》第五章"司法保护"中对未成年人案件的处理作了专门规定。1999 年 6 月 28 日全国人大常委会通过的《预防未成年人犯罪法》对未成年人犯罪的预防和处理进行了规定。

2. 司法解释和部门规章

（1）最高人民法院 2001 年 4 月 2 日发布的《关于审理未成年人刑事案件的若干规定》、2006 年 1 月 23 日起施行的《关于审理未成年人刑事案件具体应用法律若干问题的解释》、2010 年 7 月 23 日发布的《关于进一步加强少年法庭工作的意见》、2012 年 12 月 20 日发布的《适用刑事诉讼法的解释》，对各级法院审理未成年人刑事案件具有重要指导作用。

（2）最高人民检察院 2007 年 1 月 9 日发布的《人民检察院办理未成年人刑事案件的规定》则成为检察机关办理未成年人刑事案件的重要依据。

（3）中央综治委预防青少年违法犯罪工作领导小组、最高人民法院、最高人民检察院、公安部、司法部、共青团中央"六部门"2010 年 8 月 28 日联合下发《关于进一步建立和完善办理未成年人刑事案件配套工作体系的若干意见》。

（4）公安部 1995 年 10 月 23 日通过的《公安机关办理未成年人违法犯罪案件的规定》，成为公安机关办理未成年人刑事案件的主要依据。

3. 国际公约

1989 年联合国《儿童权利公约》确立了"儿童最大利益原则"。之后，又通过了联合国《少年司法最低限度标准规则》（即《北京规则》）、《预防少年犯罪准则》（即《利雅得准则》）、《保护被剥夺自由少年准则》等国际公约。这些国际公约是国际社会预防未成年人犯罪、未成年司法管理和保护被拘押的未成年人权利的法律文本，构成了少年司法领域的联合国准则体系。

（二）我国未成年人刑事诉讼的司法实践

在我国《刑事诉讼法》修改之前，我国各地司法机关开展了未成年人案件诉讼程序的广泛实践。

1984 年底，上海市长宁区人民法院建立了我国内地首个"少年刑事案件合议庭"，专门审理未成年人案件。

1986 年至 1987 年，天津市 4 个区、县的人民法院也设立了少年法庭。

1988 年，最高人民法院在上海召开了审理未成年人刑事案件经验交流会，向全国推广少年法庭工作经验，设立少年法庭工作随之在全国展开。

1994 年，全国少年法庭多达 3369 个，其中有些是以独立建制形式设立的。

此后，由于案源不足、法律不完善等原因，全国少年法庭数量逐年减少，2011 年 7 月，全国法院少年法庭减至 2331 个。[①]少年法庭运用特殊程序审理未成年人案件，取得了积极效果。少年法庭审判的未成年罪犯，经过改造回归社会后，重新犯罪率明显下降。

二、未成年人刑事诉讼程序的原则

未成年人刑事诉讼除了应当遵循我国《刑事诉讼法》所规定的基本原则外，还应当根据未成年人刑事诉讼程序的特点，遵循以下特有的原则：

（一）教育为主、惩罚为辅原则

我国《刑事诉讼法》第 266 条第 1 款规定："对犯罪的未成年人实行教育、感化、挽救的方针，坚持教育为主、惩罚为辅的原则。"我国《未成年人保护法》第 54 条和《预防未成年人犯罪法》第 44 条也作了同样的规定。

未成年人的人生道路还很长，通过教育和挽救使其改过自新，回归社会，不论对个人还是社会都有积极意义。因此，处理未成年人刑事案件应当根据未成年人的特点，以教育和挽救为主，惩罚为辅。

（二）对未成年犯罪嫌疑人、被告人的诉讼关照原则

客观与诉讼关照义务原则是刑事诉讼中一项重要的原则。[②] 我国《刑事诉讼法》对成年人犯罪的诉讼关照并不明显，但对未成年犯罪嫌疑人、被告人的诉讼关照较为细致与全面。

对未成年犯罪嫌疑人、被告人的诉讼关照原则，是指公安司法机关在处理未成年人刑事案件的过程中，既要充分保障未成年犯罪嫌疑人、被告人的各种诉讼权利，还要根据未成年犯罪嫌疑人的身心特点，在人身强制、羁押候审、审判程序、刑

[①] 张先明：《改革中谋发展 探索中促完善——2006 年以来全国法院少年法庭工作情况综述》，载《人民法院报》2012 年 9 月 17 日。

[②] 参见陈永生著：《侦查程序原理论》，中国人民公安大学出版社 2003 年版，第 102 页。

罚执行等各方面采取比对待成年犯罪嫌疑人更加人性化的处理方式。比如我国《刑事诉讼法》第270条规定的在讯问和审判未成年犯罪嫌疑人、被告人时应当通知其法定代理人到场,以及第267条规定的未成年犯罪嫌疑人、被告人没有委托辩护人的,人民法院、人民检察院、公安机关应当通知法律援助机构指派律师为其提供辩护,第269条规定严格限制适用对未成年人进行逮捕、规定与成年犯罪嫌疑人分别关押,等等。

(三) 隐私保护原则

隐私保护原则,是指根据我国《刑事诉讼法》《未成年人保护法》《预防未成年人犯罪法》及有关司法解释的要求,公安司法机关在办理未成年人刑事案件时不得公开或者传播涉案未成年人的信息资料,严格保护涉案未成年人的名誉和隐私的原则。

《公安机关办理未成年人违法犯罪案件的规定》第5条规定:"办理未成年人违法犯罪案件,应当保护未成年人的名誉,不得公开披露涉案未成年人的姓名、住所和影像。"

《人民检察院办理未成年人刑事案件的规定》第4条规定:"人民检察院办理未成年人刑事案件应依法保护涉案未成年人的名誉,不得公开或者传播涉案未成年人的姓名、住所、照片图像及可能推断出该未成年人的资料。"

最高人民法院《关于审理未成年人刑事案件的若干规定》第13条也规定:"未成年人刑事案件判决前,审判人员不得向外界披露该未成年人的姓名、住所、照片及可能推断出该未成年人的资料。未成年人刑事案件的诉讼案卷材料,除依法查阅、摘抄、复制以外,未经本院院长批准,不得查询和摘录,并不得公开和传播。"

当然,不公开审理原则、未成年人犯罪记录封存原则也体现了隐私保护原则的精神。保护未成年人的名誉,尊重未成年人的人格尊严,有利于未成年人日后回归社会。

(四) 不公开审理原则

不公开审理,是指人民法院在审理未成年人刑事案件时,不允许群众旁听,不允许记者采访,审理过程不向社会公开,且报纸等印刷品不得刊登未成年被告人的姓名、年龄、职业、住址及照片等。

不公开审理原则的法律依据是我国《刑事诉讼法》第274条、《预防未成年人犯罪法》第45条第2、3款和《未成年人保护法》第58条的规定。《刑事诉讼法》第274条规定:"审判的时候被告人不满18周岁的案件,不公开审理。"

当然贯彻不公开审理原则,只是审理过程不公开,宣告判决仍应公开进行,但不得采取召开宣判大会等形式。

三、未成年人刑事诉讼程序的制度

(一) 承办工作人员专门化制度

承办工作人员专门化制度,是指公安司法机关对未成年人刑事案件,都应指派熟悉未成年人身心特点、具有相关专业知识和经验的专门工作人员承办。这一制度的法律依据是我国《刑事诉讼法》第266条、《未成年人保护法》第55条及相关部门规章和司法解释。

我国《刑事诉讼法》第266条第2款规定:"人民法院、人民检察院和公安机关办理未成年人刑事案件,应……由熟悉未成年人身心特点的审判人员、检察人员、侦查人员承办。"《未成年人保护法》第55条规定:"公安机关、人民检察院、人民法院办理未成年人犯罪案件和涉及未成年人权益保护案件,应当照顾未成年人身心发展特点,尊重他们的人格尊严,保障他们的合法权益,并根据需要设立专门机构或者指定专人办理。"

《公安机关办理未成年人违法犯罪案件的规定》第6条、最高人民检察院《办理未成年人刑事案件的规定》第5条、最高人民法院《关于审理未成年人刑事案件的若干规定》第6条也都分别作出了规定。特别是2010年7月印发的《关于进一步加强少年法庭工作的意见》对未成年人案件审判工作机构和工作人员专门化制度更是进行了专门详细的规定。

2010年"六部门"联合下发的《关于进一步建立和完善办理未成年人刑事案件配套工作体系的若干意见》在第一部分就提出:建立健全办理未成年人刑事案件的专门机构,是做好未成年司法保护,预防、矫治、减少未成年人违法犯罪工作的重要保障。各级公、检、法、司机关应当充分重视加强办理未成年人刑事案件专门机构和专门队伍建设;部、省级和地市级公安机关、最高和省级人民检察院、最高和高级人民法院、部和省级司法行政机关应当设立指导办理未成年人刑事案件的专门机构。区县级公安机关、地市级区县级人民检察院、中级和基层人民法院、地市和区县的法律援助机构、司法行政机关社区矫正工作部门一般应当设立办理未成年人刑事案件的专门机构或专门小组,或指定专人办理;各级公、检、法、司机关应当选任政治、业务素质好,熟悉未成年人特点,具有犯罪学、社会学、心理学、教育学等方面知识的人员办理未成年人刑事案件,并注意通过加强培训、指导,提高相关人员的专业水平。对办理未成年人刑事案件的专门人员应当根据具体工作内容采用不同于办理成年人刑事案件的工作绩效指标进行考核。

实行未成年人刑事案件承办工作人员专门化制度,对提高办案质量,增强未成年犯的教育、感化和挽救效果,无疑具有重要意义。

(二) 分案处理制度

分案处理制度,是指公安司法机关在刑事诉讼过程中,应当将未成年人案件与成年人案件实行诉讼程序分离、分案处理,对犯罪的未成年人与犯罪的成年人分别关押、分别执行的制度。

分案处理制度的法律依据是我国《刑事诉讼法》第269条第2款和《预防未成年人犯罪法》第46条规定,即"对被拘留、逮捕和执行刑罚的未成年人与成年人应当分别关押、分别管理、分别教育"。

这意味着我国法律对于未成年人犯罪案件实行分案处理制度。从该制度的内容来看,大致包括三个方面:分别关押,即实施刑事诉讼中的拘留、逮捕等强制措施时,应当将未成年犯罪嫌疑人、被告人和成年犯罪嫌疑人、被告人分别羁押看管;诉讼程序分离、分案处理,即在处理未成年人和成年人共同犯罪或者有牵连的案件时,尽量适用不同的诉讼程序,只要不是必须合并的情形,都应当进行分案审理;分别执行,即未成年人案件的判决、裁定在生效后执行时,未成年罪犯与成年罪犯不得同处一个监所。

设立这一制度的目的,是为了保护未成年犯,避免其受到成年犯罪嫌疑人、被告人的交叉感染,有利于教育、感化和挽救。分案处理制度的依据由是未成年人的特点决定的,即未成年人思想意识还没有定型,若与成年人案件并案处理,同监执行,容易使未成年人受到不良影响,甚至恶习更深,不利于对其进行教育改造。

(三)社会调查制度

社会调查制度是一项随着社会主义法治文明的不断发展而逐渐出现的,旨在保护未成年犯罪人权益的刑事诉讼制度。

我国《刑事诉讼法》第268条规定:"公安机关、人民检察院、人民法院办理未成年人刑事案件,根据情况可以对未成年犯罪嫌疑人、被告人的成长经历、犯罪原因、监护教育等情况进行调查。"

《联合国少年司法最低限度标准规则》(也称《北京规则》)第16条规定:"所有案件除涉及轻微违法行为的案件外,在主管当局作出判决之前,应对少年生活的背景和环境或犯罪的条件进行适当的调查,以便主管当局对案件作出明智的审判。"

社会调查制度的目的在于通过对未成年犯罪嫌疑人、被告人的成长经历、犯罪原因、监护教育等情况进行调查,为教育改造未成年犯罪人确定有针对性的方案、方法和途径,以取得理想的教育改造效果。社会调查是许多国家办理未成年人刑事案件的惯例,是未成年人刑事诉讼程序贯彻刑罚个别化和全面调查原则的具体表现。在侦查、起诉、庭审和执行阶段对未成年犯罪嫌疑人的成长经历、犯罪原因、教育改造条件进行调查了解,有利于采取适合未成年人身心发展特点的讯问、审理、执行方式,能够更全面保障未成年犯罪嫌疑人和被告人合法权益。

社会调查不仅可以有针对性地对违法犯罪的未成年人进行教育挽救,还可以促使其认罪悔改。社会调查报告还是侦查机关对涉罪未成年人采取取保候审,检察机关决定逮捕、起诉,法院定罪量刑以及刑罚执行和社区矫正的考量依据。如最高人民检察院《办理未成年人刑事案件的规定》第6条规定:"人民检察院办理未成年人刑事案件,应当考虑未成年人的生理和心理特点,根据其平时表现、家庭情况、犯罪原因、悔罪态度等,实施针对性教育。"

(四)未成年人犯罪记录封存制度

未成年人犯罪记录封存制度,是指为了克服未成年人的罪犯标签心理,使其能够更快、更好地回归社会,将被判处轻罪的未成年人的犯罪记录依法予以密封保存的制度。我国《刑事诉讼法》第275条规定,即"犯罪的时候不满18周岁,被判处5年有期徒刑以下刑罚的,应当对相关犯罪记录予以封存"、"犯罪记录被封存的,不得向任何单位和个人提供,但司法机关为办案需要或者有关单位根据国家规定进行查询的除外。依法进行查询的单位,应当对被封存的犯罪记录的情况予以保密。"

因为犯罪记录的存在,会给被判处刑罚的未成年人在升学、就业、生活等方面带来一些消极影响,对其回归社会非常不利,甚至为他们重新犯罪埋下隐患。我国未成年人刑事司法注重对未成年人的教育、改造和挽救,因此,设立未成年人犯罪记录封存制度,正是为了使有过犯罪记录的未成年人放下包袱,避免前科带来的负面影响,平等地享有与其他正常人一样的权利,真正改过自新,回归社会。

"犯罪记录封存"的范围,不仅应当包括犯罪时不满18周岁,被判处5年有期徒刑以下刑罚的记录,还应当包括在侦查、审查起诉和审理过程中形成的与未成年人犯罪相关的各种材料。司法机关封存符合条件的未成年人犯罪记录,不仅要对未成年犯罪嫌疑人、被告人的材料采取保密措施,妥善保存,非因法定事由不得向外界提供;在有关方面要求为未成年人出具有无犯罪记录证明时,司法机关不应当提供有犯罪记录的证明。此外,依照我国《刑事诉讼法》第15条规定免予追究刑事责任的未成年人刑事案件记录,也应当予以封存。

当然,刑事诉讼法在确立未成年人犯罪记录封存制度的同时,也为合理的需求留有余地。法律规定了可以对未成年人犯罪记录进行查询的两种例外情形:其一,司法机关为办理案件需要。当司法机关办理具体案件需要从未成年犯罪嫌疑人、被告人的犯罪记录中获取线索、有关定罪量刑信息时,可查询其犯罪记录。其二,有关单位根据国家规定可进行查询。在这种情况下,相关单位必须根据法律规定,具有法定事由方能查询。法律同时规定了查询单位的保密义务,依法进行查询的单位,应当对被封存的犯罪记录的情况予以保密,其经查询获取的信息只能用于特定事项、特定范围。

(五)强制辩护制度

强制辩护制度,是辩护制度发展到一定历史阶段,为了保障被追诉人的辩护权所产生的一种辩护制度。

我国《刑事诉讼法》第267条规定:"未成年犯罪嫌疑人、被告人没有委托辩护人的,人民法院、人民检察院、公安机关应当通知法律援助机构指派律师为其提供辩护。"由于年龄、智力发育程度的限制和法律知识的欠缺,未成年犯罪嫌疑人、被告人往往不知道如何行使诉讼权利。有辩护律师的参与,能为其及时提供必要的法律帮助,有效保护其合法权益。

我国现行《刑事诉讼法》将法律援助从审判阶段向前延伸至侦查阶段,将提供法律援助的义务机关从法院扩大到公安机关、人民检察院。根据我国《刑事诉讼法》第267条规定,只要未成年犯罪嫌疑人、被告人没有委托辩护人的,公安机关、人民检察院和人民法院就应当通知法律援助机构指派律师为其辩护。

(六)监护人在场制度

监护人在场制度,是指根据机关法律规定,对未成年人刑事案件,在讯问、询问时,应当通知其监护人到场的一种制度。

我国《刑事诉讼法》第270条规定:"对于未成年人刑事案件,在讯问和审判的时候,应当通知未成年犯罪嫌疑人、被告人的法定代理人到场。无法通知、法定代理人不能到场或者法定代理人是共犯的,也可以通知未成年犯罪嫌疑人、被告人的其他成年亲属,所在学校、单位、居住地基层组织或者未成年人保护组织的代表到场,并将有关情况记录在案。到场的法定代理人可以代为行使未成年犯罪嫌疑人、被告人的诉讼权利"、"到场的法定代理人或者其他人员认为办案人员在讯问、审判中侵犯未成年人合法权益的,可以提出意见。讯问笔录、法庭笔录应当交给到场的法定代理人或者其他人员阅读或者向他宣读"、"讯问女性未成年犯罪嫌疑人,应当有女工作人员在场"、"审判未成年人刑事案件,未成年被告人最后陈述后,其法定代理人可以进行补充陈述。"第274条规定:"审判的时候被告人不满18周岁的案件,不公开审理。但是,经未成年被告人及其法定代理人同意,未成年被告人所在学校和未成年人保护组织可以派代表到场。"

需要指出的是,根据我国《刑事诉讼法》第270条规定,如果被害人、证人是未成年人,讯问时也应当通知其法定代理人到场,法定代理人无法到场时应通知合适的成年人到场。

▶ 四、未成年人刑事诉讼的具体程序

(一)立案程序

未成年人案件的立案在材料来源、立案条件以及立案程序方面与成年人案件立案程序是相同的。但与成年人案件立案程序相比,未成年人立案程序还具有一些不同之处。

未成年人犯罪案件同成年人犯罪案件最根本的区别在于对象的不同。未成年人案件是指已满14周岁不满18周岁的未成年人的刑事案件。所以在审查立案材料时,应当首先重点查明未成年人的准确的出生年、月、日,并且严格按照科学方法计算,这是区分是否未成年人犯罪的本质要素。其次在立案时,还要注意审查未成

年人是否系教唆犯罪。同时,为贯彻教育、挽救方针,要扩大审查的范围,除应查明立案的事实条件和法律条件外,对认定案情有意义的材料,都要尽量予以查证。

经过审查,凡是不符合立案条件的,属于罪行轻微,社会危害性不大,不需要判处刑罚的,可以将案件材料转交有关部门,作适当处理;或者责令其家长或者监护人严加管教,并且要协调有关各方,落实帮教措施。对符合立案条件的,制作立案报告,除了要与其他案件一样办理立案手续,还应将未成年人的有关情况予以注明。

(二) 侦查程序

根据未成年人案件的诉讼原则,对未成年人案件在侦查时,应当注意以下几个方面:

(1) 贯彻全面调查制度,扩大侦查范围。在对普通案件进行侦查时,侦查的对象主要是与定罪量刑有关的事实和情节。在对未成年人案件进行侦查时,不仅要查明与定罪量刑有关的事实、情节,还必须对案件事实以外的其他有关情况进行调查,如未成年犯罪嫌疑人、被告人的成长经历、犯罪原因、监护教育、是否存在教唆等各方面与案件处理有关的情况。在详细调查的基础上,使刑事诉讼一方面可以公正地惩罚犯罪,另一方面也可以对未成年人进行良好的教育与改造。

(2) 慎用强制措施。我国《刑事诉讼法》第269条第1款规定:"对未成年犯罪嫌疑人、被告人应当严格限制适用逮捕措施。人民检察院审查批准逮捕和人民法院决定逮捕,应当讯问未成年犯罪嫌疑人、被告人,听取辩护律师的意见。"

《人民检察院办理未成年人刑事案件的规定》对未成年人审查批捕的原则和条件进行了严格的规定。根据该《规定》第12条和第13条,人民检察院审查批准逮捕未成年犯罪嫌疑人,应当根据未成年犯罪嫌疑人涉嫌犯罪的事实、主观恶性、有无监护与社会帮教条件等,综合衡量其社会危险性,确定是否有逮捕必要,慎用逮捕措施,可捕可不捕的不捕。对于罪行较轻,具备有效监护条件或者社会帮教措施,没有社会危险性或者社会危险性较小,不会妨害诉讼正常进行的未成年犯罪嫌疑人,一般不予批准逮捕。对于罪行比较严重,但主观恶性不大,有悔罪表现,具备有效监护条件或者社会帮教措施,不具有社会危险性,不会妨害诉讼正常进行,并具有"七种情形"之一的未成年犯罪嫌疑人,也可以依法不予批准逮捕。

(3) 采用有利于未成年人身心健康的传唤、讯问方式。在未成年人案件中侦查中,当需要传唤未成年人时,要注意未成年人的心理特点,避免引起其过度紧张。因此,对未成年人一般可通过其父母、监护人等间接传唤而不宜直接传唤。在讯问未成年人时,尽量选择其熟悉的场所和地点,并根据我国《刑事诉讼法》第270条规定,充分贯彻成年人在场制度,通知其法定代理人到场,在讯问女性未成年犯罪嫌疑人时,有女工作人员在场。在对未成年人讯问时,坚持教育、挽救的方针,要注意讯问的方式,要用符合未成年人的语言和方式,避免生硬、粗暴的训斥和讽刺,要采取教育、启发的方法,减缓其心理压力,使讯问能够在宽松的气氛中进行。这对保护未成年人身心健康,增强未成年犯教育改造效果具有极为重要的意义。

(4) 依法保障未成年犯罪嫌疑人获得辩护的权利。

我国《刑事诉讼法》已将未成年犯罪嫌疑人获得法律援助的权利提前至侦查阶段。根据该法第267条的规定,只要未成年犯罪嫌疑人没有委托辩护人,公安机关就有义务通知法律援助机构指派律师为其提供辩护。当然,在审查起诉和审判阶段,此项义务分别由人民检察院和人民法院承担。

(三) 起诉程序

1. 对未成年犯罪嫌疑人进行保护的特殊规定

依据我国《刑事诉讼法》及《人民检察院办理未成年人刑事案件的规定》,对未成年犯罪嫌疑人进行保护的特殊规定有:

(1) 听取有关人员意见,全面了解未成年犯罪嫌疑人的情况。人民检察院审查起诉未成年犯罪嫌疑人,应当听取其父母或者其他法定代理人、辩护人、未成年被害人及其法定代理人的意见。可以结合社会调查,通过学校、社区、家庭等有关组织和人员,全面了解未成年犯罪嫌疑人的情况,为办案提供参考。

(2) 告知相关当事人及家属案件进展情况。人民检察院办理未成年人刑事案件,可以应犯罪嫌疑人家属、被害人及其家属的要求,告知其审查逮捕、审查起诉的进展情况,并对情况予以说明和解释。

(3) 安排会见、通话。移送审查起诉的案件具备一定的条件,检察人员可以安排在押的未成年犯罪嫌疑人与其法定代理人、近亲属进行会见、通话。会见、通话时检察人员可以在场。结束后,检察人员应当将有关内容整理并记录在案。

2. 附条件不起诉的适用条件与程序

人民检察院在审查未成年人刑事案件时,除了可依法适用法定不起诉、酌定不起诉和证据不足不起诉制度之外,还可适用专门针对未成年案件的附条件不起诉。关于附条件不起诉制度,我国《刑事诉讼法》第271—273条作了详细规定。

(1) 附条件不起诉的适用条件

根据我国《刑事诉讼法》第271条第1款的规定,对于未成年人涉嫌《刑法》分则第四、五、六章规定的犯罪,可能判处1年有期徒刑以下刑罚,符合起诉条件,但有悔罪表现的,人民检察院可以作出附条件不起诉的决定。人民检察院在作出附条件不起诉的决定以前,应当听取公安机关、被害人的意见。可见,附条件不起诉仅适用于涉嫌犯罪的未成年人,并且应当同时符合下列四个条件:

第一,未成年人所犯罪名为《刑法》分则第四章侵犯公民人身权利、民主权利罪、第五章侵犯财产罪、第六章妨害社会管理秩序罪中规定的罪名,在此范围之外的其他罪名,不得适用附条件不起诉。

第二,根据法律规定,该未成年人的罪行可能会被判处1年有期徒刑以下刑罚。应当指出的是,本条所说的"1年有期徒刑以下刑罚"是指对该未成年人一旦交付审判,法院对其可能适用的刑罚,而不是指其所犯罪的法定最高刑。

第三,犯罪事实已经查清,证据确实、充分,符合起诉条件。对于事实不清、证据不够确实充分的,应当通过补充侦查查明犯罪事实,在犯罪事实查明之前,不得适用附条件不起诉;如果其犯罪情节轻微,依照刑法规定不需要判处刑罚或者免除刑罚的,人民检察院可以直接作出不起诉决定。

第四,未成年人具有悔罪表现。一般来说,"悔罪表现"在行动上可以具体表现为认罪态度好、向被害人赔礼道歉、对被害人积极赔偿等。人民检察院只有在上述几个条件同时具备时,才能对涉案未成年人作出附条件不起诉的决定。另外,人民检察院在作出附条件不起诉的决定以前,应当听取公安机关、被害人的意见。

(2) 附条件不起诉决定的制约、救济机制

根据我国《刑事诉讼法》等271条第2款规定,对附条件不起诉的决定,公安机关要求复议、提请复核或者被害人申诉的,适用我国《刑事诉讼法》第175、176条的规定。即对于公安机关移送起诉的案件,人民检察院决定不起诉的,应当将不起诉决定书送达公安机关。公安机关认为不起诉的决定有错误的时候,可以要求复议,如果意见不被接受,可以向上一级人民检察院提请复核。对于有被害人的案件,决定不起诉的,人民检察院应当将不起诉决定书送达被害人。被害人如果不服,可以自收到决定书后7日以内向上一级人民检察院申诉,请求提起公诉。人民检察院应当将复查决定告知被害人。对人民检察院维持不起诉决定的,被害人可以向人民法院起诉。被害人也可以不经申诉,直接向人民法院起诉,即自诉。人民法院受理案件后,人民检察院应当将有关案件材料移送人民法院。未成年犯罪嫌疑人及其法定代理人对人民检察院决定附条件不起诉有异议的,人民检察院应当作出起诉的决定。

(3) 对被附条件不起诉未成年犯罪嫌疑人的监督、考察

第一,附条件不起诉的考察机关。我国《刑事诉讼法》第272条规定:"在附条件不起诉的考验期内,由人民检察院对被附条件不起诉的未成年犯罪嫌疑人进行监督考察。未成年犯罪嫌疑人的监护人,应当对未成年犯罪嫌疑人加强管教,配合人民检察院做好监督考察工作。"

第二,考验期。规定考验期目的在于进一步检验检察机关附条件不起诉的决定是否正确。考虑附条件不起诉使犯罪嫌疑人处于随时可能被追诉的不安定状态,因此,附条件不起诉的考验期不宜过长。但考验期也不能过短,否则也难以考察到真实的效果。我国《刑事诉讼法》规定考验期为6个月以上1年以下,考验期自检察机关作出不起诉决定之日起计算。

第三,被附条件不起诉未成年犯罪嫌疑人应当遵守的规定。根据对被决定附条件不起诉未成年犯罪嫌疑人的考察的实际需要,我国《刑事诉讼法》规定了四项

应当遵守的规定:遵守法律法规,服从监督;按照考察机关的规定报告自己的活动情况;离开所居住的市、县或者迁居,应当报经考察机关批准;按照考察机关的要求接受矫治和教育。

第四,适用附条件不起诉的结果。根据我国《刑事诉讼法》第273条的规定,被附条件不起诉的未成年犯罪嫌疑人,在考验期内有下列情形之一的,人民检察院应当撤销附条件不起诉的决定,提起公诉:实施新的犯罪或者发现决定附条件不起诉以前还有其他犯罪需要追诉的;违反治安管理规定或者考察机关有关附条件不起诉的监督管理规定,情节严重的。被附条件不起诉的未成年犯罪嫌疑人,在考验期内没有上述情形,考验期满的,人民检察院应当作出不起诉的决定。

3. 分案起诉

最高人民检察院《办理未成年人刑事案件的规定》规定,人民检察院审查未成年人与成年人共同犯罪案件,一般应当将未成年犯罪嫌疑人与成年犯罪嫌疑人分案起诉,但具有下列情形之一的,可以不分案起诉:(1) 未成年人系犯罪集团的组织者或者其他共同犯罪中的主犯的;(2) 案件重大、疑难、复杂,分案起诉可能妨碍案件审理的;(3) 涉及刑事附带民事诉讼,分案起诉妨碍附带民事诉讼部分审理的;(4) 具有其他不宜分案起诉情形的。

对于分案起诉的未成年人与成年人共同犯罪案件,一般应同时移送人民法院。对于需要补充侦查的,如果补充侦查事项不涉及未成年犯罪嫌疑人所参与的犯罪事实,不影响对未成年犯罪嫌疑人提起公诉的,应当对未成年犯罪嫌疑人先予提起公诉。对于分案起诉的未成年人与成年人共同犯罪案件,在审查起诉过程中可以根据全案情况制作一个审结报告,起诉书以及出庭预案等应当分别制作。人民检察院对未成年人与成年人共同犯罪案件分别提起公诉后,在诉讼过程中出现不宜分案起诉情形的,可以及时建议人民法院并案审理。

4. 起诉书的制作及移送起诉的材料

人民检察院制作的起诉书应明确注明未成年犯罪嫌疑人的出生年月日,并应将有效证明该未成年犯罪嫌疑人的年龄材料作为证据材料之一移送人民法院。

(四) 审判程序

1. 审判机构的专门化和审判人员的专业化

最高人民法院《关于审理未成年人刑事案件的若干规定》第6条规定,中级人民法院和基层人民法院可以建立未成年人刑事审判庭。条件尚不具备的地方,应当在刑事审判庭内设立未成年人刑事案件合议庭或者由专人负责办理未成年人刑事案件。高级人民法院可以在刑事审判庭内设立未成年人刑事案件合议庭。未成年人刑事审判庭和未成年人刑事案件合议庭统称少年法庭。

最高人民法院《关于进一步加强少年法庭工作的意见》规定:各级法院应当高度重视少年法庭法官队伍建设,着重选拔政治素质高、业务能力强,熟悉未成年人身心特点,热爱未成年人权益保护工作和善于做未成年人思想教育工作的法官,负责审理未成年人案件。各级法院应当从共青团、妇联、工会、学校等组织的工作人员中选任审理未成年人案件的人民陪审员。审理未成年人案件的人民陪审员应当熟悉未成年人身心特点,具备一定的青少年教育学、心理学知识,并经过必要的培训。各级法院应当加强少年法庭法官的培训工作,不断提升少年法庭法官队伍的整体素质。最高人民法院、高级人民法院每年至少组织一次少年法庭法官业务培训。中级人民法院和基层人民法院也应当以多种形式定期开展少年法庭法官的业务培训。

2. 开庭前的准备工作

(1) 对于人民检察院提起公诉的未成年人刑事案件,人民法院应当查明是否附有被告人年龄的有效证明材料。对于没有附送被告人年龄的有效证明材料的,应当通知人民检察院在3日内补送。

(2) 人民法院向未成年被告人送达起诉书副本时,应当向其讲明被指控的罪行和有关法律条款;并告知诉讼的程序及有关的诉讼权利、义务,消除未成年被告人的紧张情绪。在向未成年被告人的法定代理人送达起诉书副本时,应当告知其诉讼权利、义务和在开庭审判中应当注意的有关事项。

(3) 开庭审理前,应当通知未成年被告人的法定代理人出庭。法定代理人无法出庭或者确实不适宜出庭的,应另行通知其他监护人或者其他成年近亲属出庭。经通知,其他监护人或者成年近亲属不到庭的,人民法院应当记录在卷。

(4) 开庭审理前,审判未成年人刑事案件的审判长认为有必要的,可以安排法定代理人或者其他成年近亲属、教师等人员与未成年被告人会见。

(5) 开庭审理前,控辩双方可以分别就未成年被告人性格特点、家庭情况、社会交往、成长经历以及实施被指控的犯罪前后的表现等情况进行调查,并制作调查报告提交合议庭。必要时,人民法院也可以委托有关社会团体组织就上述情况进行调查或者自行进行调查。

(6) 人民法院应当为辩护律师阅卷、同在押未成年被告人会见和通信提供便利条件。人民法院应当依法保证未成年被告人获得辩护。

3. 法庭审理

(1) 人民法院应当在辩护台靠近旁听区一侧为未成年被告人的法定代理人设置席位。

(2) 在法庭上不得对未成年被告人使用戒具。未成年被告人在法庭上可以坐着接受法庭调查、询问,在回答审判人员的提问、宣判时应当起立。

(3) 法庭审理时,审判人员应当注意未成年被告人的智力发育程度和心理状态,要态度严肃、和蔼,用语准确、通俗易懂。发现有对未成年被告人诱供、训斥、讽刺或者威胁的情形时,应当及时制止。

(4) 法庭调查时,审判人员应当核实未成年被告人在实施被指挥的行为时的年龄。同时还应当查明未成年被告人实施被指挥的行为时的主观和客观原因。

(5) 法庭审理时,控辩双方向法庭提出从轻判处未成年被告人管制、拘役宣告缓刑或者有期徒刑宣告缓刑、免予刑事处罚等适用刑罚建议的,应当提供有关未成年被告人能够获得监护、帮教的书面材料。

(6) 人民法院审理未成年人刑事案件,应当注重对未成年被告人的法庭教育。法庭教育的主要内容包括对相关法律法规的理解,未成年人实施被指控行为的原因剖析,应当吸取的教训,犯罪行为对社会、家庭、个人的危害和是否应当受刑罚处罚,如何正确对待人民法院裁判以及接受社区矫正或者在监管场所服刑应当注意的问题等。人民法院可以邀请有利于教育、感化、挽救未成年罪犯的人员参加法庭教育。

(7) 对未成年人刑事案件宣告判决应当公开进行,但不得采取召开大会等形式。宣告判决时应当明确告知被告人的上诉权利和有关法律规定。

(8) 第二审程序一律采用直接审理的方式,严禁书面审理。对维持或改变原判决、裁定的,二审法院应当向上诉人讲明理由。二审确定有罪的,可在宣判后组织法庭教育。

(五) 执行程序

对未成年人刑事诉讼作出的有罪判决生效后,在执行时应当注意以下几点:

(1) 在向执行机关交付执行时,人民法院的材料移送应当尽量详尽。对判决、裁定已经发生法律效力的未成年罪犯,人民法院在向执行机关移送执行的法律文书时,应当同时附送社会调查报告、案件审理中的表现等材料,以便执行机关有针对性地对未成年人进行教育、感化和挽救。对正在未成年犯管教所服刑或者接受社区矫正的未成年罪犯,人民法院应当协助未成年犯管教所或者社区矫正部门做好帮教工作。

(2) 对于未成年犯的改造,适用"教育改造为主、轻微劳动为辅"的方针。我国《监狱法》第75条规定:"对未成年犯执行刑罚应当以教育改造为主。"未成年犯的劳动,应当符合未成年人的特点,以学习文化和生产技能为主,坚持半天学习、半天劳动的做法。设专职人员对未成年犯进行文化、法制和劳动技能方面的教育,并注重针对未成年人的心理辅导和矫正,使其回归社会时既有适应社会的思想基础,又有生活能力。对没有完成义务教育的未成年犯,执行机关应当保证其继续接受义务教育。

(3) 应与成年犯分别羁押,以避免受成年犯的不良影响。我国《刑事诉讼法》第269条第2款规定:"对被拘留、逮捕和执行刑罚的未成年人与成年人应当分别关押、分别管理、分别教育。"第253条第3款规定:"对未成年犯应当在未成年犯管教所执行刑罚。"对未成年犯进行分离关押,既可以避免成年罪犯对未成年犯的教唆、传授,同时也便于对未成年犯采取有针对性的教育改造措施。另外,我国的未成年犯管教所在名称上与监狱不同,可以在一定程度上避免对未成年犯造成自尊心上的伤害,有利于较快地进行犯罪矫正和回归社会。

(4) 对未成年犯在执行过程中,要注意发挥公安司法机关以及其他社会各界的力量。一方面,公安司法机关在执行过程中应当严格依法积极地行使职权。对于被判处管制和缓刑的未成年罪犯,公安机关要依法加强考察的组织和实施工作。人民检察院要加强对未成年罪犯监所的监督工作,发现问题应当及时提出纠正的意见。另一方面,在注意发挥执行机关主导作用的同时,还要发挥社会组织、未成年犯家庭的作用,使未成年犯感受到社会的关怀和家庭的亲情,促进其思想的转变,以早日回归社会。

(5) 少年法庭具有特定的帮教责任。根据最高人民法院《关于审理未成年人刑事案件的若干规定》,少年法庭应当承担以下帮教责任:第一,通过多种形式与未成年犯管教所等未成年罪犯服刑场所建立联系,了解未成年罪犯的改造情况,协助做好帮教、改造工作;并可以对正在服刑的未成年罪犯进行回访考察。第二,必要时,可以敦促被收监服刑的未成年罪犯的父母或者其他监护人及时探视,以使未成年罪犯获得家庭和社会的关怀,增强改造的信心。第三,对于判处管制、拘役宣告缓刑或者有期徒刑宣告缓刑、免予刑事处罚等的未成年罪犯,可以协助公安机关同其所在学校、单位、街道、居民委员会、村民委员会、监护人等制定帮教措施。第四,适时走访被判处管制、拘役宣告缓刑或者有期徒刑宣告缓刑、免予刑事处罚等的未成年罪犯及其家庭,了解对未成年罪犯的管理和教育情况,以引导未成年罪犯的家庭正确地承担管教责任,为未成年罪犯改过自新创造良好的环境。第五,对于判处管制、拘役宣告缓刑或者有期徒刑宣告缓刑、免予刑事处罚等的未成年罪犯具备就学就业条件的,可以就其安置问题向有关部门提出司法建议,并且附送必要的材料。

第二节 当事人和解的公诉案件诉讼程序

【案例思考】

2006年10月1日晚,林某与老乡在一起吃饭时,拿酒来到邻桌向另一名老乡李某敬酒,双方因为敬酒的礼数问题发生争执,竟然打了起来。林某一气之下跑到饭店厨房拿了一把菜刀跑出来,将李某砍成轻伤。

香洲区检察院于2007年2月8日受理此案,考虑到当事人双方都是老乡,相互之间并无深仇大恨,双方是因为敬酒发生的争执,林某的行为社会危害性相对较小,且林某归案后认罪态度较好,也表示愿意赔偿,本案具备刑事和解的条件。公诉人本着化解矛盾,促进社会和谐的理念,对双方当事人进行了法制教育,在双方完全自愿的前提下,促成林某向李某承认错误、赔礼道歉、赔偿损失、深表悔过,取得了被害人李某的谅解,双方达成了刑事和解协议,重归于好。结果,香洲区检察院仅花了40天时间,于2007年3月19日对林某作出了相对不起诉决定。

请思考下列问题
1. 什么是公诉案件的当事人和解?
2. 适用当事人和解的刑事案件需满足什么条件?

一、当事人和解的公诉案件诉讼程序概述

长期以来,我国的刑事诉讼以解决加害人的刑事责任为主,诉讼的最后结果通常是对加害人科以刑罚,较少关注因加害人的犯罪行为给被害人带来的损失和对社会关系造成的损害的修复,被害人的损失得不到赔偿,国家对被害人的救助跟不上,社会矛盾难以根本化解,影响社会和谐和稳定。

当事人和解的公诉案件诉讼程序是指公安司法机关在法定范围的公诉案件中,犯罪嫌疑人、被告人真诚悔罪,通过向被害人赔偿损失、赔礼道歉等方式获得被害人谅解,双方当事人自愿达成协议的,可以对犯罪嫌疑人、被告人作出不同方式的从宽处理的程序。该诉讼程序是我国2012年修订的《刑事诉讼法》第五编第二章新增的四个特别程序之一。

当事人和解作为一种新型的解决纠纷方式,具有传统刑事处罚方式所不具有的优点和功能。这种案件处理方式有助于补偿被害人物质损害,抚慰被害人心理创伤。同时,由于犯罪嫌疑人、被告人可能得到从宽处理,也有利于其回归社会。而且还由于当事人和解是由双方当事人自愿协商达成协议解决纠纷的,因而有助于矛盾的有效化解和纠纷的彻底解决,有利于恢复因犯罪而受到损害的社会关系。而且可以避免上访和缠讼的发生,有助于促进社会和谐安定。

二、与当事人和解相关的几个概念

(一)当事人的和解与调解

调解制度是我国一项具有深厚中国传统的法律制度,主要适用于解决民事案件、刑事自诉案件和刑事附带民事诉讼。诉讼中当事人和解与诉讼调解在实际操作中有许多相似之处:两者都发生在诉讼中的某些阶段;两者都要经过公权力机关的审查和确认;两者都以自愿、协商为宗旨;公权力机关在和解或调解中都发挥了一定作用。

但二者侧重点有所不同:当事人和解侧重于当事人双方以自愿、协商的方式达

成解决纠纷的合意,在公权力机关监督和审查后,和解协议得到确认。因此,当事人和解强调的是对个人自由和自主权的充分尊重,强调当事人的自愿性;调解则侧重于公权力机关积极促成双方当事人达成谅解,强调公权力机关的能动作用,有时甚至由公权力机关拿出协议方案的具体内容。

（二）当事人和解与"私了"

刑事侵害的私力救济,也叫"私了",是指纠纷双方不经过国家专门机关而自行协商解决纠纷的统称,也就是诉讼外的双方当事人和解。"私了"行为是刑事纠纷解决的彻底"民事"化,它在规避公权力机关监督的同时也失去了法律的保护,一旦不守信用、恃强凌弱等情形发生,就会产生新的纠纷,双方当事人的权利都会受到损害。但由于种种原因,刑事案件"私了"常常能给当事人双方带来实惠,所以这种解决纠纷的方式在民间颇具市场。许多调查资料显示,社会上发生刑事案件,有相当大比例是"私了"的。所以,建立公诉案件中的当事人和解程序将"私了"从诉讼外和解转为诉讼中和解,将其纳入公权力视野,进行法律规制,在一定程度上能够消除公诉案件"私了"的这种不合法现象,从而使纠纷当事人的权利得到法律的有效保护。①

（三）当事人和解与辩诉交易

辩诉交易(plea bargaining)是指在法院开庭审理之前,作为控诉方的检察官和代表被告人的辩护律师进行协商,以检察官撤销指控、降格指控或者要求法官从轻判处刑罚为条件,来换取被告人的有罪答辩。辩诉交易方式可能在一定程度上会损害公正,但通过这样一种制度,检察官、法官可以用最少的司法资源处理更多的刑事案件,提高办案效率,同时罪犯也得到减轻一定程度的刑事制裁,从而对双方都有利。所以,辩诉交易就是在法律的公正价值与效率价值之间找到一个平衡点。

辩诉交易制度是英美刑事诉讼的重要组成部分,目前大陆法系国家,如德国,也开始借鉴辩诉交易制度来处理复杂、疑难案件,以节约司法资源、提高诉讼效率。

当事人在审判阶段的和解与辩诉交易有相似之处:(1)都是在审判阶段通过协商达成协议解决刑事纠纷;(2)都为协商双方自愿;(3)被告人都会因接受协议而获得从轻处罚。

但二者存在根本性区别:首先,辩诉交易的主体为检察官和被告人,是检察官代表国家与被告人的和解,更多关注国家和被告人的利益,交易结果很可能违背被害人的意愿;而当事人和解的主体是被害人和加害人,和解协议是当事人双方的合意,关注了被害人和加害人双方的意愿。其次,辩诉交易只以被告人认罪为条件,无需取得被害人谅解;而当事人和解则以被害人谅解和自愿和解为条件。再次,辩诉交易主要在审判阶段进行,由法官作出处理;而当事人和解在侦查、审查起诉和

---

① 参见陈光中、葛琳:《刑事和解初探》,载《中国法学》2006年第5期。

审判阶段都可以进行,并由公、检、法机关作出不同的处理。最后,辩诉交易的重要动因是控辩双方面对判决的不确定性而选择对自己风险更小,损失更小的案件解决方式;而当事人和解由于是在案件事实基本查清,案件结果确定性很高的情况下进行的,对于被害人和加害人来说,选择和解是为了获得对自己更有利的结果,也就是说被害人能尽快获得赔偿和抚慰,加害人能获得谅解和从轻处理。

(四)当事人和解与恢复性司法

长期以来,报复性刑罚思想一直处于主导地位,在这一思想的主导下,刑事司法所关注的对象,始终是惩罚犯罪,而对于犯罪行为给被害人及社会关系造成的实际损害和社会危机却未给予足够的重视。恢复性司法正是为了矫正报应性刑罚制度的这一缺陷而在西方国家兴起的一项刑事司法改革运动。英国犯罪学家 Tony F. Marshall 认为,所谓恢复性司法,是指与某一特定的犯罪行为有利害关系的各方当事人聚在一起,共同商讨如何处理犯罪所造成的后果及其对未来的影响的问题的过程。这一概念的核心内容是协商和恢复,主张通过犯罪人和被害人及其家庭、社区的共同协商,来找到解决犯罪的对策,以恢复被损害的社会关系。这一概念后来在国际上被广为接受,成为当前的主流观点。[①] 美国学者 John Braithwaite 教授认为该司法程序的目的或者功能可以概括为三个方面:第一,恢复被害人遭受的物质损失、身体伤害及人格尊严;第二,实现人们对司法的真正控制;第三,旨在获得社会的支持和认同,在正义得以真正实现的心理基础上恢复社会的和谐。[②]

恢复性司法与当事人和解都是对传统报应性正义思想的一种反思,都基于修复社会关系、鼓励当事人参与及国家刑罚权部分退让等理念,因而有其相通之处。但我国刑事诉讼法所确立的当事人和解程序,与恢复性司法所提倡的理念与多样化的实践不同,如在适用范围上,当事人和解仅适用于一些法定刑比较轻的轻罪案件,而恢复性司法则没有法定刑的限制。

▶ 三、公诉案件当事人和解程序的适用条件和案件范围

我国《刑事诉讼法》第277条规定:"下列公诉案件,犯罪嫌疑人、被告人真诚悔罪,通过向被害人赔偿损失、赔礼道歉等方式获得被害人谅解,被害人自愿和解的,双方当事人可以和解:(一)因民间纠纷引起,涉嫌刑法分则第四章、第五章规定的犯罪案件,可能判处3年有期徒刑以下刑罚的;(二)除渎职犯罪以外的可能判处7年有期徒刑以下刑罚的过失犯罪案件。犯罪嫌疑人、被告人在5年以内曾经故意犯罪的,不适用本章规定的程序。"

---

① Tony F. Marshall, *Restorative Justice: A Overview*, *A Restorative Justice Reader*: William.
② John Braithwaite, *Restorative Justice and A Better Future*, Australian National University Press, 1996.

（一）公诉案件当事人和解程序的适用条件

根据我国《刑事诉讼法》第277条规定，适用当事人和解程序，应当符合以下三个方面的条件：

（1）加害人必须真诚悔罪。犯罪嫌疑人、被告人出于自己的意愿，发自内心地认识到自己的犯罪行为给被害人带来的伤害，对自己的犯罪行为真诚悔过，以表明加害人不再具有社会危害性，这是适用当事人和解程序的前提条件。

（2）加害人须通过赔偿损失、赔礼道歉获得被害人的谅解。刑事案件的特殊情况决定了和解双方表达意愿的特殊方式：加害人通过真诚悔罪和赔礼道歉、赔偿损失等方式表达和解的意愿，而被害人则通过是否谅解表达和解意愿。因此，获得被害人谅解，且被害人自愿和解是适用当事人和解程序的必要条件，也是和解获得成功的不可或缺的条件。

（3）被害人自愿和解。这里的"自愿和解"是指被害人不受外力的干扰，在谅解加害人的基础上，出于自己的意愿，与加害人和解。将自愿和解作为公诉案件当事人和解的条件之一，是为防止当事人在受到暴力、胁迫等情况下违背自己的意志同意和解，影响和解的公正性，也不利于消除隐患。

（二）公诉案件当事人和解程序适用的案件范围

划定当事人和解程序的适用范围，应当结合我国的社会特点和法制条件。如果范围过窄，则不利于提高诉讼效率、实现该诉讼程序目的；如果范围过宽，则不利于发挥刑罚的一般预防功能，不利于震慑犯罪和实现国家的刑罚权。另外，也考虑社会对公诉案件和解的理解和接受程度，所以，我国《刑事诉讼法》第277条用明确列举的方式和"案件性质＋量刑幅度"的描述形式，对这两类案件作了明确界定，并用禁止的方式对该程序的案件适用范围作了进一步限定：

一是可适用该程序的案件的类型、性质是"因民间纠纷引起，涉嫌《刑法》分则第四章、第五章规定的犯罪"，可能的量刑幅度是"3年有期徒刑以下刑罚"。民间纠纷一般是指公民之间因财产、人身等问题引发的纠纷。"《刑法》分则第四章、第五章规定的犯罪"即"侵犯公民人身权利、民主权利罪"和"侵犯财产罪"。通常情况下，3年有期徒刑以下的量刑幅度属于轻罪。将当事人和解的适用限于轻罪是为了充分发挥其积极作用，尽可能规避其负面影响。

二是可适用该程序的案件的类型、性质是"除渎职犯罪以外"的"过失犯罪"，量刑幅度是"可能判处7年有期徒刑以下刑罚"。这样规定是考虑与故意犯罪相比，过失犯罪的行为人主观恶性比较小，过失犯罪的社会危险性较小，被害人谅解的可能性也较大。从恢复社会关系、保障被害人权利和促使加害人重新回归社会的角度，可以允许一些造成的后果相对严重一些、可能判处的刑罚相对较高的过失犯罪适用刑事和解。而对于国家机关工作人员玩忽职守、严重不负责任等渎职犯罪行为虽然也表现为过失，但法律对国家机关工作人员履行职责有更严格的要求，因而法律规定,渎职犯罪案件不在和解案件范围之内。

另外,我国《刑事诉讼法》还从反面排除对该程序的适用情形,即"犯罪嫌疑人、被告人在5年以内曾经故意犯罪的,不适用本章规定的程序"。即如果前罪与后罪的时间间隔没有超过5年,且前罪是故意犯罪的,无论后罪是故意犯罪还是过失犯罪,都不能适用刑事和解。前罪是过失犯罪的,满足本条规定的其他条件的,当事人之间仍然可以和解。在此类案件中,犯罪嫌疑人、被告人的社会危害性、人身危险性以及主观恶性较大,属于从重处罚的情节。因此,此类案件不得适用对犯罪嫌疑人、被告人从轻处罚的当事人和解制度。

四、公诉案件当事人和解的程序操作

根据我国《刑事诉讼法》第278、279条的规定,当事人和解的公诉案件诉讼程序可适用于整个刑事诉讼程序。在不同的诉讼阶段,由不同的办案机关具体负责。第278条规定:"双方当事人和解的,公安机关、人民检察院、人民法院应当听取当事人和其他有关人员的意见,对和解协议的自愿性、合法性进行审查,并主持制作和解协议书。"可见,当事人和解程序以下四个步骤:

(一)当事人达成和解

我国刑事诉讼中当事人和解的主体是犯罪嫌疑人、被告人与被害人。他们之间自行协商、达成和解,这是我国当事人和解制度与海外辩诉交易以及认罪协商制度之间的重要区别。

当事人达成和解是和解程序的开端。当然,当事人和解可以采取多种形式,如当事人双方直接商谈,近亲属、律师等先行商谈,共同熟悉或信任的第三人和民间组织居中斡旋,等等,都是法律许可和支持的方式。

(二)办案机关听取意见

当事人达成和解之后,公检法办案机关需要听取当事人和其他有关人员的意见,如双方当事人的和解意愿,对案件及和解过程、和解内容的态度等,以及对案件处理有重要影响的其他有关人员如亲友、律师的意见,其他办案机关办案人员的意见等。

(三)办案机关对当事人和解的自愿性与合法性进行审查

当事人和解首先需要双方自行和解,但这并不意味着和解就生效了,还需经过公安司法机关的审查和确认。审查的主体是公、检、法办案机关。由于刑事诉讼是分阶段展开的,因此,双方当事人自行和解的,在侦查阶段,由公安机关负责审查;在审查起诉阶段,由人民检察院负责审查;在审判阶段,则由人民法院负责审查。办案机关有责任对当事人的和解进行审查,以确定其是否有效。自愿性和合法性是当事人和解的核心要求和基本原则,一切违反自愿性或合法性的当事人和解都是无效的。自愿性是指当事人是否自愿和解、有无被胁迫的情况;合法性主要是看

和解的过程、内容是否合法合理,如有无过分索赔或赔偿不够、违反法律的内容等。

(四)办案机关主持制作和解协议书

办案机关审查后,认为和解符合自愿性和合法性的,就主持制作和解协议书。和解协议书是公安机关、人民检察院和人民法院主持制作的记载双方当事人和解内容的诉讼文书。和解协议书是具有法律效力的诉讼文书,对双方当事人均具有法律拘束力。该诉讼文书的内容格式有待在实践中摸索,在内容上至少应该有:犯罪嫌疑人、被告人认罪悔过表示,对被害人赔偿损失、赔礼道歉等方式的具体内容,被害人表示谅解及表示同意从宽处理等。但是,和解协议不应涉及刑事责任的处理。和解协议中包含被害人表示不追究犯罪嫌疑人、被告人刑事责任意愿的内容的,对司法机关没有约束力,刑事责任最终取决于公安机关、人民检察院、人民法院根据我国《刑法》和我国《刑事诉讼法》对犯罪嫌疑人、被告人作出的处理,犯罪嫌疑人、被告人不得以此作为不履行和解协议的理由。

五、各诉讼阶段对达成刑事和解协议案件的处理

我国《刑事诉讼法》第279条规定:"对于达成和解协议的案件,公安机关可以向人民检察院提出从宽处理的建议。人民检察院可以向人民法院提出从宽处罚的建议;对于犯罪情节轻微,不需要判处刑罚的,可以作出不起诉的决定。人民法院可以依法对被告人从宽处罚。"

可见,如何从宽处罚,由人民法院根据人民检察院的建议和案件情况、当事人和解协议依法裁量。

(一)侦查阶段

以往在侦查阶段和解或在审查起诉阶段和解的案件,都通过公安机关直接撤销案件或检察机关退回公安机关撤销案件的方式作出了最终处理。显然,这种处理方式很容易使刑事和解失去法律监督。

为严密刑事法网,我国《刑事诉讼法》第160条规定:"公安机关侦查终结的案件,应当做到犯罪事实清楚,证据确实、充分,并且写出起诉意见书,连同案卷材料、证据一并移送同级人民检察院审查决定……"对于侦查阶段达成和解协议的案件,第279条中规定:"公安机关可以向人民检察院提出从宽处理的建议"。

可见,依照我国《刑事诉讼法》的规定,对于公诉案件,如果犯罪嫌疑人在事实和法律上构成犯罪应当追究刑事责任的,只能向人民检察院移送起诉,并在起诉意见书中提出从宽处理的建议。不仅公安机关不能自行撤案,法律亦未赋予检察机关建议公安机关撤销案件权力。

(二)审查起诉阶段

由于人民检察院办理的自侦案件不属于当事人和解案件的范围,人民检察院在审查起诉阶段才面临如何处理当事人和解案件的问题。我国《刑事诉讼法》第

279条规定:"……人民检察院可以向人民法院提出从宽处罚的建议;对于犯罪情节轻微,不需要判处刑罚的,可以作出不起诉的决定。……"可见在审查起诉阶段达成和解的,人民检察院有"建议从宽处理"和"不起诉"两种从宽处理的方式。对于犯罪情节轻微、不需要判处刑罚或者免除刑罚的和解案件,人民检察院可以根据我国《刑事诉讼法》第173条第2款规定,作出不起诉决定,即酌定不起诉(相对不起诉)决定。需要指出的是,对于未成年人犯罪案件,如果既属于适用当事人和解程序的案件范围,又符合《刑事诉讼法》第271条关于附条件不起诉的适用案件范围,人民检察院可以根据案件具体情况作出附条件不起诉的决定。

(三) 审判阶段

根据我国《刑事诉讼法》第279条的规定,对于在侦查阶段、审查起诉阶段以及审判阶段中加害人与被害人进行和解的,"人民法院可以依法对被告人从宽处罚。""从宽处罚"主要是指对于情节较轻、社会危害性较小的犯罪,或者罪行虽然严重,但具有法定、酌定从宽处罚情节,以及主观恶性相对较小、人身危险性不大的被告人,可以依法从轻、减轻或者免除处罚;对于具有一定社会危害性,但情节是显著轻微危害不大的行为,不作为犯罪处理;对于依法可不监禁的,尽量适用缓刑或者判处管制、单处罚金等非监禁刑。

第三节 犯罪嫌疑人、被告人逃匿、死亡案件违法所得的没收程序

【案例思考】

杨秀珠等贪官携巨款外逃案①

2003年4月20日,58岁的浙江省建设厅原副厅长杨秀珠,携同女儿、女婿、外孙女等出逃美国。温州市纪委从2003年11月开始,对杨秀珠重大违纪违法案件涉及的相关人员开展调查。初步查清涉案金额高达2.532亿元,已追缴4240多万元,冻结房产、资金7000多万元。2005年,中国银行哈尔滨分行河松街支行行长高山,卷款8.39亿元,与妻子一起逃往加拿大。……自2000年底最高人民检察院会同公安部组织开展追逃专项行动以来,至2011年,检察机关共抓获在逃职务犯

---

① 参见朱小央:《浙江女巨贪杨秀珠举家外逃案 涉案金额超2亿》,载中新网http://www.sd.xinhuanet.com/news/2004-12/08/content_3352562.htm,2014年5月10日访问;姚冬琴:《海外追贪——最高检披露12年来抓获18487个在逃职务犯罪嫌疑人》,载《中国经济周刊》2012年第22期。

罪嫌疑人18487名,仅最高人民检察院公开的其中5年的缴获赃款赃物金额,就达到541.9亿元。然而学者们认为,滞留境外的贪腐官员保守估计仍有一两万人,携带的资金不下万亿元。高山、杨秀珠、蒋基芳、陈传柏、程三昌……这些至今仍在"追逃榜"上赫赫有名的贪官,让人们感觉,贪官"贪了就跑、跑了就了",是一种无言的结局。追贪官难,追赃款更难。每年,大量的国有资产、民脂民膏被席卷出境,融入了发达国家的经济循环,从此难以剥离、难以追索。

请思考下列问题

1. 何谓缺席审判?
2. 近年来,许多犯罪嫌疑人、被告人携巨款出逃,其犯罪所得巨额财产长期无法追缴,如何解决这一难题?

▶ 一、我国《刑事诉讼法》创设违法所得没收程序的背景①

犯罪嫌疑人、被告人逃匿、死亡案件违法所得的没收程序,是指在特定案件中,在犯罪嫌疑人、被告人逃匿或者死亡的情形下,对其违法所得及其他涉案财物进行没收处理的特别诉讼程序。

一直以来,我国刑事司法都面临贪污贿赂、恐怖活动犯罪案件犯罪嫌疑人、被告人逃匿或者死亡后,其违法所得无法追缴的法律问题。由于腐败犯罪、恐怖犯罪等重大犯罪案件犯罪嫌疑人的财产往往是犯罪行为所得,对这些财产追缴必须通过刑事诉讼程序。而我国1996年修订的《刑事诉讼法》不允许缺席审判,一旦犯罪嫌疑人、被告人逃跑、死亡,诉讼程序就无法启动,使得犯罪分子的违法所得长期无法得到追缴。这种情形在贪污腐败犯罪案件中尤为突出。一些贪官为逃避法律惩罚,或逃往境外,或将违法所得财产转移到境外,致使大量国有资产流失。另外,在其他一些严重的犯罪案件中,也存在类似问题。如在恐怖犯罪案件中如不及时没收其违法犯罪所得,不仅不能惩治犯罪,而且由于不能切断其经济来源,也不能有效防止犯罪行为的继续发生。

为了加大对贪污腐败犯罪和其他严重犯罪的打击力度,联合国有关国际公约规定了与被告人定罪可以分离的没收程序。《联合国反腐败公约》第54条第1款第3项规定:"各缔约国应根据本国法律,采取必要的措施,以便在因为犯罪人死亡、潜逃或者缺席无法对其进行起诉的情形或其他有关情形下,能够不经过刑事定罪而没收因腐败犯罪所得财产。"我国已于2005年加入并批准了该《公约》。按照该《公约》,我国可以向其他公约缔约国请求返还贪官转移至国外的资产,但也遇到问题,如有些国家在协助我国返还贪官转移的财产时要求我方提供刑事法院针对

---

① 参见赵阳:《解读违法所得没收程序:终结外逃贪官"神仙日子"》,载《法制日报》2011年9月5日。

财产的没收令或者追缴的法律文书。但我国1996年修订的《刑事诉讼法》并无缺席审判制度,使我方无法提供相关的法律文书。

为了严厉打击贪污贿赂、恐怖活动等严重犯罪,及时追缴违法犯罪所得,并与我国已加入的反腐败、反恐怖等国际公约相衔接,我国2012年修订的《刑事诉讼法》在"特别程序编"增设了"犯罪嫌疑人、被告人逃匿、死亡案件违法所得的没收程序"专章内容。

▶ **二、违法所得没收程序的适用范围和条件**

我国《刑事诉讼法》第280条规定:"对于贪污贿赂犯罪、恐怖活动犯罪等重大犯罪案件,犯罪嫌疑人、被告人逃匿,在通缉一年后不能到案,或者犯罪嫌疑人、被告人死亡,依照刑法规定应当追缴其违法所得及其他涉案财产的,人民检察院可以向人民法院提出没收违法所得的申请。公安机关认为有前款规定情形的,应当写出没收违法所得意见书,移送人民检察院。没收违法所得的申请应当提供与犯罪事实、违法所得相关的证据材料,并列明财产的种类、数量、所在地及查封、扣押、冻结的情况。人民法院在必要的时候,可以查封、扣押、冻结申请没收的财产。"

(一)违法所得没收程序适用的案件范围

根据我国《刑事诉讼法》第280条的规定,违法所得没收程序的适用范围应仅限于"贪污贿赂犯罪、恐怖活动犯罪等重大犯罪案件"。这主要是考虑到贪污贿赂犯罪、恐怖活动犯罪对社会稳定与安全、经济发展危害严重,且又是我国参加的国际公约规定的成员国义务所要求的。考虑到对于犯罪所得财产的缺席审判和没收,目前仅在《联合国反腐败公约》、《禁毒公约》、《打击跨国有组织犯罪国际公约》和安理会反恐决议等几个国际文件中有规定,因此,我国《刑事诉讼法》规定的适用范围也不宜过大。

"贪污贿赂犯罪"是指我国《刑法》分则第八章规定的由人民检察院立案侦查的国家工作人员或国有单位实施的贪污和贿赂两类犯罪,共包括13个具体罪名。其中,贪污犯罪包括贪污罪、挪用公款罪、巨额财产来源不明罪、隐瞒境外存款罪、私分国有资产罪、私分罚没财物罪。贿赂犯罪包括受贿罪、单位受贿罪、利用影响力受贿罪、行贿罪、对单位行贿罪、介绍贿赂罪、单位行贿罪。

"恐怖活动犯罪",根据全国人大常委会《关于加强反恐怖工作有关问题的决定》(2011年10月29日第十一届全国人大常委会第二十三次会议通过)规定,是指以制造社会恐慌、危害公共安全或者胁迫国家机关、国际组织为目的,采取暴力、破坏、恐吓等手段,造成或者意图造成人员伤亡、重大财产损失、公共设施损坏、社会秩序混乱等严重社会危害的行为,以及煽动、资助或者以其他方式协助实施上述活动的行为。故"恐怖活动犯罪",是指实施上述恐怖活动的犯罪行为,包括我国《刑法》第120条规定的组织、领导恐怖活动组织罪、第120条之一规定的资助恐怖活动组织罪以及其他实施恐怖活动的犯罪。

"重大犯罪案件",根据最高人民法院《关于处理自首和立功具体应用法律若干问题的解释》第7条第2款的规定,一般是指犯罪嫌疑人、被告人可能被判处无期徒刑以上刑罚或者案件在本省区或全国范围内有较大影响的案件。但这里是专指贪污贿赂犯罪、恐怖活动犯罪中的"重大犯罪案件"。即本条明确规定违法所得的没收程序是仅限于"贪污贿赂犯罪、恐怖活动犯罪"的特别程序,不适用于普通刑事案件,有利于防止判决前违法所得没收程序被滥用。

(二)违法所得没收程序的适用条件

根据我国《刑事诉讼法》第280条的规定,对于适用没收违法所得程序,只能适用于被追诉人不能到案的情况,即"犯罪嫌疑人、被告人逃匿,或者犯罪嫌疑人、被告人死亡"的情况。据此,被追诉人不能到案有两种情形:一种情形是因为主观原因不能到案,即"犯罪嫌疑人、被告人逃匿"。这种情形还必须符合时间方面的要求,即"在通缉一年后不能到案"。时间方面的要求意在减少适用这一程序的随意性,尽量保护被追诉人的参与权、辩护权。另一种情形是因为客观原因被追诉人不能到案,即"死亡"。因此,该程序只能适用于被追诉人逃匿或者死亡不能到案的贪污贿赂犯罪、恐怖活动犯罪等重大犯罪案件。如果被追诉人能够到案接受处理的,应当依照刑事诉讼普通程序进行处理,不能单独对其财产进行审理,也不能在其不到庭的情况下对其财产进行审理。实践中应当注意的是,对于被追诉人逃匿的,司法机关应当尽力通缉、抓捕,以使之尽快到案并依照法定程序追诉,只有对确实在通缉一年后仍无法抓捕到案的,才可以适用这一特别程序。

(三)违法所得没收程序案件的管辖

(1)职权管辖。即在处理此类案件中各机关的职权划分。根据我国《刑事诉讼法》第280条的规定:对于符合条件的案件,"人民检察院可以向人民法院提出没收违法所得的申请。""公安机关认为有前款规定情形的,应当写出没收违法所得意见书,移送人民检察院。"可见,人民检察院具有启动没收违法所得程序的职权,人民法院具有案件审理裁判权,而公安机关只具有提出意见的权力。

(2)审判管辖。在违法所得没收程序的审判管辖方面,我国《刑事诉讼法》规定了级别管辖和地域管辖。根据我国《刑事诉讼法》第281条的规定,"没收违法所得的申请,由犯罪地或者犯罪嫌疑人、被告人居住地的中级人民法院组成合议庭进行审理。"可见,从地域管辖和级别管辖的规定看,没收违法所得的申请,要由犯罪地或者犯罪嫌疑人、被告人居住地的中级人民法院作为第一审管辖法院。

▶ 三、处理违法所得没收程序案件的具体程序

(一)启动程序

根据我国《刑事诉讼法》第280条的规定,犯罪嫌疑人、被告人的违法所得没收

程序的启动,需要通过人民检察院向人民法院提出没收违法所得的申请,并提供犯罪嫌疑人、被告人有关犯罪事实的证据材料,以及能够证明属于犯罪嫌疑人、被告人违法所得及其他涉案财产的相关证据材料。同时在案卷中还应当载明违法所得及其他涉案财产的种类、数量、存放地点以及查封、扣押、冻结有关财产的情况。

(二)案件的公告和审理程序

我国《刑事诉讼法》第281条还规定:"……人民法院受理没收违法所得的申请后,应当发出公告。公告期间为6个月。犯罪嫌疑人、被告人的近亲属和其他利害关系人有权申请参加诉讼,也可以委托诉讼代理人参加诉讼。人民法院在公告期满后对没收违法所得的申请进行审理。利害关系人参加诉讼的,人民法院应当开庭审理。"

(三)法院对违法所得的裁决

我国《刑事诉讼法》第282条第1款规定:"人民法院经审理,对经查证属于违法所得及其他涉案财产,除依法返还被害人的以外,应当裁定予以没收;对不属于应当追缴的财产的,应当裁定驳回申请,解除查封、扣押、冻结措施。"根据这一规定,人民法院经审理,对于查证属于违法所得的财产,有两种处理方式:(1)对于被害人的财产,应当依法返还被害人。(2)裁定予以没收。人民法院经审理,不能认定是违法所得的,应当裁定驳回申请,解除查封、扣押、冻结措施。由于人民法院并没有对被告是否犯罪、所犯何罪作出认定,所以审理的结果不可以以判决的形式作出。此外,由于对处理结果可以上诉、抗诉,因此,该结果尽管具有行政性处理的特征,也只能是裁定,而不是决定。具体而言,依法返还被害人财产和予以没收的裁定属于实体性裁定,而驳回申请,解除查封、扣押、冻结措施的裁定是程序性裁定。

人民法院对没收违法所得的申请后的审理程序,被告人并没有到案,并不对被告人是否有罪作出判决,而只就涉案的财产部分作出是否是违法所得的认定、是否予以没收的处理。因此,法律明确规定人民法院经审理后以裁定形式予以没收或者驳回申请。

(四)上诉、抗诉程序

我国《刑事诉讼法》第282条第2款规定:"对于人民法院依照前款规定作出的裁定,犯罪嫌疑人、被告人的近亲属和其他利害关系人或者人民检察院可以提出上诉、抗诉。"

为保证公正审理,使确有错误的没收违法所得的裁定在发生法律效力前得到及时的纠正,也使对不服裁定的利害关系人获得法律救济的机会,保障办案质量和司法公正,加强人民检察院的法律监督职责,法律规定犯罪嫌疑人、被告人的近亲属和其他利害关系人对人民法院的裁定不服,可以提出上诉,人民检察院可以提出抗诉。

(五)回转程序

鉴于当事人的缺席审判性质,我国《刑事诉讼法》第283条特别规定了回转程序:"在审理过程中,在逃的犯罪嫌疑人、被告人自动投案或者被抓获的,人民法院应当终止审理。没收犯罪嫌疑人、被告人财产确有错误的,应当予以返还、赔偿。"

违法所得没收程序是在犯罪嫌疑人、被告人没有到案参加法庭审理情况下进行的,在审理过程中,在逃的犯罪嫌疑人、被告人自动投案或者被抓获的,人民法院应当终止违法所得没收程序的审理,按照普通程序对案件进行审理。这样有利于查明案件事实,综合全案情况对定罪量刑作出正确判决,也有利于保障犯罪嫌疑人、被告人辩护权等诉讼权利和其他合法权益。对于犯罪嫌疑人、被告人在人民法院作出没收裁定生效后归案的,对没收违法所得的裁定应当区别情况处理:对被告人依照普通程序审理后依法判决,原裁定正确的,予以维持,不再对涉案财产作出处理;按照普通程序审理后,原裁定确有错误的,依照审判监督程序,予以撤销,对定罪量刑及涉案财产作出判决。本条明确规定没收犯罪嫌疑人、被告人财产确有错误的,应当予以返还、赔偿,以维护有关利害关系人的合法权益。

第四节 依法不负刑事责任的精神病人的强制医疗程序

【案例思考】

案例一 2009年年初,广东男子陈某在家因看电视与哥哥发生口角,把哥哥杀害了。事发后陈某被警方抓获,司法鉴定陈患有精神分裂症。警方没有将陈某送入精神病院,而是将他送回家,嘱咐家人严加看管。村民知道后纷纷要求村委会把陈某送到精神病院,结果村镇各出3000元把陈某送进了精神病院。但让村民发愁的是,6000块钱只够陈某在医院住3个月,之后怎么办?难道让他再回来?①

案例二 湖北省竹溪县建设局干部郭元荣曾因不断揭发检举局长刘喜洲的经济问题,结果在1996年被竹溪县公安局送往茅箭医院精神科"强制治疗",一关就是14年。多年来,家属屡屡和医院交涉,想接其回家均未成功。茅箭医院的护工说,茅箭医院最多的时候曾同时关了十几个上访者。②

案例三 2008年10月,山东新泰农民孙法武赴京上访时,被镇政府抓回送进精神病院20余日,签下不再上访的保证书后被放出。记者调查发现,在新泰,因上

---

① 参见王俊秀、陈磊:《我国精神病收治乱象亟待整治》,载《中国青年报》2010年10月11日。
② 洪启旺、董柳:《湖北竹溪一干部因举报官员被关进精神病院14年》,载《羊城晚报》2011年1月4日。

访而被送进精神病院者不是个别现象。①

请思考下列问题
1. 如何理解对精神病人进行强制治疗的义务主体？
2. 近年来我国为什么会频频发生"被精神病现象"？根源在哪里？

一、精神病人强制医疗程序概述

精神病人是一个非常特殊的社会群体。在我国，精神病人绝对数量很大。统计数据显示，我国重症精神患者1600万，其中很多都是具有严重暴力倾向的人员，随时危及社会公众的安全及其自身的安危。据公安部不完全统计，精神病人每年实施的案件达万起以上，对这些肇事肇祸的精神病人如何进行管理与救治，已经成为维护社会稳定的一个关键环节。

（一）精神病人强制医疗程序的概念

依法不负刑事责任的精神病人的强制医疗程序，是指公安司法机关对不负刑事责任且有社会危害性的精神病人采取强制治疗措施的特别诉讼程序。

由于精神病人缺乏健全的辨别能力和控制能力，因此，对其实施的危害行为并不负刑事责任。但是，为了维护公众人身、财产安全，同时也从有利于病人健康恢复的角度考虑，国家对其人身自由进行一定限制并对其采取强制治疗措施是必要的。因此，强制治疗的目的不是为了对行为人进行惩罚和教育，而本质是一种特殊的社会防卫措施。相应地，对依法不负刑事责任的精神病人的强制医疗程序的目的也不是解决犯罪嫌疑人、被告人的刑事责任问题，而是为了审查决定是否对其采取强制医疗措施。作为一种保安处分措施，各国的强制医疗的实体问题一般由刑法加以规定，相关程序问题由刑事诉讼法规定。

（二）设置精神病人强制医疗特别程序的背景

1. 立法基础

根据我国《刑法》第18条的规定，"精神病人在不能辨认或者不能控制自己行为的时候造成危害结果，经法定程序鉴定确认的，不负刑事责任，但是应当责令他的家属或者监护人严加看管和医疗；在必要的时候，由政府强制医疗。"由于我国《刑法》这一规定比较原则，2012年修订前的《刑事诉讼法》也没有规定具体程序，实际执行中面临一些问题：

一是实施暴力行为的精神病人，一般病情都较为严重，对他们的看管和治疗需要大量的精力、物力、财力以及较强的专业知识，往往家属或监护人不具备条件和

---

① 黄玉浩：《山东新泰多名欲进京上访者被强送精神病院》，载《新京报》2008年12月08日，人民网http://politics.people.com.cn/GB/14562/8474537.html，访问时间：2014年5月10日。

无力承担,结果导致对这些精神病人疏于管理、治疗,任由他们在社会游荡,有些有继续危害社会的危险;有的家属或监护人担心他们实施危害社会或者伤害他人行为,将他们长期禁锢在家中,使他们得不到有效的治疗。

二是我国《刑法》只规定了"必要的时候"由政府强制医疗,对于适用条件、如何提起、决定程序和执行机构以及在执行过程中治疗效果的评估等基本问题都没有明确的规定,修订前的《刑事诉讼法》也没有相关的规定,实践中一般都是由公安机关根据情况裁量,结果造成各地强制医疗执法标准不统一。

这种立法状况不仅不能有效维护社会秩序,也给公民人身自由带来很大威胁,存在强制医疗任意化的危险。另外,强制医疗行政性太强,司法性不足。在决定过程中,既没有一个中立的第三方对于强制医疗的申请合法性和合理性进行审查,相关当事人及其他利害关系人也没有有效渠道参与到该程序以维护自己的合法权益。

2. 实践做法

我国两家民间公益组织发布的一份《中国精神病收治制度法律分析报告》,通过对大约100多个真实案件、300篇新闻报道的分析,揭示了当前我国精神病治疗和司法实践中"该收治的不收治、不该收治的却被收治"的乱象,《报告》称:我国现行的精神病收治制度存在巨大缺陷,精神病收治局面十分混乱。这不仅威胁到社会公共安全,也使得每一个人都面临"被收治"的风险。

《报告》指出,一方面,许多应当被收治的患者由于无力支付医疗费,得不到治疗,或被家人长期禁锢,或流落街头,成为散落在社会中的"不定时炸弹",威胁公共安全,同时这些患者本身的自由乃至生命安全也时常被侵害。另一方面,大量无病或无须强制收治的人,被与之有利益冲突的人送往精神病院,花费大量医疗费用,承受丧失人身自由、被迫接受本不该接受的治疗带来的痛苦。这种情况导致了原本稀缺的医疗资源的浪费,有限的资源主要用在了错误的人身上,需要治疗的又得不到资源。《报告》指出,精神病收治制度不完善和资源配置的错位,使公众随时面临双重风险和威胁:不仅面临受流浪精神病人随时袭击的风险和威胁,而且也随时都面临"被收治"的风险和威胁。①

为了弥补法律规定的缺陷,解决实践中存在的种种问题,我国2012年修订的《刑事诉讼法》在"特别程序编"规定了"依法不负刑事责任的精神病人的强制医疗程序",明确了强制医疗的适用条件、决定程序、解除程序,在审理程序中设置了法律援助和法律救济程序,同时规定人民检察院对强制医疗的决定和执行实行监督。

---

① 参见王俊秀、陈磊:《我国精神病收治乱象亟待整治》,载《中国青年报》2010年10月11日。

二、强制医疗程序的适用对象

我国《刑事诉讼法》第284条规定:"实施暴力行为,危害公共安全或者严重危害公民人身安全,经法定程序鉴定依法不负刑事责任的精神病人,有继续危害社会可能的,可以予以强制医疗。"根据该条规定,强制医疗程序的适用对象必须同时符合行为要件、病理要件和社会危险性要件:

(一) 行为要件

首先,必须是精神病人"实施了暴力行为"。对于没有实施暴力行为的一般精神病人则不能采取强制医疗。其次,精神病人实施的暴力行为应当达到"危害公共安全或者严重危害公民人身安全"的严重程度。这种严重程度可理解为如果是精神正常的公民实施了这些行为,则应当被追究刑事责任的"犯罪程度"。

(二) 病理要件

强制医疗对象必须属于"经法定程序鉴定依法不负刑事责任的精神病人"。暴力行为实施者是否承担刑事责任,是否适用强制医疗程序,关键是其在实施暴力行为时是否因患有精神病或严重精神障碍而丧失辨别能力和控制能力。因此,司法精神病学鉴定结论是强制医疗程序能否启动和运行的关键和最为核心的证据基础。

(三) 社会危险性要件

社会危险性要件即行为人"有继续危害社会可能",使法律保护的社会关系处于危险状态,这时,才能对其进行强制医疗。行为人虽然实施了暴力行为,但不再具有继续危害社会可能的,如已经严重残疾等,丧失了继续危害社会的能力,则不需要再对其进行强制医疗。但在这种情况下,也应当责令他的家属或者监护人严加看管和医疗,而不能放任不管。

符合以上条件的精神病人,也不必然送交强制医疗。我国《刑事诉讼法》第284条规定的是"可以",而非"应当"。如此严格限定强制医疗的适用对象,既是为了防止将不符合条件的人错误送交强制医疗,也是为有关部门提供自由裁量的空间,毕竟国家财力和医疗资源是有限的。

三、强制医疗的申请与审理程序

我国《刑事诉讼法》第285条第1款、第2款、第3款规定:"根据本章规定对精神病人强制医疗的,由人民法院决定。""公安机关发现精神病人符合强制医疗条件的,应当写出强制医疗意见书,移送人民检察院。对于公安机关移送的或者在审查起诉过程中发现的精神病人符合强制医疗条件的,人民检察院应当向人民法院提出强制医疗的申请。人民法院在审理案件过程中发现被告人符合强制医疗条件的,可以作出强制医疗的决定。""对实施暴力行为的精神病人,在人民法院决定强制医疗前,公安机关可以采取临时的保护性约束措施。"

(一)强制医疗程序的启动

我国《刑事诉讼法》第285条第2款的规定表明,强制医疗程序的启动有两种方式:(1)通常情况下,强制医疗程序经由人民检察院向人民法院提出申请而启动。(2)在特殊情形下,人民法院也可以直接决定启动这一程序。

由检察院提出申请的规定说明,公民个人无权申请启动强制医疗程序,公安机关也不能直接向法院提出申请启动强制医疗程序。检察院的申请分为两种情形:

第一,公安机关在侦查阶段如果发现犯罪嫌疑人可能是精神病人,应当按照有关法律规定进行鉴定,如果鉴定结果确认犯罪嫌疑人是精神病人,且在不能辨认或者不能控制自己行为的时候造成危害结果的,应当撤销刑事案件,写出强制医疗意见书,移送人民检察院,然后由人民检察院向人民法院提出强制医疗的申请。

第二,人民检察院在审查起诉过程中发现犯罪嫌疑人是精神病人符合强制医疗条件,向人民法院提出强制医疗申请。

经研究认为,如果在侦查阶段经鉴定证明犯罪嫌疑人是精神病人的,公安机关也应当将相关材料移送人民检察院,由人民检察院对材料审核把关后,再向人民法院提出强制医疗的申请。这样有利于提高办案质量,防止类似将正常人"被精神病"现象发生。

(二)有权采取强制医疗措施的决定机关

我国《刑事诉讼法》第285条第1款的规定表明,无论是人民检察院向人民法院提出强制医疗申请的,还是人民法院在案件审理过程中发现精神病人符合强制医疗条件的,都应由人民法院依照法定程序作出决定。这里的决定权既包括适用强制医疗的决定权,也包括解除强制医疗的决定权。

我国《刑事诉讼法》将对精神病人强制医疗的决定权明确授予人民法院,主要基于以下考虑:

首先,强制医疗措施不仅关乎公民人身自由的限制,而且关乎公民的名誉权和人格权,为了防范公民人身自由受到非法侵犯或假冒精神病人逃避刑事处罚的情况发生,将强制医疗措施的决定纳入规范的司法程序,严格适用刑事诉讼的原则和制度,由人民法院作出无疑是十分必要的。

其次,如前所述,适用强制医疗措施的条件之一是认定有关人员实施的暴力行为"危害公共安全或者严重危害公民人身安全",在客观方面达到"犯罪程度",并且由于无刑事责任能力而"不负刑事责任"。对这两个关键、重要法律事实的认定,为了体现慎重公正的原则,无疑也应当由人民法院在充分保障相关当事人参与权的情况下,依照严格规范的诉讼程序作出,而不应由公安机关或其他行政机关简单地以行政方式单方面作出。这一权力配置无疑有利于强制医疗程序在程序上、实体上的公正性和准确性。

此外，我国《刑事诉讼法》还规定"对实施暴力行为的精神病人，在人民法院决定强制医疗前，公安机关可以采取临时的保护性约束措施"。这里的"保护性约束措施"只是"临时"的，而且要保障精神病人的合法权益免受非法侵犯。

（三）强制医疗的审理程序

我国《刑事诉讼法》第286条规定："人民法院受理强制医疗的申请后，应当组成合议庭进行审理。人民法院审理强制医疗案件，应当通知被申请人或者被告人的法定代理人到场。被申请人或者被告人没有委托诉讼代理人的，人民法院应当通知法律援助机构指派律师为其提供法律帮助。"

1. 审判组织

人民法院受理强制医疗的申请后，由合议庭进行审理，主要是考虑到，强制医疗关系公民的人身自由、社会安全和公共秩序，且强制医疗案件除了要查明行为人是否实施了暴力行为，还要查明行为人实施暴力行为时是否患有精神病、是否因精神病而无刑事责任能力、是否现在仍因精神病而具有社会危害性必须予以强制治疗，可见需要考量的事实很多，组成合议庭进行审理显然更有利于保证案件的质量，也为了防止独任审理的主观擅断。

2. 告知程序

"人民法院审理强制医疗案件，应当通知被申请人或者被告人的法定代理人到场。"这主要是考虑到被申请人或者被告人很可能是精神病人，不具有诉讼行为能力，通知其法定代理人到场，可更好地维护其合法权益。

3. 法律援助

由于强制医疗案件涉及精神医学及法律两方面的专业知识，加之行为人无行为能力或人身自由受限，其无法正常行使法律赋予的诉讼权利，且有些诉讼行为依法只有辩护人或诉讼代理人才有权行使，如调查收集证据的权利，因此，法律规定"被申请人或者被告人没有委托诉讼代理人的，人民法院应当通知法律援助机构指派律师为其提供法律帮助"。

4. 审理期限

我国《刑事诉讼法》第287条第1款规定："人民法院经审理，对于被申请人或者被告人符合强制医疗条件的，应当在一个月以内作出强制医疗的决定。"该审理期限显然很短，而且没有延期的规定，主要是为了使被申请人或者被告人尽快结束不确定状态。

5. 申请复议与救济

我国《刑事诉讼法》第287条第2款规定："被决定强制医疗的人、被害人及其法定代理人、近亲属对强制医疗决定不服的，可以向上一级人民法院申请复议。"比照刑事诉讼中的上诉程序，强制医疗程序也应实行两审终审制，由上级法院受理不服下级法院的决定而提起的复议。这里需要注意提起复议的主体，包括了被害人及其法定代理人、近亲属。

6. 强制医疗程序的解除

强制医疗程序的解除有两种途径：

（1）医疗机构提出意见。我国《刑事诉讼法》第288条第1款规定："强制医疗机构应当定期对被强制医疗的人进行诊断评估。对于已不具有人身危险性，不需要继续强制医疗的，应当及时提出解除意见，报决定强制医疗的人民法院批准。"

（2）本人及近亲属提出申请。我国《刑事诉讼法》第288条第2款规定："被强制医疗的人及其近亲属有权申请解除强制医疗。"

人民法院有权对强制医疗机构的解除强制医疗的诊断意见和被强制医疗的人及其近亲属解除强制医疗的申请进行审查，以确定被强制医疗的人是否还具有社会危害性，并根据审查的结果决定是否批准解除强制医疗。

四、人民检察院对强制医疗的决定和执行实行监督

我国《刑事诉讼法》第289条规定："人民检察院对强制医疗的决定和执行实行监督。"人民检察院对强制医疗的监督主要包括两个方面：

一是对强制医疗的决定实行监督。在强制医疗的决定程序中，既包括公安机关的侦查活动，也包括人民法院的审理活动。人民检察院对公安机关在侦查阶段的监督，主要是通过审查公安机关提出的强制医疗意见及相关办案工作来实现监督的，包括侦查机关在收集精神病人实施暴力行为的证据材料，对精神病人进行鉴定的程序，对实施暴力行为的精神病人采取临时的保护性约束措施是否合法等。人民检察院对人民法院在审理阶段的监督，主要通过审查人民法院审理强制医疗是否符合法律规定的程序，对强制医疗的决定是否正确、合法等来实现的。

二是对强制医疗的执行实行监督，包括强制医疗机构的执行活动，也包括人民法院解除强制医疗的批准活动。人民检察院对强制医疗机构的执行活动进行监督，主要审查强制医疗机构是否对被强制医疗的人实施必要的治疗，是否按照要求定期对被强制医疗的人进行诊断评估，是否按照要求提出解除强制医疗的申请，是否保障被强制医疗的人的合法权利等。人民检察院对人民法院批准解除强制医疗的监督，主要体现在人民法院解除强制医疗的批准程序和批准决定是否合法，是否存在徇私舞弊行为等。

第五节 涉外刑事诉讼

一、涉外刑事诉讼概述

涉外刑事诉讼程序，是指人民法院、人民检察院和公安机关办理具有涉外因素

的刑事案件所适用的诉讼程序。根据最高法《适用刑事诉讼法的解释》第392条的规定,所谓涉外刑事案件,是指:(1)在中华人民共和国领域内,外国人犯罪的或者我国公民侵犯外国人合法权利的刑事案件;(2)符合《刑法》第7条、第10条规定情形的我国公民在中华人民共和国领域外犯罪的案件;(3)符合《刑法》第8条、第10条规定情形的外国人对中华人民共和国国家或者公民犯罪的案件;(4)符合《刑法》第9条规定情形的中华人民共和国在所承担国际条约义务范围内行使管辖权的案件。

▶ 二、涉外刑事诉讼程序的原则

(一)国家主权原则

办理外国人犯罪案件,应当适用我国《刑事诉讼法》和有关司法解释、规章的规定,只有法律或者司法解释、规章或者我国加入的国际公约、条约等有特别规定时,才适用特别规定。

享有外交特权和豁免权的外国人的刑事责任问题,通过外交途径解决(我国《刑事诉讼法》第6条第2款、公安部《刑事案件程序规定》第349条)。

(二)诉讼权利和义务平等原则

外国籍、无国籍犯罪嫌疑人、被告人在刑事诉讼中,享有我国法律规定的诉讼权利并承担义务(最高法《适用刑事诉讼法的解释》第395条、公安部《刑事案件程序规定》第346条)。

(三)使用我国通用语言文字进行诉讼原则

在侦查阶段,公安机关办理外国人犯罪案件使用中华人民共和国通用的语言文字。犯罪嫌疑人不通晓中国语言文字的,公安机关应当为他提供翻译(公安部《刑事案件程序规定》第350条)。

在审判阶段,人民法院审判涉外刑事案件,使用中华人民共和国通用的语言、文字时,应当为外国籍被告人提供翻译。如果外国籍被告人通晓中国语言文字,拒绝他人翻译,或者不需要诉讼文书外文翻译的,应当由本人出具书面声明,人民法院的诉讼文书为中文本,外国籍当事人不通晓中文的,应当附有外文译本,译本不加盖人民法院印章,以中文本为准(最高法《适用刑事诉讼法的解释》第401条)。

(四)委托中国律师参加诉讼原则

外国籍被告人委托律师辩护的,或者外国籍附带民事诉讼的原告人、自诉人委托律师代理的,应当委托具有中华人民共和国律师资格并依法取得执业证的律师。外国籍被告人没有委托辩护人的,人民法院可以通知法律援助机构为其指定律师提供辩护。被告人拒绝辩护人辩护的,应当由其提出书面声明,或者将其口头声明记录在案。被告人属于应当提供法律援助情形的,须另行委托或指派(最高法《适用刑事诉讼法的解释》第402条;公安部《刑事案件程序规定》第359条)。

在中华人民共和国领域外居住的外国人寄交或者委托交给中国律师或者公民的授权委托书,必须经所在国公证机关证明、所在国外交部或者其授权机关认证,并经中国驻该国使领馆认证,才具有法律效力。但中国与该国之间有互免认证协定的除外(最高法《适用刑事诉讼法的解释》第403条)。

▶ 三、涉外刑事诉讼中外国人国籍的确认

在侦查阶段,外国人的国籍,以其在入境时的有效证件予以确认。国籍不明的,由出入境管理部门协助予以查明(公安部《刑事案件程序规定》第347条)。办理无国籍人犯罪案件,在侦查阶段适用与外国人犯罪案件相同的规定。

在审判阶段国籍不明的,根据公安机关或者有关国家驻华使领馆出具的证明确认。国籍确实无法查明的,以无国籍人对待,适用涉外刑事诉讼审理程序,在裁判文书中注明"国籍不明"(最高法《适用刑事诉讼法的解释》第394条)。

▶ 四、涉外刑事诉讼有关立案侦查的特别规定

(1)外国人犯罪案件,由犯罪地的县级以上公安机关立案侦查(公安部《刑事案件程序规定》第351条)。

(2)外国人犯中华人民共和国缔结或者参加的国际公约规定的罪行后进入我国领域内的,由该外国人被抓获的设区的市一级以上公安机关立案侦查(公安部《刑事案件程序规定》第352条)。

(3)外国人在中华人民共和国领域外的中国船舶或者航空器内犯罪的,由犯罪发生后该船舶或者航空器最初停泊或者降落地、目的地的中国港口的县级以上交通或者民航公安机关立案侦查(公安部《刑事案件程序规定》第353条)。

(4)外国人在国际列车上犯罪的,由犯罪发生后列车最初停靠的中国车站所在地或者目的地的县级以上铁路公安机关或者该外国人居住地的县级以上公安机关立案侦查(公安部《刑事案件程序规定》第354条)。

(5)外国人在中华人民共和国领域外对中华人民共和国国家或者公民犯罪,依照我国《刑法》应当受处罚的,由该外国人入境地或者入境后居住地的县级以上公安机关立案侦查(公安部《刑事案件程序规定》第355条)。

(6)发生重大的或者可能引起外交交涉的外国人犯罪案件的,有关省、自治区、直辖市公安机关应当及时将案件办理情况报告公安部。公安部商外交部后,应当单独或者会同外交部联名将案件进展情况等及时通知我国驻外使馆、领事馆(公安部《刑事案件程序规定》第356条)。

▶ 五、涉外刑事诉讼强制措施的适用

(1)对外国人作出监视居住、取保候审决定或者执行拘留、逮捕后的,应当在

48小时以内层报省级公安机关,同时通报同级人民政府外事办公室(公安部《刑事案件程序规定》第357条)。

(2) 对外国人依法作出取保候审、监视居住决定或者执行拘留、逮捕后,有关省、自治区、直辖市公安厅、局应当在规定的期限内,将外国人的姓名、性别、入境时间,护照或者证件号码、案件发生的时间、地点,涉嫌犯罪的主要事实,已采取的强制措施及其法律依据,通知该外国人所属国家的驻华使馆、领事馆,同时报告公安部。外国人在公安机关侦查后者执行刑罚期间死亡的,有关省、自治区、直辖市公安机关应当通知该外国人所属国家的驻华使馆、领事馆,同时报告公安部(公安部《刑事案件程序规定》第358条)。

(3) 公安机关侦查终结前,外国驻华外交、领事官员要求探视被监视居住、拘留、逮捕或者正在看守所服刑的本国公民的,应当及时安排有关的探视事宜。犯罪嫌疑人拒绝其国籍国驻华外、领事官员探视的,公安机关可以不予安排,但应当由其本人提出书面声明。在公安机关侦查羁押期间,经公安机关批准,外国籍犯罪嫌疑人可以与其近亲属、监护人会见、与外界通信(公安部《刑事案件程序规定》第360条)。

(4) 对涉外刑事案件的被告人,可以决定限制出境;对开庭审理案件时必须到庭的证人,可以要求暂缓出境。限制出境的决定应当通报同级公安机关或者国家安全机关。

人民法院决定限制外国人和中国公民出境的,应当书面通知被限制出境的人,也可以采取扣留其护照或者其他有效出入境证件的办法,在案件审理终结前不得离境。

对需要在边防检查站阻止外国人和中国公民出境的,应当层报高级人民法院,由高级人民法院填写口岸阻止人员出境通知书,向同级公安机关办理交控手续。控制口岸不在本省、自治区、直辖市的,应当通过有关省、自治区、直辖市公安厅(局)办理交控手续。紧急情况下,确有必要的,也可以向边防检查站交控,再补交交控手续(最高法《适用刑事诉讼法的解释》第404条)。

▶ 六、涉外刑事案件的审判和执行

(一) 涉外刑事案件的审判

(1) 人民法院审判涉外刑事案件,应当公开进行,但依法不应公开审理的除外。公开审理的涉外刑事案件,其国籍国驻华使领馆官员要求旁听的,可以向受理案件法院所在地的高级人民法院提出申请,法院应当安排(最高法《适用刑事诉讼法的解释》第400条)。

(2) 人民法院审理涉外刑事案件及处理结果,应当及时通报当地外事部门(最高法《适用刑事诉讼法的解释》第396条)。

(3) 外国籍被告人采取强制措施的情况;开庭的时间、地点、是否公开审理等事项;宣判的时间、地点;对外国籍被告人执行死刑的,在死刑裁判下达后执行前;或者在案件审理中死亡的,应当及时通知其所属国家的驻华使、领馆,并按照有关规定处理(最高法《适用刑事诉讼法的解释》第396条)。

(二) 涉外刑事案件的执行

对判处独立使用驱逐出境刑罚的外国人,省级公安机关在收到人民法院的刑事判决书、执行通知书的副本后,应当指定罪犯所在地的设区的市一级公安机关执行。被判处徒刑的外国人,其主刑执行期满后应执行驱逐出境附加刑的,省级公安机关在收到原执行监狱的上级主管部门转交的原刑事判决书、执行通知书副本或者复印本后,应当指定罪犯所在地的设区的市一级公安机关执行。我国政府已按照国际条约或《外交特权与豁免条例》的规定,对实施犯罪,但享有外交或者领事特权和豁免的外国人宣布为不受欢迎的人或者不可接受并拒绝承认其外交或领事人员身份,责令限期出境的人,无正当理由逾期不自动出境的,由公安部凭外交部公文指定该外国人所在的省级公安机关负责执行或者监督执行(公安部《刑事案件程序规定》第361条)。

第六节　刑事司法协助程序

【案例思考】

余振东外逃被遣返案①

中国银行广东开平支行原行长余振东贪污、挪用公款案于2006年3月31日在广东省江门市中级人民法院一审宣判,余振东犯贪污罪、挪用公款罪被判处有期徒刑12年,并处没收其个人财产100万元。

余振东是我国签署《联合国反腐败公约》及中美关于刑事司法协助协定后,首名被押解回国的外逃贪官。其贪污、挪用公款一案于2005年8月16日在江门市中级人民法院首次开庭审理。

根据公诉机关的指控,自1992年开始,余振东与中国银行开平支行原行长许超凡、经理许国俊(均在逃国外)合谋,利用中国银行联行资金管理上的漏洞,违规占用广东省辖联行账户的大量资金,并通过伪造有关账册平账的手段,贪污公款

---

① 新华网 http://news.xinhuanet.com/newscenter/2006-04/01/content_4371722.htm,2016年5月30日访问。

8247万美元,据为己有,用于其在境外设立的私营公司。同时,余振东还伙同许超凡、许国俊采取假借企业之名向中国银行开平支行申请贷款的名义,套取巨额联行资金的手段,挪用巨额资金美元1.32亿多元,人民币2.73亿多元,港币2000万元,用于其在境外设立的私营公司的经营,并从中获得公司分红等非法利益共6730万港元,全部用于个人炒卖外汇、股票以及赌博等个人消费。

余振东与许超凡、许国俊于2001年10月12日经香港逃往加拿大、美国。在香港停留期间,余振东通过变卖股票等方式,套取现金,并将余下侵吞、挪用所得的资金转移到美国、加拿大其亲属的账户以及赌场账户中,用于外逃之用。

2001年10月,广东省检察机关依法对余振东立案侦查。同年11月5日,根据中美刑事司法协助协定,中方要求美方就此案向我提供刑事司法协助。经中美两国执法机关密切合作,同年12月,美方没收了余振东转往美国的部分赃款,并于2002年12月在洛杉矶将余振东拘押。2003年9月,美方将所没收的355万美元赃款全部返还中方。2004年2月,余振东在美国拉斯维加斯联邦法院受审,因非法入境、非法移民及洗钱三项罪名被判处144个月监禁。同年4月16日,美国联邦执法机关的执法人员在北京首都国际机场与我国警方办理了案犯移交手续,将余振东移交给我国警方。

请思考下列问题:
1. 司法引渡的法律根据是什么?
2. 司法引渡有哪些程序?

一、刑事司法协助的概念和意义

我国《刑事诉讼法》第17条规定:"根据中华人民共和国缔结或者参加的国际条约,或者按照互惠原则,我国司法机关和外国司法机关可以相互请求刑事司法协助。"刑事司法协助是指我国司法机关和外国司法机关之间,根据本国缔结或者参加的国际条约,或者按照互惠原则,相互请求代为进行某些刑事诉讼行为的一项制度。

随着经济全球化的进程,很多刑事犯罪也出现了跨国的趋势,如恐怖行为和恐怖组织罪、贩毒、儿童色情等。这些国际性犯罪的存在是国际刑事司法协助产生和发展的一个重要原因。根据这项制度,我国司法机关就可以和其他国家的司法机关进行合作,共同采取措施打击这种犯罪,最终达到减少、预防这种犯罪的目的。

截止到2009年6月底,中国已与63个国家签订了107项司法协助条约(包括已进行第一轮谈判的)。其中75项条约已生效,包括49项司法协助条约、22项引渡条约和4项被判刑人移管条约。除双边条约外,我国已加入《海牙送达公约》和《海牙取证公约》,这两项公约均已对我国生效。其他的公约还有:《联合国打击跨国有组织犯罪公约》(我国政府于2000年12月12日签署,全国人大常委会于2003年8月27日批准,同时指定司法部和公安部为我国中央机关);《联合国反腐败公约》(我国政府于2003年12月10日签署,全国人大常委会于2005年10月27日批准)。

二、刑事司法协助的主体

根据我国《刑事诉讼法》第17条的规定,刑事司法协助的主体是我国司法机关与外国司法机关。一般来说,我国的司法机关是指人民法院和人民检察院,但是在刑事司法协助这个问题上,司法机关应当作广义的解释,即包括我国的公安机关和外国警察机关。为了保证刑事司法协助的同一性和严肃性,维护国家主权,我国和外国相互请求司法协助应当由两国的最高司法机关相互联系。因此,我国司法协助中央机关包括最高人民法院、最高人民检察院和公安部。

三、刑事司法协助的依据和主权原则

(一)刑事司法协助的依据

我国《刑事诉讼法》第17条规定了刑事司法协助的根据有两个:一是我国缔结或者参加的国际条约,二是互惠原则。根据中华人民共和国缔结或者参加的国际条约,或者按照对等互惠原则,我国法院和外国法院可以相互请求,代为一定的诉讼行为(最高法《适用刑事诉讼法的解释》第408条第1款)。人民检察院进行司法协助,有我国参加或者缔结的国际条约规定的,适用该条约规定,但是我国声明保留的条款除外;无相应条约规定的,按照互惠原则通过外交途径办理(最高法《适用刑事诉讼法的解释》第408、409条)。公安机关进行刑事司法协助和警务合作,我国缔结或者参加的国际条约和公安部签订的合作协议有规定的,按照条约和协议的规定办理,但是我国声明保留的条款除外,无相应条约和协议规定的,按照互惠原则通过外交途径或国际刑事警察组织进行(公安部《刑事案件程序规定》第364条)。

另外,我国边境地区人民检察院与相邻国家的司法机关相互进行司法合作,在不违背有关条约、协议和我国法律的前提下,可以按惯例或者遵照有关规定进行,但应当报最高人民检察院备案。我国边境地区人民检察院与相邻国家的司法机关相互进行司法合作,可以视情况就双方之间办案过程中的具体事务作出安排,开展友好往来活动(最高法《适用刑事诉讼法的解释》第689条、第690条)。

我国边境地区公安机关与相邻国家的警察机关,在不违背有关国际条约、协议和我国法律的前提下,可以按照惯例开展警务合作,但应当报省级公安机关批准,并报公安部备案(公安部《刑事案件程序规定》第366条)。

(二) 刑事司法协助的主权原则

外国司法机关请求的事项,不得有损我国主权、安全或者社会公共利益,不得违反中国法律。

外国法院请求的事项有损中华人民共和国的主权、安全或者社会公共利益的,人民法院不予协助(最高法《适用刑事诉讼法的解释》第408条第2款)。

人民检察院应当在相互尊重国家主权和平等互利的基础上,与有关国家的主管机关相互提高司法协助(最高检《刑事诉讼规则(试行)》第677条)。外国有关机关请求的事项有损中华人民共和国的主权、安全或者社会公共利益以及违反中国法律的,应当不予协助;不属于人民检察院职权范围的,应当予以退回或移送有关机关,并说明理由(最高检《刑事诉讼规则(试行)》第682条)。

▶ 四、刑事司法协助的内容

刑事司法协助的范围,包括人民法院、人民检察院和公安机关的司法协助。

(一) 我国现行司法协助范围的规定

(1) 我国法院和外国法院可以相互请求刑事司法协助(最高法《适用刑事诉讼法的解释》第408条第1款)。

(2) 人民检察院司法协助范围主要包括刑事方面的调查取证、送达刑事诉讼文书、通报刑事诉讼结果、移交物证、书证和视听资料、扣押、移交赃款、赃物以及法律和国际条约规定的其他司法协助事宜(最高检《刑事诉讼规则(试行)》第679条)。

(3) 公安机关进行刑事司法协助和警务合作的范围,主要包括犯罪情报信息的交流与合作、调查取证、送达刑事诉讼文书、移交物证、书证和视听资料或者电子数据等证据材料,引渡、缉捕和递解犯罪嫌疑人、被告人或者罪犯以及国际条约规定的其他刑事司法协助和警务合作事宜(公安部《刑事案件程序规定》第365条)。

(二) 司法协助的内容

根据以上规定,以及我国缔结和参加国际条约的规定,刑事司法协助主要有以下六项内容:

(1) 调查取证。包括代为听取诉讼当事人的陈诉,询问证人、被害人和鉴定人,进行鉴定、勘验、检查、搜查、扣押物证书证、辨认等。

(2) 送达文书。例如,相互请求代为送达判决书、裁定书、传票等等。

(3) 移交证据。包括移交物件、书证、视听资料,扣押、移交赃款、赃物等。

(4) 通报刑事诉讼结果。包括通报侦查、采取强制措施、起诉或者不起诉、判决或者裁定的内容等。

(5) 引渡。即一国将当时在其境内而被他国指控犯有罪行或者判处刑罚的人,根据该国的请求,移交给该国进行审判或者处罚的制度。办理引渡案件,按照国家关于引渡的法律和规定执行(最高检《刑事诉讼规则(试行)》第 680 条、公安部《刑事案件程序规定》第 373 条)。

(6) 犯罪情报信息的交流和合作。

▶ 五、引渡

我国《引渡法》于 2000 年 12 月 28 日颁布并施行。该法对引渡的原则、条件、途径等作了详细规定,对加强惩罚犯罪的国际合作、维护国家利益具有重大意义。

(一) 引渡的原则

(1) 平等原则。中华人民共和国和外国必须在平等互惠的基础上进行引渡合作,不得损害中华人民共和国的主权、安全和社会公共秩序。

(2) 遵循外交途径原则。中华人民共和国与外国之间的引渡,通过外交途径联系实施,中华人民共和国外交部为指定的进行引渡的联系机关。引渡条约对联系机关有特别规定的,依照条约规定实施(我国《引渡法》第 4 条)。

(3) 依法适用引渡强制措施的原则。办理引渡案件,可以根据情况,对被请求引渡人采取引渡拘留、引渡逮捕或者引渡监视居住的强制措施(我国《引渡法》第 5 条)。

(二) 向中华人民共和国请求引渡

1. 引渡的条件

引渡的条件分为如下三种情形:

(1) 引渡必须具备的条件。外国向中华人民共和国提出的引渡请求必须同时符合下列条件,才能准许引渡:① 引渡请求所指的行为,依照中华人民共和国法律和请求国法律均构成犯罪。② 为了提起刑事诉讼而请求引渡的,根据中华人民共和国法律和请求国法律,对于请求所指的犯罪均可判处 1 年以上有期徒刑或者其他更重的刑罚。③ 为了执行刑罚而请求引渡的,在提出引渡请求时,被请求人尚未服完的刑期至少为 6 个月(我国《引渡法》第 7 条)。

(2) 应当拒绝引渡的情形。外国向中华人民共和国提出引渡请求,有下列情形之一的,应当拒绝引渡:① 根据中华人民共和国法律,被请求引渡人具有中国国籍的;② 在收到引渡请求时,中国司法机关对引渡请求所涉及的犯罪已经作出生效判决,或者已经终止刑事诉讼程序的;③ 因政治犯罪而请求引渡的,或者中国已经给予被请求引渡人庇护权的;④ 被请求引渡人可能因其种族、宗教、国籍、性别、政治见解或者身份等方面原因而被提起刑事诉讼或执行刑罚,或者被请求引渡人在司法程序中可能由于上述原因受到不公正待遇的;⑤ 根据我国或请求国法律,引渡请求所指的犯罪纯属军事犯罪的;⑥ 根据我国或请求国法律,在收到引渡请求时,由于犯罪已过追诉时效或者被请求引渡人已被赦免等原因,不应当追究被请求引渡人的刑事责任的;⑦ 被请求引渡人在请求国曾经遭受或者可能遭受酷刑或者其他残忍、不人道或者有辱人格的待遇或者处罚的;⑧ 请求国根据缺席判决提出引渡请求的,但请求国承诺在引渡后对被请求引渡人给予在其出庭的情况下进行重新审判机会的除外(我国《引渡法》第 8 条)。

(3) 可以拒绝引渡的情形。外国向中华人民共和国提出引渡请求,有下列情形之一的,可以拒绝引渡:① 我国对于引渡请求所指的犯罪具有刑事管辖权,并且对被请求引渡人正在进行刑事诉讼或者准备提起刑事诉讼的;② 由于被请求引渡人的年龄、健康等原因,根据人道主义原则不宜引渡的(我国《引渡法》第 9 条)。

2. 引渡请求的提出

(1) 接受请求引渡的机关。请求国的引渡请求应当向中华人民共和国外交部提出(我国《引渡法》第 10 条)。

(2) 递交引渡请求书和其他有关文件。请求书应当载明:① 请求机关的名称;② 被请求引渡人的姓名、性别、年龄、国籍、身份证件的种类及号码、职业、外表特征、住所地和居住地以及其他有助于辨别其身份和查找该人的情况;③ 犯罪事实,包括犯罪的时间、地点、行为、结果等;④ 对犯罪的定罪量刑以及追诉时效方面的法律规定(我国《引渡法》第 11 条)。

请求国请求引渡,应当在出具请求书的同时,提供以下材料:① 为了提供刑事诉讼而请求引渡的,应当附有逮捕证或者其他具有同等效力的文件的副本;为了执行刑罚而请求引渡的,应当附有发生法律效力的判决书或者裁定书的副本,对于已经执行部分刑罚的,还应当附有已经执行刑期的证明;② 必要的犯罪证据或者证据材料。请求国掌握被请求引渡人的照片、指纹以及其他可供确认被请求引渡人的材料的,应当提供(我国《引渡法》第 12 条)。

请求国根据上述规定提交的引渡请求书或者其他有关文件,应当由请求国的主管机关正式签署或者盖章,并应当附有中文译本或者经中华人民共和国外交部同意使用的其他文字的译本(我国《引渡法》第 13 条)。

(3) 请求引渡应当作出的保证和承诺

请求国请求引渡,应当作出如下保证:① 请求国不对被引渡人在引渡前实施的其他未准予引渡的犯罪追究刑事责任,也不将该人再引渡给第三国。但经中华人民共和国同意,或者被引渡人在其引渡罪行诉讼终结、服刑期满或者提前释放之日起 30 日内没有离开请求国,或者离开后又自愿返回的除外。② 请求国提出请求后撤销、放弃引渡请求,或者提出引渡请求错误的,由请求国承担因请求引渡对被请求引渡人造成损害的责任(我国《引渡法》第 14 条)。"被引渡人"是指从被请求国引渡到请求国的人。

在没有引渡条约的情况下,请求国应当作出互惠的承诺(我国《引渡法》第 15 条)。

(三)向国外请求引渡

1. 提出请求的途径

请求外国准予引渡或者引渡过境的,应当由负责办理有关案件的省、自治区或者直辖市的审判、检察、公安、国家安全或者监狱管理机关分别向最高人民法院、最高人民检察院、公安部、国家安全部、司法部提出意见书,并附有关文件和材料及经证明无误的译文。最高人民法院、最高人民检察院、公安部、国家安全部、司法部分别会同外交部审核同意后,通过外交部向外国提出请求。

在紧急情况下,可以再向外国正式提出引渡请求前,通过外交途径或者被请求国同意的其他途径,请求外国对有关人员先行采取强制措施。

2. 引渡的附加条件以及对引渡的承诺

被请求国就准予引渡附加条件的,对于不损害中华人民共和国主权、国家利益、公共利益的,可以由外交部代表中华人民共和国政府向被请求国作出承诺。对于限制追诉的承诺,由最高人民检察院决定;对于量刑的承诺,由最高人民法院决定。在对被引渡人追究刑事责任时,司法机关应当受所作出的承诺的约束。

【拓展阅读】

公诉案件的和解问题

我国2012年修订的《刑事诉讼法》首次把民间广泛存在的"私了"纳入了法制化的轨道,使公诉案件的和解有法可依。但另一方面,无论是在学界还是民间,都有人认为刑事和解的实质是"花钱买刑",并认为我国现行的刑事和解存在"范围过大"的问题,如有人认为,我国现行《刑事诉讼法》第277条容易导致这样的后果,一是会降低刑法的预防作用,二是会把刑法中规定的刑事"犯罪"降低为民事"侵权",三是会抹杀犯罪行为的道德可谴责性。①

与此同时,也有不少学者主张,现行的刑事和解范围不是"过大",而是太小,还应当扩大刑事和解的案件范围,甚至主张把刑事和解延伸至死刑案件中。②

【思考题】

1. 刑事和解与"花钱买刑"之间的联系与区别?
2. 死刑案件中能否引入刑事和解?理由是什么?

---

① 参见郑旭著:《刑事诉讼法学》(第4版),中国人民大学出版社2014年版,第338—339页。
② 赵秉志、彭新林:《论民事赔偿与死刑的限制适用》,载《中国法学》2010年第5期;余剑:《死刑案件适用刑事和解的合理限度》,载《人民司法》2009年第20期。

后 记

本书吸收了《中华人民共和国刑事诉讼法》(2012年3月14日修正)、最高人民法院《关于适用〈中华人民共和国刑事诉讼法〉的解释》(2012年11月5日通过)、最高人民检察院《人民检察院刑事诉讼规则(试行)》(2012年10月16日通过)、公安部《公安机关办理刑事案件程序规定》(2012年12月3日通过)等法律法规和司法解释的最新内容编写而成。本书由曾友祥、蒋石平、郭天武、李明四位教授担任主编(按照编写先后顺序),曾友祥教授负责"编者的话"和总论部分,蒋石平教授负责证据论部分,郭天武教授和李明教授负责程序论部分,文责自负。作者分工如下(按照编写先后顺序):

曾友祥(法学博士,华南理工大学法学院教授,博士生导师),第一章;

林志毅(法学博士,华南理工大学法学院讲师),第二章、第七章;

詹建红(法学博士,中国海洋大学法政学院教授,博士生导师),第三章;

张友好(法学博士,华南理工大学法学院教授,硕士生导师),第四章、第九章;

郭明文(法学博士,华南农业大学法学院讲师),第五章、第六章;

郭烁(法学博士,北京交通大学法学院副教授,硕士生导师),第八章、第十章、第十三章;

蒋石平(广东财经大学法学院教授,硕士生导师),第十一章、第十二章;

郭天武(法学博士,中山大学法学院教授,博士生导师)、莫然(法学博士,广东金融学院副教授),第十四章;

何邦武(法学博士,浙江理工大学法政学院教授,硕士生导师),第十五章;

莫然(法学博士,广东金融学院副教授),第十六章;

马婷婷(法学博士,广东警官学院法律系副教授),第十七章;

李利(法学博士,中山大学法学院讲师),第十八章;

李明(法学博士,广州大学法学院教授,硕士生导师),第十九章、第二十章;

陈雪珍(法学博士,中山大学港澳和内地合作发展协同创新中心研究人员),第二十一章;

钟朝阳(法学博士,广东司法警官职业学院讲师),第二十二章。

全书由郭烁统稿,林志毅参加了审稿、编辑工作。

作者
2016年8月6日